헌법재판과
한국
민주주의

헌법재판과
한국
민주주의

장진호 지음

머리말

　교착의 정치가 해결해야 할 민주적 책임을 수반한 문제들이 헌법이슈의 형태로 헌재에 전가되면서 87년 헌법재판소는 기본권 보장기관으로서보다는 정치적 갈등의 심판자로 더 주목되고 있다. 정치는 자신의 결정을 담은 민주주의적 판단책임을 목전의 선거나 일상 정치의 지배권 장악에 초래할 위험부담으로 인해 헌재에 넘기고 있다. 이로써 민주주의 안에서 결정책임의 상당 부분을 전가 받은 헌법재판의 결정은 한국정치에 헌정주의와 민주주의 사이의 긴장을 현재화하고 있다. 특히 2004년의 탄핵심판과 신행정수도 결정을 거치면서 민주적 대표 아닌 헌재가 대표인 국회와 대통령의 결정과 합의를 뒤엎는다는 민주주의적 비판이 명료해졌다. 이 비판은 결정이 초래한 정치적 결과 비판에서 출발해 헌법재판의 역할 전반에 대한 재검토로까지 이어졌다. 정치의 사법화에 대한 비판이라는 포괄적이고 공격적인 양상도 보인다. 그리고 궁극적으로는 헌재의 민주주의에서의 정당성을 공격함으로써 초기 헌재의 제도적 불안정성에 대한 냉소적 대응보다 더 치명적인 위협으로 나아갔다. 이 위협에서 헌재는 대표가 형성하는 정치에 대한 권력 통제를 어떤 식으로든 정당화함으로써만 민주주의와의 공존 가능성을 확인받을 수 있게 되었다.

　돌이켜보면 한국헌정사에서 헌법재판은 자생적 태동을 뒷받침할 만한 헌정적 토대 없이 서구의 선구적 제도를 모방해 삼권체계의 정치에 대한 관계적 위상으로 고려되지 않고 헌정주의헌법의 법치를 확장적으로 담는 규범 중심의 요청에만 집착한 산물이었다. 따라서 민주주의와 조화 가능한 제도인지를 평가받은 것이 아니었다. 그 결과 헌정제도로 대통령이나 국회와 함께 자리매김하기 위해 반드시 거쳐야 하는 정치와의 상관적 역할에 관한 논의도 없었다. 1공처럼 사법부와 별도 기관이든 3공처럼 대법원에 의해 수행되었든 헌법재판을 민주주의와 공존시키는 헌법 현실의 조건에 대한 성찰이 결여되었다. 그래서 헌법재판과 민주주의 간의 긴장의 실체도 파악되지 못함으로써 어떠한 형태의 해법구상으로 나아가지도 못했다. 그것은 미국이나 독일에서 발견되는 민주주의와 헌법재판의 관계에 관한 정치한 수준의 담론과는 대조적인 모습이었다. 물론 현행 헌재도 87년 체제의 민주주의적 토대와는 결합되었다. 헌재는 구권위주의의 지배정치세력들이 민주화 이후 변화된 예측 불가능한 정치구도에서 살아남기 위한 정치적 이해관계의 타협으로 출범된 측면이 있었다. 신흥민주주의 한국에서 헌정주의적 법의 지배가 불가피하게 수용되면서 민주주의를 안정화시키는 제도로 선택되었다는 것이다.

그러나 출범기의 그런 민주적 토대는 헌법재판 제도 형식을 선택한 일반적인 시기 상황에 대한 설명이나 출범 당대의 이념적 보편성의 배경에 관한 설명 이상으로 헌재의 정치에 대한 상관적인 지위의 정당화를 만든 것은 아니었다. 무엇보다 예측 불가능한 장래 정치를 위한 사법적 대응기제로 합의된 헌재는 동시에 정치를 위협할 제도로서도 이해됨으로써 결국 정치에 대한 모호한 관계적 위상만을 부여받는 한계를 지녔기 때문이다. 정치의 이중적 사고가 만든 그런 모호한 지위로 인해 헌재는 헌법상 지위만으로는 자신의 역할을 해명하는 것이 어려워졌다. 정치와의 배분된 기능적 한계라는 관점에서 자신의 역할을 충분히 확인할 수도 없어 정당성과 역할의 연결고리를 충분히 설명할 수도 없었다. 모호한 지위로는 정치적 사법에 배분된 불분명한 기능의 한계 확인이 불가능함으로써 민주주의에서 정치에 대한 자신의 역할 한계를 뚜렷이 설정하는 방식으로 정당성을 해명하기가 어려웠던 것이다. 게다가 취약한 민주적 정당성을 보강하는 운용 기제들마저도 현실정치에서 대부분 결함을 드러내거나 변질되는 것으로 밝혀졌다.

그 결과 헌재의 정당성은 정치적 활동공간에서 직접적으로 해명될 수밖에 없게 되었다. 정치의 의도가 사법적 해결요청이 아니라 사법으로의 문제책임 전가라면 헌법재판이 유일하게 자신을 정당화할 수 있는 역할은 정치에 대한 헌법재판의 관계형태로 도출되어야만 한다. 한국 대통령제에서 핵심갈등은 기본권 보호를 위한 권리장전 투쟁이 아니라 권력분립을 투쟁판으로 만드는 권력구조 결정을 위한 투쟁의 구조화에서 드러난다. 시원적으로는 대통령제 존치논쟁으로부터 출발한 의회와 대통령 사이의 무한투쟁이 만든 권력분립의 형해화는 정치의 반헌정주의적 성격과 이로 인한 민주주의 정치의 결함을 만들었다. 합의를 위한 출구를 스스로 폐쇄해버린 파당정치가 만든 한국 민주주의의 파행과 부전은 정치가 다루어야 할 문제를 결국 헌재에 넘겼고, 그 결과 오늘날 헌법재판은 민주주의와의 긴장을 넘는 체계 내적 승인에 이르지 못하고 단지 반민주적 제도로만 주목받게 된 것이다.

그렇다면 정치에 대한 헌법재판의 상관적 역할 해명은 교착의 정치가 불완전하게 산출한 결정에 대한 민주적 책임을 전가 받았다는 사실 인식에서 출발해야 한다. 권력집중을 추구한 강력한 대통령제가 권력분립을 형해화시켜 대통령과 국회의 갈등이 돌파구를 찾기 어려웠던 권위주의의 정치파행은 민주화 이후에도 마찬가지다. 오히려 분점정부 양상까지 더해지면서 지속적이고 일상적인 교착이 대통령제의 내재적 불균형을 고질화시켜 왔다. 그러나 대표 간의 권력분립으로 유지되는 대통령제의 운용에 장애를 만드는 이 갈등은 체계운용의 실패, 즉 예외가 아니라 본질, 즉 일종의 정상상태일 수 있다. 한국에서 대통령과 국회의 갈등이 체계균형에 이를 것이라는 원론적 믿음은 전통적 권력분립이 정치투쟁의 장으로서만 이해됨으로써 거의 소멸되어 왔다. 정치교착의 원인이자 결과로서의 대통령제 민주주의가 산출한 국회와 대통령 간의 권력 갈등의 오랜 헌정적 배경이 민주화 이후 달라졌음에도 상황은 전혀 개선되지 않는다는 점에서도 이는 확인된다. 이 다툼은 단순한 권력투쟁을 넘어 대표 간의 견제 장치인 대통령제의 권력분립을 선거승리와 정치지배권을 둘러싼 갈등의 장으로 만들어 출구를 폐쇄한 대립적 투쟁으로 고착시킴으로써만 파당의 이해관계를 극대화할 수 있다는 지배정치세력의 반민주주의적 사고가 만든 의도적 결과물이다. 이를 해소할 상시적 기제가 대통령제에 없지는 않더라도 교착이 의미하듯이 그 기제들은 거의 작동되지 않고 방치된 채 탈출구를 찾지 않는 상황이 민주화 이후에도 달라지지 않는다.

여기서 헌재는 형해화된 권력분립을 실질화해 민주정치의 다수제적 결함을 보완할 필요를 상기시킴으로써 다수제 민주주의의 한계와 헌법재판의 역할을 연계시켜 헌정주의와 민주주의의 상보적 기여 가능성을 보여주게 된다. 헌재는 정치와의 헌법적 대화로 대표의 문제 해결을 위한 잠정적 해소책으로 다수결정에 대한 헌법적 의문을 검토하고 다수결정을 위한 헌법적 근거를 확인함으로써 주권적 요청에 응답한다. 정치적 이해관계를 조율한 결정이나 합의를 반영한 정책과 입법에 대한 헌법적 의문이 발생함으로써 민주주의가 불안정할 때 이를 검토해 국민대표의 행위에 대해 헌법적 당부당을 선언한다. 또한 대표들이 정치교착 혹은 권력분립의 내재적이고 예견된 불균형으로 결정이나 합의가 불가능하거나 이를 지연시켜 민주적 산출을 이루지 못하는 기능부전으로 민주주의를 정상 운영하지 못할 경우 대표의 정상적 기능수행을 만들 다수결정을 위한 헌법적 근거를 확인해 준다. 이는 정치에 의해 전가된 민주적 책임소재지인 헌재가 다수결정에 대한 헌법적 의문의 검토와 다수결정을 위한 헌법적 근거의 확인으로 정치에 민주적 책임을 상기시키면서 동시에 정치에 대한 상관적 지위를 규명받아 정치에 대한 관계적 역할로 스스로를 정당화하는 방식이기도 하다.

헌법재판이 수행하는 헌법적 의문의 검토와 헌법적 근거의 확인이라는 것은 사법이 정치를 형성하려는 것이 아니라 민주주의 자체를 위한 심판이라는 이해 공유를 만들어 가게 되는 정치와의 헌법적 대화라는 시각에서 헌법재판의 역할이 정당화된다. 이견과 이해관계 대립의 다수제결정이 국민주권적 합의가 아니라는 부동의로 인한 민주주의의 운행장애나 갈등적 이견과 이해관계의 조정불능으로 인한 민주주의결정의 부전을 재검토하는 그 역할은 정치와 헌법해석을 공유하는 것이다. 헌재와 정치 모두에 민주주의를 위한 헌법적 심판은 공유된다. 헌재는 한국의 대통령제 권력분립의 불균형구조가 만든 민주주의의 교착에서 헌법적 대화로 정치와 헌법적 심판을 공유함으로써 민주주의에서 승인받는다. 정치가 받아들이지 않으면 일방통행에 불과할 수밖에 없는 헌법재판은 그 결과 민주주의와 동반 가능하게 된다. 민주주의에서 단지 주변적·부수적·예외적 제도가 아니라 민주주의 동반자적 제도로 받아들여진다. 정치가 헌법재판을 통해 입법과 정책결정에서 민주적 심의를 반영하게 되면 민주주의와 헌정주의의 실천적 결합은 현실화된다.

많은 민주주의국가의 헌법재판제도가 정치와 헌법재판의 헌법적 대화를 보여주는 모습에서 그 결합은 확인되고 반대로 그 결합이 없으면 민주주의에서 표류하는 제도가 되고 있음도 또 다른 많은 헌법재판국가와 한국의 역대 헌법재판제도에서 확인된다. 정치와 헌법재판의 헌법적 대화는 민주주의 혹은 넓게는 공화주의나 인민주의 내지 시민참여론과 헌법재판을 결합하는 해답이다. 민주주의적 심의의 관점도 헌법적 대화를 형상화한 핵심기능의 하나로 이해된다. 헌법적 대화 안에서 국회는 헌법이슈에서 잠재적 위헌결정을 상정하고 민주적 심의를 만든다. 이 심의는 헌법이슈가 문제될 수 있음을 예상하고 가정적으로 제기되므로 입법의 헌법적 완결성을 높인다. 단기적 시류에 흐르는 자의적 입법의 유혹 앞에서 대표 스스로 반대하는 목소리도 가능해진다. 대표의 반대가 초래할 여론의 비판이라는 두려움 앞에서 비판을 무마하고 설득하는 수단으로 헌법재판이 원용될 수 있기 때문이다. 그래서 정치는 민주주의의 관점에 보다 충실하게 된다.

헌정주의와 민주주의의 연결고리는 정치와 헌법재판 사이에서 궁극적으로는 국민주권에 의해 매개된다. 물론 이 국민주권은 민주주의에서 헌정주의제도인 헌법재판을 승인하는 민주적 동의의 확인이어야 한다. 그럼에도 그 확인은 일부 직접민주주의나 포퓰리즘 내지 인민주의가 찾는 탈제도적인 노선과는 일단 일정한 거리를 두어야 한다. 헌재를 국민주권의 민주주의가 승인하고 인정하는 제도로 받아들이는 동의가 이미 87년 헌법에서 전제되어 있다고 이해되기 때문이다. 궁극적으로 이런 이해가 정당하다고 확인된다면 헌법재판제도는 민주주의 지배체제에서 받아들여질 것이다. 그 경우 헌법재판이 공존하는 민주주의는 선거에서 다수지지를 얻은 대표가 형성하는 정치와 그 한계를 보정하는 헌법재판의 부단한 헌법적 대화가 제도적 형태로 유지되는 것임도 인정될 것이다. 또한 그것이 국민주권 민주주의에서 민주적 심의의 결정을 만드는 헌법재판과 민주주의의 공존의 방식임도 이해될 것이다.

이 책은 저의 성균관대학교 정치외교학과 2011년 박사학위논문을 대폭 수정 보완한 것으로 많은 분들의 도움으로 출간될 수 있었다. 성균관대학교 정치외교학과 고 김일영 교수님은 논문 초안부터 체계까지 검토해 주셨으나 2009년 지병으로 유명을 달리하셨다. 정치외교학과 김성주 교수님은 지도교수를 잃은 제가 지도를 부탁드리자 흔쾌히 받아 주셨다. 깊은 감사를 드린다. 헌법재판을 전공하신 성균관대학교 법학전문대학원의 정재황 교수님은 헌법재판소 활동 등으로 바쁘신 와중에도 소장하시던 자료까지 제공해 주셨다. 한림대학교 사회과학대 학장을 역임하신 김영명 교수님, 학자적 성취에 바쁘신 중에도 심사를 맡아 주신 성균관대학교 정치사상 전공 윤비 교수님, 심사를 맡아주신 인연으로 졸저임에도 출판을 권유하시고 오랫동안 조언해 주신 연세대학교 박명림 교수님께도 감사드린다.

장진호

CONTENTS

표 목차

I. 서론

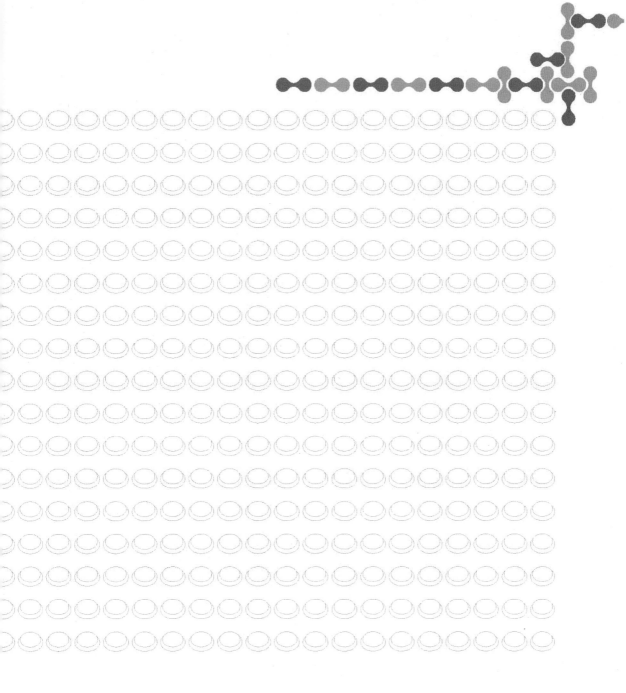

87년 헌법의 헌법재판소 신설은 대통령직선제와 국회권한 회복에 중점이 놓인 개헌협상의 정파적 힘겨루기에서 부차적 논의대상이었다. 개헌 직후 이 신설제도의 운용체계를 담는 부속입법도 협상테이블에서 단시일에 정략적으로 마무리된다. 헌법상 독립기관의 지위와 권능을 받았음을 제외하면 제도의 성공 전망은 거의 운용의 성패에 맡겨졌다. 사법제도에 대한 헌정사의 뿌리 깊은 불신과 권위주의에서 유명무실했던 헌법재판기관의 잔영들은 제도에 대한 국민적 기대마저 막았다. 그런데 그런 식으로 정치의 소용돌이에 던져진 헌법재판소는 이후 예상외로 산적한 헌법이슈를 다루게 된 출범 후 20여 년의 행보를 통해 정치의 최종심판자 내지 국가 최고정책결정자로 간주되어 간다. 그런데 최종의 최고정책결정자라는 그 평가는 민주주의에서 헌법재판의 정당성에 대한 의문을 동반하는 것이었다. 국민대표인 국회와 대통령의 입법과 정책을 가로막으면서도 정치적으로 책임지거나 통제받지 않는 헌정주의(constitutionalism) 제도가 민주주의와 양립하는지의 의문이다. 또 국민대표의 결정을 무효화하는 제도가 민주적 지배가 만든 권력분립체계 안에서 허용된 것인지의 의문이다. 이들 의문은 민주주의와 헌정주의의 이질성과 긴장, 정치와 사법의 본질적 이원성, 헌법재판의 취약한 민주적 정당성 등 다양한 문제들까지 제기하면서 종국에는 민주적 지배의 이름으로 헌법재판에 대한 제약, 축소 혹은 폐지론을 불러일으켰다.

　이들 비판은 일단 사법적 헌법재판에 의한 민주주의 정치의 장애를 지목한 '정치의 사법화' 비판이라는 포괄적 사법공격의 양상을 띠면서 문제의 근원을 사법 중심으로 도식화한다. 그 결과 정치가 바라보는 사법 불신의 근거인 고전적 권력분립의 틀로 문제를 조망함으로써 민주주의의 헌법재판에 관한 충분한 비판과 반비판의 담론 가능성을 오히려 제약해 버린다. 즉, 정치의 사법화 비판론은 헌법재판에서 사법의 지위만 부각함으로써 헌재와 그 토대인 헌정주의의 운용공간을 의도적으로 축소한다. 그래서 민주주의의 헌법재판을 정당성의 위기로 내몬다. 특히 한국에서 비자율적 사법의 과거사는 어떠한 사법제도가 민주적 대표의 정치에 장애를 만드는 경우까지도 민주주의와 공존할 수 있다는 관념을 용납지 않아 헌법재판을 더욱 정당성의 위기로 내몬다. 헌법재판은 헌법이슈를 다루면서 사법과 정치의 긴장을 드러내고 동시에 지양하는 모습이 아니라 사법의 반민주적 한계로만 일방적으로 단죄된다. 이 속에서 헌법재판의 필요와 한계를 둘러싸고 사법과 정치의 긴장을 해소하려는 담론은 거의 발견되지 않는다. 정치와 사법의 이원론이 극복 가능한지의 논의도 진전되지 않는다. 시대의 민주화 요청이 헌재에 대한 동의를 담보함으로써 이념적 지지기반이 확보되었던 출발점의 이념도 상기되지 않는다. 그 결과 헌법재판의 정당성 문제가 어떤 식으로 제기되더라도 담론적 기반이 취약해 심화된 담론의 길은 막힌다.

그렇게 한국 민주주의에는 헌재의 정당성을 다룬 정치한 담론이 없었다. 헌재 출범 전 그리고 2004년 이전까지는 거의 무관심했고 2004년의 대통령탄핵심판과 신행정수도 결정이라는 헌정사적 쇼크 이후에 헌법재판과 정치, 그리고 헌정주의와 민주주의 사이의 긴장에 관한 담론이 부각되지만 긴장의 실체 확인은 곧바로 정치적 사법 비판으로만 치달았다. 이는 민주주의의 과도함과 부족함을 고려한 정치와 헌법재판의 역할 상관성을 묻는 것이 아니었다. 또한 정치의 본질에 개입해서는 안 된다는 사법자제론이든 혹은 반대로 사법의 적극개입과 민주적 요청을 결합한 입장이든 이들은 정파적 이해관계에 따른 편의적 비판 혹은 지지라는 정치적 의도와 결부된 형태로 목격되기도 했다. 그러자 정치적 이해득실과 결합된 이중 잣대가 난무했다. 그로 인해 민주주의와 헌정주의 모두에 오히려 혼란만 가중되었다. 특히 한국의 특수상황은 그 혼란을 배가시켰다. 법원이 사법심사를 맡은 미국은 사법부가 권력분립을 통해 확보된 뒤 권능범위의 확장인 사법심사의 정당성의 형태로 문제가 제기된 것이지만 삼권의 지위가 아닌 한국의 헌법재판은 정당성 의문에 더해 현실정치의 권력분립과의 충돌문제도 얽혀 헌재의 정당성 해명이 더 어려웠기 때문이다. 그래서 정당성 검토는 미뤄진 채 계속 비판적 논의만 공격적으로 확장되었다.

돌이켜보면 87년 민주화국면에서 헌재와 민주주의는 갈등을 드러내지 않았다. 오히려 그 출범에 관한 정치적 합의는 민주주의를 위한 헌정주의적 고려였다. 이 점만 보면 정치가 헌법재판에 역할과 정당성을 해명해 주지 않은 채 사법의 결과책임만 추궁하는 것은 2004년 이후 민주주의의 이름으로 자극받은 일방적 주장일 수 있다. 정치가 헌법재판에 의존할수록 민주주의적 비판도 증폭되었다면 그 결과책임조차도 전가된 결과책임일 수 있다. 이 점에서 차라리 탄생기에 헌법재판을 필요로 했던 민주적 이념이 오늘날 헌법재판이 맞은 정당성 의문에 답을 제공할 수 있는지 묻게 된다. 출범기의 민주적 기초가 포스트 민주화시대의 헌법재판에 대한 비판의 취약성을 폭로하는 단초가 될 수 있는지의 기대이다. 그러나 결론은 부정적이다. 87년 민주화시기의 헌법재판논의는 헌법재판과 삼권의 공존적 역할확인이나 민주적 정당성 해명에 중점을 둔 것은 아니었기 때문이다.

즉, 예측 불가능한 장래 정치를 위해 합의된 사법적 대응기제인 헌재는 동시에 정치를 위협할 제도로도 간주됨으로써 정치에 대한 모호한 관계적 위상만을 부여받았다. 정치의 이중적 의도가 만든 모호한 헌법적 지위는 정치와의 배분된 기능적 한계라는 관점에서 역할과 정당성의 연결고리를 보여줄 수 없었다. 정치적 사법에 배분된 불분명한 기능으로 인해 그 기능적 한계 확인도 불가능함으로써 민주주의에서 정치에 대한 역할한계를 뚜렷이 설정하는 방식으로 정당성을 해명하지 못했다. 더욱이 민주화 이후 헌법재판이 심판회피와 정치형성적 적극성 사이의 딜레마에 빠지면서 헌법논리보다는 정치적 이해관계가 헌법재판의 판단 잣대가 되지 않았나 하는 의구심까지 만드는 상황에서 오늘날 정당성 문제가 출범기에 부여된 정치적 합의에 담긴 이념의 확인만으로 충분히 해명될 수 없음은 명백하다. 하물며 출범 당시 헌법재판에 대한 역할기대는 그 실체를 확인하기 어려울 정도로 초라했다. 그래서 소극적 역할기대만 부여받은 헌재에 담긴 정치적 의지가 권위주의 붕괴 이후 나타난 헌법재판 문제에 관한 근본적 의문에 해답을 줄 수는 없다. 결국 민주화의 이념적 토대가 오늘날 헌법재판의 정당성까지 해명해 주리라는 기대는 무리였다.

87년의 정치적 고려가 헌재의 정당성을 충분히 해명해 줄 수 없다는 것은 87년 헌법에 담긴 규범상의 한계를 의미하기도 한다. 헌법규범은 정치를 심판하는 법치와 민주주의의 잠재적 긴장을 충분히 고려하면서 정치에 대한 헌법재판의 상관적 지위를 규정한 것이 아니었기 때문이다. 그렇다면 정치의 공간인 헌법현실에 의존해 정당성을 해명 받는 길을 찾아야 한다. 성년 헌재는 헌법규범상 기능과 헌법기관의 형식을 넘어 헌정운용에서 정치와의 헌법적 대화를 통해 관계적 역할을 만들어 왔다. 정치에 대한 헌법재판의 관계적 역할은 헌정주의와 민주주의의 긴장의 실체를 읽고 그 해법을 제시하면서 정당성 문제의 실마리도 제공한다. 그래서 헌법재판의 역할확인은 정치의 사법비판을 받아들이는 현실정치의 공간에서 출발해야 한다. 그 점에서는 정치의 사법화 비판론도 헌법재판이 정치를 초월할 수 없음을 확인해 준 논의로 선해될 수 있다. 정치의 민주주의와 법치의 헌정주의 간의 긴장의 비등점임과 동시에 해결점인 헌법현실의 정치공간에서 헌법재판은 정치의 사법비판을 읽고 반영함으로써 정치와 헌법적으로 대화하는 관계적 역할로 읽힐 수 있기 때문이다.

본 연구의 목적은 두 가지다. 한국 민주주의가 헌법재판을 만든 요청이 무엇인지 그리고 역으로 또 그 요청이 민주주의에서 허용되는지의 확인이다. 둘은 모두 해명되어야 한다. 한국 민주주의가 헌법재판을 만든 이념적·원리적 요청의 존재가 확인되더라도 민주주의와 공존할 필요가 없다면 헌법재판은 폐지되어 무방한 제도에 불과하고 반대로 민주주의와 공존할 필요가 설명되더라도 제도를 만든 요청이 민주주의에서 확인되지 않는다면 역시 유지에 집착할 필요는 없기 때문이다. 결론적으로 본 연구는 헌재를 만든 이념적·원리적 요청을 확인하고 민주주의에서 공존해야 할 충분한 정치적 필요도 보여주려 한다. 즉, 헌정주의 제도인 헌재가 민주주의에서 재판관을 지배하는 이념이 만든 정치적 결론이 아니라 민주적 지배에 반영된 국민이나 그 대표가 만든 정치의 과부족을 보완하기 위해 대통령제민주주의의 다수결정에 대한 헌법적 의문을 검토하고 다수결정을 위한 헌법적 근거를 확인하는 역할을 헌법적 대화를 통해 정치로부터 승인받아 민주주의의 필요에 부응하는 제도임을 봄으로써 헌재를 만든 요청의 존재와 민주주의에서의 공존 가능성을 밝히려 한다.

헌재제도화의 시대적 요청과 민주주의에서 공존할 필요의 확인, 즉 헌재를 만든 요청이 오늘날 민주주의에서 여전히 승인되는지의 확인은 민주적 정당성 해명이다. 헌재의 민주적 정당성은 정치와의 관계에서 부인되기 쉽다. 따라서 헌법재판으로 부각된 헌정주의와 민주주의의 긴장에 관한 최근 논의들은 대체로 헌재 폐지, 권한축소, 시민참여 혹은 재판관선임에서 국민대표인 국회의 개입의 대폭 증대나 국회 내 소수파의 재판관 선임지분 확대 등 다양한 제도개혁안을 제시하거나 재판관 구성에서 헌법전문가인 비법조인의 진입장벽철폐, 사법자제호소 등 구성방법이나 운용상 개선을 주장한다. 그런데 이들 제도개혁 혹은 구성이나 운용상 개선책은 헌정주의와 민주주의의 긴장에서 헌법재판의 정당성에 대한 선결적 검토보다는 거의 본질적 한계확인 차원에 만족하는 결정론적 시각을 보여주고 있다. 이는 정당성 검토를 위한 잠정적 평가유보조차 없는 일방통행식 논의였다. 정치에 대한 헌법재판의 상관적 역할로 정당성이 재고될 수 있는지는 거의 돌아보지 않고 비판과 개혁이라는 당장의 가시적 성과에만 몰두했다.

일단 그들 결정론이 보는 시각, 즉 기본권과 법의 지배에 기반을 둔 헌정주의, 그리고 인민지배와 다수결주의에 기반을 둔 민주주의 간의 원리적 차별성 인식은 정당하다. 또 거기서 유래하는 법치국가의 규범적 헌법과 민주적 대표성을 앞세워 규범을 넘어서려는 정치적 헌법의 이중성에 관한 이해도 정당하다. 규범의 제한조차 넘어서려는 정치는 헌법규범을 통한 제한적 질서를 세우려는 헌정주의와 긴장하기 때문이다. 그러나 헌정주의와 민주주의의 원리적 차별성 그리고 헌법규범과 정치 간의 긴장에 관한 이해는 대체로 다수의지를 헌법적으로 구속하는 법치에 그 책임을 돌린다. 다수제민주주의 정치가 헌정주의적 법치로 인해 제대로 구현되지 못한다고 말한다. 그 결과 민주주의논리와 헌법논리의 긴장은 헌정주의의 존재 기반인 헌법이 한편으로는 국가권력에 대한 규범을 통한 제한적 질서이면서 동시에 국민주권 내지 민주주의가 내세우는 자기입법의 표현이기도 하다는 사고의 틀은 사장되고 만다.

이에 대한 문제의식에서 본 연구는 민주주의와 헌정주의의 긴장을 정치와 헌법재판의 상관적 역할이라는 틀로 읽고자 한다. 헌법재판 제도와 그 결정은 대체로 세 가지 틀에서 조명될 수 있다. 우선 헌법재판을 규정한 헌법규범 그리고 규범 배후의 이념을 반영한 제도적 지위가 민주주의 그리고 삼권의 틀에서 어떤 정체성인지를 중심으로 볼 수 있다. 둘째, 개별 사안에서 헌법재판결정을 중심으로 민주주의의 가치와 현실을 재단하는 헌정주의적 해석에 대한 정치적 평석이 있을 수 있다. 셋째, 헌법재판이 정치와의 민주적 이해 공유로 민주주의에서 승인받고 공존하는 관계적 역할을 볼 수 있다. 첫째 입장은 결정론적이다. 그 지위가 불분명하다면 이미 기대를 받지 못하게 되고 헌재는 제도개혁의 대상으로 치부된다. 헌법재판을 헌법해석자로만 이해한 둘째 입장도 정치와의 관계적 측면을 외면한 정치적 판례평석에만 머물러야 한다는 것인데 이 역시 헌재가 정치를 다루면서 불가피하게 가치판단을 통한 법형성을 할 수밖에 없다는 점을 보지 못한다. 이와 달리 마지막 관점은 민주주의에서 헌재의 제도적 지위와 해석이 지니는 정치와의 공존적 역할관계를 살핌으로써 헌재로 인한 불가피한 긴장이 민주주의에서 허용되는 것인지 파악하는 조명이기에 위 두 가지 틀도 포섭한다.

정치적 평석은 정치 이해관계에 따른 주관적 해석론에 치우칠 것이므로 불충분하고 지위 중심의 설명도 규범이 의도적으로 모호하게 설정된 경우에는 적합한 틀이 될 수 없고 더욱이 헌법적 지위규명이 헌법현실의 역할을 충분히 설명해 주지도 못한다. 헌정주의에서는 어떤 정치제도도 모두 헌법규범이 만들기 때문에 제도의 역할도 일차적이고 형식적으로는 헌법이 만든 규범적 지위로 규정되지만 제도의 역할이 단순한 헌법적 지위규명으로 완전히 해명되지는 않는다. 헌법규범의 지위로 헌법현실의 역할이 모두 이해되지는 않기 때문이다. 하물며 지위가 규정 당시 의도적으로 모호하게 설정된 것이면 어떤 헌법규범적 지위는 현실 역할을 제대로 예견하지도 못한다. 그래서 역할해명은 지위규정의 형식적 한계를 넘어서야 한다. 특히 삼권을 중심으로 편제된 헌법에서 사법부와 구별된 헌재는 고전적 권력분립원리에서 존재근거를 발견할 수도 없다면 그 역할의 민주주의적 승인 여부는 권력분립적 지위로 곧바로 이해되지도 않는다. 역으로 위헌심사기능에서 바로 권력분립적 역할이 도출되지도 않는다. 권력분립만으로 위헌심사를 통해 다른 기관의 기능에 개입할 수 있다는 발상이 유래되지는 않는다.[1] 그래서 정치에 대한 상관적 역할론은 권력분립이 헌법재판을 창출했다는 입장과도 결별해야 한다.

또한 기본권 보장 중심의 설명도 지양되어야 한다. 한국에서 헌법재판이 지닌 권리보호 내지 기본권 보장의 측면은 뚜렷한 담론을 형성하지 못했다. 헌재 비판론은 헌재의 기본권 보호 측면을 공격하는 것은 아니다. 그 비판은 헌법재판의 정치형성적 권능에 대한 성토였다. 그렇다면 권리보호의 관점에서 헌법재판에 제기된 의문의 해명 실마리를 찾기는 어렵다. 따라서 정치와의 관계적 역할이해는 권리보호라는 원론적 해명의 수준을 넘어 담론형성의 가능성이 높고 보다 논쟁적인 평가장을 확보한 정치와의 관계영역에 집중해야 한다. 헌법재판은 헌법해석적 적합성에 주력하는 규범인 동시에 정치와 관계를 이루는 제도인데 한국적 특수성에서는 오히려 정치와 헌법적으로 대화하는 역할로 설명하는 것이 적절하다. 그런 역할로 인식됨으로써 민주주의와 공존할 요청이 확인되면 헌법적으로 모호한 위상에도 불구하고 해석기관 혹은 권리보장기관의 한계가 지닌 민주주의 안에서의 불완전성도 극복될 수 있다.

해석자로서의 헌법재판 이해도 그 실효성이 의심스럽다. 한국에서 헌법해석은 헌법해석으로서의 정치라기보다는 정치적 헌법해석으로 평가되었다. 미국에서는 법원이 헌법기초자들이 만든 헌법텍스트에 명시적으로 표현되거나 뚜렷하게 내재된 가치에 따라 해석해야 한다는 해석주의와 헌법에 분명히 표현되어 있지 않더라도 사회의 근본가치를 진전시키는 방향에서도 해석할 수 있다고 하는 비해석주의 간의 논쟁이 사법심사의 정당성을 보는 큰 틀이었다. 그런데 이들 모두는 헌법텍스트가 헌법적 정책결정의 정당한 근원이라는 데는 이견이 없다. 그런데 이와 유사한 인식은 한국에서 찾기 어렵다. 한국에서 헌법텍스트는 정치에 대한 헌법적 해석의 정당성을 담보할 만한 근원이 아니었기 때문이다. 헌법이 정치를 규정하는 것이 아니라 정치가 헌법을 규정하더라도 제정된 헌법은 장래 정치의 기본 틀이자 해석근거라는 해석주의 논쟁이 보여주는 그런 사고, 즉 정치의 결정에 대한 헌법해석은 헌법텍스트에 담긴 제정자의 의도에 따라 정당화되는 것이라는 사고는 한국에서 제대로 이해되고 있다고 보기 어렵다. 그로 인해 헌법재판이 헌법을 해석하더라도 거의 제정자의 의도에 따른 해석인지 여부로 평가받지 못한다. 그러자 정치의 행위에 대한 해석은 정치적인 의도로만 읽혀졌다.

따라서 헌법재판은 정치에 대한 관계적 역할로 읽혀져야 한다. 헌법재판은 민주적 책

---

1) M. J. C. Vile, *Constitutionalism and the Separation of Powers*, 2. ed., Indianapolis: Liberty Fund, 1998, 173.

임의 공동담당자다. 국민대표는 다가올 선거나 일상정치의 지배권 장악에 장애가 될 민주적 책임이 지닌 정치적 위험부담을 헌재에 전가했다. 헌법재판은 그 전가된 민주적 판단책임의 수행임이 확인됨으로써 그 책임의 실체해부가 헌재 역할해명의 전제조건이 된다. 그래서 책임전가의 주된 원인인 정치교착은 헌재 역할형성의 배경이다. 대통령제 권력구조의 본질에 내재된 민주주의 체계불균형의 근원이 헌재 역할형성의 결정적 계기를 제공한다. 정당성 문제가 가시화되고 인식된 것은 정치교착기라는 점에서 불안정한 한국 민주주의의 대안모색, 헌정주의적 법치와 대의정치의 동반 가능성, 그리고 민주주의 공고화 단계에서 정치안정화의 견인 수단을 찾는 역할이 헌법재판에서 검토될 수밖에 없다. 그 결과 헌법재판은 대표가 만든 정치의 결정에 대한 헌법적 의문을 검토하고 다수결정을 만들기 위한 헌법적 근거를 확인하는 제도로 판명될 수 있다.

이 헌법재판 해명과정에서 인민의 지배인 민주주의가 헌정주의와 공존 가능하는지라는 근본문제를 우선 묻게 된다. 상이한 두 원리는 절대왕정 붕괴기와 같은 과도기의 제한적인 시대적 요청에서는 서로 융화되었지만 점차 의문시되어 왔더라도 오늘날 헌법재판을 출범시키는 민주주의헌법의 정초단계에서도 위헌심사제 특히 헌재 같은 집중형 위헌심사가 헌정주의헌법에서 등장하는 것을 보면 그러한 융화가 제한적인 시대적 요청에 따른 한시적 임무로 끝난 것만은 아님을 보여준다. 한국의 87년 민주화국면에서도 헌정주의와 민주주의의 긴장은 지적되지 않았다. 헌정주의적 헌법재판의 성립배경에서 민주주의와의 정합성은 전혀 부인되지 않았다. 이 이해는 일단 헌법재판의 일정한 민주적 역할 가능성을 시사하는 듯 보인다. 다만 제도성립기의 그런 민주적 정합성이 오늘날 헌법재판의 민주적 역할로까지 충분히 확장되는지 충분한 검토가 필요한 것이다. 그래서 헌법재판의 역할해명은 단지 헌정주의와 민주주의의 조화 가능성에 대한 민주화시기의 순진한 믿음 이상의 확인을 요하게 된다.

그 확인은 민주주의 체계균형 실패의 책임을 문의하는 정치 그리고 최종결정 책임이 정치에 귀속됨을 검토하고 환기시키는 헌법재판 간의 끊임없는 헌법적 대화를 통해 이루어진다. 헌법재판은 대표의 의사를 반영하면서도 대표의 결정에 대한 보완을 수행하기 위해 부단히 대화한다. 헌법재판과 정치의 이 대화를 통해 민주주의결정에 대한 헌법재판의 보완역도 정치에 의해 허용된다. 민주주의를 위한 헌법적 의문의 검토와 헌법적 근거의 확인을 정치가 수용하지 않는다면 헌법재판은 무력하다는 점에서 헌법적 대화는 헌법재판의 정당성 해명과정이기도 하다. 헌법재판이 정치의 요청을 읽으면서 역할과 정당성의 연결고리를 찾는 이 과정은 다음과 같다. 권력분립의 한국 대의민주주의는 자동적 균형이 보장되지 않는 체계, 즉 흔히 정치교착으로 상징되는 상시적 불균형의 체계다. 정치교착은 균형에 대한 믿음, 즉 정상작동을 신뢰하는 믿음의 체계가 알지도 예견하지도 못한 난제들로 채워져 있다. 균형을 만든다는 갈등은 지속적 교착의 상황을 충분히 예견한 것은 아니어서 정치 고유의 해결기제는 있더라도 거의 무력하다. 그 결과 내재적 정치교착이 현실화되면 상당수 헌법이슈는 헌재에 맡겨진다. 대표의 정치는 예상치 못한 많은 이슈를 헌재에 맡긴다. 헌법재판은 견제와 균형에 대한 믿음의 허구성을 여실히 확인해 준 정치이슈들이 본질상 민주적 책임으로 귀결되는 문제임을 읽는다. 거기서 헌재는 다수결정에 대한 헌법적 의문을 검토하고 다수결정을 만들기 위한 헌법적 근거를 확인해 준다. 이 과정에서 정치와의 헌법적 대화로 헌법재판에 대한 정치의 우려가 불식되면서 민주주의에서 정치와 사법의 이원적 사고는 지양된다. 특히 헌정주의와 민주주의 간의 긴장은 두 원리 고유의 이질성에 의한 것이기보다는 정치에 의해 촉발되고 강화된 것임이 밝혀짐으로써 해소의 계기를 보여준다.

이러한 긴장 해소는 한국정치에 대안을 제시한다. 대표에 의한 주권행사체계인 대의제의 실패 혹은 비적응성이 직접민주주의라는 명분을 통해 부정적으로 진행하거나 더 현실적으로 표현하면 대통령과 의회 간의 관계정상화에 실패한 대통령이 자신에 대한 국민의 선택을 기반으로 두 개의 민주적 정당성이 지닌 대통령제의 한계를 우회해 자신의 정책을 국민의 의지와 동일시함으로써 만연히 포퓰리즘에의 호소로 진전시켜 포퓰리즘과 반포퓰리즘의 대립구도로 정당정치를 대체하는 현상이 목격되었던 오늘날 한국정치에서 헌법재판은 대의제와의 긴장의 원인이 아니라 오히려 왜곡된 대의제를 위한 대안으로 이해될 여지를 만든다. 민주주의에서 헌법재판의 역할 재고는 직접민주주의를 내세운 포퓰리즘이 한국에서 성공하지 못한 대의제를 위한 필요악인지를 평가하는 하나의 기준이 된다. 제도로서의 민주주의가 직접참여와 공존한다는 데는 이견이 없지만 그렇다고 정책적 반대가 빈번히 정당정치를 넘어선 포퓰리즘에 호소하는 것이야말로 대안 없이 대의제를 버리는 길이라고 말할 수조차 없는 취약한 대의제시스템에 대한 비판지점에서 헌재의 역할은 재고된다. 대의제적 합의의 변경 없이 포퓰리즘에 호소하는 것이 민주주의가 선택한 대의제마저 무너뜨릴 수 있다면 한 정권의 실패를 만연히 민주주의 혹은 대의제의 실패로 쉽게 치부하는 포퓰리즘 의존의 위험성을 헌재는 경계한다. 민주주의가 제도이기도 하다면 제도로서의 민주주의가 실패할 경우에만 다른 대안을 허용하는 것이 민주주의의 길이다. 민주주의가 실패할 경우의 다른 대안조차도 우선은 헌법적 수권제도들 안에서 모색되어야 한다. 그래서 헌재는 정치와의 헌법적 대화를 통해 교착정치의 민주적 책임회피를 정치에 환기시키고 책임을 재귀속시키는 역할로 민주주의를 위한 다른 대안의 하나로 이해될 수 있다.

정치에 대한 헌법재판의 관계적 역할확인은 방법적으로 법과 정치의 관계에서 정치에 보다 큰 중점을 둘 수밖에 없다. 시원적으로 정치가 법을 만들기 때문이다. 법이 정치에 의해 규정되는 한 정치는 법의 상위에 있다. 그렇다면 현재의 정치적 실재와 민주적 자기지배 규범을 조화시키는 어려움으로 인해 나타나는 헌법이론도 공동체가 항상 최선의 정치질서를 추구하는 이념의 토대 위에 스스로를 재구성해야 하는 것이라면 정치이론에 의해 대체될 수 있다.[2] 헌법재판과 정치의 헌법적 대화를 통한 역할관계 승인도 정치가 추구하는 가치에 우선적으로 따를 수밖에 없다. 각 권력의 고유기능을 전제로 한 분립체계가 크게는 정치를 위한 체계이고 그것이 민주주의를 위한 체계구성이라면 헌법재판은 정치에 의해 정당화되어야 하기 때문이다. 헌법재판의 정당성 논란이 제도 존립에 대한 의문에까지 이른다면 존립을 정당화하는 토대도 물론 정치로부터 인정되어야 한다. 그래서 헌법재판은 대통령 및 입법부 같은 정치적 기관과 다면적으로 갈등하는 상대기관이면서도 헌법을 매개로 그들과 헌법적으로 대화하는 국가의 부분체계로서 정치로부터 승인되어야 한다. 그것이 헌정주의와 민주주의의 긴장의 해법을 찾는 길이다.

이를 위해 우선 헌법재판이 초래한 헌정주의와 민주주의 간의 긴장의 본질과 근원 및 현상을 본다. 헌정주의와 민주주의의 긴장, 민주적 정당성, 정당성의 원천으로서의 국민주권론, 그리고 헌정주의와 민주주의의 긴장의 근원이자 결과인 정치의 사법화를 차례로 본다. 이어 현대 민주주의론의 대표적 화두인 심의(deliberaton)를 헌법재판 정당화와 비판의 여러 대안에서 발견되는 공통논점으로 살핀다. 심의는 헌법재판을 민주주의와 화해시킨 공화주의적 사법심사론의 연장선에서 헌정주의와 민주주의의 조화를 찾는 동시에 정당성 대체 혹은 보완으로서의 시민참여론도 포섭한다. 즉, 대의민주주의의 한계극복을 요청하는 심의는 헌법재판에 관한 권리 중심의 실체적 입장과 절차 중심적이거나 절충적 입장에서 모두 관찰될 뿐더러 심의를 비판적으로 재해석한 직접민주주의 내지 인민주의적 입장에서도 발견된다. 비록 급진적 시민참여론은 심의를 허구로 봄으로써 자신의 직접민주주의적 대안과 구분 짓기도 하지만 대체로 참여는 심의의 관점으로 주목되면서 심

---

2) Paul W. Kahn, *Legitimacy and History: Self-Government in American Constitutional Theory*, New Haven: Yale University press, 1992, 4; Dieter Grimm, Politik und Recht, in; Eckart Klein (Hrsg.), *Grundrechte, soziale Ordnung und Verfassungsgerichtsbarkeit*, Heidelberg: C. F. Müller, 1995, 91.

의는 다양한 시민 참여적 입장의 이해 토대로서도 의미를 지니게 된다.

민주주의가 대표의 결정에 대한 보완으로 헌법재판을 용인해 체계에 공존시킨 원인과 필요도 살핀다. 공존의 이유는 각국에서 상이하기에 일정한 이념이나 특수한 배경만으로 정치에 대한 헌법재판의 상관적 역할이 보편적으로 받아들여지기는 어렵다. 그래서 권력 분립이 해결할 수 없는 불균형문제의 대안으로 정치가 헌법재판을 공존시킨 이유는 각국 의 헌법재판에서 특수한 양상이 되었음을 인정해야 한다. 이를 위해 민주주의에서 헌법 재판을 운용하는 주요 각국과 한국 권위주의 시기 역대 헌법재판을 대표유형으로 고찰해 공존의 이유를 특수한 형태들로 추상화해 본다. 대표유형은 역사적 제도화 배경과 정치 적 운용에서 민주주의를 헌정주의와 공존시킨 각국의 상이한 요청에 따라 구분한다. 헌 법재판은 형식적 존재와 달리 기능적인 사용의 강력함과 빈도에 더욱 의존하는 점에서 흔 히 강한 헌법재판으로 평가되는 미국과 독일, 그리고 상대적으로 취약한 일본과 1974년 이전 프랑스[3]를 중심으로 개별 국가의 특수 요청에 따른 헌법재판의 역할이 비교된다. 그 결과 미국과 독일의 헌법재판이 민주주의 정치에 대한 상관적 역할로 정착되었음을 본다. 한국은 입법부 중심의 구성과 운용으로 정치와의 관계적 역할로 진전되지 못한 1공 화국 헌법위원회, 자율성, 즉 사법의 독립성을 넘어 정치를 사법으로 판단하기 위해 정치 에 종속되지 않고 정치와 거리를 둘 수 있는 상대적 자율성이 외형적으로만 부여된 취약 기반에서 정치와 대화하지 않은 결정으로 파국적 충돌을 부른 3공화국 대법원을 살핀다.

이를 판단 준거 틀로 삼아 한국의 현행헌재 성립기의 민주적 토대를 돌아보고 이 토대 가 민주주의와 헌정주의의 긴장 해법에 기여할 수 있는지 본다. 민주화의 헌재구상에서 헌정주의와 민주주의의 정합적 단면들은 분명히 있었다. 87년 헌재는 권위주의의 권력집 중으로 형해화된 헌정주의를 치유 복원해 민주주의를 실현하는 수단으로 모색되었기 때 문이다. 무엇보다 민주화 이후 권력교체의 유동성에 대비해야 했던 구권위주의세력 스스 로 정치협상을 통해 헌재를 제안하게 만들었고 지배정치세력 간 이해관계의 필연적 절충 요청이 손쉬운 전격적 합의를 가능케 했다. 헤게모니유지 혹은 장래보장이론이 이런 이 해를 일정부분 뒷받침할 수 있다. 헌법재판제도의 세계적 확산에서 확인되는 지구촌 수 준의 보편이념도 87년 헌법재판과 민주주의의 정합성 주장에 힘을 실어준다. 그 정합성 은 민주주의와 법치의 결합이 한국에서 현실화한 것으로 충분히 확인된다. 그럼에도 결 국 87년의 민주적 기초는 오늘날 헌법재판의 정당성 해명에는 불충분한 토대인 것으로

---

3) Arend Lijphart, *Patterns of Democracy: Government Forms and Performance in Thirty-Six Countries*, New Haven: Yale University press, 1999, 225-227.

판명된다. 그 이유는 이렇다.

우선 87년 지배세력은 정치에 대한 헌재의 상관적 지위를 의도적으로 유보했다. 헌재는 장래 예견된 정치적 불확실성에 대한 대안으로 고려되지만 동시에 정치위협적 제도로도 이해됨으로써 제도 구체화작업에서는 막연한 전망이 지배한다. 당시 여야의 합의안은 독일연방헌법재판소와 직전 4, 5공화국의 헌법위원회 모델에서 정치 위협적 요소를 제거한 기능들만 편의적으로 추출했다. 국회의 우위가 입법형성권 침해에 대한 방어기제로 제도화한 가중다수결 위헌정족수, 유명무실했던 헌법위가 남긴 비상임직 답습, 결정 실효성을 담보할 규정의 배제 그리고 사법에서 대법원과의 상충적 지위를 방치하고 묵인한 지위설정이 그것이다. 이 모호한 지위설정은 역할에 대한 성찰 결여가 아니라 정치와의 관계적 지위를 유보시킨 의도였다. 그 불분명한 지위는 민주주의에서 헌재의 운신에 지장을 초래했다. 정치의 이중적 의도가 만든 모호한 헌법적 지위는 정치와의 배분된 기능적 한계라는 관점에서 역할과 정당성의 연결고리를 찾을 수 없게 만들었다. 정치적 사법에 배분된 기능의 한계확인이 불가능함으로써 민주주의에서 정치에 대한 역할한계를 뚜렷이 설정하는 방식으로 정당성을 해명하지 못하게 된다. 형식적으로 마련된 일련의 민주적 정당성 보강장치들도 제도 존속과정에서 역기능이 드러나거나 부실 운용되고 있다. 삼권의 균형적 대표적 선임에 의한 구성은 헌법재판관이 정치교착에서 정치투쟁의 대변자 이상이 되지 못함으로써 대표적 선임에 의한 정당성형식은 단지 파당이해관계의 대변 형태로 비쳐진다. 재판관 인사청문도 정치교착에서 민주적 동의에 갈음하는 기능이 아니라 정치적 압박수단으로 의도가 굴절되고 변질된다. 재판관의 단기임기와 결합된 연임제도 대통령 그리고 국회가 만든 파당적 갈등구조에서 확인된 임명에서의 강한 영향력으로 예정된 취약성을 드러낸다.

그럼에도 헌재는 정치와의 관계적 역할로 확인됨으로써 권력분립체계의 상시적 불균형이 내재된 한국대통령제에서 민주주의가 체계안정화를 위해 허용한 제도로 판명된다. 헌법재판은 이해관계 갈등의 다수제 합의인 대표의 입법과 정책이 민주주의의 불안정을 방치하거나 대표가 민주적 책임이 지닌 정치적 위험부담으로 결정을 하지 못하는 민주주의 운행부전에서 다수결정에 대한 헌법적 의문을 검토하고 다수결정을 만들기 위한 헌법적 근거를 확인하고 있다. 대표의 결정이 다양한 민주주의의 이해관계에 관한 실체적 합의나 조정이 아니거나 합의나 조정 자체가 시도되기 어려운 경우에 민주적 권능행사를 국민주권적 의사에 접근시킨다. 민주주의의 부전을 막고 균형으로 정상화시키는 그 역할은 대표의 대행이나 적극적 정치형성과는 다르다. 정치와 일정한 거리를 두고 대표 스스로의 해결을 기다리던 헌재는 일상화된 정치교착이 전가한 민주적 책임에 빈번히 직면하면서 정치와의 헌법적 대화를 찾는다. 대표가 다가올 선거나 일상정치의 지배권 장악에 장애가 될 민주적 책임과 결부된 판단문제의 위험부담으로 정치문제를 헌법문제로 전이시켜 헌재가 판단하도록 만든다면 정치와 헌법재판은 헌법적으로 대화할 수밖에 없다. 일방적 정치형성이나 사법자제가 아닌 그러한 헌법적 대화를 통해 헌재는 의도적으로 유보된 지위의 한계를 극복해 굳이 제4의 권력과 같은 애매한 지위로 설명되지 않더라도 민주주의에서 승인받게 된다.

말미에는 헌재 출범 직후부터 최근의 개헌논의까지 법원 측과 그에 동조하는 일부 정치권 그리고 일부 개혁적 대안론이 지속적으로 주장하는 대법원의 사법심사 담당론 내지 헌법재판 흡수통합론을 살핀다. 헌법재판의 민주적 정당성 해명 이전에 제기되는 그러한 흡수통합론은 사법기관인 대법원에 민주적 정당성 확인의 부담만 가중시키는 자기부정적 한계를 지니는 것으로 기관이기주의가 만든 시기상조의 결론일 수 있다. 대법원이 헌법재판을 맡겠다는 주장은 헌재가 지닌 다음과 같은 현재적 의미를 간과한 것이다. 헌정주의와 민주주의의 병존적 의지를 반영한 이념적 토대, 정치로부터의 헌법보장기관의 상대적 자율성 확보의 필요, 헌법문제 전담기관의 요청, 국민적 접근 가능성의 보장이라는 관점이다. 이로 볼 때 흡수통합론은 한국 민주주의의 안정화를 위한 특수역을 맡는 헌재의 역할 정당성에 대한 선행검토 필요성을 읽지 않는 논리일 뿐이다. 오히려 정치와 공존하는 헌법재판에 요청되는 정당성 보강을 위해 필요한 것은 사법 내 역할조정이 아니라 재판관 구성에서 정치와 헌법재판의 민주주의적 이해 공유에 필요한 정치이념적 다양성을 반영할 체계개선, 즉 국회선임지분의 확대와 대법원장 지명권의 폐지다.

Ⅱ. 민주주의의 헌법재판 논의

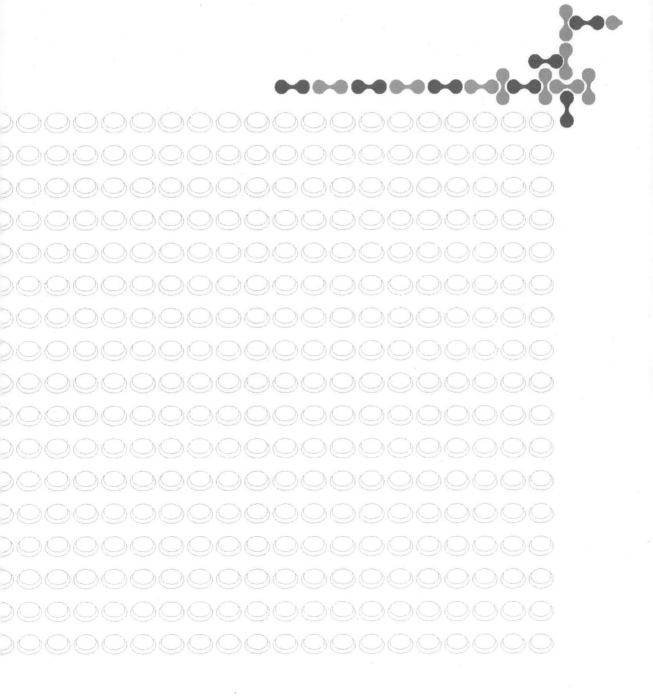

1. 미국 중심의 사법심사론

(1) 사법자제와 해석 패러다임

미국의 법원 특히 연방대법원(Supreme Court)의 사법심사(judicial review)[1]는 당해 사건에서는 입법적 다수에 의해서도 수정될 수 없는 최종 헌법해석이다. 따라서 법관의 헌법해석은 민주적 대표에 의한 자기지배체계를 위협한다는 의미에서 강한 위헌심사로 민주적 자기지배와 긴장관계에 있다.[2] 그래서 의회입법이나 행정부정책의 위헌성을 판단하는 최종 헌법해석권을 법원이 보유한다고 선언한 1803년의 마버리(Marbury v. Madison) 판결 이후 사법심사에 대한 평가는 대체로 민주적 지배와 긴장하는 사법심사의 정당성의 의문을 추적하는 것이 된다.[3]

사법심사와 민주주의의 부정합성에 대한 인식 차이에서 출발한 대립을 중심으로 사법심사 찬반론은 2백 년 이상 부단히 확산 재생산된다. 사법심사는 늘 헌법정치적 논란의 중심에서 중대 헌법이슈에 관한 연방대법원 판결이 있을 때마다 끊임없이 강한 비판 혹은 사법심사가 추구할 원칙을 찾아 정당화하려는 대안논의를 촉발시킨다. 정치권이 다루

---

1) 미국의 사법심사(judicial review)는 의회입법이나 행정부행위의 위헌성을 법원이 심사하는 기능 혹은 제도다. 이는 모든 사법적 재판기능을 말하는 것이 아니라 개별재판에서 입법이나 행정의 행위에 대한 위헌성판단으로서의 헌법적 심사다(Charles L. Black Jr., *The People and the Court: Judicial Review in a Democracy*, New York: The Macmillan Company, 1960, 2-3). 그래서 헌법적 심사인 사법심사는 위헌심사(constitutional review) 혹은 헌법재판(constitutional adjudication)과 동일 의미다. 굳이 구분한다면 사법심사는 사법부에 의한 그리고 사법적 방식에 따른 심사인 점에 주안점을 둔 반면, 헌법재판은 사법부 혹은 별도의 헌법기관에 의한 심사를 구분하지 않고 헌법적 심사에 중점을 둔 표현으로 볼 수 있지만 별도 헌법기관인 헌법재판소도 사법기관이므로 그런 구분의 의미는 거의 없다. 다만 위헌법률심판에 더하여 탄핵심판, 기관쟁송, 위헌정당해산심판과 같은 국사재판의 관장영역까지 포함하면 흔히 사법심사보다는 헌법재판이라 칭하므로 헌법재판은 더 폭넓은 개념일 수 있다. 그러나 입법이나 행정의 위헌성판단은 물론이고 국사재판적 영역도 헌법적 심사인 점에서 사법심사, 위헌심사, 헌법재판 사이의 개념적 차별성은 적다. 미국은 사법심사, 독일이나 한국은 헌법재판, 그리고 이를 아우르는 경우 헌법재판 혹은 위헌심사로 불리지만 흔히 혼용된다.

2) Mark Tushnet, *Weak Courts, Strong Rights: Judicial Review and Social Welfare Rights in Comparative Constitutional Law*, Princeton: Princeton University Press, 2008, 16, 20-22, 33.

3) 첫 사법심사 이후 백여 년이 지난 뒤 코윈(E. Corwin)이 정리한 것처럼 사법심사의 민주적 정당성 논의는 이념적 지지 혹은 반대, 즉 사법심사를 권리침해행위로 보는 진보주의, 헌법이 사법심사권력을 특별히 부여했다고 보는 보수주의, 헌법비준 이후 일련의 사건에서 그 원리가 발견되므로 사법심사의 근원을 굳이 마버리 판결로 소급할 필요가 없다는 법이론, 헌법기초자(Founding Fathers) 상당수가 제헌회의기간 전후로 사법심사를 추구했다고 보는 역사적 관점, 그리고 사법심사를 제헌기의 보편이념의 필연적 산물로 보는 또 다른 역사적 관점과 결합되었다(Edward S. Corwin, *The Doctrine Of Judicial Review: Its Legal And Historical Basis And Other Essays*, Princeton: Princeton University Press, 1914, 1-2).

기 꺼렸던 노예제 문제를 헌법적으로 다룸으로써 연방 분열을 초래했다는 오명을 만든 19세기 중반 드레드 스코트(Dred Scott v. Sanford) 판결, 그로 인한 남북전쟁(Civil War) 이후 재건기(Reconstruction Period)를 거치면서 급격한 산업화가 만든 정치사회 갈등 속에서 경제활동의 자유를 제한한 규제입법을 거부한 20세기 초 로크너 시대(Lochner era)의 일련의 판결들, 1930년대 대공황 극복을 위한 정부와 의회의 결정에 맞선 자유방임주의 입장으로 결국 노골화된 정치의 반격을 자초한 뉴딜(New Deal) 시기 판결들, 1950년대 이후 시민권확립을 위한 급진적 결정들로 보수와 진보의 정치사회적 갈등을 야기시키고 제왕적 사법부로 비판받게 된 워런대법원(Warren Court)의 판결들이 초래한 비판과 정당화의 담론은 헌법이슈에서 헌법을 이해하는 방식과 결합된 사법심사의 정당성 문제를 헌법논의의 큰 부분으로 만들었다.[4)]

사법심사 비판론은 대체로 위임받은 정치의 형성력이 보장되어야 할 민주적 지배의 우위를 강조하면서 사법심사가 정치의 형성력을 제약하는 상황에 대한 오늘날의 해석법을 거치면서 정치적 민주주의와 헌정주의의 긴장을 바라보는데 이로써 민주주의와 헌정주의 간의 긴장에 관한 이해는 미국에서 분명히 형성된다. 헌법기초를 주도한 매디슨(J. Madison)은 선출된 소수대표에 정부운영을 위임한 오늘날의 대의민주제를 추구한 당시 헌법기초자의 의도를 공화정(republic)으로 이해했다.[5)] 그 이해에서는 사법부도 엘리트주의적이고 귀족주의적 기관으로 지배자와 마찬가지로 공화주의의 산물이다. 헌정주의적 권력분립에 기반을 둔 대의제와 제헌 직후부터 사법부에 의한 심사를 용인한 이념은 모두 공화주의였지만 미국에서 민주적 대표를 제약하는 사법심사는 민주주의에 부합하는 제도인지의 형태로 의문시된다. 민주주의의 통치기제로 대의제와 권력분립을 받아들인 공화주의가 권력분립기관인 법원에 의한 헌정주의 장치인 사법심사가 민주주의를 제약한다고 이해하면서 헌정주의와 민주주의의 긴장이라는 대립구도를 확인한다. 공화주의를 표방한 미국에서 사법심사가 민주주의에 대한 위협으로 인식된 것이다. 실질은 민주주의

---

4) Robert Dahl, *How Democratic Is the American Constitution?*, New Haven: Yale University Press, 2001, 55, 152-154; 최장집, "민주주의와 헌정주의: 미국과 한국", 로버트 달(Robert Dahl), 『미국헌법과 민주주의』, 박상훈·박수형 역, 서울: 후마니타스, 2005, 7-69; 오승용, "미국 헌법은 얼마나 민주적인가: 로버트 달의 미국 민주주의에 대한 성찰", 『정치비평』, 한국정치연구회, Vol.13, 2004, 295-330; Keith E. Whittington, *Constitutional Interpretation: Textual meaning, Original intent, and Judicial Review*, Lawrence: University Press of Kansas, 1999, 17.

5) Alexander Hamilton, James Madison and John Jay, *The Federalist Papers*, Clinton Rossiter (ed.), New York: New American Library, 2003, No. 10, p.76; Robert Dahl, *How Democratic Is the American Constitution?*, 2001, 11, 159-162; Robert Dahl, *A Preface to Democratic Theory*, Chicago: The University of Chicago Press, 2006, 155-157; 최장집, "민주주의와 헌정주의", 2005, 35-36.

를 표방한 공화주의가 공동체에서 객관적 공공선을 진전시키기 위해 국가가 어떻게 민주적 통치방법을 이용할 수 있는지를 찾았더라도 현재적 다수에 의해 표현된 욕망을 대체하는 것이 왜 정당한지에 대한 질문을 통해 민주적 다수지배 이상의 어떤 것이 지닌 민주적 정당성 문제를 상기시키게 된 것이다.[6] 그 결과 공화주의적 대의제와 충돌하는 사법심사는 민주주의, 즉 인민의 자기지배에 대한 장애로 지목됨으로써 사법심사를 통한 법의 지배로서의 헌정주의와 민주주의의 긴장이 확인된다.

초기 문제의식은 민주주의와 사법의 긴장보다는 오히려 삼권 내 사법의 권력분립적 한계라는 형태로 시작된다. 즉, 초기 대법원은 헌정주의와 민주주의의 긴장이라는 관점을 충분히 읽고 대응했다고 보기 어렵다. 당시 연방대법원을 지배한 관념은 대체로 권력분립적 관점의 최소개입이기 때문이다. 비선출 종신직 대법관이 정치적 기관의 결정에 가능한 한 개입하지 말고 의회나 행정부가 명백하게 불합리한 결정을 하지 않는 한 헌법문제에서 그 결정을 유지하자는 것이다. 이는 사법부의 위상도 우려한 안전장치였다.[7] 최소개입은 정치와의 갈등을 초래하는 사법부의 권한한계를 지적하는 데 주안점을 둔다. 법원은 정치적 기관이 그 영역에서 만든 실체적 정책결정을 심사할 권한이 없고 심사한다면 입법이라고 비판된다. 법원은 정치가 추구하는 가치에 관한 갈등을 해결해서는 안 되고 각 기관 간 권위의 헌법적 배분의 유지에 기능을 제한해야 한다. 법관은 정치적 동의에 이른 갈등의 결론인 법, 즉 공공의사의 수도꼭지(mouthpiece)에 불과하다.[8] 이는 사법심사와 국민대표 간의 갈등에 주목했더라도 사법심사에 갈등책임을 전가하기보다는 주로 기능한계를 지적할 의도였던 점에서 민주주의와 헌정주의의 긴장을 직접 말한 것은 아니다. 사법심사 비판과 지지는 그렇게 정치에 대한 사법의 태도 혹은 기능적 한계, 즉 대법원이 헌법적 이슈를 판단함에서 지녀야 할 한계에 관한 논의로 대립적 입장을 형성하기 시작한 것이다. 민주주의에서 판단수준이나 기능적 역할을 조절해야만 하는 연방대법원의 태도 딜레마는 그래서 주로 법원이 논란을 빚는 기능을 자발적으로 포기해야 한다는 사법자제(judicial self-restraint)를 둘러싼 정치적 입장 대립과 궤를 같이한다.[9]

---

6) Paul W. Kahn, *Legitimacy and History*, 1992, 1.

7) James B. Thayer, "The Origin and Scope of the American Doctrine of Constitutional Law", *Harvard Law Review* 7(1893), 129; Christopher Peters and Neal Devins, "Alexander Bickel and the New Judicial Minimalism", Kenneth Ward and Cecilia Castillo (eds.), *Judiciary And American Democracy: Alexander Bickel, the Countermajoritarian Difficulty, And Contemporary Constitutional Theory*, Albany: State University of New York Press, 2005, 47.

8) Learned Hand, *The Bill of Rights*, Cambridge: Harvard University Press, 1958, 72-73; Learned Hand, "The Contribution of an Independent Judiciary to Civilization", I. Dilliard (ed.), *The Spirit of Liberty*, New York: Knopf, 1952, 155-165; Paul W. Kahn, *Legitimacy and History*, 1992, 137-138.

대법원의 역할을 어떻게 이해할지에서 이론적 입장은 세분화된다.[10] 그런 분류의 토대는 대체로 헌법해석에 관한 입장 차이다. 헌법해석이 사법심사에 관한 이론구성의 핵심이기 때문이다. 헌법해석은 사법부 행위를 안내하는 것이기 때문에 사법심사에 관한 이론들의 출발점이었다. 사법의 정당성은 해석에 달려 있기에 제도로서의 사법심사의 정당성도 특수한 해석기준의 채택과 관련된다.[11] 원본주의(originalism), 즉 헌법기초 당시의 언어적이고 역사적인 관점을 중시하는 원본주의에 대한 찬반이 대립적 입장의 핵심판단기준이 된다. 원본주의는 헌법기초 당시의 의사에 관한 원본적 이해가 하나일 수 없고 당대의 정치적 선조들이 말하려 했던 것이 하나일 수도 없다고 말하는 비원본주의와의 대립을 통해 지배적 헌법해석 패러다임이 된다. 이 원본주의는 사법적 최소개입주의와 결부되었다. 원본주의는 상대적으로 작고 수동적인 사법부의 역할을 말함으로써 최소개입에 동조하기 때문이다.[12] 이 점에서 원본주의는 최소개입론과 크게 다를 바 없지만 사법심사의 정당성이 헌법해석 문제임을 알려준 면에서는 중대한 의미를 던진다. 헌법해석 방법이나 패러다임에 따라 법원의 역할이 결정됨으로써 사법심사와 민주주의의 관계 논쟁이 헌법해석방법 논쟁과 직결되게 만들었기 때문이다.[13]

원본주의논쟁과 거의 동일시되는 해석주의논쟁, 즉 헌법이슈를 판단하는 법관이 헌법에 명시되거나 뚜렷하게 내재된 규범에만 의거하자는 해석주의(interpretivism)와 그런 준

---

9) Charles L. Black Jr., *The People and the Court,* 1960, 1; Jesse H. Choper, *Judicial Review and the National Political Process: A Functional Reconsideration of the Role of the Supreme Court*, Chicago: The University of Chicago Press. 1980, 1-3.

10) 헌법을 최선의 상태로 유지하려는 완전주의(perfectionism)는 헌법문맥을 중시하면서 표현의 자유, 평등보호, 대통령권력 등 근본문제에 대한 신념을 가지고 헌법을 해석한다. 다수제주의(majoritarianism)는 민주적 정치과정에서 선출된 대표의 판단을 존중해 대법원의 역할축소를 주장한다. 최소개입주의(minimalism)는 헌법판단에서의 점진성을 주장하며 대법원이 광범한 어젠다 추진이나 새로운 권리와 자유를 무분별하게 옹호하는 것에 반대한다. 근본주의(fundamentalism)는 현실의 민주주의나 권리와 상충되더라도 헌법은 헌법비준 당시의 의미대로 원본에 가깝게 해석해야 한다고 본다(Cass Sunstein, *Radicals in Robes: Why Right-Wing Courts Are Wrong for America*, New York: Basic Books, 2006, pref.).

11) Keith E. Whittington, *Constitutional Interpretation*, 1999, 2-3, 14.

12) 원본주의와 최소개입의 상관관계는 부정되기도 하지만 대체로 인정된다; 박성우, "민주주의와 헌정주의의 갈등과 조화: 미국헌법 해석에 있어서 원본주의 논쟁의 의미와 역할", 『한국정치학회보』, 한국정치학회, Vol.40, No. 3, 2006, 55-78; 함재학, "드워킨의 헌법사상: 헌법적 통합성과 파트너십 민주주의", 『법철학연구』, 한국법철학회, 제12권 제1호, 2009, 190-195; Michael J. Perry, *The Constitution in the Courts; Law and Politics?*, New York: Oxford University Press, 1994, 54; John H. Ely, *Democracy and Distrust: A Theory of Judicial Review*, Cambridge: Harvard University Press, 1980, 1; Keith E. Whittington, *Constitutional Interpretation*, 1999, 167-168; Paul B. Cliteur, "Traditionalism, Democracy, and Judicial Review", Berd van Roermund (ed.), *Constitutional Review: Theoretical and Comparative Perspective*, Deventer: Kluwer, 1993, 67.

13) 윤명선, 『미국입헌정부론』, 서울: 경희대학교출판국, 2009, 346.

거를 넘어 헌법전에서 발견될 수 없는 규범도 집행해야 한다는 비해석주의를 둘러싼 논쟁도 사법심사론의 핵심이다. 대표의 우위를 인정해 대법원의 사법자제를 강조하는 입장은 헌법 문리해석을 강조하는 해석주의와 친하다. 해석주의에서 법관은 헌법의 규범적 해석자로서 헌법으로 수권된 대표를 통한 인민의 자기지배에 개입하지 않아야 한다. 반면, 대표의 정치를 보완해야 한다는 입장은 사법개입을 정당화하기 위해 상대적으로 헌법이면의 목적까지 강조한 비해석주의로 기운다. 즉, 사법적 결정에 이르기 위해 헌법규범 해석에 머물지 않고 헌법 밖의 원리로 헌법규범을 보충하는 다양한 시도를 통해 해석주의와 비해석주의가 대립한다.14) 그럼에도 해석주의나 비해석주의 같은 전통적 헌법이론은 민주주의에서 사법의 특별한 역할이 민주적 가치를 존중하는 것이기에 비록 입법적 결정을 대체하는 것이더라도 정당화될 수 있다고 봄으로써 사법심사의 정당성 해명과 무관하지 않게 된다. 다만 사법심사는 근본적으로 민주적 가치와 차이가 있기에 특별한 혹은 예외적인 정당성의 근원이 필요하다고 봄으로써, 민주적 과정에 대한 사법적 제한이 성문헌법이나 헌법적 계획이라는 준거 안에 머물러야 하는지 혹은 반드시 그에 머무를 필요는 없는지의 차이만이 있을 뿐이다.15)

그러나 해석주의나 비해석주의 같은 헌법해석 방법논쟁은 사법심사의 정당성 해명으로는 한계도 있다. 페리(M. Perry)의 지적처럼 이들은 법과 정치를 갈등으로 보는 사고 그리고 그 속에서 헌법재판을 법이 아닌 정치로 이해하고 그 탈정치성에서 정당성을 찾으려는 발상이기 때문이다. 그렇게 본다면 헌법해석 문제가 사법심사를 둘러싼 법과 정치에 관한 대립적 입장을 나누는 분기점이라고 말할 수는 없다. 즉, 헌법논쟁의 가장 중요한 문제가 원본주의와 비원본주의 혹은 해석주의나 비해석주의 간의 대립이라고 볼 수 있는지 의문이 들게 된다. 그 대립에서는 헌법적 지시에 관한 계속적 믿음을 유지하는 대표적(representative) 기능인 사법심사가 미국 정치공동체의 자기비판적 합리성의 주요제도임에도 정치와 법에 관한 결합적 사고의 필요성은 간과된 채 일방적으로 헌법재판의 정치성을 비판하기 때문이다.16) 그렇다면 원본주의 논쟁은 헌법해석론만으로 쉽게 사법

---

14) 양건, "미국의 사법심사제와 80년대 한국의 헌법재판: 사법적극주의론과 관련하여", 『서울대학교 법학』, 서울대학교 법학연구소, Vol.29, No. 3,4, 1988, 82-84; 이재명, "미국의 사회변동과 헌법의 변화", 『미국헌법연구』, 미국헌법학회, Vol.7, 1996, 243-336; 박성우, "민주주의와 헌정주의의 갈등과 조화", 2006, 55-78; 이국운, "민주 헌정과 정당성 관리: 위헌법률심사의 한미 비교", 『공법학연구』, 한국비교공법학회, 제10권 제1호, 2009, 258; John H. Ely, *Democracy and Distrust*, 1980, 1-41; Keith E. Whittington, *Constitutional Interpretation*, 1999, 164.

15) Terri J. Peretti, *In Defense of a Political Court*, Princeton: Princeton University Press, 1999, 3-26.

16) Michael J. Perry, *The Constitution in the Courts*, 1994, 4-5, 82, 191, 203-204.

개입이 초래한 법과 정치의 관계를 일의적으로 포장해 사법심사의 정당성 문제를 우회하거나 사후적으로 정당화하는 것이다.

원본주의와 비원본주의의 대립을 통해 정치에 대한 사법의 최소개입이 지지되거나 혹은 비판된다는 관점도 적절치 않다. 원본주의가 작고 수동적인 법원의 역할을 의미하는 최소개입주의와 동일하지 않기 때문이다. 원본주의를 최소개입주의로 보는 입장은 법과 정치의 구분을 전제로 헌법재판은 정치를 행하는 것이라고 보는 데서 출발한다. 그런 원본주의는 법과 정치의 관계에서 헌법재판은 정치적이어서는 안 되고 법적이어야 한다고 본다. 그들은 원본주의는 정치가 아니라 법적인 헌법재판을 수행하는 것이라고 믿기 때문에 원본주의를 최소개입주의라고 생각한다.[17] 그러나 헌법재판은 정치와 대화관계에 있는 정치의 부분임이 간과되어서는 안 된다. 헌법재판은 법적 해석과정과 정치적 법형성 과정을 모두 포함하는 것이어서 오로지 법이거나 오로지 정치인 것만은 아니다. 그렇다면 현대 헌법이론 논쟁의 핵심적인 문제가 원본주의 대 비원본주의 혹은 주석주의 대 비주석주의의 문제만이 아님도 분명하다.[18] 헌법재판의 정당성도 그 정치적 법형성을 포함한 결합적 사고에 따라 실체가 판명되게 된다.

(2) 사법심사 정당화의 방법들

사법심사 정당화론은 민주주의에서 대표와 사법심사 간의 긴장의 존재를 인정하는데서 출발한다. 달(R. Dahl)이 말하듯 민주주의에서 결정함에도 민주적으로 통제받지 않는 사법심사는 정치적 과정에 의해 실현되어야 할 권리와 이익을 사법적 수호자들에 의존하게 만들어 민주적 과정의 영역을 좁히는 의사(擬似)수호자다. 그런 사법적 수호자에 의한 통치는 자율적 정치질서로서의 민주주의와 거리가 있다.[19] 다만 사법심사는 민주주의와의 원리적 충돌을 넘어 정당화 근거도 드러낸다. 사법심사는 장기적으로는 의회다수파로 대표되는 민주적 의지를 방해하는 것일 수 없고, 오히려 지배적 국가연합(dominant national alliance)의 일원으로 행동한다는 것이다. 블랙(C. L. Black)의 관점에서도 사법부는 비록 성급하거나 현명하지 못한 입법을 무효화하더라도 이는 동시에 유효화 기능이기도 하므로 사법은 제한정부에서 입법이 정당한 한계 내에 머물게 하는 통치정당성 확인기관

---

17) Michael J. Perry, *The Constitution in the Courts*, 1994, 4-5, 28, 53-55, 83.

18) Michael J. Perry, *The Constitution in the Courts*, 1994, 7, 82, 199-204.

19) 로버트 달(Robert Dahl), 『민주주의와 그 비판자들』, 조기제 역, 서울: 문학과지성사, 2008, 360-370.

(legitimator)으로서 인민을 만족시키는 수단이다. 사법심사는 정부가 제한된 권력 내에 있는지를 인민에게 확인시켜 정부를 정당화함으로써 인민의 의사에도 부합하는 수단이다. 그래서 궁극적으로는 인민의 의사를 충족시키는 수단으로 정당화된다.[20] 결국 소극적으로 사법심사가 민주적 지배와 달리 행동할 수 없다고 보든, 사법심사가 민주주의에서 지닌 적극적인 인민적 역할을 강조하든 이들 모두는 사법심사가 민주주의에서 정당화된다고 말하는 것이다.

이렇게 미국에서 사법심사의 제도와 기능을 정당화하는 논의는 적지 않다. 사법이 정치에 종속된다는 달의 입장도 정당성 관점에서는 정치적으로 임명된 대법관이 정치적 선호를 반영하고 결정의 정당성에 대한 국민의 수용 가능성에 의존한다고 본다. 사법심사는 정책결정과정의 민주적 기능에 본질적이고 필수적인 권리들을 관리하는 제도로 인정된다.[21] 때로는 헌법적 수권이라는 사법권의 정당성을 근거로 사법부의 민주적 정당성이 이미 헌법적 수준에서 주어졌다고 간주되기도 하고, 때로는 법관임명을 정당화하는 절차를 통해 국민여론이 간접 관여한다는 의미로 사법부의 제도적 정당성이 인정되거나 재판을 통한 헌법이나 법률의 해석과 적용의 기능적 정당성이 인정된다. 이들 정당화는 대체로 사법심사가 민주주의의 실질가치를 중시함으로써 자유와 평등과 정의를 실현시키는 제도라고 본다. 제한적 민주주의의 보루라거나 헌법 자체가 다수의 전제로부터 소수를 보호하기 위한 실질적 가치로 규정되어 있다고 봄으로써 사법심사를 정당화한다. 그래서 종국에는 대의민주주의에서 인민의 정부를 위한 수단이나 도구의 일종으로 이해된다.[22]

이들은 비판과 검증을 거쳐 나타났다. 우선 비판적 인식은 법학 연구풍토에 있었다. 대륙법계든 영미법계든 법을 법 자체의 객관성과 안정성의 관점으로 보는 견해와 반대로 법을 사회나 정치의 관점으로 이해하려는 시도가 대립했다. 법학 연구에서 법의 안정성과 객관성을 가정하는 19세기 말 형식주의(formalism)는 하나의 큰 흐름이었다. 그리고 그에 대한 반발도 세계적 흐름이었다. 미국에서는 판례 중심 방법론(case method) 같은 형식주의에 대한 반발로 20세기 초부터 사회학적 법학이 사회적 총체성 안에서 법의 역

---

20) Robert Dahl, "Decision-Making in a Democracy: The Supreme Court as a National Policy-Maker", *Journal of Public Law* 6(1957), 293; Charles L. Black Jr., *The People and the Court*, 1960, 52, 86, 117, 223-224; Terri J. Peretti, *In Defense of a Political Court*, 1999, 170; Keith E. Whittington, *Political Foundations of Judicial Supremacy: The Presidency, the Supreme Court, and Constitutional Leadership in U.S. History*, Princeton: Princeton University Press, 2007, 152-153.

21) Robert Dahl, "Decision-Making in a Democracy", 1957; 로버트 달(Robert Dahl), 『민주주의와 그 비판자들』, 2008; Robert Dahl, *How Democratic Is the American Constitution?*, 2001, 153-154.

22) 윤명선, 『미국입헌정부론』, 2009, 343-345; Leonard W. Levy (ed.), *Judicial Review and the Supreme Court*, 1967.

할을 이해하려 했고, 법현실주의(legal realism)나 비판법학자(critical legal theorists)는 법관이 지닌 정치적 관점을 중시했다. 특히 법현실주의자나 비판법학자는 법과 정치의 구별에 도전하면서 법관을 정치적 관점에서 보았다. 이들 모두는 법관이 객관적 법원칙에 따르는 것이 아니라 자신들의 내적 선호에 따라 정책을 만든다고 주장했다. 그래서 20세기 초 로크너 시대에 이루어진 빈번한 사법심사는 법 안에 만연한 잘못된 개념의 최종적 표현이라고 보았다. 그들은 개인의 권리에 관한 실체적 이론이든 그 권리들을 사법부가 옹호하기 위해 특수한 상황에 일반원칙을 기계적으로 적용해야 한다고 보는 절차적 관점이든 모두 잘못되었다고 보았다. 법관은 사적 논쟁을 발생시키는 사회적 상황의 부분이다. 따라서 법관은 그런 갈등에 외적 원칙을 부과하는 중립적 중재자가 될 수 없다는 것이다. 이는 사법적 정책결정에서 자발적이고 자유로운 재량을 지닌 법관의 선택이라는 요소를 무시하거나 은폐하고 순수한 기계적 논리의 요소만 강조하는 형식주의에 대한 반란이었다. 법관이 단순히 법을 말하는 입이어야 한다는 전통적인 몽테스키외 교의는 부정되었다. 법관의 자유로운 선택은 추상적 논리의 논증만이 아니라 정치, 경제, 사회적 논증도 사용하고 있다고 간주되었다.[23]

이들은 해석주의나 비해석주의 같은 전통적 헌법이론이 말하는 기본전제를 부정한다. 사법심사와 민주적 가치를 화해시키려고 시도하는 중립주의적 가정을 부정했다. 헌법해석에 관한 중립적 혹은 객관적 이론이 사법적 선택을 통제하고 법관의 개인적 가치가 헌법적 결정에 영향을 주는 것을 막고 있다고 보는 해석주의나 비해석주의 같은 전통적 헌법이론의 가정을 부정했다. 이들은 법관의 정치적 혹은 경제적 이데올로기로부터 독립해서 결정을 산출할 수 있는 법적 논증방법이 있다는 법적 자율성 개념을 거부하면서 헌법해석이란 해석자의 개인적 신념, 정치상황 그리고 공유된 사회적 이해에 의해 필연적으로 주관적일 수밖에 없다고 본다. 결국 헌법텍스트이든 어떤 헌법해석이론이든 사법권력을 통제할 수 없다는 것이다. 그래서 민주주의에서 사법심사의 정당성 논쟁은 본질적으로 해결할 수 없는 것이라 본다. 헌법해석은 항상 필연적으로 주관적이므로 모든 사법심사는 자의적이고 정당성이 없다는 것이다.[24] 그러나 법에서의 정치사회적 요소를 강조한 이 반발들은 근본적으로 법학 연구다. 법현실주의나 비판법학이 재판관 결정에 내재된

---

23) Mauro Cappelletti, *The Judicial Process in Comparative Perspective*, Oxford: Clarendon Press, 1991, 9-10; Terri J. Peretti, *In Defense of a Political Court*, 1999, 37-38; Keith E. Whittington, *Constitutional Interpretation*, 1999, 18-19; 이러한 흐름은 독일에서도 물론 발견된다. 독일에서도 개념법학에 반발해 법이 어떤 이익을 보호하는지를 강조한 이익법학(Interessenjurisprudenz)이나 자유로운 법의 발견을 주장하는 자유법학파(Freirechtsschule)로 대변되는 형식주의에 대한 반발이 있었다.

24) Terri J. Peretti, *In Defense of a Political Court*, 1999, 36-39, 51.

사회정치적 판단을 말하더라도 이는 법원이 산출한 법적 교의에 주로 주목하는 것일 뿐이다.

그와 달리 미국에서 1960년대 초부터 등장한 정치법학(political jurisprudence)은 대표적인 헌법정치학적 사법심사 정당화론이었다. 이는 법과 정치의 이원론을 극복한 미국적 방법이다. 공법정치학의 광범한 연구전통과 결합하면서 공법학, 법철학, 정치학의 경계를 넘은 샤피로(M. Shapiro)의 방법론은 정치법학의 사법심사연구에서 지배적 경향이 된다. 정치적 결과로서의 정책에 대한 사법심사의 효과를 탐구한 샤피로는 법원을 정책결정제도로, 소송행위를 정책투입 형태로 그리고 사례법을 정책산출 형태로 보면서 인민이 정책변화를 얻기 위해 사법부에 의뢰한다면 헌법정치학은 곧 입법정치학이고 헌법소송에 의해 제공된 기회를 이용해 법관이 사법적 결정을 만드는 방식으로 정책결정을 한다면 헌법재판은 입법적 정치행위라고 본다.[25] 이로써 법원과 법관이 갈등해결, 사회정책적 기능, 법형성을 통해 행정적인 혹은 일반적인 정치적 권위와 통합됨으로써 다른 정치기관과 마찬가지로 희소한 경제적 자원을 할당하거나 주요 사회정책을 설정하는 제도로 정치체제의 정당성을 강화하는 정치기능을 지닌다고 봄으로써 헌법정치연구에 관한 정치학적 방법론을 이끈다.[26]

법원과 법관을 다룬 사법정치학(judicial politics) 방법론은 1950년대 이후 오랫동안 정치학을 지배한 행태주의(behaviorism)에 토대를 두거나 이를 발전적으로 지양한 비교적 최근의 이론들에서 발견된다. 이들은 행태주의적 방법으로 주요 헌법이슈를 다룬 대법원의 판결분석을 통해 제도로서의 사법부보다 사법부 내 법관의 정책적 이념적 선호태도를 다루거나 실증주의 정치이론(positive political theory)의 시각으로 정치체계에서 사법부와 의회, 그리고 대통령의 상호작용을 비규범적인 합리적 선택으로 분석한다. 즉, 공법에 접근하면서 사법행태를 법적 규범이나 사법적 행동의 규범적 정당성이 아니라 개인적인 정치적 선호나 이해관계의 상호작용으로 설명한다.[27] 사법정치학은 사안에 따른 찬반의사

---

25) Martin Shapiro, *Law and Politics in the Supreme Court: New Approaches in Political Jurisprudence*, London: Free Press, 1964; Harry P. Stumph, Martin J. Shapiro, David J. Danelski, Austin Sarat, and David M. O'Brien, Whither Political Jurisprudence? A Symposium, *Western Political Quarterly* 36(1983), 533-70; Alec Stone Sweet, *Governing with Judges: Constitutional Politics in Europe*, New York: Oxford University Press, 2000, 25-26.

26) Martin Shapiro, *Courts: A Comparative and Political Analysis*, Chicago: The University of Chicago Press, 1986, 63.

27) Lee Epstein and Jack Knight, "Toward a Strategic Revolution in Judicial Politics: A Look Back, A Look Ahead", *Political Research Quarterly* 53:3(2000), 625-627; Jeffrey A. Segal and Harold J. Spaeth, *The Supreme Court and the Attitudinal Model*, New York: Cambridge University Press, 1993.

표시로서의 법관의 태도를 중시하는 태도모델(attitudinal model)과 법관이 정책목표를 위해 내적으로 전략적 상호작용을 하고 개인적 정책선호에 관한 법관의 행동에 대한 견제로 작용하는 외부적 제도를 중시하는 합리적 선택(rational choice)이론으로 대별되는데 이들 모두는 법관이 선출직 정치인과 마찬가지로 정치상황에서 작동한다고 말한다. 그중 사법정치연구에서 더 지배적이었던 태도모델은 대법관을 자신의 이데올로기적 태도에 따라 행위하는 통제받지 않는 정책결정자로 보고, 반면 대법관을 정교한 합리적 선택 행위자로 이해한 머피(W. Murphy)에서 출발한 합리적 선택이론은 대법관이 목표를 성취하기 위한 선택으로 다른 행위자의 선택에 대한 기대에 의존하면서 전략적으로 행위하며 그런 선택이 만들어지는 제도적 장치에 의해 구조화된다고 본다.[28]

보다 최근에 널리 퍼진 합리적 선택이론은 사법정치학의 주류라 보기는 어렵더라도 사법심사를 민주주의 내 제도들의 의존적 상관성을 중심으로 본 점에서 의미를 던진다. 합리적 선택이론에서 법관은 주로 법적 정책을 추구함에도 자신의 정치적 선호에만 기초한 선택이 아니고 목표성취를 위해 다른 행위자의 선호, 즉 다른 행위자가 추구하는 선택과 행위의 제도적 상황을 고려하는 전략적 행위자로 간주된다. 법관이 행하는 선택에서 개인적 이데올로기나 비정치적 법적 판단만이 아니라 전략적 행위가 중시된다. 사법적 정책결정에서 법관의 행위가 목표달성을 지향하고 전략적이며 제도가 법관의 상호작용을 구조화하므로 법관이 만드는 법은 법관 간 그리고 법원과 다른 정부기관 간 전략적 상호작용의 결과이고 따라서 법관의 목표는 사법의 제도적 정당성을 유지하는 것이라 이해된다. 이 제도적 정당성을 통해 사법부는 정치에서 신뢰할 만한 세력으로 각인된다.[29] 합리적 선택이론이 말한 상호작용을 통한 제도적 정당성은 민주주의에서 사법심사가 규범적 정당성에 의존하지 않고도 정당화될 수 있음을 보여준 것이다.

넓게는 모두 행태주의적 접근법으로 불리는 이들은 오늘날 사법심사연구의 큰 방향을 제시한다. 법관의 태도나 선택에 관한 행태주의적 사법심사연구는 정치학과 법학을 망라해 존속하고 특히 사법과 정치의 상호작용 연구는 중요한 방법적 기초를 대변한다.[30] 상호작용은 행태주의만의 전유물은 아니다. 행태주의와는 다른 입장에서 사법심사와 정치

<hr />

28) Walter F. Murphy, *Elements of Judicial Strategy*, Chicago: The University of Chicago Press, 1964; Jeffrey A. Segal and Harold J. Spaeth, *The Supreme Court and the Attitudinal Model*, 1993; Lee Epstein and Jack Knight, *The Choices Justices Make*, Washington, D.C.: CQ Press, 1998.

29) Lee Epstein and Jack Knight, *The Choices Justices Make*, 1998, pref, 10-18, 46.

30) Lawrence Baum, "Afterword: Studying Courts Formally", James R. Rogers, Roy B. Flemming and Jon R. Bond (eds.), *International Games and the U.S. Supreme Court*, Charlottesville: University of Virginia Press, 2006, 261-273.

의 관계를 이해하는 시각도 어렵지 않게 발견된다. 비근한 예로 사법자제를 거부하면서 사법적극주의를 조건부 수용하고 사법우위원리를 지탱하면서 의회나 행정부에 의한 실질적 감시로부터 사법결정을 격리시키기 위한 방편으로 상호작용 개념이 언급되기도 한다. 헌법기초자가 정치적 기관이 스스로를 제한해야 한다는 기대를 가지고 다양한 권력기관을 제도화한 것이라고는 볼 수 없으므로 사법의 자기제한, 즉 개인적 혹은 제도적 자기억제가 필요한 것이 아니라 기관 간 상호 견제가 필요하다고 봄으로써 헌법정치에서 이루어지는 기관 간 상호작용을 강조하는 것이다. 정치의 체계는 상호 감시, 상호 견제 그리고 결합된 해석이 맞물린 체계이고, 여기서 사법부는 정치의 동적 상호작용의 부분이어야 한다는 것이다. 법원의 적절한 역할은 최종중재자가 아니라 헌법을 함께 형성하는 파트너인 것이다.[31] 이들은 방법적 차이를 불문하고 사법심사와 정치를 공존하는 제도 간 상호 관계로 보는 점에서는 근본적 유사점을 지닌다.

각국에서 등장한 권리의 헌법화와 사법심사 제도화, 즉 헌법개혁을 통한 사법권력의 보편 확산에 관한 비교헌법적 연구는 다양하다. 규범적 보편주의(universalism)는 헌정주의가 각국에서 정치참여, 법 앞의 평등, 양심과 표현의 자유 등 보편적 권리보호 그리고 이를 위한 권력분립을 포함한 근본원칙을 수반함을 강조한다. 이는 사법적 진보의 불가피성과 내인적 거시요인을 강조하면서 사법심사를 보편적 인권우위의 산물로 보는 점에서 진화이론(evolutionism)으로도 불린다.[32] 반면, 정부구조에 초점을 둔 기능주의(functionalism)는 국가 내 연방주의, 대통령제 혹은 의원내각제 같은 제도의 적실성 이해에 주안점을 두면서 체계효율성의 측면에서 사법권력 확산은 취약하고 만성적으로 교착된 정치체계의 구조적 문제에서 유래된다고 본다. 비기능적인 민주주의 정치체계가 정치적 통치 불능성 극복과 정상기능화 보장을 위해 사법권을 택한다는 것이다.[33] 맥락주의

---

31) John Agresto, *The Supreme Court and Constitutional Democracy*, Ithaca: Cornell University Press, 1984, 9-10, 97-98, 115.

32) Ran Hirschl, *Towards Juristocracy: The Origins and Consequences of the New Constitutionalism*, Cambridge: Harvard University Press, 2004, 10-11, 31-33, 328; Ronald Dworkin, *Taking Rights Seriously*, London: Duckworth, 1978; Martin Shapiro, *Courts*, 1986; Richard Bellamy, *Political Constitutionalism: A Republican Defence of the Constitutionality of Democracy*, New York: Cambridge University Press, 2007, 5-15.

33) Ran Hirschl, *Towards Juristocracy*, 2004, 34-35; Carlo Guarneri and Patrizia Pederzoli, *From Democracy to Juristocracy? The Power of Judge: A Comparative Study of Courts and Democracy*, Oxford: Oxford University Press, 2002, 160-181; A. Baaklini and H. Desfoses (eds.), *Designs for Democratic Stability: Studies in Viable Constitutionalism*, Armonk: M. E. Sharpe, 1997; L. Diamond et al. (eds.), *Consolidating Third World Democracies*, Cambridge: Cambridge University Press, 1997; A. Lijphart and C. Waisman, eds., *Institutional Design in New Democracies*, Boulder: Westview Press, 1996; J. Elster, "Forces and Mechanisms in the Constitution Making Process", *Duke Law Journal* 45(1995), 364-96; Richard Bellamy, *Political Constitutionalism*, 2007, 5-15.

(contextualism)는 국가 같은 정치제도가 아니라 정치가 반영하고 있는 맥락에 집중한다. 그래서 헌법도 국제적 원칙, 각국의 사회적·문화적 맥락과 관련된다고 보고 원리나 제도를 존재 기반인 맥락과 밀접히 연결시켜 국가 특유의 역사적 특성을 고려한다.[34] 제도경제(institutional economics)모델은 사법심사의 등장을 지속 가능한 장기 경제성장과 정체번영을 촉진할 공약, 집행 및 정보에 관한 체계적인 집단행동적 관심과 결부시킨다. 사법심사가 그 신뢰를 제고하는 제도적 해답이라는 것이다. 미시적인 전략적 행태(strategic behavior)모델은 정체 내 정당의 경쟁력에 주목한다. 지배정당이 선거를 통한 장래 집권 가능성이 낮을 때 차기지배정당 제어를 위해 사법심사를 지지한다는 것이다.[35] 현실주의적·전략적(realist, strategic) 방법은 위헌심사 배후의 정치적 동인에 대한 체계비교분석을 통해 헌법개혁 시기, 범위 및 본질을 설명한다.[36] 각국 정치구도에서 기존정치세력의 헤게모니 유지나 장래보장을 위해 위헌심사제가 도입된다는 입장은 대체로 맥락주의와 결합된다.[37] 맥락주의는 개별 국가의 민주주의 이행과 제도 출범조건을 결부시켜 위헌심사의 민주적 기초에 반영된 특수 요청을 확인하기 때문이다.

(3) 정당화론과 비판론의 연쇄

사법심사에 관한 헌법정치이론은 대표적 정당화론인 규범적 보편주의 및 이를 보완지양한 대안적 정당화론 그리고 이들에 대한 인민주의적 비판론의 어느 하나에 포섭된다. 우선 사법심사가 인민대표의 결정을 대체하도록 민주주의에서 허용된 권력이라는 정당화론은 끊임없이 확대 재생산되고 있다. 이들을 비판적으로 주목한 터쉬넷(M. Tushnet)에 의하면 사법심사에 관해 크게는 헌법기초자의 인식과 헌법해석 재판관의 인식의 역사적 연속성을 추구하는 원본주의(originalism), 적절한 사법적 합리성에 기반을 둔 재판관의 역할에 의존한 중립성원리(neutral principles), 일리(J. H. Ely)의 절차지향적 대표보강(representation

---

34) Richard Bellamy, *Political Constitutionalism*, 2007, 5-15; Ulrich R., Haltern, *Verfassungsgerichtsbarkeit, Demokratie und Mißtrauen*, 1998, 278.

35) Ran Hirschl, *Towards Juristocracy*, 2004, 37, 40-42.

36) Eugene V. Rostow, "The Democratic Character of Judicial Review", *Harvard Law Review* 66(1952), 193-224; Charles L. Black Jr., *The People and the Court*, 1960, 87-119; J. Skelly Wright, "The Role of the Supreme Court in a Democratic Society", *Cornell Law Review* 54(1968), 1-28; Jesse H. Choper, *Judicial Review and the National Political Process,* 1980, 68-69; Ran Hirschl, *Towards Juristocracy*, 2004.

37) Ran Hirschl, *Towards Juristocracy,* 2004; Tom Ginsburg, *Judicial Review in New Democracies: Constitutional Courts in Asian Cases*, Cambridge: Cambridge University Press, 2003.

reinforcing)이론, 드워킨(R. Dworkin)의 도덕철학(moral philosophy) 등 이른바 대형이론(grand theory)이 있는데 이 모두는 법원 사법심사를 정당화할 목적의 헌법이론이다.[38] 사법심사 정당성에 대한 비등하는 비판을 계기로 탄생한 이들 지배적 이론들은 모두 민주주의에서 사법심사의 정당성 해명이다. 즉, 기존 헌법체계가 기본적으로 정당하다는 전제에서 논의를 출발시키고 있다.[39] 반면, 인민주의적 비판론은 사법심사 비판이자 동시에 반비판인 정당화론 비판으로 드러난다.

사법심사 정당화론은 사법심사에 대한 비판을 계기로 탄생된다. 정당화론은 사법심사 비판의 반론 내지 대안이다. 사법심사 비판의 핵심 문제의식은 정책결정이 다수제 정책결정체로부터 사법으로 전환됨으로써 드러난 사법우위의 민주적 결함에 대한 규범적 비판이었다.[40] 이들은 다수제 민주주의를 강조한다. 민주주의를 인민의사가 다수제 원칙에 의해 결정되는 원리라고 볼수록 사법심사는 비민주적이고 그에 의한 입법권과 행정권 침해는 반민주주의적이다.[41] 인민 혹은 대표에 의한 민주주의가 다수제주의(majoritarianism)이면 사법심사는 반민주주의적인 것이다. 사법심사를 '다수제견제적(counter-majoritarian)'이라고 본 비클(A. Bickel)은 그 반민주성에 수반되는 어려움을 지적한다. 다수제 민주주의에서 그 어려움의 해법은 사법심사폐지 혹은 범위제한은 아니다. 민주주의에서 사법심사의 적절한 기능이 보이기 때문이다. 비클은 다수제주의가 민주주의의 본질이라도 이를 최상의 원리가 아닌 사법심사와 결합된 복합적 틀로 본다.[42] '다수제견제의 어려움'을 지닌 사법심사에서 대의제가 대변하지 못하는 장기이익을 보호하고 정치이슈를 여과시켜 공적 의견을 일치시키는 민주적 측면이 있다면 사법심사에 일방적 자제만 강요할 수 없다. 물론 다수제견제의 어려움을 극복하기 위해 인민지지를 필요로 하는 법원이 현실에서 정치적 논쟁을 주도하기 어렵고 논쟁에서 민주적 대표의 반박에도 취약하다.[43] 그러

---

38) Mark Tushnet, *Red, White, And Blue: A Critical Analysis of Constitutional Law*, Cambridge: Harvard University Press, 1988, 1-3.

39) Mark Tushnet, *Red, White, And Blue*, 1988, 3, 21.

40) Mark Tushnet, *Taking the Constitution away from the Courts*, Princeton: Princeton University Press, 1999, 6-32; Jeremy Waldron, "Judicial Review and the Conditions for Democracy", *Journal of Political Philosophy* 6(1998), 335-355.

41) 윤명선, 『미국입헌정부론』, 2009, 343-345; Leonard W. Levy (ed.), *Judicial Review and the Supreme Court*, 1967.

42) Stephen M. Griffin, *American Constitutionalism: From Theory to Politics,* Princeton: Princeton University Press, 1996, 106-108.

43) Alexander M. Bickel, *The Least Dangerous Branch: The Supreme Court at the Bar of Politics*, 2. ed., New Haven: Yale University Press, 1962; Christopher F. Zurn, *Deliberative Democracy and the Institutions of Judicial Review*, Cambridge: Cambridge University Press, 2009, 32, 37-39; Paul W. Kahn, *Legitimacy and*

나 법원의 민주적 심의(deliberation)가 있다. 비클은 다수제견제인 사법심사가 민주주의와 긴장하지만 사법심사의 심의가 긴장 해소기제라고 말한다.

비클 이후(post-Bickelian)의 헌법이론은 비클이 말한 '다수제 견제적 어려움'에 대한 응답이었다 해도 과언이 아니다. 거기에는 여러 응답이 있다. 일군의 학자는 법원이 민주주의를 실제적으로 고양시키고 있음을 보여줌으로써 그 어려움을 해결하려 시도했고, 또 다른 학자들은 현재적 다수에 대항해 개인 권리를 옹호하는 사법부 역할을 강조함으로써 다수제적 가정을 넘어서고자 했다. 또 다른 학자들은 사법부가 다른 통치기관의 행위를 보충하는 정책결정자 역할을 한다고 봄으로써 20세기 초반의 법현실주의로 돌아감에 의해 비클의 전제를 피해 가려고도 했다.[44]

이후 논의는 비클의 심의개념을 정교하게 다듬어 사법심사 이해의 큰 토대로 만든다. 심의는 사법심사 비판과 지지를 망라한 민주적 대안이 된다.[45] 심의는 인민주의적 헌정주의자 애커먼(B. Ackerman)은 물론이고 선스타인(C. Sunstein), 마이클만(F. Michelman) 등이 공화주의 전통에서 헌정주의의 전제들을 새롭게 재해석해 헌정주의와 정치적 시민을 가교시키는 데 기초를 제공한다.[46] 선스타인과 마이클만은 심의로 민주정치에서 법의 지배가 민주적 자기지배로 이어지는 통합 계기를 발견한다. 선스타인은 사법심사가 입법자의 이해관계에 얽힌 선호들을 집단적 심의에서 여과시키는 헌법적 장치로서 입법부가 원칙에 따른 심의에 몰두하도록 감시하는 민주주의 촉진기능이라 본다.[47] 마이클만도 공화주의국가에서 정치에 참여하는 인민은 자신이 이룩한 도덕적 성취를 불변의 신성한 원리로 안치시킴으로써 자기수정적 변혁능력을 부정하는 경향이 있는데 사법정치는 이로 인한 민주주의 정치의 위험을 방지하는 역할을 한다고 보고 대법원을 심의정치 주역으로 이해한다.[48]

History, 1992, 144-146.

44) Keith E. Whittington, *Constitutional Interpretation*, 1999, 21-22.

45) Frank Michelman, "Law's Republic", *Yale Law Journal* 97(1988), 1493-1537; Ronald Dworkin, *Law's Empire*, Cambridge: The Belknap Press of Havard University Press, 1986, Ch. 10; Ronald Dworkin, *Freedom's Law: The Moral Reading of the American Constitution*, Cambridge: Harvard University Press, 1996; Jon Elster ed., *Deliberative Democracy*, Cambridge: Cambridge University Press, 1999.

46) 김비환, "아렌트의 '정치적' 헌정주의", 『한국정치학회보』, 한국정치학회, 제41집 제2호, 2007, 112.

47) Cass Sunstein, "Beyond the Republican Revival", *Yale Law Review* 97(1988), 1539-89; Cass Sunstein, *One Case at a Time: Judicial Minimalism on the Supreme Court*, Cambridge: Harvard University Press, 1999, 5; Paul W. Kahn, *Legitimacy and History*, 1992, 185-186.

48) Frank Michelman, "Law's Republic", 1988, 1493-1537(김비환, "아렌트의 '정치적' 헌정주의", 2007, 114-115에서 재인용).

기본권을 위한 규범적 요청 같은 민주주의의 실체적 측면으로 사법심사와 민주주의의 양립 가능성을 보는 입장에서도 심의는 핵심이다. 정치적 제도체계에서 사법심사가 동등한 관심을 시민에게 부각시킴으로써 민주주의와 양립한다고 보는 드워킨(R. Dworkin)은 심의의 역할을 말한다. 그는 헌법적 권리를 강조해 민주주의와 사법심사의 결합 가능성을 찾아 민주주의와 헌법적 권리 그리고 사법심사를 양립시킨다. 시민이 공동체 성원임을 특징짓는 동등한 관심에서 나타난 법에 의한 통합의 측면에서 사법심사의 정당성을 본다. 다수결정치의 한계를 보완하는 통합성으로서의 법관념에 의해 사법심사의 민주적 측면이 확인된다. 현실정치에서 신흥 민주주의국가가 민주주의와 사법심사를 양립시킨 헌정제도를 택하는 것은 그것이 민주주의와 결합된 권리를 보장하는 최선의 형태로 수용되기 때문이다.[49] 독일적 지식 토대를 넘어 영미법철학적 논의구조에서 보다 큰 흐름을 형성한 하버마스(J. Habermas)도 심의를 말한다. 그는 정치적 의사를 결정하는 권력위임의 의미가 결여된 선거직 대표의 민주적 한계를 지적한다. 정치권력은 스스로 제정한 법에 의해 정당화될 수 없고 입법자는 헌법적 절차와 입법에 선행하는 국민의사에 의해 정당화된다. 따라서 이미 정당화된 규범을 특정 상황에 적용하는 타당성담론(Anwendunsdiskurs)이 필요한데 이는 민주적 대표의 한계를 보완하는 위헌심사의 기능이다. 구체적 상황에 적용하는 적절하고 유효한 법을 결정하는 타당성담론에서 전문적인 위헌심사는 입법자의 한계를 극복하는 민주주의를 위한 심의다. 정치가 헌법을 통해 제도화된 형태로 심의되어 진정한 국민주권의 절차화가 이루어짐으로써 헌법재판은 심의정치의 핵심이 된다.[50] 심의로 공정한 절차와 제도를 매개하는 절차적 주권개념에 의해 민주적 소통원리에 부합하는 위헌심사는 대의제의 한계보완 기제가 된다.

반면, 일부 인민주의는 심의에 부정적이다. 공화주의적 심의민주주의에 대한 파커(R. Parker)의 비판은 심의를 참여와 동등하게 보는 관점은 보통사람이 만드는 민주주의를 차단한다고 말한다. 그래서 최근 지배적인 공동체이념에 근거한 공화주의에서 중시되는 시민적 덕목을 공동이익에 대한 심의과정과 연관 짓는 해석은 반인민주의적이다. 공화주의로 전환된 많은 헌법이론이 합리적·고차적 심의를 중시하지만 이는 정책결정에서 보

---

49) Ronald Dworkin, *Freedom's Law*, 1996, 17, 70-71; Ronald Dworkin, *Law's Empire*, 1986. Ch. 10, 198-214.

50) 위르겐 하버마스(Jürgen Habermas), 『사실성과 타당성: 담론적 법이론과 민주적 법치국가 이론』, 한상진·박영도 역, 파주: 나남, 2007; Claudia Rahm, Recht und Demokratie bei Jürgen Habermas und Ronald Dworkin, in: Kurt Seelman/Stefan Smid/Ulrich Steinvorth (Hrsg.), *Rechtsphilosophische Schriften*, Bd. 12, Frankfurt a.M.: Peter Lang, 2005, 34, 85; Christopher F. Zurn, *Deliberative Democracy and the Institutions of Judicial Review*, 2009, 237, 246.

통의 것을 초월하라고 요청하면서 이데올로기 논쟁을 오히려 막는다. 심한 담론 인플레이션만 낳으면서 정치행위자인 보통사람을 위축시키기 때문이다.[51] 월드런(J. Waldron)도 공화주의적 심의가 드러내는 반인민적 한계를 지적한다. 민주주의에서 가치 이견(disagreement)으로 어떤 심의도 의사결정절차로서의 다수제주의를 대신할 수 없다.[52] 심의는 대화와 동의를 강조하면서 합리적으로 동기부여된 동의에 도달함을 목표로 하고 부동의나 이견은 심의의 불완전성 혹은 정치적으로 만족스럽지 못한 것이라 가정하지만 이견은 정치에서 예외가 아니라 법칙이다. 권리가 입법부의 야단법석과 정치논쟁 그리고 투표 같은 평판이 좋지 않은 절차로부터 거리를 둔 헌법원칙의 고상한 바탕 위에 있는 것처럼 말하면서 이견을 넘을 수 있다고 생각하는 것은 잘못이다. 입법이야말로 이견을 심각하게 받아들이는 복합적 심의다. 시민이 집단적 결정에 참여하지 못하는 사법심사는 민주주의와 양립할 수 없고 다수제주의로서의 민주주의는 포기될 수 없다.[53] 심의는 동의를 가장해 민주적 참여를 가로막을 뿐이다. 심의의 결정방식은 이견을 통해 결정하는 시민참여정체의 입법보다 민주적일 수 없다는 것이다.

비판론은 민주주의는 인민이 선출한 대표의 의지를 방해하고 선거결과의 실현을 좌절시키는 다수제견제적 사법심사를 용인하기 어렵다고 말한다. 그들은 완전한 인민주의(populism)[54]에서부터 인민주의를 받아들이면서도 완화된 대안, 즉 헌법을 사법부에서 격리하고 인민 자신이 헌법을 해석하고 집행하기 위해 입법부나 시민이 참여하는 심의의 제도화를 강조하는 입장 그리고 온건하게 갈등해결의 최종권위는 사법부에 두되 정치적 사법화 우려를 극복하는 대안을 찾는 절충론 등으로 다양하다.[55] 다만 사법이 인민 혹은

---

51) Richard D. Parker, "Here, the People Rule: A Constitutional Populist Manifesto", Cambridge: Harvard University Press, 1994(*Valparaiso University Law Review* 27:3(1993)), 74-76.

52) Jeremy Waldron, *Law and Disagreement*, New York: Oxford University Press, 1999.

53) Jeremy Waldron, *Law and Disagreement*, 1999, 11-16, 91-93, 101-102, 108-111, 117, 191.

54) populism을 인민주의로 번역한다. 이유는 첫째, 민중주의, 인민주의인 populism이 최근에는 대의민주주의 통치체계에서 의회를 통한 정상적인 권력분립적 견제와 균형을 통해 정치적 해법을 찾지 않고 대중에 직접 호소함으로써 해결을 찾거나 정치적 행위의 정당성을 확보하는 대중영합주의를 흔히 지칭하므로 주로 그런 경우를 포퓰리즘이라고 지칭하기 위해 만연히 포퓰리즘이라고 번역하지 않고자 하며, 둘째, 이 글이 주권론과 대의제가 연결되는 과정의 국민주권과 인민주권의 대립, 즉 국민(nation)과 인민(peuple)의 대립적 입장이 국민주권의 승리로 귀결되면서 탄생한 대의제의 한계를 보완하기 위해 오늘날 제기되는 인민주의적 요청을 헌법재판이 어떻게 담을 것인가의 문제의식을 담고 있어 민중주의보다는 인민주의가 더 적절하다고 보기 때문이다. 이 인민주의는 직접민주주의나 사회주의와 같은 것은 아니다. 인민주권이 국민주권과 뚜렷이 구분된다거나 인민주의가 반드시 반대의적 직접민주제를 말하지는 않는다. 인민주의는 뚜렷한 이념지향을 확인하기 어렵고 좌파인민주의를 제외하고는 대체로 계급의식에 기반을 둔 것도 아니고 굳이 특징을 찾는다면 보통사람의 권리를 강조하는 반엘리트주의로서 인민의 직접참여를 위한 주민투표, 주민발의, 주민소환 등 다양한 방식을 모색하는 것이다.

인민이 선출한 대표의 의지를 방해한다고 말하는 이들 인민주의 내지 인민적 헌정주의 (popular constitutionalism)도 사법심사로 긴장하는 민주주의와 헌정주의의 화해 가능성에 주목한다. 인민주의자 애커먼은 민주주의에서 인민의 이름으로 만들어지는 고차적 입법 과 일상에서 정부에 의해 만들어지는 정상적 입법의 이중적 헌법 상황에서 헌법이슈 해 결을 위해 인민의 주권적 의사를 반영하는 헌법적 인민주의를 말한다. 헌법적 대화의 시 기에 정치적 논쟁과 정책결정을 통해 스스로의 의사를 표현하는 인민을 통해 헌법적 결 정을 위한 공적 관심과 참여가 고무된다는 것이다. 애커먼은 인민이 새로운 헌법적 변화 의 신호를 보낼 때 사법심사가 그 매개체로 민주적 심의에 주목하고 민주적 의사를 반영 함을 보여준다.[56]

한편 인민주의와는 다른 관점에서 규범적 보편주의 같은 실체적 입장의 한계를 극복하 기도 한다. 민주주의 결정을 형성하는 정치과정 내지 절차에 주목하는 입장이다. 일리(J. H. Ely)는 과정 지향적 방법으로 민주주의 내 사법심사를 정당화한다. 일리는 제도 내의 공정한 정치적 절차에서 정치과정의 논쟁을 조정할 비당파적 법원의 역할을 말한다. 그 는 사법심사에서 선출된 대표자가 제대로 대표할 수 있도록 하는 메커니즘의 질서유지 역할인 참여 지향적이고 절차 보완적 혹은 대표 보완적 측면을 찾는다. 그 결과 민주적 과정에의 참여를 보완하는 절차적 관점에서 사법심사는 정당화된다. 사법부가 시민 대표 인 의회의 결정에는 따르되 정치과정에서 공정하게 대표되지는 않은 집단 내지 이익을 보장한다면 정당하다. 적절한 대표와 공정한 절차의 역기능을 교정하는 사법심사는 다수 결정을 번복하더라도 민주주의원리에 합치된다.[57] 이 해명은 기본권을 위한 규범적 요청

55) Louis Fisher, "Separation of Powers: Interpretation Outside the Courts", *Pepperdine Law Review* 18:57(1990), 57-93; Robert H. Bork, *The Tempting of America: The Political Seduction of the Law*, New York: Free Press, 1990; Bruce Ackerman, *We the People: Foundations*, Cambridge: The Belknap Press of Harvard University Press, 1993; Richard D. Parker, "Here, the People Rule", 1994, 531-584; Mark Tushnet, *Taking the Constitution away from the Courts*, 1999; Jeremy Waldron, *Law and Disagreement*, 1999; Keith Whittington, "Extrajudicial Constitutional Interpretation: Three Objections and Responses", *North Carolina Law Review* 80(2002), 773-851; Barry Friedman, "Mediated Popular Constitutionalism", *Michigan Law Review* 101(2003), 2596-2636; Keith E. Whittington, *Political Foundations of Judicial Supremacy*, 2007; 곽준혁, "사법적 검토의 재검토: 헌법재판과 비지배적 상호성", 『한국정치학회보』, 한국정치학회, 제40집 제5호, 2006, 82.

56) Bruce Ackerman, *We the People: Foundations*, 1993, 230-294; Keith E. Whittington, *Political Foundations of Judicial Supremacy*, 2007, 45-46; 한병진, "미국 헌정질서, 법치, 민주주의의 삼위일체: 애커먼의 이중 민주주의론을 중심으로", 김영민·김용호 외, 『21세기 헌정주의와 민주주의』, 서울: 인간사랑, 2007, 97-98.

57) John H. Ely, *Democracy and Distrust*, 1980; John H. Ely, "Toward a Representation-Reinforcing Mode of Judicial Review", *Maryland Law Review* 37(1978), 451-87; Christopher F. Zurn, *Deliberative Democracy and the Institutions of Judicial Review*, 2009, 47.

같은 민주주의의 실체적 측면이 아니라 제도적 절차와 과정의 측면에서 사법심사와 민주주의의 양립 가능성을 본 점에서 큰 반향을 부른다.

이렇듯 사법심사론은 인민주의적 비판론이 한 축을 이루고 규범적인 법적 정당화론 및 대안적 보완지양론이 다른 축을 형성한다. 벨라미(R. Bellamy)는 이 구도를 요약한다. 헌정주의의 어떤 형태가 민주주의 정치와 정합적일 수 있는지에 관한 입장 차이로 법적 (legal) 헌정주의와 정치적(political) 헌정주의가 구분된다. 법적 헌정주의는 권리확인에서 민주적 과정보다 사법에 의존한다. 헌법적 권리침해를 민주주의의 근본 토대 침해로 이해하면서 사법심사를 민주주의의 다수전제에 대한 보루로 본다. 정치적 헌정주의는 권리 이견을 확인하고 이견해결에서 사법과정보다 정치과정이 더 정당하고 효과적이라고 본다. 거기서 헌법은 월드런(J. Waldron)이 말한 '정치의 상황'에 대한 응답이다. 권리 이견의 상황에서 집단결정이 요구되는데 헌법은 기본적 법이나 규범이 아니라 이견해결을 위한 기본 틀이다. 그래서 헌법은 법적 체계가 아닌 정치적 체계다. 공법정치학 혹은 정치법학의 관점도 이와 무관하지 않다. 법을 민주주의를 위한 정치기능으로 보기 때문이다. 반면, 법적 헌정주의는 법과 정치에서 법이 더 중요지위이고 법원에 의한 정치통제로 민주적 과정보다 사법에 의존한다.[58] 그렇게 사법심사에 관한 많은 규범적 법적 정당화론과 그 보완적 대안론 그리고 인민주의적 비판론이 헌법정치학에서 점철된다. 사법심사 정당성을 승인하거나 혹은 참여적 대안을 찾거나 정당성을 부정하는 법정치이론들이 법과 정치의 어느 한쪽에 중심을 두면서 정당성 문제에서 담론을 형성한다.

2. 독일의 논의

(1) 사법적 헌법재판의 기능론

사법심사이론들이 하나의 근원적 사고 틀에 얽매이지 않고 무질서할 정도로 개별적이고 다양하게 분기된 미국 중심 논의와 달리 독일의 헌법재판논의는 법(Recht)과 정치 (Politik)의 이원론이라는 비교적 뚜렷한 줄기를 거쳐 형성된다. 독일에서 헌법재판으로

---

58) Richard Bellamy, *Political Constitutionalism*, 2007, 2-5, 15-17, 20-26; Jeremy Waldron, *Law and Disagreement*, 1999, 107-118; Adam Tomkins, *Our Republican Constitution*, Oxford: Hart Publishing, 2005, 10-27.

인한 헌정주의와 민주주의 간의 긴장 그리고 그에 따른 헌법재판의 기능과 정당성의 문제는 법과 정치의 차별성과 그 극복의 문제였다. 법과 정치의 이분법은 법의 해석과 적용이 지니는 정치적 성격 혹은 사법의 정치화 논의에서조차도 정치와는 다른 법적 체계에서 광범하게 허용된 상대적 자율성과 특수한 합리성이 인정된 결과다.59) 법과 정치의 이원론은 특히 20세기에 부각된다. 19세기에도 정치와 법의 분리가 실증주의(Positivismus)에 의해 주장되지만 입법의 영역에서 엄밀하게 인정되었다고 보기는 어렵다. 그러다가 입법자인 의회도 헌법상 기본권에 구속됨이 인식되고 특히 재판소가 법률의 헌법적합성 심사권을 요구하면서 그 구별은 보다 실천적 형태로 재고된다. 20세기 초 바이마르헌법 시대에 특히 뚜렷해진 이 구분은 흔히 본질적으로 끊임없이 변화하는 공동체의 생존과 유지에 적응해야 하는 정치와 그러한 정치를 합리적 규범으로 규제할 필요를 발견하는 법의 본질적 모순관계라고 설명된다. 정치제도와 법제도 사이의 해결 불가능한 내적 모순을 본 라이프홀츠(G. Leibholz)의 지적처럼 동적이고 비이성적인(dynamisch-irrational) 정치와 정적이고 이성적인(statisch-rational) 법의 구분이다. 그 결과 법에 관한 다툼과 법에 따른 다툼, 즉 법규범의 존재 여부에 따른 법 다툼(Rechtsstreitigkeit) 혹은 정치적인 법 다툼과 법규범에 따라 결정될 수 없는 정치적 다툼(politische Streitigkeit)도 구분된다.60) 법 다툼과 정치적 다툼의 이 구별에서 흔히 헌법문제 다툼도 정치적 다툼으로 사법의 대상이 아니라고 이해된다.61)

이 구분은 민주주의와 헌법논리의 긴장을 담고 있다. 법과 정치의 차별성 인식은 법과 민주주의의 관계에 관한 고려를 드러낸 철학적 문제로 집단적인 민주적 의사형성과 개인적 권리의 관계에 관한 접근이었다.62) 그래서 1920년대 동안 법학자와 법조계 가운데 서서히 기반을 잡아간 민주주의이념과 법의 지배의 상호 관계에 대한 인식은 민주주의와

---

59) Dieter Grimm, "Constitutional Adjudication and Constitutional Interpretation: Between Law and Politics", *National University of Juridical Sciences Law Review* 4:15(2011), 25; Ulrich R., Haltern, *Verfassungsgerichtsbarkeit, Demokratie und Mißtrauen: Das Bundesverfassungsgericht in einer Verfassungstheorie zwischen Populismus und Progressivismus*, Berlin: Duncker & Humblot, 1998, 74, 81f.

60) Gerhard Leibholz, Bericht des Berichterstatters an das Plenum des Bundesverfassungsgerichts zur 'Status'-Frage, *JöR*, N.F. 6(1957), 121; 게르하르트 라이프홀츠(Gerhard Leibholz), 『헌법국가와 헌법』, 권영성 역, 서울: 박영사, 1975, 133; 겔할트 라이프홀츠(Gerhard Leibholz), 『현대민주정치론』, 주수만 역, 서울: 서문당, 1977, 257-269.

61) Carl Schmitt, *Verfassungslehre*, 10. Aufl., Berlin: Duncker & Humblot, 2010; 칼 슈미트(Carl Schmitt), "헌법의 수호자인 라이히재판소", 정태호 역, 『동아법학』, 동아대학교 법학연구소, 제37호, 2005, 419-454; 이기철, "헌법재판에서의 법과 정치와의 관계: 독일연방헌법재판제도를 중심으로", 『법학논총』, 한양대학교 법학연구소, 제12권, 1995, 353.

62) Claudia Rahm, Recht und Demokratie bei Jürgen Habermas und Ronald Dworkin, 2005, 14.

반민주주의 사이의 입장대립이기도 했다.[63] 이 대립은 헌법재판의 허용 여부를 둘러싸고 복잡한 양상으로 전개된다. 바이마르시기에 헌법재판을 둘러싼 논쟁은 잘 알려진 슈미트와 켈젠의 논쟁으로만 축소될 수 있는 것은 아니었다. 바이마르의 논쟁은 의회의 합법성과 실증적 헌법의 상위에 있는 더 고차적인 정당성 사이의 긴장관계에서 나타났다. 여기서 실증주의와 반실증주의 학파들이 구분되었다. 트리펠(H. Triepel), 스멘트(R. Smend) 등이 대변한 보수적 입장의 반실증주의는 사법 특히 헌법재판이 핵심 정치적인 갈등을 조정할 능력을 지녔다는 데 대해 회의적이었다. 그리고 슈미트(C. Schmitt)는 완전히 부정적이었다. 또한 헬러(H. Heller)나 노이만(F. Neumann) 같은 사회주의적 입장의 반실증주의도 법원에 의한 규범통제를 거부했다. 반면, 토마(R. Thoma)나 안쉬츠(G. Anschütz) 같은 자유주의적, 그리고 라트부르흐(G. Radbruch) 같은 사회주의적 입장은 비록 일반적인 재판관의 심사권은 부인하지만 중재적 견지에서 실증주의는 수용했다. 이와 달리 확고한 민주주의자 켈젠(H. Kelsen)은 민주적 헌법국가에서 영향력 있는 헌법재판을 만들고 이를 민주주의 보호와 방어의 수단으로 삼기 위해 국법학적 실증주의 이론을 계속 진전시켰다.[64] 결국 그것은 민주주의와 헌법재판의 관계적 위상에 대한 논의의 출발이었다.

민주주의와 헌법재판의 긴장은 그 시기의 대표학자 슈미트의 의회주의 비판에서도 확인된다. 루소(J. J. Rousseau)와 마찬가지로 동일성(Identität) 민주주의를 옹호한 슈미트는 민주주의를 치지와 피치자의 동일성은 물론이고 국민과 국민대표의 동일성, 나아가 민주주의적 다수결과 일반의지의 표현인 법의 동일성으로 본다. 그런데 국가의사를 형성하기 위한 공개토론과 심의를 하는 국민대표인 의회가 자신의 정신사적 지위(geistesgeschichtliche Lage)를 상실함으로써 바이마르공화국의 시민적 법치국가는 반민주주의적이었다.[65] 대중민주주의에서 의회는 도구화된 중개인일 뿐이지 더 이상 대표적 기관은 아니어서 민주주의에서 기능을 잃었다.[66] 그 결과 법을 형성하는 의회주의의 장애로 법이 민주적 의사를 담지하지 못하므로 법은 재고되어야 했다. 헌법재판 허용 여부도 바로 이 점과 관련 있다. 결국 그 문제를 해결하려는 헌법재판은 민주주의논리와 헌법논

---

63) Otto Schreiber (Hrsg.), *Die Reichsgerichtspraxis im deutschen Rechtsleben*, Berlin: De Gruyter, 1929(이부하, "독일 기본법상 헌법충실과 헌법재판", 『세계헌법연구』, 국제헌법학회 한국학회, 제13권 제2호, 2007, 104에서 재인용).

64) Ulrich R., Haltern, *Verfassungsgerichtsbarkeit, Demokratie und Mißtrauen*, 1998, 209f.

65) Carl Schmitt, *Die geistesgeschichtliche Lage des heutigen Parlamentarismus*, Duncker & Humblot, 1923; Carl Schmitt, *Verfassungslehre*, 2010, 200ff; Christian Schüle, *Die Parlamentarismuskritik bei Carl Schmitt und Jürgen Habermas: Grundlagen, Grundzüge und Strukturen*, Neuried: Ars Una, 1998, 86.

66) Christian Schüle, *Die Parlamentarismuskritik bei Carl Schmitt und Jürgen Habermas*, 1998, 143.

리의 긴장을 반영하는 것일 수밖에 없다. 법과 정치가 민주적으로 정당화된 입법적 다수의 정치적 형성의사와 민주적으로 고도로 정당화된 헌법에 대한 헌법재판 간의 긴장관계(Spannungsverhältnis)[67]의 근원임은 헌법재판과 민주주의의 관계에서도 인정되는 것이다.

법과 정치의 긴장은 연방헌법재판소(Bundesverfassungsgericht) 출범 이후 완화된다. 법과 정치의 긴장도 조정될 수 있어 법과 정치를 전체 국가제도의 부분기능에서 엄격히 분리 이해함은 부당하다고 인식된다. 헌법재판이 담당하는 정치적 사법이 정치와 사법의 역할구분을 모호하게 만듦으로써 법과 정치의 이원론도 근거를 잃어간다. 법과 정치의 이원론이 기반을 상실하자 그에 기반을 둔 긴장의 관념도 달리 이해된다. 헌법국가에서 법의 모든 해석이 정치적 관점을 가지는 것과 마찬가지로 전체체계에서 정치적 과정에 대한 부분 절차로서의 헌법재판도 정치적 기능임이 인정된다. 그 결과 헌법재판이 비정치적이라는 사고는 물론이고 헌법재판과 관련해 정치적 다툼과 정치적 법 다툼을 구별하는 것도 불필요하고 오히려 정치와 법은 상호 보완적 관계라고 인정된다.[68] 헌재 출범으로 법과 정치의 관계에 관한 개방적 해석이 열린 것이다. 출범 직후 헌재에 관한 관심을 통해 전통적 이원론이 극복되면서 법과 정치의 관계는 새롭게 이해된다.

새로운 이해의 현상형태는 기본법(Grundgesetz)에서 포괄적 헌법재판기능을 부여받은 정치적 사법이면서도 규정형식으로는 사법부(Rechtsprechung) 최고법원의 하나로 법적 지위가 규정된 연방헌재가 불러일으킨 지위와 기능에 관한 의문을 포함해서 사법이 사실상 입법기능을 담당하는 것이 권력분립 원리로 설명되기 어렵다는 문제였다.[69] 실상 이는 독일 역사에서 확인되는 더 궁극적이고 포괄적인 문제로까지 소급되는 것이었다. 기본법에서 의회입법자와 연방헌재 간의 권능분배는 확실한 것이 아니었기 때문에 기본법 성립 이후 줄곧 민주주의에서 연방헌재가 입법부 그리고 일반 사법부에 대한 관계에서 그 활동의 조건과 한계를 어떻게 볼 수 있는지가 논의되었더라도, 이 연방헌재의 지위(Stellung) 문제는 궁극적으로는 입법과 헌법재판 간의 긴장관계를 확인한 독일의 전통적

---

67) 크리스티안 슈타르크(Christian Starck), "권력분립과 헌법재판", 김대환 역, 『동아법학』, 동아대학교 법학연구소, 제46호, 2010, 486.

68) Peter Häberle, Grundprobleme der Verfassungsgerichtsbarkeit, in: ders.(Hrsg.), *Verfassungsgerichtsbarkeit*, Darmstadt, 1976, 1-45; Gerd Roellecke, Aufgaben und Stellung des Bundesverfassungsgerichts im Verfassungsgefüge, Josef Isensee/Paul Kirchhof (Hrsg.), *Handbuch des Staatsrechts der Bundesrepublik Deutschland* Bd. Ⅱ, Heidelberg: C. F. Müller, 1987, 683-696; Wolf-Rüdiger Schenke, Der Umfang der bundesverfassungsgerichtlichen Überprüfung, *NJW*(1979), 1321-1329; Klaus Stern, *Das Staatsrecht der Bundesrepublik Deutschland*, Bd. Ⅰ, München: C. H. Beck, 1984.

69) Klaus Schlaich, *Das Bundesverfassungsgericht: Stellung, Verfahren, Entscheidungen*, 6. Aufl., München: C. H. Beck, 2004, 296f.

논의와 결부된 것이다. 헌법재판의 권능은 재판관의 심사권(richterliche Prüfungsrecht)의 허용 여부의 문제로 이미 논쟁되었다. 인민 의사로서의 입법자의 법률에 대한 사법적 심사권의 인정 여부 논란은 헌법의 우위(Vorrang der Verfassung) 그리고 누가 헌법의 수호자(Hüter der Verfassung)인지의 문제까지 포함된 형태로 바이마르공화국에서 분명히 드러났다. 이 논쟁은 기본법 성립 준비로서의 헤렌킴제 헌법회의(Herrenchiemseer Konvent)에서 설립이 계획된 헌법재판소 개념에도 충분히 반영되었고 거기서 사법적 헌법재판이 최상위 연방재판소들과 어떠한 권능관계이어야 하는지도 논의되었다. 그들 결론을 통해 나타난 기본법의 헌법재판은 정치의 법의 영역을 단순히 이분법적으로 보는 것이 아니라 정치는 재판관에 의한 통제를 통해 법적으로 규율될 수 있다는 개념을 통해 규정된 것이었다.[70)]

다만 탄생한 기본법은 정치영역에서 탄핵이나 기관쟁의 같은 국사재판기능을 포함한 포괄적 헌법재판으로 제도화되었음에도 기본법이 사법부로 명문규정한 점에서 미국 사법심사가 안고 있는 헌법규정상 불비로 인한 한계는 없더라도, 일반법원과 다른 정치적 사법기능인 헌재가 다른 사법법원들과는 어떤 관계인지 그리고 삼권의 어떤 영역에 해당하거나 근접하는 기능과 작용인지 혹은 그들과 차별적 인지까지 해명해 준 것은 아니었다. 그러한 해명 시도는 존재하기는 했지만 연방헌재는 법제적으로 상당히 절충적인 위상이 되어 버렸기 때문에 규정만으로 명확한 해명이 이루어지지는 않았다.[71)] 그 결과 헌법재판의 원형인 국사재판이 존재하던 바이마르헌법시기의 포괄적 헌법재판기관 제도화 요청을 둘러싼 논쟁이 헌재 설립으로 실천적으로는 마감되었더라도 민주주의에서 헌재와 정치의 적절한 관계설정의 요청이 지위와 기능에 관한 의문을 증폭시킨다.

출범 직후부터 연방헌재의 위상(Stellung) 내지 지위(Status)는 논란이 된다. 기본법은 헌재가 사법기관이라는 것 외에는 말하지 않지만 헌재는 독립적이고 그 독립성을 통해 다른 기관들과 병렬적인 권능을 지녔음이 부정되지는 않는다. 기본법이 아닌 연방헌법재

---

70) Christoph Gusy, *Parlamentarischer Gesetzgeber und Bundesverfassungsgericht*, Berlin: Duncker & Humblot, 1985, 15-31, 37-52.

71) 1948년 서독의 각 주 대표들이 기본법 초안을 만들기 위해 모인 헤렌킴제(Herrenchiemsee) 헌법회의는 물론이고 이후 제헌의회 안에서도 헌재와 다른 기관과의 관계는 계속 논의되었다. 즉, 연방헌재가 사법기관인지 아니면 정치적 기관인지 혹은 정치적 사법기관인지를 논하면서 특히 최상위법원으로 할 것인지 혹은 다른 연방법원들과 동위로 할 것인지 또는 독립된 별도 헌법기관으로 할 것인지의 여러 안이 논의되다가 결국 다른 연방법원과 동위이되 헌법심사에서는 최상위법원이고 독립된 별도 헌법기관의 위상인 사법기관이라고 절충된다(박규환, "헌법재판의 담당기관에 관한 소고: 독일제헌의회에서의 연방헌법재판소 설치와 그 위상에 대한 논의를 중심으로", 『공법학연구』, 한국비교공법학회, 제12권 제1호, 2011, 261-284).

판소법 제1조에 의해서만 헌재가 조직상으로 "사법적 헌법기관"의 지위로 규정되었더라도 출범 직후인 1952년 헌재가 자신의 지위에 관한 각서('Status-Denkschrft')에서 헌법기관임을 천명한 것에서도 확인되듯이 그 지위는 기본법이 규정치 않았더라도 기본법에서 유래되었다고 보는 헌재의 자기주장도 확인된다. 물론 헌법기관이라는 확인만으로 지위의 내용이 도출되는 것은 아니다. 사법부이자 헌법기관이라는 이중적 지위는 단순한 조직상 지위만이 아니라 재판작용의 기능과 범위와도 관련되어야 하기 때문이다. 기능과 범위가 해명되지 않으면 헌재는 헌법기관임을 앞세워 타 헌법기관 영역으로 자신의 재판기능을 확장함을 정당화하는 기관으로 비판될 것이다. 결국 헌재는 권한 확대 수단으로 헌법기관임을 내세우기에 앞서 다른 법원들 및 정치세력과의 관계에서 자신의 지위와 기능이 헌법이 설정한 구체적 권한에 의거하고 있음도 납득시켜야 했다. 헌법재판은 자신의 결정에서 정치적 결과를 고려해야 하는지 문제되기 때문이다.[72]

구체적으로 논란은 연방헌재가 기능과 권능에서 다른 연방최고법원들과 구분됨으로써 다른 연방국가기관과의 권한획정에서도 권력분립의 다른 한 축으로 파악될 수 있는 차별성을 지니면서도 기본법이 사법장의 법원으로 규정한 외에는 추가적 명문규정을 두지 않은 점에 주목한다. 권력분립에서 헌법해석 그리고 분쟁해결 기능을 통해 타 기관의 상위에 있는 최상위 헌법수호자인지 혹은 헌법재판의 국가기관에 대한 통제도 타 기관에 의해 통제되는 한계 안에 있는 한 최상위기관으로 볼 수 없는지 등의 논란도 있었지만 대체로 논쟁은 재판관으로 구성된 사법으로서 법적 절차를 이용하는 연방헌재의 권력분립적 배정역할(rollenzuweisung)이 전통적 사법에만 머무는지의 문제에 집중된다. 사법인지 혹은 정치인지 혹은 기본법이 언급하지 않은 제4의 권력인지를 해명하는 지위론이 헌법재판에 관한 바이마르 시기의 앞선 논쟁까지 아우른 형태로 전개된다.

연방헌재가 기능상 사법부인 법원의 하나임은 기본법 설립과정에서도 충분히 논의되어 다툼이 없지만 법원 외의 기능 여부는 다투어졌다.[73] 법원 외의 기능도 권력분립체계에 속한 것인지 혹은 그 밖의 범주인지 그리고 기본법의 사법부 장에 규정되었음에도 정치

---

72) Klaus Schlaich, *Das Bundesverfassungsgericht*, 2004, 21-25; Gerhard Leibholz, Bericht des Berichterstatters an das Plenum des Bundesverfassungsgerichts zur 'Status'-Frage, 1957, 120-137; Richard Thoma, Rechtsgutachten betreffend die Stellung des Bundesverfassungsgerichts, *JöR*, N.F. 6(1957), 161ff; Kostas Chryssogonos, *Verfassungsgerichtsbarkeit und Gesetzgebung: Zur Methode der Verfassungsinterpretation bei der Normenkontrolle*, Berlin: Duncker & Humblot, 1987, 205-206; Albrecht Weber, Generalbericht: Verfassungsgerichtsbarkeit in Westeuropa, in: Christian Starck/Albrecht Weber (Hrsg.), *Verfassungsgerichtsbarkeit in Westeuropa*, Baden-Baden: Nomos, 1986, 60-62.

73) Klaus Schlaich, *Das Bundesverfassungsgericht*, 2004, 26; Christoph Gusy, *Parlamentarischer Gesetzgeber und Bundesverfassungsgericht*, 1985, 120-121.

와 입법의 기능을 지녔으니 정치와는 어떤 관계인지 해명하고자 했다. 연방헌재의 위상 논의에서도 법과 정치의 대립관계는 여전히 중요 의미로 남아 있고 이는 정당성 논쟁도 결정하는 것이었다. 일단 법과 정치의 전통적 대립관계가 헌법재판의 권능규정을 도출해 내는 것은 아니었다.[74] 따라서 위상에 대한 충분한 해명이 필요했다. 먼저 연방헌재의 기능 내지 작용이 헌법분쟁과 그 해결로서의 정치적 성격이라고 보는 정치작용설은 오랜 연원을 이어받았다. 이는 바이마르헌법 시기 슈미트로 대변된 정치작용설을 따르면서, 정치적 통일체의 종류와 형식에 관한 근본결단인 헌법분쟁은 정치적 분쟁이고 헌법재판은 정치적 결단에 따른 정치작용이라고 본다.[75] 헌법재판은 헌법을 보충하고 내용을 형성하는 입법적 기능이라고 보는 입법작용설은 헌재를 입법부의 제3원으로 본다.[76] 켈젠(H. Kelsen)에 의해 대표된 사법작용설은 헌법재판은 헌법규범에 대한 법해석작용으로 헌법에 규정된 것처럼 일반법원 같은 사법기능이라고 한다.[77] 삼권에 속하는 작용이 아니라 국가통치권 행사가 헌법에 따라 행하여지도록 입법, 행정, 사법작용을 통제하는 특유한 제4의 국가작용이라는 설도 주장된다. 사법부와 다른 제4 권력이라는 이 관점은 기본법이 사법기관으로 규정했더라도 재판권이 지닌 사법적 논증의 제약, 결정의 기속력, 정치적 중립성, 집행권이라는 일반법원과의 차별적 징표를 강조한다. 헌재가 사법과 법률통제의 두 성격을 동시에 지니므로 권력분립(Gewaltenteilung) 틀을 해체시킨다는 입장이다.[78] 그렇게 지위논쟁은 헌법재판의 권력분립적 허용한계와 권력분립 재검토 여부까지 다루었다.

(2) 헌법재판의 민주주의적 권한한계론

권력분립 틀을 중심으로 한 연방헌재 지위해명은 권력분립의 명백한 승인하에서 이루

---

74) Ulrich R., Haltern, *Verfassungsgerichtsbarkeit, Demokratie und Mißtrauen*, 1998, 217, 219.

75) Carl Schmitt, *Verfassungslehre*, 2010, 20ff, 136, 283; Carl Schmitt, *Der Hüter der Verfassung*, 2. Aufl., Berlin: Duncker & Humblot, 1969, 48; 칼 슈미트(Carl Schmitt), "헌법의 수호자인 라이히재판소", 2005, 419-454.

76) Rüdiger Zuck, Das Bundesverfassungsgericht als Dritte Kammer, *ZRP*(1973), 189; Christian Starck, Der verfassungsrechtliche Status der Landesverfassungsgerichte, in: Christian Starck/Klaus Stern, (Hrsg.), *Landesverfassungsgerichtsbarkeit*, Bd. Ⅰ, 1983, 292.

77) Hans Kelsen, Wesen und Entwicklung der Staatsgerichtsbarkeit, *VVDStRL*, Bd. 5(1929), 30-84.

78) Gerd Roellecke, Verfassungsgerichtsbarkeit, Gesetzgebung und politische Führung, Ein Cappenberger Gespräch, Köln, 1980, 24; Gerd Roellecke, Aufgaben und Stellung des Bundesverfassungsgerichts in der Gerichtsbarkeit, 1987, §54 Rn. 34; K. Doehring, *Das Staatsrecht der Bundesrepublik Deutschland*, 3. Aufl. 1984, 236; 이부하, "헌법재판에 있어서 사법적 자제", 『공법연구』, 한국공법학회, 제33집 제3호, 2005, 260.

어진 것은 아니었다. 19세기 이래 독일 근대헌법들은 군주정의 외견적 헌정주의헌법으로 권력분립원리 자체도 불분명했다. 시민혁명을 거치지 않은 위로부터의 헌법화는 기본권 보장에 주안점을 두기보다 군주의 절대권력을 제한할 필요에 따른 시민계급과 절대권력의 정치적 타협 성격이 강했다. 절대주의에서 시민국가로 이행하면서 만들어진 불완전한 권력분립의 헌정주의에서 사법적 규범통제에 대한 분명한 승인은 없었다.[79] 결국 20세기 들어서야 정착된 권력분립적 헌정주의가 의회우위가 되고 이 의회우위의 연장선에서 창설된 헌법재판이 정치심판에 적극성을 드러내자 재판국가화로 비판받고 권력분립에 반한 '입법자의 입법자(Gesetzgeber)'로 매도된다.[80] 그 결과 헌법재판 지위논쟁이 권력분립 틀을 통해 민주적 정당성 문제에 온전히 접근하기 어려웠다. 접근하더라도 민주주의와 권력분립은 필수조건적으로 결합된 것이 아니어서 여전히 한계를 지닌다. 민주주의국가가 필연적으로 권력분립적이라 볼 수 없고 권력분립국가가 필연적으로 민주주의도 아니기 때문이다. 따라서 권력분립 틀로 검토된 해명이 자동적으로 민주주의에서 헌법재판의 정당성을 의미하지는 않는다. 독일에서 민주주의가 권력분립을 성립시킨 것이 사법적 규범통제를 위한 합의의 전제조건이더라도 제한민주주의에서 사법적 통제가 명확히 승인되는지는 별개문제였다.[81] 헌법재판의 정당성은 사법의 권력분립적 근거 이상으로 정치 특히 의회와의 관계에서 해명될 필요가 있는데 지위규명은 그에 대한 충분한 답이라 보기 어려웠다.

그런 상황에서 사법자제의 압박은 당연한 수순이었다. 독일 초기 헌법재판에도 미국에서 유래한 사법자제(judicial self-restraint) 요청이 등장한다. 라이프홀츠가 1957년에 자기제한(Selbstbeschränkung)이라는 표현으로 언급함으로써 그 논의가 시작되었을 때 자기제한은 독일 국법학계에서 낯설지 않은 합헌성 추정이나 입법적 결정의 합목적성을 심사해서는 안 된다는 원리 정도로 받아들여졌기에 특별히 주목받지는 못했다. 대략 1970년대

79) 크리스티안 슈타르크(Christian Starck), "권력분립과 헌법재판", 2010, 480-481; Christian Starck, Vorrang der Verfassung und Verfassungsgerichtsbarkeit, in: Christian Starck/Albrecht Weber (Hrsg.), *Verfassungsgerichtsbarkeit in Westeuropa*, Bd. Ⅰ, Baden-Baden: Nomos, 1986, 31-32.

80) 김철수, 『독일통일의 정치와 헌법』, 서울: 박영사, 2004, 392-402; 김철수, "독일연방헌법재판소의 지위와 권한", 『서울대학교 법학』, 서울대학교 법학연구소, Vol. 20, No. 3, 1980, 108-125; 남복현, "법정책의 규율형태", 『법과 정책연구』, 한국법정책학회, 제2권 제1호, 2002, 128; 이기철, "헌법재판에서의 법과 정치와의 관계", 1995, 343-377; 이부하, "독일 기본법상 헌법충실과 헌법재판", 2007, 101-118; 크리스토프 구지(Christoph Gusy), 남복현 역, "입법자와 연방헌법재판소 사이의 권한획정(1): 연방헌법재판소 재판의 규범적 근거", 『한양법학』, 한양법학회, 제13권, 2002, 143-167; Eike von Hippel, *Rechtspolitik: Ziele, Akteure, Schwerpunkte*, Berlin: Dunker & Humblot, 1992.

81) Christoph Gusy, *Parlamentarischer Gesetzgeber und Bundesverfassungsgericht*, 1985, 32f.

초까지 헌재는 확실한 자기제한 경향을 보여줌으로써 정치와의 관계에서 논란을 만들지도 않아 왔다. 헌재는 과도하게 자기제한함으로써 제 역할을 못한다고 비판받았다.[82] 그러나 사법자제만으로 정치와의 긴장을 해소하기 어렵다는 것이 곧 주목된다. 사법자제는 헌법재판과 민주주의의 긴장에 대한 적절한 응답이 아니라고 이해된다. 즉, 독일에서도 헌재에 대한 정치의 반발이 초래한 결과는 미국과 유사하게 입법자의 형성의 자유(Gestaltungsfreiheit)를 존중하는 권력분립원리와 민주주의를 강조한 자제론이었고,[83] 사법자제는 선거를 통해 정치적 책임을 지는 기관이 국가공동체의 근본문제에 대한 의사형성을 실행하기 위해 요구되거나 민주주의원리 존속을 위해 의회의 강한 민주적 정당성을 표명하기 위해 요구되었지만[84] 미국과는 다른 결론에 이르게 된다.

미국의 사법자제론과 마찬가지로 독일도 선거로 책임을 지는 정치적 기관의 의사형성은 민주주의에서 존중되어야 하므로 의회의 입법형성 자유를 고려해야 한다는 법관의 자기제한이 주장되었더라도 사건성과 쟁송성으로 제한된 법원과는 다른 연방헌재의 포괄적(umfassend) 역할로 인해 미국에서 유래된 넓게는 정치문제원리(political questions doctrine)까지 포함한 사법자제는 큰 반향을 얻지 못한다. 우선 일반적 법원칙으로서의 사법자제는 아무런 윤곽도 내용도 없는 애매한 기준이고 마음에 들지 않는 재판을 자제를 위반했다고 몰아붙이기 위한 원칙쯤으로 이해되었다. 더욱이 무엇보다 정치의 결정이 헌법적 범위 내에 있는지의 한계를 밝히는 헌법재판은 정치문제 결정이 아니라고 이해됨으로써 해석권한에 대한 사법자제적 한계설정은 불가능하다고 보았다. 그 결과 사법자제는 재판실무상 있을 수 있더라도 결정에 대한 헌법적 판단을 위해 헌법이론상 필요한 기준은 아니라고 보게 된다.[85] 헌재도 고도의 정치문제인 서독과 동독 간의 기본조약

82) Gerhard Leibholz, Bericht des Berichterstatters an das Plenum des Bundesverfassungsgerichts zur 'Status'-Frage, 1957, 126f; Kostas Chryssogonos, *Verfassungsgerichtsbarkeit und Gesetzgebung*, 1987, 171.

83) Wolf-Rüdiger Schenke, Der Umfang der bundesverfassungsgerichtlichen Überprüfung, 1979, 1321; Peter Wittig, Politische Rücksichten in der Rechtsprechung des Bundesverfassungsgericht?, *Der Statt*, Bd. 8 (1969), 137(이부하, "헌법재판에 있어서 사법적 자제", 2005, 266에서 재인용).

84) Gunnar Folke Schuppert, *Die verfassungsgerichtliche Kontrolle der Auswärtigen Gewalt*, Baden-Baden, 1973, 219; Rudolf Dolzer, *Verfassungskonkretizierung durch das Bundesverfassungsgericht und durch politische Verfassungsorgane*, 1982, 19; Th. Maunz/R. Zippelius, *Deutsches Staatsrecht*, 30. Aufl., München, 1998, 351f; W. Rupp-von Brünneck, Verfassungsgerichtsbarkeit und gesetzgebende Gewalt Wechselseitiges Verhältnis zwischen Verfassungsgericht und Parlament, *AöR* 102(1977), 1(17)(이부하, "헌법재판에 있어서 사법적 자제", 2005, 266에서 재인용).

85) Ernst Benda, Die Verfassungsgerichtsbarkeit der Bundesrepublik Deutschland, in: Christian Starck/Albrecht Weber (Hrsg.), *Verfassungsgerichtsbarkeit in Westeuropa*, Baden-Baden: Nomos, 1986, 140; Christian Starck, Das Bundesverfassungsgericht in der Verfassungsordnung und im politischen Prozeß, in: Peter Badura/Horst Dreier (Hrsg.), *Festschrift 50Jahre Bundesverfassungsgericht*, Bd. 1. Tübingen: Mohr Siebeck, 2001, 9; Klaus

(Grundlagenvertrag)을 다룬 1973년의 판결에서 사법자제가 자유로운 정치적 형성의 영역에 개입하지 않는 것일 뿐 헌재 권능의 축소나 약화를 의미하지는 않는다고 말한다.[86] 이는 민주주의의 헌법재판이 사법자제만을 근거로 쉽게 용인될 수 있다는 사고에 대한 경계였다. 그 결과 그런 용인은 의회에 대한 민주적 권한한계 규명을 통해 모색된다. 양 기관의 권한획정(Kompetenzabgrenzung)으로 민주적 권한한계를 밝히는 것이다. 정치영역에 개입하는 헌법재판의 권능을 밝히는 이 시도는 헌법재판의 정당성 해명 출발점이기도 했다.[87] 헌법재판을 통한 법과 정치의 문제가 정치적 동의인 헌법의 불가피한 정치성을 고려한 법과 정치 간의 긴장관계 문제로 이해되자 의회와 헌재라는 양 기관의 권한획정을 시도해 헌법재판의 정당성도 밝히는 것이다. 전통적 견해는 법과 정치의 구분을 유지해 정치적 다툼은 법규범으로 해결될 영역이 아니므로 민주적 정당성을 지닌 의회에 귀속시키고 정치적 법 다툼에만 헌법재판이 관여해야 한다고 했다. 그 연장선에서 실체법(materiell-rechtlich)이론은 그에 관한 유일하고 정확한 결정기준은 없고 헌법재판에 의해 규율되는 대상에 대한 헌법규정해석을 통해 헌법으로부터 결정 정당성이 직접 도출되는 것이라 했다. 헌법재판의 과제와 한계가 개별 사례에 해당하는 실체헌법의 해석과 적용으로부터 밝혀지고 통제기준인 헌법이 헌법재판을 지도하며 헌법이 헌재의 기능과 권한영역의 근거인 동시에 한계라 본 것이다. 반면, 기능법(funktionell-rechtlich)이론은 권한획정에서 헌법에 의한 기능적 배분에 주목했다. 기능법이론은 입법기능은 민주주의원리의 승인이므로 국가 근본문제에 대한 정치적 의사결정은 입법의 몫이어야 하고 헌법재판은 개별 사건에서 헌법규범을 유권적으로 확인한다고 봄으로써 입법과 헌법재판 간의 분배된 역할을 말했다.[88]

Schlaich, *Das Bundesverfassungsgericht*, 2004, 354; Kostas Chryssogonos, *Verfassungsgerichtsbarkeit und Gesetzgebung*, 1987, 170-179; Alexander von Brünneck, *Verfassungsgerichtsbarkeit in den westlichen Demokratien: Ein systematischer Verfassungsvergleich*, Baden-Baden: Nomos, 1992, 162-163; 크리스티안 슈타르크(Christian Starck), "권력분립과 헌법재판", 2010, 489; 미카엘 브레너(Michael Brenner), "독일의 헌법재판권과 그 정치적 함의", 변무웅 역, 『공법연구』, 한국공법학회, 제33집 제4호, 2005, 30; 라이너 발(Rainer Wahl), "헌법재판제도의 유형: 독일연방헌법재판소", 김백유 역, 『헌법학연구』, 한국헌법학회, 제8권 제4호, 2002, 570; 이부하, "독일 기본법상 헌법충실과 헌법재판", 2007, 101.

86) BVerfGE 36, 1; Ulrich R., Haltern, *Verfassungsgerichtsbarkeit, Demokratie und Mißtrauen*, 1998, 215.

87) Ulrich R., Haltern, *Verfassungsgerichtsbarkeit, Demokratie und Mißtrauen*, 1998, 204f.

88) 전통적 견해는 Willi Geiger, Das Bundesverfassungsrichter im Spannungsfeld zwischen Recht und Politik, *EuGRZ*(1985), 401; Ulrich R. Haltern, Demokratische Verantwortlichkeit und Verfassungsgerichtsbarkeit, *Der Saat*, Bd. 35(1996), 551; 실체법이론은 Ernst-Wolfgang Böckenförde, Diskussionsbeitrag in Aussprache und Schlußvortrag zu dem Thema: Die Verfassungsgerichtsbarkeit im Gefüge der Saatsfunktionen, *VVDStRL* 39(1981), 200; Christoph Gusy, *Parlamentarischer Gesetzgeber und Bundesverfassungsgericht*, 1985, 84; Klaus Stern, Der Einfluß der Verfassungsgerichte auf die Gesetzgebung in Bund und Ländern,

1970년대부터 등장한 기능법이론은 통제기준인 헌법에의 구속이 정치권력에 대한 헌법재판의 한계를 어느 정도 정밀하게 설정해 줄 수 있다는 생각에 대한 의문에서 출발한다. 오히려 헌재가 민주주의와 권력분립에서 헌법이 자신에게 부여한 기능 테두리 안에 머물게 하는 제도적 한계와 원칙을 밝히는 것이 필요하다고 본다. 헌법재판이 기능적 한계를 스스로 밝혀야만 입법자와 공존할 수 있다고 보기 때문이다. 그래서 삼권 그리고 법원의 하나지만 특별한 역할을 담당하는 헌법재판의 기능차이를 고려해 체계적합한 역할분배(Rollenverteilung)를 찾는다. 독자적 결정주체인 헌재가 분업적으로 조직화된 국가권력의 한 부분으로서는 어떠한 역할을 하고 그것이 입법과는 어떻게 차별적인지 확인한다. 결국 기능분립으로서의 권력분립을 토대로 민주주의원리가 입법자에 대한 헌법적 한계를 발견하는 기능을 헌법재판에 부여했다고 말한다. 그래서 헌재가 입법우위를 존중하면서 헌법합치적 해석으로 기능법적 경계 내에 머물자는 것이다. 이 이론은 광범하게 수용되어 왔다.[89]

그런데 헌법으로부터 결정 정당성을 직접 도출하거나 의회와의 공존을 정당화하는 기능적 권한한계를 규명한 이들 이론도 민주주의와 헌법재판의 긴장 자체에 주안점을 두었는지는 의문이다. 헌법에서 도출된 것이든 혹은 헌법재판에 부여된 의회의 헌법적 한계 발견 기능이든 그것이 인민이나 대표의 형성력을 의미하는 민주적 자기지배원리와 헌법재판의 긴장에 대한 이해에서 출발하기는 하더라도 직접 인민 혹은 시민의 관점에서 헌법재판에 접근했다고 보기는 어렵기 때문이다. 미국에서는 민주주의와 사법심사의 관계가 인민주의적 혹은 공화주의적 시민참여 같은 다양한 대안에서 검토됨으로써 사법심사와 민주주의의 양립 불가능성은 인민 혹은 시민의 관점에서 직접 지적된다. 반면, 독일에서는 시민적 혹은 인민적 사법심사논의가 거의 발견되지 않는다. 애커먼(B. Ackerman)의 지적처럼 미국에서는 인민(people)이 권리의 원천이지만 독일에서는 헌법상 권리라는 것

Konrad-Adenauer-Stiftung, *Interne Studien*, Nr. 119(1996), 9; 기능법이론은 Gunnar Folke Schuppert, Richterrecht und Verfassung, *Der Staat,* Bd. 15(1976), 114; Peter E. Hein, Unvereinbarerklärung verfassungswidriger Gesetze durch das Bundesverfassungsgericht, 1988, 108; Konrad Hesse, *Grundzüge des Verfassungsrechts der Bundesrepublik Deutschland*, 20. Aufl., 1995, Rn. 488f(이부하, "헌법재판에 있어서 사법적 자제", 2005, 253-260에서 재인용); 클라우스 슈테른(Klaus Stern), "헌법재판과 입법", 장영철 역, 『세계헌법연구』, 국제헌법학회 한국학회, 제3호, 1998, 108; 헌법재판소 편, 『주요 국가별 헌법재판제도의 비교분석과 시사점: 미국형 사법심사와 유럽형 헌법재판을 중심으로』(헌법재판연구 제21권), 2010, 49-51.

89) Klaus Schlaich, *Das Bundesverfassungsgericht*, 2004, 355ff; Alexander von Brünneck, *Verfassungsgerichtsbarkeit in den westlichen Demokratien*, 1992, 154-157; 콘라드 헷세(Konrad Hesse), 『통일 독일헌법원론』, 계희열 역, 서울: 박영사, 2001, 46-47.

은 인민이 받아들여야만 그런 권리인 것으로 설명된다. 기본법에 의하면 인민 다수가 폐지시키더라도 기본권은 헌법적으로 수정될 수 없는 것이다.[90] 그래서 인민이 헌법재판에 개입한 여지도 미국보다 적다.

독일에서는 행동통일체로서의 시민(Bürger) 혹은 인민(Volk)에 대한 뚜렷한 불신이 있다. 즉, 정치적 의사형성에서 인민의 역할은 인정되기 어려운 것이었다. 독일에서 인민주의(Populismus) 개념은 부정적이고 경멸적인 의미로 사용되어 왔다. 그래서 헌법재판 자체도 반인민주의적 입장을 드러낸다.[91] 결국 독일에서 헌법재판은 인민의 관점과는 거리가 있는 기능적 한계의 문제에 천착했다. 기본법은 헌법재판을 사법으로 규정하지만 규정형식에도 불구하고 헌법재판은 특유의 정치적 사법으로 이해됨으로써 기능법이론에서 보듯이 정치적 사법의 특유한 기능적 권한한계 설정에 주력한다. 그것도 민주주의와 헌법재판의 긴장을 보는 다른 방식이더라도, 즉 법과 정치의 공존이 의회에 대한 헌법재판의 기능한계로 민주주의와 권력분립에서 해명되더라도 헌법재판과 민주주의의 긴장의 본질이 인민 혹은 시민의 관점에서 직접 접근되지는 않았다.

독일의 헌법재판이 인민의 자기지배로서의 민주주의의 관점에서 직접 조명되지 못한 한계는 법학 중심 틀에 갇힌 논의구조에도 기인한다. 독일에서 헌법재판은 거의 법학 연구대상이다. 주로 공법학에서 다루고 대체로 재판기관의 지위와 운영의 특수성에 관한 연구가 지배적이다. 공법학연구는 사회과학적으로 열려 있음에도 정치학은 헌법재판을 거의 대상으로 하지 않고 정치학자들이 이를 다루는 경우는 대부분 법학을 함께 전공한 자들인 경우에 국한된다. 그 결과 법학 외 사회과학자가 헌법재판을 다루더라도 법학에서처럼 거의 폐쇄된 헌법해석의 세계만을 이해함으로써 행태주의 정치학 같은 경험적 연구풍토도 드물다.[92] 법학 중심 관점에 갇혀 있는 헌법재판연구의 핵심흐름은 법학은 물론이고 정치학의 경계구분을 넘어 폭넓게 진행되는 미국의 사법심사논의와 비교된다. 그래서 민주주의와 헌법재판의 긴장에 대한 인민주의적 내지 직접민주주의적 대안 제시는 취약했다.

또한 헌법재판이 국가 중심적인 독일의 전통적 사고에 기반을 둔 체제수호자 역할로 대두됨으로써 민주적 정당성 문제제기도 상대적으로 약하다. 독일에서는 영미와 달리 국

---

90) Bruce Ackerman, *We the People: Foundations*, 1993, 15.

91) Ulrich R., Haltern, *Verfassungsgerichtsbarkeit, Demokratie und Mißtrauen*, 1998, 22-24, 41.

92) Klaus von Beyme, Das Bundesverfassungsgericht aus der Sicht der Politik- und Gesellschaftswissenschaften, in; Peter Badura/Horst Dreier (Hrsg.), *Festschrift 50Jahre Bundesverfassungsgericht*, Bd. 1: Tübingen: Mohr Siebeck, 2001, 493f.

가 중심 사고가 지배적이었고 이는 헌법재판이 추상적 규범통제를 맡은 것에서도 읽혀진다.[93] 또 바이마르헌법체제의 실패경험에서 자각된 민주주의의 적에 대한 적극적 방어의 지로서의 방어적 민주주의(abwehrbereite Demokratie)가 헌법재판에서 강조된다.[94] 방어적 민주주의는 기본법에 규정된 기본권상실과 위헌정당해산제도에서 보듯 독일이 지향한 체제질서이념으로 헌법적으로 승인된 것이다. 이것이 헌법재판에 체제이념 수호자로서의 특별 역할을 승인하면서 헌재를 지배체제를 정당화하는 이데올로기적 기구로 만들었다.[95] 헌법재판은 헌법적 권한을 통해 국가 지도(Steuerung)에 참여했다.[96] 헌재는 전후 독일 민주주의를 안정화시키는 과제를 자임하는 것처럼 보였다.[97] 미국에서는 조직화된 국가권력이 불신되고 민주주의적 정치과정이 신뢰를 받는 반면 독일에서는 민주주의적 정치과정은 불신되고 오히려 헌법과 헌법재판을 통한 정치에 대한 구속이라는 사고가 지배했다.[98] 그래서 헌법재판이 국가 지도에 참여할 수 있었다.

이데올로기적 가치판단의 상대성을 경계한 헌재의 방어적 민주주의 사안들은 기본권 내지 권리보장 관점에서 본다면 타국에서는 명백히 다른 결론에 이를 수도 있었다. 그런데 제2차 세계대전 이후 국가재건의 시대적 요청과 맞물려 국가의 이데올로기적 정체성을 규정하고 강화하는 것을 헌재는 적극 도왔다. 민주적 질서이념으로서의 헌법의 도구적 상징성을 부각하는 데 앞장섰다. 헌재는 많은 논란을 초래한 민주주의적 체제질서수호자가 된다. 이로 인해 헌법재판이 초래하는 헌정주의와 민주주의의 긴장인식이나 해결 논의는 미국에 비해 상대적으로 덜 부각된다.[99] 미국은 헌법보장 혹은 헌법수호자로서의 헌법재판 관념이 약하다면 독일은 헌정주의와 민주주의의 긴장의 본질과 해법에 관한 직접 해명요청이 상대적으로 그늘에 가려진다.

제2차 세계대전 종전 이후 등장한 헌재가 비민주적 체제경험에 대한 반성의 산물이었

---

93) John C. Reitz, "Political Economy and Abstract Review in Germany, France and the United States", Sally J. Kenney, William M. Reisinger and John C. Reitz (eds.), *Constitutional Dialogues in Comparative Perspective*, New York: St. Martin's Press, 1999, 62-88.

94) Karl Loewenstein, "Militant Democracy and Fundamental Rights, I", *The American Political Science Review*, 31:3(1937), 417-432; 이부하, "독일 기본법상 헌법충실과 헌법재판", 2007, 106-107; 장영수, "방어적 민주주의: 독일에서의 방어적 민주주의이론의 형성과 발전", 한국공법학회 18회 학술발표회, 한국공법학회, 1991, 22-36.

95) 국순옥, "헌법재판의 본질과 기능", 『민주법학』, 민주주의법학연구회, 제11권, 1996, 38-50.

96) Albrecht Weber, Generalbericht: Verfassungsgerichtsbarkeit in Westeuropa, 1986, 41(118).

97) Ulrich R., Haltern, *Verfassungsgerichtsbarkeit, Demokratie und Mißtrauen*, 1998, 26.

98) Ulrich R., Haltern, *Verfassungsgerichtsbarkeit, Demokratie und Mißtrauen*, 1998, 243f.

99) Jürgen Gebhardt, Die Idee der Verfassung: Symbol und Instrument, in: A. Kimmel (Hrsg.), *Verfassung als Fundament und Instrument der Politik*, Baden-Baden: Nomos, 1995, 9.

던 점도 다수제견제 기관인 헌법재판의 비민주성에 대한 이해를 상대적으로 약화시켰다. 나치즘경험을 통해 주권적 권력에 기반을 둔 다수의사인 정치권력이라도 규범적 합헌성 검토를 필요로 한다는 사고가 헌법재판 성립근거의 하나였다. 나치즘 입법자에 의한 가혹한 기본권 침해를 보면서 최고권력 혹은 일반의지로 정당화되는 의회우위가 초래한 권력집중의 전반적 위험에 대처할 제도의 요청이 헌법재판의 토대였다. 의회주의비판과 맞물려 연방헌재 출범 이전부터 다수결원리에 의한 규범의 후퇴가 일반화됨으로써 규범재고의 계기로 헌법재판이 각인되었다. 형식적 합법성(legalität)을 민주적 정당성(legitimität)으로 무분별하게 승인했던 데 대한 반성이 헌재의 적극적 행동을 용인했다. 헌법재판은 민주주의원리를 담은 헌법의 또 다른 핵심가치인 헌정주의 제도로 기본권침해를 만든 합법적 불법의 제거역으로 받아들여진다. 그런데 헌법침해 과거사에서 난무했던 형식적 민주주의에 대한 처단권을 광범하게 부여받자 헌법재판의 비민주적 본질은 상대적으로 크게 조명되지 않는다. 독일에서 보듯 헌법재판의 정당성 해명은 고유의 정치적 경험을 반영한 특수한 제도적 기반에서 성패와 강약이 좌우되었다.

3. 한국의 논의

(1) 2004년 이전 정치학의 무관심

건국헌법 제정 당시 신설될 헌법재판의 제도적 형태와 재판관 구성방법 등이 제헌국회의 헌법기초과정에서 논의된다.[100] 물론 제헌논쟁의 핵심인 권력구조논의에 밀려 크게 주목받지는 못하고 단지 헌법기관화에만 원칙적으로 합의한 헌법재판의 형태와 구성을 다룬다. 식민지하 사법 불신 그리고 사법부의 심사로 인한 국회권력 약화 우려로 인해 미국식 사법심사제는 배제되고 헌법위원회가 채택된다. 이후에도 현행 헌재 출범 전까지 수차례 개헌에서 그 명맥을 유지한 헌법재판제도는 개헌 목전에는 거의 예외 없이 법원에 의한 미국식 사법심사와 독일식 헌법재판소를 놓고 공법학계의 비교법적 진단이 이루어지곤 했다. 그 논의에서 대체로 헌법재판소가 보다 이상적인 위헌심사제도로 주장되었다.[101] 현행 헌재 출범 전까지 헌법재판연구는 주로 공법학이 현실적 필요에 따라 다루

---

100) 이영록, 『유진오 헌법사상의 형성과 전개』, 파주: 한국학술정보, 2006, 134-142, 246-249.

었고 정치학의 연구는 거의 완전한 불모상태였다. 현실정치적 변화의 중심에 있는 제도나 지배권력을 형성하는 정치적 이해관계에 의해 추동될 수밖에 없는 정치학이 헌정에서 대체로 유명무실 내지 개점휴업 제도가 되어 버린 헌법재판에서는 실천적 연구필요성을 발견할 수 없었기 때문이다. 87년 개헌으로 현행 헌재가 출범된 1989년 이후 공간에서 헌법재판에 대한 역할기대의 점진적 상승과 제도적 안정화 노력이 일정한 연구 활성화를 가져왔지만 그것도 2004년 이전에는 공법학적 연구 중심이었고 정치학의 연구는 거의 확인되지 않았다.

정치학의 무관심은 주류적 연구흐름의 변화상황과도 무관치 않았다. 공법학과 정치학은 한국에서 독일 국가학(Staatswissenschaft) 내지 국법학(Staatsrechtslehre)[102] 연구풍토를 통해 제도연구를 중심으로 정치학에서의 헌법연구, 공법학에서의 정치학연구가 과거에는 일부나마 학문적 연구필요성을 공유하며 교류되었다. 대학의 커리큘럼에서 공법학은 정치학을 반영했고 정치학은 교과서에서 독일국가학이 큰 부분을 차지했다. 그런 연구경향은 행태주의 등장으로 사라지면서 정치학과 공법학의 학제적 경향은 이후 거의 보이지 않는다. 한국에서 정치학과 법학은 각각의 독자적 연구영역으로 정치와 사법을 관찰해 공법학자는 주로 법텍스트에 의존하고 정치학자도 법원과 법관을 정치분석의 주요 대상으로 다루지 않았다.[103] 정치학자 박명림이 지적하듯이 2004년 탄핵사태 이전까지 한국

---

101) 정종섭, "1960년 헌법에서의 헌법재판소의 최초 등장과 배경", 『법과사회』, 법과사회이론학회, Vol. 36, 2009, 414-416; 예로 김남진, "서독에 있어서의 헌법재판제도", 『법정』, 통권 113호, 1959, 24면 이하; 박일경, "우리나라 헌법재판소의 권한을 논함", 『고시계』, 통권 42호, 1960, 18; 김철수, "헌법재판소의 지위", 『고시계』, 제24권 제10호, 1979, 79; 김철수, 『위헌법률심사제도론』, 서울: 학연사, 1983; 김효전, 『헌법정치 60년과 김철수 헌법학』, 서울: 박영사, 2005, 878-887; 건국헌법 이후 운용되던 헌법위원회나 미국식 사법심사에 대한 관심도 적지 않았다. 김기범, "미국재판소의 법률심사", 『고시계』, 1959년 12월호, 164면 이하; 한태연, "근대국가에 있어서의 헌법재판제도", 『법정』, 통권 113호, 1959, 6면 이하; 갈봉근, "우리나라 위헌법령심사제의 기초", 『법학』, 서울대학교부설한국법학연구소, 1966년 12월호; 한상범, "위헌법률심사와 헌법위원회", 『사법행정』, 한국사법행정학회, 제14권 제2호, 1973, 11-14; 한동섭, "헌법재판제도의 제유형: 현행 각국의 위헌입법심사제에 대한 유형적 고찰", 『법학행정논집』, 고려대학교 법학연구원, Vol. 12, 1974, 43-76; 김운룡, 『위헌법률심사의 한계』, 서울: 일신사, 1976; 김운룡, "한국 헌법위원회의 사법적 성격", 『법학행정논집』, 고려대학교 법학연구원, Vol. 16, 1978, 19-45; 이상돈, 『미국의 헌법과 연방대법원』, 서울: 학연사, 1983; 이승우, "미국위헌법률심사제도의 연구", 『연세법학』, 연세대학교 법학회, 제5집, 1983, 71-104 등.

102) 국법학(Staasrechtslehre, Staatsrecht)은 국가의 성질, 형태, 권력, 기관, 정체(政體) 등을 공법학적으로 연구한다. 허영에 의하면 서구에서 국법학은 국가 현상을 연구하는 정치학이라는 사실적 분야와 국가의 본질을 이해하는 존재론적 분야인 국가론의 헌법학과의 통합적 영역이다(허영, 『헌법이론과 헌법』, 서울: 박영사, 2008, 3). 국가학(Staatswissenschaft)은 국가나 국가권력의 본질과 과제를 연구한다. 국가학은 헌법학, 정치학, 경제학, 재정학, 사회학, 지리학, 생물학 등 국가와 관련된 제 학문 영역을 망라한다(이승우, 『국가론』, 서울: 두남, 2010, 27).

103) 박은정, 『왜 법의 지배인가』, 파주: 돌베개, 2010, 242.

의 헌법학은 규범학으로서의 본령에 충실하는 동안 정치와 사회의 실제현실을 고려하지 않는 한계를 지녀왔고, 정치학은 한 사회의 정치를 틀 짓는 요소인 헌법에 대한 관심을 기울여 오지 못해 서로 현실무시와 헌법무시라는 양자의 공명 없는 분리 속에 한국 민주주의의 제도와 현실을 동시에 발전시키기 위한 문제의식을 오랫동안 방기했다. 헌법논의의 사회과학화를 통해 규범지향과 현실지향의 두 분과학문이 만나지 못했다.104) 법학계도 이를 간접 자인한다. 2004년 탄핵심판사건을 계기로 "헌법학 연구의 과정에서 소홀히 되었던 민주주의와의 충돌 가능성을 다시금 생각게 하였다"고 말하듯105) 법학은 정치와 사법이 만나는 공간인 헌법재판의 정당성 문제를 심각히 다루지 못해 왔다. 정치학과 법학 모두의 부족하고 소홀했던 관심과 태도의 탓도 있지만 사실 주원인은 사법과 정치의 본질적 차별성에만 머문 이원론적 사고 그리고 이를 융화하는 작업상의 제 난관에 있었다.

그러나 이는 한국이 속한 대륙법계 사법국가의 일반적 현상이다. 유럽도 최근에서야 비교정치학을 중심으로 법과 법원, 특히 헌법적 사법심사를 재발견하고 있을 뿐이다. 과거 헌법연구를 포함한 제도형태와 국가구조에 관한 제도주의적 연구는 20세기 중반 이후 정치행태와 정책결정을 중시하는 행태주의의 지배로 설자리를 잃었다. 그렇다고 유럽과 달리 연구방법의 다양성이 지배한 미국이 제도연구를 이끈 것도 아니다. 압도적으로 많은 공법정치학자가 존재한 미국도 샤피로 중심의 정치법학(political jurisprudence)이 법과 정치의 구분을 벗어나 정책결정자로서의 법관에 대한 시각을 제공하거나 혹은 재판관의 결정태도와 결정선택에 관한 행태주의와 실증주의 연구를 포함한 사법정치학(judicial politics)이 법과 법원을 연구했지만 이들도 헌법재판제도에 중점을 둔 것은 아니다. 비교정치학의 이들 소수를 제외하고는 정치학에서 헌법과 법원은 크게 연구되지도 않았다. 그나마 이는 유럽보다 나은 상황이다. 미국에서는 그런 정치법학이나 사법정치학이 로스쿨의 커리큘럼에도 들어있었지만 유럽에서는 그런 분야가 존재하지도 않았다. 유럽에서

---

104) 박명림, "헌법, 헌법주의, 그리고 한국 민주주의: 2004년 노무현 대통령 탄핵사태를 중심으로", 『한국정치학회보』, 한국정치학회, Vol. 39, No. 1, 2005, 253-278; 박명림에 의하면 다만 몇몇 예외적 논의는 존재했다. 예로 최장집, "한국 민주주의의 제도디자인", 김우식 편, 『21세기 한국의 국가관리와 리더십』, 범우사, 2004, 161-214; 임혁백, "통일한국의 헌정제도 디자인", 『아세아연구』, 제42권 제1호, 1996, 301-335; 한국정치외교사학회 편, 『한국정치와 헌정사』, 서울: 한울, 2001; 정종섭, 『헌법연구』 3, 박영사, 2001, 171-204; 정종섭, 『헌법연구』 4, 박영사, 2003, 211-305; 서희경, "대한민국 건국기의 정부형태와 정부운영에 관한 논쟁연구-제헌국회의 특별회기를 중심으로", 서울대학교 박사학위논문, 2001; 진영재 편, 『한국권력구조의 이해』, 나남출판, 2004; 안병진, 『노무현과 클린튼의 탄핵정치학』, 푸른길, 2004이다.

105) 탄핵심판사건에 대한 전국법학교수의견서[송기춘, "대통령노무현탄핵심판사건결정(헌법재판소 2004.5.14. 선고, 2004헌나1)의 몇 가지 문제점", 『민주법학』, 민주주의법학연구회, 제26호, 2004, 358에서 재인용].

는 사법정치에 관한 정치학적 비교연구가 시도되더라도 헌법이나 헌법재판을 연구하기 위해 학제적 경계를 넘는 시도 자체도 거의 없었다. 대륙법계 비교정치학자들은 심지어 정부제도, 정책결정연구에서조차도 법과 법원을 무시했다. 국제관계론도 국제법에 중점을 두지 않았다. 유럽에서 법과 법원은 한국에서처럼 법학영역일 뿐이지 정치학 연구대상이 되지 못했던 것이다. 유럽 법학자도 마찬가지다. 법학은 민법, 형법, 행정법, 헌법 같은 특정의 고립된 영역의 연구를 중심으로 할 뿐 법 외적 관점에는 무관심했다. 사법 정치의 비교연구를 위한 학제적 관심, 즉 비교정치, 공법, 민주주의 정치이론, 국제관계, 국제법에 대한 관심의 결합은 어려웠다. 국가와 제도에 대한 관심증대로 최근 새롭게 부각된 신제도주의론(New Institutionalism)조차도 사법연구에는 큰 주의를 기울이지 않았다.[106]

한국에서도 마찬가지로 헌법재판연구는 단지 법학 특히 공법학의 영역이었다. 그래서 공법학에서 독일학설이 원용되어 헌법재판의 지위, 위상 혹은 작용이 설명된다.[107] 헌법재판은 3권분립 혹은 4권분립의 틀로 해명된다. 하나는 고전적 삼권을 기반으로 삼권 내 사법과의 특유한 관계설정에 이르고, 다른 하나는 4권분립을 전제로 고전적 사법의 틀을 벗어나 주로 기능적 통제를 규정한 헌법규정에서 지위근거를 찾는다. 전자는 헌법기관으로서 최고기관 중 하나로 대법원과 마찬가지로 사법기관이되 헌법이 두 기관을 각 다른 장에 규정해 어느 한 기관의 우위를 인정한 것이 아니고 법원재판에 대한 헌법소원금지에서 읽혀지듯 양자 관계는 원칙적으로 상호 독립적이고 동등하다고 본다. 대법원과 함께 최고사법기관 지위를 가지되 관장사항이 달라 두 기관이 독립적이라는 것이다.[108] 제4의 국가기관으로 보는 후자의 입장도 법원과 헌재를 헌법상 기능을 달리하는 상호 독립

---

106) Alec Stone Sweet, *Governing with Judges*, 2000, 2-3; Alec Stone, *The Birth of Judicial Politics in France: The Constitutional Council in Comparative Perspective*, New York: Oxford University Press, 1992, 5-7, 10-15; Klaus von Beyme, Das Bundesverfassungsgericht aus der Sicht der Politik- und Gesellschaftswissenschaften, 2001, 493f.

107) 헌법재판소는 대체로 사법작용으로 이해된다. 사법절차, 법관 자격요건, 독립성을 강조해 헌법재판을 순수 사법작용으로 보거나 사법작용의 개념적 징표들이 있지만 동시에 정치적 규범인 헌법을 판단기준으로 한 정치형성적 재판임을 강조한 정치적 사법작용설이 그들이다. 반면, 사법적 형태는 헌법실현 목적을 위한 수단에 불과하고 본질은 입법, 행정, 사법에 대한 권력 통제를 통한 헌법실현이라는 기능과 목적에서 찾아야 하므로 제4의 국가작용이라고 보거나, 이와 별도로 재판, 입법, 정치의 복합 성격을 지닌 제4의 국가작용으로 이해해 4권분립체계로 보는 소수견해도 있다; 김철수, 『헌법학신론』, 서울: 박영사, 2008, 1279; 정재황, 『헌법재판개론』, 서울: 박영사, 2003, 28; 홍성방, 『헌법학』, 서울: 현암사, 2008, 908-912; 권영성, 『헌법학원론』, 서울: 법문사, 2008, 1109-1110; 성낙인, 『헌법학』, 서울: 법문사, 1997, 948; 허영, 『한국헌법론』, 서울: 박영사, 2008, 817; 허영, 『헌법소송법론』, 서울: 박영사, 2009, 20-21; 허완중, "헌법재판소의 지위와 민주적 정당성", 『고려법학』, 고려대학교 법학연구원, Vol. 55, 2009, 6-8.

108) 김철수, 『헌법학신론』, 2008, 1280-1281; 권영성, 『헌법학원론』, 2008, 1124-1125; 정재황, 『헌법재판개론』, 2003, 28, 32-35.

한 헌법기관으로 보는 것은 같다. 즉, 헌법재판의 본질을 사법작용으로 보든 제4의 국가 작용으로 보든 법원과 헌재의 관계적 지위는 상호 독립적이고 동등하다고 본다.[109] 다만 후자의 입장은 헌재의 권력 통제는 고전적 삼권분립의 조직원리에 대한 권력 통제, 즉 권력기관의 조직적·기능적 분리와 상호간의 견제와 균형을 통한 수평적 통제와는 달리 삼권을 기능적으로 통제하는 것으로 두 통제장치는 상호 보완적이라 본다. 삼권분립의 통제장치가 제대로 작동되지 않을 경우의 역할이라는 것이다.[110] 또는 헌재는 기능과 권한에서 삼권과 별도의 독립적 지위로 4권분립이고, 다른 기관의 행위에 대한 합헌성통제나 국회의 입법행위나 기관 간 권한쟁의에 대한 적극적 권한행사는 헌법재판의 특성과 관할을 구체적으로 정한 헌법규정에서 도출된 결론이라 보기도 한다.[111]

그런데 이들 헌법이론이 정치와의 관계에서 헌재의 정당성 문제 자체에 관심을 둔 것인지는 의문이다. 헌법학은 자신을 뒷받침하는 국가론, 헌정사, 헌법정책학을 통해 헌정체계 전반에 대한 접근을 보인 것이 아니라 거의 헌법해석학에만 중점을 두어 왔다.[112] 기껏해야 민주주의와의 관계에 대한 관심은 출범 이후 적극화한 헌재에 대해 공법학이 대통령과 국회 등 민주적 대표와의 상호 관계를 연구하는 간접적 방식으로만 드러났다.[113] 그나마 정치와 헌법재판의 상호 관계연구는 헌정체계 전반에 대한 본격적 관심에 이르렀다고 보기 어렵다. 그에 비하면 헌법과 헌법재판 연구의 불모지였던 정치학은 일

---

109) 홍성방, 『헌법학』, 2008, 916.

110) 허영, 『헌법소송법론』, 2009, 98-101.

111) 정종섭, 『헌법소송법』, 서울: 박영사, 2010, 85.

112) 이승우, 『헌정사의 연구방법론』, 서울: 두남, 2011, 19.

113) 김상겸, "의회의 자율권과 사법: 독일의 경우를 중심으로", 『헌법학연구』, 한국헌법학회, 제9권 제2호, 2003, 93-115; 박진완, "입법자와 헌법재판소", 『헌법학연구』, 한국헌법학회, 제5권 제2호, 1999, 500-541; 배준상, "헌법재판소와 입법권자", 『법학논총』, 한양대학교 법학연구소, 제9집, 1992, 21면 이하; 이기철, "입법자의 예단에 대한 헌법재판소의 통제", 『중앙법학』, 중앙법학회, 제5집 제1호, 2003, 71-103; 전종익, "헌법재판소 결정의 정당성에 관한 인식: 국회의원들의 인식을 중심으로", 『법과사회』, 법과사회이론학회, Vol. 19, 2000, 197-216; 정종섭, "한국의 민주화에 있어서 헌법재판소와 권력 통제: 1988년부터 1998년까지", 『서울대학교 법학』, 서울대학교 법학연구소, Vol. 42, No. 1, 2001, 61-106; 허전, "입법자에 대한 헌법재판소 통제의 정당성", 『법학연구』, 충북대학교 법학연구소, 제10집, 1999, 65-83; 홍완식, "입법자의 법률개선의무에 관한 연구: 독일 연방헌법재판소와 한국 헌법재판소의 결정례를 중심으로", 『공법연구』, 한국공법학회, 제31집 제2호, 2002, 281-297; 이런 관심은 노무현대통령 탄핵심판, 신행정수도 결정의 직접적 영향과는 무관한 헌법재판제도에 관한 보편적 관심으로 2004년 이후에도 지속적으로 확인된다. 김배원, "한국헌법상 대통령과 헌법재판소의 상호통제관계", 『공법학연구』, 한국비교공법학회, 제8권 제2호, 2007, 149-184; 김형남, "한국의 대통령과 헌법재판의 관계", 『경성법학』, 경성대학교 법학연구소, 제15권 제1호, 2006b, 91-100; 박진완, "헌법재판소와 국회와의 관계: 규범반복금지", 『헌법학연구』, 한국헌법학회, 제11권 제2호, 2005, 75-110; 전학선, "프랑스에서 헌법재판소와 의회와의 관계", 『세계헌법연구』, 국제헌법학회 한국학회, 제11권 제1호, 2005, 277-304; 정연주, "비상입법자로서의 헌법재판소", 『헌법학연구』, 한국헌법학회, 제13권 제3호, 2007 등.

단 이 시기 말에 헌정제도연구에 관심을 보이기는 했다. 민주주의 공고화 단계에서 헌재의 제도적 활성화를 지켜보면서 헌정질서와 헌법에 대한 관심을 보이기 시작했다.

정치학의 관심은 연구풍토 변화를 의미했다. 1960년대 초까지 일본과 독일의 학문적 영향하에서 정치제도와 관련된 법적·제도적 문제를 다뤘던 한국정치학은 1960년대 이후 미국 행태주의에 의해 지배되면서 제도나 국가를 경시했다. 1980년대 이후 행태주의가 쇠퇴하고 정치경제학적 전통이 부활되어 국가론이 다시 주목받고 1990년대에 도입된 신제도주의론도 제도에 주목하지만 여기서도 헌법이나 헌정사는 관심받지 못했다. 그러다가 2000년대 초 한국정치외교사학회 중심으로 헌정사를 다룬 정치학과 헌법학의 학제적 연구가 시도된다. 헌법에 대한 이 관심은 과거 정치학의 독일 국가학적 헌정제도 연구전통의 맥을 잇는 헌정사연구 형태로 등장한다. 그 연구전통의 부활필요성을 시사한 이 헌정주의연구의 선구형태는 비록 헌법재판은 아니지만 헌법 내지 헌정질서에는 주목했다.[114] 과거에 존재한 제도연구를 중심으로 정치학과 공법학 일부의 학제적 연구전통의 복원에 의미를 부여했더라도 2004년 이전에 헌법을 둘러싼 헌정주의평가의 초기 문제의식을 보여주었다. 또한 이 시기 말 직접민주주의와 간접민주주의의 혼합형인 한국적 혼합정부가 대통령과 의회의 충돌로 인해 반복적인 헌법정치의 위기와 헌정체제 파행의 초기원인이 되었음을 지적함으로써 헌정주의와 민주주의 간의 긴장을 진단하는 시도도 등장한다.[115] 다만 이 시기 정치학의 헌정사 내지 헌법정치 연구가 헌법재판을 주요대상으로 삼은 것은 아니다. 그럼에도 정치학의 헌법재판연구가 2004년의 다른 계기를 통해 나타난 것을 보면 한국에서 법학과 정치학이 만나지 못한 요인이 학자들의 관심이나 태도의 결여 같은 주관적 요인에만 기인한 것은 아님을 알 수 있다. 민주주의와 법의 지배를 향한 법과 법원의 역할의 정치적 차원을 학자들이 강조하기 시작한 계기는 최근의 여러 이행과 관련된 것이라 말할 수 있기 때문이다.[116]

---

114) 김일영, "서문", 한국정치외교사학회 편, 『한국정치와 헌정사』, 서울: 한울, 2001, 3-9; 이승우, 『헌정사의 연구방법론』, 2011, 16-18.

115) 박명림, "한국의 초기 헌정체제와 민주주의", 『한국정치학회보』, 한국정치학회, 제37집 제1호, 2003, 118-121.

116) Sally J. Kenney, William M. Reisinger and John C. Reitz, "Intoduction: Constitutional Dialogues in Comparative Perspective", Sally J. Kenney, William M. Reisinger and John C. Reitz (eds.), *Constitutional Dialogues in Comparative Perspective*, New York: St. Martin's Press, 1999, 1-2; Dieter Grimm, "Constitutional Adjudication and Constitutional Interpretation", 2011, 25.

(2) 2004년 이후 정치학의 논의경향

정치학이 민주주의의 헌법재판 문제에 접근한 결정적 계기는 2004년 노무현 대통령 탄핵심판과 신행정수도건설특별법 위헌결정이다. 국회와 대통령이라는 두 민주적 대표의 정당성 충돌을 다루고 민주적 대표가 합의한 결정을 뒤엎은 두 심판은 법학은 물론이고 정치학에도 큰 비판적 관심을 불러왔다. 법학계에도 적지 않은 파장이 일었다. 특히 수도 이전을 결정한 입법부의 의지를 뒤엎은 신행정수도건설특별법 위헌결정은 대체로 헌법논 리적 한계 그리고 지나친 정치형성적 태도로 지적되었다. 일각에서는 '사법쇼크'라고 비 난했다.117) 정치에 내재된 이해관계 갈등에 대한 판단이 내세운 무리한 헌법논리는 이전 부터 법학계가 주목한 헌법재판의 정치형성적 태도에 관한 문제의식을 키웠다. 이는 위 헌심사의 정당성을 직접 다루기보다는 그 범위와 한계규명으로 간접 접근한 것이기는 했 지만 위헌심사의 역사적 기원, 헌법해석의 방법과 입헌의도의 해석에 관한 주석주의와 비주석주의 간의 논쟁, 사법부의 정치사회적 역할을 둘러싼 사법적극주의와 사법소극주 의 간의 논쟁으로부터 출발해 기본권 보장과 입법권과의 관계를 포함한 정치의 문제에서 헌재가 어떤 태도를 견지하는 것이 바람직한지의 논의로 확장된다.118) 이 확장은 넓게는 헌정사연구와 공화주의적 접근까지 법학이 포용할 수 있는지의 문제도 담았다. 헌법이나 헌법재판에 대한 헌정사적 연구방법론의 등장이나 공화주의적 관점에서 법정치이론을 모 색하는 시도는 전통적 헌법학의 태도와는 달리 헌법재판연구에 새 방향성을 제시하기도 한 것이다.119) 다만 이들은 2004년 이후 헌법재판에 대한 정치적 해석과는 달랐다. 헌법

---

117) 국순옥, "헌법재판관들의 사법 쿠데타", 『민주법학』, 민주주의법학연구회, Vol. 27, 2005, 457-461; 서경 석, "신행정수도의건설을위한특별조치법 위헌결정에 대하여: 헌법재판소 2004.10.21. 선고, 2004헌마 554,566(병합) 결정", 『민주법학』, 민주주의법학연구회, Vol. 27, 2005, 398-420; 장영수, "신행정수도건 설을위한특별조치법 위헌확인결정의 찬반논쟁", 『고시계』, 고시계사, 통권 574호, 2004, 77-102 등.

118) 곽준혁에 의하면, 기본권 보장과 관련해 사법입법을 포함한 법원의 적극적 사법심사의 필요성을 강조한 이회창(이회창, "사법의 적극주의: 특히 기본권 보장과 관련하여", 『서울대학교 법학』70, 1987, 147-161); 정당의 의회지배와 행정국가의 심화라는 상황인식을 바탕으로 사법적극주의를 제한적으로 지지하는 임지봉(임지봉, "사법적극주의와 사법소극주의", 『고시계』, 제7권, 2001, 4-18); 사법입법이 가 져올 정치와의 긴장관계에 주목하고 기본권 보장에 역점을 둔 헌법해석이 필요하다고 주장하는 이동훈 (이동훈, "헌법재판에서 사법적극주의의 한계", 『헌법학연구』, 한국헌법학회, 제5권 제1호, 1999, 308-331); 졸속입법 문제는 공감하지만 사법입법을 당연시하는 태도는 비판하는 오세혁(오세혁, "사법 부의 해석방법론에 대한 비판", 『법과 사회』, 제27권, 2004, 185-209); 비교사회 문화적 맥락에서 한국 의 사법적극주의와 일본의 사법소극주의를 비교한 최대권(최대권, "비교 사회, 문화적 문맥에서 본 사법 적극주의와 사법소극주의", 『서울대학교 법학』, 서울대학교 법학연구소, Vol. 46, No. 1, 2005, 19-37) 등이 있다(곽준혁, "사법적 검토의 재검토", 2006, 83-84).

119) 이승우, 『헌정사의 연구방법론』, 2011; 김동훈, 『한국 헌법과 공화주의』, 서울: 경인문화사, 2011.

재판의 현재적인 정치사회적 의미를 규명하는 것과는 거리가 있었기 때문이다.[120]

정치학은 탄핵심판과 신행정수도위헌결정 모두에서 민주주의 정치의 중대변수로 떠오른 사법적 결정력에 대규모 비판을 집중했다. 정치적 사법권력에 본격 주목하면서 대의 민주주의의 본질훼손, 민주적 정당성 부재, 민주주의 위기책임을 거론하며 궁극적으로는 헌정주의와 민주주의의 긴장을 본격적으로 지적했다.[121] 2004년 이후 정치학의 비판적 접근은 헌법재판의 주체와 대상의 권력정치적 동학을 통해 근본적으로는 헌법재판이 결과한 민주주의질서의 교란을 총체적으로 파악하는 움직임인 점에서 공법학적 관심과는 달랐다. 정치학은 헌법재판의 규범과 제도 문제를 모두 다루고자 했다. 종래에는 헌정질서의 규범과 제도 선택에 관한 논의가 별개로 전개되고 주된 관심은 주로 헌정제도 선택이었다. 그런데 헌법재판을 통해 전통적으로 관심 밖이던 민주적 헌정체제의 규범과 제도 간 부정합성이 주목됨으로써 현행 헌정체제 전반에 대한 관심이 제고된다. 우선 정치학에서 민주적 헌정질서의 장애가 권위주의시대의 정치적 유산이나 정치적 리더십의 부족에 기인한 것으로 보고 현행 헌법체제 자체는 긍정적으로 평가하는 견해가 등장했는가 하면, 반대로 현행헌법이 국민적 동의가 결여된 정치협상으로 성립한 측면을 강조하고 분점정부현상, 제왕적 사법부의 등장 등 문제점으로 권력구조변경의 개헌을 거론하는 부

---

120) 다만 곽준혁에 의하면, 미국식 사법심사와 그 외 헌법재판의 정치사회적 의미를 살펴보려는 노력이 전혀 없었던 것은 아니다. 예로 일리의 참여 보완적 사법심사를 비판적으로 검토하면서 국가기관 상호간 조정을 통해 절차를 넘어 민주주의의 실질적 가치를 구현하는 방향으로의 개선이 필요하다고 주장한 윤명선[윤명선, "사법심사제와 다수결주의: 일리(Ely)의 과정이론에 대한 비판적 접근", 『공법연구』, 한국공법학회, 제18권, 1990, 115-135]; 법현실주의와 비판사회학의 관점을 수용해서 민주주의를 다수결주의로 단순화하는 주석주의의 문제점을 찾아내고 담론적 법공동체의 형성과 헌법해석의 헌법 외적 요소의 개입을 당사자와 법관을 넘어 시민사회에까지 허용하는 비주석주의를 통해 법의 합리성과 민주성을 견지할 수 있다고 주장한 한상희[한상희, "미국에서의 사법심사의 준거: 헌법의 해석학을 중심으로", 『미국헌법연구』, 1998, 173-218); 헌법해석을 둘러싼 다양한 법이론을 소개하고 헌법해석에 있어 주관의 개입과 소수자의 권익보호라는 측면에서 드워킨 유의 적극주의적 관점, 텍스트와 텍스트 밖의 사회와의 균형을 통해 헌법해석의 적극성을 유도하려는 법사회학적 관점에서 제한적 적극주의를 극복하고자 한 양건(양건, "헌법재판소의 정치적 역할: 제한적 적극주의를 넘어서", 제51회 헌법실무연구회 발표문, 2004.12.3.) 등이 있다고 한다(곽준혁, "사법적 검토의 재검토", 2006, 83-84).

121) 곽준혁, "사법적 검토의 재검토", 2006, 81-110; 곽준혁, "민주주의와 공화주의: 헌정체제의 두 가지 원칙", 『한국정치학회보』, 한국정치학회, 제39집 제3호, 2005, 33-57; 곽준혁, "심의민주주의와 비지배적 상호성", 『국가전략』, 제11집 제2호, 2005, 141-168; 강원택·김종철 외, 『헌법과 미래: 7학자의 헌법시평』, 서울: 인간사랑, 2007; 김성호, "헌법개정과 입헌민주주의", 연세대학교 국가관리연구원 2005년 추계학술회의, 2005; 김영민·김용호 외, 『21세기 헌정주의와 민주주의』, 서울: 인간사랑, 2007; 박명림, "헌법, 헌법주의, 그리고 한국 민주주의", 2005, 253-278; 박성우, "민주주의와 헌정주의의 갈등과 조화", 2006; 최장집, "민주주의와 헌정주의", 2005; 최장집, 『민주화 이후의 민주주의: 한국 민주주의의 보수적 기원과 위기』, 서울: 후마니타스, 2005; 최장집, 『민주주의의 민주화』, 박상훈 편, 서울: 후마니타스, 2006; 홍윤기·박명림 외, 『헌법 다시보기: 87년 헌법 무엇이 문제인가』, 함께하는시민운동 편, 서울: 창비, 2007 등.

정론도 나타났다.[122] 대체로 정치학은 미국의 헌정질서에 대한 평가를 민주화 이후 한국에 원용해 강력한 권력으로 부상한 헌재가 다수제주의에 역행한다고 비판했다. 특히 다수인민의 의지에 의거한 통치를 강조하는 최장집과 같은 일군의 정치학자들은 미국의 공화주의적 매디슨적 헌정질서의 비민주성을 강조한 미국학계의 견해를 원용했다.[123]

헌법재판에 대한 관심은 다양한 논점을 지녔다. 헌재의 결정내용을 둘러싼 보수와 진보의 대립, 정치적·정책적 개입 자체에 대한 평가를 기준으로 한 사법적극주의와 사법소극주의의 대립, 헌법에 의한 대의권력 통제를 옹호하는 법치주의와 헌재의 역할확대를 민주주의의 축소 내지 위기로 보는 민주주의적 입장의 대립이 모두 있다.[124] 따라서 민주주의 시각에서만 주목된 것은 아니다. 민주주의의 문제 인식이 있더라도 사법쇼크 이후에 헌법재판을 둘러싼 헌정주의와 민주주의의 긴장에 대한 폭넓은 토론이 정치학에서 충분히 진행되었다고 볼 수도 없다. 곽준혁에 의하면 노무현 대통령 탄핵심판과 행정수도 이전과 같은 주요 정치쟁점들로 인해 정치학자들의 관심이 헌법재판에 옮겨진[125] 이후에도 민주주의와 헌정주의의 긴장관계 이해는 아직 충분치 않다. 법학은 해석의 문제, 정치학은 주체의 문제에 여전히 머물러 있기 때문이다. 따라서 민주주의와 헌정주의의 긴장을 넘어 헌법재판제도의 현재적 의미가 어떤 정치적 원칙을 통해 구체화되어야 하는

---

122) 김용호, "헌정공학의 새로운 이론적 틀 모색: 한국헌정체제의 규범적 좌표와 제도적 선택", 김영민·김용호 외, 『21세기 헌정주의와 민주주의』, 서울: 인간사랑, 2007, 51-56; 박명림, "헌법, 헌법주의, 그리고 한국 민주주의", 2005, 254; 김성호, "권력구조와 민주주의", 진영재 편, 『한국권력구조의 이해』, 2004, 33-64.

123) 최장집, "민주주의와 헌정주의", 2005, 7-69(한병진, "미국 헌정질서, 법치, 민주주의의 삼위일체", 2007, 91에서 재인용).

124) 박찬표, "법치민주주의 대 정치적 민주주의", 최장집·박찬표·박상훈, 『어떤 민주주의인가』, 서울: 후마니타스, 2007, 200-201; 박찬표, "헌법에 기대기: 민주주의에 대한 두려움 혹은 실망", 『한국정당학회보』, 한국정당학회, 제5권 제1호, 2006, 74-75.

125) 곽준혁에 의하면 정치학계의 이런 움직임은 대체로 최장집에서 비롯된 것으로 보인다. 최장집은 미국의 반연방주의적 전통과 민중주의적 헌정주의자로서 심의민주주의(deliberative democracy) 입장인 니노(Carlos S. Nino, *The Constitution of Deliberative Democracy*, New Haven: Yale University press, 1996)와 평등한 정치참여의 권리를 강조하는 월드런(Jeremy Waldron, "Judicial Review and the Conditions of Democracy", 1998, 335-355)의 이론을 중심으로 사법부의 정치화를 비판하고 분점정부에서 등장하는 사법권의 확대경향을 극복하기 위해 민주주의의 규범적 내용과 원칙을 지키기 위한 정당으로 조직되고 대표되는 정치과정의 활성화를 제시했다(최장집, "민주주의와 헌정주의", 2005); 그리고 헌정주의와 민주주의의 갈등을 참여와 심의의 결합을 통해 해결하려고 시도한 박명림(박명림, "헌법, 헌법주의, 그리고 한국 민주주의", 2005, 253-278); 헌정주의와 민주주의의 긴장관계라는 일반적 틀을 거부하고 공화주의적 헌정주의의 장점으로 자유주의적 헌정주의에서 발견되는 정치에 대한 법의 우위의 원칙과 민주주의의 내재적 긴장을 극복하려고 한 곽준혁(곽준혁, "민주주의와 공화주의", 2005, 33-57); 헌정주의가 지닌 참여와 구속의 상호 모순적 정합성에 주목하고 주관적 불만에 의한 헌법개정의 문제점을 지적한 김성호(김성호, "헌법개정과 입헌민주주의", 연세대학교 국가관리연구원 2005년 추계학술회의)의 연구 등이 주목된다(곽준혁, "사법적 검토의 재검토", 2006, 83-84).

지를 근원부터 면밀히 검토하고 동시에 그러한 정치적 원칙을 구현하기 위한 제도적 구상까지 제시된 것은 아니었다.[126] 그렇다면 정치학의 일부가 민주주의의 헌법재판문제에 관심을 가진 것으로 보더라도 헌법재판으로 인한 헌정주의와 민주주의의 긴장 해법을 지향하는 정치적 원칙이나 그에 기초한 제도적 구상은 막 시작된 것이다.

그나마 이제까지 확인된 정치학 연구를 보면 헌법재판으로 인한 민주주의 정치의 장애를 지적하는 데 치중함으로써 그런 모색은 충분한 담론을 만들지 못했다. 헌정주의와 민주주의의 긴장에 대한 관심조차도 지속적 정치교착에서 대통령과 국회의 소통마비와 이로 인한 헌법재판의 증대된 역할 간의 인과적 연관고리를 이해하기보다는 헌법재판이 초래한 사법통치에 결과책임을 귀속시키는 경향을 더 크게 보인다. 두 원리의 긴장을 논하더라도 헌법재판의 본질적인 민주적 한계를 문제의 근원으로 봄으로써 헌법재판에 책임을 돌린다. 정당성에 관한 헌법재판의 결정론적 한계가 두 원리의 긴장의 주원인이라고 봄으로써 정치와 헌법재판의 공존관계를 이해하는 데는 관심이 적다. 긴장 해법도 상당수는 폐지나 권한축소 같은 헌재를 대상으로 한 제도개혁적 방안에 집중된다. 이는 헌정체제의 중대한 축인 헌법재판제도의 위력을 민주주의의 이름으로 제거하거나 축소하려는 논의 혹은 나아가 제도적 무력화를 위한 개헌을 목표로 하는 정치적 의도와 결합한 목적적 시각으로 의심받기에 충분하다. 민주주의 공고화가 헌법재판의 정치형성적 행보에 대한 비판의 선명성으로 정치적 의도를 담고 정당성해명 문제의 본질에는 크게 접근하지 않기 때문이다.

그들은 헌법재판과 정치의 공존요청 해명을 선행시키지 않음으로써 반비판에 의해 스스로도 무력화되기 쉬운 상태에 이른다. 이들은 오늘날 헌재가 전가 받은 민주적 책임의 소재지임을 논의전제에서 경시하거나 배제함으로써 결론의 일방성을 예정한 것으로 비판될 수 있다. 민주적 대표가 다가올 선거나 일상정치의 지배권 장악에 장애가 될 민주적 책임과 결부된 가치판단의 문제에서 초래되는 정치적 위험부담을 헌법재판의 법적 판단으로 전이시킨 실체적인 책임전가의 측면을 도외시한다. 더욱이 그로 인해 정치의 사법화 배후의 실체적 원인이 그러한 전가된 책임소재와 무관하지 않다는 인식을 심층적으로 진전시키지 않는다. 헌법재판이 정치와의 관계에서 어떤 역할로 민주주의의 필요에 응하는지의 해명에 이르지 못한 결과 한국정치에 보다 실천적 적응력을 가진 대안을 찾고 이로써 헌정체제와 민주주의의 원활한 공존적 작동을 위한 후속작업은 진행되지 못한다.

---

126) 곽준혁, "사법적 검토의 재검토", 2006, 84.

Ⅲ. 헌법재판의
민주적 정당성 해명 요청

1. 헌법재판에 대한 민주주의적 비판

(1) 헌정주의와 민주주의의 긴장

1) 긴장의 존재 인식

국민대표가 아니고 국민에게 책임지지도 않는 헌법재판관이 만드는 정치적 결정을 보면서 한국정치도 민주주의와 헌정주의 두 원리 간의 긴장에 주목했다. 국민대표의 핵심적 정책입법에 대한 위헌결정과 대통령 탄핵심판과 같은 정치적 중대결정을 보면서 헌재에 과연 민주주의의 선택을 맡길 수 있는가라는 근본물음이 제기된다. 이는 크게 두 가지, 즉 선출되지 않은 재판관이 대표의 행위를 판단할 수 있는가와 민주주의가 다수지배라면 헌법재판은 본질적으로 반민주적이 아닌가라는 물음이다. 집약하면 사법적 헌법재판을 통해 제도화된 헌정주의가 민주주의를 제약하는지의 의문이다.[1] 헌법재판이 선출을 통한 국민대표성에 기반을 둔 다수제주의 대표인 국회와 대통령의 행위를 규범적으로 통제하는 한 그런 의문은 불가피했다. 의문이 지적한 긴장은 여러 형태지만 크게는 사법과 정치 간 긴장이었다. 헌정주의적 위헌심사와 민주주의의 긴장은 사법과 정치의 긴장으로 표현되었다. 헌법재판도 다른 기관과 마찬가지로 견제받아야 한다는 주장도 그런 인식의 결론이다. 위헌심사도 견제되고 감시되어야 한다는 시각은 민주적 지배와의 긴장을 전제로 한다. 민주주의가 자신의 원칙에 의해 스스로 지배하도록 만드는 그리고 헌정적으로 지배하도록 만드는 잠재력을 위헌심사가 보유한 이상 그 긴장은 인정되었다.[2]

그 긴장은 정치와 사법 모두에 인정된다. 전통적 헌법이론처럼 사법심사가 민주적 가치와 차이가 있고 그래서 특별하거나 예외적인 정당성의 원천이 필요하다고 보든 혹은 법의 계급성을 파헤친 비판법학(Critical Legal Studies)의 입장처럼 자신의 엘리트적 관점을 재판에 반영하는 재판관에 의해 이루어지는 사법심사를 자본주의적 억압의 도구로 보든 혹은 사법과 정치의 상호적 견제를 강조하는 입장이든 이들은 모두 정치적 사법이 인민의 열망과 격리되어 있다는 의미에서 사법이 만드는 정치적 결정을 근본적으로 반민주

---

1) 박명림, "헌법, 헌법주의, 그리고 한국 민주주의", 2005, 265; 박명림, "사회국가 그리고 민주헌정주의", 『기억과 전망』, 민주화운동기념사업회, 제15호, 2006, 21; 김종철, "헌법재판, 법과 정치의 교차로", 『본질과 현상』, 본질과현상사, 통권 6호, 2006, 110; 최장집, "민주주의와 헌정주의", 2005, 13.

2) John Agresto, *The Supreme Court and Constitutional Democracy*, 1984, 55, 167.

적이라고 본다.[3] 심지어 민주주의의 헌법은 있더라도 헌정주의의 존재는 인정하지 않는 급진적 인민주의도 민주주의가 헌법이 드러낸 가치와 긴장관계에 있음은 인정한다. 즉, 헌정주의와 인민주의 사이에서 극단적으로 법의 형성자로서의 정치를 중시하고 헌정주의의 존재를 부인하는 관점조차도 정치를 만드는 인민의 헌법정치에서 민주주의의 긴장과 불안정은 인정하는 것이다.[4] 그렇게 민주주의는 오늘날 헌법정치와의 긴장을 확인한다.

헌법재판을 통해 민주주의와 헌정주의 간 관계의 본질로 드러난 긴장은 실체확인 전에는 헌법재판이 만든 특수하거나 일시적인 결과로 이해되기도 했다. 권리의 헌법화와 이에 상응하는 위헌심사제의 성립은 흔히 자유 혹은 평등의 가치와 결합된 권력분산의 척도로 광범하게 상찬되었기 때문이다. 위헌심사의 정치적 근원은 진보적인 사회정치적 변화의 반영이고 더욱 실질이 강화된 민주주의나 인권 보장으로 긍정적으로 높이 평가됨으로써 긴장의 실체를 은폐시켜 왔다. 주류를 이룬 자비적이고 진보적인 위헌심사의 근원 그리고 헌법화의 권력분산적이고 재분배적인 효과에 대한 가정들은 대부분 검증되지 않고 추상적인 채로 남아 있어[5] 긴장의 존재 자체도 널리 인식되기 어려웠다. 그러나 각국 개별상황의 각 다른 시기와 조건에서 긴장은 특수한 형태와 방식으로 실체를 드러냈다. 헌정주의와 민주주의의 긴장은 헌법재판의 본질 이해에 앞서 현실정치에서의 평가와 확인을 통해 흔히 밝혀졌다. 그래서 위헌심사로 민주주의와 헌정주의가 공존하는 국가에서 헌정주의와 인민지배 간의 본질적 긴장의 존재에 대한 인식은 시기상 차이를 보였다.

한국에서 헌정주의와 민주주의 간의 긴장은 헌법재판의 적극화 이전에는 거의 드러나지 않았다. 헌정주의적 제도화가 강조된 단계에서 긴장은 발견되지 않았다. 오랜 권위주의에서 대통령에 집중된 권력을 분산시켜 헌정주의적 권력분립을 회복하기 위한 대통령 직선제와 국회기능강화 그리고 명목적 수준을 넘어선 헌법재판의 창설에 합의해 헌정주의 실질화를 추구한 87년 헌법의 제정과정은 물론이고 민주화 이후 상당한 기간 동안에도 민주주의는 헌정주의를 공격하지 않았다. 법치를 수단으로 권력분립을 실질화함으로써 헌정주의의 토대를 다져 민주주의를 실현하고자 했던 그 시기에 헌정주의가 민주주의를 일정부분 제한해도 두 원리의 긴장은 제대로 인식되지 않았다. 그러다 적극화된 헌법

---

3) Terri J. Peretti, *In Defense of a Political Court*, 1999, 3-7. Peretti 자신은 미국정치가 입법우위를 거부하는 반다수제주의(antimajoritarian) 체계이므로 사법심사는 체계궤도를 벗어나거나 정당성부재(illegitimate)가 아니고 오히려 정치적 대표의 다양성 체계 내의 지극히 정상적이고 민주주의적 영역이라 보지만 그런 다원주의적(pluralist) 입장은 사법심사에 관한 현대헌법이론에 국한해 본다면 비교적 예외적이다.

4) Richard D. Parker, "Here, the People Rule", 1994, 114-115.

5) Ran Hirschl, *Towards Juristocracy*, 2004, 2-3.

재판을 바라보면서 헌정주의와 민주주의의 원리적 차별성이 이해되고 헌법재판의 반민주성에 관한 의문이 제기되었다. 오랫동안 헌법재판제도를 유지한 국가들의 비판과 마찬가지로 한국에서도 임명직 재판관에 의한 심사는 국민대표성과 친하지 않고 국민적 참여와 요청인 민주주의의 본질에도 어긋난다고 이해된다. 헌법재판은 권력분립에서도 의문시된다. 통치수단으로 권력분립을 택했는데 입법부 결정을 심사해 권력균형이 깨지고 심사기관이 우월적 권력이 되는 것은 두려운 일이었다. 입법심사의 절대권력화 위험성과 우월한 정치기관으로 변질될 가능성이 경고되었다.[6] 헌법재판이 권력분립의 갈등에 개입하는 것에도 부정적 시각이 팽배해졌다. 그 갈등을 대통령과 입법부의 타협으로 해결할 수 있다고 보면 우월적 위헌심사를 인정할 필요는 없기 때문이다.

그러자 헌법재판에 대한 국민적 합의부재와 그로 인한 불신이 긴장의 근원으로 지목되기도 했다. 제헌과 과거 권위주의의 개헌들과 마찬가지로 87년 체제 성립에서도 통치구조나 정부형태에 더 많은 비중을 두면서 헌법이 정치편의적으로 타협된 취약성이 헌법재판에 의한 민주주의 장애와 무관치 않다는 시각이다. 헌법성립과정에서 헌법재판에 의한 민주주의 구현과정의 정당성을 치밀하게 보장해 주지 못했고 헌재의 권력정치적 역할도 충분히 예측하지 못했거나 그 적극성에 대한 방어장치도 구비되지 못했다는 것이다. 결과적으로 민주주의가 법치를 통해 헌정주의에 의존하는 방식이 엄밀한 국민합의로 여과되지 못했기 때문이라는 것이다. 그러나 87년 헌법에 그런 한계가 있더라도 그것은 민주화열망에 기초한 개헌협상으로 대립적 정치세력의 질서적 합의를 상당 부분 반영했고 거기서 헌재는 권력분립을 형해화시킨 반주권적 권력집중을 막는 장치의 하나로 구상된 점에서 국민적 합의부재만으로 긴장원인이 설명될지는 의문이다. 그것은 두 원리 간 긴장을 헌법재판의 본질 밖에서 조명한 듯하다. 역사적으로도 군주권력을 제한한 헌정체제로의 이행기에는 법의 지배와 민주주의 간에 모순이 없다가 인민의 증대된 요구에 부응해 법이 적극적 권력수단이 되고 헌정주의적 법의 지배가 의회입법권을 통제하면서 위헌심사가 민주주의의 제약으로 관찰된 것이라면 긴장원인을 권위주의세력 간의 타협이 초래한 민주주의이행의 불철저함이나 87년 체제의 한계에서 찾는 관점은 한계가 있다.[7] 특히 헌법재판이 적극화한 이후 긴장이 읽혀진 것이라면 그런 해석은 의문시된다.

---

6) Gottfried Dietze, "Judicial Review in Europe", *Michigan Law Review* 55(1957), 555-558.

7) 박찬표, "법치민주주의 대 정치적 민주주의", 2007, 211-216; 박찬표, "헌법에 기대기", 2006, 89.

2) 긴장의 실체: 다수지배 견제제도

긴장의 실체에 관해 잘 알려진 설명은 대표되지 않은 소수임에도 선출된 다수를 통제하는 다수지배 견제권력일 수밖에 없는 헌법재판의 본질을 말한다. "입법부 혹은 선출된 행정부의 행위를 위헌선언 하는 것은 현재의 실제적 국민대표자의 의지를 거스르는 것이다. 그 위헌선언은 지배적 다수를 위해서가 아니라 오히려 다수에 대항해 행사되는 것이다."[8] 미국 헌법기초자들이 사법심사를 제도화할 의도를 가졌는지를 의문시하거나 부인함으로써 사법심사권을 제한하려 한 초기 학자들은 물론이거니와 오늘날 사법자제 옹호론자조차도 흔히 소수법관에 의한 사법심사를 '본질적으로 과두제적(oligarchic)'이거나 '비민주적'이라고 본다.[9] 사법을 본질적으로 귀족정적으로 보는 시각은 이미 토크빌(Alexis de Tocqueville)에서부터 있었다. 법관은 민주정체로부터 권력을 얻지만 동시에 민주정체에 대해 권력을 행사한다. 민주주의에서 탄생하고 민주주의를 위해 기능하는 법률가는 이해관계 면에서는 국민과 같은 편이지만 영향력 행사 면에서는 귀족적이다.[10] 그래서 입법부와 대통령에 의한 다수지배를 견제하는 다수제견제적 사법심사는 민주주의와 긴장한다. '다수지배 견제적 어려움(counter-majoritarian difficulty)'은 비클이 그 표현을 사용하기 전부터 미국 법학자들 사이에서 오랫동안 논의되어 왔다. 헌정에서 끊임없이 제기되고 확인된 이 어려움은 민주주의의 제도적 한계를 감안하더라도 사법심사의 정치주도적 역할이 다수제 민주주의와 정합하지 않음을 상기시켰다.[11]

사법심사와 민주주의의 부정합성은 그러나 일방적 결론만 이끈 것은 아니다. 예로 사법심사가 다수제 민주주의의 결정과 다르지 않다는 달의 해석은 부정합성 자체를 재고한다. 달은 장기적인 지배적 국가연합(dominant national alliance)에 의해 지배되는 미국정치에서 사법부가 의회와 행정부의 정책결정을 바꾸더라도 법원이 입법적 다수에 저항하는 것은 일시적일 수밖에 없고 궁극적으로는 정치적 다수의사에 반해 존재할 수는 없는 정치적 연합의 일원이라고 말한다.[12] 과거 행태주의나 실증주의의 태도모델 혹은 합리적

---

8) Alexander M. Bickel, *The Least Dangerous Branch*, 1962, 16-17.

9) John Agresto, *The Supreme Court and Constitutional Democracy*, 1984, 37; Elizabeth Mensch, "The History of Mainstream Legal Thought", David Kairys (ed.), *The Politics of Law: Progressive Critique*, New York: Basic Books, 1998, 24.

10) 알렉시스 토크빌, 『미국의 민주주의 I』, 임효선·박지동 역, 서울: 한길사, 2007, 352-360('민주주의의 평형을 유지시키는 사법관').

11) Alexander M. Bickel, *The Least Dangerous Branch*, 1962; Robert Dahl, *How Democratic Is the American Constitution?*, 2001, 152; Jesse H. Choper, *Judicial Review and the National Political Process,* 1980, 4-12.

선택이론 그리고 오늘날 법현실주의(legal realism)의 영향을 받은 일부 입장도 법원이 중요한 정책결정기관이지만 법적 규칙에 따르려는 법적 고려가 아니라 재판관의 정책적 선호가 오히려 법원결정의 주 토대라고 본다.13) 이들이 본 것은 사법결정은 정치와 분리된 독자영역이 아니라 지배적인 정치적 이해관계나 이념의 반영으로 입법적 다수에 의해 법원결정이 지배된다는 것이다.14) 이들은 사법심사의 반다수제주의적 본질 인정으로 일방적 결론을 이끌지 않고 사법심사와 민주주의의 부정합성을 재고한다. 사법심사의 최고결정력이 정치에 의해 지배된다는 이 결론도 역설적으로 사법심사와 민주주의의 긴장을 규명하려는 이론적 논의의 귀결이다.

다수제 민주주의와 헌정주의 내지 법치주의의 대립 자체가 부인되기도 한다. 예로 민주주의가 본래부터 대의체에 의한 최종결정을 여과조차 없이 용인한 것은 아니라는 입장은 헌법재판과 정치의 갈등을 민주주의와 법치주의의 충돌로 인식하는 사고를 일원적 민주주의관에 불과하다고 비판한다. 선거승리로 다수지지를 획득한 대통령이나 국회다수파에 대한 제도적 견제를 반민주적으로 보는 것은 단지 일원적 관점이다. 이원적 민주주의관으로 보면 주권의 위임을 받는 국회다수파와 대통령의 결정이 곧바로 다수지배로 승인되지는 않으며 국정 중요현안이나 사법적으로 문제 제기된 사안에서는 국민여론 다수의 지지나 사법심사로 그 결정이 확인되어야 한다. 현안으로 국론분열이 있으면 다수국민 지지나 사법심사로 소극적 지지를 얻을 때에만 민주적 다수지배로 승인된다. 대의민주주의에서도 주권자 국민의 집합적 의사는 여전히 중요한 정치적 영향력을 가지므로 정치지도자와 시민의 정치적 상호작용이 중요한데 정치는 국민적 다수의지를 확인하고 유지하는 부담을 안는다는 점에서 그것은 법치주의와 민주주의의 충돌이 아니라는 것이다.15) 위헌심사가 민주주의에서 용인된 요청이라 말하는 이런 민주주의관도 위헌심사와 민주주의 간의 대립에 대한 인식이 널려 퍼져 있음에 대한 반론이다.

---

12) Robert Dahl, "Decision-Making in a Democracy", 1957, 279-295; 로버트 달(Robert Dahl), 『민주주의와 그 비판자들』, 2008.

13) Lawrence Baum, "Selection Effects and Judicial Behavior", 1994 Annual Meeting of American Political Science Association, 8-9; Stephen M. Griffin, *American Constitutionalism*, 1996, 131.

14) 한국에서도 실증적 분석으로 헌재가 정치적 다수의 입장을 충분히 반영한다는 결론을 도출해 '반다수결주의 난제'를 해체하는 주장이 있다. 박종현, "헌법재판과 정책결정: 반다수결주의 난제의 해체를 위한 실증적 분석", 서울대 법학박사학위논문, 2009. 8(김동훈, 『한국 헌법과 공화주의』, 2011, 181-182에서 재인용).

15) 강정인, "민주화 이후 한국정치에서 자유민주주의와 법치주의의 충돌", 유정환 외, 『현대 정치의 쟁점』, 인간사랑, 2011, 198-203. 강정인은 자신의 이원적 민주주의관이 애커먼(B. Ackerman)의 개념에서 착안했지만 일상정치와 헌법정치의 구분을 위한 개념인 애커먼의 이원적 민주주의와는 다르다고 한다.

사법심사와 민주주의의 긴장에 대해 민주주의를 다수제주의에 국한하지 않는 입장도 있다. 여기서는 사법심사와 민주주의의 부정합성이 다수견제에서 발생한 긴장으로만 이해되지는 않는다. 사법심사와 민주주의의 관계 논쟁이 민주주의와 사법심사가 아니라 다수결주의와 사법심사의 긴장으로 이해되는 것이 거부된다. 사법심사의 문제점 지적이 다수결주의로 단순화할 수 없어 다수결주의가 민주주의의 현재적 의미를 모두 대변하지 못하므로 사법심사 이해에서 다수결주의를 포함한 민주주의의 현재적 의미를 모두 포괄한 설명이 필요하다는 것이다.[16] 이 역시 사법심사가 다수제견제적 성격이라거나 다수결주의가 민주주의의 핵심임을 전면 부정하는 것은 아니다. 민주주의 옹호자는 물론이고 비판자조차도 흔히 민주주의는 다수결을 의미하고 최소한 다수결이 필요함은 인정하기 때문이다.[17] 루소가 말하듯 보다 중요하고 심각한 사안에서는 더욱 만장일치에 가까운 다수가 필요하고 시급하고, 즉각적인 결정을 요하는 사안에서는 한 표차 과반수라도 충분하든 간에 일반의지를 나타내려면 항상 과반수결정에 따를 수밖에 없음은 인정되는 것이다.[18]

그렇게 민주주의에서 사법심사의 다수제견제적 어려움은 읽혀진다. 사법심사는 본질적이든 혹은 외형상이든 다수지배 민주주의와 긴장한다고 인정된다. 사법심사로 민주주의와 헌정주의가 충돌할 수 있음은 급진적 민주주의가 초래하는 반헌정주의의 결과에서 확인된다. 사적 영역 보호, 권력견제, 법의 지배라는 헌정주의 기본가치가 민주주의의 요구와 충돌함이 확연히 보이기 때문이다. 헌정주의와 민주주의의 요청이 대립한 극적 사례는 구소련이다. 대표적으로 인민의 민주주의를 내세운 구소련에서 나타난 반체제 인권운동은 민주주의적 요구가 아니라 헌정주의적 요구였다.[19] 사회주의 구소련은 가장 근본적인 민주주의를 앞세웠지만 헌정주의적 요구 앞에서는 가장 취약한 체제에 불과했다. 헌정주의적 권력분립이나 기본권이 민주주의의 기본요소들과 정합하지 않았다. 그 긴장은 반체제 인권운동 같은 계기를 통해서만 가시화되었다. 긴장이 인식되지 못한 초기 헌정주의 시기에도 헌정주의가 민주주의 가치와 불가분의 관계는 아니었다. 다만 긴장이 현재화되지 않았을 뿐이다.

선출되거나 다른 의미 있는 방식으로 정치적 책임을 지지 않는 기관이 인민이 선출한

---

16) 곽준혁, "사법적 검토의 재검토", 2006, 84-95.

17) 로버트 달(Robert Dahl), 『민주주의와 그 비판자들』, 2008, 263.

18) Jean-Jacques Rousseau, *The Social Contract*, trans. by Christopher Betts, New York: Oxford University Press, 2008, Bk. 4. Ch. 2. 138-139.

19) 칼 J. 프리드리히(Carl J. Friedrich), 『현대헌법과 입헌주의』, 박남규 역, 대구: 홍익출판사, 2006, 19, 178.

대표에 대해 그가 원하는 대로 통치할 수 없다고 선언하면 긴장은 현재화된다.[20] 민주적으로 무책임한 위헌심사가 정치적 입장을 표명함으로써 긴장이 현재화된다. 다수지배견제는 정치적 기관인 대통령이나 의회에 대해 반민주적 제도로 부각된다. 위헌심사는 민주적 선택에 주변적으로만 연결되어 있다고 비판된다. 헌정주의적 법의 지배와 민주주의의 갈등에서 국민과 선출된 대표가 헌법재판에 대한 정치적 견제를 성공적으로 수행하더라도 위헌심사권력을 민주화시키는 것은 본질적으로 불가능하다고 간주된다.[21] 대표를 통제하는 위헌심사를 반민주적이라고 보는 것은 어떤 헌법재판국가도 예외가 아니다. 린츠(Juan Linz)는 사법심사권의 적극적 행사가 민주주의를 파괴할 위험성을 경고한다. 타협과 협상을 통해 정치적으로 해결될 사안이 사법부 문을 두드리고 사법부가 그 문제를 헌법적 명령으로 해결하려는 상황이 잦아지면 입법부나 행정부가 정책결정 및 집행의 주도권을 사법에 넘겨주게 되고 대표성이 보장되지 않는 권력기관에 의한 헤게모니 장악으로 대표성을 전제로 한 민주주의의 본질이 상실된다.[22] 한국정치에서 헌법재판으로 인한 헌정주의와 민주주의의 긴장도 헌법재판의 이런 반민주성에 근거한다.

(2) 헌정주의와 민주주의의 원리적 상이성

헌정주의와 민주주의의 긴장이 잘 알려지지 않는 이유가 있다. 이들이 비교적 최근에야 원리적으로 구분되고 긴장관념으로 사고된 것은 두 원리의 차별성이 반드시 명백하지는 않기 때문이다. 니노(C. S. Nino)가 말하듯 민주주의 가치를 극대화하는 모델을 추구함에 있어 민주주의와 긴장관계에 있어 반대편에서 해명되어야 할 헌정주의라는 개념은 모호하다.[23] 헌정주의개념은 현실에서 너무 다의적이고 포괄적이다. 근대 헌정주의는 국가통치질서를 헌법으로 규율한 정치원리로 헌법정치가 기본권 보호를 위해 국가지배에 법적 한계를 설정해 정치권력을 제한한 제한정부(limited government)원리로 기본권 보호, 법치, 권력분립이 핵심이다. 이 헌정주의는 역사적 개념적으로 복잡한 기원을 지닌다. 흔히 미국과 프랑스에서 시작된 것으로 알려지지만 실은 근대 이전부터 마그나카르타, 권리청원, 권리장전 같은 인권 보호를 위한 군주권제한이 점진적으로 이루어진 영국이 발

---

20) John H. Ely, *Democracy and Distrust*, 1980, 4-5.

21) Jesse H. Choper, *Judicial Review and the National Political Process*, 1980, 58-59.

22) Juan J. Linz, "Crisis, Breakdown and Reequilibration", Juan J. Linz and Alfred Stefan (eds.), *The Breakdown of Democratic Regimes*, Baltimore: Johns Hopkins University Press, 1978.

23) Carlos S. Nino, *The Constitution of Deliberative Democracy*, New Haven: Yale University press, 1996, 2.

원지다. 헌정주의는 17세기 영국 그리고 18세기 미국과 프랑스에서 이루어진 일련의 역사적 과정을 통해 자의적이고 전제적인 군주가 의회제도로 대체되고 이어 의회가 군주와 마찬가지로 전제적이고 자의적일 수 있자 몇몇 견제와 균형형태를 추가 도입함으로써 완성된다. 의회가 기본권을 짓밟거나 타협시키는 권력을 가질 수 없도록 법적 권리를 제도화한 헌법적 보호체계가 된다.[24]

헌정주의헌법이 18세기 후반 미국에서 처음 출현하고 이어 프랑스에 등장했다고 알려진 것은 특수한 역사적 상황과 결합된 제도화의 기원 때문이다. 그 핵심요소인 기본권목록과 권력분립이 두 나라의 성문헌법에서 실현되었기 때문이다. 미국과 프랑스의 헌법은 로크의 권력분할 필요성을 관찰하고 몽테스키외가 정교하게 다듬은 기본권 보호를 위한 권력분립론을 선언했다. 미국헌법은 권력분립을 선언하고 곧이어 헌법수정으로 권리장전을 담았다. 대혁명 직후의 프랑스헌법은 미국보다 더 뚜렷한 방식으로 기본권과 권력분립을 모두 채택했다. 이 헌법들은 법치로 국가지배에 법적 한계를 설정해 정치권력을 나누고 서로 교차 통제케 함으로써 기본권영역을 국가권력이 침해하지 못하게 통치체계를 구성함과 동시에 통치를 제한하는 방식으로 권력을 구성하고 정당화했다. 헌정주의는 정치질서의 근본에 그러한 헌법을 위치시킨 헌법통치원리였다. 그래서 헌정주의는 정체 내부의 상호작용이 일련의 권위적 규칙인 헌법, 즉 국가제도를 창설하고 통치권위를 분배하는 헌법에 의해 통치된다는 이념적 약속이었다.[25]

개별 국가의 역사적 상황을 넘는 보편적 인식변화의 관점에서 본다면 헌정주의는 근대 주권론과 대표제를 만든 시대정신이었다. 헌정주의는 절대적이고 영속적이고 최고이자 독립적인 주권에 관한 근대적 결론이다. 중세 말 주권론을 체계화한 보댕(J. Bodin)은 군주주권의 시대적 요청을 정당화했다. 근대의 홉스(T. Hobbes)는 인민의 자발적 합의를 통한 권한위임에 의한 대표를 주권적 대표로 이해했다. "다수의 사람들이 한 사람 혹은 하나의 인격에 의해 대표될 때, 그것이 다수를 이루는 개인 모두의 동의에 의하여 그렇게 된 경우에 비로소 하나의 인격이 된다. 왜냐하면 하나의 인격을 만드는 것은 대표자의 동일성이지 대표되는 자들의 동일성이 아니기 때문이다."[26] 근대의 주권은 그런 대표 개념과 결합됨으로써 인민의 동의를 담지한 것으로 형상화된다. 군주주권에서 대표된 자

---

24) Jon Elster, "Constitutional Bootstrapping in Philadelphia and Paris", Michel Rosenfeld (ed.), *Constitutionalism, Identity, Difference, and Legitimacy: Theoretical Perspectives*, Durham: Duke University Press, 1994, 59; Ronald Dworkin, "Constitutionalism and Democracy", *European Journal of Philosophy* 3(1995), 2.

25) Alec Stone Sweet, *Governing with Judges*, 2000, 20.

26) Thomas Hobbes, *Leviathan*, J. Gaskin (ed.), Oxford University Press, 2008, Ch. 16, 13, p.109.

로서의 주권자의 대표성이 인민주권을 통해 새 시대의 요청을 반영한 것으로 보고자 하는 필요의 결론이다. 그 새 시대의 요청은 자유주의였다. 대표제는 이념사적으로 군주의 자의에 대항해 개인의 자유를 보호하기 위한 제도로 자유주의와 결합했다.[27]

대표제는 군주를 대신해 인민 전체가 주권자가 된다는 인민주권론에서 해결하기 어려운 주권행사문제에서 등장의 직접 발판을 마련한다. 주권행사문제에서 헌정주의는 인민주권론을 배제하고 국민주권론을 택한다. 주권행사를 위한 통치구조 형성론에서 기본권, 법치, 권력분립의 헌정주의는 프랑스혁명의 산물인 인간과 시민의 권리선언에서 주권의 연원이 국민(nation)이고 국민이 권력의 근원이라고 선언한다. 국민주권론은 대혁명과정에서 나온 철저한 인민적 요구를 반영한 인민주권, 즉 유권자로 이루어진 인민(peuple, Volk)이 주권행사에 직접 참가하지 않는 대의제를 부정했던 인민주권론을 지양한다. 인민이 주권의 근원이고 인민의사가 권위의 원천이자 통치의 토대이고 인민만이 헌법과 통치체계를 창설한다는 인민주권론은 헌정주의의 본질적 요청의 하나였지만 헌정주의는 이를 지양하고 국민주권을 선언한다. 주권의 행사문제와 관련한 헌법제정권력(pouvoir constituant)도 국민이 된다. 국민과 인민은 흔히 같은 의미로 취급되지만 국민은 자신의 정치적 특수성을 의식하고 정치적 실존에 대한 의사를 가지는 정치적으로 행위능력 있는 통일체로서의 인민인 반면 국민으로 실존하지 않는 인민은 반드시 정치적으로 실존하는 인간의 결합체는 아니라고 이해된다. 따라서 인민의 헌법제정권력 이론은 정치적 실존에 대해 자각한 의사로서 국민을 전제로 하게 된다.[28] 그렇게 혁명 이후 프랑스헌법은 국민이 단일, 불가분, 불가양의 주권인 국가권력을 소유하고 주권의 소유와 행사는 분리해 국민대표에 의한 국가의사결정을 인정한다. 국민대표인 의원은 자유 위임되어 정치적 책임도 추궁되지 않는다. 이로써 헌정주의헌법은 국민주권의 권력분립, 기본권 보장, 대의제, 법치를 담아 주권을 실현할 통치권을 만드는 주권의 행사주체와 목적과 방식을 완성한다.

국민주권 선언과정은 인민의 자기지배로 규정된 민주주의와 헌정주의 간의 긴장의 근원을 알려준다. 헌정주의 장치가 민주주의 요청을 완전히 담을 수 없음을 그 과정은 보여준 것이기 때문이다. 양자는 개념적으로 사상사적으로 잠재적 갈등관계였다.[29] 인민이

27) Gerhard Leibholz, *Das Wesen der Repräsentation und der Gestaltwandel der Demokratie im 20. Jahrhundert*, 2. Aufl., Berlin: Walter de Gruyter, 1960, 67.

28) Carl Schmitt, *Verfassungslehre*, 2010, 79; 에른스트－볼프강 뵈켄회르데(Ernst-Wolfgang Böckenförde), 『헌법·국가·자유: 헌법이론과 국가이론에 관한 연구』, 김효전 역, 서울: 법문사, 1992, 33; Louis Henkin, "A New Birth of Constitutionalism: Genetic Influences and Genetic Defects", Michel Rosenfeld (ed.), *Constitutionalism, Identity, Difference, and Legitimacy: Theoretical Perspectives*, Durham: Duke University Press, 1994, 41.

창출한 권력에서 헌정주의는 권력의 분립과 제한을 의미하고 민주주의는 권력의 집중과 무제한성을 의미하는 것으로 대립관계다.[30] 그럼에도 현실에서 그 대립이 명백히 선언되는 것은 아니다. 민주주의와 헌정주의 사이의 긴장은 인정되더라도 현실에서는 상호 보완 측면이 오히려 강조된다. 헌정주의의 핵심요소인 기본권을 예로 들면 기본권은 민주주의와 상호 관련된 그리고 상호 조건적인 것으로 파악된다. 기본권은 민주주의와 법치국가를 연결시키는 것으로 간주되고 민주적 지배체계의 핵심요소라거나 민주주의의 토대라고 이해된다. 양자는 상호 구성적으로 기초 지어지는 관계로 표현된다.[31]

두 원리의 성립연원에서도 민주주의는 헌정주의와 상호 의존적이다. 헌정주의의 요청이 국민주권으로 안착된 민주주의 지배이념의 제도화된 형태를 담는 점에서 의존적이다. 개인의 자유와 권리목록은 민주적 합의에 따라 제정된 헌정주의헌법에 포섭됨으로써 민주주의는 제도적으로 작동한다. 인민지배인 민주주의와 헌정주의는 국민주권을 통해 그렇게 의존한다. 이 경우 민주주의에 대한 헌정주의의 제한이 있어도 이는 자기제한이므로 반민주성을 논하기 어렵다. 서구의 헌정적 민주주의(constitutional democracy) 전통에서 그 상호 의존관계는 분명히 확인된다. 민주적 의지가 헌정주의를 통해 보장된다고 이해됨으로써 헌정적 민주주의가 받아들여졌다. 헌정적 민주주의는 헌정주의와 민주주의가 다른 원리이더라도 상관적이라고 말한다. 현실역사에서도 상호 보완적이었다. 20세기 이후 대다수 헌법이 민주적 형식과 절차를 통해 제정되고 헌법의 정당성도 헌법제정과정의 민주성 여부에 의해 결정된 점에서부터 상호 보완적이다. "많은 사람들에게 헌정적 민주주의는 헌정주의와 민주주의라는 두 개의 소중한 이념의 행복한 결합이고, 헌정적 민주주의가 순수한 민주주의나 비민주적인 헌정적 통치보다 훨씬 더 고차적인 통치형태라고 이해된다." 다만 그렇게 민주주의의 산물이기도 한 헌법이 민주적 의사에 반하는 독자적 지위를 누려서는 안 된다는 반발이 공존할 뿐이다. 헌정주의의 이름으로 헌법이 인민의 사를 제한할 수는 없다는 것이다. 그래서 민주주의가 헌정주의를 약화시키거나 헌정주의 이념의 강화가 민주적 과정에 대한 제한을 수반할 때 헌정주의와 민주주의의 긴장이 드러난다.[32]

---

29) Jürgen Habermas, "On the Internal Relation between the rule of law and Democracy", *Eropean Journal of Philosophy*, 3, 1995(박성우, "민주주의와 헌정주의의 갈등과 조화", 2006, 56에서 재인용).

30) Sheldon Wolin, "Collective Identity and Constitutional Power", *The Presence of the Past: Essays on the State and the Constitution*, Baltimore: The Johns Hopkins University Press, 1989, 8.

31) Ulrich R., Haltern, *Verfassungsgerichtsbarkeit, Demokratie und Mißtrauen*, 1998, 176-177.

32) 박성우, "민주주의와 헌정주의의 갈등과 조화", 2006, 56-57; Karl Loewenstein, *Political Power and the Governmental Process*, 2nd ed., Chicago: The University of Chicago Press, 1965, 70-74; Carlos S. Nino,

무엇보다 사법심사가 헌정주의와 민주주의의 긴장을 현재화시킨다. 사법심사로 확인된 헌정주의는 법의 지배에 강조점을 두기 때문이다. 사법심사는 크레이머(L. Kramer)가 본 법적(legal) 헌정주의와 인민적(popular) 헌정주의 사이에서 법적 헌정주의의 영역이다. 사법심사가 헌정주의의 모든 측면을 대변하지 못한 결과 헌법해석과 집행의 최종권위를 사법부에 두는 원리 그리고 헌법의 형성은 물론이고 해석과 집행에서도 인민의 능동적이고 계속적인 통제를 인정하는 원리는 헌정사에서 서로 투쟁한다.33) 벨라미(R. Bellamy)에 의하면, 법적 헌정주의는 민주주의가 성취하는 실체적 결과, 즉 권리에 대한 이성적 동의에 이를 수 있다는 믿음을 지니고 권리를 확인함에 있어 민주적 과정보다는 사법과정에 더 의존한다. 거기서는 법형성의 근본구조를 제시하기보다는 헌법적 권리 침해가 민주주의의 근본 토대 침해로 이해되어 권리에 기초한 사법심사가 민주적 다수제주의의 전제에 대항하는 것으로 강조된다. 반면, 정치적 헌정주의는 권리에 관한 불가피한 이견(disagreement)의 해결에서 사법과정보다 민주적 과정이 더 정당하고 효과적이라고 봄으로써 법적 헌정주의는 법의 정당성과 효력 그리고 법원도 위험에 빠뜨린다고 말한다. 정치적 헌정주의에서 헌법은 월드런이 말한 '정치의 상황(circumstances of politics)'에 대한 응답이다. 이견이 문제에 대한 집단결정을 요구할 때 이견해결을 위한 기본 틀로 정치적 체계인 헌법은 정치권력이 조직화되고 분할되는 방식에 관한 규정이면서 민주주의 정치 체계에 대한 규범적 설명이다. 헌법은 그렇게 법적·정치적 헌정주의의 두 요소가 혼재된다.34)

헌법재판이 정치무대에서 드러날수록 헌법체제에 존재하는 헌정주의와 민주주의의 긴장은 부각된다. 역사적 상황 혹은 정치적 이해관계의 논리로 민주주의와 헌정주의의 구분을 모호하게 하거나 조화시키는 시도는 어렵다. 긴장은 헌정주의의 일방적 양보를 요구한다. 헌정주의 혹은 헌정적 제약(constitutional constraint)은 실질적인 민주적 의사와 심하게 괴리된 것으로 이해된다. 헌법이 민주주의의 발목을 잡는다면 정치는 헌정적 제약에서 벗어나 국민의 민주적 의사를 확인하고 배양할 필요가 있다고 지적된다.35) 헌정주의에 대한 민주주의의 시각이 그 성립기와 달라진 것이다. 헌정주의도 민주주의의 요

The Constitution of Deliberative Democracy, 1996, 1-2.

33) Larry D. Kramer, "Popular Constitutionalism, circa 2004", *California Law Review* 92:4(2004), 959.

34) Richard Bellamy, *Political Constitutionalism*, 2007, 2-5, 15-17, 20-26; Jeremy Waldron, *Law and Disagreement*, 1999, 107-118.

35) Robert Dahl, *How Democratic Is the American Constitution?*, 2001; 박성우, "민주주의와 헌정주의의 갈등과 조화", 2006, 57.

청을 무시할 수 없게 된다. 사법심사의 헌정적 제약으로 인해 이제 헌정주의는 18세기에 정착된 하나의 정적인 사상형태라기보다는 동적인 정치적·역사적 과정으로 평가된다.[36) 헌법재판으로 드러나는 헌정주의와 민주주의의 괴리는 원리로서의 헌정주의가 보여주는 민주주의와의 차이 이상으로 정치과정에서 더욱 부각된다.

(3) 정치의 사법화

1) 결과로서의 사법의존

헌법재판으로 인한 헌정주의와 민주주의의 긴장의 원인과 결과는 정치의 사법화 (judicialization of politics) 비판에서 집약적으로 확인된다. 헌정주의와 민주주의의 긴장은 민주적 책임성과 대표성이 없는 헌법재판이 그럼에도 민주주의를 제약할 수 있는지의 문제제기에서 확인된 것이다. 따라서 비정치적 사법으로 인식된 헌법재판의 정치적 권력화에 정치가 의존함으로 인한 민주주의의 부정적 측면을 우려한 정치의 사법화 비판과는 외형상 다른 관점으로 보인다. 그러나 정치의 사법화 현상이 헌정주의와 민주주의의 긴장의 원인과 결과로 이해된다면 두 원리의 긴장과 정치의 사법화 사이의 논리적 연관고리가 발견된다. 특히 정치의 사법화는 민주주의에서 헌법재판의 기능적 한계를 국민에게 호소하고 있고 법이론적 표현이면서도 국민적으로 납득된 일상용어라는 점에서 민주주의와 헌법재판의 긴장을 적절히 포섭할 수 있는 유용성 면에서 충분히 개념파악 할 필요가 있다.

정치의 사법화는 사법 내지 헌법재판이 헌법을 구체화하는 명분으로 정치적 사안을 해결함으로써 정치를 장기간 확정하거나 민주적 의사형성과정에서 정치적 선택을 장기간 박탈하는 모습이다. 사법에 의한 정치적 판단을 통해 사이비 민주적 법복에로 빠져드는 우려스러운 현상이다.[37) 정치의 사법화에 담긴 문제의식에서 이 우려를 만든 외양이 확인된다. 정치의 사법화는 정치가 혹은 행정가의 희생을 결과시키면서 법원 혹은 재판관의 직분이 확장되는, 즉 정책결정권을 입법부, 내각 혹은 행정기관으로부터 법원으로 이전하거나 또는 사법적 정책결정방법이 사법적 직분 외로 확산되는 것이다.[38) 사법권력이

---

36) Stephen M. Griffin, *American Constitutionalism*, 1996, 5.

37) Konrad Zweigert/Hartmut Dietrich, Bundesverfassungsgericht- Institution mit Zukunft?, in: Wolfgang Däubler/Gudrun Küsel (Hrsg.), *Verfassungsgericht und Politik*, Hamburg, 1979, 20.

38) Torbjörn Vallinder, "When the Courts Go Marching In", Tate, C. Neal and Torbjörn Vallinder (eds.),

헌법과 법률 해석이라는 주어진 권한을 적극 행사해 정치과정의 재량적 판단 여지를 최소화시키는 방향으로 정치가 전개됨으로써 정치가 실종되고 정치실종이 자기지배의 민주적 결정 가능성을 축소한다. 그래서 정치의 사법화는 반민주적이다. 민주주의를 다수지배로 본다면 민주적 결정내용에 영향을 주는 권력을 사법권력에 부여함은 반민주적이다. 그렇게 사법권력의 반민주성은 실질적 내용보다는 주로 정치형태로서의 민주주의를 보는 시각의 결론이다.39)

<표 1> 정치의 사법화 논란을 초래한 헌법재판소 주요 결정례

사건	쟁점	결정요지, 주문	결정 후 논란
국가보안법 1990.4.2. 등	국민적 존치논란 법조항 불명확 남용 우려	국가안전 위협 시 적용된다고 해석 한정합헌(1인 위헌)	반민주 헌정질서묵인 위헌선언 없어 적용 달라지기 곤란
12·12 불기소 1995.1.20.	신군부 핵심 내란·반란죄불기소· 기소유예	공소시효 일부완성 일부정지 인정되나 검찰의 기소 재량 합헌	쿠데타에 면죄부 민주적 해법에 장애 5·18 심판에도 악영향
날치기통과 1995.2.23. 1997.7.16.	반대의민주적 입법관행 제동 필요	청구인 부적격 가결선포권 침해지만 유효 각하(전원) 각하(각하, 위헌, 합헌 각3)	법안 날치기 무효선언 없어 반대의적 관행 묵인
국무총리서리 1998.7.14.	임명동의국회표결 가부논란 중 임명 강행	절차적 이유 부적법각하 (각하5, 위헌3, 합헌1)	대통령의 위헌적 임명 판단회피 정치교착 가중
제대가산점 1999.12.23.	제대군인 채용시험가산 여성 등 불이익	여성과 장애인 평등·공무담임권 침해 위헌(전원)	사실상 남성역차별 국민적 논란 확산
이라크파병 2004.4.29.	안보동맹 고려 대통령 통치행위 국민적 제소	고도의 정치적 결정 대의기관 판단 존중 각하(전원)	대통령·국회권한 존중하더라도 실체 판단 필요
대통령탄핵 2004.5.14.	선거법위반 국정파탄 측근비리 국회와 대통령 민주적 정당성 충돌	선거법위반 인정 국민투표제안도 위헌적 중대위법은 아니다 기각	공선법위반 의문 권한정지 후유증 국민적 찬반 양분

The Global Expansion of Judicial Power, New York: New York University Press, 1995, 13.

39) 김종철, "정치의 사법화의 의의와 한계: 노무현 정부 전반기의 상황을 중심으로", 『공법연구』, 한국공법학회, 제33집 제3호, 2005, 237.

병역 거부 2004.8.26.	양심적 병역 거부 대체복무 필요성	합헌적 제한 대체복무 권고 합헌(합헌7, 위헌2)	병역 거부 가능성 대체복무 논란
신행정수도 특별법 2004.10.21.	수도이전 대통령정책 국회입법 위헌성	수도 서울 헌법관습 개헌절차 필요 국민투표권 침해 위헌(위헌8, 각하1)	대의기관결정 무효화 국민적 갈등야기 관습헌법 논란
미디어법 2009.10.29.	신문방송겸영 대기업 방송지분 여당 강행처리	일부 심의표결권침해 법률안 가결선포 유효 각하, 인용, 기각	반대의적 입법절차 용인 결정이 불분명 해석에 정치적 다툼

정치의 사법화 비판이 주로 정치형태로서의 민주주의의 관점이라면 위 정의규정만으로 헌법재판의 반민주성을 완전히 파악할 수는 없다. 헌정주의와 민주주의의 긴장의 원인인지 혹은 결과인지 혹은 두 측면을 모두 말하는지 불분명하다. 일단 정치의 사법화 비판이 헌법재판을 지목하는 연원을 보면, 정치의 사법화 혹은 사법의 정치화가 헌법재판의 불가피한 결과임은 헌법수호자를 사법화한다면 정치는 아무것도 얻는 것이 없고 사법은 모든 것을 상실하지 않을 수 없다고 말한 기조(F. Guizot)에서 확인된다. 헌법수호자논쟁에서 슈미트도 "입법권자가 내린 결정의 내용을 문제 삼아 다툼을 벌이는 경우 그것은 바로 그로 인해 사법적으로 판단할 수 없는 것이며, 사법적으로 결정될 수 있는 사항이라기보다 입법권자의 정치적 결정으로 처리될 사항"이므로 헌법규정의 의미내용과 관련한 의문이나 의견상치를 해결함은 이미 입법행위이고 따라서 고도의 정치성을 띤 행위이므로 헌법수호는 고도의 정치성을 수반한 역할을 뜻하게 되고, 그런 정치적 역할을 법원이 담당하면 '사법의 정치화'와 '정치의 사법화'는 필연적 결론이 된다고 했다.[40]

정치적 다툼일 수밖에 없는 헌법적 쟁의의 본질, 그리고 사법과 정치의 다른 책무를 전제로 한 정치적 사법의 문제(Problem der politischen Justiz)에 대한 슈미트의 인식은 사법화를 통한 민주주의의 위협이라는 오늘날 시각처럼 헌법재판이 초래할 정치적 사법화의 우려를 지적했다. "민주주의는 본질적으로 정치적 형식이고 반면, 일반적 법에 의존하는 사법은 본질적으로 비정치적이라면 사법에 대한 민주주의적 원리로부터는 명백하고 강제적인 결론이 도출될 수 없다"는 시각은 오늘날 관점과 크게 다르지 않다.[41] 그래서 정치적 사법은 특히 독일에서 경멸적 의미가 되었다. 여러 학자에게 그 의미는 사법이

---

40) Carl Schmitt, *Der Hüter der Verfassung*, 1969, 35; 칼 슈미트(Carl Schmitt), "헌법의 수호자인 라이히재판소", 2005, 433-434.

41) Carl Schmitt, *Verfassungslehre*, 2010, 134ff, 274.

기존의 권력적 위상을 확고히 하거나 새 위상을 만들기 위해 이용되는 상황이나 혹은 개인적이거나 정치적인 적대자를 무력화시키기 위해 사법이 이용되거나 혹은 재판관의 정치적 맹목성이나 편견에 호소하는 것이었다. 정치적 사법은 국가와 법의 병리적 (pathologisch) 관계형태였다.[42]

슈미트의 시대인 독일 바이마르헌정체제로부터 오늘날 기본법시대의 헌법재판까지 사법적 심사가 초래하는 '정치권력의 사법화(judicialization of political power)' 내지 '정치의 사법화(judicialization of politics)'는 민주주의의 위해라고 널리 지적되어 왔다. 뢰벤슈타인 (K. Loewenstein)이 지적하듯 정부나 의회의 정치적 결정에 대한 사법적 폐기는 그 사법 결정이 정부나 의회에 의해 준수되지 않으면 법치국가에 해롭고 또는 헌법적 가장을 하더라도 민주적 위임을 받지 않은 자들의 정치행위에 불과한 사법행위로 대치된 것이라면 민주주의에 위험하다.[43] 슈미트의 우려가 민주주의의 병리적 현상에 대한 적절한 지적이었음이 이후 학자들에 의해 수긍된 것이다. 정치의 사법화는 민주주의의 우려를 반영하면서 부정적으로 조명되었다.

오늘날 한국에서도 정치의 사법화는 민주주의에 대한 위협이다. "사법 권력 또는 법률가 권력의 비정상적 확대가 민주정치의 근본을 위협하는 상황"[44]이나, "정치의 사법화를 이용해서 특수이익들이 우월적 지위를 선점하려는 노력들이 헌정공학적으로 등장할 위험성"[45] 혹은 87년 헌법체제에서 헌재를 두면서 이로 인해 야기될 정치의 사법화에 대한 고민에 빠뜨렸기 때문에 사법부를 약화시키는 방향의 헌법개정이 필요하다고 주장된다.[46] 정치의 사법화는 민주주의에 장애를 가져오는 다른 수단에 의한 정치(politics by other means)에 대한 부정적 시각에서 비판된다. 정치의 사법화 혹은 다른 수단에 의한 정치란 정치적 대립과 갈등이 격화하면서 정치적 사안이나 국가의 주요정책결정을 둘러싼 갈등의 해결이 경쟁과 타협의 정치과정이 아니라 사법부의 심사와 판결, 즉 다른 수단에 의한 정치에 의존하는 현상이다. 이는 선출되지 않은 사법권력에 의한 해결인 점에서 정당성 문제를 야기해 민주주의 발전에 부정적이다.[47]

---

42) Ulrich K. Preuß, Politische Justiz im demokratischen Verfassungsstaat, in: Wolfgang Luthardt/Alfons Söllner (Hrsg.), *Verfassungsstaat, Souveränität, Pluralismus*, Opladen: Westdeutscher, 1989, 129.

43) Karl Loewenstein, *Political Power and the Governmental Process*, 1965, 256-260.

44) 이국운, "자유민주주의의 정상화 문제 Ⅱ", 『법과 사회』, 법과사회이론학회, 제34호, 2008, 49.

45) 차동욱, "정치사회적 관점에서 본 헌정 60년: 개헌의 정치와 '헌정공학'의 타당성", 『법과 사회』, 법과사회이론학회, 제34호, 2008, 57.

46) 박명림, "헌법, 헌법주의, 그리고 한국 민주주의", 2005, 254.

47) 정해구, "대의민주주의의 발전과 한계", 민주화운동기념사업회 연구소 편, 『민주주의 강의 3: 제도』, 서

2) 원인으로서의 전가된 책임

정치의 사법화의 원인도 접근된다. 정치의 사법화의 책임소재의 외재성과 불가피성을 본다. 정치의 사법화는 민주주의의 조건이 갖추어진 경우에만 가능한 것으로서 민주주의 야말로 정치의 사법화의 필요조건이다.[48] 정치의 사법화는 입법부와 행정부에 대한 사법의 권력적 견제가 부각된 면에서 권력분립의 실질화 가능성을 보여준다. 정치의 사법화는 사법이 만든 일방적·부정적 결과라기보다는 다수결에 입각한 정치적 의결기관이 어떠한 이유에서든 효과적 정책결정에서 실패했음을 확인해 주는 현상이다. 정치의 사법화는 정치적 기관이 자신의 결정에 뒤따르는 책임을 전가한 것이거나 정책적 반대의 수단으로 사법화를 정치적으로 이용한다.[49] 의회결의에 의한 정치적인 법문제 결정 대신 헌법재판에 의해 법치국가가 실현되는 국가에서는 의회를 대신하여 이런 다툼을 해결하기 위해 헌법재판소에 제소해 책임을 전가함으로써 부담을 경감하기 위해 탈정치화한다.[50] 그 측면이야말로 정치의 사법화를 가장 두드러진 형태로 부각시킨다.[51]

정치의 사법화를 없애려 만약 정치에 입법과 정책결정과 그에 관한 헌법적 해석권한까지 위임한다면 민주주의가 더 제대로 운행될 수 있는지를 물어 긍정적 답이 예측될 수 없다면 정치의 사법화는 일방 매도될 수 없다. 그래서 정치의 사법화의 원인을 찾아 책임소재를 밝혀 실체에 접근하는 정치책임론이 고려되어야 한다. 위헌심사가 민주적 경쟁규

울: 민주화운동기념사업회, 2009, 402-403.

48) C. Neal Tate, "Why the Expansion of Judicial Power", C. Neal Tate and Torbjörn Vallinder (eds.), *The Global Expansion of Judicial Power*, New York: New York University Press, 1995, 28; 한국에서 헌법재판소 출범을 앞두고 헌법재판기관의 활성화는 민주화 환경에서만 가능하다는 '헌법환경론'이 제기된 것도 헌법재판으로 인한 정치의 사법화와 민주주의의 조건적 상관성에 대한 간접적 이해다(대한변호사협회, "헌법재판의 과제", 『대한변호사협회지』, 제149호, 1989, 11).

49) 박은정, 『왜 법의 지배인가』, 2010, 238-240.

50) Gerhard Leibholz, *Die Kontrollfunktion des Parlaments, in: Strukturproblome der modernen Demokratie*, Frankfurt a.M., 1974, 295-313; Friedrich Schäfer, Verfassungsgerichtsbarkeit, Gesetzgebung und politische Führung, Verfassungsgerichtsbarkeit, Gesetzgebung und politische Führung- Ein Cappenberger Gespräch, Köln, 1980, 10-23; Christoph Gusy, *Parlamentarischer Gesetzgeber und Bundesverfassungsgericht*, 1985, 262.

51) 정치의 사법화를 기본권 논의 내지 권리담론을 통하여 사법이 공공정책에 간섭하는 방식으로 정치에 개입하는, 즉 정치적 결과 자체에 대한 직접적 논의를 피하고 기본권이나 적법절차보호라는 간접적 방식으로 정치에 개입하는 제1유형, 민주주의에서 의사결정과정의 핵심에 놓인 선거와 이에 관련된 정당활동에 개입함으로써 민주주의과정 및 제도 자체에 적극 간섭하는 제2유형, 그리고 민주화 과정이나 정치적 혼란에서 나타나는 정치의 무능이나 이데올로기 대립이 초래한 정치교착상태에서 정치가 자신의 문제 해결을 사법에서 구함으로써 사법이 정권의 합법성이나 정체 규정과 같은 핵심적 정치논쟁을 적극 해결하는 제3유형으로 구분하는 시도도 있는데, 여기서도 제3유형이 정치의 사법화를 더욱 극단적으로 부각시킨다고 본다(박종현, "정치의 사법화의 세 가지 유형-미국을 중심으로 한 비교법적 사례연구", 『세계헌법연구』, 세계헌법학회 한국학회, 제16권 제3호, 2010, 513-542).

칙을 수정하는 행위자라고 이해될 때 부각되는 정치의 사법화는 정부와 의회, 지배당과 반대당 간 정치교착국면에서 두드러진다. 정치적 문제 해결능력 저하가 정치의 사법화와 연결된다.[52] 그렇다면 한국 민주주의의 비정상적 작동과 때를 같이해 드러난 정치의 사법화에 대한 비판논거 중 결과 중심의 논거는 재고되어야 한다. 결과로서의 정치의 사법화 현상의 해체 필요성만 강조한 인식은 대체로 실체 확인에 충실치 못하기 때문이다.

정치의 사법화는 국가 중요정책 결정이 정치가 아닌 사법과정으로 해소되는 모습이다. 넓게는 국가의 정책결정 이상으로 시민사회의 다양한 정치적 문제까지 포괄해서 사법적으로 해소되는 것이다.[53] 헌법재판으로 초래된 정치의 사법화도 이 해소과정에서 드러난다. 신행정수도 결정이나 노무현 대통령 탄핵심판 등 정치의 사법화라고 일컬어지는 많은 현상은 정치에 대한 사법적 해소를 지목하지만, 민주주의 주요정책결정이 사법적으로 해소될 필요성은 민주주의 위기와 무관치 않다. 한국정치에서 사법화는 법해석권한을 사법부가 독점해 오히려 법의 지배를 실질적으로는 형해화한다고 보거나 정치의 사법화가 근대 대의제의 기반인 삼권분립을 위협함으로써 권력적 평형상태를 저해한다고 본다면 이는 한국 민주주의가 위기에 봉착했다는 징후 중 하나다.[54] 그렇다면 정치의 사법화는 민주주의 위기와 결부되어 조명될 이유가 있다.

민주주의 위기는 정치적 정책결정자의 책임을 사법에 전가시킨 원인이다. 사법은 사법 판단이라는 가장하의 정치적 판단을 정치적 책임을 진 권력담당자의 결정에 대치시킬 것을 강요당한다.[55] 위헌심사는 선출된 정치인의 공약포기나 부득이 해야만 하는 인기 없는 행동에 대한 정치적 비난을 재판관에게 옮겨 놓는다. 위헌심사는 흔히 가정되듯이 정치적 기관의 이익에 환영받지 못하고 적대적인 것이 아니다. 오히려 정치인의 행동딜레마를 해결하는 데 도움을 준다.[56] 많은 국가가 통치의 상당 부분을 재판관에게 맡기는 것은 한편으로는 불가피하고 다른 한편으로는 정치가 원하기 때문이다. 정치는 점점 더

---

52) 박명림, "민주주의와 헌정주의", 민주화운동기념사업회 연구소 편, 『민주주의강의 3: 제도』, 서울: 민주화 운동기념사업회, 2009, 368.

53) John Ferejohn and Pasquino Pasquale, "Rule of Democracy and Rule of Law", José María Maravall and Adam Przeworski (eds.), *Democracy and the Rule of Law*, Cambridge: Cambridge University Press, 2003, 248; Ran Hirschl, *Towards Juristocracy*, 2004.

54) 오승용, "민주화 이후 정치의 사법화에 관한 연구", 『기억과 전망』, 민주화운동기념사업회, Vol.20, 2009, 284, 307-308.

55) Karl Loewenstein, *Political Power and the Governmental Process*, 1965, 260.

56) Keith E. Whittington, *Political Foundations of Judicial Supremacy*, 2007, 138-143; Alec Stone, "Complex Coordinate Construction in France and Germany", Tate, C. Neal and Torbjörn Vallinder (eds.), *The Global Expansion of Judicial Power*, New York: New York University Press, 1995, 207.

자신의 책임을 회피한다.[57) 위헌심사의 존재는 그것이 없는 경우보다 정치적 기관이 덜 책임지게 행동하도록 고무시킨다. 터쉬넷(M. Tushnet)의 표현처럼 '사법적 보호막(judicial overhang)'이 된다. 사법이 있기에 정치적 기관은 헌법적 고려가 배제된 것으로 자신의 임무를 규정한다. 위헌심사의 약속은 헌법적 문제를 고려할 정치적 기관의 무책임성 (irresponsibility)을 촉진하고 입법적 토론을 왜곡한다.[58) 사법적 보호막은 사법심사 옹호 자가 강조하는 이해관계에 기초한 정치를 채택하도록 의회를 이끈다. 의회는 분열적 논 쟁적 이슈를 법원이 결정하게 남겨 둔다. 정치가와 시민은 법원이 결정하는 것에 대한 책임도 느끼지 못하고 따라야 한다고도 느끼지 못한다. 그래서 사법부는 엘리트주의적이 라거나 편견을 가졌다고 불신된다. 그럼에도 의회는 사법판결 예상에 집중한다.[59)

탄핵심판이나 신행정수도 결정의 정치적 배경에서 정치를 사법적으로 해소하려는 정치 적 동기를 볼 수 있다. 마라발(J. M. Maravall)이 보듯 헌법재판 출범에 합의한 지배정당 들의 제도형성 동기로 정치의 사법화는 예고된다. 정치인이 민주적 경쟁의 결과를 바꾸 기 위해 정치를 사법화하는 상황은 세 가지다. 우선 정치인에게 물을 수 있는 책임범위 가 좁게 한정된 경우, 즉 강한 행정부를 견제할 수 없고 선거만이 정치적 책임을 강제할 유일한 기제인데 선거로는 이를 깨뜨릴 수 없다면 정치적 대결이 야당에 의해 사법으로 옮겨진다. 둘째는 야당이 다음 선거에서 이기리라고 기대해 민주주의의 결과에 동의했음 에도 다음 선거에서 또 패배해 야당이 현재 경쟁규칙에서는 선거에서 승리할 수 없다고 결론 내리면 경쟁을 사법에 의뢰해 대안을 찾는다. 셋째로 정부 자체가 재판관이 중립적 이지 못한 특정한 정치적·제도적 조건에서는 권력을 공고히 하고 야당을 약화시키기 위 해 사법적극주의를 이용한다. 현 정부가 유권자 지지보다는 사법부로부터 더 강한 지지 를 받고 있고 향후 선거에서 패배 가능성이 있을 경우 그렇다.[60) 비록 정권유지 측면에 집중한 설명이지만 최소한 87년 한국정치가 그런 상황이라면 정치의 사법화는 예견되었 다. 정치의 사법화의 발단은 정부의 민주적 책임성이 제한된 상황, 즉 선거경쟁이나 의회

57) Martin Shapiro, "The Success of Judicial Review", Sally J. Kenney, William M. Reisinger and John C. Reitz (eds.), *Constitutional Dialogues in Comparative Perspective*, New York: St. Martin's Press, 1999, 218; Klaus Schlaich, *Das Bundesverfassungsgericht*, 2004, 380.

58) Mark Tushnet, *Taking the Constitution away from the Courts*, 1999, 57-65; Keith E. Whittington, *Political Foundations of Judicial Supremacy*, 2007, 138.

59) Richard Bellamy, *Political Constitutionalism*, 2007, 44-45.

60) José María Maravall, "The Rule of Law as a Political Weapon", José María Maravall and Adam Przeworski (eds.), *Democracy and the Rule of Law*, Cambridge: Cambridge University Press, 2003, 262-264.

통제로 정부 활동을 제한할 수 없어 사법권력을 이용해 법적 책임을 묻는 상황이기 때문이다.[61]

다만 정치에 책임이 귀속되는 정쟁의 관점으로 정치의 사법화를 모두 정치 탓으로 돌릴 수 있는지는 의문이다. 정치의 사법화 비판론은 대표가 법적 책임을 인정하지 않거나 어떤 규제나 견제도 없는 사법권력의 대표 견제에 대한 우려와 대안모색이기 때문이다. 그 우려와 대안모색에서 정치의 사법화가 정쟁의 불가피한 귀결이라는 해명만으로는 의미가 적다. 그 우려와 대안모색 요청의 의미는 민주주의를 헌정주의가 제약해서는 안 된다는 월린(S. Wolin)의 말에서 설득력 있게 상기된다. 법치적 정치현실이 만든 정치의 사법화를 둘러싸고 민주적 대안을 모색할 때 헌정주의와 민주주의 간의 관계는 민주적 헌정주의(democratic constitutionalism), 즉 헌법화가 민주주의에 우선해 헌법이 허용하는 범위 내로 민주주의를 제한하는 헌정적 민주주의(constitutional democracy)가 아니라 민주화가 헌법의 형태를 규정해 민주주의가 헌법적 제약을 넘어서는 민주적 헌정주의를 지향해야 한다.[62] 헌정주의적 사법에 의한 민주주의 정치 제한에 대한 비판인 정치의 사법화가 민주적 헌정주의의 방향과 일치하지 않는 한 사법화의 주된 책임이 정치에 있으므로 사법화를 민주주의가 수용하라고 몰아붙이기는 어렵다.

그럼에도 정치의 책임이 지적될 필요가 있다. 민주주의의 헌법재판이 정치의 목적이 만든 결과, 즉 정치의 필요의 산물임을 보여줌으로써 정치의 사법화가 사법이 국민으로부터 헌법을 격리시킨 결과는 아님을 해명해야 하기 때문이다. 헌법적 의미에 대한 사법의 정교화는 정치가 성립시키는 광범한 정치적·헌법적 체제 상황에서 진행된다. 헌법정치 시기에도 핵심헌법문제들은 정치영역에서 정착된 것이고 일상정치에서도 사법은 독립적이기는 하지만 보통 정치행위자와의 대화 속에서 정치적 원칙과 공약을 해석하고 확장하기 위해 행동한다.[63] 그렇다면 정치의 사법화 비판은 정치가 산출한 결과의 책임소재를 정치 이해관계를 벗어날 수 없는 사법에 위치 지우는 의도적 논리다. 그래서 한국 민주주의에서 드러난 정치의 사법화의 원인이 조명될 필요가 있다. 정치의 사법화가 민주주의 위기의 징후이고 정치로부터 전가된 책임과 결부된다면 극복할 대상도 달라진다.

---

61) José María Maravall, "The Rule of Law as a Political Weapon", 2003, 280.

62) Sheldon Wolin, "Norm and Form: The Constitutionalizing of Democracy", J. Peter Euben, John Wallach and Josiah Ober (eds.), *Athenian Political Thought and the Reconstruction of American Democracy*, Itacha: Cornell University Press, 1994, 38-39(박명림, "헌법, 헌법주의, 그리고 한국 민주주의", 2005, 268에서 재인용); 박명림, "헌법개혁과 한국 민주주의", 함께하는시민운동 편, 『헌법 다시보기: 87년 헌법 무엇이 문제인가』, 서울: 창비, 2007, 78.

63) Keith E. Whittington, *Political Foundations of Judicial Supremacy*, 2007, 293.

헌법재판 비판에 앞서 사법통치를 초래한 정치상황의 민주적 무책임성이 먼저 규명되어야 한다.

정치는 사법화를 만든 주체 및 원인이다. 위헌심사는 정치가 새로운 헌법적 이념을 추구할 경우에 주로 공격받지만 이 경우에도 위헌심사는 기존 헌법해석에 충실하지 않는 것은 아니다. 헌법이슈 다툼을 둘러싸고 정치가 벌인 법적 과정에 있는 위헌심사는 민주주의의 관점의 책임이 적다. 사법은 정치를 넘을 수도 분리될 수도 없기 때문이다. 사법의 권위는 매우 정치화되어 있다고 인식될 때 오히려 가장 취약하다.[64] 사법은 정치행위를 정치의 입장에서 평가할 때 가장 부정적으로 평가된다. 사법결정은 정치 이해관계에서 벗어날 수 없고 정치적 이해 속에서만 공존한다. 정치에서 사법의 복잡한 역할이 지적되는 한 사법의 입법파기가 사법이 정치 외부에 있음을 증명하는 것은 아니다. 사법의 야심은 강력한 정치행위자의 계획 앞에서 너무나 분열적이다.[65] 그래서 정치의 속죄양에게 정치의 책임을 부과하는 일방적 평가는 부당하다.

한국정치의 사법화에서도 정치의 무책임성 내지 책임전가의 규명은 헌법재판으로 인한 헌정주의와 민주주의의 긴장 해법의 실마리가 된다. 정치의 사법화는 법치 특히 헌법재판을 통해 정치가 자신의 이해관계를 헌법적 해석으로 정의하고 표현하고 추구하는 것이다. 입법자가 헌법적 판단의 행동규범 그리고 헌법의 문법과 어휘를 정치적 대리기관을 형성하는 합리화와 행동의 목록 안으로 흡수해 가는 과정이다. 사법화된 정치에서 법적 담론은 당파적 토론을 매개하고 입법권력의 행사를 구조화한다. 사법이 입법의 순수한 의미를 형성하고 재형성하는 능력은 전통적 정당화이론인 권력분립원리가 점차 불충분함을 확인한 것이다. 그래서 새로운 헌정주의와 결합된 이데올로기에 뿌리를 둔 새 정당성 논리 구성이 필요하다.[66] 여기서 정치의 사법화는 대표의 정치의 책임을 전가 받은 헌법재판을 민주적 책임과 관련한 역할로 정당화하는 결정적 평가의 장이 된다.

---

64) Keith E. Whittington, *Political Foundations of Judicial Supremacy*, 2007, 81.

65) Keith E. Whittington, *Political Foundations of Judicial Supremacy*, 2007, 160.

66) Alec Stone Sweet, *Governing with Judges*, 2000, 126, 203.

2. 민주적 정당성 해명 요청

(1) 기본권에 의한 민주주의의 실체화

헌법이 규정한 권력도 권능행사가 무제한 방임된 것은 아니어서 정당성 문제는 항구적으로 제기된다. 민주적 토대와 근거를 둘러싼 정당성 논쟁이 정체를 불안정하게 한다면 민주주의에 손실이 되므로 민주주의는 그 논쟁을 피해갈 수 없다. 헌법재판도 민주적 정당성 해명 요청에 응답해야 한다. 헌법재판은 기본권 보장 제도다. 기본권 보장의 헌정주의적 요청을 민주주의는 필요로 한다. 헌법재판은 전(前) 국가적 기본권을 헌법이 확인한 기본권 보장이라는 규범적 요청의 실현도구지만 민주주의는 기본권 보장으로 인민지배의 기초를 마련하기 때문에 헌법재판은 그를 위한 제도라고 민주주의에서 주장한다. 이 정당화는 기본권 보장 수단으로 권력분립을 채용하고 또 헌법재판도 채택한 이유의 연관성을 말한다. 기본권과 권력분립은 명문화 여부에 상관없이 모두 근대 시민적 법치국가의 헌법원리다.[67] 헌법재판은 법률이 헌법에 의해 기관에 승인된 권력 내에 있는지 그리고 법률이 헌법상 보호된 권리를 침범하지 않는지 심사한다.[68] 헌법재판은 권력분립이 기본권 보장에 실패할 때 개입한다. 그래서 민주주의를 실체화하는 기본권 보장 역할로 정당화된다.

선거를 통한 대의제가 민주주의의 형식적(formal) 측면이라면 기본권 보장은 국민의 지배인 민주주의의 실체적(substantial) 측면이다. 형식적 측면이 변화되더라도, 즉 대의제 혹은 직접민주제의 어떤 주권행사방식이 선택되든 기본권 보장은 폐기될 수 없다. 기본권은 제헌기의 일시적 동의의 결과가 아니라 헌법적 선택을 만드는 광범한 틀로서 기본권 규정과정은 암묵적이더라도 여러 세대를 거치는 인민의 계속적 지지에 기반을 두어야 한다.[69] 위헌심사의 기본권 보장 역할에 대해 민주주의가 관용적인 것도 실체적 측면을 고려한 것이다. 권리를 짓밟는 비용이 높기 때문에 민주주의는 기본권을 위한 헌법재판에는 즉각 응답하지 않는다. 그래서 기본권은 헌법재판의 효율적 방어수단이다.[70] 기본권

---

67) Carl Schmitt, *Verfassungslehre*, 2010, 128.

68) Mark Tushnet, *Why the Constitution Matters*, New Haven: Yale University press, 2010, 20; Jesse H. Choper, *Judicial Review and the National Political Process*, 1980, 1-3.

69) Paul B. Cliteur, "Traditionalism, Democracy, and Judicial Review", 1993, 73.

70) Roberto Gargarella, "The Majoritarian Reading of the Rule of Law", José María Maravall and Adam Przeworski (eds.), *Democracy and the Rule of Law*, Cambridge: Cambridge University Press, 2003, 148-149,

보장은 쉽게 논박되기 어렵다. 민주주의와 위헌심사의 양립 가능성을 부인하는 월드런(J. Waldron)조차도 민주주의이념이 개인적 권리의 이념과 양립 불가능하지는 않다고 말한다. 개인이 권리 중 권리인 법을 형성하는 데 참여하는 권리를 보유하고 또한 규칙적으로 행사하지 않으면 민주주의는 없다. 민주주의와 권리의 자연적 조화를 말하는 월드런은 드워킨과 같은 헌법이론가가 민주주의이념과 개인적 권리이념 간의 근본적 대립에 호소해서는 안 된다고 말한 것은 정당하다고 본다. 권리와 민주주의 간에 근본적 대립은 없기 때문이다. 권리는 민주적 과정을 구성하는 요소이고 비록 민주주의를 형식적으로 구성하는 요소가 아니더라도 민주주의의 정당성을 위해 필요한 조건을 실현한다.[71]

미국에서 사법심사가 용인된 이유도 주로 기본권과 결부된다. 미국의 사법심사구상은 논란 속에 이루어졌다. 법률위헌 여부를 사법부가 판단해야 한다는 것에는 많은 헌법기초자가 수긍했더라도 법안과 정책의 결정을 사법부가 하는 것에는 반대가 많았다. 매디슨이 옹호한 버지니아구상(Virginia Plan)에 포함된 '행정부와 적절한 수의 사법부 구성원들로 이루어진 수정위원회(Council of Revision)' 제안에 대해 상당수 주가 반대한 것도 그런 우려와 무관치 않다. 의회가 통과시킨 법안에 거부권을 가지는 수정위원회 안에 대한 반발은 사법부가 입법권과 정책결정권을 가지는 것에 대한 우려였기 때문이다. 그런데 수정위원회 추진움직임이 실패했을 때 사법심사가 권력분립에서 살아남게 된다.[72] 법률과 행정행위의 헌법적합성 검토로서의 사법심사가 받아들여진 이유는 민주정치체제의 존립에 필요한 기본권을 침해하는 법률과 행정행위를 무효화할 권한이 필요했기 때문이다. 기본권 보장과 관련될 때는 사법의 활동과 위상은 문제 삼기 어려웠다. 단지 사법이 기본권 문제영역을 넘어설 때 그 권한이 의심스러울 뿐이다. 기본권 보장 이상으로 선출된 대표의 영역인 법률과 정책에 대한 결정권을 행사할 때 선출되지 않은 입법부로 지목되면서 민주주의와의 충돌이 부각된 것이다.[73] 이렇게 민주적 승인이 손쉽게 가능한 기본권 보장은 헌법재판을 정당화하는 한 영역이다.

161; Mark Tushnet, *Weak Courts, Strong Rights*, 2008, 52; Martin Shapiro, "The Success of Judicial Review", 1999, 211.

71) Jeremy Waldron, *Law and Disagreement*, 1999, 282-284.

72) Robert Dahl, *How Democratic Is the American Constitution?*, 2001, 18-19; John Agresto, *The Supreme Court and Constitutional Democracy*, 1984, 61-62.

73) Robert Dahl, *How Democratic Is the American Constitution?*, 2001, 153-154; John H. Ely, *Democracy and Distrust*, 1980; Jesse H. Choper, *Judicial Review and the National Political Process*, 1980.

(2) 민주주의의 제도적 한계 보완

헌법재판의 정당성 요청에 대한 두 번째 해명은 대의제의 제도적 한계와 관련된다. 헌법재판은 대의제가 정상 작동되지 않거나 부정적으로 기능하거나 혹은 민주주의의 이름으로 다수전제가 만들어지는 데 대한 대안이다. 헌법재판은 선거의 한계에 대한 제도적 대응이다. 국민주권이 만든 보통선거권의 확대를 통한 대의제의 발전은 민주주의와 동일시되었다. 대의제를 헌법체계화하는 데 결정적이었던 매디슨에게 대의제는 선택된 시민집단을 통해 대중의 견해가 정제되고 확대되는 제도였다. 그러나 대의제를 만드는 선거는 인민 참여와 동일하지 않다. 선거는 피선거권자 범위가 제한적이라 시민들 간의 차이와 구별을 전제로 한 체제구성방식이므로 귀족정적이다. 선거가 대의체 구성방법이 된 것은 정부의 정당한 권위를 개인동의에서 구한다는 발상이지만 이는 선거권자와 피선거권자의 구별을 전제로 해 시민이 스스로 관직에 참여하지 않고 다만 정치적 정당성의 근원이 될 뿐인 점에서 인민 참여와는 다르다.[74] 그래서 선거로 확보된 대표성과 책임성으로 구성되는 대의정체가 시민집단을 통해 대중 견해가 정제되고 확대되는 정체인지는 의문이다.

선거는 한편으로는 탁월한 자를 등용시키는 귀족주의적 측면을 다른 한편으로는 대리기관, 대리인을 선출하는 민주주의적 측면을 지닌다. 대표(Repräsentation)원칙과 민주적 동일성(Identität)원칙 모두의 수단이다. 대표성은 귀족주의적 원칙의 수단이고 종속적 대리인의 선출(Bestellung eines abhängigen Agenten)은 민주주의적 특성이다.[75] 그 결과 선거의 귀족정적 성격이 선거를 대의제 대표가 지닌 민주적 정당성과 책임성을 보장하는 최선의 방식이 되게 함을 방해할 수 있는 한 대의제는 시민의 견해가 정제되고 확대되는 정체가 아닐 수 있다. 그나마 시민이 선거로 대표가 시민의 최선의 이익을 위해 행동하는지 아닌지를 식별할 수 있고 적절히 그들을 제재할 수 있다면 선거는 민주적 정당성을 반영하고 책임성을 보장한다. 시민을 만족시키는 대표는 살아남고 그렇지 않은 자는 직을 상실한다면 대표가 직에서 살아남을 가능성이 통치수행과 결부된다는 의미에서 선거는 책임이 지닌 민주적 정당성을 반영한다.[76] 그런데 종속적 대리인 선출이라는 민주적

---

74) 버나드 마넹(Bernard Manin), 『선거는 민주적인가』, 곽준혁 역, 서울: 후마니타스, 2007, 13-14, 65-106, 111-121.

75) Carl Schmitt, *Verfassungslehre*, 2010, 239, 257; 버나드 마넹(Bernard Manin), 『선거는 민주적인가』, 2007, 189.

76) José Antonio Cheibub and Adam Przeworski, "Accountability for Economic Outcomes", Adam Przeworski,

특성에서도 선거는 대의기관의 잠재적 후보들에게 평등한 기회조차 보장하지 못한다. 대의기관 담당후보자에 대한 개인적 선호와 편파성이 작용한다. 투표자의 선호가 명망이나 명성에 의해 제약되고 선거자금에 의해 좌우된다. 기회 불평등, 편파성과 개인적 선호에 의한 민주주의의 왜곡이다. 선거가 대의제를 왜곡시키면 통치체계인 권력분립도 대의제 민주주의와 제대로 조응하지 못한다.[77]

물론 선거는 정치가가 시민의 정책적 선호를 위해 행동하고 그 수행을 보장해 주는 도구다. 민주주의는 시민 선호에 대해 정부가 어떻게 반응하는가를 선거를 통해 확인한다. 선거는 정치가가 반응할 것으로 예상되는 장래전망적 메커니즘과도 관련될뿐더러 정치가가 이미 행한 과거행위를 평가하는 반성적 측면도 지닌다. 그러나 정치가는 시민 선호를 조작하고 정치가 자신의 정책을 만들 자율성도 지닌다. 여론조작은 선거의 과거행위 평가책임에 대한 효과적 대응책이다. 정치가는 장래전망적으로 여론에 영향을 주어 자신이 원하는 것을 하도록 허락하는 위임도 시민으로부터 얻어낸다. 대중적으로 인기 있는 이해관계가 사실은 비효율적이고 반대의 것이 효율적이더라도 재선 가능성으로 인해 시민이 원치 않지만 더욱 객관적 이익인 것을 정치가가 배려하기는 어렵다.[78] 결국 대의제가 선거를 통해 대중의 견해를 정제하는 대표성과 책임성으로 민주주의와 결합하기는 어렵다. 역사적으로 대륙에서 절대주의가 시민사회로 이행할 때 그 정점이던 대표의 본질은 퇴색했다.[79] 대표의 본질이 퇴색해도 선거를 통한 대의제가 대표의 독립성을 훼손할 구속적 위임이나 임의적 해임 혹은 소환을 인정하지 않으므로 민주주의적 동일성도 공허해졌다. 대의제는 비록 간접적 지배로 불리더라도 인민의 지배와는 다른 것이 되었다.[80] 선거가 대의제를 만들지만 대의제 실패에 대해 선거는 속수무책이다. 선거의 장기적 주기상 대표의 기능을 선거로 시의적절하게 제한하기 어렵다. 선거로 보장된다는 대표성과 책임성은 취약하다.

대의제는 정당정치에서도 위기다. 대의제의 새 모델로 현대 민주주의와 불가분 결합된

Susan C. Stokes and Bernard Manin (eds.), *Democracy, Accountability, and Representation*, Cambridge: Cambridge University Press, 1999, 225.

77) 버나드 마넹(Bernard Manin), 『선거는 민주적인가』, 2007, 169-196; Paul W. Kahn, *The Reign of Law: Marbury v. Madison and the Construction of America*, New Haven: Yale University press, 1997, 215.

78) José María Maravall, "Accountability and Manipulation", Adam Przeworski, Susan C. Stokes and Bernard Manin (eds.), *Democracy, Accountability, and Representation*, Cambridge: Cambridge University Press, 1999, 154-161.

79) Christian Schüle, *Die Parlamentarismuskritik bei Carl Schmitt und Jürgen Habermas*, 1998, 162f.

80) 버나드 마넹(Bernard Manin), 『선거는 민주적인가』, 2007, 205, 288.

정당정치는 자유위임과 충돌한다. 정당활동이 오늘날 민주주의헌법에서 용인되더라도 정당에 의한 정파적 강제가 대의제를 출범시킨 원리인 자유위임을 넘어서까지 헌법적으로 인정된 것은 아니다. 대의제의 자유위임은 아직 수정되거나 포기된 원리가 아니기 때문이다. 자유위임을 넘는 정파적 강제상황에서 유권자가 그나마 정당과 자신을 동일시한다면 대의제에 부합할 가능성이 있지만 많은 유권자는 정당과 자신을 동일시하지 않고 정당도 공약이 아닌 지도자의 개성에 의존한다. 그 결과 비구속적 자유위임에 근거한 대의제는 정당의 내부규율과 정당운영자의 통제로 대표의 자율성이 없는 대의제가 된다. 정당민주주의에서 대표에 대한 정당기구의 통제로 대표는 자율성 없는 정당소속 대표일 뿐이다.[81] 정당정치로 의회의 본질인 토론도 형해화된다. 의회는 더 이상 상호적이고 합리적인 설득의 장소가 아니다. 정당에 의한 의사결정과 집단적 이해관계의 관철과정에서 의회는 공적 토론으로 결정하지 않는다. 의회 위원회나 의회 밖(außerhalb des Parlaments) 당파 간 타협이 토론에 앞선다.[82] 토론보다 다수결로 법과 결정을 만드는 정책결정원칙이 우선한다. 토론 없는 의회다수결은 대표와 책임의 면에서 취약하다.

대다수 헌법은 정당이 인민참여의 매개체라 말하지만 정당은 자신의 목표에 따라 행동한다. 정당은 정치가에 민주적 책임을 묻는 메커니즘의 일부분이기보다 경쟁과 권력을 위한 도구라는 조직적 무기로 변모했다.[83] 선거를 통한 대표의 자유위임이 정당 중심 대의민주주의에서는 사라지고 대표가 정당에 종속되면서 대표체계 자체가 흔들리고 의회의 헌법적 대표지위도 의문시된다. 대표제의 위기로 의회주의의 정신적 기초가 상실된 것은 이미 19세기 말 모스카(G. Mosca)를 비롯해 20세기 들어서도 스멘트(R. Smend), 슈미트(C. Schmitt), 트리펠(H. Triepel), 래스키(H. Laski) 등에 의해 끊임없이 지적된다. 대표가 정당과 결합된 특수 이해관계의 대변자가 되면서 의회결정은 더 이상 자유토론과 의견교환을 통한 국민의사라 말하기 어렵다. 라이프홀츠의 표현처럼 의회주의적 대의민주주의에서 정당국가적 대중민주주의로 바뀐 국민투표적(plebiszitär) 민주주의에서는 선거도 정당의 의사에 대한 지지를 묻는 것에 불과하다. 선거는 대표의 인격과 특수한 자격에 근거해서가 아니라 정당에 소속한 자로서의 대표를 선택하는 것에 불과하다.[84]

---

81) 버나드 마넹(Bernard Manin), 『선거는 민주적인가』, 2007, 239-263; 겔할트 라이프홀츠(Gerhard Leibholz), 『현대민주정치론』, 1977, 110-199.

82) Carl Schmitt, *Verfassungslehre*, 2010, 319; Carl Schmitt, *Die geistesgeschichtliche Lage des heutigen Parlamentarismus*, 1923; 게르하르트 라이프홀츠(Gerhard Leibholz), 『헌법국가와 헌법』, 1975, 95-101; Gerhard Leibholz, *Das Wesen der Repräsentation und der Gestaltwandel der Demokratie im 20. Jahrhundert*, 1960, 227f.

83) José María Maravall, "Accountability and Manipulation", 1999, 163-166.

의회주의가 대표제에 의해 전개되어 왔기 때문에 대표원칙의 위기는 의회주의의 기초를 뒤흔든다.[85] 의회에서 시작하고 마무리된다는 대의민주주의가 정당정치의 토론 없는 다수결 대의제로 변질되면서 의회주의는 재고된다. 의회 밖에서 발생하는 정치를 제도화하는 새 메커니즘이 고려된다.[86] 선거와 정당에 의한 동의가 완전하고 의미 있는 방식으로 구현되지 못하면서 전통적 대의기관 밖의 제도에 주목한다.[87] 대의민주주의의 선거와 정당이 만든 상황에 대한 제도적 대안은 헌법재판이다. 다수의 혜택을 공유하지 못하는 소수에 대한 보호다. 대의민주제의 정당성기제인 선거와 정당정치의 부작용은 모두 소수억압이기 때문이다. 선거는 국민에 책임을 묻는 메커니즘이지만 다수파제도에서 선출공직자는 소수에 책임지지 않는 점에서 소수억압이 문제의 본질이다.[88] 선거가 소수에 대한 책임을 모호하게 한다면 소수보호는 정치적 책임에서 격리된 기관에 할당되어야 한다. 정치과정에서 적절히 대표되지 않는 권리를 보호할 권력이 필요하다. 민주주의과정이 권리보장에 적절하지 않다면 가장 정치적으로 고립된 사법이 인기 없고 대표되지 않는 이익의 보장기관이다.[89] 선거와 정당정치에서 다수에 의해 선출된 입법자가 재선을 위해 다수의 편에 설 수밖에 없다면 선거와 정당과 무관한 헌법재판이 대표의 성립과 권력행사의 민주적 한계를 보완할 적절한 지위로 여겨진다.[90]

---

84) Gerhard Leibholz, *Das Wesen der Repräsentation und der Gestaltwandel der Demokratie im 20. Jahrhundert*, 1960, 98-103, 226-233.

85) Christian Schüle, *Die Parlamentarismuskritik bei Carl Schmitt und Jürgen Habermas*, 1998, 108.

86) Roberto Gargarella, "Full Representation, Deliberation, and Impartiality", Jon Elster (ed.), *Deliberative Democracy*, Cambridge: Cambridge University Press, 1999, 273.

87) Terri J. Peretti, *In Defense of a Political Court*, 1999, 193-198, 234-237.

88) John Ferejohn, "Accountability and Authority: Toward a Theory of Political Accountability", Adam Przeworski, Susan C. Stokes and Bernard Manin (eds.), *Democracy, Accountability, and Representation*, Cambridge: Cambridge University Press, 1999, 131-132; Alexander von Brünneck, *Verfassungsgerichtsbarkeit in den westlichen Demokratien*, 1992, 89.

89) Jesse H. Choper, *Judicial Review and the National Political Process*, 1980, 2, 68-69.

90) Martin Shapiro, "The United States", C. Neal Tate and Torbjörn Vallinder (eds.), *The Global Expansion of Judicial Power*, New York: New York University Press, 1995, 60; Christoph Gusy, *Parlamentarischer Gesetzgeber und Bundesverfassungsgericht*, 1985, 16, 25; 임지봉, 『사법적극주의와 사법권독립』, 철학과현실사, 2004, 134-140.

3. 민주적 정당성 해명의 접근방식

(1) 정당성 해명의 판단기준

민주적 정당성은 선출된 입법부 및 그 산물인 법과 대표적으로 결합된다. 그러나 의회가 인민을 대표하는 데 성공했는지 의심되어 법이 지닌 민주적 정당성이 훼손되면서 의회제정법의 민주적 정당성에 이의가 제기된다. 입법이 반영한 민주성이 법원이나 시민이 따라야 할 최선의 이유일지라도 의회다수의 입법과정이 다수전제로 된다면 의회결정에 대한 헌법적 견제가 필요함이 인정된다.[91] 입법에 대한 헌법적 견제인 헌법재판이 훼손된 민주적 정당성 확인방법으로 주목된다. 헌법재판도 비록 정치로부터 자신의 민주적 정당성을 의심받지만 국민대표인 의회에 대한 신뢰가 상실하는 국가에서 헌법재판이 의회견제역을 부여받으면서 그 정당성도 새롭게 이해된다.[92] 헌법재판은 지배나 통치의 권리나 자격의 문제와 관련된 합의의 산물임을 밝혀 자신의 정당성을 보인다. 그런데 그 해명은 쉽지 않다. 지배에 복종하는 인간의 선택표명에 의존하는 정당성은 국민투표에 의하거나 혹은 적어도 국민이 선출한 헌법제정회의 의원에 의해 받아들여져야 확실하기 때문이다.[93]

국민투표나 헌법제정회의로 드러나는 헌법제정권력(verfassunggebende Gewalt)은 헌법의 역사적·정치적 기원과 성립 그리고 그에 참여하는 세력을 알려준다. 헌법제정권력은 헌법의 성립에 대한 설명을 넘어 헌법의 규범적 가치를 기초 지우는 정당성 개념이다. 그 개념은 기원과 내용에서 민주주의적 헌법이론과만 관계되는 민주주의적 개념이다. 개념적으로 인민의 헌법제정권력이다. 이를 통해 인민의 주권은 구체적 형태를 얻는다. 국가기능에서 정치적 지배권력의 구체적 담당자가 되는 권력이 헌법 아래 놓인다.[94] 국민의사가 헌법의 성립과 규범적 효력을 근거 지우는데 헌법제정권력을 통해 정당성을 부여하는 상위 권력의 존재가 인정되고 헌법에 의해 조직된 권력이 정치적 지배권의 구체적 담당자가 된다면 헌법에 의해 만들어진 헌법기관인 헌법재판도 정당성이 인정된다. 그러

---

91) Jeremy Waldron, *Law and Disagreement*, 1999, 11, 53-54.

92) 에른스트-볼프강 뵈켄회르데(Ernst-Wolfgang Böckenförde), 『헌법과 민주주의: 헌법이론과 헌법에 관한 연구』, 김효전·정태호 역, 서울: 법문사, 2003, 35.

93) 칼 J. 프리드리히(Carl J. Friedrich), 『현대헌법과 입헌주의』, 2006, 164.

94) Ernst-Wolfgang Böckenförde, Die verfassunggebende Gewalt des Volkes: Ein Grenzbegriff des Verfassungsrechts, in; *Wissenschaft, Politik, Verfassungsgericht*, Berlin: Suhrkamp, 2011, 99-107.

나 헌법재판이 헌법에 의해 조직된 권력이라도 주권에서 유래하는 정당성인지 여전히 의문시된다면 국민 주권에 문의할 수밖에 없다.95)

헌법제정권력도 국민의 직접행동을 당연시하는 권력이나 법적 권한과 직결되지 않듯이 국민주권론도 헌법 근본이념으로 통치질서가 추구하는 실질가치이자 과제로서의 성격, 즉 이데올로기적 성격이다. 따라서 국민주권론이 역사적 헌법제정 사실 혹은 법적 권한으로서 반드시 직접 참여의 법적 근거가 되기는 어렵다. 국민의 헌법제정권력이 근대헌정주의에서는 헌법에 대한 국민적 동의, 헌법에 입각한 통치, 국가권력의 헌법에의 기속이듯이, 국민주권도 헌법적 기본권 보장, 통치권의 기본권 기속성, 통치권의 민주적 정당성, 통치권의 법기속성이다.96) 국민주권론이 이데올로기로서의 시대적 요청에 불과한지 혹은 직접행동의 근거이념인지의 논란이 없지는 않지만 국민주권을 통한 직접참여를 정당화하는 입장조차도 오늘날 국민주권이 일정한 드문 경우에만 표현될 뿐 일상에서는 추상적 형태로 존재함을 인정한다.97)

이데올로기이든 직접행동의 근거이든 국민주권론은 근대적인 국민의 지배 이념을 정당화한다. 주권개념을 체계화한 보댕(J. Bodin)의 주권도 시대의 실천적 목표였다. 국가에서 최고이고 영속적이며 단일하고 초법적인 것으로서의 주권을 법에 구속받지 않고 오히려 법을 형성하는 것으로 이해함으로써 군주주권이념은 정당화되었다.98) 시대가 필요로 하는 지배이념 정당화로서의 주권론의 의미는 오늘날도 마찬가지다. 정치적 지배권이 국민에서 도출되는 근대 이후 국민주권론도 정치적 지배권의 창설 및 조직을 국민으로부터 나오는 주권적 정당성에 소급시켜 근대가 요구하는 이념을 정당화했다.99) 오늘날 민주정은 국민주권에서 정당성을 발견한다. 국민주권에서 유래된 정당성을 보유한 민주정은 국가지배권이 통치구조로 창설되더라도 항상 국민의사에 기초해야 한다. 민주정에서는 국민이 통치기관을 통해 국가권력을 행사한다고 간주된다. 그래야 모든 국가행위는 정당화된다.

국가형태이자 통치형태로서 민주정은 국민주권이나 국민이 헌법제정권력의 보유자라는

---

95) 에른스트−볼프강 뵈켄회르데(Ernst-Wolfgang Böckenförde), 『헌법·국가·자유』, 1992, 16, 25.

96) 박경철, "국민주권, 국민의 헌법제정권력 그리고 관습헌법", 『헌법학연구』, 한국헌법학회, 제13권 제2호, 2007, 211-218.

97) Larry D. Kramer, *The People Themselves: Popular Constitutionalism and Judicial Reiew*, New York: Oxford University press, 2004, 8.

98) Helmut Quaritsch, *Souveränität: Entstehung und Entwicklung des Begriffs in Frankreich und Deutschland vom 13. Jh. bis 1806*, Berlin: Duncker & Humblot, 1986, 39ff.

99) 에른스트−볼프강 뵈켄회르데(Ernst-Wolfgang Böckenförde), 『헌법과 민주주의』, 2003, 212-213.

의미 이상이다. 정체원리로서 민주주의는 국민이 정치적 지배권의 원천임을 넘어 정치적 지배권의 보유자이며 행사자라 말한다. 지배의 원천을 넘어 지배권의 보유와 행사에서 민주적 정당성은 명확한 근거를 요한다. 국민주권론에서 국민대표성이 민주적 정당성의 핵심인 한 선거 같은 직접적 국민의지 표명이 요구된다. 그래서 선출직 대표로 구성되지 않은 기관은 정당성이 의문시된다. 그러나 국민이 직접 선출한 국민대표에 의한 민주적 정당성 확보도 부정되는 것만은 아니다.[100] 민주적 정당성은 선출된 대표기관은 물론이고 대표기관에 의해 간접 선임된 기관에도 인정된다. 민주적 정당성이 선거의 직접성을 통해 확인되는 국민의사의 정당성과 일치하지는 않는 이유는 국민 모두의 의사를 모았다는 루소적 일반의사 같은 것으로 모든 기관의 민주적 정당성을 확보하기는 어렵기 때문이다. 그래서 국가권력 행사권위가 그 권력에 의해 지배되는 동등한 구성원의 집단적 결정에서 생성되는 것이라면 민주적 정당성의 근본이념이 직접 혹은 간접선거가 확인해 주는 정당성과 반드시 동일한 관점은 아니다. 그래서 민주적 정당화 형식의 전체적 고려가 요청된다.[101]

헌법재판 정당화도 전체적 고려의 요청에 따라 여러 형식, 즉 제도, 인적 구성, 직무 및 역할까지 확인되어야 한다. 뵈켄회르데(E.-W. Böckenförde)가 말한 기능적(funktionell), 제도적(institutionell), 조직 내지 인적(organisatorisch-personell) 및 사항 내지 내용적(sachlich-inhaltlich) 민주적 정당화 형식들이 모두 고려되어야 한다. 기능, 제도적으로 국민이 기능을 부여하고 창설한 것이어야 하고 기능수행자인 구성원도 국민에 의해 직접 혹은 간접 선임되어야 한다. 국가권력행사의 사항 내지 내용적 형식도 국민에서 도출되거나 국민의사를 통해 매개되어야 한다. 국가작용이 국민에 의해 민주적으로 정당화되려면 조직 내지 인적 정당화 요소와 사항 내지 내용적 정당화 요소는 공동 작용해야 한다. 국가권력 행사 결정주체를 국민이 허용하고 인정할 뿐만 아니라 이들의 결정이 국민의사에서 벗어나지 않으려면 사항적·내용적 정당화를 위해 국가작용을 민주적 대표기관에 속하게 하거나 그 대표기관에 직접 혹은 간접의 책임을 물을 필요도 있기 때문이다.[102]

하지만 민주적 정당화 형식을 모두 갖추더라도 대표가 선임한 재판관으로 구성된 헌재

---

100) Ernst-Wolfgang Böckenförde, *Verfassungsfragen der Richterwahl*, Berlin: Duncker & Humblot, 1974, 74; Christoph Gusy, *Parlamentarischer Gesetzgeber und Bundesverfassungsgericht*, 1985, 104, 132-134.

101) Joshua Cohen, "Democracy and Liberty", Jon Elster (ed.), *Deliberative Democracy*, Cambridge: Cambridge University Press, 1999, 185.

102) Joshua Cohen, "Democracy and Liberty", 1999, 214-227; Ernst-Wolfgang Böckenförde, Demokratie als Verfassungsprinzip, in: Josef Isensee/Paul Kirchhof (Hrsg.), *Handbuch des Staatsrechts der Bundesrepublik Deutschland*, Bd. Ⅰ, 2. Aufl., Heidelberg: C. F. Müller, 1995 (Fn. 24), Rn. 14.

가 대표와 동등 수준으로 정당화되는지는 여전히 의문이다. 그래서 정당화는 국민의 최종적 정당화에 의존해야 한다. 헌법재판이 국민을 만족시키는 것인지가 정당화의 최종 판단기준일 수 있다. 블랙(C. Black)에서 사법심사는 권력분립체계의 제한정부에서 입법과 정부행위를 유효화함으로써 정당화하는 기능이다. 무효화기관인 사법심사는 헌법적으로 유지된다는 판단으로 유효화 기능도 하는 것인데 이는 입법과 행정이 인민의 제한정부의 테두리 안에서 운용됨을 확인해 인민을 만족시키는 것이다. 결국 제한정부 내의 체계적 역할은 인민의사를 반영하는 것이다.103) 이렇게 헌법재판의 궁극적 정당성은 인민의사의 반영이다. 이는 뵈켄회르데의 기능적·제도적, 조직 내지 인적 그리고 사항 내지 내용적·민주적 정당화 형식의 총체적 고려와 무관하지 않다. 국민이 창설한 기능과 제도로 입법과 행정의 정당성을 확인해 주면 국민의사로 매개된 내용적 정당성을 지니기 때문이다.

헌법재판은 다양한 민주적 정당화 형식과 국민의사 반영의 관점에서 조명되어야 한다. 헌법재판 접근법들은 그중의 어떤 특정부분을 더 강조한다. 스톤 스위트(A. Stone Sweet)에 의하면 헌법재판의 정당성 문제를 보는 3가지 접근법이 있다. 우선 가장 지배적인 방법은 켈젠(H. Kelsen)의 헌법이론에 따른다. 이는 오늘날의 헌법재판관체계에 관한 필요조건을 설명하면서 헌법적 법률적합성에 관한 켈젠의 이해를 따라 전통적 권력분립원리를 재개념화한다. 그래서 고전적 원리의 수정이 불가피하더라도 권력분립원리의 큰 체계를 지키면서 헌법재판을 정당화한다. 둘째는 현실주의(realism)로 불리는 소수인데 헌법이 헌법재판관, 입법자, 행정관료, 법관, 학자, 자기이익을 표출하는 공중을 포함한 해석적 공동체 내에서 발전된다고 본다. 이들에게 헌법의 형성은 공적·사적인 광범한 행위자를 포함한 참여적 과정이다. 셋째는 사법권력의 확장과 정치생활의 부수적 사법화를 본질적으로 억압적 현상으로 보는 시각이다. 이들은 법에 관한 학문적 담론으로서의 법은 법외적 세계로부터 법을 단절시켜 법 자신의 내적 논리를 재생산하고 또한 사회적 문제를 법적 문제로 만드는 특수 방식으로 외부환경을 형성한다고 말하면서 해결책으로 심의적 민주주의를 말한다.104) 이렇게 헌법재판은 권력분립체계를 기준으로 혹은 헌법재판을 형성하는 공동체의 토대를 통해 정당화되거나 억압적 사법화를 심의민주주의로 해결함으로써 정당화한다. 이들 모두는 정당성 접근에서 각자의 강점을 원용할 수 있다.

---

103) Charles L. Black Jr., *The People and the Court*, 1960, 52, 86, 117.

104) Alec Stone Sweet, *Governing with Judges*, 2000, 132-133; 현실주의에 관해서는 Elizabeth Mensch, "The History of Mainstream Legal Thought", 1998, 32-36.

(2) 민주주의를 위한 역할의 관점

국민은 민주적 정당성의 근원이자 권력분립기관의 수권원천이다. 주권자 국민은 민주주의의 권력과 권력행사의 원천이자 통치구조의 형성자다. 주권은 권력분할 자체는 물론이고 분할된 각 권력의 정당성의 원천이다. 통치권은 주권에서 파생된 가분적 권력이다. 통치권은 국가조직 유지 목적을 구체적으로 실현하는 권력으로 주권이 만든 분할된 권력이다. 이 가분된 권력들에서도 주권에서 유래된 민주적 정당성이 부인되지는 않는다. 근원에서는 주권인 민주적 정당성도 국가통치에서는 이 가분된 통치권을 통해 자신의 존재를 확인받기 때문이다. 민주주의는 주권에서 파생된 통치구조로 구현된다면 국민주권의 요청도 이 가분된 통치권을 만들 필요, 즉 권력분립의 목적인 기본권 보장의 요청과 동일시된다. 그래서 국민주권에서 유래된 민주적 정당성은 기본권을 위한 법과 권력분립의 형성자로서의 국민의 정당성일 뿐이다. 민주주의에서 권력분할도 주권자 국민에서 유래된다면 국민주권, 민주적 정당성, 권력분립은 함께 고려되어야 한다.

헌법재판이 주권자 국민에서 유래된 정당성과 결합된다면 대표기관에 의한 간접선임이라는 구성형식은 문제되지 않는다. 헌법재판이 국민주권이 형성한 통치구조인 권력분립과도 결합된다면 정당화는 확고해진다. 헌법재판은 민주주의의 시대적 요청을 반영했다. 미국에서 의회 전횡 견제로 사법심사를 용인한 것처럼 20세기 들어 세계적으로 광범하게 확산된 위헌심사는 의회주의 위기, 즉 권력분립 위기에 대한 대안이다. 그래서 헌법재판은 권력분립과 공존할 수 있다. 헌법재판소 생성기의 논쟁에 깊이 관여한 켈젠도 법률 위헌심사가 국민주권주의나 권력분립에 위배되는 것이 아니고 법률 무효선언으로 권력분립과 공존한다고 했다.[105] 기본권 보장과 민주주의를 현대 시민헌법의 수준까지 끌어올린 밑으로부터의 요구에서 헌법재판은 입법권과 행정권에 의한 침해로부터 인권과 민주주의를 지키는 절차적 보장수단으로 국민주권, 민주적 정당성, 권력분립에서 모두 정당화된 것이다.

의회주의 위기의 대안인 헌법재판이 민주주의에서 자동 승인되지는 않았다. 의회주의의 대안이더라도 늘 민주주의와의 양립 불가능성 문제를 불러왔다. 때로는 그 정당성 설명 시도 자체가 무용한 것으로 여겨지기도 했다. 미국정치에 대한 경험적 연구를 통해 로젠버그(G. Rosenberg)는 사법의 역할은 특정한 제한적 조건, 즉 정치적 권력분할 내에

---

105) Hans Kelsen, Wesen und Entwicklung der Staatsgerichtsbarkeit, 1929, 79f; 김철수, "독일연방헌법재판소의 지위와 권한", 1980, 112-113.

서 견제받는 상황에서만 인정된다고 본다. 그래서 민주적 책임을 지는 정치행위자의 행위를 무효 선언하는 법원의 사법심사가 자기지배로서의 민주주의원리와 양립 가능한지에 관한 규범적 관심과 논란은 그 지적 중요성에도 불구하고 거의 가치가 없다고 본다.[106] 정치과정에서 헌법재판이 선구적·적극적 역할이 아니라 단지 견제받는 기관에 불과하므로, 즉 그 자체의 고유 역할보다는 정치와 상관적으로만 기능을 보여주기 때문에 헌법재판 자체의 민주적 정당성 해명은 무가치하다는 것이다.

그러나 민주주의와의 긴장으로 인한 정당화 요청을 고려하면 민주주의에서 정당성해명이 무용하다는 주장은 설득력이 적다. 헌법재판이 통과해야 할 민주주의의 관문은 의회주의 위기의 근본대안인 인민주권 복귀론에서도 확인된다. 오늘날 한국정치에서 주권론은 대의민주주의 위기에서 헌법재판으로 초래된 헌정주의와 민주주의의 긴장 해법으로 두 원리의 공존을 위한 인민주권적 방법으로 회귀하기도 한다. 헌정주의와 민주주의의 충돌과 갈등을 넘기 위해 고전적 주권형성의 두 원칙인 국민주권과 인민주권의 균형을 찾는 것이다. 거의 일방적으로 국민주권원리를 채용한 현대 민주주의가 헌정주의와의 긴장을 목도하면서 직접민주주의가 불가능하기 때문에 대의민주주의를 현실로 인정하고 구현한 것이 자기지배 및 인민주권원리 위반에 대한 용인을 허용한 것은 아니었다는 반성적 고찰이다. 결국 대의민주주의 현실에 직접민주주의원리가 함께 구현되어야 한다는 주장이다.[107] 헌정주의와 민주주의의 긴장 해소를 위한 직접민주주의와 간접민주주의의 적절한 혼재필요성의 제기다. 국민주권 확보방안이자 제도인 대의민주주의에서 선거를 통한 권력구성으로 국민주권원리가 구현된다거나 대표, 정당, 선거로 주권이 구현된다고 보기 어렵다면 직접참여 강화로 대의민주주의의 기축원리인 국민주권을 직접민주주의를 함축한 인민주권원리로 보완하자는 것이다.[108] 헌법재판도 이러한 민주주의로부터의 승인이라는 관문을 통과해야 한다.

---

106) Gerald N. Rosenberg, *The Hollow Hope: Can Courts Bring About Social Change?,* 2nd ed., Chicago: The University of Chicago Press, 2008, 428-429.

107) 박명림, "민주주의와 헌정주의", 2009, 373.

108) 박명림, "민주주의와 헌정주의", 2009, 375.

Ⅳ. 헌법재판 정당화론의 민주주의적 검토

1. 정당화 논거로서의 심의기능

(1) 민주주의와 심의

법정치철학적 헌법재판 이론들은 대부분의 헌법이 민주주의에 제약을 만들더라도 민주적으로 시행된다는 인식으로 헌법재판문제에 접근한다. 헌법이 민주주의에 부과된 제한이 아니라 민주주의가 자신에 부과한 제한이라는 사고다. 그래서 헌법이 민주주의 실제와 현실적·논리적 연관을 가진다면 헌법이 개인 자율성을 침해한다는 반박은 잘못되었다고 본다. 이런 인식의 결과로 헌정주의와 민주주의의 양립 가능성이 인정되는데, 그 논거를 대별하면 첫째는 민주주의를 헌정주의와 융화시키고 시민의 필수조건으로 권리와 자유의 틀을 강조한다. 둘째는 권리와 규칙이 민주적 절차에 본질적이고 필수적이라고 본다. 셋째는 민주적 절차가 지닌 헌법적 실체를 강조해 위 두 논의를 종합한다. 넷째는 민주적 결정에 강조점을 두지만 헌법이야말로 그 산물이라고 본다.[1]

드워킨(R. Dworkin)과 롤즈(J. Rawls)로 대표되는 첫째 입장은 모든 시민이 자율적 권리보유자로서 동등한 관심과 경의를 받을 가치가 있고 민주적으로 형성된 법이 이를 지지하기 위해 헌법이 필요하고 민주주의는 이 도덕적 가치를 떠맡는다고 봄으로써 실체적(substantive) 측면에서 사법심사를 옹호한다. 드워킨은 민주주의가 예상한 관계적 조건과 헌법에 대한 '도덕적 독해(moral reading)'에 기초한 사법심사를 화해시킨다. 민주주의는 구조와 구성과 실제가 모든 공동체구성원을 동등한 관심과 경의로 다루는 정치제도에 의해 집단결정이 형성되는 것을 목표로 한다. 입법통과를 위해 단지 투표자 다수나 복수의 지지만 요하는 기계적·통계적 다수제 민주주의와 입법이 권리에 기초한(rights-based) 사법심사에 종속된 헌정적 민주주의는 구별된다. 연방대법원의 결정은 대중매체, 강의실, 그리고 가정 식탁에서의 광범한 공적 토론을 점화시키는 것이다. 따라서 이를 간과하고 정치적 참여와 심의의 특성을 도덕적으로 개선시키려는 시민적 공화주의의(civic-republican) 결과에 기초한 민주주의개념은 비판된다.

둘째, 일리(J. Ely)로 대표되는 절차적(procedural) 입장은 사법심사를 민주주의에서 결정이 만들어지는 과정이 공정한지와 소수가 적절하게 대표되는지를 감시하는 역할로 본다. 일리도 다수전제를 민주주의의 핵심문제로 보지만 드워킨처럼 민주주의의 결정이 권

---

1) Richard Bellamy (ed.), *Constitutionalism and Democracy*, Aldershot: Ashgate, 2006의 introduction.

리 혹은 동등한 관심과 경의에 대한 이해에 부응하는지를 묻지 않고 결정이 만들어지는 절차가 공정한지를 봄으로써 다수전제를 극복하려 한다. 헌법과 헌법에 대한 사법적 수호자의 목표는 모두 동등한 참여의 이상을 실현하는 것으로 미국헌법의 원의도 특정한 실체적 가치에 대한 확인과 보존이 아니라 그 과정과 구조에 대한 관심이라는 것이다. 셋째, 실체적 혹은 절차적 해석 모두의 어려움을 인정한 하버마스(J. Habermas)는 중간적 대안을 찾는다. 그는 공유된 가치를 소유한 공동체의 일원으로서의 윤리적 형태의 시민이라는 관점을 비판하고 대신 시민을 담론적 실천에 참여하는 법적·정치적 형태로 본다. 자율적 개인 간의 합리적 동의가 만든 법개념을 통해 법원은 민주적 담론 규범의 옹호자로 간주된다. 민주적 담론 규범이 공동체의 가치나 개인의 자연적 권리 혹은 이익이 아닌 동의를 지향하는 합리적 의사소통의 보편적 전제조건이라는 것이다.

마지막으로 인민적 헌정주의는 앞의 입장들처럼 헌법재판을 일의적으로 정당화하지는 않는다. 오히려 이들은 실체적 혹은 절차적 설명은 모두 이견을 정당하게 취급하는 메커니즘인 민주적 정책결정을 간과한다고 비판하면서 공식적인 정치적 통로나 제도화된 정치보다는 인민자신에 의존한다. 애커먼(B. Ackerman)은 국가적 위기상황에서 국민을 통합하고 개인의 특수 이해관계를 넘어 공동이익을 고려하도록 지도할 때 발생하는 헌법정치(constitutional politics)의 목표는 일종의 일반의사라고 본다. 그렇더라도 여러 목소리의 상이한 이데올로기적 당파와 이해관계 집단들로 이루어질 수밖에 없는 일상정치(normal politics)에서 다수전제에 대해 사법심사가 수행하는 역할도 주목한다. 일상정치는 사법심사가 만드는 헌정주의적 입장을 용인한다. 다만 애커먼은 사법심사의 역할은 헌법정치 시기의 인민에 의한 심의적인 정치적 정책결정을 반영하거나 새 변화의 전조를 보여주는 도구에 불과하다고 말하면서 궁극적으로 민주적 정책결정을 만드는 인민의사를 강조한다. 이와 달리 미국건국 이전부터 존재한 인민주의로의 복귀론도 있다. 권력분립의 세 기관은 헌법하에서 자신의 특권과 권력을 결정할 권리를 지니며 이들이 서로 충돌하더라도 궁극적 중재자는 법원이 아니라 인민 자신이라는 부문주의(departmentalism)의 맥을 잇는 입장이다. 이들은 심의로 정당화되는 사법심사를 부정한다. 크레이머(L. Kramer)는 선거, 청원, 비폭력적 항의, 법원결정을 대통령이나 의회가 뒤엎는 압력, 법원판결 무시나 좌절시키기 혹은 사법부 예산축소나 권한축소 위협, 대통령의 연방법관임명에서의 신축적 대응 같은 인민주의 메커니즘으로의 복귀를 강조한다.[2]

---

2) Richard Bellamy (ed.), *Constitutionalism and Democracy*, 2006의 introduction 및 전재된 Ronald Dworkin, "Constitutionalism and Democracy", 1995, 2-11; John H. Ely, "Toward a Representation-Reinforcing Mode of Judicial Review", 1978, 451-87; Jürgen Habermas, "On the Internal Relation between the rule

이들에서 심의(deliberation)는 사법심사 지지 혹은 비판의 주요 논거로 사법심사에 대한 입장의 차별성을 만드는 잣대가 된다. 심의가 주목받는 이유는 그것이 인민의 집단적 행동양식을 결정하기 때문이다. 심의는 공동체를 구속하는 결정을 이끌어 낸다는 의미에서 정치적이고 투표에 의한 결정을 이끌어 낸다는 점에서 민주정치적이다. 민주주의에서 인민은 타인이 인민을 구속할 결정에 투표할 것임을 알기 때문에 타인을 설득한다. 타인의 관점이 인민에 영향을 줄 수 있기 때문에 그들의 관점에 영향을 주기를 원한다.[3] 심의는 누군가가 심의를 경청하고 결정을 만들도록 도와주는 것이 아니라 심의 자체가 결정으로 이어지는 행동양식을 결정한다는 점에서 민주적이다. 따라서 한편에서는 심의가 민주주의에서 만들어지는 결정이 정치적으로 정당화되는 시기에 관해 설명하고 정당한 결정을 만들기 위한 제도와 논의형태가 어떻게 형성되어야 하는지도 제시하므로 민주적 결정의 정당성을 뒷받침해 준다고 본다.[4] 그러나 반대로 사법심사에 의해 민주적 결정이 침해된다고 보는 인민주의에서는 심의의 허구성을 말한다. 그래서 심의는 사법심사평가의 이중적 잣대가 된다.

사법심사 찬반의 주요 논거로서 심의는 비교적 최근에 주목되었다. 광범한 논의 토대를 지닌 심의적 민주주의론은 대의민주주의이든 직접민주주의이든 민주주의에서 정제되고 사려 깊은 선호를 강조함으로써 정치참여의 본질과 방식의 개선을 목표로 한다. 민주주의의 특정모델에 집착하지 않고 대규모적 대의정치를 특징으로 하는 현대정치의 문제점을 참여증대가 아니라 심의로 모색한다. 자유로운 공적 심의로 민주적 참여의 질을 높이고 이를 통해 민주주의제도를 정당한 것으로 받아들인다.[5] 심의는 민주주의와 헌정주의 사이의 긴장에서 사법심사를 포함하는 제도적 구상(institutional design)을 정당화하기에 이른다. 심의는 적절한 통치체계의 결정, 체계 내의 권력분할, 대의제에서 참여적 민주주의의 한계를 결정하는 것을 돕는다. 참여적 토론과 다수제주의 결정과정으로 인민의 이익이 형성된다는 민주주의의 제도 구상에서 심의로 사법심사도 새 평가를 받는다. 심의를 통해 사법심사는 집단적 참여에 민주적 가치를 부여하기 위해 존재하는 조건을 보장하는 수단으로 정당화된다.[6]

of law and Democracy", 1995, 12-20; Bruce Ackerman, "The Storrs Lectures: Discovering the Constitution", *Yale Law Journal* 93(1984), 1013-72; 그리고 Larry D. Kramer, *The People Themselves*, 2004 등.

3) Adam Przeworski, "Deliberation and Ideological Domination", Jon Elster (ed.), *Deliberative Democracy*, Cambridge: Cambridge University Press, 1999, 140.

4) Joshua Cohen, "Democracy and Liberty", 1999, 224.

5) 데이비드 헬드(David Held), 『민주주의의 모델들』, 박찬표 역, 서울: 후마니타스, 2010, 438-452.

심의는 공화주의적 참여와 유사하다. 공화주의는 타인에 의해 지배당하지 않는 상태로서의 자유를 찾는데 그런 비종속 상태로서의 자유를 극대화하기 위해 시민이 중요한 공적 논의에 적극 참여해야 한다고 보기 때문이다. 그로서 당파적 이해관계나 다수의 자의적 지배를 방지해 시민자유를 보호할 수 있다. 그런 참여는 인민주의의 참여보다는 심의에 가깝다. 따라서 심의는 대의민주주의에서 중요 역할을 보여준다. 대의민주주의가 국민주권이론과 결합되어 국민 전체를 대표한다는 근대적 자유위임에 근거했으면서도 정치현실에서 자유위임은 불가능하다. 대표소환제라는 기속위임의 제도적 특징은 없지만 대의민주제를 구성하는 지역구선거나 비례대표선거에서 선거구민이나 정당에 대한 실질적 기속위임으로 의회가 복잡한 이슈를 다룰 경우조차 지속적 심의는 보이지 않는다.[7] 정치적 의견이나 의지는 이미 정해진 선호의 집합에 불과해 특정선호를 대변하는 대표들이 모인 의회의 입법과정은 공익을 반영하지 못한다. 의회는 현실적으로 명백하고 자제할 수 없는, 즉각적 결과와 관련된 다양한 집단과 이해관계의 욕망에 얽힌 입지에 있을 뿐이다.[8] 여기서 심의는 공익의 내용확정 방법과 주체를 모색한다. 새로운 관점과 정보의 공유, 기존 판단이나 선호의 변경, 참여자를 설득하는 합리적 논증의 장에 주목한다. 일방은 자신과 상대방의 대화가 가능한 조건을 형성함으로써 이슈에 대한 상호적 심의의 시간을 가진다.[9]

공화주의의 심의는 심의로서의 미국의 제헌과정에 대한 재확인이다. 제헌에서 민주적으로 선출된 대표 간 심의는 헌법 채택과정의 부분이었다. 헌법기초자의 목표도 심의적 민주주의를 촉진하는 것이었다.[10] 그들은 새 정체를 구상하면서 전체 사회 대표 간의 주의 깊은 심의를 요구했다. 성급한 결정에 따른 불완전한 대표의 우려를 차단하기 위해 대의제와 심의가 결합된 모델을 추구했다.[11] 공화주의자 매디슨은 권력의 유일한 정당한 원천이 인민이라고 말하면서도 동시에 민주적 자기통치를 심의, 즉 이성에 연결시켰다.

6) Carlos S. Nino, *The Constitution of Deliberative Democracy*, 1996, 12, 219-220.

7) Tom Campbell, *Separation of Powers in Practice*, Stanford: Stanford University Press, 2004, 24.

8) Alexander M. Bickel, *The Least Dangerous Branch*, 1962, 25.

9) 강병호, "하버마스의 토의적 민주주의 이론: 민주주의의 규범적 의미와 자유주의와 공화주의의 화해", 『철학논구』, 서울대학교 철학과, 제27집, 1999; 차동욱, "위헌법률심사제도의 민주적 정당성에 관한 고찰: 대의제 민주주의하에서의 헌법재판제도의 정당성", 『정부학연구』, 고려대학교 정부학연구소, 제12권 제2호, 2006, 185; Jeffrey K. Tullis, "Deliberation between Institutions", James S. Fishkin and Peter Laslett (eds.), *Debating Deliberative Democracy*, Malden: Blackwell, 2003, 200-211.

10) Jon Elster, "Deliberation and Constitution Making", Jon Elster (ed.), *Deliberative Democracy*, Cambridge: Cambridge University Press, 1999, 97.

11) Roberto Gargarella, "Full Representation, Deliberation, and Impartiality", 1999, 260-262.

매디슨은 인민이 오직 선택하도록 요구받는 것이 아니라 심의하도록 요구받는다고 보았다. 정당한 정부는 성공적 심의가 없으면 좋은 정부일 수 없다고 했다.[12] 헌법기초자들이 그 토대를 둔 공화주의에서 심의가 발견되는 것은 제헌 이전 상황에 대한 반발이었다. 제헌 이전 사회와 정치를 바꿀 새 요청을 담은 정체는 공화국이지만 당시의 인민주권적 사고가 지역적 참여민주주의를 의미했던 공화주의를 흡수해 가는 상황에서 법 특히 헌법이 국가안정을 위한 권위의 원천으로 간주된다.[13] 여기서 심의는 그 헌법 채택과정의 부분으로 이해된 것이다.

미국의 사법심사는 그러한 공화주의 전통과 정치현실의 산물이다. 헌법제정의 주요 계기였던 제헌 이전 각주를 중심으로 전개된 인민주권의 표출국면에 대한 우려로 애초부터 사법부는 정치기구에 종속되지 않도록 보장되어 의회 및 행정부와 동등 권력으로 출현했고 견제와 균형의 헌정체계에서 대체로 입법권에 대한 균형자로 구상된다. 권리를 위한 인민주권적 요청이 각주에서 자의적 입법과 민주주의의 폭주로 간주되기 시작할 때 헌법이 반영한 공화주의적 요청은 법과 법관의 역할을 불안정한 민주주의에 대한 일종의 조정으로 이해했다.[14] 민주주의의 이념 토대로서의 공화주의는 사법심사를 균형적 조정기능으로 고려했다. 이런 출범의도에 주목해 오늘날 심의민주주의도 사법심사를 재고한다. 사법심사의 대의민주주의 대안적 역할이 재확인됨으로써 심의정치에서 사법심사가 새롭게 자리매김된다.[15] 사법심사를 정당화한 대형헌법이론들은 모두 헌법기초자가 제도를 기획하기 위해 지닌 공화주의적 입장이 오늘날 약화되는 것을 보강하려 한다.[16]

공화주의의 심의는 법치를 시민동의의 실현방법으로 본다. 공화주의는 민주주의의 정책결정과 법치 간 긴장을 보면서 해결책으로 심의에 주목한다. 심의에서 발견되는 공화주의적 시민동의 개념으로 민주주의와 법치 간 긴장을 해결하려 한다. 법을 통한 국가결정의 구속력에 대한 자발적 동의는 시민이 국가권력이 합법적이라고 인정할 때 가능하다. 여기서 법의 지배인 헌법재판은 의회의 결함을 대체하는 동의의 제도로 이해된다. 민주

---

12) Alexander Hamilton, et al., *The Federalist Papers*, 2003, No. 49, p.310; Paul W. Kahn, *Legitimacy and History*, 1992, 14.

13) Gordon S. Wood, *The Creation of American Republic, 1776-1787*, Chapel Hill: University of North Carolina Press, 1998, 46-48; Elizabeth Mensch, "The History of Mainstream Legal Thought", 1998, 24.

14) Carlo Guarnieri, "Courts as an Instrument of Horizontal Accoumtability: The Case of Latin Europe", José María Maravall and Adam Przeworski (eds.), *Democracy and the Rule of Law*, Cambridge: Cambridge University Press, 2003, 224; George Thomas, *The Madisonian Constitution*, Baltimore: The Johns Hopkins University Press, 2008, 4; Elizabeth Mensch, "The History of Mainstream Legal Thought", 1998, 24.

15) 이국운, "민주 헌정과 정당성 관리", 2009, 258.

16) Mark Tushnet, *Red, White, And Blue*, 1988, 15-16.

주의의 본질적 요소인 공적 심의가 헌정의 연속성을 촉진하는 동의로 뿌리내린다.[17) 협상과 타협보다는 법적 합리성의 논리로 설득력과 정당성을 획득하는 사법심사는 심의에 입각한 의사결정이다. 이해관계에서 벗어난 제3자로서의 사법적 전문성에 입각한 법적 결정과정이 공익의 내용을 결정한다. 이상적 자유위임과 현실적 기속위임의 가교다. 이 관점에서 국민직선 여부는 권위의 원천과 직결되지 않는다. 가변적 여론에서 독립해 사법적 전문성에 입각한 일관된 원칙의 고수가 권위의 정당성을 형성하기 때문이다.[18) 사법심사는 정치의 결정을 폐기할 때 국민의 자기결정권에서 도출된 파생적 권위에 의존한다. 국가에 대한 소극적 권리라는 규준에 의해 규정된 전통적 자유주의의 시민이 아니라 정치적 참여와 의사소통의 권리인 적극적 자유를 지닌 시민 속에서 사법심사는 심의적 민주주의의 수호자로 민주적 과정의 절차와 조직규범에 대한 감시기관, 즉 헌법적 쟁점이 심의가 없었던 것으로 보이면 반송시켜 의회나 행정부가 재고하도록 만드는 기관으로 정당화된다.[19) 정치적으로 적절하고 효과적인 합리적 토론이 이루어지는 심의의 기관으로 이해된다.

(2) 헌정주의와 민주주의의 가교

심의는 1960년대 초 민주주의와 사법심사의 균형을 모색한 비클(A. Bickel)의 논의에서 부각된다. 그는 선조의 헌법으로 현재의 민주적 결정을 판단하는 사법심사의 '다수제견제적(countermajoritarian) 어려움'을 인정한다.[20) 시민동의의 토대를 사법심사가 잠식하고 시민과 대표가 점점 더 입법과정에 관심을 덜 기울이고 사법부로 곤란한 결정을 맡겨버리고 그로 인해 점차 시민의 자기통치를 위한 집단적 정치능력이 축소되어 사법심사가 민주적 과정을 약화시킬 수 있음은 인정한다.[21) 그러나 비클은 두 종류의 공적 가치를

---

17) Philip Selznick, *Law, Society and Industrial Justice*, New York: Russel Sage Foundation, 1969, 11; Carlos S. Nino, *The Constitution of Deliberative Democracy*, 1996, 222.

18) 차동욱, "위헌법률심사제도의 민주적 정당성에 관한 고찰", 2006, 185-187.

19) 위르겐 하버마스(Jürgen Habermas), 『사실성과 타당성』, 2007, 372; Cass Sunstein, *After the Rights Revolution: Recovering the Regulatory State*, Cambridge: Harvard University Press, 1990, 164.

20) Alexander M. Bickel, *The Least Dangerous Branch*, 1962, 16; 다수주의(majoritarian) 민주주의의 헌법재판은 'countermajoritarian', 'nondemocratic', 'antimajoritarian' 등으로 수식된다. 이 경우 'countermajoritarian'을 '반다수제주의적'이라고 번역하면 반대의제적 직접민주주의 같은 급진민주주의의 반다수제주의와 개념혼동이 우려된다. '다수주의 대립적'이라는 표현도 결국은 반다수제주의적이라는 의미라 적절치 않다. 따라서 'antimajoritarian'은 부득이 '반다수제주의적'이라 하더라도 'countermajoritarian'은 '다수지배견제적' 혹은 '다수제견제적'으로 번역한다.

구분한다. 일상정치 이슈에서 단기적 이득과 손실을 고려한 경쟁적인 당파적 이해관계의 가치는 선출직 정책결정자 특히 의회에 의해 반영된다. 반면, 더 일반적이고 영구적인 이해관계의 가치는 일상정치의 이해관계 집단 간 경쟁에서는 실종되거나 오인된다. 그 결과 대의제는 장기적 이해관계의 관점에서 자신의 결정결과를 바라보는 데 취약하다. 그래서 그런 가치의 선고자이자 보호자(guardian)로 가장 적합한 기관은 법원이다.[22]

다만 비클은 사법심사가 헌법이 선언한 인민의 주권적 의지를 의회에 강요하는 것이라 정당화하는 입장[23]과는 거리를 둔다. 입법자와 법관은 각각 자신의 제도에서 대표하는 차이에 의해 정당하다. 법관이 입법자보다 덜 대표적이라 볼 수는 없다. 그렇지만 법원의 헌법적 역할은 오로지 시민동의에 의해서만 정당화된다. 법원이 시민동의로 지지되는 가치를 대표하지 않는다면 사법심사는 민주주의와 타협되지 않는다. 반면, 법원이 자신의 실체적 지위에 대한 인민 지지를 만들 수 있다면 다수제견제의 어려움은 해결된다. 그런데 법원은 정치적 논쟁을 주도하는 데 취약하고 특히 논쟁적 결정은 흔히 한 세대가 지나도록 여전히 논쟁적으로 남는 경우가 많아 법원에 대한 인민 지지는 쉽게 확인되지 않는다. 게다가 법관은 각 논쟁에서 인민의 대표제도에 의해 직접적으로 반박된다. 이 제도적 갈등에서 법원을 지지할 수 있는 것은 타 기관에 의해 대표될 수밖에 없는 실체적 가치에 대한 인민동의뿐이라면 법원은 취약한 기반 위에 있는 것이다.[24]

그래서 비클은 정치영역에서 중지되거나 아직 익어 가는 중인 이슈를 여과시키고 대화적 전개로 이슈에 관한 공적 의견을 점차 일치시키는 사법심사의 민주적 측면을 말한다. 사법심사로 이슈는 정제되고 형성되고 축소되어 친숙해지고 다수가 정치적 기관을 통해 결정에 참여함으로써 결국 다수가 수긍하고 만족하게 된다.[25] 사법심사가 다수의지와 입법과정의 교체에 맞서 정치적으로 취약한 소수집단의 헌법적 권리를 보호한다면 원칙이나 시민적 이슈에서는 선거로 책임지는 다수제 민주주의 제도보다 더 유용하다. 사법심사는 민주적 집합체의 산물에 대한 실질적인 도덕적 부수적 강제수단을 보장하는 최선의

21) Christopher F. Zurn, *Deliberative Democracy and the Institutions of Judicial Review*, 2009, 32.

22) Alexander M. Bickel, *The Least Dangerous Branch*, 1962, 24; Paul W. Kahn, *Legitimacy and History*, 1992, 144.

23) Stanley Brubaker, "Countermajoritarian Difficulty: Traditional versus Original Meaning", Kenneth Ward and Cecilia Castillo (eds.), *Judiciary And American Democracy: Alexander Bickel, the Countermajoritarian Difficulty, And Contemporary Constitutional Theory*, Albany: State University of New York Press, 2005, 107-108.

24) Alexander M. Bickel, *The Least Dangerous Branch*, 1962; Paul W. Kahn, *Legitimacy and History*, 1992, 144-146.

25) Alexander M. Bickel, *The Least Dangerous Branch*, 1962, 71, 239-272.

제도적 수단으로 정당화된다.[26] 그렇다면 사법심사의 다수제견제는 다수제의 한계를 드러내는 민주주의를 정상적으로 강제하기 위해 필요하다. 비클의 이 선구적 해석에 의해 이슈의 여과, 대화적 전개, 공적 의견의 일치라는 심의의 기능이 본격 주목된다.

비클의 해석은 반향을 불러일으킨다. 1980년대 이래 자유주의적 헌정주의의 전제들을 재검토한 선스타인(C. Sunstein), 마이클만(F. Michelman) 그리고 드워킨(R. Dworkin) 등은 각자 이론적 주안점의 차이는 있지만 헌정주의와 정치적으로 활성화된 시민사회를 가교한 헌정적 민주주의론을 제시하면서 비클의 심의관념을 비판적으로 발전시켜 사법심사와 민주주의의 정합성을 말한다. 그들에서 정치와 법의 지배는 일방적 대립관계가 아니다. 오히려 법은 정치의 가능성을 제공해 정치공동체의 구체적 특징을 드러내게 하는 촉진제 혹은 매개체고 정치도 적나라한 이해관계나 선호의 타협이나 거래가 아닌 심의다.[27] 선스타인과 마이클만은 공화주의의 입장에서 정치를 집단적 심의활동으로 보지만 법과 정치를 각 독립영역으로 분리시켜 본 비클의 출발점 자체는 비판한다. 비클의 다수지배견제 강조는 '다원주의적 오해'라는 것이다. 다원주의적 오해는 법의 정당화 근거를 자치의 내재적 특징에서 찾지 않고 정의나 이성, 혹은 자연이나 도덕 같은 초월적 근거에서 찾아 법의 지배와 자치 내지 정치를 대립관계로 본다. 반면, 선스타인과 마이클만은 헌법을 통해 정치는 법의 지배가 되지만 법의 지배는 역으로 자치의 귀결이고 헌법에서 법의 지배와 민주적 자치의 모순관계가 해결되는 통합의 계기가 있다고 본다. 그로부터 다원적 이해관계의 절충과 타협의 정치가 아니라 건국 같은 특별한 시기에 나타난 원리에 주목해 공화주의적 심의를 지속할 이상적 심의기준을 마련함으로써 법과 정치의 상호침투관계인 헌법에서 법의 지배와 민주주의의 통합계기를 발견한다.[28]

선스타인은 공화주의통치의 책임을 의회에 위치 지어 의회를 공화주의 공동체의 핵심으로 본다. 의회는 선거구민의 압력에 답하기 위해서가 아니라 공화주의적 공동선에 관하여 상호 심의하기 위해 권위를 행사한다. 심의정치의 이상은 덕스러운 입법자로 구성된 입법체에서 가장 잘 실현된다. 집단적 심의에 필요한 시간적 여유와 덕성을 지닌 입법자로 구성된 입법체의 결정은 원칙에 의해 규제되는 대화와 심의에 따라 이루어짐으로써 공동선을 반영해 낸다. 이와 달리 사법부는 법원공동체에서 공화주의적 담론정치를 추구하는 것이 아니라 의회의 공화주의적 정치과정을 규제하는 역할이다. 사법부는 입법

---

26) Christopher F. Zurn, *Deliberative Democracy and the Institutions of Judicial Review*, 2009, 37-39.

27) 김비환, "아렌트의 '정치적' 헌정주의", 2007, 112.

28) 김비환, "아렌트의 '정치적' 헌정주의", 2007, 113-114; Alexander M. Bickel, *The Least Dangerous Branch*, 1962.

자의 적나라한 선호를 집단적 심의과정에서 여과시킬 헌법적 장치로 필요하다. 따라서 입법자가 적나라한 이익을 추구하지 못하게 해 원칙에 따른 심의에 몰두할 수 있게 하는 사법심사는 강화되어야 한다. 선스타인이 볼 때 비록 대법원이 공화주의정치가 구현되는 주요영역은 아니지만 의회에서 일어나는 공화주의정치를 감시하는 역할로서 의회가 경시하는 문제를 숙고하도록 강제해 민주주의를 촉진시킨다.[29]

마이클만은 공화주의적 자기통치 문제를 대화적 공동체인 연방대법원의 법관이 형성하는 공동체를 통해 해결한다. 의회가 아닌 대법원이 심의정치의 핵심영역으로 격상된다. 법원 특히 연방대법원은 헌법적 판단을 위한 적절한 모델로 담론적 공동체를 제공함으로써 헌법체계에서 공화주의를 위한 위치를 방어한다. 법관은 정치적 의사를 방해하기보다는 법 발생적 정치참여를 보조하는 역할을 수행할 수 있고 무엇보다 강제가 없는 자유로운 대화에 필요한 조건을 유지하는 역할을 수행한다. 법원은 국민이 정치에 참여하는 공화주의국가가 자기부정적 정치로 나아가지 않도록 보호한다. 인민은 현재 그들이 이룩한 도덕적 성취를 불변의 신성한 원리로 안치시킴으로써 자기수정적 변혁능력을 스스로 부정하는 경향이 있는데 사법정치가 그 자기부정적 민주정치의 위험을 방지한다.[30] 선스타인에서는 심의가 본래 입법자의 영역이고 대법원은 다만 입법에서 드러나는 적나라한 이해관계를 여과하는 정치의 감시역에 불과하다면 마이클만에서 대법원은 국민이 참여하는 정치의 자유로운 대화조건을 유지하는 심의정치의 중심영역이 된 것이다.

드워킨도 민주주의와 헌법적 권리 내지 사법심사의 양립 가능성을 옹호한다. 정치적 제도의 체계에 기여하는 사법심사가 동등한 관심과 관점을 시민에게 부각시킬 가능성을 증대한다면 민주주의와 양립할 수 있다는 것이다.[31] 그는 입법이 권리에 기초한 사법심사에 종속된 헌정적 민주주의와 기계적이고 통계적인 다수제 민주주의, 즉 입법이 통과되기 위해 단지 투표자 다수 혹은 복수에 의해 지지되기만 하면 족한 다수제 민주주의를 대비시킨다. 즉, 민주적 권리를 촉진시키는지 여부로 민주주의형태를 구분한다. 여기서 드워킨은 헌법적 권리에 초점을 맞추면서 법에 의한 도덕적 통합성을 지지함으로써 사법부의 역할을 보장하는 헌정적 민주주의를 방어한다. 개인의 권리를 보장하는 법의 원칙

---

29) Cass Sunstein, "Beyond the Republican Revival", 1988, 1539-89(김비환, "아렌트의 '정치적' 헌정주의", 2007, 113-114에서 재인용); Cass Sunstein, *One Case at a Time*, 1999, 5; Paul W. Kahn, *Legitimacy and History*, 1992, 185-186.

30) Frank Michelman, "Law's Republic", 1988, 1493-1537(김비환, "아렌트의 '정치적' 헌정주의", 2007, 114-115에서 재인용); Paul W. Kahn, *Legitimacy and History*, 1992, 179-180.

31) Ronald Dworkin, *Freedom's Law*, 1996, 17; Ronald Dworkin, *Law's Empire*, 1986, Ch. 10; 함재학, "드워킨의 헌법사상", 2009, 209-215.

은 모든 가능한 사안에 일관적이고 전망적으로 적용되어 법의 제국에서 법은 평등하게 지배받는 모든 시민에게 정당하고 일관성 있는 것으로 이해된다.[32] 그렇다면 민주주의는 다수제의 한계를 넘어서기 위해 사법심사를 용인할 수밖에 없다는 것이다.

드워킨에서는 그렇게 일상정치에서 국가가 모든 시민에게 한 목소리로 말할 것을 요구하는 정치적 통합성이 강조된다. 통합성(integrity)은 한 사람에게 적용되는 정의와 공정성의 실질적 기준이 다른 모든 사람에게도 확장되어야 한다고 요구한다. 통합성 요구는 입법에서는 입법자가 법을 원칙적으로 일관되게 할 것을 요구하고 사법에서는 법이 무엇인가를 판단하는 법관이 판단기준을 제시해 법을 정확하게 보고 시행할 것을 요구한다. 법관은 법의 총체를 전략적 관심에서 자신이 자유롭게 만들거나 수정할 수 있는 일련의 재량적 결정이 아니라 하나의 전체로 인식한다. 이 통합성은 편파성이나 기망 혹은 그 밖의 여러 공적 타락에 대한 보호책으로 다수결정치의 한계를 보완한다. 사법심사는 이 통합성으로서의 법관념에 의해 지지된다. 국가기구 전체에 헌법의 의미를 판단할 권한을 대법원이 가짐으로써 헌법이 부여한 권한을 넘어선 기관행위를 무효선언 하는 사법심사는 헌법상 권리를 다수결제도에 맡긴 것보다 더 정의로운 사회를 만든다.[33] 법관이 결정을 통해 시민이 공동체 구성원임을 특징짓는 동등한 관심에서 나타나는 법을 통한 통합을 촉진한다면 사법심사는 정당화된다.[34]

드워킨은 공적 토론에서 사법심사의 헌법적 판단이 지닌 효과를 말한다. 오늘날 정치적 심의에 적극 참여하는 시민의 중요성을 말하는 시민적 공화주의자와 참여민주의자는 사법심사가 민주적 포럼에서 원칙에 관한 중요결정을 제거함으로써 참여의 토대를 침식시킨다고 우려한다. 그러나 드워킨이 볼 때 사법심사를 통해 공적 토론의 질은 오히려 높아진다. 어떤 이슈가 헌법적인 것이 되고 사법이 헌법원칙을 적용해 이슈를 궁극적으로 해결하면 공적 논증은 출발점에서부터 정치적 도덕성 문제에 집중하기 때문이다. 대법원의 결정과정은 헌법이슈를 정제하고 확장하고 압축해 대중매체와 법학 그리고 공적 모임 심지어 가정의 저녁식탁에서도 국민적 토론이 지속되게 한다. 이 토론은 입법과정이 만드는 것보다 더욱 원칙문제를 강조하는 것이어서 공화주의통치와 조화된다. 중대한 원칙이슈에 대해 법관이 최종결정하는 것은 실질적으로 정치참여를 고양시킨다.[35] 신흥

---

32) Ronald Dworkin, *Freedom's Law*, 1996, 34; Ronald Dworkin, "Constitutionalism and Democracy", 1995, 3-5; Richard Bellamy, *Political Constitutionalism*, 2007, 74, 93.

33) Ronald Dworkin, *Law's Empire*, 1986; Ronald Dworkin, "Constitutionalism and Democracy", 1995; 함재학, "드워킨의 헌법사상", 2009, 195-201.

34) Ronald Dworkin, *Law's Empire*, 1986, 198-214.

민주주의국가들이 민주주의와 헌법적 권리 내지 사법심사가 양립하는 헌법제도를 채택한 이유는 그것이 권리보장 제도이기 때문이다. 즉, 인민적 입법, 헌법적 보장장치 그리고 사법심사를 결합한 체계가 민주주의와 결합된 권리를 가장 잘 보장하는 민주주의형태로 이해되기 때문이다.[36]

하버마스(J. Habermas)도 헌정주의와 심의적 민주주의의 결합을 위한 사법심사의 역할을 본다. 담론(Diskurs)에 의해 형성되는 의사소통이 법을 매개로 하는 민주주의에서 법은 사적 자율성과 공적 자율성의 동등한 보장수단으로 정당화된다.[37] 민주정치는 합리적 의사소통에 기초한 담론적 상호 관계를 통한 정치적 참여과정이다.[38] 그 의사소통은 법적으로 제도화되므로 의사소통 매개수단인 법은 민주적 방식에서 독립해 기초 지어질 수 없다. 정당성 문제는 인민주권원칙과 법의 지배로 해명되는데 인민주권원칙은 전 시민의 공적 자율성을 보장하는 의사소통과 참여의 권리에서 표현되고 법의 지배는 사회구성원의 사적 자율성을 보장하는 고전적 기본권에서 표현된다. 여기서 정당한 법률은 주관적 행위의 자유를 최대한 형식적 법률과 일치시키는 사적 자율성을 충족하고 전 시민의 합리적 동의의 이념을 지향하는 민주적 방식에 기초해 공적 자율성을 보장한다. 법은 사적 자율성과 공적 자율성의 동등한 보호수단으로 정당화된다. 인민의 주권적 의사를 통해 법을 부여하는 공동체의 자기조직화에서 구현되는 공적 자율성에 기초한 민주주의는 대의제로 제대로 구현되기 어렵다. 정치적 의사의 대표와 위임은 이상적 민주주의의 조건과 양립하기 어렵다.[39] 대표방식에 의한 심의참여자인 의원은 선출되지만 선거는 정치적 의사결정을 위한 권력위임은 아니다. 그래서 민주주의는 대표를 통한 입법과 양립할 수 없다. 정당성담론(Begründungsdiskurs)에 의한 대표의 법률과 정책을 통해 민주주의가 구현되기는 어렵다. 법률과 정책에 대한 타당성담론(Anwendunsdiskurs)을 위해 심의정치(deliberative Politik)가 필요하다. 의회입법 같이 행위규범 정당화를 목표로 한 정당성담론에서는 규범수용이 유효하면 제안된 규범에 잠재적으로 영향받아 담론참여자가 동의에 이르지만 정치권력은 단순히 자기가 제정한 법률에 의해 정당화될 수는 없다. 입법자는

---

35) Ronald Dworkin, *Freedom's Law*, 1996, 7-15, 345; Jeremy Waldron, *Law and Disagreement*, 1999, 289.

36) Ronald Dworkin, *Freedom's Law*, 1996, 70-71.

37) 이행봉, "하버마스의 헌정국가론에 대한 연구", 『21세기정치학회보』, 21세기정치학회, 제16집 제2호, 2006, 1-5.

38) Christian Schüle, *Die Parlamentarismuskritik bei Carl Schmitt und Jürgen Habermas*, 1998, 36f, 71.

39) Jürgen Habermas, "On the Internal Relation between the rule of law and Democracy", 1995, 15-16; Claudia Rahm, Recht und Demokratie bei Jürgen Habermas und Ronald Dworkin, 2005, 34, 85, 90; 이행봉, "하버마스의 헌정국가론에 대한 연구", 2006, 1-25.

헌법에 명시된 절차적 지침의 준수와 입법에 선행하는 현실적 국민의사에 의해 정당화되어야 하기 때문이다.[40]

민주주의는 규격화된 상황에로 재단된 일반적 행위규범의 정당화를 목표로 하지 않고 이미 정당화된 규범을 특정한 행위상황의 구체적 특징에 적용함을 목표로 하는 타당성담론을 필요로 한다. 법률심사인 헌법재판은 이미 정당화된 법적 규범의 합리적 타당성의 문제로서 타 기관이 결여한 기능을 보완한다. 의회는 입법과 정책목표를 형성하고 행정부는 입법적으로 부여된 정책목표에 대한 효율적 수단을 선택하는 정당성담론에서 전문적이고 준비되어 있지만 헌법재판은 구체적 상황에 적용할 적절하고 유효한 법률을 결정하는 타당성담론에서 전문적이고 준비되어 있다.[41] 헌법재판이 정치적 입법자와 마찬가지로 헌법에 명시된 절차적 지침에 의해 구속받는다 해서 재판관과 입법자가 서로 경쟁하는 동등한 위상은 아니다. 헌법이 도출한 헌법재판의 정당성은 법적용, 즉 타당성의 전망에서 주어진 것이지 자신의 정책을 추구하면서 권리체계를 해석하고 조형하는 입법자의 전망에서 주어진 것이 아니기 때문이다.[42] 헌법재판은 입법자의 기능과 달리 구체적 상황에 적용 가능한지 타당성을 보는 심의다. 법의 타당성을 보는 헌법재판은 법이 적합한 방식으로, 즉 심의정치의 조건하에서 성립되었는지 시험한다.[43] 따라서 헌법재판의 규범통제는 민주주의 내 입법자의 자기통제(Selbstkontrolle)다. 입법자는 법이 충분히 현실화된 민주주의조건하에서 성립된 것인지 시험받아야 하기 때문이다.[44] 헌법재판은 법이 민주주의조건에 적합한지 검증받는 입법자의 자기통제다.

하버마스는 자유주의와 공화주의 모두를 지양한다. 자유주의가 이해하는 민주주의는 이익 간 타협이다. 이 타협은 보통 및 평등선거, 대의제적 의회구성을 통해 결과 공정성이 보장되고 자유주의적 기본권에 의해 정당화된다. 공화주의에서 민주적 의지형성은 윤리정치적 자기이해의 형태다. 공화주의에서 심의는 문화적으로 확립된 배후합의에 대한 시민의 실체적 지지공유에 토대를 둔다. 그러나 민주주의과정의 핵심은 심의정치적 절차다. 자유주의는 민주적 의지형성이 오직 정치권력행사 정당화 기능만 가진다. 선거결과는

---

40) 위르겐 하버마스(Jürgen Habermas), 『사실성과 타당성』, 2007.

41) 위르겐 하버마스(Jürgen Habermas), 『사실성과 타당성』, 2007, 325-385; Christopher F. Zurn, *Deliberative Democracy and the Institutions of Judicial Review*, 2009, 237, 246; Claudia Rahm, Recht und Demokratie bei Jürgen Habermas und Ronald Dworkin, 2005, 90.

42) 위르겐 하버마스(Jürgen Habermas), 『사실성과 타당성』, 2007, 354.

43) 위르겐 하버마스(Jürgen Habermas), 『사실성과 타당성』, 2007.

44) Claudia Rahm, Recht und Demokratie bei Jürgen Habermas und Ronald Dworkin, 2005, 91.

통치권 인가이고 정부는 공론장과 의회에 대해 권력사용을 정당화한다. 공화주의에서도 민주적 의지형성은 사회를 정치공동체로 구성하고 선거 때마다 이 설립행위에 대한 기억을 생생하게 유지하는 훨씬 강력한 기능을 수행한다. 국민주권에서도 공화주의는 최소한 잠재적으로 현존하는 국민이 바로 원칙적으로 대표될 수 없는 주권의 담당자라고 이해하고 자유주의는 국민에서 출발한 권력이 오직 선거와 투표를 통해 그리고 특정한 입법, 행정, 사법기구에 의해서만 행사된다고 본다. 반면, 하버마스는 시민의 자기결정을 사회 전체를 포괄한 거대주체에 귀속시키거나 법칙의 보이지 않는 지배를 경쟁적 개인주체와 관련시키는 두 입장을 담론이론(Diskurstheorie)으로 지양한다. 그는 공화주의자와 마찬가지로 정치적 의견형성과 의지형성 과정을 이론 중심에 두지만 법치국가헌법을 부차적인 것으로 이해하지 않는다. 오히려 법치국가원리를 민주적 의견형성과 의지형성의 요구수준이 높은 의사소통 형식을 제도화하는 방식의 문제에 대한 일관된 해답으로 본다. 담론 이론에서 심의정치의 활성화는 집합적으로 행위하는 시민이 아니라 제도화된 심의와 비공식적으로 형성된 공적 의견 간의 협력과 이에 상응하는 절차와 의사소통 전제의 제도화에 달려 있다.[45] 정치가 법치국가헌법을 통해 보다 제도화된 형태로 심의되는 것이 진정한 국민주권의 절차화다. 법치적 헌법재판은 심의정치의 핵심이 됨으로써 민주적 참여를 제도화하는 장치가 된다.

롤즈(J. Rawls)에서도 사법심사는 민주주의의 과잉을 제약하는 심의적 민주주의의 틀로 받아들여진다. 롤즈는 공적 이성(public reason)의 모범적 예로 미국 연방대법원을 들면서 사법심사가 반민주적이지 않음을 지적한다. 대법원은 공적 이성을 활용함으로써 헌법이 일시적 다수의 입법, 즉 현재적 의회다수파의 결정인 법률에 의해 침해되는 것을 방지한다. 자신의 목표를 능란하게 성취할 수 있는 잘 조직화된 이익집단의 로비에 의해 위헌적 법이 제정되는 것을 막기 때문이다. 사법심사기관이 이 역할을 효과적으로 수행한다면 그 역할은 반민주적이 아니다. 대법원은 의회제정 법률의 일부를 위헌선언 할 권한이 있기 때문에 일반법에 관해서는 다수제견제적 측면도 있지만 더 상위의 인민의 권위가 대법원의 역할을 인정한다. 대법원의 결정은 헌법과 수정조항 및 정치적으로 위임된 해석들에 무리 없이 부합하는 한 민주적이다.[46] 따라서 입법과정은 정치적 가치가 지지되

---

45) 위르겐 하버마스(Jürgen Habermas), 『사실성과 타당성』, 2007, 398-400; Jürgen Habermas, "On the Internal Relation between the rule of law and Democracy", 1995, 12-20; 이행봉, "하버마스의 헌정국가론에 대한 연구", 2006, 21.

46) John Rawls, *Political Liberalism*, New York: Columbia University Press, 1993, 233-234(김비환, "롤즈의 입헌민주주의론", 황경식·박정순 외, 『롤즈의 정의론과 그 이후』, 철학과현실사, 2009, 169-170에서 재인용).

도록 보장할 수 있는 독립된 법원의 사법심사에 종속될 필요가 있다. 롤즈는 법원에 의한 심의가 자신이 제시한 공적 이성에 대한 설명모델을 제공하는 것으로 보면서 법원을 지지하는 것이다. 이와 같이 다양한 형태의 심의민주주의적 해석에서 사법심사는 민주주의에 반하지 않는다.[47] 오히려 대법원의 법관을 공적 이성의 모범으로 봄으로써 사법심사는 심의적 민주주의의 틀로 이해된다.

(3) 심의를 통한 정당성 해명의 한계

그러나 심의(deliberation)에 의한 사법심사 정당화는 한계를 지닌다. 심의는 대의제의 입법과 정책형성 절차가 인민의 결정에 부합하는지 주목한다. 다수제에서 인민결정과 민주주의의 부정합성을 극복하는 대안이다. 심의가 말하는 공정한 절차와 제도를 매개하는 절차적 주권개념에는 넓은 의미의 참여가 포섭된다. 참여를 통한 시민적 합의를 드러내는 심의는 인민주권적 참여의 적절한 방식이라고 설명된다. 참여가 만드는 과정이라고 포장된 심의는 사법심사와 민주주의의 긴장을 해소한다고 주장된다. 그럼에도 심의가 권력분립의 제한정부에서 사법심사가 초래하는 긴장 문제를 정면으로 다룬 관점인지는 의문이다. 대표행위에 대한 심사역이 대표와의 관계에서 보장되는지를 심의가 제대로 밝히지 못한다면 심의만으로 긴장이 해소된다고 보기는 어렵다. 그래서 심의는 긴장의 본질을 미봉한다고 비판된다. 심의는 직접참여가 사실상 불가능한 대규모 정치체제에서는 허구적 참여다. 정치과정에의 직접참여 주장은 심의를 기만적 관념이라고 비판한다. 심의가 사법심사와 인민의 지배 간 긴장에 대한 해답이 아니라는 것이다.

참여를 가장한 심의가 아닌 정치과정에의 직접참여 요청은 공화주의적 심의민주주의에 대한 파커(R. Parker)의 비판에서 명료하다. 파커는 최근 헌법이론의 핵심은 '공동체'이념이며 특히 정치적 삶에서 자유주의적인 것에 대립되는 공화주의적 전망이 지배적이라고 말한다. 공화주의적 전망의 초점은 공동이익과 시민적 덕목의 중요성인데 이는 정치참여를 통한 공동이익을 추구하는 헌신이다. 이들은 시민적 덕목을 공동이익에 대한 현명한 심의, 즉 일상정치의 결함을 초월하는 이성과 연관 짓지만 시민적 덕목을 역동적이고 자유로운 정치참여로 보는 다른 입장에 비하면 그런 공동체이념은 반인민주의적이다. 최근

---

47) John Rawls, *Political Liberalism*, 1993, 231-240, 340-363; 김비환, "한국 민주주의의 진로에 대한 정치철학적 고찰: 자유주의, 시장, 법의 지배 및 헌정주의의 상호 관계를 중심으로", 『아세아연구』, 고려대 아세아문제연구소, 제51권 제2호, 2008, 178-179.

의 헌법이론은 인민주의를 냉소하고 제거하면서 공화주의적 공동체에 관한 반인민주의적 해석에 다가섰다. 그들은 합리적 심의에 대한 경의라는 고상한 새 발판 위에서 심의를 보통의(ordinary) 정치적 에너지보다 더 훌륭하고 고차적인 것으로 다시 경배함으로써 보통의 에너지는 경멸한다. 그 경멸은 많은 헌법이론을 헌법기초자의 세계에서 권위적으로 기초 지어져 헌법적 사례를 결정하는 데 적용하는 원칙 혹은 교의로서의 공화주의로 몰아갔다. 정책결정자들 내에서 보통의 것을 초월하라고 요청하면서 이데올로기적 논쟁을 열기보다는 오히려 폐쇄하기 위해 정책결정방법론을 날조한다. 이 거만한 이론은 더욱 심한 담론의 인플레이션만 낳았다. 보통의 정치적 에너지에 대한 경멸로 추동되는 이 담론은 법학계나 법정에만 확산된 것이 아니라 헌법을 말하는 모든 곳에 있다. 그 확산된 담론이 정치행위자인 보통사람을 심하게 위축시킨다.[48]

심의에 대한 불신은 인민의 지배를 위한 직접참여를 보다 강조하는 입장에서 주로 제기된다. 거기서 심의는 인민의 민주주의가 관심을 가져야 할 문제로부터 먼 논의다.[49] 인민주의에서 심의와 참여는 다르다. 인민주의는 비록 공화주의적 전망에 있더라도 공동선의 최선의 보증으로서의 정치의 포괄성과 에너지를 인민 혹은 시민에서 발견한다. 결국 같은 공화주의적 전망 안에서 발견되는 서로 다른 두 입장의 갈등은 사법심사에 관한 더 많은 이념충돌을 낳고 있다. 그 결과 대의제의 한계로부터 출발한 사법심사와 민주주의의 공존 모색에서 시민참여로 헌법문제를 시민적 이슈화하는 방식에 접근하려는 경향은 보다 풍부해졌다. 인민주의는 심의가 아니라 참여민주주의를 궁극적 대안이라고 말한다. 심의가 인민주의 내지 직접민주주의를 거부한 것은 아니더라도 심의는 사법심사와 민주주의 정치의 긴장에서 실천적 대안으로는 취약하다. 그래서 사법심사와 민주주의의 한계 다시 말하면 엘리트주의와 대의제의 한계 모두를 극복하려는 시도들은 시민참여의 이념적 혹은 현실적 방법을 제안한다.

---

48) Richard D. Parker, "Here, the People Rule", 1994, 74-76.

49) Richard D. Parker, "Here, the People Rule", 1994; Larry D. Kramer, "Popular Constitutionalism, circa 2004", 2004, 992-1001.

2. 직접적 시민참여론의 논거

(1) 정치과정에의 참여요청

시민참여 주장은 심의와 대표의 결합만으로는 민주주의가 제대로 구현될 수 없다고 본다. 그래서 인민 대부분이 참여할 수 있는 진정한 참여적 심의의 체계를 요청한다. 참여에 근접한 심의, 즉 광범하고 비엘리트주의적인 심의를 목표로 한 방안이 모색된다.[50] 의회와 법원의 심의기능을 말한 선스타인과 마이클만도 공화주의적 헌정주의가 인민다수의 참여를 고무하고 유지하는 면에서는 엘리트주의적일 수밖에 없음을 인식하고 대안으로 시민사회적 참여기제를 말한다. 이들은 지역공동체, 조합, 종교단체와 같은 중간집단에서의 시민참여를 활성화시켜 엘리트주의라는 혐의를 벗어나려 한다. 중간집단에서의 공적 문제제기와 논의가 자연스럽게 대의체와 법원의 심의로 이어짐으로써 활성화된 시민사회와 국가적 심의기구가 유기적으로 통합될 수 있다고 본다.[51] 특히 마이클만은 많은 헌법적 대화가 공식적인 선거적·입법적 정치의 통로 밖에서 예로 타운모임, 자발적 조직 그리고 지방정부적 대리인들에 의해 이루어진다고 본다. 이들 모두가 잠재적으로 형성적인 대화의 장이라는 것이다.[52] 정치과정에의 참여로 민주적 심의가 보강된 것이다.

그럼에도 공적 결정에의 참여로 포장되거나 미화된 심의가 인민지배의 토대를 형성하는 직접적 시민참여와 다르다는 입장에서는 오늘날의 제도적 체계가 다양한 사회를 특징화하는 여러 방식을 참여적 심의로 인정하고 받아들이기에는 구조적으로 미흡하다고 보고 근본대안을 찾는다. 이들이 볼 때 법적 과정에의 참여란 개인이나 조직화된 집단의 형태로 행동하는 시민 자신이 원하는 사적 혹은 공적 목표를 달성하기 위해 법 집행과 해석에 영향을 미치는 행동이어야 한다. 그런데 제한정부에서 국가장치를 통해 법적 과정을 실행하는 수단이 규정되어 그런 참여는 제한된다. 이 경우 자율성과 정치 외적 역할로 자신의 정당성을 도출하는 법적 과정은 참여와 긴장한다. 그래서 제한정부의 법적 정당성은 불안정한 균형이고 특히 법적 제도를 사용할 능력과 기회의 체계적 불평등 때문에 더 그러하다. 그렇다면 시민참여는 국가장치의 규칙과 절차에 대한 재검토 요구가

---

50) Roberto Gargarella, "Full Representation, Deliberation, and Impartiality", 1999, 274.

51) 김비환, "아렌트의 '정치적' 헌정주의", 2007, 116-117.

52) Frank Michelman, "Law's Republic", 1988, 1493, 1531.

되어야만 한다.53)

　참여가 요구하는 재검토는 시민의 정치과정 참여 자체가 아니라 민주주의의 사법심사에 대한 절차 중심적 정당화로도 설명된다. 참여를 정치과정의 절차적 조건과 결합한 이론이다. 일리(J. H. Ely)는 선출직도 아니고 정치적으로 무책임한 기관임에도 다수의사를 뒤엎는 사법심사에 대한 반발에서 출발하면서도 절차 중심으로 문제를 본다. 공정한 정치적 절차에 관한 제도적 통찰에서 정치과정이 이익을 위해 경쟁하는 정당의 시장이라면 논쟁조정 권력이 부여된 비당파적이고 이해관계에서 거리를 둔 제3자가 공정함을 보장할 수 있다. 정치과정의 절차적 조건 통찰은 논쟁 양 당사자의 한편인 의회에 맡겨서는 안 되고 독립적인 비선출직 사법부가 시민과 대표 간 논쟁에서 제도적으로 적절한 심판자 지위가 되어야 한다.54) 이 심판자 지위는 참여지향적(participation-oriented)이고 대표보완적(representation-reinforcing)인 측면이다. 실체적 가치의 조정은 정치과정이 맡고 헌법은 대의제를 보강한다. 미국헌법의 요청은 통치과정에의 참여다. 헌법은 연방정부, 주정부, 연방의회, 행정부, 사법부 중 누가 무엇을 할 권한을 가지고 있고 이들이 어떻게 선출되고 어떤 식으로 업무를 수행해야 하는지를 상세히 기술한 절차적 요청이다. 헌법은 실체적 결정 시점에서 모든 사람의 이익이 대표되도록 했다. 대표보완에서 선출직 대표가 아닌 사법부가 실체적 가치를 더 잘 반영할 수는 없지만 선출된 대표가 제대로 대표할 수 있도록 메커니즘의 질서유지역을 할 수는 있다.55) 사법부는 민주적 과정에의 참여를 보완하는 절차의 관점에서 정치적 정책결정에 대한 평등한 접근의 유지와 시민이 통치로부터 얻는 이익의 감시로 통치의 과정과 배분에의 광범한 참여를 보장하는 역할로 제한되어야 한다.56)

　참여보장역을 말한 일리의 이론은 평등한 접근과 평등한 결과를 설득시켜 사법적극주의를 도왔다. 그러나 그가 말한 가장 체계적인 과정지향적 법원인 미국의 워런대법원조차도 과정의 형태로 안착된 실체적 결과의 선언으로서만 적극적일 수 있었다. 그렇다면 절차 특유의 것이라고 말할 수 있는 것은 없다. 정치과정에서 시민의 이익을 감시하고 참여를 보장하는 절차지향적 법원에 관한 일리의 설명이 현실정치에서 법원과 법관을 절

---

53) Austin Sarat, "Going to Court: Access, Autonomy, and the Contradictions of Liberal Legality", David Kairys (ed.), *The Politics of Law: Progressive Critique*, New York: Basic Books, 1998, 97-111.

54) Christopher F. Zurn, *Deliberative Democracy and the Institutions of Judicial Review*, 2009, 47.

55) John H. Ely, *Democracy and Distrust*, 1980, 73-104; John H. Ely, "Toward a Representation-Reinforcing Mode of Judicial Review", 1978, 451-87.

56) John H. Ely, *Democracy and Distrust*, 1980, 74, 87.

차지향적으로 안내할 수 있는지는 의문이다. 국가형성과정과 재건과정에서 사법적으로 얽힌 많은 경우에 절차지향적 역할로 사법심사가 정당화되지도 않는다. 결국 일리의 설명은 존재하는 체계를 절차의 관점에서 이미 합리적으로 기능하는 체계로 정당화한 이론에 불과할 수 있다. 다수제 민주주의와 사법심사를 이렇게 중재시키는 것은 민주주의에 일방적 부담만 안겨줄 수 있다.[57] 그렇다면 사법심사가 민주주의 정치의 절차적 조건과 결합해 정당화된다는 절차 중심적 사법심사는 참여를 완전한 형태로 구현한다고 보기도 어렵다. 시민참여가 엘리트주의적 대의제에 대해 제기한 근본물음은 절차 중심적 해석으로 완결되지 않는다.

시민의 정치과정 참여를 강조하는 입장은 사법심사의 심의를 직접 공격한다. 월드런(J. Waldron)에서 공화주의적 공동체이념의 심의는 다수제 대의민주주의의 대안이 아니다. 민주주의에서 확인된 가치 이견(disagreement)으로 인해 어떤 정책에 대한 심의도 의사결정절차로서의 다수제주의를 대신할 수는 없기 때문이다.[58] 권리에 관한 이견은 정치에서 예외가 아닌 법칙이다. 이견이 있음을 고려하면 일부 철학자나 법률가가 권리가 이견을 초월해 있는 듯이, 즉 권리가 입법부의 야단법석과 정치적 논쟁 그리고 투표 같은 평판이 좋지 않은 절차로부터 떨어져 있는 헌법적 원칙의 고상한 바탕 위에 있는 듯이 말하는 것은 부당하다. 오히려 입법이야말로 이견을 심각하게 받아들이는 복합적 심의과정의 산물이다.[59] 사법심사는 민주주의와 그 기초를 이루는 동등한 규범을 촉진시킬 수 없다. 비선출직이고 책임지지 않는 제도가 민주주의가 요청하는 것에 관한 결정을 내리고 시민은 집단적 결정에 참여하지 못한다면 그 결정이 민주주의의 의미와 관계되더라도 민주주의의 손실이다.[60] 다수제 민주주의에서 이견을 전제로 한 입법과정을 통한 참여는 심의의 허구성을 폭로하는 것이다.

월드런이 볼 때 대화와 동의가 핵심가치인 심의는 합리적으로 동기부여된 동의에 도달함을 목표로 한다. 그래서 심의는 부동의나 이견은 불완전한 심의 혹은 정치적으로 만족

---

57) Mark Tushnet, *Red, White, And Blue*, 1988, pref. viii, 71; Ran Hirschl, *Towards Juristocracy*, 2004, 189; John Agresto, *The Supreme Court and Constitutional Democracy*, 1984, 13; John H. Ely, *Democracy and Distrust*, 1980, 102; 리처드 벨라미(Richard Bellamy), "공화주의, 민주주의 그리고 헌정주의", 세실 라보르드 외 저, 『공화주의와 정치이론』, 곽준혁 외 역, 서울: 까치, 2009, 246.

58) Jeremy Waldron, *Law and Disagreement*, 1999.

59) Jeremy Waldron, *Law and Disagreement*, 1999, 11-16.

60) Jeremy Waldron, *Law and Disagreement*, 1999, 191; Kenneth Ward, "Bickel and the New Proceduralists", Kenneth Ward and Cecilia Castillo (eds.), *Judiciary And American Democracy: Alexander Bickel, the Countermajoritarian Difficulty, And Contemporary Constitutional Theory*, Albany: State University of New York Press, 2005, 157.

스럽지 못한 것이라 가정한다. 심의는 다수파와 소수파로 분열되면 공동선에 초점을 맞추지 않고 편협한 사적 이해관계의 토대에서 투표하게 된다고 말한다. 그러나 현실에서는 일부 심의민주주의자도 정치에서 이견이나 갈등을 피할 수 없음을 아는 것처럼 심의 후에도 인민의 공동선, 정책이슈, 원칙, 정의, 권리에 관한 이견은 지속된다. 그렇다면 이견은 입법부를 평가할 때 핵심으로 고려되어야 한다.[61] 심의가 아니라 입법이 보여주는 현대적 삶에서의 상호 합의적·협력적·집단적 행동의 성취에 주목해야 한다. 모든 입법은 입법이 대표하는 성취, 즉 이견의 조화를 위한 행동이기에 존중받을 만하다. 드워킨이 기계적이고 비인격적인, 즉 민주주의의 조악한 통계적 관점이라고 말하는 다수결은 개인존중이다. 다수결은 단지 회합할 뿐 공리주의에서와 같이 개인을 심각하게 고려하지는 못하는 비인격적 원리이더라도 투표하는 개인을 존중한다. 다수결은 정의와 공동선에 대한 의견 차이를 존중하고 자신의 관점에서 해결하는 과정 심지어 이견에 직면하는 과정에서 각 개인을 존중하는 원칙이다. 정의와 공동선에 관한 의견 차이를 존중하는 다수결은 동의가 있는 것처럼 가장하도록 개인을 강요하지는 않는다.[62] 동의를 가장해 실질은 참여를 가로막는 심의가 아니라 다수결이야말로 참여의 본질이다.

시민과 대표의 권리 이견을 고려하면 그 판단을 다수제주의 과정이 아니라 소수 법관 집단이 최종결정하도록 맡겨서는 안 된다. 법관 간에도 시민과 대표와 마찬가지로 이견이 있어 법정도 입법자처럼 다수결투표로 결정함에 불과하다면 법관에게 결정을 맡기는 것은 참기 어려운 일이다. 미국 연방대법원처럼 다수구성원으로 이루어진 법원도 논쟁이슈에서 투표를 할 수밖에 없는데 이는 본질상 법원이 아니라 의회의 이미지다. 흔히 의회다수파 결정의 자의성을 거론해 사법심사의 정당성을 높이려 하지만 사법부는 심지어 심의 후에도 이견을 보이는 구성원들로 이루어진 기관일 뿐이다. 이견 속에서 투표와 다수결이 사용되는 한 의회의 결정방식과 다르지 않다. 투표가 자의적 결정을 만든다면 사법부도 마찬가지로 자의적이다.[63] 대법관들이 다른 사람들과 마찬가지로 권리를 심각하게 고려하고 또한 그들처럼 권리에 관한 이견을 보여 이견을 다수결투표로 해결하는 것이라면 미국에서 제도화된 것은 대법원 결정을 유권적인 것으로 받아들이는 것에 불과하다. 권리 이견을 해결하기 위해 다수결투표를 허용하는 정치체계가 권리를 심각하게 고려하지 않는 것이 아니다. 입법과정에서 드러난 이견은 두려워할 필요도 부끄러워할 필

---

61) Jeremy Waldron, *Law and Disagreement*, 1999, 91-93.

62) Jeremy Waldron, *Law and Disagreement*, 1999, 101-102, 108-111, 117.

63) Jeremy Waldron, *Law and Disagreement*, 1999, 15, 24, 90-91; 리처드 벨라미(Richard Bellamy), "공화주의, 민주주의 그리고 헌정주의", 2009, 243.

요도 없다. 이견은 권리를 심각하게 고려한다는 징표로 오히려 환영되어야 한다. 이견에서 공존함이 정치의 본질이자 권리이념의 핵심이므로 의회 권위는 존중되어야 한다. 권리를 심각히 받아들이려면 다른 관점을 존중해야 하므로 사회에서 공존하는 방법을 결정하는 데 기꺼이 왕성하게 참여해야 한다.[64] 소수집단에 의한 사법심사가 이견을 통해 결정하는 시민참여정체의 입법보다 민주적일 수 없다는 것이다.

(2) 인민주의적 헌정주의

공화주의전통으로 헌정주의를 재해석한 애커먼(B. Ackerman)은 참여를 반영하는 사법심사의 토대를 설명한다. 헌정체제를 일상정치적 삶에서 헌정적 토대로 받아들여진 제도적 관계와 근본가치의 형태라고 이해한 애커먼은 헌법적 상황에서 인민의 이름으로 만들어지는 고차적 입법과 일상에서 정부에 의해 만들어지는 정상적 입법을 민주주의의 이중적 헌법상황인 이중민주주의(dualist democracy)로 본다.[65] 민주주의에서 입법활동은 일상정치(normal politics)에서 행해지는 정부에 의한 결정과 헌법적 동원과 참여에서 행해지는 숙고에 따른 인민의 결정으로 구분된다. 헌법은 인민의 숙고된 의지의 결정체인데 일상정치 시기의 연방대법원은 이를 보호한다. 사법부의 헌법보호 기능은 민주주의와 부합하고 위헌법률심사권 등 수평적 책임성을 높이는 제도는 대의제의 민주성을 보완한다. 그런데 일상정치 시기 동안 사법부, 입법부, 행정부의 갈등은 대중에게 민주주의에서 주목해야 할 것을 일깨워 준다. 이 갈등은 시민에게 심의 장을 마련하고 헌법적 결정을 위한 정치적 행동이 필요하다고 신호 보낸다.[66] 이는 미국에서 민주주의 보호자인 사법부가 건국, 남북전쟁, 뉴딜 시기 등 헌법정치(constitutional politics) 시기에 보여준 역할이다. 건국, 남북전쟁 직후 재건기(Reconstruction)의 국가와 사회 통합, 그리고 국가역할을 적극화한 뉴딜 등 헌법정치 시기에는 헌법이슈해결을 위해 인민의 주권적 의사를 담은 참여가 필요하다. 헌법적 인민주의(constitutional populism)가 필요하다.[67] 사법부는 인민이 형성하는 헌법정치국면의 신호역이다. 정치행위자가 비전통적 방법으로 헌법을 변화

---

64) Jeremy Waldron, *Law and Disagreement*, 1999, 306-308, 311-312.

65) Bruce Ackerman, *We the People: Foundations*, 1993, 3-33, 230-294; Bruce Ackerman, "The Storrs Lectures: Discovering the Constitution", 1984, 1039-40.

66) Bruce Ackerman, *We the People: Foundations*, 1993, 303-304, 272-280; Bruce Ackerman, "The Storrs Lectures: Discovering the Constitution", 1984, 1053-54.

67) Bruce Ackerman, *We the People: Foundations*, 1993.

시키고 새 헌법체제를 출범시키는 '헌법적 계기(constitutional moments)'다. 새 헌법체제를 출범시키는 대통령의 사법부에 대한 도전이야말로 헌법변화에 관한 정치적 이해관계의 신호다. 자신의 헌법적 제안에 대한 전폭적·지속적 신임을 선거에서 얻은 정치가는 다른 제도가 이를 승인하도록 강제하기 때문이다.[68]

헌법적 변화의 요청과 인민참여 그리고 사법심사의 역할은 상관적이다. 대법관은 지난 헌법정치의 계기에서 표현된 인민의사를 지지한다. 헌법이 전체적으로 개정되기 전까지 이 지지는 헌법정치적 계기로부터 드러난 여러 요소를 통합하는 복합적 과정에서 앞서 표현된 인민의사를 담는다. 그렇다면 사법적 해석의 결과로 헌법이 진화하는 것은 아니고 법관이 헌법을 진화시킬 책임도 없다. 법관은 인민이 헌법적 변화가 필요한지 심의하게 만들 뿐이다.[69] 사법심사는 한편으로는 지난 헌법정치의 계기에서 정치적 참여를 통해 반영된 인민의사에 의한 헌법적 변화를 확인하고 동시에 새롭게 요청되는 변화 필요성을 인민이 심의하게 만드는 장이다. 사법부는 정치행위자가 고차법인 헌법을 수정할 권위를 보여줄 때까지는 헌법을 충실히 지킨다. 남북전쟁을 부른 악명 높은 드레드 스코트(Dred Scott v. Sanford) 판결처럼 헌법해석상 명백한 사법적 실수로 평가되는 것들조차 실제로는 당대의 헌법에 대한 정확한 해석이다. 다만 판결에 대한 부동의가 헌법수정 필요를 제안한 것이다. 사법부에 대한 정치적 공격은 그 해석적 권위에 대한 도전이기보다는 비전통적 방식의 헌법수정이 제안되고 있음을 선거민에게 신호 보낸 것이다.[70] 사법부 공격에서 확인되는 이 신호가 정치를 변화시킬 인민적 동력을 움직인다. 그 이전까지 사법부는 헌법의 역사적 계기를 통해 확인된 인민의사를 보호한다. 사법이 비록 도구적 형태로 민주주의의 헌법적 변화 필요성을 시사하지만 이 변화 필요성이 드러나기 전까지는 헌법에 반영된 인민의사와 공존하는 것이다.

애커먼의 해석은 인민주의(populism)와 법률주의(legalism) 간의 변증법이다. 이 변증법은 창조적인 헌법적 대화의 시기에 그 비등점이 확인된다. 비등점에서 개혁가들은 전통적인 헌법적 장치를 비판하고 저항과 응답 속에서 형성된 이념들을 재정의한다. 정부정책에 대한 사법부의 반대를 계기로 대통령과 의회도 헌법적 선택을 한다. 뉴딜정부에 대한 사법부의 반대가 정부 지지를 증가시키자 사법부는 인민의사에 귀를 기울이는데 이것이 정당성에 이르는 변증법적 과정이다. 뉴딜 대통령의 권력강화 같은 헌법적 변화가 의

---

68) Bruce Ackerman, *We the People: Foundations*, 1993, 71-78; Keith E. Whittington, *Political Foundations of Judicial Supremacy*, 2007, 45.

69) Richard Bellamy, *Political Constitutionalism*, 2007, 131.

70) Keith E. Whittington, *Political Foundations of Judicial Supremacy*, 2007, 45-46.

회, 대법원 그리고 시민에 의해 만들어지는 변증법적 과정에서 사법부는 시민 대다수가 근본적 변화를 원함을 인정함으로써 사법적으로 확고한 헌법원칙을 양보한다. 정치적 논쟁과 정책결정을 통해 스스로의 의사를 표현하는 인민은 남북전쟁 직후 재건이나 뉴딜 같은 동원 시기에 일상적인 법적 권위를 넘어선 행동으로 현존제도를 통제한다. 인민은 한계점에서 기존의 헌법적 구조를 해체하도록 위협한다. 위기상황을 꿰뚫어보면서 천천히 그리고 고통스럽게 과거로부터 이전 구성요소를 벗어나 새 법적 질서를 건설할 필요성을 확인한다. 이로써 대통령, 의회, 사법부의 기본관계는 재형성된다.71) 여기서 사법부는 헌법적 변화를 위한 심의를 만들고 인민의사를 반영하는 인민적 헌정주의의 체계에 있다.

터쉬넷(M. Tushnet)은 보편적 인권원칙을 담은 헌법의 인민주의를 강조함으로써 사법우위를 비판한다. 그는 두꺼운(thick) 헌법과 얇은(thin) 헌법을 구분한다. 두꺼운 헌법은 통치의 구성체계를 기술한 많은 상세조항들을 담고 있고 얇은 헌법은 독립선언과 헌법전문이 반영한 미국인민을 위한 원칙으로 모든 인민이 평등하게 창조되고 불가양의 권리를 가진다는 원칙을 담고 있다. 법원 헌법의 풍부한 몸체와 비교해 상대적으로 얇은 부분에 속한다는 점에서 얇은 헌법이다. 독립선언과 헌법전문 원칙의 실현을 지향하는 그 얇은 헌법이야말로 자기지배를 행하면서 보편적 인권원칙에 위임된 인민주의 헌법이다. 헌법은 인민이 얇은 헌법을 수호함에 의해 구성되었다는 의미로 보면 인민 자신에 의한 헌법인 인민주의 문서다. 보통 인민은 두꺼운 헌법이 아니라 얇은 헌법에 위임되어 있기에 인민주의는 얇은 헌법을 옹호한다. 따라서 법원 밖 인민은 얇은 헌법에 대한 합리적 해석을 추구하는 한 헌법에 관해 법원이 말하는 것을 무시할 수 있다.72) 자기지배를 위한 보편적 인권원칙의 해석자는 인민 자신 외의 어떤 것일 수 없기 때문이다.

터쉬넷에 따르면 인민에 대한 인민주의헌법의 현재적 의미는 얇은 헌법의 담화를 계속하고 확장하는 것이다. 앞선 시대의 인민과 현재 인민을 연결하는 담화를 제공함으로써 헌법은 인민을 만든다. 보편적 인권이 이성에 의해 정당화된다는 철학적 토대를 통해 인민주의헌법이 옹호되는 게 아니라 미국인민의 복합적 역사에서의 담화를 근거로 인민주의헌법이 옹호된다. 그것이 인민이 계속 추구해야 하는 일상의 결정과 관련된 자기형성

71) Bruce Ackerman, *We the People: Transformations*, Cambridge: Harvard University Press, 1998, 379-385.

72) Mark Tushnet, *Taking the Constitution away from the Courts*, 1999, 9-12, 33, 181-185; 얇은 혹은 두꺼운이라는 개념은 터쉬넷에서만 사용되는 것은 아니다. 니노도 법의 지배가 헌정주의의 가장 얇은(thinnest) 개념이고 통상의 법률에 대한 헌법의 우위, 권력분립, 사법심사, 선거로 선출되는 기관과 같은 제도적 장치들이 추가됨으로써 헌정주의개념이 더 두꺼워(thicker)진다고 한다(Carlos S. Nino, *The Constitution of Deliberative Democracy*, 1996, 3-4).

적 활동으로서의 자기지배다. 원칙적인 정치적 논의를 통한 해결을 위해 개방된 넓은 여지를 남겨둔 인민주의헌법인 얇은 헌법은 정치를 통해 활동하면서 헌법을 인민에게 되돌린다. 이렇게 헌법을 법원으로부터 제거함으로써(by taking constitutional law away from the courts) 위와 같은 원칙을 지향하는 정치공간이 창조된다. 따라서 인민은 더 직접적이고 개방적으로 헌법형성에 참여해야 한다.[73] 터쉬넷은 헌법의 통치구조 조항이 아니라 권리장전 원칙에 토대를 둔 인민의 자기지배를 강조함으로써 사법활동에 대한 전면적 배제 요청을 상기시켜 인민적 헌정주의를 대변하는 것이다.

이와 같이 인민적 헌정주의는 사법심사가 인민의사와 배치되어서는 안 되고 그럴 수도 없음을 보여줌으로써 인민의사에 대한 사법심사의 우위를 일부는 전면적으로 혹은 다른 일부는 소극적으로 부정한다. 그러나 인민적 헌정주의는 인민의 정치 밖의 헌법해석을 통한 결정의 우위에는 반대하더라도 헌정주의 자체를 부정하지는 않는다. 정치적 헌정주의와 민주주의의 조건적 결합을 보는 벨라미는 헌법적 가치에 관한 이견을 인정하지 않고 그로 인해 이견을 해결하는 정치적 메커니즘의 필요성도 인정하지 않는 법적 헌정주의를 비판한다. 법적 헌정주의는 정치 밖에서 찾은 근본적인 헌법적 원칙으로 정치체계의 목표와 전제조건을 견제한다. 정치와의 경계를 설정하고 정치영역을 넘어선 가치를 말하면서 비정치적 형태로 특수한 이슈를 토론하고 해결한다. 그러나 민주주의는 '정치의 상황'에 종속된 가치와 조화를 이루는 방식으로 헌법적 역할을 수행해야 한다.[74] 법은 정치의 상황 위에서가 아니라 정치의 상황 안에서 작동하므로 정치의 상황이 드러내는 차이와 다양성에 민감하게 반응해야 한다. 정치와 법 모두에서 공적 이해관계와 법 앞의 평등에 대한 관심은 정치적이거나 법적인 체계 밖에서 온 보편적 관점의 부과가 아니라 특수한 이해관계와 관점의 균형 잡기에서 온다.[75] 그래서 법적 헌정주의와는 다른 정치적 헌정주의의 요청이 강조된다. 정치적 헌정주의는 모든 시민이 민주적 과정에서 동등한 역할을 수행하는 정치적 헌법을 요구한다. 법적 헌정주의의 비정치적 전략이 아니라 헌법적 필수요소에 관해서조차 민주적 정책결정을 요하는 헌정주의를 요구한다. 여기서 헌법은 현실정치의 함정, 즉 민주주의가 스스로를 파멸시킬 수 있는 위험인 다수전제, 법의 지배의 붕괴 같은 함정을 피하기 위해 필요하다.[76] 정치형성 메커니즘을 방해하지 않

---

73) Mark Tushnet, *Taking the Constitution away from the Courts*, 1999, 182-194.

74) Richard Bellamy, *Political Constitutionalism*, 2007, 145-147, 174.

75) Richard Bellamy, *Political Constitutionalism*, 2007, 88-89.

76) Richard Bellamy, *Political Constitutionalism*, 2007, 160, 174-175.

는다면 민주주의의 불가피한 함정을 피하는 장치로 헌정주의헌법의 필요성은 승인되는 것이다.

인민주의는 헌정주의적 사법우위(judicial supremacy)를 제약하려는 입장이다. 민주주의가 헌정주의보다 더 중요하다고 말할 수는 없더라도 민주주의가 헌정주의나 권리 혹은 법의 지배를 실현하고 유지시키므로 민주주의에 대한 사법적 제한은 민주주의의 헌법적 특성을 약화시키는 것이다.[77] 그래서 인민주의는 헌정주의 특성이 민주주의와 공존함을 전제로 한 헌정주의적 사법을 우려한다. 보다 근본적인 인민주의는 사법우위의 전면적 부정에 다가서거나 심지어 헌정주의적 입장을 폐기하기도 한다. 인민주의자 크레이머(L. Kramer)는 헌정주의보다는 인민의 최종적 결정권위에 중점을 둔다. 크레이머는 사법심사의 완전한 제거를 선호하지 않는다고 말하거나 인민적 헌정주의에 대한 명확한 개념정의를 하지 않기도 하지만 사법우위에 반대하고 '헌법을 법원으로부터 제거하기' 위해 헌법적 사법심사의 폐지를 주장하는 터쉬넷을 빈번히 인용하면서 인민적 헌정주의를 최종 해석권위를 지닌 인민의 지배로 이해한다.[78] 이로써 법치적 헌정주의가 아닌 직접참여를 옹호한다. 크레이머는 미국헌정 초기부터 지배적이었던 인민적 헌정주의와 제헌 이후 등장한 사법우위의 관계를 돌아본다. 사법우위의 등장 이후 1840년대 초까지만 해도 인민적 헌정주의와 사법우위는 미국헌정에서 불확실하고 때로는 긴장관계로 공존했다. 그런데 헌정초기부터 미국인민의 지배적 이념이었던 인민적 헌정주의는 그 표현수단의 불확실함으로 인해 집중되지 않은 산만한 형태가 되어 소수 특히 법률가집단으로 대표되는 사법우위 옹호자의 존립기반을 허용했을 뿐이다. 그러자 인민적 헌정주의는 오늘날까지 이 소수의 사법우위 옹호자를 늘 반박하는 것이다.[79]

크레이머는 법관이 최종 헌법해석자 지위이고 그 결정이 헌법의 의미를 결정하는 사법우위의 세 가지 치명적 결함을 말한다. 우선 그것은 법관의 허구적 인지능력을 사법적 실제에 기만적으로 결합시켜 법관의 정책결정능력을 불합리하게 고양시킨다. 둘째, 사법우위는 헌법적 문화를 가공하고 특수한 헌법적 원칙에 내용을 부여함에 있어 건국 초기에 보인 바와 같은 시민이 수행해야 할 역할 이해와 양립하지 않고 대신 시민의 이해보다 열등한 소수 비선출직 법관이 정치적 영향력을 행사하게 만든다. 셋째, 사법우위는 그 교의가 법원결정의 안정성, 일관성과 명료성을 위해 필요하다고 주장하면서 사법의 제도

---

77) Richard Bellamy, *Political Constitutionalism*, 2007, 218, 259-260.

78) Erwin Chemerinsky, "In Defense of Judicial Review: A Reply to Professor Kramer", *California Law Review* 92:4(2004), 1014-1016.

79) Larry D. Kramer, *The People Themselves*, 2004, 207-208.

적 독립성은 교활한 이기적 이익과 정치적 편애로부터 효과적으로 격리된 것이라고 맹목적으로 주장해 법관의 헌법적 지배에 불만이 있어도 반대하기는 어려운 보통시민을 설득하는 이데올로기가 된다. 그는 미국건국 초기인 1760년에서 1840년까지의 시기에 통상적인 법적 과정이 실패할 때는 인민이 행동할 권리와 책임을 가졌다고 상기한다. 초기 공화국은 오늘날과 비교해 훨씬 소규모 인구를 지닌 지역적 정부체계로서 저항하기가 쉬웠다. 청원권, 팸플릿배포, 심지어 시민불복종으로 최고법원 결정에 대항했다. 인민이 사법통치체계에서 자신의 역할을 이해했음을 보여준 이 모습은 오늘날 시민의 관점과는 다르다. 헌법은 과거에는 인민이 자신의 힘으로 해석할 능력과 책임을 가진 문서였다. 법에 순응할 책임은 있더라도 초기 공화국 인민은 시행되는 법내용 해석에 스스로 책임을 진다고 믿었다. 크레이머는 그와 같이 보통사람이 법을 해석할 책임을 재생시켜 사법심사가 시민이 이 의무를 재생하고 스스로 적합하다고 이해할 때만 행사되도록 만들어져야 한다고 말한다. 오늘날 법은 시민이 사법심사에 대해 이해하는 것과 양립하지 않기 때문에 시민의 책임성을 재생시키고 시민의 이슈가 인민에게 열린 상태로 있는 인민주권으로 돌아가야 한다. 헌법형성만이 아니라 헌법해석과 시행에서도 인민이 통제해야 한다.[80]

정부공직자가 일상 통치업무에서 헌법해석에 최선을 다할 의무가 있더라도 그의 해석은 유권적인 것이 아니고 독립적 행동과 표현이 가능한 집합체인 '인민 자신(people themselves)'에 의한 직접 감독과 수정에 종속된다.[81] "연방대법원을 통제하기 위해 우선 인민 스스로 헌법에 대해 주장해야 한다. 이는 헌법의 의미를 선언하는 최종권위를 우리가 아니라 그들 연방대법원이 가진다고 말하는 법관에게는 공개적으로 반박함을 의미한다. 대법원 결정이 무엇이든 우리로서는 복종해야만 한다고 주장하는 정치가에게는 공개적으로 책임을 물어야 함을 의미한다. 또한 헌법이 보통시민에게는 너무 복잡하고 어렵다는 주장에의 편향을 거부함을 의미한다. 헌법은 실제 복잡하다. 사법적 권위의 정당화는 필연적으로 문제를 복잡하게 하는 선례와 법적 논증이라는 기술적 전제를 강조하는 구실을 제공하기 때문이다. 그러나 복잡성은 법원을 위해 법원이 만든 것으로 그 자체가 헌법에 대한 사법화의 산물이다. 프랭클린 루스벨트가 말했듯 '법률가의 계약(a lawyer's contract)'이 아니라 '보통사람의 지배도구(a laymen's instrument of government)'인 헌법의 유산을 반환받아야 한다. 그것은 연방대법원이 우리의 주인이 아니라 종복이라고 주

---

80) Larry D. Kramer, *The People Themselves*, 2004; Larry D. Kramer, "Popular Constitutionalism, circa 2004", 2004, 959.

81) Larry D. Kramer, "Popular Constitutionalism, circa 2004", 2004, 962.

장하는 것이다. 재판관이 진지함과 지식에서는 많은 존경을 받을 만하더라도 궁극적으로는 헌법의 의미에 관한 우리의 판단에 복종하기로 예정된 종복이지 그 반대는 아니다. 헌법에 관한 최고권위자는 연방대법원이 아니라 우리다."[82] 강한 사법화와 민주적 가치 간 갈등에서 시민책임성을 환기시킨 크레이머는 인민의 결정 및 통제와 헌정주의의 정합적 측면은 거의 보지 않고 인민결정권에 손을 들어줌으로써 헌정주의적 사법우위에 대항하는 참여만 강조한 것이다.

인민주의에서 헌정주의개념 자체가 폐기되기도 한다. 파커(R. Parker)의 인민주의는 헌정주의적 타협을 배제하는 방식으로 보통사람의 정치참여를 말한다. 그가 볼 때 시민적·정치적 에너지에 대한 저항의 한 근원은 헌법과 대법원에 대한 고질적 물신주의다. 시민을 넘어 유사−초자연적 권력속성을 지닌 헌정주의의 상징, 예식과 전통적 교의에 대한 강박적 숭배 같은 하나의 물신주의가 오랫동안 명멸했다. 이와 더불어 오늘날 또 다른 종류의 헌정적 물신주의도 있다. 그것은 헌법의 가장된 질적 우월성을 고양시킨다. 거기서는 너무나 가치 있고 생동적이고 민감해서 보통의 정치에 의한 어떤 간섭이나 감염이 있으면 절대적 재앙에 이를 수도 있는 그런 헌법이 상정된다. 그래서 헌법 내에 구현된 이런저런 '정교한', '깨지기 쉬운' 균형이 언급된다. 이렇게 다른 강도와 다른 규모의 목소리를 내는 보수주의자와 자유주의자에 의한 두 종류의 물신주의가 당연시된다.[83] 헌법논의는 이들 물신주의로부터 다수지배를 촉진하는 방향으로 재설정되어야 한다. 보통시민이 정치적 에너지를 효과적으로 행사하는 것이 좌절되지 않도록 인민주의적 정치참여 권리가 재강조되어야 하기 때문이다.[84]

파커는 헌정주의와 인민주의의 갈등에서 강하고 순수한 헌정주의의 존재에 대한 믿음은 환상이고 정치를 초월해 이를 보장하는 것은 없다고 본다. 존재하는 것은 정치뿐이다. 헌법을 여러 차례 근본적으로 바꾼 것도 정치다. 법이 오랫동안 정치를 통제하기를 기대하는 것은 부당하다. 헌법은 인민주의 배후의 이념 안에 새겨져 있다. 헌법과 인민주의는 양립 불가능하지 않다. 인민주의 배후에 있는 것은 정치적 자유의 이념이고 모든 사람에게 동등하게 주어진 이 자유가 사회를 형성하고 재형성한다. 인민의 정치참여가 위험해도 그 위험은 헌법에 내재하는 것이고 민주주의에서 정치는 결코 안정화될 수 없는 논쟁이다. 그 점에서 헌법은 있지만 인민주의와 대립되는 것으로서의 헌정주의란 없다.[85] 파

---

82) Larry D. Kramer, *The People Themselves*, 2004, 247-248.

83) Richard D. Parker, "Here, the People Rule", 1994, 79-81.

84) Richard D. Parker, "Here, the People Rule", 1994, 98-101.

커는 물신화된 헌정주의를 배제한 인민참여를 통해 사법심사와 인민주의의 결합 가능성과는 결별한다. 민주주의와 헌정주의의 타협을 위한 모든 전제 특히 심의는 물론이고 헌정주의도 거부하면서 결정주체인 인민의 참여에만 집중한다.

그러나 대다수 인민적 헌정주의자는 사법심사에 대한 인민의 결정과 통제로 민주주의 근본가치에 대한 사법적 침해를 막는 현실적 공존법을 찾기 때문에 헌정주의 폐기를 말하지 않는다. 인민적 헌정주의는 대체로 대의민주제가 지닌 민주주의와 헌정주의의 결합적 본질을 전면부정하기보다는 대의민주제의 한계를 극복하는 민주적 보강장치에 주력한다. 애커먼은 제한적 직접참여 민주주의를 위한 구체적 실현방법의 하나를 보여준다. 그는 미국에서 대통령선거를 며칠 앞둔 시점에 '심의의 날(deliberation day)'이라는 국가공휴일을 정해 공공장소에 시민이 모여 선거에서 제기된 핵심이슈를 심의하자고 제안한다. 심의의 날에 공적 관심대상 문제들을 심의하고 그로서 정치적인 공적 책임도 증대시켜 대의민주주의의 한계를 극복하자는 것이다. 이는 공화주의적 자기지배 전통을 받아들이는 방법으로 제안된다.[86] 대의민주주의 보강을 위한 제한적 직접참여 모색이다.

(3) 인민주의와 사법심사의 공존 모색

대부분의 인민주의는 직접참여 모색에서 보통 인민이 지닌 에너지를 강조한다. 헌정 초기 이래 미국 인민이 주도한 정치사회적 삶의 방식을 돌아본다. 파커나 크레이머는 미국헌정사에 존재했던 인민주의의 복구를 주장한다. 인민주의 내지 인민주권은 미국헌정에서 다양한 모습으로 실재했다. 인민주의는 영국에서 독립한 식민지 13개 주가 각자 스스로의 권리를 보유하고 독립적으로 행위하고 결정하는 주권적 실체로 등장하면서 탄생했다. 식민지인이 영국지배자로부터 스스로를 분리해 내는 가장 기본적 이슈는 영국의 주권자인 의회 내 국왕(king-in-Parliament)과 단절된 주권자로서 미국인민을 내세우는 것이었다. 그래서 인민주권은 영국적 주권원리를 낳은 상황과는 다른 미국의 상황에 사는 식민지 인민이 영국으로부터 단절될 필연성을 설득적으로 보여주었다.[87] 인민주권은 "주권자는 입법권 이외의 아무런 힘이 없으므로 법에 의해서만 행동할 수 있다. 더욱이 법

---

85) Richard D. Parker, "Here, the People Rule", 1994, 114-115.

86) Bruce Ackerman and James S. Fishkin, *Deliberation Day*, New Haven: Yale University Press, 2004.

87) Charles G. Haines, *The Role of the Supreme Court in American Government and Politics: 1789-1835*, Berkeley and Los Angeles: University of California Press, 1944, 85-98; Stephen M. Griffin, *American Constitutionalism*, 1996, 19-22.

은 바로 일반의지의 정당한 작용이므로 인민은 회합하지 않는 한 주권자로 행동할 수 없다"는 루소의 사고를 따랐다.[88] 주의 인민회합 대회는 뚜렷한 역사적 실체가 있었다. 미국 각주 입법부권력은 1770년대 이후 헌법적 통치이념을 보장하고 영국적인 입법적 주권체계를 피하는 방법으로 인민대회(popular convention)를 만든다. 주입법부를 선출한 인민의사가 임시기관인 인민대회를 통해 주에 근본법을 줌으로써 인민이 근본법을 형성한다. 매사추세츠 주가 선구다. 매사추세츠헌법은 인민권력 실행 이념을 촉진시켰다. 입법적으로 작성된 1778년 헌법이 주의 타운들에 의해 5대 1로 부결된 이후 매사추세츠인민은 "새 헌법의 틀을 만들 유일한 목적을 지닌 인민대회를 형성하기 위한" 특별한 대표자들의 단체를 선출한다. 이 인민대회가 제안한 헌법이 1780년 압도적으로 채택된다. 이 제헌방식은 다른 각 주의 선구적 모델이 되었다.[89]

인민주의는 미국건국 초기의 정치적 공동체 형성을 설명한 두 이념의 대비에서도 확인된다. 인민주의는 미국헌법 형성근거와 관련해 선거로 선출하는 대리기관이 정치제도와 어떤 관계인지를 해명한 논의들 중 하나다. 헌법이 인민에 의해 만들어졌다고 본 전통적 인민주권이론(popular sovereignty theory)은 헌법이 각주 인민대회를 통해 결정을 만드는 주권자로서 행동하는 인민의 창조물이라고 했다. 인민주권이론에서 주정부는 인민의 대리기관이 아니라 인민이 주에서 회합한 것이다. 인민은 각 주에 회합해서 주정부를 창설한다. 그 결과 각 주는 연방정부에 권력을 위임한 것으로 간주된다. 인민이 연방정부를 구성하고 정부에 직접 자신의 권력을 위임한다는 것이다. 그래서 정부권력행사는 인민의 지속적인 직접 혹은 간접의 감독하에 있다고 이해된다. 반면, 매디슨(J. Madison)과 제퍼슨(T. Jefferson)으로 소급되는 선출된 대리기관에 관한 협정이론(compact theory)은 연방권한의 우위를 유지하면서 주 권한도 용인하는 타협책으로 모색되었다. 이는 연방헌법을 제한되고 특수한 권력을 가지는 새 연방의 실체를 만들기 위해 주권적(sovereign) 실체인 각 주들이 맺은 협정이라 본다. 연방헌법이 주에서 독립된 것이 아니라 주의 동의에 의해 성립했다는 것이고 주들 간 그런 동의는 일종의 계약이라고 설명된다. 연방정부도 주가 감독하고 주에 예속된 위임된 권력을 지니는 일종의 대리기관(agent)이라고 말한다.[90]

---

88) Jean-Jacques Rousseau, *The Social Contract*, 2008, Bk. 3. Ch. 12. 122.

89) John Agresto, *The Supreme Court and Constitutional Democracy*, 1984, 49-50; Gordon S. Wood, *The Creation of American Republic*, 1998, 307, 342; Edward S. Corwin, *The Doctrine Of Judicial Review*, 1914, 38; Oscar Handlin and Mary Handlin (ed.), *The Popular Source of Political Authority: Documents on the Massachusetts Constitutions of 1780*, Cambridge: The Belknap Press of Harvard University Press, 1966.

90) John Ferejohn, "Accountability and Authority", 1999, 134-135; Charles G. Haines, *The Role of the Supreme Court in American Government and Politics*, 1944, 105-112; Charles L. Black Jr., *The People and the Court*,

두 이념의 대립은 인민주권 제한 필요를 담은 연방헌법이 각 주 비준을 얻어야 하는 현실에서 인민에 의해 뒷받침된 의회를 통한 주의 주권을 고려하고 있음을 보여주는 타협책인 협정이론이 등장함으로써 형성된다. 인민주권론 그리고 인민주의와 타협하되 인민주권을 그대로 받아들일 수는 없었던 협정이론의 대립은 제헌 이후에도 존속한다. 주권의 근원적 소재지가 헌법탄생으로도 명백히 규명되지 않고 헌법해석 최종유권기관이 특별한 형식으로 정해진 것도 아니어서 주의 주권(state sovereignty)이 여전히 존속하는지 혹은 연방정부가 주의 대리기관인지 내지 헌법이 협정에 불과한 것인지는 제헌 이후에도 여전히 논쟁이 된다.[91] 거기서 인민주의는 늘 버릴 수 없는 이념이다. 제퍼슨이 주장한 부문주의(departmentalism), 즉 사법부와 입법부 그리고 행정부가 동등 지위이고 헌법해석 권한도 동등하다고 본 부문주의도 헌법해석상 충돌이 있을 때 최종중재자는 법원이 아니라 인민 자신이라 했다. 초기 사법심사에 대해 제퍼슨은 법원이 행정부나 의회처럼 인민에 직접 책임지지 않는다고 비판했다.[92] 헌정 초기의 지배적 이념과의 타협은 강력한 인민주의를 의식한 것이었다.

인민주의 혹은 인민주권은 인민이 만드는 통제였다. 각 주에서 인민의 통제는 주의 헌법수정 과정과 같은 특별한 예외적 방식으로만 행사되는 것이 아니라 선거, 청원 그리고 비폭력적 항의처럼 인민이 자신의 관점을 표현하는 여러 메커니즘을 보여 주었다. 사법부에 대해서도 법원판단 무시나 좌절시키기부터 예산이나 재판권 그리고 법관 인적 구성 간섭 등 다양한 방식으로 표출되었다.[93] 이 인민주의는 오늘날과 같은 사법심사를 용납하지 않았다. 매사추세츠헌법 같은 초기 주 헌법들은 법관의 사법심사에 부정적이었다. 주 헌법들은 모든 정당한 정부는 피치자의 동의에 의존해야 한다는 루소 혹은 로크적 혁명 내지 사회계약에 따른 행동의 결과물이었기에 사법심사를 받아들이기 어려웠다. 식민지 당시 주 의회는 왕에 대한 대항을 상징했다. 그래서 의회는 인민에 가장 가까웠다. 반대로 왕의 이익은 총독이나 법관에 의해 대표된다고 여겨졌다.[94] 제헌 무렵 사법심사는 의회 의지에 반하는 반인민적 장치로 여겨졌다.

1960, 125.

91) Alfred H. Kelly and Winfred A. Harbison, *The American Constitution: Its Origins and Development*, 3rd ed., New York: W.W. Norton & Company, 1963, 143-146.

92) Larry D. Kramer, *The People Themselves*, 2004, 105-114; Richard Bellamy, *Political Constitutionalism*, 2007, 136; Charles G. Haines, *The Role of the Supreme Court in American Government and Politics*, 1944, 519.

93) Larry D. Kramer, *The People Themselves*, 2004, 231; Richard Bellamy, *Political Constitutionalism*, 2007, 136.

94) Edward S. Corwin, *The Doctrine Of Judicial Review*, 1914, 34-35.

사법심사의 원형이 일부 주에서 나타나자 인민주의는 사법심사를 자신의 관점으로 보았다. 사법심사는 반헌법적 법률에 대해 법관이 법해석자이기에 앞서 국민으로서 법적으로 저항함을 의미했다. 사법심사는 사법의 우월적 지위 인정이 아니라 헌법해석에서 인민에 의한 통제의 한 방식으로 이해되었다. 인민으로서의 법관의 사법심사이므로 인민에 의한 통제의 한 방편이었다. 인민의 심사이기 때문에 사법에 대한 인민통제인 법관소환, 재판소환, 의회에 의한 통제 등 다양한 방식이 모색되었다. 초기 주 헌법상 주정부에서는 일반적으로 의회가 최고기관이고 집행부는 아주 약한 기관이고 법원은 의회직속기관에 불과했다. 인민으로서의 법관의 사법심사였기 때문이다.95) 인민주권은 사법심사를 만들고 동시에 반인민적 사법심사에는 대항하는 직접행동의 근원이었다. 헌정 초기 사법에 대한 직접 행동적 인민주의는 오늘날에도 헌법개혁, 헌법해석, 사법심사체제 유지와 관련해 끊임없이 부활 혹은 현재화된다. 인민주의는 정치적으로 늘 자신의 목소리를 낸다.

그러나 인민주의는 반체제적 직접호소 경향 때문에 흔히 반정치적인 것으로 보이고 단명하거나 급진적인 그리고 심지어 반민주적 변화를 산출한다고 평가되기도 한다. 인민주의는 헌법적 통제에 관한 모호한 원천이다. 지속적 민주주의 정치체계의 인민적 통제와는 다르다. 인민에 의한 정치권력 견제만 강조하는 인민주의는 정상적인 민주적 과정이 지니는 정당하고 효과적인 헌정적 보호에 취약하다.96) 그래서 인민주의는 사법심사와 긴장하는 오늘날 민주주의의 관점과 같지 않다. 주권행사문제에서 대의제를 탄생시킨 국민주권에 의해 뒤안길로 밀려난 인민주권과 마찬가지로 미국헌정에서 확인된 인민주의 역시 민주주의와 같은 관점은 아니다. 미국헌정에서 발견된 인민주의, 즉 인민의 직접호소에 기초한 정치적 삶인 인민주의는 직접적·참여적 민주주의와 유사하더라도 오늘날의 민주주의적 참여와 다르다. 피치자의 자기지배를 위한 직접민주주의 지향이 아니라 인민의 직접호소를 통한 통제권행사에 주안점을 둔 것이기 때문이다. 인민주권이나 인민주의의 한계는 인민이 만든 헌법과 정부일지라도 그 역사적 안정성은 인민의 정부라는 요청과 반드시 일치하지 않는다는 점에서 발견된다. 인민주권이 각 세대가 행한 당대의 정부에 대한 동의로 정당화된 것이라면 오늘날까지 이어진 헌법의 연속성을 고려하면 과거 인민주권의 요청과 헌법적 민주주의를 일치시키기는 어렵다. 게다가 정치에서 통치와 주권 혹은 행정과 고차적 정치 간의 구별도 모호해졌다. 인민주권 옹호자들은 인민이 만든

<hr>

95) Larry D. Kramer, *The People Themselves*, 2004, 50-65, 212; Larry D. Kramer, "Popular Constitutionalism, circa 2004", 2004, 959-1011; 박은정, 『왜 법의 지배인가』, 2010, 254-255, 284-285; 윤명선, 『미국입헌정부론』, 2009, 75.

96) Richard Bellamy, *Political Constitutionalism*, 2007, 139, 141.

헌법을 다시 강조하지만 통치와 인민주권 간 구별이 모호해졌음은 각국 정치에서 흔히 확인된다.[97]

인민주의의 요청이 오늘날 인민적 헌정주의로 사법심사를 보는 시각에 제대로 담겨 있는지도 의문이다. 헌법정치와 일상정치를 구별한 애커먼의 이중민주주의론은 헌법적 계기를 통해 채택된다는 헌법수정이 실제로 당대의 광범한 인민다수의 의지를 반영했다고 하지만 확인된 것이 아니다. 사법심사가 지닌 정치적 중요성은 흔히 인민과 무관해 보인다. 권력이나 선거권을 가지지 못한 인민이 어떤 의미 있는 방식으로 헌법적 입법을 형성하는 실천적 능력을 가졌는지는 회의적이다. 일상정치 시기의 인민과는 다른 헌법정치 시기의 인민은 과대평가된 것이다. 헌법적 계기에서 만들어진 결정들도 일상정치의 결정과 마찬가지로 왜곡될 수 있는 한 일상정치의 결정보다 더 낫다고 말하기도 어렵다. 각국 사례를 보더라도 정치적 판단이 헌법적 계기를 반영하거나 창조한다는 것은 명백하지 않다. 오히려 신흥국가에서 더 중요하지만 모두 헌법적이지는 않은 여러 혁명이 애커먼이 말하는 인민의지가 고차적 입법을 산출하는 진정한 역사적 계기에 해당된다고 보인다. 그렇다면 일상정치와 헌법정치 시기의 인민의 구분도 모호하다.[98] 이론적 엄밀성이 사법심사와 민주주의의 공존을 보는 탁월한 논의 틀을 제공하더라도 각국의 민주적 변화를 사법심사와의 관계에서 인민주의의 관점으로 적실성 있게 설명하기는 어렵다.

그래서 인민주의를 민주주의에서 제도화된 형태로만 받아들이는 이론은 의미 있다. 초기 인민주의의 권력 통제 측면보다는 정상적인 민주적 정치과정에 보다 집중한 법정치이론에서는 지속적 민주주의 정치체계를 위해 인민주의가 재해석된다. 인민주의의 제도적 수용을 제한적으로만 허용함으로써 민주주의에서 인민주의는 발전적으로 지양된다. 사법 외적 헌정주의(extrajudicial constitutionalism)로 사법심사를 재편하는 논의는 초기 공화국의 인민주의적 참여를 넘어서는 방법론을 제시한다. 인민통제를 정치적 심의의 핵심적 역할로만 국한시킴으로써 지속적 민주주의 정치체계의 인민주의를 보다 제도화된 형태로 이해한다. 이를 통해 인민주의를 포기하지 않으면서도 방법적으로 우회해 사법심사를 정당화한다. 사법 외적 헌정주의는 인민주의를 사법우위와 조화시킨 입장으로 시민이 정치적 심의의 핵심 역할임을 인정하면서도 헌법적 갈등해결을 위한 최종권위는 사법부에 두는 방식이다.[99] 이렇게 인민주의와 사법심사 그리고 민주주의의 공존을 이해하는 논의가

97) Keith E. Whittington, *Constitutional Interpretation*, 1999, 128, 149.

98) Ran Hirschl, *Towards Juristocracy*, 2004, 190; Paul W. Kahn, *Legitimacy and History*, 1992, 177; Michael J. Perry, *The Constitution in the Courts*, 1994, 11; Mark Tushnet, *Red, White, And Blue*, 1988, 25; Mark Tushnet, *Taking the Constitution away from the Courts*, 1999, 68.

형성되고 있다.

3. 한국의 시민참여적 논의

(1) 헌법시민주의의 제안

한국에서도 헌법재판에 대한 시민 내지 인민의 참여가 모색된다. 헌법재판에의 시민참여를 방법적으로 제시하는 입장들이다. 우선 사법 외적 해석과 시민−법률가−판사의 상관관계에 초점을 맞춤으로써 사법심사가 다양한 사회집단의 상호 관계 속에서 일상에 기초한 실천적 성격을 갖게 해야 한다는 입장이 있다. 다수지배 원칙에 입각한 대의민주제적 정당성 관념에만 한정하는 자유주의 편향성을 극복하고 사법심사가 사회집단, 정치세력, 여론, 법조계 그리고 법학계의 소통관계를 통한 공동산출물이 되어야 한다는 것이다. 법과 사회의 상관관계에 주목하고 사법 외적 부분을 가미한 것이다.100) 다만 이 주장은 헌법재판의 보다 적극적 역할을 강조하는 결론에 치중되고 있어 헌법재판과 민주주의 간 긴장의 해법모색과는 거리가 있다. 시민참여가 헌법재판의 적극성을 정당화하는 논거로만 이용되기 때문이다.

이에 대해 사법심사의 존재 타당성이나 민주주의의 실질적 구현이라는 목적에서 한국의 사법적극주의 논의가 지닌 우려스러운 입지를 지적하는 입장이 있다. 독립법원에 의한 헌법재판이 헌법에 명시되어 사법적극주의가 헌법재판의 정치적 역할확대로 직결되는 한국에 사법심사의 근거유무 논쟁에서부터 시작하는 미국의 헌법해석논쟁이 그대로 적용되는 것에 대한 우려다.101) 사법심사의 제도적 근거를 헌법에서 직접 보장받았다고 보기 어려운 미국에서의 논의는 사법심사 근거논쟁을 통해 자연스럽게 사법심사와 민주주의 현실제도들 간 긴장에 주목하게 되고 이 과정에서 시민참여 논의를 포함해 사법심사의 정당성을 드러낼 제도적 형태와 정치적 원칙에 대해서도 광범하게 모색하지만 한국에서

---

99) Keith Whittington, "Extrajudicial Constitutional Interpretation: Three Objections and Responses", North Carolina Law Review 80(2002), 773-851; Barry Friedman, "Mediated Popular Constitutionalism", 2003, 2596-2636; Keith E. Whittington, *Political Foundations of Judicial Supremacy*, 2007; 곽준혁, "사법적 검토의 재검토", 2006, 87.

100) 한상희, "미국에서의 사법심사의 준거", 1998, 210-211(곽준혁, "사법적 검토의 재검토", 2006에서 재인용).

101) 곽준혁, "사법적 검토의 재검토", 2006, 87-88.

는 다수지배인 대의민주주의의 한계를 극복하려는 시도가 시민참여 필요성을 말하는 경우에도 이를 통해 헌법재판에 정당성을 부여해 버리는 것이 되어 만연히 사법적극주의를 주문하게 됨을 우려한 것이다.

그렇다면 시민참여를 민중주의 혹은 인민주의의 관점에서 직접 조명하는 논의에 주목할 필요가 있다. 이 점에서 자유주의적 법치를 극복하고 국민주권에 접근하는 정당성을 발견하는 방식으로 일상 헌법이슈에서 시민참여를 높이자는 박명림의 제안은 의미 있다. 헌법이 민주주의를 제약하는 헌정적 민주주의를 넘어 민주주의가 헌법을 규정하는 민주적 헌정주의(democratic constitutionalism) 내지 헌법시민주의 혹은 헌법민중주의(constitutional populism) 입장인 월린(S. Wolin) 혹은 애커먼의 관점을 한국적으로 본 것이다.[102] 이는 고전적 권력분립은 국민국가 형성기의 자유주의적 헌법공학의 산물로서 질서와 안정 측면에 무게 중심이 놓인 틀이기 때문에 참여와 민주 측면을 반영하는 데는 한계가 있다고 보는 데서 출발한다.[103] 그리고 한국정치에서 헌정주의와 민주주의의 긴장극복 대안으로 헌법민중주의 혹은 헌법시민주의를 제시하면서 헌법제정과 개정과정에 시민이 직접 참여해 심의토록 함으로써 민주화국면과 헌법화국면, 운동의 정치와 제도의 정치, 엘리트와 일반시민, 시민사회와 의회 간 단절을 극복한다.[104]

이 제안은 한국의 2004년 대통령탄핵사태 등을 계기로 대의민주주의에서 인민주권과 의회주권, 시민권력과 의회권력 간 분화와 충돌이 드러났다는 문제의식을 통해 제시된다. 일상정치의 교착 또는 문제 해결불능으로 발생하는 헌법정치에 시민이나 민중의 직접참여가 불가피하다는 인식에서 정부나 의회의 결정이 수정되거나 보완되어야 한다는 관점이다. 궁극적으로는 헌법정치에서 시민참여로 민주주의를 발전시키는 헌법민중주의를 민주주의 확장을 통한 헌법문제 해결대안으로 본다. 기존제도가 헌법문제를 해결하지 못할 때 민주주의를 부인하거나 파괴하지 않으면서 제도와 참여의 결합을 통한 민주주의 발전을 시도하자는 것이다.[105] 한국정치에서 그간 일상정치와 헌법정치의 단절과 괴리가 심각히 지속되었다. 일상의 시기에 현실정치에서 헌법을 상시 무시하는 헌법과 정치의 분리 관행이 있었고 평시 헌법은 사회를 규율하는 합의이자 준거로 받아들여지지 않았다.

---

102) Bruce Ackerman, *We the People: Foundations*, 1993; Bruce Ackerman, "The Storrs Lectures: Discovering the Constitution", 1984, 1013-72; Sheldon Wolin, "Norm and Form", 1994(박명림, "민주주의와 헌정주의", 2009, 371에서 재인용).

103) 박명림, "헌법, 헌법주의, 그리고 한국 민주주의", 2005, 271.

104) 박명림, "헌법, 헌법주의, 그리고 한국 민주주의", 2005, 253-272.

105) 박명림, "헌법, 헌법주의, 그리고 한국 민주주의", 2005, 262-263.

그것은 정치행동의 근본규범으로 전혀 내화되어 있지 않았다. 그럼에도 다른 한편으로 한국 현대정치의 주요 격변은 전부 헌법과 헌정체제를 둘러싼 것이었다. 6월 항쟁까지 포함해 정치갈등이 크면 클수록 항상 헌법충돌이 야기되고 궁극적으로는 헌법문제로 귀결된다. 한국에서 일상정치 시기에는 헌법문제가 국회는 물론 일반국민에게도 지극히 소홀히 인식되지만 일단 정치위기가 시작되면 모든 문제가 재빨리 헌법위기로 상승되었는데, 3·12 탄핵사태 같은 사례는 한국정치의 이런 특성의 맥락에서 민주주의 발전을 위한 헌법문제 해결요구의 계기로 해석해야 한다.106)

국민주권과 대의민주주의의 안정과 발전을 위해 인민주권을 강화해야 한다. 고전적 대의, 대표의 역할을 행하던 정당의 위상과 역할이 크게 축소되면서 정당이 의제수립과 문제 해결 기능을 거의 행사하지 못하고 정당의 전문성이 관료나 법률가나 전문가나 NGO 인사에 비해 뒤져 정당과 이를 중심으로 한 의회영역이 현저하게 후퇴, 축소되었다. 정당은 대표기능은 물론이고 갈등조정이나 대화기능도 결여되어 있고 그런 기능을 상실한 정당은 대표와 대의기능에서도 현저히 허약하다. 따라서 반(半)직접민주주의, 반(半)대의민주주의적 대안으로 민주주의와 헌정주의의 보완과 통합이 요청된다. 고전적 대의민주주의는 직접민주주의에 의해 채워질 필요가 있는데 그 방안은 국민투표, 국민소환, 주민발안, 국민청원을 포함해 입법, 사법, 행정영역에서 인민주권을 반영한 절차와 제도의 요청이다. 궁극적으로는 헌정주의와 민주주의의 보완과 통합을 위해 전혀 새로운 형태와 차원의 권력분립을 추구하는 것인데 국가, 대의기구, 시민사회 간 새로운 수직적 권력분립과 책임성이 그것이다. 정치의 사법화도 고전적 대의과정으로는 저지할 수 없기 때문에 재판에 대한 시민통제와 참여를 위한 시민배심원제를 강화하고 동시에 의회결정에 대한 시민통제와 심의, 재의과정을 강화하기 위해 다양한 형태의 시민의회를 신설할 필요가 있다.107) 참여와 민주주의의 측면을 보강하는 고전적 삼권분립체계 재구성 방법인 국민소환과 입법청원 그리고 시민의회 등으로 헌법재판, 헌법개정을 포함한 헌법정치 전반에의 시민참여를 요구하는 것이다.

아직은 실험적 제안인 시민의회는 헌법재판의 역할 일부를 담당한다. 시민의식 제고 주문을 넘어 공공의제를 심의할 시민심의기구로 헌정체제를 개혁하자는 구상이다. 민주화 이후 민주주의의 불안정을 극복하는 처방으로 상당히 구체적 대안이다. 시민의회 제안자들의 견해가 일치하는 것은 아니지만 그 핵심내용은 기본권관련 헌법소원은 헌재에

---

106) 박명림, "헌법, 헌법주의, 그리고 한국 민주주의", 2005, 269.
107) 박명림, "민주주의와 헌정주의", 2009, 373-388.

담당시키고 그 외 사회적 파급력이 큰 갈등사안, 민감한 정치적 사안은 시민의회가 먼저 심의하게 해 헌법재판을 분담하자는 것이다. 다수파를 견제하는 권력일 수밖에 없는 헌재가 안고 있는 민주적 정당성이나 대표성의 문제 극복을 고려한 제도로 특정세력이나 정파 혹은 집단이 장악할 수 없는 주권에 근접한 권력을 만들자는 취지다.[108] 의회의 심의부재를 헌법재판으로 모두 해결하기보다는 헌법재판이 취약한 민주적 정당성 시비에 휘말릴 수 있는 한계영역인 민주주의의 핵심 갈등사안에는 시민참여를 허용하자는 것이다. 반직접민주주의는 이 시민의회에 충분히 담겨진다.

박명림은 주권행사문제에서 유권자가 대표에게 책임을 추궁하는 권한을 가지는 소환 등을 제안해 현실적 실현 가능성에 다가선다. 이는 광범한 인민주권적 대안을 통해 국민주권과의 절충을 모색하는 여러 방안에서 현실적 형태로 체감된다. 근대 이후 헌정주의 헌법과 민주주의가 대의제를 선택함으로써 주권행사를 대표에게 맡긴 이념과도 조화되는 절충안이어서 헌정주의와 민주주의의 긴장 해법으로서도 의미 있다. 대의제의 국민주권은 국민이 권력을 행사함을 의미하지 않고 단순히 권력근거가 국민에게 있다는 정당화 원리여서 대의제는 치자에게는 정책결정권과 책임을 그리고 피치자에게는 기관 구성권과 통제를 부여한 통치원리로 양자는 분리 수용되었기 때문이다.[109] 다만 그렇기에 국민주권 대의제의 절충 수정 방식이 쉽게 인정되기 어렵다는 우려도 지울 수 없다. 대의제의 모든 대표기관뿐만 아니라 헌재도 사법기관이더라도 주권행사기관의 하나로 이해되기 때문이다. 정치적 치자는 아니더라도 정책결정권자로서 주권행사기관의 일종인 헌법재판에 대한 직접 시민참여가 주권행사방식을 정한 헌법에 담긴 국민주권적 합의에 장애를 초래하지 않으면서 제도적으로 공존하는 것은 쉽지 않다.

국민소환 등은 현실적 방안이지만 제어되지 않은 직접행동으로만 간주될 경우 민주주의의 구현방식과 절차적 측면이 훼손될 우려도 있다. 그 실천적 효용을 뒷받침할 장치도 아직 합의되어 있지 않다. 소환의 일반적 오남용 가능성으로 국가적 차원의 소환제도를 도입하는 경우도 실제 드물다.[110] 미국에서 20세기 초부터 사법심사권에 대한 반발로 오레곤이나 콜로라도 같은 몇몇 주에서 일어난 직접민주정적 법관소환(Recall of Judges)이나 결정파기(Recall of Decisions)도 헌정주의 위협 우려가 인식되면서 결국 중지되었

---

108) 김상준, "헌법과 시민의회", 함께하는시민운동 편, 『헌법 다시보기: 87년 헌법 무엇이 문제인가』, 서울: 창비, 2007, 144-181.

109) 김용호, "헌정공학의 새로운 이론적 틀 모색", 2007, 58-60.

110) 장영수, "정책결정에 대한 헌법적 통제의 의미, 범위 및 한계", 『고려법학』, 고려대학교 법학연구원, Vol. 52, 2009, 123.

다.111) 일본의 사법심사기관인 최고재판소의 재판관에 대한 민주적 통제로 헌법에 규정된 국민심사(國民審查)도 결국 활성화되지는 못했다. 국민심사로 파면된 재판관은 없을 만큼 소환은 제 기능을 못한다.112) 헌법재판은 정치적 이해관계의 극명한 대립 속에 있어 재판관소환은 정치적 수단으로 악용될 우려도 높다. 정치적 소수파의 발목 잡기나 정치적으로 민감한 사안의 압박수단으로 소환이 시도될 가능성이 적지 않다.

헌법적 통치는 제한된 규칙과 확립된 한계 내에서 작동하는 일련의 제도를 통해 권위가 행사되어야 한다.113) 최장집이 지적하듯 시민참여가 극단화되면 제도로서의 민주주의의 관점도 벗어날 수 있다. 일반적으로 사회운동과 시민의 직접참여만이 민주주의를 위한 대안이라고 보는 견해가 극단화된다면 다양한 이해관계와 가치에 따른 갈등과 균열에 의해 정치적으로 조직되고 대표되어 민주적 제도의 틀에서 타협하고 결정하는 제도로서의 민주주의는 부인된다. 다양한 사회구성원 간 서로 다른 이익과 가치 간의 불가피한 갈등을 수용해서 표출하고 제도화해 정당 간 경쟁을 통해 민주적으로 해소하는 방식은 취약해진다.114) 직접참여는 오늘날 민주주의적 가치를 확보하는 유일한 방식으로 수용되고 있지는 않다. 민주주의를 제도화하고 일상적 지속성을 유지하며 작동할 수 있게 하는 것은 민주주의를 민중적 동력으로 이해하는 것과는 다른 관점이다. 견제와 균형의 체계를 설정하는 과정에서 민중적 동력이 그대로 반영되기는 어려운 것이 제도로서의 민주주의의 현실이다. 민주주의의 규범과 형식, 체제가 작동하는 규칙으로서의 절차적 측면과 체제의 작동이 창출하는 효과로서의 실질적 변화, 민중적 동력의 투입과 그 힘의 제도적 조절 간의 균형적 결합이 필요하다.115) 민주주의와 헌정주의의 긴장을 민중적 동력으로서만 해결하는 것은 쉽지도 않고 바람직하지도 않다. 의회를 통해 사법심사를 제도적으로 약화시키는 여러 입법적 제안이 제도로서의 연방대법원에 대한 위험으로 나타나기도 하지만, 미국헌정사에서 위헌심사에 대한 대중의 반동이 위헌심사를 거세할 가능성은 실

---

111) 베르너 캐기(Werner Kägi), 『국가의 법적 기본질서로서의 헌법』, 홍성방 역, 서울: 유로, 2011, 252.

112) 일본헌법이 국민의 공무원 파면권으로 규정한 최고재판소 재판관 국민심사는 재판관임명 후 최초 시행되는 중의원총선거에서 심사되고, 그 후 10년을 경과한 후 최초 시행되는 중의원선거 때 반복된다. 국민심사에서 투표자 다수가 재판관파면을 승인하면 파면된다. 그러나 재판관파면 가부를 묻는 방식인 국민심사는 대상 재판관의 파면을 인정하는 투표자비율이 10% 전후에 불과해 제 기능을 못하고 있다(이상윤, "일본탄핵제도의 헌법적 의의와 과제", 『공법학연구』, 한국비교공법학회, 제8권 제2호, 2007, 273).

113) Paul W. Kahn, *Legitimacy and History*, 1992, 3.

114) 최장집·박찬표·박상훈, 『어떤 민주주의인가』, 서울: 후마니타스, 2007, 26-27; 최장집, 『민중에서 시민으로: 한국 민주주의를 이해하는 하나의 방법』, 파주: 돌베개, 2009, 30, 46, 61, 95.

115) 최장집, "민주주의와 헌정주의", 2005, 18-24.

제로 제도가 운용된 1800년대 초 이래 지금까지 현실화되지 못했다.116) 민주주의에서 제도는 쉽게 폐기될 수 없다. 그래서 참여는 민주주의제도와 적절히 조화되기 어렵다.

(2) 공화주의적 제안

국민주권 민주주의에서 헌법재판에의 시민참여는 현존제도와 충돌할 수 있다. 그렇기에 시민참여가 성공하려면 국민주권 대표체계 제도와의 공존 가능성을 확인하고 헌법적 제도개혁 방향도 세워야 한다. 공화주의적 제안은 참여와 제도의 공존 가능성에 주목한다. 공화주의적 제안의 하나인 정치적 헌정주의는 공화주의로 시민참여를 재해석한다. 참여민주주의적 제도화를 강조하는 정치적 헌정주의는 헌정주의와 긴장하는 민주주의 영역인 정치에의 시민참여를 찾는다. 김비환에 의하면 이 참여체제에서 민주적 참여는 평등한 시민권의 이상하에 그동안 정치과정으로부터 부당하게 배제되어 왔던 자들을 포용하고 공정한 제도적 절차를 중시함으로써 공정성과 효율성을 제고하는 것이다. 특히 포용의 원리와 함께 공정하고 자유로우며 합리적인 선택을 할 수 있는 제도적 틀 내지 장치의 역할을 중시한다. 정치 자체에 내재하는 원리와 정치를 영속화시킬 수 있는 제도적 틀인 헌정주의제도를 구성하는 규칙의 철저한 준수를 요구한다.117) 정치적 헌정주의는 시민참여를 공화주의적 관점으로 제한하더라도 헌정주의적 헌법재판에의 시민참여를 위한 국민주권과 민주주의제도의 결합을 보는 큰 틀이다.

곽준혁도 공화주의로 대안을 찾는다. 그는 사법심사기준을 찾는 법해석문제에서 한국 헌법학계가 옹호하는 사법적극주의는 헌법해석의 본질을 텍스트의 형식논리나 제정자의 의도에 국한한 사법소극주의를 배제해 결국 헌법해석문제를 판사의 자질문제로 환원시킨다고 본다. 논쟁이 판사의 자질문제로 환원되면 헌법의 비판적 기능의 회복이나 민주주의의 규범적·실천적 측면을 부각시키는 헌법학자들이 왜 사법적극주의를 주문하는지 파악할 수 없다. 그래서 어떤 일관된 정치적 원칙에 의해 사법적극주의가 주문된다면 사법심사의 정당성이 판사의 자질문제로 귀결됨을 막기 위해 몇 가지 쟁점으로 그를 재고해야 한다. 우선 제한정부나 권력분립이 사법적극주의의 정치적 원칙인지 묻는다. 사법적극

---

116) Christine Landfried, "Introduction", Christine Landfried (ed.), *Constitutional Review and Legislation: An International Comparison*, Baden-Baden: Nomos, 1988, 11; Eugene Rostow, *Sovereign Prerogative: Supreme Court and the Quest for Law*, New Haven: Yale University press, 1962, 165; John H. Ely, *Democracy and Distrust*, 1980, 40.

117) 김비환, "아렌트의 '정치적' 헌정주의", 2007, 99-118.

주의는 법의 지배를 사법부를 통한 정부권력제한과 연관시키지만 권력분립은 헌법재판의 정당성을 자동 제공하지 않는다. 권력분립은 사법소극주의 원칙이기도 하고 사법적극주의도 정부권력제한보다 사회정책입안에 초점을 두면 견제력이나 사회변화 추동 수단으로 사법심사를 보므로 권력분립은 견제와 균형을 의미하지 않는다. 결국 권력분립은 사법심사의 정당성을 보장하거나 사법적극주의를 대표하는 정치적 원칙이 아니다. 둘째, 사법심사가 헌정체제를 바꿀 수 있는 본질적 부분까지 재해석을 허용하는지 묻는다. 대다수 헌법학자는 기본인권과 소수권익보호를 위해 적극적 사법심사를 요구하지만 기본권 내용은 어떤 것이어야 하고 헌법에 명시되지 않은 가치는 어떤 근거로 보장되는지에 대한 뚜렷한 합의는 없다. 기본인권 보장에는 이의가 없지만 헌법 외적 가치를 어떻게 파악하고 보장해야 하는지의 합의가 없어 헌정체제 성격을 바꿀 기본권 내용 논쟁은 물론이고 기본권 보장과 소수자 보호에서도 사법심사는 판사의 능력과 판단에 의지한다. 그 결과 사법적극주의는 정치권력을 법을 통해 제한하고 이 제한근거로 천부적이고 전(前) 정치적이며 보편적인 기본권을 보는 자유주의적 헌정주의가 된다. 거기서 판사는 헌법수호자 혹은 사회변화 주체로 상정되고 사법심사의 정당성도 어떤 정치적 원칙이 아니라 판사의 지혜에 의지한 엘리트주의가 된다.[118]

그는 사법심사가 사회의 궁극적 합의도출 능력을 갖느냐는 주체문제도 다룬다. 사법심사와 민주주의가 상호 보완적인지 혹은 긴장관계인지의 논쟁이다. 일단 이 논쟁을 민주주의와 사법심사가 아니라 다수결주의와 사법심사 간 긴장으로 보는 것에 반대한다. 다수결주의가 민주주의의 현재적 의미를 모두 대변하지 못하고 최근 사법심사의 주체가 누구인지의 논쟁도 의회와 사법부의 긴장으로 단순화할 수 없을 만큼 진전되어 주체문제 해결에서 다수결주의를 포함한 민주주의의 현재적 의미를 모두 포괄한 설명이 필요하기 때문이다. 최근 사법심사의 문제 지적은 다수결주의로 단순화할 수 없는 공화주의적 헌정주의, 즉 시민적 공화주의의 특징을 공유한다. 이유는 두 가지다. 하나는 우선 인권을 천부적 혹은 전 정치적이 아니라 구성원에 의해 성취되고 토론을 통해 구성되는 사회적 실체로 보아 기본권을 비롯한 모든 가치를 공적 심의와 토론의 대상으로 간주하므로 인민에 의한 정치권력 통제를 강조하는 공화주의적 특징 때문이다. 둘째는 정치참여를 자연스러운 현상이자 정치적 권리로 보면서 공동체의 이익을 중시하기 때문이다. 다만 시민적 공화주의도 민주주의의 실질가치 실현에서 참여가 궁극적 합의도출능력을 갖는지에 일정한 회의를 보여 주체문제가 단순히 시민성과 참여를 강조한 공화주의 지향만으로 해

---

118) 곽준혁, "사법적 검토의 재검토", 2006, 84-95.

결될 만큼 간단하지는 않다. 따라서 주체문제는 헌법재판을 사법부로부터 의회나 주권자 시민에 환원한다고 해서 완전히 해결될 수 없고 시민의 민주적 역량강화를 명분으로 헌법재판을 폐지할 수도 없으므로 헌법재판의 현재적 의미는 자유주의의 엘리트주의적 한계와 공화주의적 지향성이 갖는 힘의 대결로 치달을 한계를 동시에 극복하는 정치적 원칙에서 모색되어야 한다.[119]

결국 해석과 주체문제를 모두 해결할 정치적 원칙에서 헌법재판의 현재적 의미를 찾는 곽준혁은 법의 안정성을 유지하면서도 민주주의의 변화추동력과 규범적 내용을 적극 실현하고 발전시키는 헌법재판의 조정원칙으로 비지배적 상호성을 말한다. 사법심사의 존재 타당성과 민주주의의 일반적 조건을 충족시키는 틀로 자유주의적 공화주의를 제시하면서 민회나 평의회가 일반적 영구적 법률이나 국가안위나 공공복지에 위배된 법령을 기소하는 아테네민주정의 비합법성 기소를 시민참여와 반편견 원칙의 결합으로, 로마공화국의 원로원 동의와 호민관 거부권을 입법통제와 엘리트적 입법에 대한 민중적 동의를 보여주는 대표의 탁월성과 동의원칙의 결합으로 본다. 이 결합을 가능케 하는 헌법재판의 핵심내용이 비지배적 상호성이다.[120] 비지배적 상호성을 조정원칙으로 한 헌법재판은 자유로운 행위가 가능한 조건이 개인과 정치집단에 동일하게 적용되도록 제도화되어 시민이 자의적 지배로부터 자유롭다는 확신을 가지고 이로써 갈등하는 쌍방이 상호 이해를 조절할 수 있다고 생각될 때 그리고 이로써 힘의 불평등이 변경될 수 있다는 신뢰가 생길 때 헌법이 갈등조정 메커니즘이 된다. 헌법재판은 사회적 권리의 제도적 보장을 통해 실질적인 정치적 견제력을 보장받는 민주적 시민성으로의 전환을 목표로 하는데 여기서 개인 자유보장이 구성원 모두에게 호혜적으로 인정되고 국가적으로도 자의적 지배에 대한 시민저항이 정당화되어야 한다. 헌법재판은 비지배적 상호성의 반복적용으로 타인의 자의적 지배로부터의 자유가 시민의 행위준칙으로 내재화되는 과정을 목표로 한다. 여기서 민주주의 핵심원칙은 훼손되지 않고 자의적 지배로부터 시민자율성을 보장하는 방향으로 헌법재판의 규범적·실천적 내용이 구체화된다. 비지배적 상호성은 법의 안정성을 유지하면서도 민주주의의 변화추동력과 규범적 내용을 적극 실현시키고 발전시키는 헌법재판의 조정원칙이 된다. 이 조정원칙을 통해 사법적극주의와 민중주의적 헌정주의의 사법심사 철폐주장이 극복된다.[121]

---

119) 곽준혁, "사법적 검토의 재검토", 2006, 84-95.

120) 곽준혁, "사법적 검토의 재검토", 2006, 95-104.

121) 곽준혁, "사법적 검토의 재검토", 2006, 102-105; 곽준혁, "민주주의와 공화주의", 2005; 곽준혁, "심의 민주주의와 비지배적 상호성", 2005.

헌법재판의 규범적 내용도 구체화하고 민주주의 핵심원칙도 훼손하지 않는 공화주의의 비지배적 상호성을 조정원칙으로 갈등조정 메커니즘인 헌법재판은 민주주의와 공존한다. 기본권 보장과 권력분립에 경도된 자유주의적 엘리트주의 그리고 공화주의적 시민참여의 일방성이 초래할 힘의 대결의 개연성이 모두 극복된다. 이 대안은 헌법재판을 비지배적 상호성의 반복과정으로 납득시켜 공화주의 시민참여 원칙의 훼손 없이 헌법재판을 제도적으로 용인함으로써 헌정주의와 민주주의의 긴장을 극복하는 정치적 원칙으로서는 물론이고 사법적극주의와 시민참여의 일방적 폭주 위험을 대체할 실천적 제도구상도 보여준다. 특히 헌법재판의 권력 통제기능이 대체로 권력분립기관인 사법부에 의한 정부권력 제한으로 이해되지만 권력분립원리가 한편으로는 사법자제론의 근거이기도 하고 다른 한편으로는 헌법재판의 적극성이 반드시 권력 통제를 지향하지 않고 사회변화를 위한 주체적 형성기능을 의도하는 경우도 있기에 권력분립만으로 헌법재판의 정당화근거를 확인할 수 없다는 탈권력분립적 논거도 명료하다.

그러나 사법적극주의가 헌법재판관의 태도나 자질로 귀결됨으로써 헌법재판이 자유주의적 헌정주의의 엘리트주의적 한계에 빠질 수밖에 없다는 이해는 권력분립이 헌법재판의 정당성을 쉽게 제공할 수 없음은 지적하더라도 헌법재판과의 긴밀한 관계에서 정당성을 보장할 토대가 마련될 수 있는지에 대한 엄밀한 검토는 아니다. 권력분립은 정치와 헌법재판의 민주주의적 이해 공유를 형성하는 헌법적 대화의 상대방일 수 있다. 국민대표 통제가 용인되는 헌법재판과 정치의 민주주의적 이해 공유가 확인된다면 그 장으로서 권력분립은 재평가될 수 있다. 헌법재판은 사법의 정치형성이 아닌 민주주의를 위한 심판이라는 이해 공유를 만드는 정치와의 헌법적 대화를 만들 여지가 있다. 이견과 이해관계 대립에서의 다수제 결정이 국민주권적 합의가 아니라는 부동의로 인한 민주주의 운행 장애나 갈등적 이견과 이해관계의 조정불능으로 인한 민주주의결정의 부전을 재검토하는 헌법재판은 정치와 헌법해석을 공유할 여지가 있다. 헌재와 정치 모두에 민주주의를 위한 헌법적 이해가 공유되는 무대로서 권력분립체계는 헌법재판이 민주주의로부터 승인받는 장으로 이해될 수도 있다.

사법심사가 권력분립을 통해 정치에 대한 상관적 역할로 고려되면 권력분립에 대한 재평가는 물론이거니와 판사의 태도나 자질문제로 귀결될 수밖에 없다는 공화주의의 우려도 불식될 수 있다. 판사의 태도나 자질은 헌법재판이 최종적임을 전제로 하지만 민주주의적 이해 공유를 만드는 헌법적 대화에서 헌법재판은 최종결정이 아니라는 점에서 권력분립 재평가는 의미를 지닌다. 헌법적 대화를 통해 헌법재판은 단순한 재판관의 의지의 결론이 아니라 체계의 상관적 부분역할로 확인될 수 있다. 권력은 기본적으로 관계로도 고려될 수 있다. 정치와 민주주의적 이해를 공유하는 것으로 파악된다면 권력분립이 만드는 혹은 권력분립에서 이루어지는 정치와 헌법재판의 관계는 헌정주의와 민주주의의 긴장해법에도 중요한 실마리가 될 수 있다. 그렇다면 헌법재판의 현재적 의미를 권력분립에서 도출하지 않겠다는 논거의 타당성 평가는 시기상조일 것이다.

4. 권력분립의 정치에 대한 관계

(1) 정당성 토대로서의 권력분립

사법부와 정치적 기관이 모두 권력분립체계에 있어 사법심사가 권력분립에서 파악되는 미국과 달리 한국에서 헌법재판은 권력분립으로 정당화되지 않는다. 헌법재판은 견제와 균형원리로 설명된다고 속단할 수 없다. 그러나 헌법재판이 분립된 권력과 관계를 만드는 기관으로 이해된다면 권력분립은 헌법재판 정당화의 토대가 될 수 있다. 일반법원인 미국이나 사법부의 일원인 독일에서 사법인 헌법재판은 정치와 함께 권력분립체계에 있다. 그래서 이들 국가의 사법심사는 정치에 대한 사법의 태도 혹은 기능적 한계를 중심으로 정당성이 다루어진다. 그 결과 기본권 보호가 중시된다. 사법부가 선거로 책임지는 의회와 행정부에 대립해 인민의사에 반하는 것으로 이해되기 때문에 대체로 헌법이슈를 다루는 기관인 점보다는 정치과정에서 제대로 대표되지 못하는 기본권의 보호로 반민주성 혐의를 벗고자 하기 때문이다. 사법부 지위인 미국이나 독일의 헌법재판이 민주주의적 비판에 직면해 선택한 방향은 기본권 보호와 크게 결합된다. 사법부는 기본권 보호로 국민을 설득한다.

그러나 한국에서 헌법재판은 권리보호 논거로 국민적 공감대 혹은 공론장을 형성하는 데 취약하다. 권력분립적 지위도 모호한 헌법재판이 권리보호를 내세우거나 이로써 보강되지도 못하면 언제든지 변경되거나 폐지될 수 있는 제도로 여겨진다. 원리적·제도적으로 권력분립에서 태동하고 정착했다고 보기 어려운 헌법재판이 권리보호라는 지지대도 확보하지 못함으로써 정당성은 취약하다. 권력분립에서 지위를 볼 수 없고 기본권 보호 기대도 약해 헌법재판의 제도적 존립과 민주적 정당성의 결합필요성에는 큰 관심이 없었다. 반면, 헌법재판과 정치의 긴장상태는 상대적으로 관심대상이 되었다. 권력분립적 상호 견제가 아니라 권력적 대치가 만드는 부조화에 대한 주목이었다. 그렇다면 헌법재판은 차라리 정치와의 긴장의 실체와 해법을 말함으로써 민주주의적 적응력을 강화할 필요가 있다. 미국처럼 일반법원도 아니고 독일처럼 사법 장에 규정된 사법부의 일원도 아닌 점이 오히려 강점일 수 있다. 권력분립 지위로 인한 사법자제나 기능적 한계를 말할 필요가 없고, 정치와의 관계 해명으로 긴장을 넘어설 제도적 적응력을 찾는 데 집중할 수 있기 때문이다.

권력분립론이 체제유지적 보수성의 논거이기 때문에 그에 의존하면 직접참여의 관점이 배제된다는 우려가 있다. 그러나 사법심사 옹호론은 권력분립의 독립법원이 법이 고차법에 따르게 하는 권한을 부여받았다라고 말하기 위해 권력분립을 이용한다. 사법심사 반대론도 권력분립을 근거로 사법심사가 입법이나 집행보다 우위여서는 안 된다고 말한다.[122] 따라서 위와 같은 진보적 시각의 우려는 일방적 논리일 수 있다. 오늘날 미국의 진보주의조차 권력분립을 전향적으로 받아들인다. 오랫동안 진보주의는 주로 권리에 초점을 맞추고 권력분립은 배척하거나 중시하지 않았다. 정책을 구조적 과정과 연결시키고 역사적 시기에 구조의 토대가 되는 사회세력을 강조함으로써 권력분립에는 비판적이었다. 그로 인해 견제와 균형의 틀로 사법심사를 보는 것도 거부해 왔다. 그러나 오늘날 진보적 관점은 헌법구조에 포함된 긴장과 모호함을 받아들인다. 권력분립론이 민주적 안정성은 물론이고 진보적 운동이 발전하고 성장할 공간도 제공한다고 본다. 권력분립은 기존 사회관계의 유지를 지향하는 보수편향성이 있어도 인민적 운동이 그 열망을 진전시키는 데 사용될 유연한 투쟁포럼도 제공한다는 것이다.[123]

권력분할을 통한 정치행위자의 권력제한과 균형은 공화주의가 추구하는 자의적 지배 피하기에서도 중요하다. 권력분할은 공화주의 주요원칙인 상대방 의견듣기를 보장한다.[124] 권력균형은 민주주의가 상대방의 의견을 듣는 공적 이성의 형태들을 통해 비지배(non-domination)를 촉진하도록 보장한다.[125] 권력 수평분할을 통한 권력균형은 단순 권력분할이라는 전통적 개념보다 더 효율적으로 권리와 법의 지배를 촉진함으로써 공적 이

---

122) Christian Starck, "The Legitimacy of Constitutional Adjudication and Democracy", Christian Starck (ed.), *Constitutionalism, Universalism and Democracy: a comparative analysis,* Baden-Baden: Nomos, 1999, 16.

123) Jules Lobel, "The Political Tilt of Separation of Powers", David Kairys (ed.), *The Politics of Law: Progressive Critique,* New York: Basic Books, 1998, 607-608.

124) Richard Bellamy, *Political Constitutionalism,* 2007, 195-196.

125) Richard Bellamy, *Political Constitutionalism,* 2007, 230.

성에 대한 절차적 설명을 지원한다. 권력균형은 공적 이성이 지배를 고착시킬 우려가 있는 특수한 자유와 특권의 간섭이 최소화되도록 거부권을 증대시키면서 시민이익에 반응하는 비지배가 이루어지게 자극한다. 현실 민주주의의 작동과 결합된 방식으로 그렇게 한다.126) 권력균형이 만드는 비지배를 봄으로써 공화주의도 권력분립을 민주주의 작동과 결부시켜 이해한다. 민주주의의 사법심사에 대한 공화주의 입장에서도 권력분립은 중요 토대가 된다.

헌법재판은 권력분립의 정치와 대화하는 관계적 제도로 평가될 수 있다. 민주주의는 가치이자 제도적 통치형태이므로 헌법재판도 정치와의 관계적 제도로 정당화되면 민주주의와 더 확고한 연결고리를 갖는다. 주권에 의해 통치구조 형태로 헌법을 통해 수권된 권력분립은 제도로서의 헌법재판과 정치의 관계를 이해하는 틀이다. 권력분립을 통해 헌법재판에서 주권과 제도의 결합이 관찰된다. 민주주의에서 주권자 국민의 대표가 지배하는 것이 곧 국민이라는 생각은 선거를 제외하고는 발견되기 어렵다. 국민대표인 의회나 대통령의 결정과 국민 결정의 동일성도 발견되기 어렵다. 반면, 주권을 경험적이고 현실적으로 확인시키는 공간인 권력분립은 제도와 주권의 결합을 가시화한다. 권력분립은 목적으로서의 기본권 보장, 수단으로서의 정치체계의 분리구조화 그리고 실행원리로서의 법치를 담았다. 경험적 현실정치의 권력분립은 국가기능의 원활한 운영을 말한다. 권력분립은 이념화된 주권을 경험적·현실적으로 확인시키는 공간이다. 권력분립을 위해 국민주권을 포기하거나 국민주권을 위해 권력분립을 포기한다면 민주주의의 목표를 포기하는 것이다. 둘은 어떤 것도 반대될 수 없고 함께 추구된다. 대표와 국민의 동일성의 공간인 권력분립은 주권의 정치과정적 현 실태다.

헌법재판이 정치에 담긴 국민의 주권적 의사 확인기관일 수 있다면 대표의 정치와 관계를 이루며 공존한다. 그렇다면 대표만이 주권기관이라는, 즉 국민선출기관만 주권적이고 사법은 주권적이 아니라는 논리는 부당하다고 판명된다. 선출직만 대표라고 불리더라도 대표의 행위만이 주권 혹은 루소적 일반 의사를 담지함을 현실정치가 충분히 확인시키지 못한다면 국민선출 대표기관성만이 주권기관 여부의 판단기준은 아니다. 선출직 대표만이 주권적 의사에 근거한 민주적 정당성을 보유한다는 논리는 정치와 헌법재판을 공존시킨 주권적 의사를 외면한 맹목적 자기정당화다. 입법자의 과도한 위협에 대한 제어로 사법심사를 고려한 근대 헌정주의헌법의 출발점의 합의를 돌아보면 그런 교의는 유지되기 어렵다. 주권적 의사 확인으로서 헌법재판은 대표의 정치와 공존하도록 부여된 역

---

126) Richard Bellamy, *Political Constitutionalism*, 2007, 196.

할이다. 그 역할평가의 토대가 권력분립이다.

헌법재판은 권력분립과 공존한다. 헌법재판과 민주주의 그리고 권력분립은 원리의 형성과 유지에서 불가분의 관계다. 사법심사를 등장시킨 근거는 인민의 주권에서 정당성을 얻으면서도 주권행사를 제한한 권력분립이다. 매디슨은 민주주의는 소수시민이 모여 정부를 운영하는 것이고 공화주의는 권력이 대규모 인민집단에서 직접 혹은 간접 도출된 정부로 임기직 공직자에 의해 운영되는 것이라 했다. 민주주의와 공화주의는 인민통치방식의 직접성 여부로 구분되더라도 모두 자기통치였다.[127] 그 공화주의 혹은 민주주의의 지향은 정치적 평등, 인민주권, 그리고 다수지배인데 매디슨이 또한 주력한 것은 다수파권력 제한이다. 다수는 지배하되 헌법적으로 억제되어야 했다. 공화정이라 불린 매디슨적 민주주의는 다수권력과 소수권력 간의, 즉 모든 시민의 정치적 평등과 그들의 주권을 제한하려는 두 개의 갈등하는 목표 간의 타협이다. 한편으로는 공화국 시민이 정부정책의 일반적 방향을 결정할 권리를 포함한 제 권리를 부여받고 다른 한편으로는 헌법적으로 구속되지 않는 다수의 우위가 무제한으로 묵인되지는 않는 체제를 위한 타협이다.[128] 다수파권력 제한이라는 매디슨적 민주주의에 권력분립과 사법부의 역할이 함께 있다.

민주적 지배체계에서 권력분립과 사법심사는 결합된다. 권력분립은 전제를 막는 통치구조 형성원리로서는 기본권 보장 수단이지만 동시에 민주주의를 운용하는 지배의 틀이다. 권력분립은 헌법적으로 수권된 구조화된 통치라는 측면에서 제도적 장치로 화체된 인민 지배다. 권력분립은 통치를 위한 기술적 분할원리를 넘어 제도적 항상성을 통해 민주적 지배로 인식된다. 대표를 통제하는 사법심사도 인민의 지배를 제도화한 권력분립을 통한 제도다. 미국의 사법심사는 민주적 지배를 위한 권력분립에 자기규정 토대가 있다. 태생과 존립에서 권력분립과 민주주의와 사법심사는 불가분 내지 상호 보완적이다. 사법심사와 권력분립을 담은 민주주의가 권력억제, 통제 및 균형으로 사법심사와 권력분립을 상호 보완적이며 상호 조건적 관계로 만든다.[129] 권력분립과 사법심사는 민주주의에서 공존한다.

그러나 헌법재판이 권력분립에 장애를 초래하고 헌법재판과 대표 간 새로운 권력분할 구도를 형성한다는 우려가 있다. 다수지배견제의 어려움은 사법심사가 민주적 책임성을

---

127) Alexander Hamilton, et al., *The Federalist Papers*, 2003, No. 10, p.76., No. 39, p.237; Paul W. Kahn, *Legitimacy and History*, 1992, 22.

128) Robert Dahl, *A Preface to Democratic Theory*, 2006, 4, 9, 30-35.

129) Werner Billing, *Das Problem der Richterwahl zum Bundesverfassungsgericht*, Berlin: Duncker & Humblot, 1969, 114f.

보여주지 않고 대표의 결정에 대한 심사역을 법관에게 귀속시켜 순수한 권력분리원칙을 흔들면서 등장한다.[130] 거기서 사법심사의 적극적 역할은 권력분립원칙으로 인정받기 어렵다. 그래서 미국에서 가장 적극적이었던 워런대법원에 대한 도전은 사법자제를 통한 자발적 기능포기 요구와 헌법문제에 관한 사법심사의 권력분립적 권한한계 지적이 되었다.[131] 사법심사는 권력분립에 장애를 초래함으로써 대표와 대립하는 권력으로 간주되었다. 사법이 정치에 배정된 기능에 장애를 초래해 대표와 권력분할구도를 만든다고 이해되었다. 하버마스(J. Habermas)의 지적처럼 이 비판은 민주적 입법자와 위헌심사의 권력분할이라는 관점에서 제기되므로 항상 권력분립원리를 둘러싼 논쟁이다.[132] 헌법재판이 권력분립의 전통적 구도를 해체한다는 의문은 모든 헌법재판국가에서 나타났다. 게다가 헌법재판을 통해 민주주의와 헌정주의적 권력분립의 긴장도 드러난다. 헌정주의는 권력제한을 위한 권력분립을 지향하고 민주주의는 주권으로서의 권력의 집중적 행사에 근거와 관심을 둔다. 민주주의가 주권의 절대성에서 행동한다는 주장은 권력의 집중적 행사에 대항하는 어떤 제한도 용납하지 않겠다는 것이다. 헌정주의가 민주주의를 저해하면 헌정주의를 제한하겠다는 것이다.

그러나 치자와 피치자의 동일성에 관한 현실제도적 합의는 대의제뿐만 아니라 권력분립에도 반영되어 있다. 권력분립은 주권행사방법을 제약할 장치로 승인받았다. 권력분립으로 주권의 제약을 불허하는 의회우위는 약화되었다. 권력분립은 민주주의의 불가침영역을 완화하고 수정한 합의였다. 그런데 권력분립에 반영된 민주주의의 완화와 수정은 현실에서는 헌법재판을 통해 가시화된다. 그로 인해 권력분립 자체가 아니라 헌법재판이 그 완화와 수정의 상징적 제도로 매도된다. 그렇다면 권력분립이 맡은 완화와 수정의 이념이 헌법재판을 어떻게 보는지 확인되어야 하는데, 헌법재판은 대의제보강 제도로서 성립에서 주권적 정당성을 부여받았음을 권력분립도 받아들일 수밖에 없다.

대의제에서 국민주권은 현실적으로는 선거 때만 발현되는 민주적 정당성의 근원이다. 민주적 정당성의 두 축인 대통령과 국회는 선거를 통한 대표성과 책임성의 형태로서 정당하다. 그런데 국민주권이 국민이 자기결정원리에 따라 주권을 행사해야 하는 것을 의미한다면[133] 선거를 통한 대의제는 그러한 주권의 행사와는 간극이 있다. 현실에서 이해

---

130) Carlos S. Nino, "A Philosophical Reconstruction of Judicial Review", Michel Rosenfeld (ed.), *Constitutionalism, Identity, Difference, and Legitimacy: Theoretical Perspectives*, Durham: Duke University Press, 1994, 286.

131) Charles L. Black Jr., *The People and the Court*, 1960, 1-2.

132) 위르겐 하버마스(Jürgen Habermas), 『사실성과 타당성』, 2007, 326.

관계 대립의 극단적 충돌로 너무나 빈번히 민주주의가 예정된 균형을 이루지 못하면서 운행된다면 선출직 대표에 의해 자기결정의 주권행사가 대의제의 권력분립을 통해 제대로 구현된다고 보기 어렵기 때문이다. 이 점에서 헌법재판은 주권의 적정 행사를 위한 보완책, 즉 대의제가 드러내는 주권행사의 불완전성을 상시적 재판 형태로 보강하는 제도다. 그렇다면 헌법재판은 주권행사의 현 실태인 권력분립체계에서 공존할 수 있다.

(2) 재해석된 권력분립

헌법재판 비판은 입법의 본질을 침해하는 사법성에 집중된다. 그래서 헌법재판은 자신의 권능행사 조절을 위해 입법과의 경계획정으로 사법의 특성과 한계를 말한다. 이 사법성은 입법, 행정, 사법이라는 삼권체계 밖의 지위인지 아니면 삼권 내의 사법인지로 해명됨으로써 그 사법성의 판단기준이 권력분립임을 보여준다. 사법성의 판단기준인 권력분립은 다음과 같이 형성되었다. 최고권력인 입법권에서 일체의 권력이 유래되고 행정권은 입법권에 종속된다는 로크(J. Locke)에 의해 입법권과 행정권이 분리된다. 입법권의 자의적 행사로 입법자가 집행권까지 장악하면 입법자의 이익에 따라 입법할 것이라는 우려 때문이다.134) 그 분리는 국가행위 각 부문의 구분과 상호 통제와 견제에 관한 해링턴(J. Harrington)의 발상과 권력균형이라는 볼링브로크(Bolingbroke)의 사고에서 확인되듯 분리 독립된 권력 상호간 종속과 통제 그리고 균형으로 권력의 집중과 남용을 막는다.135) 그래서 시민의 자유와 생명과 재산을 보호하는 권력행위의 절차적 정당성이 담보된다. 몽테스키외(C. Montesquieu)에 의해 국가권력이 입법권, 만민법 관련사항 집행권 및 시민법 관련사항 집행권, 즉 분쟁심판권인 사법권으로 삼분되면서 권력분립론은 완성된다.136) 사법권은 입법권이나 집행권과 공유되어서는 안 된다. 법관이 입법자가 되면 시민의 생명과 자유를 지배하는 권력이 자의적이 되고 집행권과 결합하면 압제자의 권력을 가지기

---

133) 박병섭, "대의제에 대한 비판적 연구", 『민주법학』, 민주주의법학연구회, 제14호, 1998, 133.

134) John Locke, *The Second Treatise of Government*, J. W. Gough (ed.), Oxford: Basil Blackwell, 1976, Ch. VIII, §107, p.54, Ch. XI-XII, §134-148, pp.67-75, Ch. XIII, §150-153, pp.76-77.

135) Carl Schmitt, *Verfassungslehre*, 2010, 183ff; M. J. C. Vile, *Constitutionalism and the Separation of Powers*, 1998, 14; Reinhold Zippelius, Problemfelder der Machtkontrolle, in: Detlef Merten (Hrsg.), *Gewaltentrennung im Rechtsstaat zum 300. Geburtstag von Charles de Montesquieu*, Berlin, 1989, 27ff; Klaus Kröger, Richterwahl, in: *BVerfG* und *GG*, Bd. I, 1976, 78.

136) Charles de Montesquieu, *The Spirit of the Laws*, Anne M. Cohler, Basia C. Miller and Harold S. Stone, trans. and eds., Cambridge: Cambridge University Press, 1989, Bk. 11, Ch. 6, pp.156-157.

때문이다.[137]

권력분립은 정치권력 역학관계의 추상화였다. 근대의 중추적 세력관계의 형성과 운용의 본질을 간파해 새로 등장한 지배를 정당화한 권력구도 해명이었다. 로크의 권력분립은 1688년 명예혁명 이후 영국정치의 정당화였다. 명예혁명으로 국왕이 추방되고 권리장전이 선포되어 국왕은 의회 승인 없이 법률 효력정지나 조세부과와 상비군설치를 할 수 없었다. 인신보호와 청원권 그리고 의회에서 언론의 자유가 선언되자 로크는 입법권과 행정권 분리를 가져온 이 정치현실을 말했다.[138] 대의제의 발전으로 권력을 국왕과 귀족과 시민계급이 공유하고 투쟁하는 체계에서 국왕과 의회 중 어느 한쪽의 우위가 초래할 전제에 대한 우려가 의회와 국왕 모두의 권력에 한계를 만들었다.[139] 사법을 그들로부터 구분해 낸 몽테스키외도 영국의 헌정현실을 보았다. 국왕과 의회 그리고 상원과 하원 간 상호 통제에 더하여 입법에서 사법을 분리한 법관독립을 관찰했다.[140] 그것은 초실정적 도그마가 아니라 국가의 정치세력구도였다.

그런데 헌법재판은 여기서 확인되지 않는다. 유럽의 경험적 정치현실인 권력분립의 사법에서 헌법재판의 토대는 뚜렷하지 않다. 그 토대는 미국헌정에서 발견된다. 미국에서 연방헌법 제정 이전 각 주 헌법은 몽테스키외의 권력분립론을 채택하고 운용했다. 연방헌법은 당시 미국에 이미 존재한 헌정현실을 헌법에 반영했다.[141] 그런데 1787년 필라델피아 제헌회의를 통해 기초되고 각 주 비준을 거쳐 제도화된 1789년 연방헌법에는 몽테스키외의 삼권분립과 혼재된 혼합정체이념도 담긴다.[142] 몽테스키외는 영국에서 존재한 혼합정부도 관찰함으로써 각 신분의 균형도 말했다. 이 혼합정부론이 권력분립론과 혼재했다. 권력을 분할하고 각 권력을 통제하에 둠으로써 시민계급의 권력도 보장받기에 혼합정부와 권력분립은 공존했다. 권력분립에는 시민의 자유와 권리를 위한 수단이라는 원

---

137) Charles de Montesquieu, *The Spirit of the Laws*, 1989, Bk. 11, Ch. 6, p.157.

138) 계희열, "헌법원리로서의 권력분립의 원리", 『고려법학』, 고려대학교 법학연구원, Vol. 38, 2002, 4-5; 허영, 『헌법이론과 헌법』, 2008, 908-912.

139) M. J. C. Vile, *Constitutionalism and the Separation of Powers*, 1998, 41, 49.

140) 허영, 『헌법이론과 헌법』, 2008, 912-918; 계희열, "헌법원리로서의 권력분립의 원리", 2002, 7; John Ferejohn, "Madisonian Separation of Powers", Samuel Kernell (ed.), *James Madison: The Theory and Practice of Republican Government*, Stanford: Stanford University Press, 2005, 131.

141) Alexander Hamilton, et al., *The Federalist Papers*, 2003, No. 47, pp.297-304, No. 51, pp.317-322; John Ferejohn, "Madisonian Separation of Powers", 2005, 131.

142) Gordon S. Wood, *The Creation of American Republic*, 1998, 152-153; George Thomas, *The Madisonian Constitution*, 2008, 19; 김운룡, "권력분립과 위헌심사권", 『성균관법학』, 성균관대학교 법학연구소, 제7호, 1996, 172-173.

리 외에도 국가작용의 기능적 구분 혹은 혼합정부적 관념에 의한 국가작용의 효율화 원리도 담겼다.[143] 미국의 권력분립은 몽테스키외에서 배우고 영국의 식민지 경험을 통해 영국혼합정부의 견제와 균형의 체계가 된다. 급진적이거나 충동적으로 행동하지 않는 안정된 정부를 만들 목표로 헌법기초자는 권력분립 교의 자체보다는 견제와 균형을 더 강조한다. 각 주에서 나타난 민주주의 과잉에 대한 우려로 영국혼합정부의 경험, 즉 군주제, 상원, 하원이 각 사회계급을 대표하는 형태를 생각한 헌법기초자는 결국 계급에 토대를 둔 체계는 받아들일 수 없음을 인식하면서 각 기관이 서로의 기능에 간섭해 견제와 균형을 이루게 했다. 그래서 권력혼합도 반영할 목적으로 권력분할에 더하여 입법에 대한 행정부의 거부권, 조약에 대한 상원의 인준은 물론이고 사법심사까지 고려했다.[144]

그러나 권력분립은 미국의 제헌에 뒤이은 1789년 프랑스의 인간과 시민의 권리선언에서는 헌정주의헌법의 필수요소, 즉 규범 성격으로 부각된다. 권력 견제와 제한을 자동 산출하는 도그마가 된다. 통치체계 내 구조와 기능 간 관계의 모델이었다가 점차 규범적 구성물로 받아들여진다. 구조와 기능의 관계에 관한 일련의 이상적 기대의 반영물이 된다. 심지어 현실의 권력구도를 은폐한다. 이 은폐는 견제와 균형이 제대로 작동하지 못하거나 혹은 삼권 이외의 다른 권력이 존재함을 부인한다. 삼권분립의 정치질서 안정화 기대에 장애요소로 비쳐질까 우려한다.

현대적 정치구조변화로 규범적 권력분립은 다시 현실에 다가선다. 정치구조변화를 만든 제 현상이 권력분립의 새 토대로 받아들여진다. 고전적 권력분립도그마 수정에서 헌법재판은 두드러진 현상의 하나였다.[145] 헌법재판으로 인해 입법과 사법을 구별한 제도

---

143) Charles de Montesquieu, *The Spirit of the Laws*, 1989, Bk. 11, Ch. 6; Richard Bellamy, "The Political Form of the Constitution: The Separation of Powers, Rights and Representative Government", *Political Studies*, 44(1996), 440; Gordon S. Wood, *The Creation of American Republic*, 1998, 152; Kostas Chryssogonos, *Verfassungsgerichtsbarkeit und Gesetzgebung*, 1987, 34; 김운룡, "권력분립과 위헌심사권", 1996, 167-176.

144) Jules Lobel, "The Political Tilt of Separation of Powers", 1998, 593.

145) Karl Loewenstein, *Political Power and the Governmental Process*, 1965, p.34 이하. 뢰벤슈타인은 현시대를 반영하지 못하는(obsolete) 입법, 집행, 사법이라는 권력분립개념 대신 정책결정(policy determination), 정책집행(policy execution), 정책통제(policy control)라는 새 개념으로 국가기능을 구분하는데, 여기서 헌법은 정치권력 통제를 위한 기본 장치로 파악된다. 그는 새롭게 분류된 세 기능 중 핵심(crux of the new tripartism)으로 정책통제를 강조하면서 수평적 통제로 사법심사권과 같은 공권력기관 상호간 통제를 든다. 특히 정책통제가 효과적이기 위해서는 분산된 권력과 통제된 권력의 두 요소가 함께 작용해야 한다고 보고 권력주체의 자주적 재량권에 의해 권한행사 여부가 결정되는 권력인 통제된 권력의 예로 사법심사(judicial review) 내지 위헌심사(constitutional review)를 든다; Klaus Stern, *Das Staatsrecht der Bundesrepublik Deutschland*, Bd. Ⅱ, München: C. H. Beck, 1980, 546ff. 슈테른도 권력의 억제와 통제는 고전적 권력분립론에서와는 달리 모든 권력주체들 간의 권력 통제를 포함하는 다차원적 권력균형체계가 되어야 한다고 보고 결정적인 수평적 통제요소로 헌법재판제도를 말한다; 홍성방, 『헌법학』, 2008,

적 특징은 기능적 중복성을 통해 잠식되었다. 그것은 사법심사를 내재시킨 삼권분립으로 권력분립을 만든 미국은 물론이고 헌법재판소제도를 만든 유럽에서도 마찬가지다. 강력한 대통령제나 정당제민주주의 그리고 강한 의회처럼 권력 통합과 집중이 나타나는 곳에서 헌법재판은 권력분립적 현상으로 이해된다. 재판관이 입법하면서 법과 정치, 즉 입법과 사법을 구분하는 경계가 모호해졌기 때문이다.[146]

헌법재판소제도를 채택한 유럽은 물론이고 사법심사를 권력분립에 내재시킨 미국에서도 권력분립의 재편구조는 확인된다. 민주적 시민의 의사소통과 심의과정의 절차적 조건을 고찰한 미국에서도 제헌과정에서 채택된 고전적 권력분립원리의 재해석이 요청되고 있다. 헌정주의가 미처 정교화하지 못했지만 헌법에 내재된 사법심사의 권력분립적 기능이 미국민주주의에서 인정되면서 일반법원 기능을 넘어 사법심사로 확장된 사법부가 민주주의에서 원활히 정착되는 새로운 이해가 요청된다. 사법심사 권력이 권력분립체계에 공존한다는 일반적 동의가 여러 이론을 통해 확인된다. 이 동의는 권력분립에서 사법심사를 용인하는 사법에 대한 확장적 해석이다. 더욱이 헌법재판소제도를 택한 국가에서는 사법과 정치의 관계를 중심으로 권력분립의 재편 필요성이 일반적으로 승인되고 있다. 확장적 해석과 재편 필요성이 사법적 헌법재판에 관한 권력분립적 재해석을 이끈다.

(3) 정치적 사법의 용인

헌법재판은 사법이라도 사법 외적 기능 내지 작용일 수 있다. 헌법정치적 분쟁해결기능은 사법과 정치의 경계를 허물기 때문이다. 헌법재판의 기능 내지 작용은 한국에서는 고전적 삼권의 각 기능의 헌법적 정당성을 유지시키는 균형자적 기능인지 아니면 권력분립체계 내의 제4의 기능, 즉 입법, 사법, 행정과 질적으로 구별되면서 별개의 또 다른 평면에 있는 작용인지로 문제된다.[147] 헌법문제를 별도 전문기관에 담당시키거나 법원 사법심사에 맡긴 형태로 대별되는 헌법재판 유형에서 법원의 사법심사는 사법이다. 미국 연방대법원도 의회입법이나 행정부정책에 대한 사법심사는 정치적 성격으로 인해 사법기

700; 허영, 『헌법이론과 헌법』, 2008, 941-942.

146) Alec Stone Sweet, *Governing with Judges*, 2000, 130; Ulrich R., Haltern, *Verfassungsgerichtsbarkeit, Demokratie und Mißtrauen*, 1998, 212.

147) 최희수, "헌법재판의 본질과 헌법재판소의 헌법상 편제: 헌법개정 논의에 부쳐", 『공법학연구』, 한국비교공법학회, 제9권 제4호, 2008, 175; Ulrich R., Haltern, *Verfassungsgerichtsbarkeit, Demokratie und Mißtrauen*, 1998, 212.

관성 여부가 논란되더라도 거의 법원의 사법행위로 본다. 법과 정치의 엄격한 구분이 곤란해도 법의 해석과 적용이므로 사법이다.[148] 기본법과 연방헌법재판소법에 따라 독립적 사법기관인 독일 연방헌재도 법원 및 다른 기관과의 관계에서 이원적 사법기관이다. 정치쟁의를 다루지만 정치를 법규범에 따라 판단하는 법해석인 이상 헌법재판 과제의 특수성에도 불구하고 사법이다.[149] 한국의 과거 헌법위원회도 심판방식과 성격에 의해 사법으로 인정되었다. 위헌판단은 법문제이고 법문제는 어디까지나 사법적 해결대상이기 때문이다.[150] 심사기준인 헌법과 심판대상의 정치성으로 인해 헌법규정상 위치나 권한범위에서 전통적 사법과 구별되는 징표를 지니더라도 재판관의 법관자격, 인적·물적 독립성, 사법절차를 통한 심판, 구체적 사건성, 당사자적격, 심판이익을 요하는 사법이다. 다만 헌법상 별도 장에 편제되고 헌재법에도 사법부에 속한다는 명문규정이 없어 사법부에 속한다기보다는 광의의 사법작용이다. 헌재도 그런 의미로 자신을 사법기관이라고 한다.[151]

정치에 대한 사법의 본질적 차별성을 강조하는 입장은 배정된 기능과 권한의 범위와 한계, 절차의 사법성만 강조함으로써 고전적 사법을 넘는 독자적 역할을 부인한다. 사법권능을 고전적 삼권의 틀로만 보기 때문이다. 그러나 헌법재판은 정치에 대한 최종적 헌법해석으로 헌정주의를 촉진하는 기능인 점에서 정치적이다. 정치쟁점의 판단만이 아니라 타 기관에 영향력을 행사함으로써 정치적 다툼해결로 헌정주의 규범촉진을 목적으로 한다.[152] 그래서 독일기본법 규정처럼 사법부의 이원적 구조가 인정되어 사법적 헌법재판의 독자적 위상도 가능하다. 그 독자성은 정치적 목적과 결합된 사법성이다. 정치적 사법성은 정치와 법의 관계에서 확인된 불가피한 본질이다. 헌법재판은 이 예정된 본질에 근거해 국가행위의 합목적성을 판단한다. 헌법의 규범성을 실질 확보하기 위해 통치행위 내지 정치문제의 범위도 축소하면서 정치적 판단범위를 확장한다. 헌법해석으로 정치적 기능을 하는 것이다. 헌법은 정치적 사항을 규율하는 규범이다. 정치권력의 목표인 오늘의 법은 어제의 정치의 산물이고 오늘의 정치는 내일의 법을 만든다. 헌법은 정치세력 간 갈등과 조정을 통해 생성된 가치적 합의규범으로 어떤 법보다도 시원적으로 정치적이

---

148) 윤명선, 『미국입헌정부론』, 2009, 203-204.

149) Klaus Schlaich, Die Verfassungsgerichtsbarkeit im Gefüge der Staatsfunktionen, VVDStRL 39(1980), §32 Ⅱ4, 99, 106; Klaus Schlaich, Das Bundesverfassungsgericht, 2004, 21ff; 김철수, 『독일통일의 정치와 헌법』, 2004, 402; 콘라드 헷세(Konrad Hesse), 『통일 독일헌법원론』, 2001, 345; BVerfGE 40, 356.

150) 김운룡, "한국 헌법위원회의 사법적 성격", 1978, 33.

151) 헌재 1994.8.23. 92헌마174, 판례집 6권 2집, 249면 이하; 헌재 2004.5.14. 2004헌나1, 판례집 16권 1집, 609면 이하.

152) Ran Hirschl, Towards Juristocracy, 2004; Tom Ginsburg, Judicial Review in New Democracies, 2003, 22-30.

다. 비정치적 헌법이란 본질적으로 존재하지 않거니와 무엇보다 헌법재판에 옮겨지는 사안은 정치적으로 구성된다. 헌법의 존속은 국가정치에 대한 규율로 정치안정화 내지 합리화를 촉진하는 점에서 정치적이다. 심사기준인 헌법이 정치적 법이라면 대부분의 정치적 분쟁은 헌법분쟁이다. 헌법재판은 정치적 법인 헌법을 판단기준으로 한 헌법분쟁에 관한 정치적 재판이다.153)

헌법의 시원을 이루는 정치는 헌법초월 행위를 한다. 정치를 완전히 법제화하는 시도는 기술적이든 원칙적 의미에서든 무의미하고 법의 생산자로서의 정치는 필연적으로 실정법을 초월한다.154) 그래서 정치의 사법화로 민주적 자기지배가 축소된다는 비판을 감수하고 헌법재판은 정치에 개입하게 된다. 정치적 사법은 사법적 해법을 원하는 정치의 의도이기도 하다. 정치의 필요가 사법적 제도를 권리보호에 더 효과적이라고 판단하기에 정치적 사법이 용인된다. 정치는 스스로를 보호하는 제도적 장치로 정치적 사법을 고려한다. 정치적 반대파와 투쟁하거나 그를 억압하기 위해 논쟁이슈가 법적 문제로 전이되어 정치가 부담할 위험이 경감된다면 정치적 사법은 정치가 어려운 결정을 피하는 편의적 도피처가 된다. 정치의 사법화는 헌법재판이 정치적 필요의 산물임을 보여준다.155) 헌법재판의 정치적 사법성이 부정될 수 없자 정치는 헌법재판의 본질적 정치성이 아니라 정치형성적 개입만을 문제 삼는다고 말하지만 헌법재판이 모두 내용적으로 정치화하지는 않는 점에서 정치의 재량을 근본적으로 제약하는 정치형성을 한다는 것은 의문이다. 정치적 사법의 목적은 정치권력 통제나 억압이 아니다. 정치적 법 다툼 결정은 정치에서 야기된 법 다툼의 결정일 뿐이다.156) 정치적 사법은 헌법분쟁 해결을 위임받은 것이다.

그 점에서 권력분립은 재해석된다. 헌법재판은 통치의 안정성, 예측 가능성, 일관성을 담지하는 헌정주의적 실행수단인 법의 지배로 법률의 정당성을 통제하는 고차적 법을 말한다. 정체 구성원이 정체통합을 위해 제안된 해결에 동의하지 않을 때 고차법인 헌법의 조정역할을 수행한다.157) 오늘날 많은 새로운 기구나 단체가 비선출직이고 비대의기관임

---

153) Heinrich Triepel, Saatsrecht und Politik, Beiträge zum ausländischen öffentlichen Recht und Völkerrecht, Heft 1, Berlin und Leizig, 1927, 8-28, 52-53; 허영, 『헌법이론과 헌법』, 2008, 33; 정종섭, 『헌법재판강의』, 서울: 박영사, 2006, 8; 김상겸, "법과 정치관계에 있어서 헌법재판", 『공법학연구』, 한국비교공법학회, 창간호, 1999, 135; 빈프리트 하쎄머, 『정치와 헌법: 입헌민주주의의 기초』, 이상돈·주현경 역, 서울: 세창출판사, 2006, 48-49.

154) Dieter Grimm, Politik und Recht, 1995, 96.

155) C. Neal Tate and Torbjörn Vallinder, "The Global Expansion of Judicial Power", Tate, C. Neal and Torbjörn Vallinder (eds.), *The Global Expansion of Judicial Power*, New York: New York University Press, 1995, 5.

156) 이기철, "헌법재판에서의 법과 정치와의 관계", 1995, 366.

에도 정치적 영향력을 지니고 때로는 입법주도권을 장악하고 자의적 정부권력을 견제하지만 이들은 헌법질서적 구성과 운용체계 그리고 타 기관을 기속하는 법적 효력은 없다. 반면, 헌법재판은 각 기관행위의 헌법적합성에 관한 포괄적 통제권을 수권받았다. 최종적 헌법해석권을 부여받아 법률이 헌법과 양립 가능한지 결정해 헌법적 용어에 의미를 부여한다. 헌법재판 이외 기관의 자율적 헌법해석은 가능하더라도 해석에 의문이 발생하면 최종적 유권성을 지니지는 못한다. 해석은 헌법재판에 의해 최종 확정된다. 해석상 우열관계는 헌법재판의 분쟁해결기능을 위한 것이다. 헌법재판은 기관의 독자적 헌법해석의 차이로 인한 갈등을 해결하도록 수권받았기 때문이다.

각 기관의 자율적 헌법해석의 우열을 인정하지 않는 부문주의(departmentalism)는 사법부와 입법부 그리고 행정부를 동등 지위로 보고 각자가 헌법하에서 자신의 특권과 권력을 결정할 권한을 가진다고 봄으로써 헌법해석권도 동등하다고 본다. 사법부의 헌법해석상 우위를 부인하는 부문주의는 미국에서 제퍼슨 이래 사법심사와 공존했다. 제퍼슨은 인민에 직접 책임지지 않는 사법부가 타 기관보다 헌법문제를 더 자주 다루는 것에 반대했다. 그러나 부문주의의 근거인 권력분립이 입법, 행정, 사법으로 권력기능을 분할하고 세 기관에 배속함에 의해 권력기관이 스스로 통제되지는 않는다. 인민에 의한 최종적 통제로 해결되기도 쉽지 않다.[158] 선거라는 주기적 책임기제는 정치과정의 해석상 갈등에는 거의 해결방법이 되지 못한다. 사법심사의 해석적 우위를 부정하는 부문주의는 거기서 한계에 부딪힌다. 그래서 입법부가 인민의사의 대표임을 자처할수록 입법부에 대항할 독립적 사법이 필요해진다. 사법판단이 정치기구로부터 자율화되어 새롭고 적극적인 정치적 판단이 되는 토대는 누구든지 자기 사건에서는 재판관이 될 수 없다는 원칙에 대한 합의다. 자율적 헌법해석을 통한 내적 통제는 비효율적이라는 것이 충분히 확인되었다. 그래서 사법부는 사법의 독립성과 기능적 특성에 기반을 두어 대표적 헌법해석자로서의 임무를 맡게 된 것이다.[159]

권력분립은 권력을 부여받은 기관이 직무수행에 실패하면 타 기관이 그 업무를 관장할

---

157) Christopher F. Zurn, *Deliberative Democracy and the Institutions of Judicial Review*, 2009, 89-94.

158) M. J. C. Vile, *Constitutionalism and the Separation of Powers*, 1998, 157, 173; Charles G. Haines, *The Role of the Supreme Court in American Government and Politics*, 1944, 519; Larry D. Kramer, *The People Themselves*, 2004, 201; Robert Post and Reva Siegel, "Popular Constitutionalism, Departmentalism, and Judicial Supremacy", *California Law Review* 92:4(2004), 1031-1033; Louis Fisher, *Constitutional Dialogues: Interpretation as Political Process*, Princeton: Princeton University Press, 1988, 238-239.

159) Carlo Guarnieri, "Courts as an Instrument of Horizontal Accoumtability", 2003, 235; Hans Kelsen, Wer soll der Hüter der Verfassung sein?, *Die Justiz*, Bd. Ⅵ(1931), 7; Mauro Cappelletti, *The Judicial Process in Comparative Perspective*, 1991, 195; Keith E. Whittington, *Constitutional Interpretation*, 1999, 1, 153.

필요를 말한다. 본래의 업무수행 기관과 이관된 업무를 관장하는 기관 간 지위와 권한을 효율적으로 재조정하라는 요청이다.[160] 헌법해석에서 헌법재판의 특별한 권위는 권력분립에 담긴 그 요청에서 주어진다. 권력분립이 구하는 재조정은 주권적 요청이므로 대상과 범위에서 포괄적이다. 주권적 의사는 헌법적 분쟁해결 범위를 한정하지 않기 때문이다. 그래서 마버리 판결로 법원의 사법심사를 헌법내재적인 것으로 받아들인 미국 연방대법원도 헌법적 심사대상에 어떠한 제한을 두지 않았고, 독일에서도 헌법재판의 제도화 논쟁은 국가작용에 대한 포괄적 헌법재판권을 대상으로 했다. 헌정생활에서 도출되는 헌법이슈라면 모두 헌법재판의 잠재적 대상이다.[161] 분할된 권력을 보유한 기관이 담당기능을 제대로 수행하지 못하거나 수권범위를 넘어 헌법상 허용되지 않는 기능까지 독점한다면 기능수행에 실패한 기관을 잠정적으로 대체하거나 월권기관을 제재하는 메커니즘은 포괄적일 수밖에 없다.[162] 의회에서 법이 통과되고 행정부에 의해 행정법규가 법을 보충하면 헌법재판은 이 전부를 대상으로 한다. 입법과 행정은 별도로 분리 고려될 수 없고 헌법재판은 광범한 행위자와 제도가 행한 결과를 심사한다.[163]

헌법재판은 기본권을 보장하고 헌법질서도 수호한다. 공권력에 의한 기본권침해 배제는 권력분립의 목적이지만 권력분립이 오로지 기본권 보장을 위한 것이라는 생각은 헌정주의에서 적절치 않다.[164] 권력분립은 기본권 보장 수단이더라도 통치기제로 더욱 부각된다. 권력분립이 아니라 헌법재판이 기본권 보장의 더 실질적 수단이 되고 있다. 헌법재판은 기본권을 위한 국가강제력 억제를 위해 정치권력을 재조정한다. 또한 각 기관의 권한과 지위에 관한 헌법해석으로 통치구조의 기본원리를 유지해 헌법질서를 수호한다. 헌법분쟁을 조정해 수권된 통치기구의 제도적 측면을 유지시켜 헌정주의를 보장한다. 헌법의 최고규범성을 통해 자동 보장되지 않는 통치구조의 합헌성을 수호한다. 헌법질서보장

---

160) Tom Campbell, *Separation of Powers in Practice*, 2004, 1-16.

161) Kertstin Odendahl, Wer ist der 'Hüter des Völkerrechts'?, *Jör*(2007), 3(정문식, "유럽헌법의 수호자", 『헌법학연구』, 한국헌법학회, 제14권 제3호, 2008, 189에서 재인용); Scheuner, Die Überlieferung der deutschen Staatsgerichtsbarkeit im 19. und 20. Jahrhundert, in: *BVerfG und GG I*, 5f[클라우스 슐라이흐(Klaus Schlaich), "독일 연방헌법재판소와 헌법재판", 곽순근 역, 『연세법학연구』, 연세법학회, Vol. 2, No. 1, 1992, 122에서 재인용].

162) 차동욱, "헌법재판소는 국회의 안티테제인가: 현대적 권력분립하에서의 두 헌법기관의 관계", 『의정연구』, 한국의회발전연구회, 제12권 제2호, 2006, 189.

163) J. Mitchell Pickerill, *Constitutional Deliberation in Congress: The Impact of Judicial Review in a Separated System*, Durham: Duke University Press, 2004, 146.

164) Richard Bellamy, "The Political Form of the Constitution", 1996, 436; Ronald Dworkin, "Constitutionalism and Democracy", 1995, 2.

은 전통적 헌법수호자인 국가원수나 의회[165]의 대역이다. 헌법질서수호는 위헌법률심사를 넘어 탄핵이나 기관쟁의 그리고 국가공권력에 대한 헌법소원까지 다룬다. 정치적 분쟁의 중립적 조정자를 찾은 독일 헌법수호 논의가 말한 헌법수호자다.[166]

(4) 정치에 대한 관계로서의 권력분립

권력분립은 전문화와 수평적 분업으로 권력 억제와 분리를 통해 균형과 동반관계를 유지하고 헌법상 위탁한 과제와 기능을 체계정당하게 그리고 본질적합하게 이행하도록 형성된다. 분리 독립된 권력의 억제로 분리된 권력을 기능적·조직적·인적으로 상호 관련시켜 권력 간 종속과 통제로 권력의 집중과 남용을 막아 국가권력의 통일적 상호작용을 보장한다.[167] 헌법재판은 사법심사 법원을 제외하면 권력분립이 예정한 사법권력의 범주와 동일하지 않을뿐더러 확장된 사법기능인지도 의심스러운 제 기능으로 인해 고유한 사법적 정체성이 의문시된다. 사법기능이더라도 위헌법률, 권한쟁의, 정당해산, 탄핵, 헌법소원 등 기능이 헌법재판제도에 반드시 통합될 직접적 필연성은 없다. 기능만으로 권력분립에서 사법권력으로 명확히 설명되기는 어렵다. 권력분립이 권력불신에서 탄생했음을 고려하면 헌법재판의 사법기능이 권력분립의 생성근거에 부합하는지도 의문이다. 헌법재판이 타 기관 특히 정치적 기관에 대한 불신에서 탄생했다고 보더라도 헌법재판 자신에 대한 타 기관의 불신에 기인해 생성되었다고 보기는 어렵기 때문이다. 따라서 헌법재판이 의회입법과 행정부정책을 무효 선언하는 것은 입법과 행정기능으로 보여 권력분립과 모순된다. 기관 간 분쟁 조정도 국가기능분리 차원에서 용납되기 어렵다.[168]

그러나 헌법재판도 상호 견제로 권력분립적이다. 권력의 분립, 상호 정서, 통제, 균형의 체계에 요구되는 규범적 의미의 상호 견제는 헌법재판에서 발견된다. 권력을 통제하고 억제하는 헌법재판도 타 기관에 의한 통제대상이다. 어떤 권력에 영향력을 행사하면

---

165) 에른스트-볼프강 뵈켄회르데(Ernst-Wolfgang Böckenförde), 『헌법과 민주주의』, 2003, 345-351.

166) Carl Schmitt, *Der Hüter der Verfassung*, 1969; Hans Kelsen, Wer soll der Hüter der Verfassung sein?, 1931, 5-56; Heinrich Triepel, Streitigkeiten zwischen Reich und Ländern, *FG Kahl* Ⅱ(1923), 2f; 정문식, "유럽헌법의 수호자", 2008, 189; BVerfGE 6, 300.

167) Klaus Kröger, Richterwahl, 1976, 78; Klaus Stern, *Das Staatsrecht der Bundesrepublik Deutschland*, 1980, 624; Joseph Bessette, "Deliberative Democracy: The Majority Principle in Republican Government", R. A. Goldwin and W. A. Schambra (eds.), *How Democratic Is the Constitution?*, American Enterprise Institute, 1981, 109-111.

168) 위르겐 하버마스(Jürgen Habermas), 『사실성과 타당성』, 2007, 327-328.

그 권력도 헌법재판에 영향력을 행사한다.[169] 헌법재판은 재판관선출, 동의, 인사청문 같은 조직과 구성 그리고 예산, 감사, 심판절차 개시를 위한 선행조건, 집행의 의존이라는 제도와 기능에서 견제된다. 권력분립이 한편으로는 기능분리를 다른 한편으로는 부분적 감사, 즉 동등 기관들의 행위에 대한 부분적 통제를 각 기관에 부여하는 방식으로 각 기관영역의 가장자리를 분명치 않게 한 것이라면 이는 헌법재판에도 적용된다.[170] 그래서 견제받는 통제기관인 헌법재판은 권력분립적이다.

헌법재판은 억제를 통한 균형의 지지로 권력분립적이다. 의원내각제는 물론이고 대통령제도 원활한 국정운영을 위해 입법과 행정의 협력이 필요한데 협력이 충분하지 못할 때 균형은 실패한다. 헌법재판은 분쟁해결로 균형을 지지한다. 그 지지는 삼권의 고유기능에 대한 간섭이 아니라 분쟁해결이다. 분할된 권력의 상호 견제로 권력남용을 막는 것이 권력분립의 규범적 측면이라면 분할된 권력을 보유, 행사하는 각 기관이 주어진 영역에서 전문성을 가지고 효율적으로 임무를 수행하는 것은 권력분립의 기능적 측면이다. 헌법재판은 그런 실질적·기능적 권력분립원리에 부합한다.[171] 입법과 행정을 구속하는 헌법재판을 통한 헌정주의와 민주주의의 긴장은 특정권력에로 기울거나 특정권력의 우위로 제대로 작동하지 못하는 상황이라면 헌법재판은 이미 권력분립적이다.[172] 헌법재판으로 인한 법의 지배와 정치의 갈등도 권력분립문제로 치환된다. 헌법재판의 위헌선언 혹은 헌법적 승인 선언은 정책 수립이나 제안된 정치행위의 견제다.[173]

그럼에도 헌법재판이 삼권과 대등한 혹은 사법의 확장된 기능으로서 선명한 권력적 실체는 아니다. 헌법재판과 정치의 권력분립적 공존은 상호 관계다. 권력분립담론은 법을 형성해 온 역사적·사회적 그리고 정치적 조건에 근거한다. 헌법적 권력배분은 정치적 진리, 즉 결과와 괴리된 정치적으로 중립적인 과정으로 신화적으로 간주된 것이 아니어서 과정의 효율성, 민주성, 합리성 혹은 공정성이 핵심은 아니다. 권력분립은 헌법이 다루는 정치, 사회, 경제적 영향하에 있다.[174] 권력분립의 권력은 당대의 정치적 혹은 정치

---

169) Franz Knöpfle, Richterbestellung und Richterbank bei den Landesverfassungsgerichtsbarkeiten, in: Christian Starck/Klaus Stern (Hrsg.), *Landeverfassungsgerichtsbarkeit*, Bd. II(1983), 241.

170) John Agresto, *The Supreme Court and Constitutional Democracy*, 1984, 99.

171) 차동욱, "헌법재판소는 국회의 안티테제인가", 2006, 210; Klaus Schlaich, *Das Bundesverfassungsgericht*, 2004, 25.

172) Peter Häberle, Grundprobleme der Verfassungsgerichtsbarkeit, 1976, 12f.

173) Alexander M. Bickel, *The Least Dangerous Branch*, 1962, 29, 69-70; John Ferejohn and Pasquino Pasquale, "Rule of Democracy and Rule of Law", 2003, 258.

174) Jules Lobel, "The Political Tilt of Separation of Powers", 1998, 591.

외적 영향을 반영한 것일 수밖에 없는데 이 권력들은 고전적 권력분립의 이념형과는 다른 모습이고 상황에 따라 전변한다. 정치와 헌법재판도 그런 전변하는 권력이다. 그렇다면 권력적 실체로 설명하기 곤란한 헌법재판은 정치에 대한 관계의 틀로 조망될 필요가 있다. 권력은 관계로서의 측면도 지닌다. 권력개념은 소유의 측면과 상호 관계의 측면을 모두 지닌다. 권력은 장악 가능한 실체임과 동시에 관계다. 그래서 헌정주의헌법도 제도화된 권력의 제 관계를 담은 체계다.175) 관계는 통제를 통한 균형이라는 권력분립에 내재된 속성이다. 분립된 권력이 드러내는 관계(Zusammenhang)의 측면은 오늘날 상호 통제를 통한 균형보다 더 강조된다.176) 헌법재판이 그 기능적 차이를 고려한 체계적합한 역할분배를 찾는 기능법적 이해도 고립된 헌법재판이 아니라 정치적 기관과의 관계 속에서 자신의 모습을 확인한다.177) 헌법재판은 정치에 대한 관계로서 해명 받을 수 있다.

이 관계는 헌법의 우위에 의해 만들어진 권력들이 헌법의 우위를 지키지 못하자 헌법재판이 그 우위를 정치에 담보시키면서 형성되는 관계다. 정치에 대한 관계로서의 헌법재판은 각국에서 특수한 모습이다. 각국의 헌법재판이 정치에 대해 형성하는 특유의 관계로 결정되기 때문이다. 그 관계의 특수성은 우선 각 제도의 기원에서부터 추적된다. 민주주의의 법적·정치적 기원이 당대의 정치적 갈등 해석에 적절한 토대를 제공한다면 제도의 기원은 제도의 역할을 이해하는 출발점이다.178) 각국에서 정치에 대한 헌법재판의 관계도 제도적 기원이 담은 이념적 현실적 특수성에서 출발했다. 이에 따라 민주주의에서 헌법재판을 운용하는 주요 각국과 한국 역대 헌법재판제도의 역할도 지역과 시기에 따라 각 다르다.179) 헌법재판과 정치를 민주주의에서 관계적으로 공존시킴으로써 정당화시키고자 할 때 모든 시기와 장소에 보편적으로 적용되는 관념적 해결책만이 답이 될 수는 없다.180) 오히려 부단한 운행을 통해 헌법재판이 민주주의 정치에 대한 일정한 관계적 역할로 드러내는 각 모습에서 특수한 해답을 찾아야 하는데 이는 국가별 그리고 시기별로 다르다.

---

175) 칼 J. 프리드리히(Carl J. Friedrich), 『현대헌법과 입헌주의』, 2006, 26, 33, 38, 178-180; John Agresto, *The Supreme Court and Constitutional Democracy*, 1984, 38.

176) Waldemar Schreckenberger, Verfassungsgerichtsbarkeit als Konvergenz von Öffentlichkeit, Berd van Roermund (ed.), *Constitutional Review: Theoretical and Comparative Perspective*, Deventer: Kluwer, 1993, 24.

177) Alexander von Brünneck, *Verfassungsgerichtsbarkeit in den westlichen Demokratien*, 1992, 155.

178) Klaus von Beyme, "The Genesis of Constitutional Review in Parliamentary Systems", Christine Landfried (ed.), *Constitutional Review and Legislation: An International Comparison*, Baden-Baden: Nomos, 1988, 37-38.

179) Alexander von Brünneck, *Verfassungsgerichtsbarkeit in den westlichen Demokratien*, 1992, 153.

180) Mauro Cappelletti, *The Judicial Process in Comparative Perspective*, 1991, 206.

<표 2> 주요 국가 헌법재판제도

국가 출범	형태	규범통제유형 관장사항	재판관 수 임기	재판관 임명방식	재판관 자격요건
미국 1803	법원 (연방대법원)	사후·구체적 위헌심사	9인 종신	대통령임명 상원 권고 동의	제한 없음. 대부분 법조경력자
독일 1951	연방 헌법재판소	사후·구체적 추상적 위헌법률 기관쟁송 헌법소원 정당해산 탄핵심판 등	16인 12년 중임금지	연방의회 8인 연방참사원 8인 각 의회 2/3 다수결 선거인단간선 및 직선 소장·부소장 각 의회 교대선출	법관자격 각 원 3인씩 6인 연방최고법원 재판관
프랑스 1959	헌법평의회	사전·추상적 사후·구체적 위헌법률안 위헌법률명령 위헌국회규칙 등	9인 및 전직대통령 9인 및 종신 연임금지 3년 1/3 교체	대통령 3인 국민의회의장 3인 상원의장 3인 위원장 대통령임명	제한 없음.
일본 1947	법원 (최고재판소)	사후·구체적 위헌법률명령규칙	15인 임기 없음.	내각임명 최고재판소장 내각지명 천황임명	최소 10인 법관·검사 변호사 법학교수
오스트리아 1945 (1920)	헌법재판소	사후·구체적 추상적 위헌법률명령 등 권한쟁의 탄핵심판·선거	14인 임기 없음.	국민의회·연방참의원 연방정부 제청 연방대통령임명 소장 대통령임명	법률학 국가학 이수 관련 업무경력
이탈리아 1956	헌법재판소	사후·구체적 추상적 위헌법률 권한쟁의 탄핵심판 등	15인 9년 중임금지	의회양원합동회의 5인 선출 대통령 5인 지명 최고법원 5인 지명 소장 재판관 중 호선	대학교수 변호사 대법원판사
스페인 1981	헌법재판소	사후·구체적 추상적 위헌법률 권한쟁의 헌법소원 등	12인 9년 연임금지 3년 1/3 교체	하원 4인 상원 4인 정부 2인 사법총평 2인 추천 국왕 형식적 임명 소장 재판관 중 호선	법관·검사 변호사 대학교수 공무원

<표 3> 한국 역대 헌법재판제도

시기 기간	형태	관장사항	재판관 수 임기	재판관 임명방식	재판관 자격요건
1공화국 1950-60	헌법위원회 탄핵재판소	위헌법률 탄핵심판	위원 11인 대법관 4년 국회의원 임기 중	국회·대법원 구성 대법관 5인 국회의원 5인 부통령 1인 위원장 부통령 탄핵재판소 동일	국회의원 대법관
2공화국 1960-61	헌법재판소	위헌법률 권한쟁의 정당해산 탄핵심판 선거	심판관 9인 6년 2년 1/3 교체	대통령 3인 대법원 3인 참의원 3인 소장 심판관 중 호선	법관자격
3공화국 1962-72	대법원 탄핵심판위	위헌법률 정당해산 선거 탄핵심판	16인 이하 대법원장 6년 대법원판사 10년 9인	대법원장 법관추천회의제청 국회동의 대통령임명 대법원판사 법관추천회의동의 대법원장제청 대통령임명 대법원장 대법원판사 3인 국회의원 5인	법관자격 대법원판사 국회의원
4공화국 1972-80	헌법위원회	위헌법률 탄핵심판 정당해산	위원 9인 6년	국회 3인 선출 대법원장 3인 지명 대통령 3인 임명 전원 대통령임명 위원장 대통령임명	대통령 국회의장 대법원장 등 법관자격 법대교수
5공화국 1980-88	헌법위원회	위헌법률 탄핵심판 정당해산	위원 9인 6년	국회 3인 선출 대법원장 3인 지명 대통령 3인 임명 전원 대통령임명 위원장 대통령임명	대통령 국회의장 대법원장 등 법관자격 법대교수
현행 1988-	헌법재판소	위헌법률 권한쟁의 탄핵심판 정당해산 헌법소원	재판관 9인 6년 연임 가능	국회 3인 선출 대법원장 3인 지명 대통령 3인 임명 전원 대통령임명 소장 국회동의 대통령임명	법관자격 (15년 이상 판사·검사 변호사)

V. 정치에 대한 헌법재판의 관계적 역할 비교

1. 민주주의와 사법심사의 제도적 결합

(1) 미국 연방대법원

1) 법치로서의 정치

미국은 권력분립과 법의 지배(rule of law)로 형성되었다. 미국을 만든 것은 인민의 지배에 대한 확고한 인식과 열망을 통한 민주주의이념이기보다는 새 국가가 추구하는 이념을 삼권의 통치기제 설정으로 뒷받침한 헌정주의적 권력분립과 법의 지배였다. 그 권력분립은 법의 지배로 사법심사를 헌법내재화했다. 헌법을 고차법(higher law)으로 보는 사고가 입법권을 포함한 국가권력을 제한하는 근본법으로서의 헌법관념과 결합되어 사법심사는 권력분립을 통해 내재된다. 제헌 이전에도 이러한 사법심사는 이미 알려진 것이었다. 영국 보통법(common law)법원의 전통을 통해 의회제정법을 법원이 심사할 수 있다고 말한 17세기 코크(Edward Coke) 판사의 선례도 식민지에 이식되면서 사법심사 관념은 알려졌다. 헌법과 자연적 평등에 반하는 법의 무효를 주장한 1761년 오티스(James Otis)의 주장도 있었고 법원이 사법심사론을 원용해 영국의회가 통과시킨 법이 고차법에 위배된다고 무효를 선언할 수 있다는 1776년 버지니아 법원의 선례도 있었다. 제헌 후 1803년 마버리(Marbury v. Madison)판결 이전까지도 사법심사 사례는 주 입법에 대한 연방법원이나 주법원의 심사 예로서 몇몇 주에서 확인된다.[1]

다만 인민은 사법심사를 잘 알지 못했다. 1787년 필라델피아 제헌회의(Federal Convention) 이전에 사법심사의 존재는 뚜렷하지 않았다. 입법을 무효화하는 사법부의 권위는 거의 이해되지 못했고 기껏해야 한두 법원이 헌법적 근거로 법시행을 사실상 거부한 정도였고 대부분의 법원은 그나마 그런 심사를 회피했다. 거의 듣지도 보지도 못한 사법심사는 인민의 주목을 끌지 못했다.[2] 제헌회의 이전에 정치의 헌법합치성을 통제하는 헌법의 우위에 근거한 사법심사가 각 주에서 명백히 제도화된 것은 아니다. 제헌회의 구성의 주요동

---

1) Edward S. Corwin, *The Doctrine Of Judicial Review*, 1914, 75; Charles G. Haines, *The Role of the Supreme Court in American Government and Politics*, 1944, 17; Mauro Cappelletti, *The Judicial Process in Comparative Perspective*, 1991, 128-129; Christian Starck, Vorrang der Verfassung und Verfassungsgerichtsbarkeit, 1986, 16-17, 21; Louis Fisher, *Constitutional Dialogues*, 1988, 46-47, 52-53; John Agresto, *The Supreme Court and Constitutional Democracy*, 1984, 46; 마우로 카펠레티(Mauro Cappelletti), 『현대헌법재판론』, 구병삭·강경근·김승환 역, 서울: 법문사, 1989, 45-65.

2) Larry D. Kramer, *The People Themselves*, 2004, 69-72.

기가 주 의회의 자의적 행동에 대한 일반적 혐오였던 점에서 이전 각 주의 사법심사 사례가 주의 주권에 대한 제약이 된 연방 차원의 사법심사의 직접적 원형이라 보기도 어려웠다. 오히려 제헌기의 사법심사관념은 적절한 연방권력을 위해 주 헌법의 입법권력을 줄이는 방안이 모색되면서 그리고 주 입법에 대한 의회의 거부권 개념이 거절되면서 대안으로 부각된 점에서 각 주의 사법심사 선례의 의미는 역설적이다. 즉, 주의 사법심사가 알려지면서 동시에 사법심사로 주 권력의 축소가 의도된 점에서 역설적이다. 단지 분명한 것은 헌법의 권력분립원칙에서 사법심사 관념이 확인된 것뿐이다. 사법심사는 헌법에 실현된 헌법기초자의 일반원칙에 의존해 통치체계의 한 부분으로 관념되었다.[3]

그러나 1789년 헌법에 사법심사권은 명문화되지 않는다. 헌법기초자의 눈에 '세 기관 중 가장 미약한' 사법부는 정치적 권리를 위협할 만한 권력으로 이해되지 않았다. 권력분립이 사법심사를 만든 이유이면서 동시에 사법심사의 헌법명문화를 막은 이유였다. 사법심사는 헌법에 구현된 헌법기초자의 일반원칙으로 헌법내재화된다. 제헌회의 초기 랜돌프(E. Randolph)가 제안하고 매디슨(J. Madison)이 주도한 버지니아구상(Virginia Plan)은 연방과 주, 연방정부 기관 간 권력배분에서 상원과 하원의석을 모두 인구비례로 할당했다. 이 구상에는 행정부와 더불어 사법부 구성원에게도 시행 전 의회입법에 대한 거부권을 부여한 수정위원회(Council of Revision) 안도 담겨 있었다. 작은 주들이 반대하자 무마를 위해 하원은 인구비례로 하고 상원은 각 주 동등투표로 선출하는 코네티컷 대타협(Connecticut Compromise)이 이루어진다. 여기서 수정위원회는 거부되지만 거부된 수정위 개념에 담긴 사법심사의 유용성에 관한 미련은 남는다. 매디슨은 권력의 의회집중을 견제하기 위해 사법부강화로 입장을 선회해 의회에 대한 방어적 권력을 사법부에 귀속시키고자 한다. 사법심사를 위한 중요한 첫 걸음이었다.[4]

버지니아구상 좌절에 따라 매디슨은 권력분리가 경쟁과 타협만 촉진하고 전혀 균형을 이루지 못하면 권력분리만으로 기관 간 침해 방지수단이 제공되지도 헌법보장이 되지도 않는다고 판단해 헌법적 심사로 정부행위를 묶는 방법을 생각한다. 매디슨과 동료들은 사법부로 가능성을 타진한다. 비선출직 기관에 너무 많은 권력을 부여하기는 조심스러웠

---

3) Edward S. Corwin, *The Doctrine Of Judicial Review*, 1914, 10, 62-63; Alfred H. Kelly and Winfred A. Harbison, *The American Constitution*, 1963, 299; Charles L. Black Jr., *The People and the Court*, 1960, 23, 25-26; Alexander M. Bickel, *The Least Dangerous Branch*, 1962, 1.

4) Edward S. Corwin, *The Doctrine Of Judicial Review*, 1914, 41-42; Ralph Ketcham (ed.), *The Anti-Federalist Papers and the Constitutional Convention Debates*, New York: New American Library, 2003, 35-41; Louis Fisher, *Constitutional Dialogues*, 1988, 49; 정경희, 『중도의 정치: 미국 헌법제정사』, 서울대학교출판부, 2001, 47-60; 오승용, "미국 헌법은 얼마나 민주적인가", 2004, 307-308.

다. 사법부가 의회와 대통령을 견제할 정도로 강한지도 의심스러웠다. 판결을 뒷받침할 집행력도 의심했다. 그래도 사법부는 주들 간 다툼이나 연방사법관할권에 대한 주의 위반을 중재하고 감시할 기관이다. 매디슨의 생각은 여러 의심에도 불구하고 시간이 갈수록 커진다.[5] 헌법기초자 해밀턴(A. Hamilton)도 사법부에 의한 헌법적 심사를 지지한다. 해밀턴은 헌법의 명백한 취지에 저촉되는 법률의 무효선언은 법원의 의무라고 보면서 사법심사의 내용과 기준 및 주체를 제시한다. "헌법과 법률이 조화롭게 해석될 여지가 없는 경우에는 법적 구속력과 정당성의 관점에서 보다 상위에 위치하는 규범이 우선 고려되어야 한다. 헌법이 법률보다 우선 고려되어야 하며 국민대표의 의사보다는 국민의 의사가 우선되어야 한다." 사법부의 임무는 헌법적 운동이 우리의 고차법을 성공적으로 수정할 때까지는 일상의 입법에 의한 고차법 침해에 대항해 인민의 판단을 지키는 것이다.[6] 다만 그 의미는 사법부가 인민의 의사를 수호해야 한다는 것과는 달랐다. 오히려 해밀턴은 제헌 당시 지배적이었던 의회를 통한 자의적인 인민의 지배에 대한 견제로 사법부를 고려한 것이다. 사법부를 연방의 이해관계와 기본적 권리를 지켜줄 보루로 생각했다.[7] 의회가 헌법을 만드는 것을 부인하는 것으로는 충분치 않았다. 최종 헌법해석권이 의회 손에 있다면 우월한 의회가 지닌 위험성은 마찬가지였다. 연방헌법 성립 직전 각 주 연합(confederation)을 끝내는 제헌기에 영향력 있는 헌법기초자들에 의해 사법심사가 입법권 견제수단으로 고려된 것이다.

그러나 제헌회의에서 사법심사 반대론도 없지 않아 필요성은 인식되고 알려졌더라도 수용을 위한 동의에 이르지는 못한다. 사법심사원리는 제헌회의에서 반복적으로 언급되고 적지 않은 헌법기초자들에 의해 지지되지만 수용 합의에 이르지 못했다. 헌법기초자 상당수가 필요성을 인식했더라도 사법심사의 범위나 함축적 의미는 상대적으로 명료하지 않았다. 이 점에서 제헌회의 당시 오늘날과 같은 사법심사를 분명히 의도했다고 보기는 어렵다. 오늘날의 제도형태와 사법우위원리까지 포함된 사법심사를 생각했는지는 제헌의도에 대한 수많은 면밀한 조사로도 밝히기 어렵다.[8] 결국 헌법기초자 상당수의 의사라고

5) Jenna Bednar, "The Madisonian Scheme to Control the National Government", Samuel Kernell (ed.), *James Madison: The Theory and Practice of Republican Government*, Stanford California: Stanford University Press, 2005, 222-224; Jack Rakove, "Judicial Power in the Constitutional Theory of James Madison", *William and Mary Law Review*, 43:4(2002), 1513-47.

6) Alexander Hamilton, et al., *The Federalist Papers*, 2003, No. 78, p.466; Bruce Ackerman, *We the People: Foundations*, 1993, 72.

7) Charles G. Haines, *The Role of the Supreme Court in American Government and Politics*, 1944, 202.

8) John Agresto, *The Supreme Court and Constitutional Democracy*, 1984, 50-64; Louis Fisher, *Constitutional*

간주된 사법심사는 판례로 헌정에 등장한다. "법이 무엇인지를 말하는 것은 단연 사법부의 직분이자 의무다"라고 선언한 마셜(J. Marshall) 대법원장이 이끈 연방대법원의 1803년 마버리 판결이 헌법기초자의 의도를 담아낸다.9) 이로써 국민의사인 헌법이 고차법적으로 우월적 지위를 가진다는 해밀턴의 말은 현실화된다. 미국의 권력분립은 사법심사를 포함한 형태가 된다. 동시에 정치와 사법의 긴장구도가 만든 결과의 선구적 원형이 된다.10) 토크빌이 냉정하게 관찰하듯 미국의 사법부는 헌법기초자의 이면의 우려도 읽었다. 위헌법률을 적용하지 않는 권력이 지닌 엄청난 정치적 영향력을 알았다. 그래서 사법부는 재판관이 주도권을 쥐고 입법자를 견책하는 수준으로 정치적·정파적 역할을 수행하지는 않았다.11) 추상적·가정적 위헌성판단을 배제한 구체적 사건성과 쟁송성의 틀로 사법의 한계를 지키면서 정치의 우려에도 불구하고 제도로 정착되어 갔다.

Dialogues, 1988, 48-52; Charles L. Black Jr., *The People and the Court*, 1960, 22; 이상돈, 『미국의 헌법과 연방대법원』, 1983, 24-26; Alfred H. Kelly and Winfred A. Harbison, *The American Constitution*, 1963, 141-142; Charles G. Haines, *The Role of the Supreme Court in American Government and Politics*, 1944, 18-19; Michael J. Perry, *The Constitution in the Courts*, 1994, 25; Stephen M. Griffin, *American Constitutionalism*, 1996, 91.

9) Marbury v. Madison, 5 U.S. 137(1803).

10) 판결의 배경은 제헌 이후 부각된 정당구도에 의한 1800년 대통령 선거의 결과였다. 연방당 소속 현직 대통령 애덤스(J. Adams)에 대해 당시의 주권파(州權派) 공화당(Republican party) 대통령후보 제퍼슨(T. Jefferson)이 승리함에도 의회를 장악한 연방당(Federalist party)이 이를 인정치 않아 국가적 혼란을 겪다가 가까스로 대통령에 임명된다. 1801년 애덤스는 임기 마지막 날 의회를 통해 사법부법(Judiciary Act of 1801)을 통과시키고 그에 따라 증설된 관할구역에 연방판사를 임명하는데 이는 레임덕 시기에 아직 연방주의자가 장악한 의회의 도움을 받아 퇴임 직전에 연방법관들만이라도 자파로 채워 사법부를 연방주의자의 보루로 삼으려는 의도였다. 상원이 인준해 대통령이 임명하지만 퇴임을 앞두고 마버리를 포함해 여러 법관에게 임명장이 전달되지 못했다. 연방당원들에 의한 사법부 장악을 원치 않았던 제퍼슨 정부의 신임 국무장관 매디슨은 그 전달을 거부한다. 이에 마버리는 임명장을 받기 위해 사법부법 규정에 따라 연방대법원에 직접 제소한다. 당시 대법원은 애덤스의 정략에 따라 임명된 마셜(John Marshall) 대법원장을 포함해 6명 모두 연방파 대법관들로 이루어졌다(Bruce Ackerman, The Failure of the Founding Fathers: Jefferson, Marshall, and the Rise of Presidential Democracy, Cambridge: Harvard University Press, 2007, 3-8, 112, 122-129; Louis Fisher, *Constitutional Dialogues*, 1988, 54-55, 123). 대법원은 마버리를 승소시키면 제퍼슨이 계속 임명장 전달을 거부할 것이므로 사법의 권위에 손상을 입게 되고 패소시키면 제퍼슨 정부에 굴복하는 꼴이 된다. 결국 마셜은 연방대법원에 이 사건에 관한 1심 관할권을 부여한 사법부법 제13항은 사법권에 관한 헌법규정에 어긋나 위헌이라는 이유를 내세워 비록 마버리 등이 임명장을 구할 수는 있지만 대법원이 이를 판단할 수는 없다고 함으로써 사법의 권위를 지켜낸다. 법원의 헌법해석권에 근거한 사법심사권을 말한 이 판결은 그 정치적 배경에서 읽히듯 선거를 통해 인민으로부터 위임받은 정부임을 내세운 제퍼슨 행정부와 당파적으로 대립했던 연방주의자가 장악한 사법부 간 대립의 산물이었고 판결 이후에도 법관 탄핵 등으로 사법과 정치의 계속적 갈등을 드러내면서 인민의 지지로 선출된 정부와 그에 대한 사법의 저항, 사법에 대한 의회의 대응, 사법부 인적 구성의 변경 등이 맞물린 정치에 대한 사법의 입장변화의 필연성을 보여준 원형이다(Bruce Ackerman, The Failure of the Founding Fathers, 2007, 265).

11) 알렉시스 토크빌, 『미국의 민주주의 I』, 2007, 161-167.

2) 정치적 기관이 구성하는 사법부

정치적 기관에게 사법부는 더 이상 가장 미약한 기관이 아니라 위협이 된다. 그래서 헌법상 연방법관 임명권을 지닌 대통령의 강한 견제가 행사된다. 집권 대통령은 정치적·정책적 입장에서 헌정 초기부터 특히 연방대법관을 거의 자파의 정치이념적 성향에 부합하는 인사를 정치적으로 임명함으로써 공화당과 민주당의 집권 시기에 따라 특정한 정치적 성향의 상대적 우위가 확인되었다.[12] 연방법관은 헌법상 대통령이 연방상원의 권고와 동의(advice and consent)를 얻어 임명하므로 상원의 정치적 이해관계도 반영된다. 후보추천과 인준청문을 행하는 상원의 동의는 대통령의 사적 선호와 충돌하면서 동의를 둘러싼 임명과정을 대중매체, 변협, 이익단체가 개입되는 시민적 토론과 논쟁의 장으로 만든다. 이 과정에서 후보자의 전문적 능력 등이 아니라 거의 정치적 이해관계가 선택의 관건이 된다.[13] 대통령과 상원의 이 공조적(cooperative) 임명체계에서 사법견제로서의 대통령의 임명과 상원의 동의는 행정부와 의회 두 기관에 대한 수평적 책임성과 국민대표인 두 기관의 동의를 통한 국민에 대한 간접적인 수직적 책임성 구조를 확보한다.[14]

동의와 임명 그 자체가 연방대법원의 일방적인 정치적 종속을 의미하지는 않는다. 대법관은 헌법상 종신직이어서 임명권자인 대통령에 의한 연임이라는 정치적 위협이 없다. 종신임기는 제헌 당시 가장 미약한 부서로 간주된 사법부의 독립성 강화를 위해 해밀턴에 의해 의도된 것이다.[15] 종신제로 인해 후보선택의 중요변수인 이념도 독자적 의미로 전환된다. 공화당 혹은 민주당 대통령에 의해 임명된 재판관의 이념성향의 차이보다는 오히려 법원 내 다수재판관의 정치이념 성향이 판결내용을 좌우한다. 재판관들의 동조적

---

12) Charles G. Haines, *The Role of the Supreme Court in American Government and Politics*, 1944, 42-44.

13) Alexander Hamilton, et al., *The Federalist Papers*, 2003, No. 76, p.456; Lee Epstein and Jeffrey A. Segal, *Advice and Consent: The Politics of Judicial Appointments*, New York: Oxford University Press, 2005, 21-22, 71, 87-88, 96; Terri J. Peretti, *In Defense of a Political Court*, 1999, 91-92; Mark Tushnet, *Taking the Constitution away from the Courts*, 1999, 152; Louis Fisher, *Constitutional Dialogues*, 1988, 135; 형식을 보면 연방대법관에 공석이 생기면 행정부에서 법무부구성원들을 포함한 대통령자문들이 주와 연방의 정치가, 공무원, 이익단체, 미국변협 그리고 대통령이 직접 추천한 후보들의 리스트를 취합한다. 일차 사정 후 걸러진 후보의 개인적 삶에 관한 질문사항의 응답이 법무부로 보내진다. 법무부는 비공식적 평가를 위해 전통적으로 미국변협 연방사법위원회의 적격, 부적격 평가를 본다. 상원에 후보이름을 보내면 상원은 당파적 균형을 이룬 사법위원회에서 상원전원회의에 후보자를 추천할지를 결정하는 청문회를 해 후보의 배경, 신념, 철학을 심층 신문한다.

14) 최장집, "민주주의와 헌정주의", 2005, 55.

15) Alexander Hamilton, et al., *The Federalist Papers*, 2003, No. 78; Charles G. Haines, *The Role of the Supreme Court in American Government and Politics*, 1944, 199, 203; Lee Epstein and Jeffrey A. Segal, *Advice and Consent*, 2005, 8.

태도가 재판을 지배한다.[16] 대통령과 의회의 임명이 대법원을 종속시키는 것은 아니어서 임명된 법관이 행정부나 의회의 눈치를 볼 필요는 없다. 대통령의 의도적 코드인사조차도 예상한 정치적 결과로 이어지는 경우는 드물다. 행정부정책과 배치되는 판결도 적지 않고 임명한 대통령에 거리를 둠으로써 현안에서 대통령의 기대와 전혀 달리 행동하는 대법관도 흔하다. 그러자 그 결과는 대통령의 재판관임명에서의 당파적 혹은 이데올로기적 고려의 우선순위를 재확인시킨다.[17] 그래서 당파적 기대 그리고 정치적 임명권자에 대한 대법관의 이념적·정책적 자율성에 대한 예측적 고려가 대법관임명의 핵심변수가 된다. 임명한 대통령의 의도와는 판이한 판결로 확인되는 긴장, 즉 사법의 독립성에 더하여 정치를 판단하기 위해 정치에 종속되지 않고 정치로부터 거리를 둘 수 있는 상대적 자율성과 정치적 임명 간의 긴장이 확인된다.

사법과 정치의 관계에는 대립과 정치적 종속이 모두 반영된다. 달(R. Dahl)이 말하듯 정치적 임명은 사법부가 정치적 다수파의 관점에 종속되는 지배적 국가정치연합(dominant national alliance)의 일원이 되도록 만든다. 임명 당시 대통령이나 상원다수파의 기본입장과 크게 상이한 법관이 대통령지명이나 상원인준을 얻을 수는 없기 때문에 대법관 다수파의 관점은 다수파의원의 관점을 오랫동안 벗어나지는 못한다. 기껏해야 몇 년을 넘어서까지 의회다수파가 추구하는 정책에 대항하는 입장을 유지하기는 어렵다. 뉴딜사법부가 이 패턴을 상기시킨다. 선거를 통한 변화에서 뒤처진 사법부는 정치의 방해물이었다. 그러나 재구성된 사법부가 정치의 결정을 수용하고 정당화하였듯 정치적 임명은 곧 사법부의 침묵을 이끈다. 사법의 침묵은 결국 입법과 행정과 동일 의사다. 사법부는 정치적 기관과 마찬가지로 정책결정자처럼 행동한다.[18] 대통령의 지명과 상원의 인준이 부여한 가치와 임명된 재판관이 판결을 이끌어 가는 개인적 가치 간에는 실체적 연관이 존재함으로써 재판관의 개인적 정치선호에 따른 결정도 임명을 통해 대통령과 상원에 의해 결정된 가치적 전제들을 수행하는 것이다. 지배적 국가연합의 일원으로서의 사법이라는 관

---

16) Cass Sunstein, David Schkade, Lisa Ellman and Andres Sawicki, *Are Judges Political?: An Empirical Analysis of the Federal Judiciary*, Washington D.C.: Brookings Institution Press, 2006, 17, 43, 85-86, 147-148.

17) John H. Ely, *Democracy and Distrust*, 1980, 47; John Agresto, *The Supreme Court and Constitutional Democracy*, 1984, 123; Lee Epstein and Jeffrey A. Segal, *Advice and Consent*, 2005, 120; Terri J. Peretti, *In Defense of a Political Court*, 1999, 111-112.

18) Robert Dahl, "Decision-Making in a Democracy", 1957, 285-293; 로버트 달(Robert Dahl), 『민주주의와 그 비판자들』, 2008, 365; Alexander M. Bickel, *The Supreme Court and the Idea of Progress*, New Haven: Yale University Press, 1978, 88, 90; Keith E. Whittington, *Political Foundations of Judicial Supremacy*, 2007, 42-45; David Adamany, "Legitimacy, Realignment Elections, and the Supreme Court", *Wisconsin Law Review* 1973(1973), 790-846.

점은 널리 받아들여진다.[19)]

정치에의 동조는 권력분립적 한계를 의식한 사법 자신의 입장에서도 드러난다. 정치와의 지속적 대립을 감수하기 힘든 법원은 정형적 결정기준을 만들어 정치에 예측 가능하게 알린다. 정치 동조적인 합헌성추정(presumption of constitutionality)이 원칙적 심사기준이 된다. 대법원은 입법이 의문의 여지가 없을 만큼 명백하게 위헌이 아니면 위헌선언하지 않는다. 사법심사 원칙이 된 합헌성추정은 비교적 초기인 1827년의 판결에서부터 보인다. 이는 의회와 행정부의 재량을 존중해 가능한 제정법을 유지하는 정치에 대한 배려이자 사법의 자기방어다. 합리적 의심의 가능성을 넘을 정도로 명백지 않으면 합헌성추정이 번복되지 않는 합리적 의심(rational doubt)원칙과 결합되어 사법심사를 이끈 이 추정은 법적 추정의 본질 이상으로 사법심사를 제약하게 된다.[20)] 사법이 심사의 정책적 한계를 설정한 핵심계기는 바로 정치와의 관계안정화였다.

다만 사법의 태도만으로 정치와의 긴장이 본질적으로 해소되지는 않는다. 마버리 판결 이후 정치는 법원이 본연의 임무와 권한에서 벗어나 헌법상 수권되지 않고 인정되지 않는 행위를 함으로써 사법형식을 빌려 실질은 정치적 결정을 한다고 비판했다. 타 기관의 권한에 개입하고 정책형성 주도권을 가지는 사법과 민주주의의 충돌이 지적된다.[21)] 논쟁 사안이 사법에 의뢰될수록 입법과 행정은 정책결정과 집행 주도권을 빼앗김으로써 민주적 의사결정 토대가 무너진다고 받아들였다.[22)] 의회에 의해서만 개인 자유와 권리가 보장된다는 서구의 보편적 믿음에서 민주적 대표성 없는 사법이 국민의사인 의회입법을 심사하는 것은 국민주권에도 반한다고 이해되었다. 사법심사가 정착된 후 다수지배 논거로부터 지속적 거부반응이 확인된다. 전제적 입법부에 대한 적절한 방어책으로 사법심사를 지지했던 제퍼슨(T. Jefferson)도 사법을 귀족주의적 반민주적이라고 비난하며 등을 돌린다. 당초에는 시민의 자유를 위해 사법심사가 입법권을 견제할 수 있다고 봄으로써 헌법에 권리장전을 추가하기 위해 편협한 의회에 대한 거부수단으로 사법을 고려했던 제퍼슨도 강하게 반발하며 사법심사 대신 주심사(state review) 혹은 의회심사(congressional review)를 제안한다.[23)]

---

19) Terri J. Peretti, *In Defense of a Political Court*, 1999, 131, 159.

20) Ogden v. Saunder, 25 U.S. 213(1827); Charles L. Black Jr., *The People and the Court*, 1960, 215-222.

21) 차동욱, "위헌법률심사제도의 민주적 정당성에 관한 고찰", 2006, 178.

22) Juan J. Linz, "Crisis, Breakdown and Reequilibration", 1978, 3-124.

23) Henry J. Abraham, *The Judicial Process*, 4th ed., New York and Oxford: Oxford University Press, 1980, 335; Charles G. Haines, *The Role of the Supreme Court in American Government and Politics*, 1944, 514-523;

3) 정치에 대한 사법자제의 한계

초기의 비판에 대해 합헌성추정 심사기준으로 방어한 사법부의 대응은 사법자제다. 그것은 권력분립에서 설득력 있고 명분 있지만 한계를 드러낸다. 정치와 거리를 유지한 사법자제 대법원의 시도는 무산된다. 마버리 판결 이후 노예제를 금지한 연방법을 위헌결정 한 1857년 드레드 스코트(Dred Scott v. Sanford) 판결까지 50여 년 동안 위헌판결이 없자 사법심사는 정치와 마찰을 빚지 않는 듯했다. 건국 직후의 국가적 필요에 부응하면서 정부행위의 정당성을 부여한다는 긍정적 이해마저 있었다.[24] 그러나 드레드 스코트 판결의 결과로 상황은 반전되어 사법자제는 잠정적 일시적 효용인 것으로 확인된다. 대법원은 이 두 번째 위헌판결로 견디기 어려운 시련을 맞는다. 대법원은 연방의회가 노예제를 규율할 권한이 없으므로 북부 주들은 노예제를 불허하고 남부는 인정한 1820년 미주리타협(Missouri Compromise)이 위헌이라고 선언해 노예문제를 국가정치의 장에서 배제시키고자 했다. 노예제와 지역주의로 촉발된 정치위기를 법적 문제로 전환시켜 노예제를 둘러싼 정치적 논쟁의 해결에 법을 환기시킨 것이다. 노예제가 선거로 해결할 수 없는 헌법문제라고 본 대법원이 국가위기에서 시도한 질서유지였다. 그러나 북부 주들이 판결을 인정하지 않고 남부 일부 주마저 연방분리를 선언하면서 의도는 무색해진다. 노예제옹호 판결로 이해되면서 혼란은 수습되지 못했다. 마버리 판결 이후 위헌선언 없이 50년 이상을 경과한 사법자제의 결과인 드레드 스코트 판결은 모든 자제를 헛된 것으로 만들 만큼 강한 비판을 부른다.[25]

드레드 스코트 판결의 의도는 정치에 의해 가려졌다. 사실 건국 이전부터 정치나 입법 어젠다에서 노예제에 대한 명백한 입장표명은 기피되었다. 사법부도 노예제의 위헌성을 지적했었다. 그러나 링컨 이전까지 국가정치에서 노예제이슈는 배제되었다. 정치세력 간 국가연합을 분열시킬 위험이기에 일련의 타협적 태도로 노예제이슈와 거리를 두었다.[26]

John Agresto, *The Supreme Court and Constitutional Democracy*, 1984, 24, 78-84; 김운룡, 『위헌심사론』, 서울: 삼지원, 1998, 400.

24) Charles L. Black Jr., *The People and the Court*, 1960, 80-81.

25) Dred Scott v. Sanford, 60 U.S. 393(1857); Paul W. Kahn, *Legitimacy and History*, 1992, 46; Martin Shapiro, "The United States", 1995, 45; Mark Tushnet, *Taking the Constitution away from the Courts*, 1999, 8-9; 마크 투시네트(Mark Tushnet), "헌법의 정치적 기능과 그 한계", 장철준 역, 『법학연구』, 연세대학교 법학연구소, Vol. 14, No. 2, 2004, 201; John Agresto, *The Supreme Court and Constitutional Democracy*, 1984, 87, 114; Bruce Ackerman, *We the People: Foundations*, 1993, 79; Terri J. Peretti, *In Defense of a Political Court*, 1999, 54.

26) Keith E. Whittington, *Political Foundations of Judicial Supremacy*, 2007, 136; Bruce Ackerman, *We the*

그러다가 대법원이 노예제의 헌법적 갈등에 대한 판결을 요구받은 것이다. 노예제를 둘러싼 대립적 정치세력의 갈등으로 인해 어떤 판결이 내려지든 그것은 그들 간 중재와 타협의 여지를 축소시킬 수밖에 없었다. 노예제의 헌법적 의미가 정치적으로 논쟁되었기에 비록 사법부가 한쪽 편만 드는 정도였더라도 논쟁의 패자를 진정시킬 수 없었다. 링컨은 노예제가 헌법이슈임은 인정하면서도 해결은 인민의 과제라고 반박했다. 사법부가 헌법의 뒤에 숨어 인민이 해야 할 결정을 인민으로부터 빼앗아 간다고 했다.[27] 드레드 스코트 판결 3년 뒤에 판결이 초래한 국가적 갈등상황에서 집권한 링컨(A. Lincoln)은 "만약 전체 인민에 영향을 주는 중요 정부정책이 연방대법원의 판결에 의해 되돌릴 수 없이 확정되어야 한다면 인민은 그만큼 자신의 정치권력을 고고한 법정의 손에 맡김으로써 스스로 지배하는 자(their own rulers)로서의 지위를 잃게 될 것이다"라고 성토한다.[28]

사법의 입장에서 드레드 스코트 판결은 달리 평가될 수 있다. 의회권력 제한은 다른 사건과 마찬가지로 헌법에서 모색되어야 했다. 링컨은 각 주 한계 내에서의 노예제금지조차 불허한 사법부를 비판하지만 헌법적 관점에서 1857년 당시 각 주마다 입법권이 본질적으로 소유자의 재산권을 통제해서는 안 된다는 원칙은 이미 일반적으로 인정되었다. 법이 한 번 자산이라고 인정한 것을 입법권이 부당하게 침범할 수는 없었다. 그것은 몇몇 주 헌법에서는 적법절차(due process of law)원칙이었다. 이는 논박되기 어려웠다. 제헌 당시 헌법이 의미하는 시민의 의미를 밝히고자 한 점 등에서 사법부의 판단은 적극적 입장이기보다는 상당히 원본주의적 해석에 충실한 것이었다. 사법부는 그를 근거로 각 주 노예제에 대한 의회권력의 문제를 해결하려 했다. 각 주에 실제 존재하는 노예제에 대한 의회권력이 아니라 이제부터는 노예제가 각 주 내로 실행되지 못하도록 하기 위해 의회권력의 문제를 해결하려 했다. 그럼에도 판결의 정치적 결과에 따른 반박이 그 의도를 덮어 최악의 판결로 받아들여졌다. 대법원에 대한 신뢰는 총체적으로 추락했고 그 결과는 중대했다. 남북전쟁 후 재건기 내내 대법원은 정당한 감독역할조차 수행할 수 없었다. 대통령권한이나 의회입법권이 부당하게 확장되어도 방관해야 했다. 1860년과 1870년

People: Transformations, 1998, 122; Charles G. Haines, *The Role of the Supreme Court in American Government and Politics*, 1944, 524-525; John B. Gates, *The Supreme Court and Partisan Realignment: A Macro- and Microlevel Perspective*, Boulder: Westview Press, 1992, 34.

27) Keith E. Whittington, *Political Foundations of Judicial Supremacy*, 2007, 69-70; John B. Gates, *The Supreme Court and Partisan Realignment*, 1992, 175.

28) Abraham Lincoln, First Inaugural Adress, March 4, 1861, *Collected Works*, 4, 268; John Agresto, *The Supreme Court and Constitutional Democracy*, 1984, 91-92; Sutherland Freund and Brown Howe, *Constitutional Law*, 3rd ed., Vol. 1, Boston: Little Brown, 1967, 20; Mark Tushnet, *Taking the Constitution away from the Courts*, 1999, 9.

사이 10년 동안 사법의 독립성은 가장 심각한 위험에 빠졌다.[29]

4) 사법과 정치의 관계 형성

남북전쟁(Civil War)으로 집약된 연방 차원의 헌법적 갈등은 대법원과 정치의 관계를 완전히 경색시켰다. 위축된 대법원을 지배한 관념은 손쉬운 최소개입으로의 복귀였다. 대법원은 드레드 스코트 판결이 부른 정치적 혼란을 정치의 결정에 가능한 한 개입하지 말라는 경고로 받아들였다. 의회나 행정부가 명백하게 불합리한 결정을 하지 않는 한 헌법문제라도 그 정치적 결정을 유지하려 했다. 사법심사로 인한 정치와의 갈등에 대한 보호장치였다. 정치에 비해 민주적 토대가 취약한 사법부의 이런 태도는 끊임없이 논란거리가 되었다.[30] 정치에 대한 사법개입의 의도가 거의 제대로 이해되지 않았기에 남북전쟁 이후 대법관들은 더 이상 헌법을 미국건국의 한 세대의 혁명적 성과의 정점의 표현으로 보지 않았다. 현실에서 그들은 여러 세대의 헌법정치를 통해 심오하게 변형된 헌법이 낳은 해석상 문제들과 싸워야 했다.[31] 링컨은 집권공화당 출신 대법관들을 새로 임명해 대법원구성을 크게 바꾼다. 바뀐 대법원은 자신의 제도적 지위를 유지하는 문제와 정치의 본질적 위상을 존중하는 문제 사이에서 고뇌한다. 군사법정의 민간인재판에 대해 대법원은 일반법원이 작동할 때는 군사법정에서 시민을 재판할 수 없다고 함으로써 사법적 권능유지를 위해 시민권을 명분으로 행정부에 맞서기도 하지만, 정치이슈를 대법원이 심판하기로 결정하자 의회가 이미 심리 중인 대법원의 상소심관할권을 제외하는 입법을 단행한 사안에서는 그 의회입법이 헌법상 근거 있다고 봄으로써 상소심관할권 제한을 수용한다. 법안이 의회를 통과해 법안으로 성립되었는지 여부는 의회자율권 존중 차원에서 판단이 자제되어야 한다고도 했다.[32] 남북전쟁 후 정치적 지배 재편에 휘둘린 대법원은 정

29) Edward S. Corwin, *The Doctrine Of Judicial Review*, 1914, 143-144, 148, 150, 157; Louis Fisher, *Constitutional Dialogues*, 1988, 67; Mark Tushnet, *Red, White, And Blue*, 1988, 44-45.

30) James B. Thayer, "The Origin and Scope of the American Doctrine of Constitutional Law", 1893, 129; Learned Hand, *The Bill of Rights*, 1958; Learned Hand, "The Contribution of an Independent Judiciary to Civilization", 1952, 155-165; Christopher Peters and Neal Devins, "Alexander Bickel and the New Judicial Minimalism", 2005, 47.

31) Bruce Ackerman, *We the People: Foundations*, 1993, 113.

32) Ex Parte Milligan, 71 U.S. 2(1866); Ex Parte McCardle, 74 U.S. 506(1868); Field v. Clark, 143 U.S. 649(1891); Charles L. Black Jr., *The People and the Court*, 1960, 187; Tom Ginsburg, *Judicial Review in New Democracies*, 2003, 94; Bruce Ackerman, *We the People: Transformations*, Cambridge: Harvard University Press, 1998, 223-226; Terri J. Peretti, *In Defense of a Political Court*, 1999, 146; Lee Epstein and Jack Knight, *The Choices Justices Make*, 1998, 152-154; John B. Gates, *The Supreme Court and Partisan*

치상황에 따른 이해관계 저울질에 몰두해야만 했다.

대법원은 1930년대 대공황기의 위기정부에서 강한 이데올로기적 입장표명으로 다시 정치와 극적으로 대치한다. 루즈벨트(F. D. Roosevelt) 대통령이 1935년부터 행정부와 의회 그리고 여론을 앞세워 취임 100일 동안 대공황탈출을 위한 뉴딜(New Deal)정책의 일환으로 통과시킨 무려 15개의 경제개혁입법 중 10여 개 법률을 위헌선언 해 정부와 의회에 타격을 가한다. 대법원은 그 입법들이 재산권과 계약의 자유 등 중요 헌법적 가치를 위협한다고 했다.33) 이 자유주의적 입장은 뉴딜 시기에 갑자기 불거진 것은 아니었다. 뉴딜판결이 있기 전부터 충분히 확인되었다. 이미 시장독점, 노동시간제한, 최저임금 및 노동조합 관련 입법들이 계약의 자유 위반으로 위헌 판단되거나 심각히 제한되었다. 대표적으로 제빵노동자의 과도한 노동시간을 규제하기 위한 뉴욕주법이 계약의 자유를 위반했다고 선언한 1905년의 로크너(Lochner v. New York) 판결 이후를 의미하는 로크너 시기(Lochner era) 대법원은 많은 비판을 자초했다. 그 비판은 뉴딜 시기 대통령과 법원의 갈등에서는 보다 강화되었다.34) 앞선 시기의 경제적 자유방임주의(laissez-faire) 입장과 크게 다르지 않은 대공황기의 뉴딜 위헌판결들은 위기정부에서 사법심사의 정당성 기반을 상실시켜 사법부를 벼랑 끝으로 내몬다.

루즈벨트는 대법원이 시대의 요청을 모르는 뒤떨어진 법적 해석으로 국가정책의 발목을 잡아 국민 대다수가 요청한 시급한 개혁을 지연시켜 민주주의와 시민적 자유를 위협한다고 했다.35) 루즈벨트는 대법원에 대한 실효적 대응방법을 찾는다. 연방대법관 수가 헌법에 명시되지 않고 미국역사에서 그 수가 변화했던 점에 착안해 대법관에 대한 사실상 증원을 기도한다. 10년 이상 재직한 70세 이상 대법관의 숫자만큼 대통령이 새로 더 임명할 수 있고, 9인 대법관을 최대 15인까지 증원할 수 있는 재판관 인적 변경계획 (court packing plan) 법안이 1937년 의회에 발의되어 통과를 기다렸다. 통과되면 당장 6인 대법관을 새로 지명할 수 있게 되어 법원 내 뉴딜반대세력의 영향력을 감소시킬 수 있었다. 그 계획은 의회에서 지지받지 못하고 계획이 공론화된 이후 공중도 대통령의 정

Realignment, 1992, 181-182; Louis Fisher, *Constitutional Dialogues*, 1988, 218; 김철수, "통치구조에 관한 헌법판례의 경향", 『법학』, 서울대학교 법학연구소, 제14권 제1호, 1973, 115-116.

33) John Ferejohn and Pasquino Pasquale, "Rule of Democracy and Rule of Law", 2003, 257; Bruce Ackerman, *We the People: Transformations*, 1998, 286, 303.

34) Lochner v. New York, 198 U.S. 45(1905); Coppage v. Kansas, 236 U.S. 1(1915); Adkins v. Children's Hospital, 261 U.S. 525(1923); Louis Fisher, *Constitutional Dialogues*, 1988, 17, 59; Stephen M. Griffin, *American Constitutionalism*, 1996, 100, 104.

35) Bruce Ackerman, *We the People: Transformations*, 1998, 377-379.

치적 의도를 지지하지 않아 결국 무산된다.[36) 그럼에도 상황은 달라졌다. 대법관들이 사직하거나 사망하면서 뉴딜지지 대법관들로 새로 채워지기도 한 대법원은 이후 극도로 자제하면서 후속 뉴딜입법에 대해 단 한 차례의 위헌판결도 내리지 않는다.[37) 루즈벨트의 무산된 의도는 결과적으로 대법원에 영향을 미쳤다. 대통령 및 의회와의 극단적 대치상황에 처하자 대법원은 인적 변경계획이 시행되지 않았음에도 명분을 접고 정치와의 관계회복에 집중했다. 이후 위기정부에서 대법원의 태도도 마찬가지다. 남북전쟁과 제1차 세계대전의 위기정부와 의회의 비상조치들에 대해 대법원이 취했던 이전의 대립적 태도는 뉴딜 이후 달라진다. 대법원은 제2차 세계대전 시기 행정부와 의회의 비상조치에 대립하지 않는다.[38)

위기정부로 대두된 행정국가에서 사법부는 비정치적 사법의 지위로 도피하면서 행정부와 의회가 제시한 행정국가 정책을 정당화하고 보증하는 역할로 스스로를 한정했다. 특히 새 의회다수파가 권력으로 부상하는 전환기 동안에는 대부분 사법자제를 드러냈다.[39) 뉴딜을 포함한 위기정부의 경험을 통해 정치에 대한 사법자제의 필요성이 명백히 확인된다. 대법원이 지배적 국가연합의 불가피한 일원이고 정치적으로 임명됨으로써 정치적 연합의 주요정책을 지지할 수밖에 없는 지위이더라도 새롭게 형성된 정치적 동맹이 사법부를 따라잡을 때까지는 혹은 마찬가지로 사법부 입장에서도 그 동맹을 따라잡을 때까지는 정치와의 불협화음의 시기는 있을 수밖에 없다. 루즈벨트의 인적 변경계획도 그런 심각한 불협화음이었다.[40) 그러나 위기관리를 위한 강력한 정부 및 의회와 대법원의 갈등이 시기가 성숙된 이후에는 대법원이 정치적 연합의 정책을 지지하는 방향으로 정착되어 갔다. 대법원은 과거의 고통스러운 경험들을 통해 새 의회다수파의 정책에 대해서조차 적대관계를 유지하는 것을 꺼렸다.

36) Lee Epstein and Jeffrey A. Segal, *Advice and Consent*, 2005, 45; Keith E. Whittington, *Political Foundations of Judicial Supremacy*, 2007, 36; Bruce Ackerman, *We the People: Transformations*, 1998, 26.

37) Charles L. Black Jr., *The People and the Court,* 1960, 59; Tom Ginsburg, *Judicial Review in New Democracies*, 2003, 85-86; 김운룡, 『위헌심사론』, 1998, 57-62, 493; Schechter Poultry Corporation v. U.S., 295 U.S. 495(1935); U.S. v. Butler, 297 U.S. 1(1936); Carter v. Carter Coal Co., 298 U.S. 238(1936); West Coast Hotel v. Parish, 300 U.S. 379(1937).

38) Clinton Rossiter, *Constitutional Dictatorship: crisis government in the modern democracies*, New Brunswick: Transaction, 2002, 263-264.

39) Keith Whittington, "Legislative Sanctions and the Strategic Environment of Judicial Review", *International Journal of Constitutional Law* Ⅰ(2003).

40) Robert Dahl, "Decision-Making in a Democracy", 1957, 285-293; Keith E. Whittington, *Political Foundations of Judicial Supremacy*, 2007, 42-45; Alexander M. Bickel, *The Supreme Court and the Idea of Progress,* 1978, 90.

변화의 시기에 일시적 불협화음이 조성되어도 사법의 패배로 귀결될 수밖에 없자 사법은 이후 새로운 변화의 시기에도 자제를 택했다. 대법원은 타협을 보다 지속적 수준에서 작동시키는 방식으로 지위를 안정화시켰다. 위헌심사기준 세분화는 그 결론이다. 대법원은 의회입법 위헌성판단의 세분화된 기준을 만든다. 법률의 성격에 따라 입법목적의 정당성을 차별적으로 평가해 제안기관의 의도를 존중함으로써 통제수준을 조절한다. 뉴딜 시기였던 1938년부터 표현의 자유 같은 정신적 기본권의 심사는 엄격히 하되 경제나 사회정책처럼 기본권과 직접 관련이 없는 영역의 법률은 심사기준을 완화해 입법 정책의도를 존중하는 이중기준(double standard)원리를 만든다. 사법자제를 구체적 상황에 선별 적용되는 판단기준으로 지속 작동하게 만들어 정치에 신축 대응하겠다는 전략적 사고다. 동시에 행정부와 의회의 결정에 대한 엄밀하고 신중한 판단으로 정치와 국민의 신뢰도 얻으려는 것이다.[41]

1950-60년대 워런대법원(Warren Court)의 적극적 시민권 보장 판결로 대법원은 다시 제왕적 사법부(imperial judiciary)로 비쳐진다. 이 시기 25개의 연방법과 150개의 주법이 위헌 판단된다. 흑백 인종분리를 위헌 선언한 브라운(Brown v. Board of Education) 판결을 위시해 변호인 조력권 확장, 미란다원칙 확인, 불법수집증거의 증거능력부정 등 많은 적극적 진보판결이 나타난다.[42] 대법원은 보수주의로부터 거센 비판을 받고 사법우위를 부정하는 급진적 입장에서도 제왕적 사법의 궤도이탈(aberration)로 평가절하된다.[43] 그러나 당대의 진보적 조류에 의탁한 기본권수호 판결들은 정치상황에서 극적이고 집중적으로 부각된 것일 뿐 실제는 이미 확고히 인정되기 시작한 변화의 확인에 불과했다. 이후 대법원도 시민권에서는 워런대법원과 마찬가지로 적극적 위헌판결을 이끌고 있다. 기본권 보장은 정치와 사법의 전면적 갈등을 야기하는 영역이 아니었다. 그럼에도 워런대법원이 비판의 주 표적이 된 것은 기본권수호역 자체가 문제라기보다는 판결로 사회정책을 선도한다고 비쳐졌기 때문이다.

---

41) U.S. v. Carolene Products Co., 304 U.S. 144(1938); 김운룡, 『위헌심사론』, 1998, 62-70.

42) Brown v. Board of Education of Topeka, 347 U.S. 483(1954); Gideon v. Wainwright, 372 U.S. 335(1963); Miranda v. Arizona, 377 U.S. 201(1966); Mapp v. Ohio, 367 U.S. 643(1961) 등; Matthew J. Franck, *Against the Imperial Judiciary: The Supreme Court vs. the Sovereignty of the People*, Lawrence: University Press of Kansas, 1996; Keith Whittington, "Constitutional Theory and the Faces of Power", Kenneth Ward and Cecilia Castillo (eds.), *Judiciary And American Democracy: Alexander Bickel, the Countermajoritarian Difficulty, And Contemporary Constitutional Theory*, Albany: State University of New York Press, 2005, 163.

43) Larry D. Kramer, *The People Themselves*, 2004, 233; Erwin Chemerinsky, "In Defense of Judicial Review", 2004, 1023; Christine Landfried, "Introduction", 1988, 11.

실제로 정치와의 핵심적 갈등영역에서 사법부는 뉴딜 시기의 뼈아픈 경험을 통해 신중히 대응했다. 경제 입법이나 정책은 시대요청을 고려하고 정치 문제에서도 의회와 행정부의 의사를 존중해 위헌선언을 자제했다. 사법비판의 주 표적이 아닌 기본권 보호영역에서 드러난 사법적극주의의 이면에서는 우려와 달리 사법자제가 지속된 것이다. 그럼에도 대법원이 비판받은 것은 시민권 보장 같은 외형적 결과 자체가 아니라 정치와 협상하지 않았다는 이유였다. 사회정책형성의 관점에서 적극적이고 견제받지 않고 제왕적이고 과도하게 위험하다고 간주되기 때문에 비판받았다. 견제와 균형 혹은 민주적 선거의 경계 밖에서 확정적으로 지배하는 능력으로 간주됨으로써 제왕적이고 위험한 제도로 평가되었다.[44]

워런대법원 시기 제왕적 사법부 공격은 대공황기 자유방임주의적 사법에 대한 적대적 비판을 연상시킨다. 브라운 판결 등을 통해 워런대법원이 정치적으로 표출된 인민의지를 넘어 스스로 사회정책을 형성한 것으로 비쳐졌기에 제왕적이라고 간주되었다면 뉴딜대법원도 마찬가지다. 정책과 입법의 효과 지연을 넘어 정치와의 견제나 타협을 보이지 않는 사법은 비판받는다.[45] 그 비판은 이념의 고수나 기본권의 고집스러운 옹호에 대한 반발이 아니라 사법이 정책형성 권력이 되는 데 대한 두려움이다. 미국에서 사법의 정치형성에 대한 비판이 늘 있는 게 아니라면 그 비판은 정상적인 인과적 반응이다. 1970년대 이후 비판은 현저히 줄었다. 버거대법원(Burger Court)은 경제문제 정부규제를 지지하고 사회경제제입법에서도 합헌성추정으로 권력분립적 한계 유지에 충실했다. 80년대 이후 렝퀴스트대법원(Rehnquist Court)도 통치에 관한 사법자제가 지배적이었다.[46] 2000년대 로버츠대법원(Roberts Court)도 마찬가지다. 1970년대 이후 대법원은 입법과 행정에 대한 적극개입을 피했다. 베트남전의 위헌성, 대만과의 상호방위조약 일방폐기, 인질석방을 위한 이란과의 행정협정체결, 쿠바여행 제한조치 등 대통령의 행위가 대부분 헌법적으로 유지된다.[47] 이 시기 대법원이 시민권 보호에서는 이전과 유사했는데도 평가는 워런대법원과 다른 것은 정치형성적이라고 간주되지 않았기 때문이다.

---

44) John Agresto, *The Supreme Court and Constitutional Democracy*, 1984, 11.

45) John Agresto, *The Supreme Court and Constitutional Democracy*, 1984, 34; Alexander M. Bickel, *The Supreme Court and the Idea of Progress*, 1978.

46) Christopher Peters and Neal Devins, "Alexander Bickel and the New Judicial Minimalism", 2005, 52; Elizabeth Mensch, "The History of Mainstream Legal Thought", 1998, 46; 김운룡, 『위헌심사론』, 1998, 231-238.

47) Katz v. U.S., 389 U.S. 347(1967); Sarnoff v. Schultz, 409 U.S. 929(1972); Goldwater v. Carter, 444 U.S. 996(1979); Dames & Moore v. Reagan, 453 U.S. 654(1981); Reagan v. Wald, 468 U.S. 222(1984).

대법원이 시민권 보호 같은 사법적극주의 자체로만 평가되는 것은 아니다. 적극적 정치형성 외양이 있더라도 설득적으로 정치와 대화함으로써 정치에 의해 인정되는지로 평가가 좌우된다. 정치와 사법의 대화가 형성되면 긴장은 부각되지 않는다. 뉴딜대법원처럼 사법이 정치에 단지 최종결정을 만들고자 하면 정치는 사법과의 갈등만 지적한다. 그러나 이 비판도 잠정적이고 일시적이다. 정치형성이 아니라 정치와 대화하면 사법심사는 민주주의에서 다시 받아들여진다. 대법원은 미국의 정치적 지배의 변화에서 비록 일관된 형태는 아니더라도 정치사회 내 대립적 세력과 경향 간의 조정과 중재를 보여준다.[48] 이 조정이나 중재는 사법이 최종결정자가 아니라[49] 정치와 대화를 하고 있을 때 성공된다.

5) 민주주의에서의 정착

대법원의 헌법해석은 정치에 대한 일방 강요라기보다는 정치 스스로의 최종해결을 바라는 헌법적 제안이다. 그래서 정치와의 대립을 피하는 심사포기나 회피는 실천적 의미가 적다. 이른바 정치문제(political question) 그리고 의회와 대통령 간의 권력분쟁을 대하는 대법원의 태도변화도 이런 인식을 보여준다. 정치에 대한 사법적 판단의 한계영역인 고도의 정치성과 결합된 정치문제에 대해 초기 대법원은 명확한 판단기준을 만드는 대신 권력분립적 근거를 내세워 회피했다.[50] 그러다가 정치문제에 대한 권력분립적 한계론은 심사기준 확립에 의해 지양된다. 지나치게 불평등한 인구비례에 의한 선거구획정을 사법심사 대상으로 인정한 1962년 베이커(Baker v. Carr)판결이 출발점이다. 이전 판결들의 비일관된 태도 대신 정치문제라도 정치기관에 해결이 위임되었거나 사법부가 해결할 심사기준이 없거나 이미 결정된 정치적 결단에 충실해야 할 특별한 필요가 명백한 경우 외에는 대상이 된다고 했다. 이 기준을 근거로 이후 판결에서도 1인 1표 원칙을 위배해 최대와 최소선거구 간 인구편차가 3대 1인 선거구획정이나 인구편차가 불과 1% 미만인 선거구획정안들이 차례로 위헌 판결된다.[51] 이는 선거구획정을 둘러싼 행정부와 의회 혹은

---

48) John B. Gates, *The Supreme Court and Partisan Realignment*, 1992, 183.

49) Louis Fisher, *Constitutional Dialogues*, 1988, 8.

50) Luther v. Borden, 48 U.S. 1(1849); Doe v. Braden, 57 U.S. 635(1853); Coleman v. Miller, 307 U.S. 433(1939); Colgrove v. Green, 328 U.S. 459(1946); MacDougall v. Green, 335 U.S. 281(1948); Goneillon v. Lightfoot, 346 U.S. 339(1960).

51) Baker v. Carr, 369 U.S. 186(1962); Reynolds v. Sims, 377 U.S. 533(1964); Wesberry v. Sanders, 376 U.S. 1(1964); Kirkpatrick v. preisler, 394 U.S. 526(1969); Karcher v. Daggett, 462 U.S. 725(1983); Davis v. Bandemer, 54 U.S. 4898(1986); NYC Board of Estimate v. Morris, 489 U.S. 688(1989); Louis Fisher, *Constitutional Dialogues*, 1988, 111-116.

그 내부갈등에 대해 사법의 입장을 알린 것이다.[52] 즉, 사법적 판단의 한계영역을 밝혀 정치의 양해를 구하고 한계 영역 밖의 정치문제에 대한 정치적 해법의 필요성을 상기시 킨 것이다.

대법원은 행정부와 의회 간 권력갈등을 헌법상 권한쟁송으로 다루면서 정치적 해결방 향을 제시한다. 의회의 권한위임에 의한 행정부의 행위가 법적 효력을 발하기 전에 의회 가 거부할 수 있는 의회거부(legislative veto)를 둘러싼 의회와 행정부의 갈등에서 그러했 다. 법무장관의 인도유학생 추방중지명령에 대해 의회결의로 장관의 결정을 거부할 수 있음을 근거로 하원이 장관 명령을 거부한 결의안을 통과시키자 1983년 대법원은 이 의 회거부가 헌법상 권력분립원칙을 침해한다고 위헌판결(INS v. Chadha)해 의회와 행정부 간 의회거부라는 갈등영역의 중재를 시도한다.[53] 의회가 행정부행위를 저지하기 위해 당 시까지 이미 200개 이상의 의회거부를 법률에 반영시켜 행정부의 정책결정을 뒤집는 것 이 가능했던 상황에서 대법원은 권력분립적 분리와 견제의 한계를 위헌선언 이유로 든 다.[54] 일련의 의회거부 관련 판결이 이어지자 의회는 의회거부를 지속 사용하면서 반발 했다.[55] 의회의 반응이 사법비판이더라도 갈등 상대방인 정부도 겨냥한다면 그것은 의회 의 권력분립적 한계를 지적해 헌정주의적 균형회복을 위한 의회와 행정부에 의한 해법의 필요성을 알린 대법원의 의도를 읽은 것이다.

본질적 입법사항은 의회에 유보되어 법률로 규정되어야 하고 세부사항을 보충할 권한 만 행정부에 위임되어야 한다는 입법권의 위임한계를 밝힌 대법원 판결들도 의회와 정부 간 권력균형 요청의 확인이다. 미국선박에 대한 무역방해를 중지한 국가에 대통령이 무 역제한을 철폐하는 법률에 관해 대법원은 의회가 법률로 대통령이 입법권을 행사할 조건 을 특정했는지로 입법권위임의 권력분립적 정당성을 판단한다. 대통령에게 기업과 노동 정책의 규제권을 위임한 대표적 뉴딜입법인 1933년 국가산업부흥법(NIRA)이 의회가 법 률로 대통령행위의 기준을 정립하지 않았다는 판단은 권력분립상 적절한 위임기준의 필 요성을 말한다.[56] 대법원은 기관의 기능과 특수 분야에서 요구되는 효율성을 본다. 대외

---

52) Keith E. Whittington, *Political Foundations of Judicial Supremacy*, 2007, 126.

53) INS v. Chadha, 462 U.S. 919(1983); Louis Fisher, *Constitutional Dialogues*, 1988, 224-225; Tom Campbell, *Separation of Powers in Practice*, 2004, 15; 김운룡, 『위헌심사론』, 1998, 461-462.

54) M. J. C. Vile, *Constitutionalism and the Separation of Powers*, 1998, 388-389.

55) Louis Fisher, "Separation of Powers", 1990, 57-93; Louis Fisher, "The Legislative Veto: Invalidated, It Survives", *Law and Contemporary Problems* 56(1993), 288; Lee Epstein and Jack Knight, *The Choices Justices Make*, 1998, 144.

56) Brig Aurora v. U.S., 11 U.S. 382(1813); Wayman v. Southard, 23 U.S. 1(1825); Panama Refining Co.

문제에서는 대통령의 강력한 재량을 인정해 외교영역 입법권은 의회가 아닌 대통령에게 부여되어야 하므로 대통령의 그 입법권행사는 재량이고 법적 제한에서 자유롭다고 한다. 전문 분야의 입법권 위임도 넓게 인정해 유죄판결의 경우 강제 적용되는 양형지침제정권을 양형위원회에 부여한 양형개혁법은 양형이 복잡하고 기술적인 사무이므로 의회가 법률에서 양형위원회의 업무수행기준을 제시했다면 인정된다고 했다.[57] 대통령과 행정부의 업무현실을 고려해 위헌성을 선별해 정치의 반발을 최소화하려 한 것이다.

대통령의 권력적 한계로 원용된 논거는 거의 권력분립론인데 이는 사법개입이 정치형성이 아니라 균형을 위한 중재임을 납득시키려는 의도다. 1952년 한국전쟁 중 노조와 제철업자 간 분쟁으로 철강생산이 위협받자 트루먼 대통령이 전쟁수행에 지장을 우려해 군통수권으로 모든 제철소를 정부가 인수운영 한다고 발표한 것에 대해 대법원은 의회가 대통령에 위임하지 않아 위헌이라고 했다. 전시라도 사유재산 제한은 의회동의로 가능하므로 대통령이 의회권한을 행사해서는 안 된다는 권력분립적 근거가 이유였다.[58] 워터게이트 사건 직후 닉슨이 비밀유지권을 내세워 증거제출을 거부하자 대법원은 대통령의 비밀유지권보다 공정한 형사재판진행의 헌법원칙이 우선한다면서 의회가 녹음테이프 공개를 위해 통과시킨 법을 인정했다. 적법절차라는 헌정적 요청 앞에서 정부운용상 특권은 제약된다는 것이다.[59] 대통령의 항목별거부권이 인정된 항목별거부권법(LIVA)을 근거로 클린턴이 의회통과 법률안 중 일부조항만 거부하는 것도 권력분립에 위배된다고 했다.[60] 9·11테러 이후 부시행정부가 외국인 테러용의자 재판을 위해 설치한 특별군사재판소는 대통령이 독자적으로 설치할 수 있지만 의회가 자신의 전쟁권을 합리적으로 행사하는 차원에서 대통령권한을 제한하는 것도 존중되어야 한다고 의회와 대통령의 권한한계를 밝혔다.[61] 이들 판결은 권력 간 균형을 위한 중재였다.

대법원은 민주주의 헌법이슈도 감당한다. 2000년 대통령선거의 일반유권자 투표에서 앞선 민주당 고어 후보가 플로리다 주에서 공화당 부시에게 근소한 표차로 뒤지자 플로리다 주는 승자 발표 대신 재검표를 결정한다. 그 사법적 다툼에서 고어는 개표시한 연

v. Ryan, 293 U.S. 388(1935); Schechter Poultry Corporation v. U.S., 295 U.S. 495(1935).

57) U.S. v. Curtiss-Wright, 299 U.S. 304(1936); Mistretta v. U.S., 488 U.S. 361(1989).

58) Youngstown Steel & Tube Co. v. Sawyer, 343 U.S. 579(1952); Eric Barendt, "Separation of Powers and Constitutional Government", *Public Law*(1995), 610.

59) U.S. v. Nixon, 418 U.S. 683(1974); M. J. C. Vile, *Constitutionalism and the Separation of Powers*, 1998, 388.

60) Clinton v. City of New York, 547 U.S. 417(1998).

61) Hamdan v. Rumsfeld, 548 U.S. 557(2006).

장을 주장했으나 연방대법원은 플로리다 주 재검표는 모든 투표가 동등하다는 헌법의 평등권조항 위반이므로 부시가 플로리다에서 승리했다고 했다. 연방대법원이 직면한 것은 선거인단제도로 일반 유권자투표에서 보다 적은 표를 얻은 후보가 대통령에 당선될 수 있는 헌정주의와 민주주의의 부정합의 한 단면이었다. 적법절차와 표준화된 투표계산이라는 민주주의의 절차적 결정을 다루었다.[62] 결과적으로 사법이 대통령직을 결정한 이 상황은 헌법기초자도 예상하지 못했다. 헌법조항을 살피면 그런 분쟁해결의 주체는 의회로 유추될 뿐이다.[63] 그러나 명확히 의회가 해결주체라 볼 수도 없고 분쟁당사자와 이해관계도 얽힌 상황에서 연방대법원이 민주적 대표의 신임과 거취를 결정한 것이다. 비록 절차 측면의 결정이지만 민주주의를 위한 조정역의 확장이었다.

대법원의 사법심사는 정치형성으로 매도되고 초입법부(super legislature)로 비난되고 의회와 행정부에게도 해밀턴이 말한 가장 덜 위험한 기관이 아니라 폭풍의 장소로 인식되기도 한다.[64] 그럼에도 사법심사로 미국정치는 다수파 대의제기관과 대법원의 헌법해석권, 즉 정치와 사법의 관계를 만든다. 대법원의 헌법해석권이 정치의 사법화를 가져와 정치영역을 축소하고 민주주의의 범위를 제한한다기보다는 다수제에 기초한 대의제기구와 최고법원으로 상징되는 미국 민주주의의 이중구조가 민주적 의사결정을 보존하면서 법치를 원활히 한다.[65] 그 결과 비교헌법적으로도 연방대법원은 항상 변화하는 역사적 상황의 특수성 속에서 자신의 의미를 보여주는 역할로 평가된다.[66] 헌법의 권력분립이라는 헌정주의적 기반에서 출발한 사법심사에 대한 비판은 불가피함에도 연방대법원과 관련된 헌법수정이나 법관탄핵 등 사법심사의 존립을 부정하거나 위태롭게 하는 시도는 결국 현실화되지 않았다.[67] 사법이 스스로를 정치에 대한 헌법적 대화의 상대방으로 민주주의에서 정착시켰기 때문이다.

62) Bush v. Gore, 531 U.S. 98(2000); Robert Dahl, *How Democratic Is the American Constitution?*, 2001, 73-82; 박명림, "민주주의와 헌정주의", 2009, 354; Ran Hirschl, *Towards Juristocracy*, 2004, 189.

63) Keith E. Whittington, *Political Foundations of Judicial Supremacy*, 2007, 230.

64) 강휘원, "미 건국 초기 헌법원칙의 성립: 사법심사권의 확립을 통한 권력분립과 연방주의 강화", 한국정치학회 1999년도 춘계학술회의, 한국정치 50년의 성찰, 1999, 320-321.

65) 한병진, "미국 헌정질서, 법치, 민주주의의 삼위일체", 2007, 94-105.

66) Alexander von Brünneck, *Verfassungsgerichtsbarkeit in den westlichen Demokratien*, 1992, 187.

67) 오승용, "미국 헌법은 얼마나 민주적인가", 2004, 307; 이재명, "미국의 사회변동과 헌법의 변화", 1996, 32-34; Charles L. Black Jr., *The People and the Court*, 1960, 183-184.

(2) 독일 연방헌법재판소

1) 정치적인 사법적 수호자 요청

독일 기본법(Grundgesetz)의 연방헌법재판소(Bundesverfassungsgericht)는 바이마르헌법 시기 헌법재판소 설립요구로 촉발되어 헌법수호자(Hüter der Verfassung) 논쟁으로 집약된 논의에서 확인된 켈젠의 제도구상, 전통적인 국사재판이라는 헌정유산 그리고 의회주의 위기와 결부된 나치즘의 합법적 불법에 대한 반성이 만든 실천의지의 총체적 결합물이다. 법원의 권한범위에 관한 확장적 해석을 담은 판례로 위헌심사권을 도출하고 이를 헌정운용에서 정착시킨 미국의 사법심사와는 형성의 헌정적 논의 토대와 배경이 다르다. 물론 오늘날의 위헌심사는 미국의 제도로 출발된 것임을 부인할 수 없고 독일에서도 기본법 제정 당시 이미 존재한 미국모델을 잘 알고 제헌과정에서 적지 않은 비중으로 고려했다. 그럼에도 독일 특유의 논의와 정치적 배경을 고려하면 연방헌재를 만든 기본법의 제헌기획에서 미국 사법심사모델이 직접적 기초를 형성했다고 볼 수는 없다.[68] 기본법 기초를 위한 1948년의 헤렌킴제 헌법회의(Herrenchiemseer Konvent)를 거친 뒤 제헌의회에서 사법부 내 다른 연방법원과 동위이되 헌법적 심사에서는 최상위 법원(Gericht)이면서 독립된 별도의 헌법기관(Verfassungsorgan)으로 타 기관에 대해 특별한 위상을 지닌 사법기관이 된[69] 헌법재판소는 정치적 사법의 특성을 고려해 기존의 사법제도를 변형한 이중적 지위인 점에서 미국의 사법심사와는 성립에서 차별적이었다.

성립의 이론적 기초는 헌법수호자 논쟁이었다. 1931년 바이마르시대 헌법수호자논쟁의 배경은 정상적 토론과 심의를 보여주지 못한 의회주의의 위기와 관련된 다양한 헌법적 문제들인데 이미 그 논의 기초는 국내외에서 주목되었다. 헌법보장 요청을 반영한 헌법수호자논쟁의 직접적 계기와 대상은 바이마르의 헌법적 위기지만 19세기 이래의 국내외적 배경은 의회주의의 비정상적 작동이 초래한 헌정위기에 대한 반성적 인식을 헌법수호자 요청으로 이어지게 만든 원형이 되었다.[70] 다만 바이마르헌법 이전 시기에는 그런 요

---

68) Klaus von Beyme, "The Genesis of Constitutional Review in Parliamentary Systems", 1988, 21, 33; Marcel Kau, *United States Supreme Court und Bundesverfassungsgericht: Die Bedeutung des United States Supreme Court für die Errichtung und Fortentwicklung des Bundesverfassungsgerichts*, Berlin: Springer, 2007, 28-30, 143-156.

69) 박규환, "헌법재판의 담당기관에 관한 소고", 2011, 261-284.

70) 논쟁의 원형은 19세기 후반 프로이센과 20세기 초 영국의 헌법적 위기를 둘러싼 정치적 대립에서 발견된다. 독일은 비스마르크(Bismarck) 시기 군비확장예산을 둘러싼 상원과 하원의 갈등으로 인한 헌법적 위

청은 현실정치적 필요와 결합하지 못해 지배정치세력의 관심을 끌지 못했다. 바이마르헌법 시기에 들어 헌법수호자에 대한 관심은 재판관의 심사권을 인정할 것인지의 문제로 현실화되고 1921년 라이프치히 지방법원에서도 법률의 헌법적합성을 심사할 법원의 권한을 말하게 된다. 그 결과 바이마르헌법 초기부터 의회제정법의 헌법합치성을 심사할 필요성이 대두되면서 포괄적 헌법재판권을 가진 단일 헌법재판소 설립요구도 나타난다. 논쟁의 본격 발화점은 헌법수호관할에 관한 재판소 간 경쟁이었다. 바이마르헌법 제국재판소(Reichsgericht)는 지방(Land)법이 제국(Reich)법에 일치하는가의 심판관할권을 그리고 국사재판소(Staatsgerichtshof)는 제국과 지방 간 법분쟁, 지방내부기관 간 권한쟁의 및 탄핵심판권을 지녔다. 이를 근거로 국법학자 트리펠(H. Triepel)은 1923년 독일제국 국사재판소가 '제국헌법 수호자(Hüter)'라고 한다. 제국재판소장 지몬스(W. Simons)는 1924년 제국재판소가 '제국헌법의 파수꾼이자 수호자(Wahrer und Wächter)'라고 반박한다. 국사재판소는 1927년에는 스스로를 '제국헌법의 수호자'라고 명명한다.[71] 헌법수호기관 지위를 선점하려는 두 재판소의 경쟁이 논쟁에 불을 지핀다.

    헌법수호자를 자처한 두 재판소의 경쟁에서 위헌심사의 제도화 논쟁을 촉발시킨 실질 기폭제는 헌법수호자논쟁으로 연결되는 재판관의 심사권에 관한 제국재판소 판결이었다. 재판관의 부수적 위헌심사권이 인정되는지는 오랫동안 논란이었다. 재판관의 규범통제권에 관한 논쟁의 기원은 19세기 법률가대회로까지 소급된다. 그럼에도 바이마르헌법에는 구체적 법률위헌심판 규정이 없자 헌법학계는 법관의 부수적 법률위헌심판권을 둘러싸고 한편에서는 바이마르헌법의 침묵을 부수적 법률위헌심판권의 용인근거로, 다른 한편에서는 부정의 논거로 원용한다. 긍정하는 쪽에서는 그런 심사권은 사법기능의 내재적 부분이므로 헌법규정과는 상관없이 법원의 과제에 속한다는 것이고 부정하는 쪽에서는 그것은 법원이 아닌 입법의 기능이라는 것이다. 헌법규정 불비가 위헌심사권을 배제한 것은

기가 있었다. 여기서 비스마르크는 정치적 문제를 법관이 결정하는 것에 반대했다. 영국에서는 하원이 통과한 예산안을 관습률을 깨고 상원이 부결시킴으로써 야기된 상원과 하원의 헌법적 갈등과 그 해법의 차이로 인한 내각과 국왕의 교착상태가 있었다. 이를 계기로 국왕이 정치적 위기에서 내각의 조언을 거부하고 행동할 수 있다고 본 케이드(A. B. Keith)와 국왕은 대신의 조언에 따라 행동해야 한다고 본 라스키(H. J. Laski)의 대립이 헌법수호자논쟁의 원형을 보여준다[칼 슈미트(Carl Schmitt)·한스 켈젠(Hans Kelsen), 『헌법의 수호자 논쟁』, 김효전 역, 서울: 교육과학사, 1991, 210-222]; 에른스트-볼프강 뵈켄회르데(Ernst-Wolfgang Böckenförde), 『헌법·국가·자유』, 1992, 118-119; Kostas Chryssogonos, *Verfassungsgerichtsbarkeit und Gesetzgebung*, 1987, 15.

71) Heinrich Triepel, Streitigkeiten zwischen Reich und Ländern, 1923, 48; Carl Schmitt, *Der Hüter der Verfassung*, 1969, 3; Kostas Chryssogonos, *Verfassungsgerichtsbarkeit und Gesetzgebung*, 1987, 15-18; 칼 슈미트(Carl Schmitt), "헌법의 수호자인 라이히재판소", 2005, 426; 정문식, "유럽헌법의 수호자", 2008, 189; 게르하르트 라이프홀츠(Gerhard Leibholz), 『헌법국가와 헌법』, 1975, 51.

아니라고 본 것이 당시의 통설이었다. 여기서 제국재판소 해석이 나오자 위헌심사제 채택 여부는 보다 실천적 관심을 만들었다. 즉, 재판관의 심사권(richterliches Prüfungsrecht) 논란은 제1차 세계대전 패전 후인 1925년 독일의 초인플레이션을 둘러싼 제국평가절상법(Aufwertungsgesetz)이 의회를 통과해 시행되자 제국재판소가 법률의 실체적 합법성을 심사할 권능을 가지고 있음을 확인하고 위 법이 제국헌법 제153조에 합치되는지에 대해 부수적 법률위헌심사권을 행사하면서 현재화된다. 미국 마버리 판결의 독일판인 제국재판소의 위 판결이 나타남으로써 실천적 관심이 집약된다.[72]

제국재판소는 바이마르공화국 법률이나 그 개별 규정이 재판관에 의해 지켜야 하는 상위의 다른 법률에 저촉되면 재판관에 의해 효력이 부정될 수 있다고 했다.[73] 제국재판소가 말한 재판관의 심사권은 소송판결을 행하는 개별 재판관에 의한 부수적 심사권이다. 이 심사권의 본질을 포함해 헌법과의 관계에서 헌법재판 자체에 관한 관심도 증폭된다. 1928년 '국사재판의 본질과 발전'을 논제로 한 국법학자대회(Tagung der Staatsrechtslehrer)에서 헌법보장을 포함한 헌법재판의 본질, 대상, 제도에 관한 켈젠과 트리펠의 논쟁이 야기된다. 이 논쟁은 실질적 의미의 헌법재판을 재판대상에 의해 구분하려 했다. 헌법재판에 법률위헌심사인 규범통제뿐 아니라 국가의사형성 과정에서 나타나는 모든 분쟁을 포함할 것인가의 문제였다. 궁극적으로는 헌법재판이 헌법의 본질과 갈등관계에 있는지 혹은 규범통제를 포함한 것으로 용인될 수 있는 제도인지의 쟁점을 다루었다. 트리펠은 재판관의 심사권은 임시재판권이므로 통상의 법률이 헌법 일반원칙에 적합한가를 심사하는 것은 아니라 했다. 소송에 부수적인 법관의 규범심사권에 의해 법률적용이 거부되는 것은 논리적으로 특별히 헌법쟁의로 규정되는 법적 분쟁에 대한 재판으로서의 헌법재판은 아니라는 것이다. 따라서 이 재판소는 주권적 입법자의 상위에 있지 않다고 했다. 그래서 트리펠은 헌법의 본질은 헌법재판과 어느 정도 상치된다고 보았다. 정치적인 것과 헌법적 규제 간 모순에 의해 생기는 헌법쟁의는 항상 정치적 다툼으로 헌법재판은 이를 대상으로 하므로 헌법의 본질은 어느 정도 헌법재판과 모순되며 헌법상 다툼에 있어 헌법재

---

72) Christian Starck, Vorrang der Verfassung und Verfassungsgerichtsbarkeit, 1986, 32-33; Kostas Chryssogonos, Verfassungsgerichtsbarkeit und Gesetzgebung, 1987, 17-20, 36; 국순옥, "헌법재판의 본질과 기능", 1996, 18-22; 클라우스 슈테른(Klaus Stern), "헌법재판과 입법", 1998, 106; 베르너 캐기(Werner Kägi), 『국가의 법적 기본질서로서의 헌법』, 2011, 253-254: H. Spanner, Die richterliche Prüfung von Gesetzen und Verordnungen, 1951, 5(갈봉근, "위헌입법심사의 비교법적 연구(1)", 『법정논총』, 중앙대학교 법과대학, 제15호, 1962, 73에서 재인용); 칼 슈미트(Carl Schmitt), "헌법의 수호자인 라이히재판소", 2005, 426-427.

73) RGZ 111, 320; Carl Schmitt, Der Hüter der Verfassung, 1969, 15; 칼 슈미트(Carl Schmitt), "헌법의 수호자인 라이히재판소", 2005, 426-427; 마우로 카펠레티(Mauro Cappelletti), 『현대헌법재판론』, 1989, 71.

판에 맡길 수 없는 한계가 있다고 했다. 반면, 켈젠은 헌법재판은 헌법의 본질과 모순되지 않는다고 보았다. 그는 헌법위반 법률을 저지함으로써 실정법질서의 통일을 회복하는 교정적 헌법보장으로 헌법재판제도가 필요하다고 했다. 법단계설 관점에서 헌법재판은 법률이 헌법에 적합한지 심사하는 위헌법률심사다. 헌법이 군주가 되는 체제(Verfassungs-Monarchie)에서 규범통제를 비롯한 헌법재판은 자명하다. 헌법재판을 통한 의회입법권에 대한 헌법적 제한은 권력분립에 반하지 않는 것으로 법질서보장의 핵심제도라는 것이다.74)

이 쟁점들은 의회민주주의 위기로 치달은 바이마르공화국 말기 1931년 슈미트와 켈젠의 헌법수호자논쟁으로 정점에 달하면서 헌법재판소 제도화의 이념적 기반이 된다. 슈미트는 법원이 헌법보장자라는 미국적 관념을 배격하고 사법적 헌법재판을 헌법수호자로 인정하지 않았다. 사법국가에서는 법원이 헌법수호자일 수 있지만 사법국가가 아닌 독일에서 사법은 헌법을 수호할 수 없다. 법률 내용에 대한 재판은 그 의미의 목적상 법률에 근거하고 있는 분쟁의 대상이 된 청구권에 대한 결정과는 다르다. 입법적 결정인 법률의 내용을 둘러싼 다툼은 사법적으로 결정될 수 없다. 만약 그러한 분쟁의 해결을 위해 사법형식의 절차를 조직한다면 실은 의회의 기능을 수행하는 것에 불과하다. 법원이 의문스러운 내용을 법률적 효력으로 제거한다면 이는 입법자로 기능하는 것이다. 그렇게 정치문제를 사법으로 해결하면 사법의 정치화로 사법이 손상된다. 이미 입법행위로 고도의 정치행위일 수밖에 없는 헌법적 해석을 사법이 담당하면 사법의 정치화와 정치의 사법화는 불가피하다. 또 법관이 위헌인 법률을 무효로 다루는 것이 허용된다 하더라도 이는 의문이 존재하는 경우 누가 그 위헌 여부를 결정할 권한이 있는지와는 다른 문제다. 이와 관련해 제국헌법이 법관으로부터 심사권을 명시적으로 박탈하지 않았다 해서 심사권이 법관에게 있다고 추론할 수도 없다. 위헌 법률을 무효라고 지적한다 해서 그 의문을 결정할 권한이 그에게 있는지에 대한 해답을 준 것은 아니다. 그 결정권은 별개로 입법의 영역에 속하는 결정권의 문제다. 그래서 슈미트는 헌법수호자로 사법이 아니라 바이마르헌법에서 의회와 함께 국민직선의 민주적 정당성을 지닌 대통령을 든다. 주권적 의

---

74) Berichte von Heinrich Triepel und Hans Kelsen, Wesen und Entwicklung der Staatsgerichtsbarkeit, VVDStRL, Heft 5(1929), 2-84; Carl Schmitt, *Der Hüter der Verfassung*, 1969, 12-36; 칼 슈미트(Carl Schmitt), "헌법의 수호자인 라이히재판소", 2005, 430, 452; 칼 슈미트(Carl Schmitt)・한스 켈젠(Hans Kelsen), 『헌법의 수호자 논쟁』, 1991, 222-226; 클라우스 슐라이흐(Klaus Schlaich), "독일 연방헌법재판소와 헌법재판", 1992, 124; Klaus Schlaich, *Das Bundesverfassungsgericht*, 2004, 10; Christian Starck, Vorrang der Verfassung und Verfassungsgerichtsbarkeit, 1986, 33; Kostas Chryssogonos, *Verfassungsgerichtsbarkeit und Gesetzgebung*, 1987, 204-205.

지에 가깝고 중립적인 대통령이 정치적 전체로서의 국민의 통일성을 보존하는 헌법수호
자라는 것이다. 그러자 켈젠은 국가원수로서의 대통령의 상징적 지위를 정치적 통일성의
전체라는 관념과 결부시킨 슈미트의 견해는 단지 이데올로기에 불과한 것을 현실로 보는
것이라 반박한다. 입법이 생산적 법 산출이라면 재판은 재생산적 법적용이어서 사법도
입법과 마찬가지로 정치적이므로 슈미트가 사법과 정치 간 본질적 차이를 상정하고 법률
위헌심사를 정치행위로 본 것은 잘못된 전제다. 법률제정이 적극적 입법이라면 위헌법률
무효선언은 소극적 입법이므로 양자는 기능상 본질적 차이가 없다. 위헌심사가 사법의
정치화 내지 정치의 사법화를 초래하지도 않는다. 오히려 의회와 정부가 분쟁당사자인
심각한 헌법위반상황에서는 행정부와 의회로 분할하는 권력의 행사에 전혀 관여하지 않
는 제3의 층위가 위헌심사권을 가져야 한다. 이로써 켈젠은 위기의 의회주의에서 입법자
의 위헌적 행위를 무효화하는 독립기관인 헌법재판소를 헌법수호자로 본다.[75]

켈젠의 헌법재판소는 전체 법체계구조 논리의 산물이다. 전체 법체계는 계서적 단계구
조(Stufenbau)다. 구조의 정점은 법체계의 실증적 규범이나 법을 유효한 것으로 승인하는
법적 사고의 기초인 근본규범(Grundnorm)이다. 헌법은 시행되는 의회입법이 최고규범의
내용규정을 벗어나지 않으면 유효하다고 승인한다. 이차규범인 입법은 입법에 벗어나지
않게 시행되는 하위규범인 행정명령이나 조례의 유효성을 결정한다.[76] 하위규범이 상위
규범의 요청에 따르지 않고 시행되면 체계의 유효한 규범이 아니고 상위규범에 의해 성
립된 조건을 충족시킬 때만 유효하다. 규범은 전체 법체계 내에 속할 때만 유효하므로
규범유효성은 근본규범에서 볼 때 타당한지에 따라 결정된다. 그런데 상위규범과 모순되
어 유효하지 않고 전체 법체계에 속하지 않는 위헌적 법률도 위헌선언 전까지는 유효하
고 구속력이 있다. 이 위헌법률에 대한 해결책으로 켈젠이 생각해 낸 장치는 일종의 주
관주의적인 것이다. 규범유효성을 재판관의 선언(declaration by judges)에 의존하는 것이
다.[77] 이로써 법률유효성을 선언하는 재판관으로 구성된 헌법재판소가 헌법보장기관이
된다. 규범통제제도인 헌법재판소는 그 논리의 산물이다.

75) 칼 슈미트(Carl Schmitt), "헌법의 수호자인 라이히재판소", 2005, 433-455; Hans Kelsen, Wesen und
   Entwicklung der Staatsgerichtsbarkeit, *VVDStRL*, Heft 5(1929), 30ff; Hans Kelsen, Wer soll der Hüter
   der Verfassung sein?, 1931; Carl Schmitt, *Der Hüter der Verfassung*, 1969, 12-48; 국순옥, "헌법재판의 본
   질과 기능", 1996, 25.

76) Hans Kelsen, Reine Rechtslehre, Tübingen: Mohr Siebeck, 2008, 73ff.

77) Hans Kelsen, Reine Rechtslehre, 2008; Carlos S. Nino, "A Philosophical Reconstruction of Judicial
   Review", 1994, 290-292; Carlos S. Nino, *The Constitution of Deliberative Democracy*, 1996, 191-192; Alec
   Stone Sweet, *Governing with Judges*, 2000, 133-137.

독일 고유의 국사재판 전통도 포괄적 기능의 헌법재판소를 만든 원천이었다. 기관쟁의와 탄핵심판 그리고 헌법소원을 담은 헌재의 국사재판(Staatsgerichtsbarkeit) 기능은 19세기부터 나타난 법률에 대한 헌법의 우위 이해 그리고 헌법기관 간 쟁의와 헌법소원에 이르기까지 헌법을 재판규범으로 적용할 수 있다는 인식을 반영한 독일의 전통 제도에서 발견된 원형을 답습했다. 시행은 불발되었지만 1849년 파울스키르헤헌법(Paulskirchenverfassung)은 기본법탄생 100년 전에 이미 제국과 지방정부 간 권한쟁의 그리고 기본권침해를 다룰 제국재판소를 규정했다. 또한 앞서 보듯 바이마르헌법에도 지방 내와 지방 상호간, 지방과 제국 간 분쟁 및 탄핵심판을 관장한 국사재판소 그리고 지방법이 연방법에 일치하는가를 심판한 제국재판소가 있었다. 이 전통으로 연방헌재는 미국과 달리 기관쟁의나 탄핵 나아가 정당해산까지 아우른 국사재판기능을 담은 광범한 심판영역의 제도가 되어 정치문제원리에 연연하는 미국과는 다른 토대를 만든다.[78] 연방과 지방 간 및 지방 내 분쟁 그리고 연방최고기관 간 쟁송이라는 고전적 국사재판 계승 심판기관임도 고려해 헌법재판관 2분의 1도 지방대표인 연방참사원에서 선출한다.

바이마르헌법 시기 나치즘 치하의 법정치적 경험도 기본법이 위헌법률심판과 기본권 보장의 실질적 법치를 헌법재판소에 반영한 결정적 동인이다. 기본권 보호에 충실한 바이마르헌법은 역설적으로 나치불법의 근원이었다. 바이마르헌법체제에서 의회는 정부를 구성하지만 국민직선 대통령도 비상조치권으로 입법함으로써 반의회적 통치도 가능하자 대통령 권력이 의회를 약화시킨 그 권력적 진공상태에서 나치즘이 출현해 히틀러가 권력을 이양받을 동기가 제공된다. 이양된 권력은 의회를 마비시켰다. 1933년 수상이 된 히틀러가 힌덴부르크 대통령을 압박해 대통령의 의회해산권과 비상조치권으로 제국의회를 전격 해산하고 전권위임법을 만들고 긴급명령을 발동해도 어떤 기관의 항의도 없었다. 의회는 나치즘체제에 완전히 예속되어 있었다. 새 의회는 헌법개정을 위한 수권까지 히틀러에게 부여한다. 히틀러가 들어온 문은 형식적으로는 합법의 테두리 안에 있었다. 합법적 불법국가(legaler Unrechtsstaat)였다.[79] 그래서 나치즘의 법실증주의(Rechtspositivismus)는

---

78) Ernst Benda, Die Verfassungsgerichtsbarkeit der Bundesrepublik Deutschland, 1986, 124; Klaus Schlaich, *Das Bundesverfassungsgericht*, 2004, 2, 9-10; Klaus von Beyme, "The Genesis of Constitutional Review in Parliamentary Systems", 1988, 27; Kostas Chryssogonos, *Verfassungsgerichtsbarkeit und Gesetzgebung*, 1987, 15; 클라우스 슐라이흐(Klaus Schlaich), "독일 연방헌법재판소와 헌법재판", 1992, 116; 라이너 발(Rainer Wahl), "헌법재판제도의 유형", 2002, 570; 김상겸, "법과 정치관계에 있어서 헌법재판", 1999, 138.

79) 계희열, "한국헌법의 기본원리로서의 법치주의", 『법학논집』, 고려대학교 법학연구원, Vol. 30, 1994, 12; 권영설, 『헌법이론과 헌법담론』, 법문사, 2006, 1062-1082; 빈프리트 하쎄머, 『정치와 헌법』, 2006, 39-40; Torbjörn Vallinder, "When the Courts Go Marching In", 1995, 19-20; 칼 뢰벤슈타인(Karl Loewenstein), "대통령제의 비교법적 연구", 김효전 역, 『동아법학』, 동아대학교 법학연구소, 제8호, 1989,

제어될 수 없었다. 자연법과 정의에 근거한 법의 규범내용에 대한 고려 없이 정치적 합목적성에 의거한 입법자의 전능함을 맹신해 법률에 대한 무비판적 믿음으로 치달았다. 종전 후 헌법재판소는 그 법실증주의를 포기하고 나치입법자가 제정한 정의의 근본원리에 반한 법률적 불법(gesetzliches Unrecht)의 효력을 제거할 제도였다. 나치즘 시기 제정법에 대해 "법과 정의는 입법자가 임의대로 할 수 있는 것이 아니다"라고 일관되게 밝힌 이후 헌재판결이 이를 확인해 준다.[80]

나치즘의 형식적 법치가 만든 결과가 제2차 세계대전 패전 후 독일국민에게 실질적 법치의 요청을 통감케 함으로써 전후 독일의 헌정제도 구상이 헌재 제도화에 주목한 것이다. 나치즘의 거수기였던 의회에 대한 불신이 사라지지 않은 전후 독일은 악법들을 논란 소지를 줄이며 사법적 절차로 폐지할 효율적 수단을 찾았다. 권한기관에 의해 법적으로 규정된 절차에 맞게 행사된 공권력을 정당화하는 형식적 법치에 대한 반성이 실질적 법치를 위한 위헌심사요청을 환기시켜 의회와 행정부로부터 독립해 법률과 정부행위의 위헌성을 판단할 사법기관에 주목한다. 1949년 본 기본법은 억압수단이던 불법적 법률을 무효화하는 법치적 헌법보장을 위해 연방헌재를 만든다. 연방헌재는 개방적이고 효율적인 위헌심사라는 강한 이데올로기적 희망을 담는다. 나치즘 반성은 기본권 보호 요청에 주목한다. 때마침 위헌심사에 의한 기본권 보장은 동시대에 세계적으로 부각된 권리의식 확산과도 결부된다.[81] 미국에서 기본권 보호는 독립혁명기 식민지인의 기본적 인권 보호와 맞물려 뒤늦게 헌법수정의 권리장전으로 채택되지만 독일에서는 나치즘악법과 인권침해 반성 그리고 세계적 기본권 보장의 조류가 기본법과 연방헌법재판소법을 통해 헌법재판에 반영된다. 기본권 보장 헌법소원(Verfassungsbeschwerde)에서 이는 확인된다.

2) 국민대표가 구성하는 헌법재판기관

집중형 위헌심사기관인 연방헌재는 기본법이 규정한 폭넓은 국가행위를 심사한다. 기본법과 연방헌재법에 따라 위헌법률, 공권력에 의한 기본권침해 헌법소원, 위헌정당해산,

---

330-335; Mauro Cappelletti, *The Judicial Process in Comparative Perspective*, 1991, 28.

80) BVerfGE 3, 58; BVerfGE 3, 225; BVerfGE 6, 132; Robert Alexy, *Begriff und Geltung des Rechts*, 4. Aufl., Freiburg/München: Karl Alber, 2005, 19f.

81) Mauro Cappelletti, *The Judicial Process in Comparative Perspective*, 1991, 118-119, 161; Charles R. Epp, *The Rights Revolution: Lawyers, Activists and Supreme Courts in Comparative Perspective*, Chicago: The University of Chicago Press, 1998; Rainer Grote, "Rule of Law, Rechtsstaat and Etat de droit", Christian Starck (ed.), *Constitutionalism, Universalism and Democracy: a comparative analysis*, Baden-Baden: Nomos, 1999, 285.

기본권상실, 연방대통령 및 연방법관탄핵, 연방과 지방의 권한쟁의, 연방의회의원자격 심판권이 부여된다. 이를 위해 사법부이자 헌법문제 전담기관이라는 중첩적 지위를 얻는다. 기본법은 사법(Rechtsprechung) 장에 연방법원과 함께 연방헌재를 두고 사법권이 연방헌재, 연방법원 및 주법원에 의해 행사된다고 규정한다. 부속법인 연방헌재법도 연방헌재가 다른 헌법기관과 동등한 연방의 자주적·독립적 재판소라고 지위를 재확인한다.[82] 헌법재판기관임에도 사법부 지위를 부여받아 권력분립적 정체성 논란 소지는 큰 부분 제거된다. 헌법 규정형식만 본다면 입법부, 행정부, 사법부와 별도로 인정된 제4권력이 아니라 사법부지위인 헌법기관이다. 그럼에도 타 기관의 감독을 받지 않고 연방대통령, 연방의회(Bundestag), 연방참사원(Bundesrat) 또는 연방정부와 대등한 최고국가기관의 하나로 타 권력에 종속되지 않는 사법기관이다.

상호 독립한 두 원(Senat)으로 구성된 연방헌재 제1원은 주로 기본권 관련 규범통제와 헌법소원을, 제2원은 주로 연방과 지방 및 지방 상호간 분쟁과 탄핵심판을 관장하되 기본권사항도 맡는다. 기본권 보장과 국사재판에서 헌법재판권 행사의 효율성을 위해 업무를 분장시킨 것이다. 사법부이자 헌법재판 전담기관인 중첩적 지위는 특별한 민주적 구성으로 뒷받침된다. 재판관은 미국연방법관과 달리 대통령의 임명이 아니라 전적으로 의회에 의해 선출된다. 16인 재판관은 의회양원인 연방의회와 연방참사원에서 선출되는데 연방의회는 각 교섭단체 의석비율에 따라 12명의 재판관 선거인단을 구성해 재적 3분의 2 이상 찬성으로 간선하고, 연방참사원은 재적 3분의 2 이상 찬성으로 직선한다. 각 원 3인씩 6인 재판관은 헌법재판 전문성을 위해 연방최고법원인 연방대법원, 연방행정법원, 연방재정법원, 연방노동법원, 연방사회법원의 대법관 중 선출되고 나머지는 법학계나 정계에서 선출된다. 재판관은 독립성을 지니기에 충분한 12년 임기로 정치적 외압을 막기 위해 재임이 금지된다.[83] 재판관선출에는 연방의회와 연방참사원 각 최소 3분의 2 이상의 찬성이 필요해 연립내각이 아니더라도 언제나 나머지 중 다수정당이 후보에 찬성해야만 선출되고, 더욱이 소수당은 양대 정당이 지지하는 후보에 대해 사실상 거부권도 보유한 구조다. 독일의 3대 주요정당체제에서 두 정당 중 하나를 과도하게 대표하지 못하게 해 다양한 정치적 이해관계를 반영하려는 취지다. 양대 정당인 기독교민주당(CDU)과 사

---

82) Klaus Schlaich, *Das Bundesverfassungsgericht*, 2004, 21ff; 헌법재판소, "현행 헌법상 헌법재판제도의 문제점과 개선방안", 김문현·정재황·한수웅·음선필, 『헌법재판연구』, 제16권, 2005, 54; 김상겸, "헌법재판소법의 문제점과 개선방안", 『공법학연구』, 한국비교공법학회, 제6권 제1호, 2005, 137.

83) Klaus Schlaich, *Das Bundesverfassungsgericht*, 2004, 29ff; 배준상, "독일연방헌법재판관의 선출문제", 『헌법논총』, 헌법재판소, 제5집, 1994; Christian Starck, Das Bundesverfassungsgericht in der Verfassungsordnung und im politischen Prozeß, 2001, 32.

회민주당(SPD)이 양원 중 하나에서 3분의 2 다수를 차지하지 못하는 독일에서 집권당이 어떤 재판관 선출을 야당에 강요할 수도 없고, 큰 정당 간에 연방의회와 연방참사원이 한 원의 각 4인 재판관을 추천하고 집권당은 재판관 중 1인을 군소정당의 연정파트너에게 양보하는 묵시적 협약을 해 군소정당도 재판관 추천을 할 수 있어 안정적 구성을 만든다. 다수파 연립정당 혹은 거대야당의 국면에서 양대 정당이 전제요건인 3분의 2 가중다수결 합의를 도출토록 강제해 재판관 구성에서 특정정당에 치우치지 않고 소수당도 재판관을 추천해 집권당과 야당 간 균형을 이룬다.[84]

독일에서 의회 양원은 전통적으로 이념이 뚜렷이 다른 정당들로 구성되고 대체로 특정 정당이 연방의회나 연방참사원의 하나를 지배했다. 이 사실은 대통령이 아닌 의회에 선출권이 전속된 재판관 지명체계에서 제도가 아닌 정당이 가장 주요한 결정권자임을 확인시켰다. 실제로 출범 초기에 제1원은 재판관 대부분이 좌파 사회민주당 당원이었고 제2원 재판관은 우파 기독교민주당에 경도될 정도로 정치적 성향이 판이했다. 그런 정당 성향은 재판관들 사이에 명확히 인식될 수 있는 것이었다. 그럼에도 정당체계가 안정적이고 협약을 통한 지명체계도 확립되어 이념이 다른 정당들의 각축에도 불구하고 헌재로 반영되는 이념정당의 영향력은 점차 완화되어 초기 이후에는 큰 영향을 미치지 못하는 것으로 판명된다. 극단적인 당파적 입장을 지닌 사람들이 헌법재판관이 되기도 어려웠다.[85] 의회에 의해 재판관이 선출됨에도 연방헌재는 안정된 정당체계 내 협약에 의한 균형적 재판관 구성으로 헌법판단을 위한 정치로부터의 상대적 자율성을 상당 부분 확보하게 된다.

---

84) Klaus Schlaich, *Das Bundesverfassungsgericht*, 2004, 34; Jutta Limbach, *Das Bundesverfassungsgericht*, München: C. H. Beck, 2001, 24; Alexander von Brünneck, *Verfassungsgerichtsbarkeit in den westlichen Demokratien*, 1992, 33; Christian Starck, Das Bundesverfassungsgericht in der Verfassungsordnung und im politischen Prozeß, 2001, 31f; Marcel Kau, *United States Supreme Court und Bundesverfassungsgericht*, 2007, 195; Bruce Ackerman, "The New Separation of Powers", *Harvard Law Review*, 113(2000), 669.

85) Donald Kommers, *The Constitutional Jurisprudence of the Federal Republic of Germany*, 2. ed. Durham: Duke University press, 1997, 14; Klaus Schlaich, *Das Bundesverfassungsgericht*, 2004, 32ff; Tom Ginsburg, *Judicial Review in New Democracies*, 2003, 45; Jutta Limbach, *Das Bundesverfassungsgericht*, 2001, 21f; Theodor Ritterspach, Erinnerungen an die Anfänge des Bundesverfassungsgerichts, in; Eckart Klein (Hrsg.), *Grundrechte, soziale Ordnung und Verfassungsgerichtsbarkeit*, Heidelberg: C. F. Müller, 1995, 206; Alexander von Brünneck, *Verfassungsgerichtsbarkeit in den westlichen Demokratien*, 1992, 35; 빈프리트 하쎄머, 『정치와 헌법』, 2006, 42.

3) 민주주의를 위한 역할확장

기본법의 사법부지위가 헌재의 사법 외적 역할을 제약하는 것은 아니다. 이는 국사재판 관장범위로도 확인되지만 역할확장을 염두에 둔 특수한 심판대상과 권한에서도 드러난다. 헌재는 구체적 쟁송에서 법령위헌을 다루는 구체적 규범통제와 더불어 미국에서는 예를 찾을 수 없는 추상적 규범통제권도 수권받는다. 구체적 분쟁과 상관없이 연방정부나 지방정부 또는 연방의회의원 3분의 1 이상의 제소로 의회가 의결한 법률의 위헌성을 심사하는 추상적 규범통제로 헌재는 고전적 사법 이상의 작용을 예정했다. 추상적 규범통제는 국가적 중대입법에서 다수결에 밀려 반대의견을 관철하지 못한 의회소수파가 헌법재판으로 분쟁을 연장해 국민적 관심과 공론으로 여과되는 결정을 기대 가능케 함으로써 정치적 소수파 보호기능이 된다.86) 그것은 사법판단에서 추구되는 정치적 의도에 조응함으로써 정당 간 이념적 대립을 완충시킨다. 따라서 추상적 규범통제는 헌법재판에 예견된 헌정질서 수호의 한 단면이다. 마찬가지로 폭넓은 접근 가능성을 보장한 헌법소원에서도 유사한 역할이 예정된다. 헌법소원은 기본권 보호의 확장적 해석을 통해 큰 실천적 의미를 지닌 것으로 확인된다. 출범 이후 적지 않은 법률을 무효 선언한 헌재는 점차 정치사회 변화의 형성력과 주도권을 지닌 것으로 주목된다.87)

정치사회 변화를 형성한 핵심기능은 기본권 보호였다. 미국의 사법심사는 확고한 제도적 정당성을 얻기 전까지는 기본권에 대해 큰 관심이 없었다. 반면, 독일의 헌재는 기본권 보호가 출범의 핵심 동기였고 실제로도 이를 주된 임무로 수행했다.88) 헌재는 나치즘에 동조했던 감독이 만든 영화의 상영거부를 다룬 1958년의 뤼트(Lüht)판결 이래 기본권을 객관적 규범으로서의 가치체계 내지는 가치질서로도 파악한다.89) 자유주의적 헌정주의의 권력분립에서 기본권은 본래 국가권력으로부터의 방어권에 불과했다. 그런데 헌재는 부분체계들이 수평적으로 분화된 사회에서 기본권 보호를 적극적 보장요구로 확대해

---

86) Klaus von Beyme, "The Genesis of Constitutional Review in Parliamentary Systems", 1988, 34; Alec Stone, *The Birth of Judicial Politics in France*, 1992, 245-253; John C. Reitz, "Political Economy and Abstract Review in Germany, France and the United States", 1999, 70.

87) Klaus Schlaich, *Das Bundesverfassungsgericht*, 2004, 93ff; Christine Landfried, "Germany", C. Neal Tate and Torbjörn Vallinder (eds.), *The Global Expansion of Judicial Power*, New York: New York University Press, 1995, 307-322.

88) Martin Shapiro, "The Success of Judicial Review", 1999, 200.

89) BVerfGE 7, 198; BVerfGE 21, 362; BVerfGE 24, 119; BVerfGE 28, 243; BVerfGE 30, 1; BVerfGE 35, 71; BVerfGE 35, 202; BVerfGE 49, 24; BVerfGE 52, 223; BVerfGE 53, 257 등; Christoph Gusy, *Parlamentarischer Gesetzgeber und Bundesverfassungsgericht*, 1985, 62-63.

석해 기본권을 객관적 전체법질서의 원리로도 본다. 국가권력으로부터의 자유를 보장하는 방어권이던 기본권이 객관적 법질서의 구성원리가 됨으로써 헌법상 기본권규정에서 객체에게 일정한 법적 의무를 부과하는 규범명령도 도출된다. 헌법재판이 보호하는 기본권이 주관적 권리임과 동시에 객관적 가치질서로도 이해되고 법의 모든 영역에 적용 가능케 됨으로써 헌정질서적 역할로 스스로를 확장시킨 헌법재판은 고전적 사법 이상으로 감독자의 지위처럼 비쳐진다. 그래서 헌재는 의견 대립을 인정하는 다원주의적 민주주의에 반하고 당대의 지배적 가치에 순응하도록 만들기에 소수보호에도 반한다고 비판된다. 기본권의 객관법적 성격이 민주주의원리에 의해 주관적 권리로서의 기본권에 대한 대항원리로 사용될 수 있다는 우려도 낳는다. 헌법재판권이 필요 이상 확대된 것으로 이해되어 의회와의 관계도 문제시된다.[90] 기본권이 객관적 원칙규범으로 발현됨으로써 헌법국가를 각인한 법제정과 법적용 간 명확한 구별 및 그 조직·제도적 전환에 바탕을 두는 권력분립개념은 한 걸음 물러나고 헌재가 더욱 정치적 기관으로 이해되면서 민주적 정당성 문제가 부각된다.[91] 헌재의 역할확장이 정치를 위협한다는 의문이다.

연방헌재의 확장된 역할은 방어적 민주주의(abwehrbereite Demokratie)를 적극 적용한 것에서도 확인된다. 헌재는 1952년 사회주의국가당(SRP) 위헌해산판결을 필두로 첨예한 정치사회적 이념논쟁을 야기한 1956년 독일공산당(KPD) 위헌해산판결 및 1970년대 군인(Soldaten), 도청(Abhör), 급진주의자(Radikalen) 판결 등[92]에서 방어적 민주주의를 옹호하면서 민주주의를 위한 적극적 역할을 자처한다. 바이마르체제 실패 후 국가재건을 위한 이념적 정체성의 정립요청 속에서 민주주의의 헌법적 적대자에 대한 방어의지를 드러냈다. 헌법의 적이라는 개념은 다른 헌법재판국가에서는 발견되지 않거나 있더라도 크게 강조되지 않았다. 사법이 아니라 정치적 수단으로 해결할 문제였기 때문이다. 유독 독일 헌법재판에서는 방어적 민주주의가 강조된다.[93] 국가적 갈등을 부추길 민주주의의 가치

---

90) 위르겐 하버마스(Jürgen Habermas), 『사실성과 타당성』, 2007, 332-338; 크리스티안 슈타르크(Christian Starck), "기본권의 해석과 효과에 대해서", 김효전 역, 『독일학연구』, 동아대학교 독일학연구소, 제20호, 2004, 105; Kostas Chryssogonos, *Verfassungsgerichtsbarkeit und Gesetzgebung*, 1987, 154.

91) Ernst-Wolfgang Böckenförde, Zur Lage der Grundrechtsdogmatik nach 40 Jahren Grundgesetz, Carl Friedrich von Siemens Stiftung, 1990, 62면 이하(김일환, "독일의 헌법재판 운영실태에 관한 비교법적 고찰", 『헌법학연구』, 한국헌법학회, 제15권 제2호, 2009, 214에서 재인용).

92) BVerfGE 2, 1; 1BVerfGE 5, 85; BVerfGE 28, 36; BVerfGE 30, 1; BVerfGE 39, 334; BVerfGE 57, 295; BVerfGE 73, 118; BVerfGE 74, 297; BVerfGE 83, 238; BVerfGE 90, 60; BVerfGE 12, 20; BVerfGE 31, 314; BVerfGE 57, 295; BVerfGE 73, 118; BVerfGE 74, 297; BVerfGE 83, 238; BVerfGE 90, 60; BVerfGE 40, 296; BVerfGE 28, 36; BVerfGE 93, 1.

93) Karl Loewenstein, "Militant Democracy and Fundamental Rights, I", 1937, 417-432; Alexander von Brünneck, *Verfassungsgerichtsbarkeit in den westlichen Demokratien*, 1992, 86; 이부하, "독일 기본법상 헌법충

상대성에 대한 통제역을 스스로에게 부과한 것은 패전 후 나치즘을 털어내고 다른 한편으로는 냉전체제에서 국가재건에 시급히 확보되어야 할 정상적 정부운용을 위해 체제에 장애를 초래할 이데올로기들을 민주주의를 위한 방어라는 명분으로 배제하고자 특별한 시대적 역할을 자처한 것이었다.[94] 그로 인해 서구민주주의가 의미하는 다원주의적 민주주의관에 역행한다는 비판까지 감수했다.[95] 그러나 달리 보면 민주적 질서이념을 앞세운 체제유지적 역할은 예정된 모습이기도 했다. 이미 기본법이 헌재에 배정한 기본권상실이나 위헌정당해산 심판에서 발견된 예견된 모습이었다.

헌재는 정치문제도 회피하지 않았다. 출범 초기 정치상황은 쉽지 않았다. 정당체계가 양극화되고 의회 야당이 사회민주당과 우파 연립정부의 개혁적 법률을 놓고 의회에서 패배한 뒤 최후심급인 헌재로 정치적 저항을 연장하는 일이 잦았다. 1950년대부터 야당은 의회에서의 패배를 받아들이지 않고 헌법재판으로 정치적 반전을 시도했다. 정치적 분쟁이 옮겨지면서 헌재는 정치적 논쟁의 한가운데 서게 된다. 그 속에서도 헌재는 상당히 적극적인 태도를 보였다. 1952년 비례대표선거에서 이른바 7.5% 저지조항을 도입한 슐레스비히 - 홀스타인 지방선거법 규정이 헌법상 평등선거원칙에 반한다고 결정한다. 5% 이상 득표정당에게만 의석을 배분토록 한 선거법규정은 안정적 정국을 위한 군소정당 난립방지 취지에서 정당화되지만 이를 초과한 저지조항은 평등원칙에 반한다는 것이다. 5% 저지조항에 관한 입장은 이후에도 유지되었다.[96] 입법자의 정치적 형성권은 인정하되 구체적인 경우의 불평등을 지적하기 위해 정치문제에 구애받지 않고 민감한 선거법규정에 대한 정치적 조율 필요성을 밝힌 결정들이었다.

헌재의 여러 개입적 결정은 다수당이 주도하는 의회나 행정부와 노골적으로 대립하려는 의사로 간주되었다. 특히 의회가 지닌 입법형성의 자유 통제로 비쳐지자 입법자기능을 대신한다는 비판이 쏟아졌다. '칼스루에(Karlsruhe)에서 온 최고입법자'로 성토되면서 의회무력화의 책임을 추궁당하고 과도한 권한행사자로 지목되면서 사법적 자제를 요구받았다.[97] 헌재는 정치의 결정을 수정함으로써 국민통합을 저해한다는 비판을 통해 민주주

실과 헌법재판", 2007, 106-107; 장영수, "방어적 민주주의", 1991, 22-36.

94) Alexander von Brünneck, *Verfassungsgerichtsbarkeit in den westlichen Demokratien*, 1992, 87.

95) Kostas Chryssogonos, *Verfassungsgerichtsbarkeit und Gesetzgebung*, 1987, 51-53.

96) BVerfGE 1, 208; BVerfGE 6, 84; Alexander von Brünneck, *Verfassungsgerichtsbarkeit in den westlichen Demokratien*, 1992, 84.

97) Rolf Lamprecht/Wolfgang Malanovski, *Richter machen Politik*, Frankfrut a.M.: Fisher, 1979, 9; Alexander von Brünneck, *Verfassungsgerichtsbarkeit in den westlichen Demokratien*, 1992, 46; 이헌환, 『법과 정치』, 서울: 박영사, 2007, 95.

의적 갈등의 새 진원지가 되었다. 사법적 공정성을 가장한 정치권력의 개입이라는 비난은 제도적 정당성 시비까지 불렀다. 그래서 헌재는 권한한계를 더 명확히 함으로써 정당성을 밝혀야 했다.[98] 출범 초기의 강력한 정당정치적 양극화 상황이 헌재 구성에 이데올로기정당의 영향력까지 충실히 반영해 왔기 때문에 야당의 잦은 제소로 야당이 의회를 헌재까지 연장시킨다는 정치권의 비난은 근거 없는 것이 아니었다.

헌재는 권능 한계를 밝히는 것을 넘어 판결이 초래할 비난을 줄일 법 기술적 자구책도 찾았다. 초기부터 법의 합헌성추정을 핵심원칙으로 삼아 합헌적·위헌적 해석이 모두 가능하면 헌법합치적(Verfassungskonforme)이라고 해석해 정치로부터 거리를 두었다. 정치적 중요 사건에서 판결이 초래할 정치적 결과와 정책을 만든 정치적 상황을 고려했다. '국가 전체에 대한 명백한 위험', '참을 수 없는 정치적 결과', '존립의 위기' 또는 '참을 수 없는 위기' 등 개념을 사용해 정치적 상황과 결과에 대한 최선의 이해를 반영하였음을 알려 결정으로 인한 정치적 혼란을 최대한 완충시키고자 했다. 1960년대 획정된 선거구에 근거한 선거법과 이를 통해 치러진 직전 선거는 무효화되면 연방의회가 해산되고 합헌적인 새 선거법을 제정할 기관조차 존재하지 않게 되자 무효화하지 않는다. 판매세법(Umsatzsteurgesetz)을 무효결정하면 정부가 납세자들에게 약 100억 마르크를 반환해야 하는 상황에서 국가재정에 심각한 위기를 초래할 무효결정도 내리지 않는다.[99]

법률을 한정 적용하는 한정무효, 위헌법률효력을 당분간 지속시키는 헌법불합치선언(Verfassungswidrigerklärung) 등 변형판결(Entscheidungsvariante) 그리고 입법적 변경을 지시하는 촉구재판(Appellentscheidung)도 자주 사용했다. 사법적 견제와 헌정적 혼란방지라는 이중의도를 담은 변형판결은 위헌으로 인한 소급무효로 야기될 정치적 기관의 권한 행사 장애를 읽고 법률이나 법적 상태가 아직은 위헌이 아니라거나 아직은 수용할 수 있다고 했다. 촉구재판은 특정시한 내에 여건을 변경하도록 촉구하면서 입법형성자에게 최종결정권을 되돌렸다. 정치의 대응논거를 결정에 미리 반영해 대응을 충분히 인식함을 알려 반발을 약화시켰다. 결정을 정치에 납득시키기 위해 결정유형을 세분화하고 정식화해 타협적 결정유형의 의미를 예상 가능한 형태로 보여줌으로써 순응을 유도했다. 변형판결과 거의 병행된 촉구재판은 입법자의 입법태만에 의한 부작위, 입법자의 의도와는 다른 부작용에 의한 법률개선의무, 법률교정 및 법률관찰의무를 광범하게 확인했다. 입법

---

98) Ulrich R., Haltern, *Verfassungsgerichtsbarkeit, Demokratie und Mißtrauen*, 1998, 204f.

99) BVerfGE 16, 130; BVerfGE 21, 12; Kostas Chryssogonos, *Verfassungsgerichtsbarkeit und Gesetzgebung*, 1987, 161-168; 이기철, "헌법재판소는 자신의 판결에 대한 정치적 결과를 고려해도 좋은가: 독일연방헌법재판제도를 중심으로", 『한양법학』, 한양법학회, Vol. 8, 1997, 9-11.

자에게 위헌상태 제거의무를 부과하거나 위헌규범의 적용중지나 잠정적용도 명함으로써 헌정혼란을 최소화한 것이다.[100] 선거구획정결정에서는 연방의회선거법 소정의 33.3% 편차가 넘는 선거구구역표를 개정해야 한다면서 진행 중인 의회회기 동안 새 선거구획정을 의결하라고 했다.[101] 양심적 병역거부(Kriegsdienstverweigerung)에 관한 1978년 결정은 대체복무입법을 촉구했다.[102] 구동독(DDR) 정권과 소련에 의한 몰수재산이 기본법으로 반환 불가능해지자 소유자와 상속인이 이를 정한 통일조약(Einigungsvertrag)조항을 연방법률로 하는 동의법이 재산권을 침해했다고 제기한 헌법소원에서도 통일조약조항이 기본법에 합치되지만 몰수보상규정은 입법하라고 했다.[103]

정치문제에서는 위헌결정 대신 조율을 시도했다. 1973년 서독(BRD)과 동독 간의 기본조약(Grundlagenvertrag) 동의법에 대한 바이에른지방정부의 제소에서 고도의 정치성을 띤 외교행위도 포괄적 헌법재판제도를 보장한 헌법결단에 따라 심사대상이 된다고 한 뒤 법적 안정성 파괴, 법적 공백 그리고 국가 간 신뢰소멸을 막기 위해 변형합헌결정으로 혼란을 막아 브란트(W. Brandt) 총리의 동방정책을 둘러싼 논란을 감소시키고자 했다. 헌재는 기본법의 재통일명령(Wiederverinigungsgebot)에 따라 국가적 통일을 회복할 모든 헌법기관의 의무에서 논거를 도출한다. 서독이 부인한 동독의 존재를 인정하고 국제사회의 평등한 일원으로 승격시키면서도 국제법주체로 승인 않고 대사관이 아닌 상주대표부를 설치하는 특수관계로 둠으로 인한 두 국가 용인 여부 논란에서 기본조약은 국제법조약과 같은 국가 간 조약이지만 단일 국민과 영역으로 조직화되지 않아 행위능력 없이 계속 존립하는 전체 독일의 부분인 두 국가 간 조약이라고 이중성격을 인정한다. 국가 내 관계규율 조약인 두 국가 모델은 기본법에 반하지 않고 기본조약은 독일의 국가적 단일성을 재조직하는 조약이라고 함으로써 조약을 무효화하지 않아 독일통일의 정책적 가이드라인을 제시한 것이다. 이는 이후 통일과정에서 실제적 작업의 틀이 된다.[104] 헌정적

100) BVerfGE 25, 1; BVerfGE 56, 54; BVerfGE 90, 145; BVerfGE 32, 189; BVerfGE 33, 303; BVerfGE 83, 130; BVerfGE 86, 369; Christoph Gusy, *Parlamentarischer Gesetzgeber und Bundesverfassungsgericht*, 1985, 205-213; Kostas Chryssogonos, *Verfassungsgerichtsbarkeit und Gesetzgebung*, 1987, 210; 홍완식, "입법자의 법률개선의무에 관한 연구: 독일연방헌법재판소와 한국 헌법재판소의 결정례를 중심으로", 『공법연구』, 한국공법학회, 제31집 제2호, 2002, 289.

101) BVerfGE 16, 130; 볼프강 차이틀러(Wolfgang Zeidler), "국가기능영역에 있어 헌법소송 법규범의 합헌성에 관한 재판유형·내용 및 효력", 남복현 역, 『한양법학』, 한양법학회, 제19권, 2006, 339-345.

102) BVerfGE 48, 127.

103) BVerfGE 84, 90; 이헌환, 『법과 정치』, 2007, 119-123; 콘라드 헷세(Konrad Hesse), 『통일 독일헌법원론』, 2001, 59.

104) BVerfGE 36, 1; 김철수, 『독일통일의 정치와 헌법』, 2004, 151-165; 정연주, "통치행위에 대한 사법심

혼란 최소화로 궁극적 목적에 장애요소를 제거하고자 변형결정을 통해 최종해결을 정치에 유보한 것은 사법자제와는 달랐다.[105]

기관쟁송에서도 중재에 중점을 둔다. 1992년과 1993년 사회민주당과 자유민주당(FDP)의 연방의회 원내교섭단체들은 소말리아, 지중해와 보스니아 헤르체고비나로의 연방군파병과 관련해 연방정부를 상대로 제기한 기관쟁송에서 연방군의 유엔평화유지군 참가가 연방의회 권리를 침해한다고 주장했다. 집단안보체제에서 무장병력 투입은 헌법적으로 허용되지만 헌재는 연방정부와 연방의회의 권한경계를 설정해 정부가 무장병력 투입에 대해 원칙적으로 의회의 사전 동의를 받아야 한다고 판결해 의회와 정부 간 화해를 시도한다.[106] 의회와 정부 모두의 권력분립적 고유권한을 최대한 인정하는 방식으로 정치적 돌파구를 제안한 것이다. 정당 간 갈등에서도 마찬가지다. 연방선거법의 비례대표의석 5% 저지조항과 관련해 1990년 동·서독의 전 독일 연방의회선거조약 동의법의 군소정당과 동독지역 정당을 위한 경과규정인 정당명부통합제도로 불이익이 예상되는 정당이 제기한 헌법소원 및 권한쟁의에서는 그 규정이 평등선거권과 정당설립자유 등을 침해함을 인정하지만 거대정당과 군소정당의 이해관계를 조율해 선거조약에 반영된 정치적 자율성을 가로막지 않는 한도 내에서만 명부통합을 허용한다.[107]

이런 모습으로 헌재는 국가 중심적 사고가 반영된 기관으로 구체적 사건에서의 헌법분쟁해결을 넘어 정치에 대한 포괄적 자문역 내지 통제역 혹은 정치체계 내 갈등과 분열을 통합적으로 흡수해 내는 중재 역할로 인식된다.[108] 그러나 헌재는 이미 기본법에 의해 정치적 대항력으로서가 아니라 단지 사법적 통제역으로 고려되었다.[109] 정치에 대한 헌

사", 『저스티스』, 한국법학원, 통권 95호, 2006, 34-35; 클라우스 비히만(Klaus Wichmann)·위르겐 토마스(Jürgen Thomas), "독일통일과정에서의 헌법적 문제-헌법; 국가조약의 구조", 박진완 역, 『법학논총』, 전남대학교 법학연구소, 제30집 제2호, 2010, 565-566; Kostas Chryssogonos, *Verfassungsgerichtsbarkeit und Gesetzgebung*, 1987, 164-166; Christine Landfried, "Constitutional Review and Legislation in the Federal Republic of Germany", Christine Landfried (ed.), *Constitutional Review and Legislation: An International Comparison*, Baden-Baden: Nomos, 1988, 155.

105) Klaus Schlaich, *Das Bundesverfassungsgericht*, 2004, 355.

106) BVerfGE 68, 1; 이후 같은 취지의 BVerfGE 90, 286.

107) BVerfGE 82, 322; 이헌환, 『법과 정치』, 2007, 115-119; 클라우스 비히만(Klaus Wichmann)·위르겐 토마스(Jürgen Thomas), "독일통일과정에서의 헌법적 문제", 2010, 591-592; H. G. Peter Wallach, "Reunification and Prospects for Judicialization in Germany", Tate, C. Neal and Torbjörn Vallinder (eds.), *The Global Expansion of Judicial Power*, New York: New York University Press, 1995, 325-340.

108) John C. Reitz, "Political Economy and Abstract Review in Germany, France and the United States", 1999, 83; Kostas Chryssogonos, *Verfassungsgerichtsbarkeit und Gesetzgebung*, 1987, 212-214.

109) Ernst-Wolfgang Böckenförde, Die Methoden der Verfassungsinterpretation: Bestandsaufnahme und Kritik, in; *Wissenschaft, Politik, Verfassungsgericht*, Berlin: Suhrkamp, 2011, 154.

법해석자로서의 우월적 지위는 아니고 정치에 유보된 최종결정권을 용인하면서 정치와 민주주의적 이해를 공유하는 헌법적 대화의 일방일 뿐이다. 중요 정치사회적 개혁움직임에 제동을 걸면서 국가정치적인 지속적 논쟁을 초래한 대표적 사례들에서 그러한 모습이 확인된다. 기한부낙태 허용을 둘러싼 1975년 낙태(Schwangerschaftsabbruch) 판결과 노사의 동등한 표결권의 확대에 관한 1979년 공동결정법(Mitbestimmunggesetz) 판결이 보여준 정치사회적 다툼에서 헌법재판의 역할도 논쟁 대상이 되었지만 정치의 일련의 대응이 보여준 것처럼 핵심 헌법쟁점에서 헌법재판과 정치 간 민주주의적 이해 공유를 만드는 헌법적 대화가 입법과 정책 변화에 구조적으로 반영되고 있음이 확인되었다. 헌법적 논쟁이 정치에서 구조화되는 독일에서 입법이나 행정은 정치적 결과를 산출함에 있어 헌법재판을 염두에 둘 수밖에 없었다.[110] 정치는 헌재와 헌법적으로 대화해야 했다.

2. 정치에 종속된 사법

(1) 일본 최고재판소

1) 관료적 사법부

제2차 세계대전 패전 후 일본의 신헌법 제정과정에서 제출된 점령군 연합국총사령부(GHQ)의 맥아더초안에는 낯선 미국식 제도인 사법심사제가 있었다. 이 사법심사는 약간의 수정을 거쳐 1947년 신헌법에 규정된다.[111] 사법부인 최고재판소(最高裁判所)가 일체의 법률 및 명령 등이 헌법에 적합한가를 결정하는 종심재판소가 된다. 따라서 짐작되듯이 점령통치자 미국의 강한 영향력에 의해 이식된 사법심사의 헌법적 채택과정에 실질적이고 충분한 논쟁 장은 없었다. 단지 헌법 명문화 이후 사법심사권이 의미하는 규범통제의 대상과 범위만이 주된 논쟁대상이 된다. 그 결과 헌법이 규정한 사법심사권은 대체로

---

110) BVerfGE 39, 1; BVerfGE 50, 290; Alec Stone, "Complex Coordinate Construction in France and Germany", 1995, 213-225; Klaus Schlaich, *Das Bundesverfassungsgericht*, 2004, 382; Alec Stone Sweet, "Constitutional Dialogues: Protecting Human Rights in France, Germany, Italy and Spain", Sally J. Kenney, William M. Reisinger and John C. Reitz (eds.), *Constitutional Dialogues in Comparative Perspective*, New York: St. Martin's Press, 1999, 28; Alexander von Brünneck, *Verfassungsgerichtsbarkeit in den westlichen Demokratien*, 1992, 94.

111) 민병로, 『일본의 사법심사제』, 전남대학교출판부, 2003, 50-59, 100-101.

구체적 소송사건과 관계없이는 법령 자체의 유무효를 심사할 수 없는 구체적 규범통제인 것으로 받아들여진다.[112] 그나마 사법심사권 범위 논란이 제헌 이후 부각된 것은 사법심사에 의해 의회권한이 전면적으로 침해될 위험성을 우려했기 때문이다. 적극적 역할에 대한 기대가 아니라 의회주의에 초래할 위험성만 주목된 것이다.

최고재의 특유한 재판관 구성방법도 사법심사의 적극화를 구조적으로 기대하기 어렵게 만든다. 15인 재판관으로 구성된 최고재는 재판소법에 의해 장관(長官)으로 명명되는 재판소장이 의례적인 천황의 임명권에도 불구하고 내각의 절대적 지명권 안에 있고 다른 재판관들도 내각에 의해 임명되도록 규정된다. 재판관의 정년퇴임에 따른 보충인사도 내각총리대신이 최고재장관과 협의해 임명하는 것이 관행이 된다. 최고재장관은 재판관 중 임명하지만 재판관을 거치지 않고 곧바로 장관으로 임명되기도 함으로써 내각은 최고재 인적 구성을 장악한다. 임명에서 내각의 이러한 정치적 영향력은 사법부 내 다른 법관보다 특히 최고재 재판관을 더 수동적인 지위로 위축시켰다.[113] 결국 내각이 임명한 재판관에 의한 사법심사는 민주적 정당성도 취약한 제도로 국민적 관심도 끌지 못함으로써 제도적 활성화를 기대하기 어려운 구조와 구성에서 최고재 자신의 운용의지에만 전적으로 의존하게 된다.

그러나 자민당(自民黨) 장기집권은 재판소의 의지라는 거의 유일한 기대마저 철저히 불식시킨다. 내각의 재판관지명과 임명방식은 그나마 내각을 지배하는 정당의 교체를 전제로 한 것이다. 그런데 자민당 장기집권에서는 자민당내각에 의한 임명만이 있었다. 초대 최고재장관을 임명한 1947년 내각은 사회당과 자민당, 국민협동당 연립의 가타야마(片山) 내각이었다. 이 내각은 재판관임명 자문위를 만들고 이에 근거해 재판관을 임명해 재판관의 경력과 사상은 다양했다. 그러나 이 신중한 방식은 1948년 폐지된다.[114] 자민당 집권이 계속되면서 내각에 의한 임명체계에서 야당이 임명에 개입할 여지는 없었다.[115] 최고재장관과 재판관의 임명은 자민당 일당지배를 통해 완전히 관료적 방식이 되어 버린다. 앞선 사회당 연립내각, 단명했던 1990년대 초반 비자민당 연립내각 그리고 2009년

112) 헌법의 사법심사를 추상적 위헌심사로 보고, 궁극적으로는 정부행위의 위헌성을 판단하는 헌법재판소로서 객관적 국가법질서 정합성을 유지하려는 구상도 있었지만 대세는 아니었다(민병로, 『일본의 사법심사제』, 2003, 79-90; 이경주, "일본의 헌정주의와 민주주의", 김영민·김용호 외, 『21세기 헌정주의와 민주주의』, 서울: 인간사랑, 2007, 191).

113) J. Mark Ramseyer and Eric B. Rasmusen, *Measuring Judicial Independence: The Political Economy of Judging in Japan*, Chicago: The University of Chicago Press, 2003.

114) 이경주, "일본의 헌정주의와 민주주의", 2007, 185.

115) Alexander von Brünneck, *Verfassungsgerichtsbarkeit in den westlichen Demokratien*, 1992, 32.

이후의 민주당 중심 연립내각을 제외하고는 자민당이 50년 이상 내각을 지배한 이른바 '1955년 체제'는 절대권력을 지닌 관료제와 자민당의 장기 일당지배체제였다. 국회 양원을 반세기 이상 지배한 자민당은 파벌 간 경쟁과 연합을 통해 내각이나 총리의 권력을 거의 완벽히 통제했다. 이 상황은 자민당 재집권 개연성을 확실하게 인식시켰기 때문에 재집권이 저지될 경우 차기정부에 대한 견제 차원에서 차기정부가 사법부를 이용할 수 없도록 현 상황에서 사법부의 독립성을 강화하고자 하는 시도마저 단념케 만들어 사법부 강화방안도 모색되지 않았다.116)

의원내각제에서 자민당이 오랫동안 의회와 내각을 모두 지배함으로써 내각이 임명한 행정관료 및 내각이 임명한 사법부 재판관이 모두 집권자민당의 보수우파 이데올로기적 정책의 영향권 안에 있었다. 사법심사제 채택 이후 50년 이상 동안 거의 정권교체 없이 지속적으로 임명권자가 자민당내각이었기 때문에 헌법이슈에서 자민당 기본정책을 비판할 최고재 재판관은 거의 없었다. 자민당내각의 기본정책이 무엇보다 미일안보체제 유지, 자위대 강화여서 정치현안에 대한 사법심사의 결과는 충분히 예측되었다. 사법심사를 통해 자민당의 노선이 비판적 논쟁 장에 올려질 것이라는 기대 자체도 거의 없었다. 최고재는 헌법이슈를 자민당의 기본정책에 부합되게 처리하는 관료적 사법부 수준 이상으로 진전되지 못했다. 여러 헌법적 쟁점에서 최고재는 일반법원 기능을 넘는 최종심 사법심사기관으로서의 위상을 국민에게 보여주지 못했다.

2) 내각의 협력기관

최고재는 1948년 출범 이래 절도피고, 식량관리법위반, 경찰예비대 위헌확인사건 등 여러 판결에서 헌법의 사법심사권이 미국 사법심사와 마찬가지로 부수적 위헌심사권에 한정된다고 스스로 강조한다.117) 헌법상 사법심사의 성격을 밝힌 이런 강조의 이면에는 적극적 위헌판단으로 비쳐질 경우 예상되는 정치적 기관의 반발을 사전에 차단하려는 의도가 있었다. 실제로 최고재는 극히 유연한 심사를 통해 위헌판결을 회피하면서 위헌이 아니라는 이유로 입법행위는 본질상 정치적이어서 성질상 법적 규제의 대상으로 적합하

---

116) 허쉴은 지배정당이 계속적 재집권 개연성이 낮을 때만 독립적 사법부를 원한다고 보는 미시적인 전략적 행태모델의 정당과 사법부 관계를 지적하면서 독립성이 약한 사법부의 예로 일본을 든다. 즉, 자민당 장기집권 상황이 만든 약한 사법부다(Ran Hirschl, *Towards Juristocracy*, 2004, 41); 진창수, "부문별 이익배분시스템으로서의 일본 정치", 김영명 편, 『동아시아의 정치체제』, 한림대학교 아시아문화연구소, 1998, 81-84.

117) 민병로, 『일본의 사법심사제』, 2003, 90-100.

지 않다거나 입법 관련 결정은 국회의 재량이라는 논거만을 들었다. 사회 혹은 경제정책적 규제입법에 대해서도 국회가 취한 수단이 재량을 현저히 일탈한 명백히 불합리한 경우가 아니라는 이유로 위헌판단을 피해 갔다. 이런 태도는 정치에 대한 소극적 추인을 넘어 일종의 협력이었다.[118] 정치문제원리를 주로 원용하면서 정치적 기관의 재량영역만 부각시킨 것은 일반법원의 권력분립적 한계 안에 스스로를 가두려 했음을 보여준 것인데 헌법이슈에서 이런 태도는 정치에 대한 소극적 협력일 수밖에 없기 때문이다. 그 결과 사법심사기능 자체도 국민에게 거의 알려지지 못했다.

자민당 정책방향을 넘어서지 못한 최고재의 과도한 소극성은 최대 정치쟁점인 헌법의 평화주의를 둘러싼 판결에서 두드러진다. 전쟁과 무력의 영구포기, 전력보유와 교전권을 부인한 평화주의조항은 제헌 직후부터 자위대와 미일안보조약에 대한 찬반논란을 가져왔고 이 이슈와 관련한 사법심사청구도 불가피하게 했다. 이에 최고재는 자민당내각의 입장과 대립하지 않기 위해 통치행위론을 원용하면서 미일안보조약은 일본의 존립에 중요한 관계가 있는 고도의 정치성을 가지고 있어 그 위헌 여부 판단은 사법기능인 사법재판소의 심사대상이 아니고 일차적으로 체결권을 가진 내각 및 승인권을 가진 국회 그리고 주권자인 국민의 정치적 판단에 맡겨야 한다고 했다. 스나가와(砂川)사건은 미일안보조약과 행정협정에 따라 미군이 사용한 출입금지구역인 비행장의 확장을 반대하며 침입한 주민과 학생에 대한 기소근거법령인 형사특별법, 행정협정과 안보조약의 위헌 여부가 쟁점이었다. 1959년 최고재는 일본이 직접 관계없는 무력분쟁에 개입하게 하는 것이라는 논란 속에 있던 미일안보조약을 합헌판단하면서 평화조항은 일본군대에 관한 것이어서 자위대 위헌성은 미일안보조약의 위헌성 여부와는 별개문제라는 논거로 자위대 위헌 여부 판단을 회피한다.

미일안보조약 반대를 파괴활동방지법으로 규제하려던 요시다(吉田)내각이 동 법안의 국회통과 실패 후 천황이 내각의 조언과 승인에 의해 중의원을 해산할 수 있다는 헌법규정에 근거해 국회를 해산하자 중의원해산의 위헌성과 의원자격확인을 구한 토마베치(苫米地) 판결에서도 1960년 최고재는 고도의 정치성을 띤 국가행위는 사법부가 아니라 국회에 맡겨야 한다면서 판단을 피한다. 홋카이도 나가누마의 우마오이산 안보용 삼림 일부에 항공자위대시설인 미사일발사기지를 설치한 것이 발단이 된 나가누마(長沼)사건에서도 1973년 최고재는 자위대 위헌성 심판을 마찬가지 이유로 회피한다.[119] 최고재가 안보문

---

118) 민병로, 『일본의 사법심사제』, 2003, 123-128.
119) 나가오 류이치(長尾龍一), "일본에 있어서의 헌법재판", 『서울대학교 법학』, 서울대학교 법학연구소, Vol.

제영역에서 거의 일관되게 고도의 정치성을 지닌 통치행위라는 명분을 달아 헌법적 판단을 기피한 주된 이유는 물론 자민당 기본정책과의 충돌에 대한 두려움이었다. 사법심사기관의 지위를 스스로 재확인하지 않은 이러한 소극성은 임명권자인 내각과의 마찰을 피하기 위해 정치와 철저히 거리를 둔 사법의 지위에 안주한 결과였다.

입법위헌성에 대한 판단경향은 정치문제에서 보인 전형적 불개입과는 다르지만 이마저도 궁극적 위헌선언에 이른 것은 드물다. 1960년대 이후 잇따른 의원정수 불균형 판결은 그것이 입법정책문제이므로 국회에 의해 다시 결정되어야 한다고만 했다. 1976년과 1980년대의 중의원(衆議院)선거구에 의한 인구수와 의원정수 불균형이 선거권의 평등원칙에 위반되는지에 관하여 과소선거구와 과대선거구의 최대격차 1대 5, 1대 4.4 또는 1대 3.94의 불균형 비율은 위헌이라고 하면서도 선거는 유효라고 했다. 당시 이미 독일과 미국에서 선거구 인구불균형 헌법재판이 했던 것과는 달리 적극적으로 어떤 비율까지가 평등원칙에 반하지 않는지의 명확한 기준도 제시하지 않았다.[120] 의석배분에 관한 법 규정은 위헌인데 선거소송에서 공직선거법의 의석배분에 관한 위헌적 규정에 따라 행해진 선거는 유효라고 한 것이 정치적 혼란예방 목적이라 보기도 어려웠다. 단지 장기 집권한 자민당이 지배하는 내각에 의해 선택된 재판관이 자민당의 의사, 즉 다수파 자민당 중심의 의회가 제정한 법률을 의회다수파의 변경도 예상되지 않는 상황에서 무효 선언하기는 곤란하기 때문이었다.

자민당이 오랫동안 방해받지 않고 지배하자 자민당의 헌법적 선호는 명백히 최고재에 신호를 보냈다. 최고재가 선거구 의원정수 불균형을 이유로 선거제도가 위헌적이라고 선언하고 개정을 제안하더라도 자민당이 지배한 의회가 이에 따를 것을 확신할 수 없었다. 실제로 최고재가 의회에 제안을 했음에도 의회가 응하지 않자 후에는 그런 제안조차 회피함으로써 이후 의원정수 사건에서는 관련 선거법이 위헌적이라고 선언하지 않기도 했다. 그렇게 위헌적 선거체제에서 치러진 선거의 무효선언을 피한 것은 정치의 신호에 대한 답신이었다. 앞선 결정에 대한 의회의 대응은 핵심정책문제에 도전하지 않도록 최고재에 보낸 신호였다.[121] 최고재는 의회를 강제할 스스로의 권능을 확인하지 않겠다는 의지를 알리는 방식으로 답한 것이다. 내각이 재판관을 임명한다는 헌법규정으로 이미 예상된 수준 이상으로 최고재는 의회와 내각에 입법과 정책을 정당화하는 권력추종적 경향

29, No. 3, 4, 1988, 78; 이경주, "일본의 헌정주의와 민주주의", 2007, 173-174.

120) 이경주, "일본의 헌정주의와 민주주의", 2007, 178-179; 강휘원, "일본 선거구획정의 사법적 구제", 『대한정치학회보』, 대한정치학회, 제14집 제2호, 2006, 177-200.

121) Tom Ginsburg, *Judicial Review in New Democracies*, 2003, 98-99.

만 보였다. 사법심사기관으로서 최고재는 약 60년 동안 단 6건의 위헌판결만 내렸고 이마저도 의원정수 불균형 사건의 중간결론인 위헌성판단 2건을 제외하면 국회입법이나 내각행정과 마찰을 빚을 우려가 없는 비정치이슈에 불과했다.

자민당이 국회 법안심의에서 거의 이견을 허용하지 않은 것도 장애요인이었다. 자민당 총무회를 통과해 국회에 제출된 법안은 당의 결정을 의미하므로 자민당소속 국회의원의 전체 의사로 인정되어 모든 소속의원이 따라야 했다.[122] 또한 내각의 입법안이 법안심사위원회에 가기 전에 내각법제국(內閣法制局)이 미리 법안의 위헌성을 심사하기 때문에 내각법제국의 존재 자체가 재판관들로 하여금 법률의 위헌문제에 더 소극적이고 안이한 태도를 취하게 만들었다.[123] 의원내각제로 법안 대부분이 정부에서 제출되고 내각법제국이 정부제출 법안에 대해 위헌 여부를 사전 검토하므로 사법부가 위헌 판단할 여지도 거의 없는 것이다. 그나마 위헌 판단된 법률은 대체로 현행헌법 이전 제정된 법률이거나 의원입법된 법률에 불과했던 것이 그를 반증한다. 내각법제국의 입법에 대한 관료적 결정이 국회는 물론이고 사법부의 사법심사권에 대한 제약이기도 했던 것이다.[124] 의원내각제 일본의 사법부는 내각 그리고 내각과 동질성을 지닌 국회와의 대립을 만들거나 감수할 만한 처지가 아니기 때문에 정치적 제약을 민감하게 받아들인 것이다.

독특한 일본의 내각과 관료제 이외에도 사법심사가 부각되지 못한 또 다른 이유로 특수한 제헌방식에 따른 헌법 수용태도를 들 수 있다. 점령통치에 의해 타율적으로 강요된 외부적 소여로서의 헌법이 일본에서 국민적 합의 없이 받아들여졌다는 점과 사법심사의 소극성은 무관하지 않다. 일본의 민주주의와 헌정주의에서 기본권을 담은 권리장전은 그 기본가치에 관한 형식적 합의도 확인하기 어려울 정도로 외부에서 주어진 것으로 오랫동안 형식적 존재만 확인될 뿐이었다. 일본이 스스로 받아들이기 힘든 평화조항에 따른 헌법질서도 자민당과 내각에 의해 사실상 무시되는 조항이었다. 따라서 기본권이나 군비문제 같은 핵심 헌법이슈가 사법심사청구를 통해 부각되더라도 취약한 사법부가 이를 검토할 만한 국민적 합의 토대를 발견할 수 없다. 주요 헌법갈등의 대부분이 사법심사를 통해 국민적 논쟁을 만드는 미국과 달리 일본에서는 내각과 관료제를 통해 문제를 해소하

---

122) 양기호, "일본 의원내각제의 권력분산과 집중", 박호성·이종찬 외, 『한국의 권력구조 논쟁 Ⅱ: 권력구조의 운영과 변화』, 서울: 풀빛, 2000, 223.

123) 임지봉, 『사법적극주의와 사법권독립』, 2004, 159; 손형섭, "일본의 헌법재판소 설치논의에 관한 연구", 『헌법학연구』, 한국헌법학회, 제15권 제1호, 2009, 266.

124) 하세베 야스오(長谷部恭男)·스기타 아쓰시(杉田敦), 『헌법논쟁』, 김일영·아사바 유키(淺羽祐樹) 역, 서울: 논형, 2010, 120-123; 이상윤, "일본의 내각법제국의 헌법적 기능", 『헌법학연구』, 한국헌법학회, 제13권 제2호, 2007, 446, 469.

는 방식이 절대적이었다. 결국 일본에서는 사법심사로 헌법이슈를 다루는 관념이 뿌리내리지 못한 것이다.

(2) 한국 3공화국 대법원

1) 정치가 만든 사법의 외견적 자율성

1961년 쿠데타로 집권한 군부는 민정이양 명분을 내걸고 이듬해 7월 발족시킨 헌법심의위원회에서 2공화국 헌법이 규정했음에도 출범시키지 못한 헌법재판소의 존치문제를 논의했다. 헌법심의위는 비상조치법상 최고기관인 국가재건최고회의 내 심의위원 9인과 헌법 및 정치학자 21인으로 구성되지만 결정권은 최고회의에 일임된다.125) 심의과정에서 법원 대 헌법재판소 안이 대립되는 듯했지만 곧 헌재는 헌법제정권자에 의해 폐지될 우려가 있으므로 대신 국회와 정부를 견제하는 데 안정적이고 중립적인 법원의 사법심사가 필요하다는 사법부 측 의견이 대세가 된다.126) 미리 조율된 의사표명인 듯한 이 논의의 최종결정은 최고회의의장 박정희에게 위임되고 그에 의해 미국식 사법심사제가 선택된다.127) 이로써 사법심사기관이 된 3공화국 대법원은 일반법원으로서는 헌정사상 최초로 구체적 규범통제의 최종적 위헌법률심사권과 위헌정당해산심판권을 부여받는다. 대법원장은 법관추천회의의 제청에 의해 대통령이 국회동의를 얻어 임명하고 대법원판사는 대법원장이 법관추천회의의 동의를 제청해 대통령이 임명토록 했다. 법관 4인, 변호사 2인, 법학교수 1인, 법무부장관과 검찰총장의 9인으로 구성된 법관추천회의가 대법원장과 13인 대법관의 임명을 제청하면 대통령이 당연히 임명하는 형식적 임명권만 보유해 사법부의 권한과 독립성은 외형상 강화된다. 출범이 불발된 헌재가 가졌던 법률위헌심사와 정당해산심판권을 법원에 넘긴 새 위헌심사제는 그런 사법권의 독립강화와 결부된 것이라고 홍보된다.128) 그러나 법관임명시스템 개선이 가져온 자율성, 즉 사법의 독립성에 더하여 정

---

125) 2공화국 헌법이 규정한 헌법재판소는 헌법재판소법까지 제정되지만 구성이 지연되다가 5·16 군사쿠데타 정권의 1961년 6월 비상조치법 부칙 제5항에 의해 효력이 정지되어 있었다(김철수, 『헌법개정, 과거와 미래』, 서울: 진원사, 2008, 107); 한국정치외교사학회 편, 『한국정치와 헌정사』, 2001, 290-293.

126) 송우, 『한국헌법개정사』, 서울: 집문당, 1980, 208; 헌법재판소 편, 『헌법재판소 20년사』, 헌법재판소, 2008.

127) 김배원, "한국헌법상 대통령과 헌법재판소의 상호통제관계", 2007, 154; 박찬권, "한국헌법재판제도에 대한 헌정사적 이해 및 평가", 『법학연구』, 연세대학교 법학연구소, 제18권 제1호, 2008, 383-384.

128) 헌법심의위원회, 『헌법개정안해설』, 1962, 20; 김영수, 『한국헌법사』, 서울: 학문사, 2001, 524, 585.

치를 사법이 판단하기 위해 정치로부터 거리를 둘 수 있는 상대적 자율성은 외형적이었다. 그 외형적 자율성이 법원에 귀속된 사법심사권 운용의 실질화와 직결되리라고 믿기는 어려웠다. 사법심사 운용은 집권군부의 사후적 통제 여부에 좌우될 것으로 예상되었기 때문이다.

다행히 3공의 첫 대법원구성에서 기존 대법원장과 13인 대법관이 모두 유임됨으로써 쿠데타세력이 장악한 행정부가 사법부독립을 훼손할 의도는 없는 듯했다. 새 사법부도 행정부와 대립하지 않기 위해 위헌판결을 극도로 꺼려 1963년 징발재산보상에 관한 대통령긴급명령 위헌 외에는 모두 합헌판결로 화답한다. 정치문제원리 내지 통치행위론이 원용되는 방식으로 행정부의 계엄도 위헌판단을 비껴가게 했다. 대법원은 계엄선포는 통치행위이므로 고도의 정치적·군사적 성격인 비상계엄선포의 당부당을 판단할 권한은 국회에만 있다고 했다.[129] 1969년 9월 14일 새벽에 3선개헌안과 함께 국회별관에서 집권 민주공화당 단독으로 통과시킨 국민투표법의 제정도 입법과정의 유효성 여부 판단은 국회자율권이므로 사법심사대상이 아니라고 했다.[130] 군사정권이 만들어 준 독립성의 배후에 내재된 이면의 억압적 분위기를 감안하면 사법부의 태도는 어느 정도 예상된 것이었다. 행정부가 일방적으로 부여한 외형적 독립성이 사법심사를 실질적으로 담보할 만한 기반인지 의심스러웠기 때문에 법원은 사법심사로 행정부와 대립하는 위험을 자초할 수 없었다. 일반법원 본연의 기능을 수행하기 위한 실질적 독립성조차 불확실한 군사정권하에서 낯선 사법심사까지 감당하기는 부담스러웠다.

2) 사법과 정치의 파국적 충돌

3공 말기 대법원의 유일한 법률위헌판결인 국가배상법 및 법원조직법 판결은 억압적 분위기에서 처음이자 마지막의 반전시도였다. 1971년 대법원은 1967년 공포된 군인과 군속의 국가배상 이중청구 금지규정인 국가배상법 제2조 제1항 단서가 헌법상 기본권인 손해배상청구권을 제한하고 평등원칙에도 반한다고 판결한다. 아울러 과반수였던 위헌정족수를 대법원판사 전원의 3분의 2 이상 출석과 3분의 2 이상 찬성으로 상향시켜 위헌판결을 어렵게 만든 법원조직법 제59조 제1항 단서도 위헌선언 한다. 헌법상 근거 없이 위헌판결정족수를 높인 것은 대법원의 최종적 위헌심사권을 제한한다는 이유였다.[131] 대

---

129) 대법원 1964. 7. 21. 64초3, 64초4 결정; 김운룡, "한국 헌법위원회의 사법적 성격", 1978, 25.
130) 헌법재판소 편, 『헌법재판소 20년사』, 2008, 97-98.

법원은 이 위헌조항들의 배후에 있는 정부의 정책적 추진방향과 의도를 잘 알고 있었다. 그 조항들을 만든 정치적 배경은 다음과 같다. 정부는 정책입법이 사법심사에 의해 방해될 것을 우려해 1년 전인 1970년 법원조직법을 개정해 위헌정족수를 대법원판사 3분의 2 이상으로 강화했다. 이는 이미 1968년부터 하급심에서 위헌 판결된 국가배상법조항이 대법원에서 최종 확정될 것에 대비한 조치였다. 위헌판결확정을 막고자 한 이유는 베트남 파병 상이군인이나 전사자 유족의 국가배상 줄 소송이 이어져 국가재정이 고갈될 것이라는 우려였다. 1959년 1억 원이던 국가배상액이 파병 이후 1966년 10억 원, 1971년까지는 무려 40억 원을 웃돌 것이 예상되었다. 그래서 정부는 국가배상법 위헌판결을 필사적으로 막으려 했다.[132] 대법원은 그 정책방향을 잘 알고 있었음에도 위헌결정을 택한다. 사법이 정부정책에 걸림돌이 되더라도 위헌이 헌법상 부득이함을 보여주고 동시에 그런 독자적 판결 가능성을 가로막는 법제적 제약에도 위헌판결로 대항한다.

대법원이 위헌판결로 초래될 정부의 반격 가능성을 전혀 예측하지 못한 것은 아니다. 다만 당시 독립성이 이전보다 강화되었다고 흔히 평판받던 군사정권의 사법은 중대한 정책입법에 대한 상징적인 사법적 전복이 불러 올 정치적 반격의 강도까지는 몰랐다. 국가배상법 위헌판결과 그 무렵 대학생 신민당사 농성사건 무죄판결을 계기로 정부는 재판관여 법관에 대한 정보공작을 진행하고 거기서 드러난 명분으로 검찰이 법관 2명의 구속영장을 신청하는 방법으로 반격한다. 법원이 영장을 기각하자 검찰의 재신청이 이어지며 사법부와 정부 간 긴장이 고조된다. 정부의 반격에 사법부는 당황하면서도 법관을 중심으로 저항한다. 법관의 집단반발이 확산되면서 전국의 상당수 법관이 사표를 제출하고 사법권독립 수호결의를 한다. '사법파동'으로 알려진 이 사태는 대통령의 지시로 검찰이 법관수사를 백지화해 수습된 듯 보였다. 그러나 이듬해인 1972년 유신체제를 출범시킨 박정희는 유신조치의 일환으로 위헌판결에 찬성한 대법원판사 9인의 연임을 모두 거부한다.[133] 게다가 유신헌법은 위헌 선언된 국가배상법조항과 거의 같은 규정을 헌법에 신설해 헌법조항에 근거한 위헌시비 가능성 자체를 봉쇄한다. 위헌판결을 무력화시키려는 헌법수정이었다.

---

131) 대법원 1971. 6. 22. 선고 70다1010 전원합의체 판결, 대법원판례집 19권 2집; 김운룡, 『위헌심사론』, 1998, 102-103; 김철수, "통치구조에 관한 헌법판례의 경향", 1973, 95.

132) 김선택, "형식적 헌법의 실질적 위헌성에 대한 헌법재판: 위헌적 헌법규범의 성립 가능성과 사법심사가능성에 관하여", 『법학논집』, 고려대학교 법학연구원, Vol. 32, 1996, 331-332; 김배원, "한국헌법상 대통령과 헌법재판소의 상호통제관계", 2007, 155.

133) 김배원, "한국헌법상 대통령과 헌법재판소의 상호통제관계", 2007, 156; 헌법재판소 편, 『헌법재판소 20년사』, 2008, 98-99.

행정부정책과 추진입법을 둘러싼 사법과 정치의 이 갈등은 뉴딜 시기에 확인된 미국 연방대법원과 행정부의 갈등에 비견된다. 국가배상법 위헌판결은 한편으로는 위헌판결을 막기 위해 이루어진 정부의 법원조직법 개정과 그를 통해 의도된 국가배상법 사수정책에 대한 반발이지만 다른 한편으로는 사법심사기관으로서의 대법원의 역할자각의 한 형태였다. 이 역할자각은 강압적 군부통치 환경에서 주어진 사법자율성의 현실적 무력감에 대한 저항이었다. 그런데 3공 대법원의 유일한 법률위헌판결은 행정부의 강한 반격에 의해 결과적으로 좌절된다. 사법파동에서 확인된 것처럼 정부대응의 초헌법적 성격으로 인해 그에 대한 사법의 재대응, 즉 사법적 기능을 통한 후속적이고 지속적인 대응이 불가능하고 무의미하게 됨으로써 사법 외적인 집단적 항의로만 이어지다가 결국 정부의 일시적 유화조치에 따라 사라진 뒤 곧이어 시작된 유신체제의 출발로 사법심사기관으로서의 역할은 종료된다. 사법부구성원에 대한 인사개입이라는 행정부의 대응은 뉴딜행정부의 그것과 흡사하다. 다만 정부대응이 의도하고 만든 결과는 더 근본적이었다. 제도적 안정화는 초석조차 다지지 못한 대법원의 사법심사는 이후의 헌법재판에 어떤 제도적 기초도 제공하지 못한 채 역사 속으로 사라졌기 때문이다. 이어진 4, 5공화국은 사법부의 위헌심사권을 박탈하고 헌법재판을 정부에 협력적인 장식적 기관으로 복속시켜 사법부와 위헌심사기능 모두에 치명적 손상을 입힌다.

헌법재판을 장식화한 행정부의 이후 일련의 조치가 3공 대법원의 국가배상법 위헌판결에 대한 반작용임은 분명하다. 행정부가 부여한 강화된 독립성에 의한 사법적 자율성 배후의 무력감과 저항 그리고 저항에 대한 정치의 초강수의 반격이 교차된 상황이 만든 최악의 제도적 개악이었기 때문이다. 이 최악의 변화는 집권군부 주도로 이루어진 파격적이고 예상하기 어려운 탄압의 탓이다. 그러나 대법원판결이 보여준 일방성 역시 최소한 사법심사기관으로서는 적절했다고 평가되기 어려운 점이 있다. 사법심사의 제도적 안정성은 사법이 내건 어떤 정당한 명분과 원리에도 불구하고 정치적 기관의 입법과 정책의 근간을 뒤흔드는 것으로 받아들여지면 유지되기 어렵다. 국가재정파탄을 우려한 행정부의 정책방향이 대법원의 위헌결정으로 막다른 궁지에 몰림을 대법원이 알았음에도 적절한 대화는 모색되지 않았고 위헌결정은 일방적으로 이루어졌다. 사법심사의 제도적 유지와 안정을 위한 다른 배수진도 없는 상태에서 이루어진 위헌결정에 앞선 정치와 사법의 헌법적 대화는 없었다. 반대로 사법과 정치, 즉 대법원과 행정부 사이의, 즉각적이고 또 반향을 모색하지 않는 반발과 대응만이 서로를 등진 채 존재했다. 그 결과는 사법심사의 파국적 해체로 사법에 일방적으로 불리한 것이 되었다.

3. 정치 대행적 사법

(1) 1974년 이전 프랑스 헌법평의회

1) 행정부의 의회견제 수단

대혁명(French Revolution) 전후 지배적인 인민주권원리로 인해 프랑스에서 의회입법에 대한 사법적 위헌심사는 허용되지 않았다.[134] 비사법적·정치적·헌법적 입법통제 가능성은 몇몇 헌법에서 제시되지만 실현되지 못했다. 시에예스(A. Sieyès)는 1793년과 1795년 사이 헌법침해를 막을 위헌입법심사원(jury constitutionnaire)과 위헌입법심사관 (magistrature constitutionnelle) 제도를 통한 법률통제를 시도했다. 그 심사는 명확히 사법이라 표현되지 않고 우회적으로 헌법제정권력의 일부로 보이는 준사법적 법률통제로 기획되었음에도 이 시도는 모두 좌절된다.[135] 혁명기 국민의회(Assemblée nationale)와 이후 헌법들의 의회가 제정한 법률을 사법이 어떠한 방식으로 저지할 수 있다는 발상은 프랑스에서 받아들여지지 않았다. 1789년의 인간과 시민의 권리선언이 권력분립을 선언하고 미국헌법의 영향으로 제정된 1791년 헌법이 권력분립을 채택해도 위헌심사는 의회행위에 대한 사법적 간섭으로 이해되어 인정되지 않았다. 그 권력분립은 입법에 대한 어떠한 간섭을 허용하는 것은 아니었다. 국민대표 의회만이 법을 형성하는 입법자로서 최상의 지위였기 때문이다. 이는 비슷한 시기 근대헌정주의의 출발이념을 프랑스와 공유한 미국과는 다른 모습이다. 헌법이 입법에 우선해 권력분립에 기반을 둔 정치질서를 조직하고 통제한 미국과 달리 프랑스에서는 국민의회 입법만이 절대적이었다. 미국에서는 국민주권을 헌법으로 제정된 권력의 분립으로 전환하고 헌법이 권력분립의 파수꾼 역할을 하지만 프랑스에서 입법에 반영된 루소적 인민주권에 대한 헌법적 통제는 불필요했다. 이후 1875년 헌법이 형성한 의회민주주의에서도 마찬가지다. 위헌심사는 입법우위국가에 사법국가를 혼입시키는 것이고 사법국가는 입법국가에서는 이물질로 여겨졌다. 의회우위국가

134) Arend Lijphart, *Patterns of Democracy*, 1999, 225; Klaus von Beyme, "The Genesis of Constitutional Review in Parliamentary Systems", 1988, 22-23; Mauro Cappelletti, *The Judicial Process in Comparative Perspective*, 1991, 124-126.

135) Carl Schmitt, *Der Hüter der Verfassung*, 1969, 34f; Alec Stone, *The Birth of Judicial Politics in France*, 1992, 30; Christian Starck, Vorrang der Verfassung und Verfassungsgerichtsbarkeit, 1986, 28-29; Mauro Cappelletti, *The Judicial Process in Comparative Perspective*, 1991, 124; 크리스티안 슈타르크 (Christian Starck), "권력분립과 헌법재판", 2010, 480.

의 순수한 합법성체계를 위태롭게 하고 합법성의 원천인 의회의 중심적 지위를 의문스럽게 하는 것에 불과했다.136) 동시대 미국의 권력분립은 견제와 균형으로 사법의 역할을 이해했던 반면 프랑스의 권력분립에서 사법은 입법이나 행정에 간섭할 수 없는 것이었다.137) 그러한 엄격한 권력분립이 의회우위를 뒷받침했을 때 그것은 행정부에 대한 제약이기도 했지만 동시에 위헌심사 제도화의 최대 장애물이기도 했다.

의회우위는 법이 곧 일반의사라는 관념과 결합되었다. 민주적 가치가 분할되지 않은 국가권력을 통해 가장 잘 유지될 수 있다는 프랑스헌법이 선언한 의회우위는 비록 제한정부조차도 루소(J. J. Rousseau)의 일반의사(volonté générale)와 같이 보편적이고 이성적인 가치를 통해서만 이루어진다는 신념과 결부되었다. 대혁명 이후 오랫동안 주권과 대표의 의미와 내용, 법과 정치 사이의 적절한 관계 고려에 있어 일반의사는 프랑스에서 공식적 국가이데올로기가 되고 헌법으로 보장되었다.138) 선언된 권력분립의 제한정부도 일반의사와 무관치 않은 정부였다. 일반의사가 법과 결합됨으로써 의회제정법은 일반의사의 표현이 되었다. 법은 '일반의사의 정당한 작용'이며 '통치자의 지배적 의지는 곧 일반의사 또는 법이어야' 했다.139) 인간과 시민의 권리선언도 '법은 일반의사의 표현이다. 모든 시민은 스스로 또는 그의 대표자에 의해 법제정에 참여할 권리를 가진다'고 확인했다. 법은 일반의사로 사법에 의해 교정될 수 없는 절대적인 것이므로 위헌심사는 허용될 수 없었다.

프랑스에서 사법적 위헌심사가 허용되지 않은 또 다른 이유는 사법부에 대한 전통적 불신이다. 대륙법계 국가의 구체제(ancient régime) 법관은 군주에 종속되었다. 프랑스에서도 법관은 혁명 전의 반사법적 전통과 중세적 특권을 지닌 집단으로 정치에 의존하는 보수적 관료집단이었다. 그들의 사법적 직권남용은 혁명을 촉발시킨 주요한 계기들 중 하나였다.140) 그럼에도 혁명 후 입법과 행정담당자는 교체되었지만 법관은 구체제 특권계급출신임에도 전문지식으로 인해 전면 배제될 수 없었다. 따라서 구체제적 보수성을

---

136) Carl Schmitt, *Der Hüter der Verfassung*, 1969.

137) Mauro Cappelletti, *The Judicial Process in Comparative Perspective*, 1991, 194; Eric Barendt, "Separation of Powers and Constitutional Government", 1995, 604.

138) Michel Rosenfeld, "Modern Constitutionalism as Interplay Between Identity and Diversity", Michel Rosenfeld (ed.), *Constitutionalism, Identity, Difference, and Legitimacy: Theoretical Perspectives*, Durham: Duke University Press, 1994, 11; Alec Stone, *The Birth of Judicial Politics in France*, 1992, 23-29, 45.

139) Jean-Jacques Rousseau, *The Social Contract*, 2008, Bk. 3. Ch. 1. 95., Ch. 12. 122.

140) Martin Shapiro, *Courts*, 1986, 151-152; Mauro Cappelletti, *The Judicial Process in Comparative Perspective*, 1991, 191.

지니고 잔존하면서도 여전히 결과에 책임지지는 않는 법관에 대한 불신은 혁명 이후 위헌심사의 제도화를 가로막는 큰 장애물이었다. 비록 구체제 프랑스의 각 도시에 있던 고등법원 빠를르망(Parlements)이 근본규범에 반하지 않도록 법률과 명령을 심사한 일종의 사법심사적 기능을 했다고도 평가되지만 그런 전통적 부분역할이 혁명기에 구체제가 남긴 법관을 사법심사 주체로 전환시키는 데 전혀 도움을 줄 수는 없었다.141) 오히려 구체제가 남긴 판사에게 일반의사인 법의 해석을 맡긴다면 '판사들의 통치(gouvernement des juges)', 즉 판사가 통치하는 위험한 지배만 우려되었다.142)

법원 스스로도 위헌법률심사를 받아들일 수 있다는 관념을 거의 갖지 않았다. 법관이 해석으로 법을 형성한다는 법형성 관념은 영국과 달리 프랑스에서는 자각되지 못했다. 법관의 법형성을 인정하지 않은 몽테스키외는 법관에 재량을 허용하면 사적 견해로 인해 법을 불확실하게 만들어 국민이 자기의무의 성격을 정확히 모르는 사회에서 생활하는 위험에 빠진다고 보았다. 법관은 법의 말을 하는 입의 역할로 단순한 수동적 존재여야 했다. 프랑스를 포함한 대륙에서 재판관과 법학자들은 사법적 법형성을 거의 인정하지 않고 단지 규범체계로서의 법의 구조, 발전, 통일성에만 관심을 두었다.143) 또한 법관은 행정재판영역을 다룰 수 없었다. 프랑스에서는 행정부의 행정자문기관이자 최고행정법원인 국참사원(Conseil d'Etat)이 사법적 심사로부터 행정권을 보호하고 행정에 관한 법적 갈등을 해결하고 정부기관에서의 법의 유권적 해석의 일부까지 담당해 왔기 때문이다.144) 결국 위헌심사의 토대가 될 만한 법관에 의한 법형성 관념은 나타나지 못한다.

그 결과 프랑스의 위헌심사는 사법형식에 집착하지 않고 사법체계에도 속하지 않는 방식으로 등장할 수밖에 없었다. 최초 형태는 1946년 출범한 4공화국에서 나타난다. 4공헌법이 규정한 헌법위원회(Comité constitutionnel)는 대통령, 국민의회, 상원(Sénat), 국민의회 및 상원의 의장이 선출하는 위원들로 구성되어 국민의회가 의결한 법률의 위헌성을

---

141) Mauro Cappelletti, *The Judicial Process in Comparative Perspective*, 1991, 124-125; 마우로 카펠레티(Mauro Cappelletti), 『현대헌법재판론』, 1989, 53-57.

142) 정재황, 『헌법재판개론』, 2003, 5; Alexander von Brünneck, *Verfassungsgerichtsbarkeit in den westlichen Demokratien*, 1992, 173; Carlo Guarnieri, "Courts as an Instrument of Horizontal Accountability", 2003, 223.

143) Charles de Montesquieu, *The Spirit of the Laws*, 1989, Bk. 6, Ch. 3, p.76, Bk. 11, Ch. 6, p.163; M. J. C. Vile, *Constitutionalism and the Separation of Powers*, 1998, 98; Alec Stone Sweet, *Governing with Judges*, 2000, 28; 마우로 카펠레티(Mauro Cappelletti), 『현대헌법재판론』, 1989, 57.

144) Martin Shapiro, *Courts*, 1986, 153-154; Mauro Cappelletti, *The Judicial Process in Comparative Perspective*, 1991, 20, 155; 마우로 카펠레티(Mauro Cappelletti), 『현대헌법재판론』, 1989, 36; Rainer Grote, "Rule of Law, Rechtsstaat and Etat de droit", 1999, 284.

심사할 수 있었다. 그러나 헌법위원회는 단 한 번 소집되어 평가될 만한 족적을 남기지 못했다. 결국 1958년 제정된 5공 헌법이 규정한 헌법평의회(Conseil constitutionnel)의 창설로 비로소 위헌심사가 제도화된다. 헌법평의회는 목적과 성격에서 미국이나 독일을 모방하지 않은 독특한 형태였다. 사법체계 밖의 제도로 사법의 일반적 형식과 거리를 두었다. 구체적 사건을 다루는 최종심 파기원이 아니기 때문에 반드시 경력직 법관을 필요로 하는 것도 아니었다. 출범 당시 행정부의 의회견제라는 목적이 부여되어 입법과정과 입법결과에 대한 통제기관의 성격이 주로 강조된 점에서 일반적 헌법재판제도와는 차이가 있었다.[145] 기능과 목적에서 위헌심사 자체보다는 절대 우위인 의회주권에 대한 행정부의 대응의도를 앞세운 제도였다.

설립 의도는 비교적 뚜렷이 드러났다. 앞선 3, 4공의 의원내각제에서 행정부는 약체였다. 의회에서 선출된 3공 대통령은 의원내각제 군주국의 국가원수 같은 상징적·의례적 존재로 집행권에 거의 관여하지 않고 의회해산권도 물론 없었다. 제2차 세계대전 후 4공 헌법에서 비록 대통령 권한이 형식적으로 다소 강화되기는 했지만 의회 양원 합동회의가 선출한 대통령은 입법에 관여할 권리는 물론이고 법률집행권조차 없었다. 현실에서도 4공 대통령들은 3공의 전임자들과 별로 다르지 않게 행동했다.[146] 특히 행정부에 압도적으로 우월적 지위였던 4공 국민의회는 입법을 통해 모든 권력을 행사해 의회주권이 초래한 법주권으로 집행권을 마비시켰다. 그 결과 평균 6개월 이상 지속되지 못한 단명한 행정부들로 이어졌다. 헌법평의회는 행정부의 존립과 활동을 방해하는 의회주의를 약화시킴으로써 행정권을 강화하려는 장치였다.

불안정한 의원내각제에 대한 반성으로 드골(C. de Gaulle)의 희망에 따라 행정권강화 목적을 담고 출범한 5공의 헌법평의회는 입법과정에서 법안이 의회를 통과해 공포되기 전 단계의 사전적·예방적 심사권을 맡았다. 5공 헌법에서도 의회의 전통적 비중이 대폭 축소되리라 기대할 수 없자 사전적·예방적 위헌심사로 의회를 견제하려 했다. 시행된 법률의 위헌심사가 아닌 사전적·예방적 법률위헌심사는 보편적 위헌심사 형태인 사후적 규범통제와 다르다. 공포 전 단계에서 위헌적 법안통과를 막는 것은 입법과정에 대한 기능으로 마치 입법부 제3원에 가까웠다. 일반의사의 표현인 법에 대한 사전심사는 의회와 기능을 공유하는 것이기 때문이다.[147] 의회가 헌법에 열거된 입법사항을 넘어 행정부의

---

145) Alec Stone, *The Birth of Judicial Politics in France*, 1992, 8; Louis Favoreu, "The Constitutional Council and Parliament in France", Christine Landfried (ed.), *Constitutional Review and Legislation: An International Comparison*, Baden-Baden: Nomos, 1988, 87.

146) 칼 뢰벤슈타인(Karl Loewenstein), "대통령제의 비교법적 연구", 1989, 297-302.

법규명령 영역에 침범함을 방지할 목적이 강조된 구조였다. 의회입법 위헌성을 예방적으로 심사해 의회주의도 합리화한다는 명분을 내세웠지만 실질은 의회권한을 약화시키고 행정부를 강화하려는 수단이었다. 의회주의 폐단을 시정하고 의회와 행정부 간 새로운 권한배분을 감독한다고 말했지만 그것은 의회를 입법과정에서 통제대상으로 만들려는 명분에 불과했다.148)

명분의 허구성은 제소권 허용범위에서 쉽게 확인된다. 출범 당시 제소권자에 국민의회와 상원의 의장은 있지만 의회의원의 위헌제소권은 인정되지 않고 행정부의 대통령, 수상은 포함되었다. 행정부가 제소권 대부분을 장악한 것이다. 공포 전 법률을 행정부가 주도적으로 제소해 대통령과 정부가 원치 않는 입법은 제소하고 행정부가 원하는 입법에 대한 시민이나 의원의 제소권은 막은 것이다. 실제 1958년부터 1973년까지 입법에 대해서는 9건의 심사만 있었는데 청구는 주로 수상에 의해 이루어졌다.149)

재판관 구성의 행정부 중심적 성격에서도 의회와 행정부 간 권한배분감독이라는 명분의 허구성이 드러난다. 재판관은 대통령, 국민의회의장, 상원의장이 각 3인씩 임명하는 단임의 9인 재판관과 당연종신직인 모든 전직대통령으로 구성되고 평의회의장의 임명은 대통령의 완전 재량이었다. 재판관임명에서 정당의 지배구도에 따라 배분이 보장되는 정치적 배려에 관한 특별 규정도 없었다. 재판관자격도 제한이 없지만 실제로는 의회의원이나 정부각료 등 입법 또는 행정에서 경력을 쌓고 정치적 관직을 거친 정치가가 임명되는 경우가 압도적이었다. 출범 이후 1970년대 초까지 평의회는 행정부 특히 드골 대통령을 대하는 입장에서는 최소한의 자율성도 결여한 기관이었다. 출범 후 1965년까지 평의회를 맡은 초대의장은 논쟁적 정책의 집행을 위한 전략과 절차를 규칙적으로 드골에게 제안하는 개인적 조언자에 불과했고 정부정책에 평의회가 거수기역할을 할 것을 약속하기도 했다. 드골의 절대적 영향력은 이후에도 마찬가지였고 이는 거부하기 힘든 것이었다.150)

147) Tom Ginsburg, *Judicial Review in New Democracies*, 2003, 38-39; Alec Stone, *The Birth of Judicial Politics in France*, 1992, 139, 209-219; Christian Starck, "The Legitimacy of Constitutional Adjudication and Democracy", 1999, 22.

148) 조병륜, "프랑스 헌법재판제도의 동향", 『사회과학논총』, 명지대학교사회과학연구소, 제13집 제2권, 1997, 488; John Ferejohn and Pasquino Pasquale, "Rule of Democracy and Rule of Law", 2003, 255.

149) Alec Stone, *The Birth of Judicial Politics in France*, 1992, 56-57, 61; 정재황, "프랑스의 위헌심사제도에 관한 연구", 서울대학교 대학원 석사학위논문, 1983, 82; 마우로 카펠레티(Mauro Cappelletti), 『현대헌법재판론』, 1989, 23.

150) Alec Stone, *The Birth of Judicial Politics in France*, 1992, 50-53, 60-61; Arend Lijphart, *Patterns of Democracy*, 1999, 225; Alec Stone Sweet, *Governing with Judges*, 2000, 41; Alexander von Brünneck,

2) 유사 사법적 정치기관

의회견제 도구 역할은 시대적 요청 변화로 행정부 스스로가 평의회를 제도적으로 변모시킨 1974년 개헌 전까지 지속된다. 지스카르 데스탱(G. d'Estaing) 대통령은 연립정부를 이끈 소규모 공화당 당수로서 집권하지 못했을 때 헌법적 제소가 보장되는 보다 광범한 제소 가능성을 위해 1974년 개헌을 주도해 제소권자를 60인 이상의 국민의회의원과 60인 이상의 상원의원으로 확대한다. 이후부터 정상적 입법과정에서 패배한 야당들이 입법과정을 사법화하면서 평의회는 야당의 문제제기 통로가 된다.[151] 또 2008년 개헌에서 사후적 구체적 규범통제가 도입되어 법원에 재판계류 중일 때 법규정이 헌법상 권리와 자유를 침해한다는 주장이 제기되면 국참사원이나 대법원(Cour de cassation)이 평의회에 제청해 위헌 여부를 심판받도록 된다. 이는 대다수 법의 발안자이자 시행된 법의 유지를 바라는 행정부도 포괄적 합헌성통제를 비껴갈 수 없게 되었음을 의미한다. 대통령의 재판관임명도 견제를 받게 된다. 개헌 전에는 재판관 중 3인에 대한 대통령의 임명권은 완전 재량으로 수상과 관계장관의 부서조차 요하지 않았다. 그러나 개헌으로 양원 소관상임위 5분의 3 이상 위원들이 반대하면 대통령은 임명할 수 없게 된다. 국민의회와 상원의 의장이 임명하는 재판관은 단지 해당 의회 위원회가 의견제시만 하면 되는 것에 비해 강한 견제다.[152] 이로써 평의회는 헌법재판소 기능으로 진전한다.[153]

1974년 이후 두 차례 개헌이 헌법재판으로의 변화의 분기점인 것에서 반증되듯이 개헌 이전 평의회는 헌법재판기능과 거리가 있었다. 개헌 전 평의회는 설립목적의 수행에는 충실했다. 그래서 프랑스 의회는 영국보다 훨씬 더 행정부 종속적 기관으로 변화했다.[154] 행정부의 의회지배 수준이 제소의 정치적 필요성을 결정했기에 의회의 국면전환

Verfassungsgerichtsbarkeit in den westlichen Demokratien, 1992, 35; 성낙인, 『프랑스헌법학』, 법문사, 1995, 657; 전학선, "프랑스의 헌법재판소 재판관", 『광운비교법학』, 제7호, 2006, 157; 에른스트−볼프강 뵈켄회르데(Ernst-Wolfgang Böckenförde), 『헌법과 민주주의』, 2003, 369.

151) Alec Stone, "Complex Coordinate Construction in France and Germany", 1995, 208-210; Alec Stone, *The Birth of Judicial Politics in France*, 1992, 120.

152) 개정 프랑스헌법 제56조, 제61-1조; 정재황, "프랑스에서의 헌법재판제도에 관한 헌법개정", 『성균관법학』, 성균관대학교 법학연구소, 제20권 제3호, 2008; 전학선, "프랑스 헌법재판제도의 개혁과 한국헌법재판의 비교", 『공법학연구』, 한국비교공법학회, 제10권 제1호, 2009, 275-277.

153) Alec Stone, *The Birth of Judicial Politics in France*, 1992, 5; 남궁승태, 『프랑스헌법소송론』, 서울: 삼선, 1993, 114; 정재황, "프랑스에서의 헌법재판제도에 관한 헌법개정", 2008; 정문식, "유럽헌법의 수호자", 2008, 191; 전학선, "프랑스 헌법재판제도의 개혁과 한국헌법재판의 비교", 2009.

154) Anthony King, "Modes of Executive-Legislative Relations: Great Britain, France, and West Germany", *Legislative Studies Quarterly* 1, No. 1(February), 1976, 21.

시도도 어려웠다. 의회가 제소하더라도 평의회는 행정부를 위해 의회에 대한 방어를 충실히 수행했다. 여러 차례 5공 의회는 4공에서 지녔던 의회권한을 회복하려 시도하지만 평의회는 이를 저지했다. 의회가 정부를 통제하고 자신의 권한을 확대하고자 만든 국민의회규칙 및 상원규칙은 1959년 두 판결에서 위헌 선언됨으로써 무산된다.[155] 평의회는 법률위헌심사에서도 소극적이었다. 1960년 라디오 텔레비전 수신료 결정에서 최초로 법률위헌심사를 개시한 이후 오랫동안 소극적 태도는 변하지 않았다. 국민투표로 채택된 법률의 위헌 여부에 관하여 상원의장이 제소한 사건에서도 위헌심사는 의회가 가결한 법률에만 적용되고 국민투표로 채택된 법률에는 적용될 수 없다고 판시해 평의회 자신의 권한범위를 해석상 확장할 기회조차 스스로 거부한 사실에서 소극성은 상징적으로 확인된다.[156] 이 시기 평의회의 위헌심사기관으로서의 취약성을 단적으로 보여준 사실은 여당인 의회다수파가 통과시킨 법률에 대한 위헌제소가 거의 없었다는 것이다. 15년 동안 극히 적은 사안만 다룬 평의회는 행정부로부터의 최소한의 자율성도 결여한 정치적 심사기관으로 국민에게 거의 인식되지도 못했고 관심을 끌지도 못했다. 1974년 개헌 전 평의회와 그 재판관은 폐지되어야 할 맹목적이고 순종적인 감시꾼이라 비판된다. 많은 재판관의 친정부 편향성과 그런 편향을 벗어나려는 인식전환의 거부 그리고 운용에서 헌법해석범위의 협소함으로 인한 부정적 평가였다.[157] 역으로 의회견제라는 설립의도에는 적절히 부합한 것이다.

1974년 개헌 뒤 평의회에 대한 평가는 달라졌다. 개헌이 가져온 제도적 변화에 따라 보다 헌법재판의 기능으로 진전한 평의회는 권력 간 균형유지역으로 재조명됨으로써 의회기능 약화와 행정부 우위확보의 수단이라는 설립의도로 인한 우려도 많이 불식되었다. 당초 출범의도에도 불구하고 행정부와 의회 중 어느 일방이 타방을 지배할 수 없도록 기능함으로써 권력 상호간 균형을 유지시키는 역할을 수행하고 있다고 흔히 평가된다.[158] 1976년 유럽의회 판결은 중대한 유럽의회 구성문제에서 직접 보통선거에 의한 유럽의회

---

155) Cons. const. 59-2 DC des 17, 18 et 24 juin 1959, Rec. 58; Cons. const. 59-3 DC des 24 et 25 juin 1959, Rec. 61; 남궁승태, 『프랑스헌법소송론』, 1993, 124.

156) Cons. const. 62-2 DC du 6 novembre 1962, Rec. 27.

157) William Safran, *The French Polity*, 5th ed., New York: Longman, 1998, 240; Alec Stone, *The Birth of Judicial Politics in France*, 1992, 94; Arend Lijphart, *Patterns of Democracy*, 1999, 225; 크리스티안 슈타르크, "국민적 기본 컨센서스와 헌법재판소", 송석윤 역, 『세계헌법연구』, 국제헌법학회 한국학회, 제6호, 2001, 130-132; 권형준, "프랑스 헌법재판소의 위헌심사절차", 『법학논총』, 한양대학교 법학연구소, Vol. 18, 2001, 103; 정재황, "프랑스의 위헌심사제도에 관한 연구", 1983, 15, 82-85.

158) 정재황, "프랑스의 위헌심사제도에 관한 연구", 1983, 211.

의원 선출방식에 대하여 의회 내 반대가 팽배해 심각한 정치적 대립이 예상되자 정치적 긴장완화를 위해 대통령이 평의회에 제소해 해결을 모색한 사안이다. 평의회에 정치적 해결을 맡긴 모습은 변모된 역할에 대한 기대로 가능할 수 있었다. 제소 동기를 고려할 때 평의회가 정치적 분쟁해결기관으로 제도적으로 정착하고 있음을 보여준 것이다.[159]

반면, 1974년 개헌 전 평의회는 의회통제에 주력했을 뿐 행정부를 통제할 수 없었기에 정치적 패배자들에게 헌법재판소처럼 효율적으로 이용될 만한 기관으로 인식되지 못했다. 그러한 인식을 가능케 한 평의회 판결은 기껏해야 개헌이 임박해서야 나타났다. 결사의 자유에 관한 1901년 법률을 변경한 법률안에 대한 1971년의 위헌판결이다. 이 위헌판결은 법률에 대한 심층적 위헌심사로 결사의 자유를 헌법전문에 의해 재확인된 기본원칙이라고 선언한다. 1958년 권리헌장을 헌법 내로 편입시키는 초석으로 프랑스에서 권리목록 헌법화의 결정적 시발점이었다.[160] 시민의 기본권 보호에 본격 개입하면서 평의회는 스스로의 독립성을 확인하기 시작했다. 행정부가 추진한 법을 헌법적 권리침해를 이유로 적극적으로 위헌 선언한 것이기 때문이다. 이 적극성은 1974년 개헌 이후 달라진 평의회에 대한 평가에서 확인되듯 변화의 전조였다. 이 판결로 인한 평의회에 대한 변화된 기대가 개헌 기틀을 제공했을 수도 있다. 프랑스판 마버리 판결로도 불리는 일종의 분수령이었다.[161] 그럼에도 1971년 위헌판결이 보여준 그런 예외적 변화만으로 1974년 이전 평의회에 대한 전반적 평가를 바꾸기는 어렵다.

1974년 이전 평의회는 규범통제 기능이 행정부의 정치적 의도와 결합된 일종의 정치적 기관이었다. 1970년대 중반까지도 대부분 학자들은 대체로 평의회를 사법적 기관으로 보았지만[162] 그 사법성은 목적으로서의 정치성에 가려져 기능이나 절차적 의미 이상은 아니었다. 행정부의 영향력에 의해 헌법재판소 기능으로 진전되지 못한 채 법률 합헌성을 사전적·예방적으로 심사하는 기능을 위한 특유한 구성과 절차를 감안해도 입법절차 내 정치적 통제기관과 법원 간의 중간적 성격의 기구였다.[163] 결국 1974년 이전 평의회

---

159) L. Favoreu et L. Philip, Les grandes décisions du Conseil constitutionnel, 2 éd., Coll. Droit public, Sirey, Paris, 1979, 371(정재황, "프랑스의 위헌심사제도에 관한 연구", 1983, 33에서 재인용).

160) Alec Stone Sweet, "Constitutional Dialogues: Protecting Human Rights in France, Germany, Italy and Spain", 1999, 15; Alec Stone, The Birth of Judicial Politics in France, 1992, 60.

161) Cons. const. 71-44 DC 16 juillet 1971, Rec. 29; John Ferejohn and Pasquino Pasquale, "Rule of Democracy and Rule of Law", 2003, 248; Mauro Cappelletti, The Judicial Process in Comparative Perspective, 1991, 197-198; Alec Stone Sweet, Governing with Judges, 2000, 41; Alec Stone, The Birth of Judicial Politics in France, 1992, 66; 정재황, "프랑스의 위헌심사제도에 관한 연구", 1983, 84, 170-175; 남궁승태, 『프랑스헌법소송론』, 1993, 140.

162) Alec Stone, The Birth of Judicial Politics in France, 1992, 115.

는 특수한 과거반성으로 의회약화를 위한 행정권강화라는 새로운 시대적 요청에 답한 유사 사법적인 정치적 기관이었다. 그렇다고 상대적으로 자율적인 정치행위자 혹은 정책결정자로서의 헌법평의회[164]로 평가될 만한 정치적 기관이라 보기는 어렵다. 개헌 전 평의회에서 행정부에 의한 도구적 기관의 성격을 넘어 정치와 헌법적으로 대화하는 모습은 확인되지 않기 때문이다. 즉, 정치적 종속이 아닌 정치와 대화를 통해 공존하는 정치적 사법은 아니었다.

(2) 한국 1공화국 헌법위원회

1) 국회우위가 만든 행정부 견제

1공화국 헌법위원회는 입법부의 강한 영향력을 드러냈다. 헌법위에 반영된 국회우위는 일반적인 의회주권적 사고의 귀결이기보다는 행정부 및 사법부와 경쟁하고 갈등하는 제헌국회의 자기방어적 우위였다. 이는 헌법재판을 만든 제헌기의 논의과정에서 확인된다. 건국 직전 1946년에 미군정청 법전편찬위원회 위원이자 1947년 6월 출범한 미군정 남조선과도정부 산하 사법부 법전편찬위 헌법분과위원인 유진오는 독자적 헌법기초안을 만든다. 유진오는 편찬위의 요청에 따라 그 헌법안을 제출하는데 이 초안에 위헌심사기관은 비상설기구인 헌법위원회였다. 즉, 유진오가 만든 첫 초안인 사법부 헌법편찬위에 제출한 헌법초안에 위헌심사제는 '헌법위원회'였다. 그런데 제헌국회에 제출한 유진오 초안에는 헌법위가 없다. 유진오는 1945년 말 이미 결성되어 다른 헌법초안을 만들던 행정연구회와 공동작업을 하면서 주장을 접었기 때문이다. 미국사법시찰을 다녀온 행정연구회의 법조계인사들에 의해 주도된 행정연구회 안은 미국식 사법심사가 대세였다. 그뿐만 아니라 여러 단체가 준비한 건국헌법시안들도 모두 최고법원에 의한 사법심사만 주장했다. 과도정부 대법원장도 위헌심사는 권력분립상 당연히 사법부권한이라고 했다. 구체적 규범통제인 사법심사는 입법부에 대한 부당한 간섭도 아니고 사법부의 위헌결정은 소극적 권한이므로 남용폐해도 없다고 했다. 유진오는 행정연구회와 과도정부 사법부의 강경한 입장을 넘지 못했다. 결국 1948년 6월 제헌국회 헌법기초위 전문위원 유진오가 국회에 제출한 행정연구회와의 공동안에 위헌심사기관은 대법원이었다. 국회 헌법기초위는 이 유진

---

163) Klaus Schlaich, *Das Bundesverfassungsgericht*, 2004, 4.

164) Alec Stone, *The Birth of Judicial Politics in France*, 1992, 115-116.

오안을 원안, 사법부 법전편찬위가 헌법기초위에 제출한 헌법기초위원 권승렬의 안을 참고안으로 헌법초안 작성에 들어갔는데 권승렬안도 대법원에 의한 사법심사제였다.[165]

그러나 헌법기초위 심의와 토론에서 사법부에 반감을 가진 일부 국회의원이 법원의 사법심사를 거부하며 헌법위원회 채택을 주장하자 그에 미련을 가졌던 유진오 전문위원과 대부분 의원들이 동조했다. 당초 유진오가 헌법위를 선호한 이유도 법원의 사법심사가 지닌 부정적 측면 때문이었다. 유진오는 사법심사제는 몽테스키외적 권력분립의 산물이므로 국제관계가 긴박하고 국가권력의 개입에 의한 시급한 해결이 요청되는 한국에 적합하지 않고, 당시 법원관계자들의 공법학적 지식도 일천해 헌법재판제도로 적당치 않고, 사법부의 상당수 법관이 친일파로 지탄받는 점에서도 법원에 위헌심사권을 줄 수 없다고 보았다. 반면, 제헌국회 다수의원이 미국식 사법심사제를 용납하지 않은 이유는 달랐다. 의원들의 반대이유의 하나는 사법과 입법 간의 권력분립적 이해관계였다. 국회제정법을 법원이 무효화시키면 사법부가 국회보다 우위임을 인정하는 게 된다는 이유였다. 제헌기 한국민주당(한민당)을 중심으로 한 의회우위 상황에서 국회는 사법부에 입법권통제가 귀속됨을 허용하려 하지 않았다. 심의초안이 본회의에 상정될 무렵 이승만국회의장도 헌법위 안을 지지했다. 토론 끝에 본회의에 상정된 헌법초안에 헌법위가 수용되고 재토론에서도 헌법기초위 안이 통과되면서 헌법위가 채택된다.[166] 이로써 한국 최초 헌법재판은 법률위헌 여부가 재판의 전제가 되면 법원이 제청해 헌법위가 심사하는 것이 된다.

국회의 헌법위 선호에는 위헌법률심사권을 단지 사법부에 주지 않는 소극적 이유를 넘는 적극적 의미도 있었다. 당시 행정부와의 대립에서 우위를 사수하는 데 몰두한 국회다

---

165) 신용옥, "대한민국 헌법의 제정과 현민 유진오: 대한민국 제헌헌법 기초 주체들의 헌법 기초와 그 정치적 성격", 『고려법학』, 고려대학교 법학연구원, Vol. 51, 2008; 이영록, 『유진오 헌법사상의 형성과 전개』, 2006, 122-125, 135, 246-248; 심지연, 『한국현대정당론: 한국민주당연구Ⅱ』, 서울: 창작과비평사, 1984, 56-58; 유진오, 『헌법기초회고록』, 서울: 일조각, 1980, 41-51, 164, 190, 217; 고려대학교박물관, 『현민 유진오 제헌헌법 관계자료집』, 고려대학교출판부, 2009; 정종섭, "1960년 헌법에서의 헌법재판소의 최초 등장과 배경", 2009, 414, 주65; 김철수, 『헌법개정, 과거와 미래』, 2008, 74-76; 한국의 임시정부수립을 위해 필요한 법안과 구상을 한국의 민주주의적 정당 및 사회단체와 협의해 결정한다는 방침을 내세운 미소공동위원회의 결정에 맞추어 각 단체들이 제헌헌법안으로 약 17개의 헌법안을 작성했는데(서희경・박명림, "민주공화주의와 대한민국 헌법 이념의 형성", 『정신문화연구』, 한국학중앙연구원, 제30권 제1호, 2007, 90-91), 그 대부분도 이미 최고법원에 의한 사법심사제를 제시했다. 새한민보사 편, 『임시정부수립대강: 미소공위자문안답신집』, 서울: 새한민보사, 1947, 23, 56, 83; 이영록, "제1공화국 헌법위원회제도의 형성: 사법제도 형성의 한 단면", 『헌법학연구』, 한국헌법학회, 제11권 제2호, 2005, 309.

166) 유진오, 『헌법기초회고록』, 1980, 41-44; 박찬권, "한국헌법재판제도에 대한 헌정사적 이해 및 평가", 2008, 374-375; 김영수, 『한국헌법사』, 2001, 401-402; 이영록, "제1공화국 헌법위원회제도의 형성", 2005, 318-328.

수파의 구상에 헌법위가 더 적절하다고 판단한 것이다. 이는 헌법위 위원구성에서 확인된다. 유진오의 본래 구상은 대통령을 위원장으로 하고 상하양원의장, 대법원장 및 상원의 승인을 받아 대통령이 임명하는 3인 위원으로 구성되는 헌법위였다. 그러나 국회 권위하락을 우려한 제헌의원들이 내세운 헌법위 위원구성은 달랐다. 대통령제 권력구조 채택과정이 결과시킨 갈등으로 인한 국회의 행정부 견제 의도는 위원구성에서 국회의 영향력을 최대화하려 했다. 제헌기에 국회를 지배한 한민당이 당론이었던 내각책임제 헌법초안을 양보하고 이승만의 제안에 따라 대통령제로 바꾸는 데 동의한 것은 변형대통령제에서 국무총리를 포함한 내각을 지배하려는 의도였다. 그런데 실패로 돌아가자 국회를 지배한 한민당은 행정부 견제를 최우선시했다.[167] 그래서 헌법위 출범단계부터 한민당을 중심으로 한 국회다수파는 행정부 견제를 헌법위 위원구성에 반영해 국회권력 연장기관으로 만들고자 했다. 제헌국회 다수파가 만든 정치적 타협의 결과 위원은 국회의원과 대법관의 각 반수로 된다. 위원 3분의 2 이상의 찬성을 요하는 위헌결정에서 국회의원 위원들의 영향력은 거의 절대적이 되었다.[168]

　이 구성은 겉보기에는 국회와 행정부의 갈등이 노골화된 것은 아니고 오히려 법원의 사법심사제가 불발된 사법부를 위로한 타협으로도 보였다. 유진오도 이후 논평에서 대법원과 국회에서 각각 동수로 헌법위원이 선출되도록 한 이 타협을 유례를 찾을 수 없는 독특한 형태라고 합리화했다. 유진오는 헌법위원회라는 명칭은 프랑스의 영향을 받은 것일 수도 있지만 내용은 전혀 다르다고 했다. 한국 헌법위 이후 출범한 독일연방헌재 재판관은 의회의원 중에서 선출되지 않는 점이 한국과 다르지만 위헌심사에 의회관여가 인정되는 점에서 한국과 같다고 보았다. 헌법위는 법원과 전연 관계없는 기관에 위헌심사권을 부여한 것이라기보다는 법원에 위헌심사제청권을 부여하고 더욱이 5인 대법관을 위원으로 해 위헌결정 자체에도 관여케 함으로써 법원의 발언권도 있다고 했다. 법원의 관여와 함께 국회의원이 위원이 되어 국회의 발언권도 인정하는 정신을 담고 있다면서 국회와 대법원에서 동수위원을 내어 구성함으로써 사법권우월과 입법권우월의 어느 한편에 치우치지 않아 공정한 결정을 얻는 제도라고 했다.[169]

---

167) 심지연, 『한국현대정당론: 한국민주당연구 Ⅱ』, 1984, 123-127; 유진오의 최초 헌법초안에서의 헌법위원 구성방식은, 유진오, 『헌법기초회고록』, 1980, 164-165.

168) 이영록, 『유진오 헌법사상의 형성과 전개』, 2006, 247-249; 갈봉근, "위헌입법심사의 비교법적 연구(1)", 1962, 76.

169) 유진오, 『신고 헌법해의』, 서울: 탐구당, 1953, 249-251; 유진오, 『헌법의 기초이론』, 서울: 일조각, 1949, 109; 헌법위원회가 명칭에도 불구하고 프랑스의 헌법위원회와 제도적으로 다르고 오히려 서독의 헌법재판소와 유사함은 충분히 인식된 듯하다(갈봉근, "위헌입법심사의 비교법적 연구(1)", 1962, 76).

그러나 "국회에서 제정한 법률을 위헌결정 하는 것은 국무상 중대한 일"[170]인데 신생 한국에서는 미국식 사법심사도 아니고 당시 취약했던 프랑스형도 아니고 의회의원이 재판관이 되지 못하는 독일형도 아닌 특유의 혼합적 제도가 요청되었다는 유진오의 사후적 평가는 구성의 당위성에 대한 무리한 강변에 불과했다. 사실 내용은 헌법재판기관 구성원을 입법자인 현직 국회의원이 겸하는 기이하고 모순적인 구성이기 때문이다. 그 모순적 구성은 국회의원들의 강력한 주장에 밀린 것으로 부통령이 위원장이 되고 대법관 및 국회의원 각 5인 총 11인 위원으로 구성되었다.[171] 대통령, 부통령, 국무총리, 국무위원, 법관 등의 탄핵을 위해 별도로 만든 탄핵재판소도 마찬가지였다. 국회가 탄핵소추를 의결하고 소추위원 3인을 선정해 심판하는 탄핵재판소도 부통령을 재판장으로 하고 대법관 5인과 국회의원 5인이 심판관이 된다. 헌법위와 탄핵재판소 모두 국회의원인 위원은 의원임기 중 직을 보유했다. 헌법재판기관의 다수구성원이 현직 국회의원으로 채워진 국회 우위가 확인되는 것이었다.

2) 입법자에 의한 입법심사의 한계

국회우위는 헌법위의 실제운용에서도 확인된다. 헌법위는 모두 6건의 위헌심사를 처리했다. 그중 4건인 귀속재산처리법, 계엄법, 남조선과도정부행정명령, 간이소청절차에의한 귀속해제결정의확인에관한법률조항은 합헌결정 한다. 그러나 1949년 공포된 계엄법조항은 헌법위의 심판대상이 아니므로 비록 합헌이기는 하지만 계엄지구에서 법원의 영장 없이 체포구금하고 검찰이 검사가 발부한 영장으로 체포하는 것은 헌법상 영장제도에 반한다고 내용적 위헌성을 확인한다. 농지개혁법과 비상사태하의범죄처벌에관한특별조치령 2건은 모두 대법원의 심판을 받을 헌법상 기본권을 박탈했다고 위헌결정 한다.[172] 특별조치령은 대통령 긴급명령이었다. 대통령의 통치행위에 속한 긴급명령을 판단하고 위헌결정까지 한 것으로 국회의원으로 구성된 헌법위가 대통령을 견제한 것이다. 이미 위원 3분의 2 이상인 위헌결정 정족수는 겸직 국회의원 위원들의 주도권을 허용한 구조였다. 특별조치령 위헌결정은 사법적 판단이라기보다는 국회가 보유한 정치적 자율성의 결

---

170) 유진오, 『신고 헌법해의』, 1953, 248.

171) 1952년 양원제 개헌에서 국회선출 5인은 민의원 3인, 참의원 2인 선출로 개정된다. 김영수, 『한국헌법사』, 2001, 부록 6. 발췌개헌 81조 3항, 974; 김형성, "제헌헌법의 논의 과정에 나타난 쟁점에 관한 소고", 『성균관법학』, 성균관대학교 비교법연구소, 제12권 제1호, 2000, 92.

172) 김운룡, 『위헌심사론』, 1998, 96; 허영, 『헌법소송법론』, 2009, 76; 민운식, "헌법위원회의 업적", 『법정』, 법정사, 제14권 제3-5호, 1959, 9-15; 헌법재판소 편, 『헌법재판소 20년사』, 2008, 75.

과에 가까웠다. 헌법위가 운용에 적극성을 보인 것은 제헌국회가 행정부에 대한 상대적 자율성을 유지했기 때문이다.[173] 대통령긴급명령 위헌결정은 상대적 자율성을 기반으로 겸직 국회의원 위원이 위헌심사와 행정부 견제를 중첩 수행한 결과였다.

그렇게 1공 헌법위는 사법부에 의한 침해를 거부하면서 행정부 견제를 추구한 국회의 제도선택 동기, 국회와 대통령의 대립구도에 기인한 정치적 주도권 다툼이라는 제도선택 배경, 위원구성과 위헌정족수 그리고 실제운용의 모든 면에서 국회우위를 현실화한 국회 주도 기관이었다. 헌법위원 절반인 국회의원이 입법자로서 만든 법의 위헌성을 스스로 재심사한다는 논리적 모순이 허용된 것은 입법자 자신이 아니라 입법의 제안자 혹은 대립적 권력으로서의 행정부를 겨냥했음을 말한다. 헌법위 제도에 대한 긍정적 평가와 일견 모순되는 유진오의 또 다른 평가에서 보듯 헌법위 위원이 국회의원에서 선출될 수 있는 당시 프랑스의 제도는 사실상 위헌판결을 내릴 가능성이 적은 제도였고 법률위헌 여부 심사권을 구일본처럼 법을 제정하는 국회가 스스로 지니는 국회지상주의는 불문헌법 국가라면 모르되 성문헌법국가에서는 자기모순이었다.[174] 미국 사법부도 의회의원이 개입될 여지가 없고 일본도 총리대신이 최고재장관과의 협의로 재판관을 임명할 뿐 의회의원이 재판관이 될 수는 없다. 독일 헌재도 연방의회 특위와 연방참사원에서 재판관을 선출하지만 의회의원이 재판관이 되는 것은 아니다. 이후의 프랑스 헌법평의회도 대통령, 국민의회의장, 상원의장이 각 3인씩 임명하는 9인 재판관은 대체로 법률 또는 행정실무 경력자나 정치인출신이다. 따라서 국회의원이 재판관을 겸직해 헌법재판을 장악한 것은 이례적이다. 더욱이 위원의 과반수 그리고 국회에서 선출된 부통령인 위원장을 포함하면 사실상 과반수의 영향력을 지닌 국회는 파당적 이해관계를 벗어날 수 없고 사법적 비전 문성으로 볼 때 헌법재판에 참여할 근거는 박약했다. 그렇다면 1공 헌법위는 국회의 확장된 영향력 범위 내에 있는 헌법재판제도로 평가될 만하다.

---

173) 백영철, 『제1공화국과 한국 민주주의』, 서울: 나남, 1995, 146-147.
174) 유진오, 『신고 헌법해의』, 1953, 249; 유진오, 『헌법의 기초이론』, 1949, 108-109.

Ⅵ. 한국 헌법재판소 성립의
민주적 토대

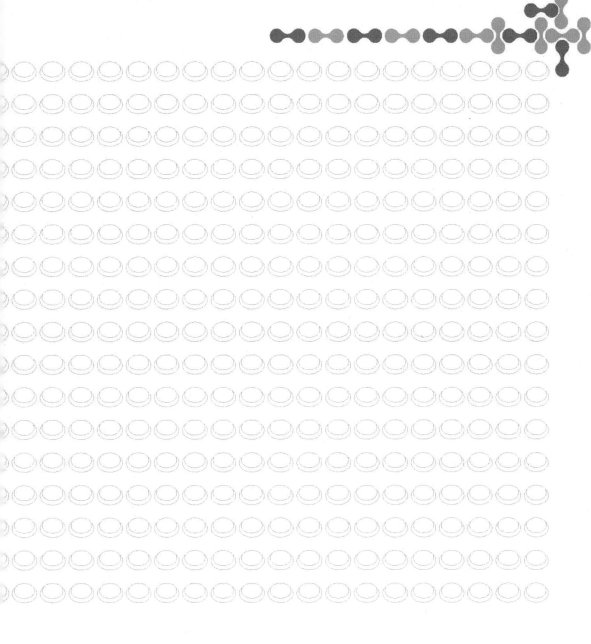

1. 제도화 배경으로서의 민주화

(1) 개헌국면의 정치적 이해관계

1987년 헌법재판소 제도화 합의는 외형상 당시 개헌논의에 반영된 민주화 의지와 무관치 않았다. 개헌의 핵심은 권력분립 실질화를 위한 권력분산이었다. 그 실질화는 민주적 제도의 단순 복원과는 달랐다. 민주적 제도의 복원을 넘어 복원된 제도의 실천의 문제이기도 했다.[1] 이를 위해 대통령직선제와 국회기능 강화의 큰 방향이 신헌법에 담겼다. 헌법재판도 제도의 헌정사적 연속성이나 형식적 복원보다는 민주적 실천에서 담당할 역할로 고려되었다. 따라서 신헌법 탄생을 앞둔 긍정적 전망에서 헌법재판으로 인한 민주주의와 헌정주의의 괴리는 누구도 예상하거나 입에 올릴 만한 것이 아니었다. 오히려 대통령권한의 자의적 행사 억제를 위해 헌정주의적 과제인 삼권분립의 실질화를 추구한 87년 체제에서 헌재에 담긴 요청은 민주주의의 관점과 괴리되지 않았다.[2] 출범에 합의한 민주주의적 가치가 헌정주의적 제도 강화를 구하면서 민주주의와 헌정주의 간 긴장에 관한 의문은 외형상 없었다.

그런데 민주화에서 헌재의 출범동기와 목적에 관한 이런 이해는 정치적 이해관계 중심의 해명이라 말할 수 없다. 그런 이해는 헌재를 포함해 87년 체제에서 탄생되고 강화되고 복구되거나 재생된 모든 제도를 단지 민주화의 산물이라고 말하는 보편적 설명으로 모든 87년 체제의 근원을 민주화로 설명하는 동어반복적 해명일 수 있다. 심지어 헌법재판 출범의 동기와 목적을 정치적 이해관계와 인과적으로 해명하기보다는 시기적 배경인 민주주의 형성기의 이념적 토대와 결합되었다고 포장해 오히려 이후 헌법재판의 정치형성적 태도변화를 제도 운용 잘못이나 파행으로 매도할 빌미로 삼기 위한 의도적 설명이라 말할 수도 있다. 일단 그런 해명의 당부는 헌재 성립을 뒷받침한 개헌 당시의 정치적 이해관계 파악으로 판명될 것이다.

1986년 당시 대통령선거를 1년여 앞둔 정국에서 야당의 대통령직선제 개헌공세에 밀린 전두환 대통령이 이듬해 들어 개헌논의의 연기와 간선제고수를 위해 발표한 4·13 호헌조치에 대한 국민적 반발은 오히려 개헌논의를 본격화시키게 된다. 호헌선언을 계기

---

[1] 박명림, "헌법, 헌법주의, 그리고 한국 민주주의", 2005, 258.
[2] 김세중, "헌정주의 제도화의 평가와 과제", 한국정치학회 6·10 민주화운동 학술회의 '민주주의의 제도화', 1997, 94.

로 사회경제적 민주화요구와 함께 직선제개헌의 헌법적 요구가 포함된 6월 항쟁이 촉발되었기 때문이다. 국민적 개헌요구에 당황한 집권 민주정의당(민정당)의 대통령후보 노태우가 6·29선언으로 직선제 개헌요구를 수용하면서 본격화된 개헌논의를 통해 새로운 헌법재판 제도화 제안들도 등장했다. 헌법재판권에 관해 민정당은 위헌법률심사권은 대법원에 주되 정당해산, 탄핵, 권한쟁의 등 정치적 헌법재판사항은 헌법위원회에 맡기려했다. 통일민주당과 신한민주당 등 야3당은 사법형 헌법재판제도는 찬성했다. 다만 5공 잔재인 헌법위의 존속에는 반대했다.[3]

〈표 4〉 87년 개헌협상의 헌법재판소 합의과정

시기	여당(민주정의당)안	야당(통일민주당, 신한민주당)안	합의 여부
초기	대법원 위헌법률심판 헌법위원회 탄핵·정당해산·권한쟁의	대법원 위헌법률심판 탄핵심판위원회 탄핵심판 헌법위원회 폐지	대법원 위헌심사권 거부 합의불발
이후	헌법재판소 신설 위헌법률·정당해산·탄핵 권한쟁의심판권	헌법소원 인정하면 여당 헌법재판소안 수용	여당 헌법재판소제안 야당 헌법소원조건부 여당 헌법소원 수용 전격합의

여당도 위헌법률심사권은 대법원에 주려 했고 야3당도 장식적이던 헌법위는 버리되 위헌법률심사를 포함한 대부분 헌법재판기능을 대법원에, 탄핵심판만 탄핵심판위원회에 주자고 했다. 최소한 대법원이 위헌심사에서 일정한 목소리를 낼 수 있다고 보는 데는 공감한 결과였다. 재야 법조계인 변협 등의 입장도 마찬가지였다. 그런데 대법원이 스스로 위헌법률심사권 보유를 거부하는 의사를 표시하자 사법형 헌법재판구상은 백지화된다. 독립 헌법재판소에 헌법재판권을 부여하자고 주장했던 학계와 달리 과거부터 항상 대법원에 헌법재판권 귀속을 주장했던 사법부였지만 권위주의 시기에 운영이 극도로 빈약했고 그나마 행정부의 극단적 반격을 불러왔던 헌법재판 담당으로 안게 될 정치적 부담과 집권세력 간 긴장관계로부터 전가될 책임과 불이익을 감수하지 않겠다고 판단한 것이다. 구태여 위헌심사권을 받아 사법부의 독립성에 심각한 위협을 자초하지 않으려 했다. 결국 그 무렵 위헌법률심사권을 대법원에 주는 것에 반대한다는 대통령의 뒤늦은 입장이 여당에 수용된다. 이후 민정당은 전격적으로 위헌법률심판을 포함한 모든 헌법재판사항

---

3) 헌법재판소 편, 『헌법재판소 20년사』, 2008, 137; 6월 항쟁 이전 국회개헌특위에서부터 여당과 야당은 위헌법률심사권을 대법원에 주자는 안을 제시했다(제130회 국회 헌법개정특별위원회 회의록 제4호, 12, 18, 25).

을 헌법재판소에 맡기자고 제안한다. 그러자 통일민주당과 신한민주당 등 야3당은 헌법소원 도입을 조건으로 여당제안을 수용한다.[4] 개헌안 협상 초기 여당과 야당의 시안에 없던 헌법재판소가 전격합의된 것이다. 여당이 제안하고 야당이 받아들인 것이지만 여당의 제안과 야당의 수용이 모두 전격적이었음은 헌법재판소안이 실질 합의되는 데 이견이 거의 없었음을 보여준다.

그렇게 헌재 제도구상은 물론이고 채택합의도 국민적 동의라고는 보기 어려운 정치권의 타협으로 이루어졌다. 여당과 야당 모두 집권구상에만 몰두하던 87년 개헌국면에서 민주적 동의를 집약할 만한 시민적 논의공간은 거의 없었다. 지배세력과 정당 외에는 6월 항쟁이 표출한 국민적 의사를 수렴할 체계가 없었고 전문가집단의 자문도 합의를 결정하는 차기 집권예정자들의 정치적 결단에 실질 영향력을 행사하지 못했다. 촉박한 개헌일정과 눈앞의 선거 그리고 선거 후 정국에 대한 전망의 불확실성이 모든 것을 지배했다. 거기서 국민의 헌법적 결단을 가장한 여야의 정략적 타협이 개헌내용을 결정했다. 헌재도 헌법재판의 형태와 기능에 대한 집권예정 정치세력들의 정략적 합의로 선택되었다. 그래서 오늘날 헌재의 민주적 정당성이 크게 훼손되었음을 지적하는 논거 중 일부도 그런 정략적 합의의 산물인 점을 말한다. 채택되었음에도 심지어 당시 제도권 밖 시민적 민주세력의 주장에서조차 헌재가 포함되어 있지 않았다는 비판도 있을 정도다.[5] 여야의 정략적 타협이 국민적 동의와 다른 것이라면 헌재는 지배정치세력에 의해 일방적으로 주어진 제도였다.

그러나 국민적 동의가 확인되지 않는다는 이유로 헌재를 지배세력에 의한 외적 소여로만 보기도 어렵다. 위헌심사권이 각 법원에 분산된 미국식 분산형이 아닌 헌법재판을 전담하는 집중형 재판소 구상과 채택은 민주화의 산물이기 때문이다. 집중형 위헌심사는 민주적 심의 조건을 확대시키는 상황의 산물이다. 민주적 권력은 헌정체계의 단계적인 법적 위계의 응집을 책임질 집중화된 헌법재판기관의 존재를 통해 더욱 촉진되고 집중형 위헌심사체계는 헌법이슈들이 기술적인 법률적 문제에 가려지는 혼란을 줄여 헌법이슈에 관한 민주적 심의와 토론과정을 위한 조건을 증진시킨다.[6] 신흥민주주의에서 법원을 통

---

4) 제130회 국회 헌법개정특별위원회 회의록 제7호, 부록; 권영성, "개정헌법안의 성격과 특징", 『월간고시』, 1987년 11월호, 1987, 65면 이하; 헌법재판소 편, 『헌법재판소법 제정 약사』, 헌법재판소, 2006, 3-4; 박찬권, "한국헌법재판제도에 대한 헌정사적 이해 및 평가", 2008, 395, 399; 서울대학교 법학연구소, "헌법재판의 활성화 방안(종합토론요지)", 『서울대학교 법학』, Vol. 29, No. 3, 4, 1988, 130; 헌법재판소 편, 『헌법재판소 20년사』, 2008, 137; 대한변호사협회, "헌법재판의 과제", 1989, 12-14.

5) 서경석, "87년헌법체제와 헌법정치", 『민주법학』, 민주주의법학연구회, Vol. 34, 2007, 148-149.

6) Christopher F. Zurn, *Deliberative Democracy and the Institutions of Judicial Review*, 2009, 282.

해 운용되는 분산형 헌법재판이 전반적으로 불신되는 이유 중 하나는 그들 국가 법원 구성원이 이전 권위주의체제하에서 전형적으로 훈련되고 선택되고 임용되었다는 점이다. 분산형은 법관에게 권력을 심판할 능력을 보장할 수 없다. 위헌심사권이 법원에 주어지면 헌법이슈가 국민적 이목을 집중시키기도 어렵다. 반대로 헌재 같은 특별기관의 헌법적 심판은 차별화된 중대 기능으로 부각된다. 그것이 신흥민주주의에서 집중형 위헌심사가 받아들여진 핵심이유다.[7]

다만 집중형 헌법재판의 민주주의적 보편성이나 효율성을 강조한 논거도 취약하기는 마찬가지다. 87년 한국의 지배정치세력들이 스스로 전격적으로 헌재를 구상하고 큰 논란 없이 합의한 동기에 의문을 가지면 집중형 위헌심사에서 발견되는 민주적 보편성과 효율성에만 의존하는 논거도 출범의 정치적 이해관계에 기반을 둔 동인 해명으로는 한계가 있다. 그래서 법원에 의한 분산형 위헌심사제가 아니라 보다 강한 집중형 헌법재판에 전격 합의한 정치적 이유 해명을 위해 신흥민주주의국가의 정치세력 대결구도가 만드는 상황 이해에 주목할 필요가 있다. 헌재를 87년 체제의 국민적 동의가 없는 지배정치세력에 의한 외적 소여라고만 보는 것도 또한 집중형 위헌심사제도의 효율성과 보편성만으로 보는 것도 모두 불충분하다면 정치적 이해관계가 만든 상황적 요청의 해명도 필요한 것이다.

헌재를 정치적 이해관계가 빚은 상황적 요청의 산물로 보는 해석은 헌법재판을 헌법적 변화 시기에 예측 불가능한 정치적 세력판도 변화에 대처하기 위한 쟁송기제 혹은 지배세력이 헤게모니 유지를 위해 불가피하게 받아들인 자발적 제도라 본다. 정치세력이 민주화에서 집권 가능성을 장담할 수 없는 불투명한 향후 정치전망을 읽고 헌법분쟁을 전담할 별도의 정치적 승부처로 만든 담보장치 혹은 지배집단의 정책선호를 전변하는 정치와 격리시켜 유지함으로써 헤게모니를 지키려는 정치와 사법엘리트의 양립 가능한 이익결합이 만든 전략적 협약, 즉 민주주의 정치상황의 위협에서 기존 지배를 유지하려는 지배집단이 자신의 정책선호와 집단이해관계를 결합한 제도라는 것이다. 이들은 대체로 헌법적 변화 시기에 헌법재판을 성립시킨 정치세력 간 명시적 혹은 묵시적 합의의 상황적 요청을 본다. 대통령선거를 목전에 둔 87년 한국의 촉박한 개헌일정에서 헌재 선택이라는 정략적 이해관계도 그런 해석을 허용할 수 있는지 볼 필요가 있다.

---

7) Tom Ginsburg, *Judicial Review in New Democracies*, 2003, 9-10.

(2) 민주화와 장래보장 및 공약

긴스버그(T. Ginsburg)의 '장래보장이론(insurance theory)'은 민주화과정의 헌법재판 기획을 정치적 대비책이라고 본다. 그는 87년 한국 등 신흥민주주의가 명분상 민주정치의 운용을 감시하기 위해 채택했다는 헌법재판이 민주화 초기의 어떤 상황에서 생성되고 어떤 정치적 조건에서 유지 확대되는지 설명한다. 통치에 대한 실질적 견제로 작동할 위헌심사의 기획은 정치적 이해관계와 결부된다. 민주적 체제에서 한 정치세력이 정책결정과정을 영구 장악할 수는 없기에 재집권 실패에 대비하게 된다. 기존 지배세력은 민주화에서 위헌심사제 도입 및 활용에 참여한다. 헌법기획자인 이들은 신헌법 이후 집권할지 모를 반대당의 독주를 막기 위해 독립적 위헌심사제를 기획해 집권능력을 극대화한다. 위헌심사기관과 대의제기관이 형성한 견제와 균형이 선거경쟁에서 이긴 승자의 정치적 몫을 작게 함으로써 민주주의의 불확실성의 두려움을 줄이기 때문이다.[8] 개헌 시기에 여러 정치세력이 집권을 의도할 때 향후 정부를 견제할 수 없거나 정치적 책임을 강제할 수 있는 유일한 기제인 미래 선거에서 승리 지속을 확신할 수 없는 집권당과 소수정당은 정치적 대결을 의회가 아닌 사법영역에 옮긴다.[9] 정당들이 장래 선거패배를 고려한 돌파구로 다수파를 제어하는 위헌심사 같은 소수파 지향적 제도에 주목한다면 헌법기획에서 위헌심사의 범위를 결정하는 것은 개헌기 정당체계와 정치세력의 상대적 배치상황이다. 개헌협상기에 위헌심사는 예상되는 장래 선거패배에 대한 보증을 제공함으로써 쉽지 않은 헌법협상을 성사시킨다. 위헌심사제는 소수재판관에 의해 행사되므로 전격적 정국변화도 만들 수 있고 헌법적 타협을 보호할 의회 내 제2원을 운영하는 방법과 비교해도 훨씬 저비용적이기 때문이다.[10] 대의제의 주축 정치세력이 장래의 정치적 패배를 돌파할 완충지대로 헌법재판에 합의한다는 것이다.

---

8) Tom Ginsburg, *Judicial Review in New Democracies*, 2003, 21-33; 1920년대 독일사회민주당(SPD)과 이를 지지하는 헌법학자들이 바이마르헌법체제에서 제국국사재판소 재판관에 의한 부수적 법률위헌심판권에 대해 초기에는 반대 입장을 취하다가 긍정적 태도로 변한 이유가 사민당이 소수파정당으로 전락할 경우에 대비해 의회소수파 보호를 위한 헌법상 제도적 장치를 마련해 두려는 일종의 미래보장형 정치보험 구상이라고 해석하는 견해도 있다. 桶口陽一・栗城壽夫, 『憲法と裁判』, 小林直樹 監修, 現代憲法大系 第11卷, 法律文化社, 1988, 186(국순옥, "헌법재판의 본질과 기능", 1996, 23-24에서 재인용); Adam Przeworski, *Democracy and the Market: Political and Economic Reforms in Eastern Europe and Latin America*, Cambridge: Cambridge University Press, 1991(한병진, "미국 헌정질서, 법치, 민주주의의 삼위일체", 2007, 93에서 재인용).

9) José María Maravall, "The Rule of Law as a Political Weapon", 2003, 263.

10) Tom Ginsburg, *Judicial Review in New Democracies*, 2003, 21-33.

헌법재판 탄생과 정략적 민주주의 정치의 정합성을 본 긴스버그의 장래보장이론에서 주요사례인 87년 한국의 헌재도 헌법기획에서 드러난 불확실성의 문제에 대한 해결, 즉 장래선거의 패배자에 대한 정치적 보장일 수 있다. 탈권위주의로의 이행에서 정치교착이나 체계 불확실성의 전망 아래 새 헌법적 틀을 협상하던 장래보장 모색국면의 정치세력에게 헌재는 상황적 이해관계를 반영하고 위험을 감소시키는 보장수단이다. 민주화시기에 정치교착 정도가 커지고 권력분산과 탈집중화도 커질수록 헌법형성 과정과 후속선거에서 불확실성이 드러날 가능성이 증가했고 그래서 상대적으로 강력하고 독립적인 헌재가 헌법협상에서 위험을 피하려는 참여자의 보장수단이 된다. 민주화 이후 선거의 불확실성과 위헌심사 출범을 인과적으로 보면 87년 개헌국면은 대체로 동등 세력을 지닌 세 정당 간 정치교착이 산출한 구조화된 불확실성을 예측시킨 상황이었다. 지배정당은 지위 보유 가능성에 대한 기대가 낮을 때 차기 지배정당이 사법을 통해 정책목표를 성취할 수 없도록 독립적 사법기관을 지지하는 경향이 강해진다. 당시 한국에서 지배세력이 다가올 선거가 자신의 위치를 상실시킬 것을 두려워하면서 정치적 반대파의 미래 선택도 제한하기 위해 사법적 독립성을 증가시킬 이유는 충분했다.

헌재를 만든 87년 민주화국면은 장래보장 관점에서 낯설지 않다. 집권 민정당이 헌재를 제안하자 야당이 조건부로 역제안한 헌법소원을 여당이 전격 수용한 것은 앞으로 닥칠 상황예측과 무관치 않다. 보수여당은 직전 총선에서 야당의 초강세에 밀려 위기감이 팽배했다. 직선제개헌을 외치는 국민적 요구가 커지면서 국회를 장악하기도 어려웠다. 장래 여소야대 국회를 견제할 기구가 절실히 요청되었다. 집권당이 소수파로 전락할 경우 의회소수파 보호를 위한 헌법제도적 자구수단인 정치적 대비책이 필요했다.[11] 수세였던 여당은 급변하는 정치환경에서 재집권 가능성을 점치고 장래를 위한 헌법적 돌파구를 원했다. 야당도 마찬가지로 집권 가능성을 장담할 수 없어 헌법재판이라는 담보장치가 필요했다. 여야 모두 집권 혹은 집권실패를 대비해 헌재를 받아들일 이유가 있었다. 불투명한 전망에서 정치적 분쟁을 전담할 독립기관이 승부처로 더 적합하다고 판단하면서 헌재는 여야 모두에게 믿을 만한 미래보장책이 되었다.

정치적 이해관계 상황에 초점을 둔 이런 일종의 맥락주의적 시각은 위헌심사가 민주주의를 촉진하거나 용이하게 할 수 있다는 보편적 논리의 취약성을 보강한다. 정치적 이해관계 상황도 위헌심사가 민주화의 산물이고 정치적 권력분산의 표현이고 권력의 과도한 집중을 효과적으로 막는 제도임을 알려준다. 위헌심사가 장래의 선거패배자에 대한 보장

---

11) 서경석, "87년헌법체제와 헌법정치", 2007, 149; 대한변호사협회, "헌법재판의 과제", 1989, 29.

수단을 제공한다는 결론은 위헌심사가 결과적으로 민주주의로의 효과적 이행을 촉진시킴을 확인해 준다. 정치적 장래보장 수단인 위헌심사제로 민주주의 이행과 공고화가 촉진된다는 것이기 때문이다. 결국 다수제견제 제도인 위헌심사가 민주주의와 긴장하고 갈등할 수밖에 없다는 사고의 일방성도 지적해 준다. 위헌심사와 민주주의가 함께 발전했다고 보기 때문이다. 민주화 이행상황에 보편적 적용 가능성을 보여준 장래보장이론을 통해 헌재의 출범동기와 목적도 큰 부분 읽혀질 수 있다.

87년 헌재를 만든 정치적 이해관계를 알려 주는 또 다른 관점으로 헌법적 협상에서 더 강한 정당의 입장에 초점을 맞춘 '공약이론(commitment theory)'이 있다. 공약이론은 헌법기획을 통제하는 지배정당조차도 헌법을 지켜 가겠다는 진지한 의지를 표현하기 위해 위헌심사제를 원한다고 본다. 신헌법 채택 이후의 문제 해결을 위해 헌법기초자들은 자신의 공약을 믿을 만하게 만들어야 하는 상황에 직면한다.[12] 헌법기초자는 새 헌정질서에서 발생할 문제를 조정할 독립적 제도를 만들어 자신이 약속을 지키는 진지한 자세에 있음을 보여줄 수밖에 없다. 이 자기구속 신호는 독립적 위헌심사의 위협이 그 자체로 신뢰할 만한 경우에 효율적이다. 헌법입안자들은 자기구속의 한 형태로 위헌심사제를 만든다.[13] 집권 민정당의 차기 대통령후보였던 노태우가 6·29선언에서 해결을 공언한 정치적 대국민약속인 대통령직선제 개헌이 새 헌정질서의 민주적 가치보증이라는 헌법문제였다면 헌재는 민주화 이후 발생할 문제에 대한 조정을 약속한 것이다. 지배정당인 민정당이 헌재를 주도적으로 제안한 87년의 상황은 그렇게 해명될 수 있다.

(3) 민주화와 헤게모니 유지

허쉴(R. Hirschl)은 미국적 경험에 한정되지 않는 비교헌법정치 방법론으로 위헌심사의 정치적 근원과 결과를 설명한다. 위헌심사의 정치적 근원과 결과에 대한 대부분의 연구가 미국의 헌법적 유산에 기초하지만 미국적 유산에만 집중한 연구는 필연적으로 타국의 정치적·법적 상황에는 적용되기 힘든 경직된 결론일 수 있어 여타 국가에 적절치 않다. 그럼에도 헌정연구에서 미국의 경험이 독보적인 것은 성문헌법과 위헌심사를 지닌 다른 국가의 경험이 미국에 비해 짧기 때문이다. 그런데 이는 비교헌법정치적 이해를 통해 어

---

12) Stephen Holmes, "Precommitment and the Paradox of Democracy", Jon Elster and Rune Slagstad (eds.), *Constitutionalism and Democracy*, Cambridge: Cambridge University Press, 1988, 175-240.

13) Tom Ginsburg, *Judicial Review in New Democracies*, 2003, 28-29; Jon Elster (ed.), *Ulysses Unbound*, New York: Cambridge University Press, 2000, 88-174.

느 정도 극복 가능하므로 미국헌법과 다른 역사적 상황이 만든 위헌심사는 다른 관점으로 보아야 한다. 허쉴은 여러 국가의 헌법정치분석을 통해 기존의 대형헌법이론(grand constitutional theory)과 각국의 현실적 헌법정치 간 간극을 가교시킨다. 사법통치 (juristocracy)를 만드는 이행의 근원과 결과에 관한 새로운 통찰이다.[14] 이는 위헌심사의 형성원인을 정치, 경제 및 사법적 이해관계의 협약으로 보는 새로운 통찰이다.

허쉴은 권리의 헌법화와 위헌심사의 제도화를 다룬 기존의 진화이론, 기능주의, 제도 경제모델, 미시적 수준의 전략적 행태모델의 한계를 지적한 뒤 자신의 현실주의이론을 제시한다. 진화이론(evolutionism)은 헌법개혁을 통한 사법권의 확장에서 사법적 진보의 불가피성 그리고 비가시적 내인적 거시요인의 중요성을 보면서 위헌심사를 제2차 세계대전의 여파로 등장한 새롭고 보편적인 인권우위의 산물로 본다. 여기서 오늘날 민주주의의 승리는 민주주의가 다수지배와 동등한 것이 아니라는 관념이 수용된 결과다. 진정한 민주주의는 의회조차도 변경할 수 없는 성문헌법에 의해 소수도 보호되어야 하는 것이기 때문이다. 따라서 파당정치의 압력을 받지 않는 재판관이 적극적 위헌심사로 그 권리들을 시행할 책임을 진다. 위헌심사는 자유롭고 동등한 인민이 기본적 권리를 보호하기 위해 스스로에 자발적으로 부과하기로 동의한 절차적 장치다. 권리의 헌법화와 적극적 위헌심사의 제도화는 정치권력의 확산을 촉진하고 정책결정자의 책략과 의회다수파의 권력을 제한한다. 위헌심사는 불신받는 행정부와 의회를 감시하고 분산되지만 잘 조직화되도록 소수의 정치적 대표성을 촉진해 이 대표성이 다수파의 의회정치로부터 차단된 정책결정에 소수가 참여할 기회를 만들어 다수의 자의적 결정에 대항해 소수를 보호하고 공공정책에의 영향력을 증대시킨다는 것이다.[15]

기능주의(functionalism)는 헌법적 변화를 정치체계 내 압력에 대한 유기적 반응으로 본다. 법적 혁신은 사회적 필요의 산물이다. 법적 변화의 최종산물은 체계효율성 증대로 사법권 확장은 약하고 분산되어 있거나 만성적으로 교착된 정치체계가 지닌 구조적·유기적인 정치적 문제로 인해 나타난다. 민주주의에서 정치체계가 덜 기능적일수록 사법권 확장 가능성은 높아진다. 결국 정체의 정치적 통치불능성을 극복하고 통일성과 정상기능화를 보장하는 최선의 방법은 헌법화다. 제도경제(institutional economics)모델은 사법심사가 신뢰할 만한 공약, 집행 및 정보문제에 관한 효율적인 제도적 해답이라 본다. 정치지

---

14) Ran Hirschl, *Towards Juristocracy*, 2004, 4, 7, 222-223.

15) Ran Hirschl, *Towards Juristocracy*, 2004, 10-11, 31-34, 328; Ronald Dworkin, *Taking Rights Seriously*, 1978; Martin Shapiro, *Courts*, 1986; Jon Elster, "Forces and Mechanisms in the Constitution-Making Process", 1995, 364-396; Torbjörn Vallinder, "When the Courts Go Marching In", 1995, 22.

도자들은 지속 가능한 장기 경제성장을 촉진하고 정체번영을 촉진할 투자를 고무시키길 원하는데 그 경제발전은 시장을 지배하는 예견 가능한 법의 존재 그리고 자본정보를 보호하고 사유재산권을 보장하는 법적 체제를 요한다. 이 법적 체제에서 의회와 행정부를 감시하는 위헌심사가 체제신용도 그리고 계약을 실행할 관료제의 능력을 높인다는 것이다. 정당에 토대를 둔 선거시장(electoral market) 논리를 앞세운 미시수준의 전략적 행태 (strategic behavior)모델은 사법부독립은 정체 내 정당체계의 경쟁력과 상관관계가 있다고 본다. 지배정당이 선거에서 계속 승리할 것으로 예상되면 사법권 확대 가능성이 낮지만 반대로 집권 가능성이 낮으면 차기 지배정당이 정책목표성취를 위해 사법부를 이용할 수 없도록 사법부독립을 지지한다는 것이다.[16)

허쉴이 볼 때 이들 이론은 어떤 정체가 특수한 시기에 위헌심사를 제도화한 원인을 밝히지 못한다. 사법권 확장을 민주주의 확장과 결부시켰을 뿐 지난 수십 년 동안의 실제 헌법혁명 배후의 정치적 동인에 대한 체계비교적 분석에 기초한 헌법개혁의 시기, 범위, 본질은 보여주지 못했다. 그래서 허쉴은 현실주의적·전략적(realist, strategic) 접근법으로 헌법화를 통한 사법권 확대를 이해관계와 결부된 '헤게모니유지(hegemonic preservation)'로 설명한다. 먼저 위헌심사의 확장은 정치체계 내 사회적·정치적 및 경제적 투쟁통합체의 중대 표출형태다. 둘째 헌법개혁은 헌법적 교착과 정체의 정치적 근원과 결합되어 있다. 셋째 주요 정치, 경제, 사법행위자는 그들에 최대이익을 가져오는 제도적 구조를 만든다. 끝으로 위헌심사로 정치적 정책결정자의 제도적 유연성을 제약해 정책결정권위를 다수제주의 영역에서 사법으로 이양한 자발적 자기제한은 의회와 행정부 권력보유자의 이해관계와 외견상 상치되는 듯해도 이익을 준다. 우선 정치가는 사법에 정책결정권을 이양함으로써 정책결정비용을 줄이고 책임을 전가해 정치가 자신과 그들이 작동하는 제도적 장치의 위험도 줄인다. 권력이양으로 정치가는 자신에 대한 신뢰는 높이고 귀속될 비난은 줄이고 전문적 비정치적 정책결정기관인 최고법원의 공적 이미지에 의존해 쟁점에 대한 공적 지지를 얻기 때문이다. 다수제주의 정책결정영역의 공적 논쟁이 정치세력이 선호하는 정책을 위험에 빠뜨린다면 사법으로의 책임전가는 매력적 대안이다.[17) 책임전가의 목적은 바로 헤게모니유지다. 분할되고 법의 지배를 받는 지배엘리트는 헤게모

---

16) Ran Hirschl, *Towards Juristocracy*, 2004, 34-35, 37, 40-42; Carlo Guarneri and Patrizia Pederzoli, *From Democracy to Juristocracy? The Power of Judge*, 2002, 160-181; A. Baaklini and H. Desfoses (eds.), *Designs for Democratic Stability*, 1997; L. Diamond et al., (eds.), *Consolidating Third World Democracies*, 1997; A. Lijphart and C. Waisman (eds.), *Institutional Design in New Democracies*, 1996; Jon Elster, "Forces and Mechanisms in the Constitution Making Process", 1995.

17) Ran Hirschl, *Towards Juristocracy*, 2004, 10-11, 31-32, 38-40, 213.

니유지를 위한 항상적 투쟁에 직면한다. 지배엘리트는 헤게모니가 다수제주의 영역에서 주변부 집단의 정책선호에 의해 점차 도전받을 때, 사법이 강직하고 정치적으로 비당파적이라는 평판을 누릴 때, 사법이 헤게모니의 이데올로기적·문화적 성향과 일치해 규율하는 경향이 있을 때 사법으로의 권력이양을 지지한다. 주요 정책결정기능이 점차 다수제주의 통제에서 분리되는 사법권 확대는 광범하게 진행된다.[18]

허쉴은 정치적 이해관계를 중심으로 사법심사를 형성한 지배엘리트의 협약(pact)에 초점을 맞춤으로써 헤게모니유지를 위한 변화를 설명한다. 그는 헌법화를 통한 사법권 확대가 세 주요그룹, 즉 정치적 위협 속에서 민주주의 지지를 공언하며 민주정치 변화과정에서 일반적 정책결정과 특수한 정책선호를 분리해 정치적 헤게모니를 유지하고 고양시켜 위험을 벗어나려는 정치엘리트, 정부행동에 대한 경계를 설정하고 자유시장 및 기업친화적 어젠다를 촉진하는 수단으로 사유재산과 유동성 및 기업활동상 권리의 헌법화를 원하는 경제엘리트, 그리고 정치적 영향력과 국제적 평판을 높이려는 사법엘리트와 최고법원세력의 전략적 상호작용의 산물이라 본다. 상호 양립 가능한 이해관계를 가진 경제, 사법, 정치엘리트의 연합으로 형성된 전략적·법적 혁신세력이 헌법개혁의 시기, 범위, 본질을 결정한다는 것이다.[19] 기존 지배엘리트집단은 민주화로 헤게모니를 상실할 상황이 되면 기득권을 빼앗으려는 새 다수파를 규범 차원에서 원천통제하기 위해 절대적 권리보호를 선언한 권리장전을 채택하고 이를 국가 기본원리로 확인하는 위헌심사제를 도입할 수밖에 없다. 지구촌 국가들이 전례 없이 광범한 권력을 대의제에서 사법으로 이양해 권리의 헌법화와 위헌심사의 제도화로 권력을 분산시킨 것은 민주주의나 보편적 권리에 대한 신념이기보다는 정치적 헤게모니를 위협받는 정치엘리트, 영향력 있는 경제적 지배집단, 그리고 사법적 지배세력 간의 전략적 상호작용의 결과다. 헌법개혁을 지지하는 지배집단의 이해관계연합이 개혁의 시기와 범위 그리고 본질적 성격을 결정한다. 사법통치 경향은 민주주의 정치의 변화에도 불구하고 그들이 자신의 정책결정을 온존시키는 광범한 과정의 부분이다. 최근의 헌정주의적 경향은 정치개혁을 향한 추진력의 표현이기보다는 진행 중인 정치적 투쟁의 산물이다. 헤게모니유지에서 정치의 사법화는 주어진 정치체계를 형성하는 구체적 사회, 정치, 경제적 투쟁형태다. 현재 다수파의 가치를 구체화한 헌법개혁으로 사법에 권력을 이전시켜 권력을 잃을 자들이 자신을 대체할 자들에 대

---

18) 국가적 뿐만 아니라 초국가적 수준에서도 사법제도는 주요 정치행위자로 된다. 예로 유럽사법법원(ECJ)도 유럽연합이 기초한 조약을 해석하고 국가 간 법적 경제적 다툼을 다루면서 회원국의 입법, 행정, 사법부에 의해 중요지위를 부여받는다. Ran Hirschl, *Towards Juristocracy*, 2004, 214-215.

19) Ran Hirschl, *Towards Juristocracy*, 2004, 11-12, 43.

한 헌법적 견제를 사법에 만들어 두는 것이다. 권리의 헌법화와 위헌심사의 강화는 양립 가능한 이해관계를 지닌 경제, 사법엘리트와 변화하는 민주주의 정치상황의 위협에서 자신의 정책선호를 전변하는 정치와 격리시켜 유지해 헤게모니를 지키려는 정치엘리트의 결합이 만든 전략적 협약이다. 즉, 지배엘리트들의 정책적 선호와 이해관계의 결합이다.[20]

이는 권력과 영향력을 얻기 위해 권리의 헌법화를 통한 사법권 확대에 의존하는 집단이 있다면 어떤 체계적인 사회적 필요에만 의존하거나 진보적 방향으로의 어떤 필연적 진화만 가정하거나 혹은 정당체계의 경쟁력에만 의존하는 방식처럼 하나의 단편적 결정인자에만 의존해서는 불충분하다는 인식의 결론이다. 그래서 헤게모니유지론은 결정론이 아니라 행위자 지향적이다. 위헌심사 확장이 특수한 정책에 대한 계속적 정치투쟁에서 지위를 유지하려는 위협받는 엘리트에 의한 사회적 정의라는 관점에서 조망됨으로써 결정론은 극복된다. 헌법적 변화의 일반현상에 관한 보편적 설명에 초점을 맞춘 대부분의 이론과 달리 현실주의적 접근은 사법권 확대의 주요결정인자로 인간대리기관과 특수한 정치적 유인을 확인한다.[21] 헌법혁명의 주요동인이 민주적 변화에 직면한 지배엘리트의 협약이라는 해석은 지배엘리트가 민주주의적 가치 지향이 아니라 자신의 이해관계에 따름을 보여준다. 위헌심사는 정치적 민주주의 수용의 토대를 이룬 정치경제적 지배집단이 민주적 변화의 실체적 내용을 지향한 결과라기보다는 불가피하게 선택한 제도다. 지배엘리트가 민주주의를 내걸어도 명분뿐인 허구일 수 있다. 다만 민주주의의 실체적 내용과 유리된 명분만의 민주주의와 동반할지라도 사법화는 결국 민주화의 불가피한 결과다.

(4) 미래정치를 위한 합의

허쉴이나 긴스버그는 신흥민주주의에 적용 가능한 해석을 보여준다. 헌법재판제도를 만든 정치상황이나 이해관계 중심의 그 해석들은 권리의 헌법화 같은 전통적 설명법에 비하면 크게 알려지지 않았다. 그러나 넓게 보면 헌법재판에 관한 잘 알려진 이론과 유사하다. 예로 합리적 선택론은 헌법을 일종의 계약으로 개념화한다. 둘 이상의 정당이나 사회집단이 상호작용을 지배할 권위적 규칙을 배치하는 수단으로 헌법을 협상한다고 본다. 오늘날 대부분 헌법은 정당에 속한 국민대표 간 협상에 의해 제안되고 기초되어 단지 형식적 절차요건을 갖추기 위해 국민투표로 인준된다. 헌법적 다툼을 해결하기 위한

---

20) Ran Hirschl, *Towards Juristocracy*, 2004.

21) Ran Hirschl, *Towards Juristocracy*, 2004, 49.

헌법재판소의 제도화는 합리주의에 있어 헌정체계를 유지하는 데서 발견되는 어려움, 즉 정파 간 상호 관계를 지배하는 특수한 규칙에 대해 동의하기 어렵고 예상치 못한 사안에 대한 규칙해석이 어려울 때 헌법이라는 계약을 유지하는 어려움에 대한 응답이다.[22] 이는 허쉴이나 긴스버그와 상통한다. 민주화의 헌법혁명을 기존 헌정체계를 유지한 지배의 합의나 규칙이 무너지는 상황을 경험하는 정치세력들의 이해관계를 통한 협약 혹은 상호 협상의 결론으로 볼 수 있기 때문이다. 이들 해석은 헌법과 헌법재판의 성립 원인 설명에서 발견되는 그런 보편성을 지닌 것이다.

특히 현재적 혹은 잠재적 지배세력이 장래를 위해 스스로 권력제한을 용인하는 장치를 합의함에 있어 합의 성사의 중요 관건이 위헌심사로의 접근 가능성이라면 이들 이론은 한국에서도 충분히 적용 가능하다. 긴스버그의 정치적 장래보장이나 허쉴의 헤게모니유지는 모두 권력제한을 통한 이익을 말하는데 이는 위헌심사에 문제의뢰의 충분한 개연성이 보장될 때 확실해진다. 접근 가능성 보장은 정치세력의 불안을 없앨 예측 가능성을 높이기 때문이다. 경쟁하는 정치세력들이 장래에도 우위를 점할 수 있다는 보장이 없다면 차라리 서로의 행동에 대한 예측 가능성을 보여주고 장래의 패배에 도전 혹은 타협할 장치로 헌법재판이 합의될 수 있다. 지배세력이 억압수단을 가지면서도 헌법재판을 통한 법의 지배로 자신의 행동을 예측 가능하게 한 것은 명백히 정치적 이해관계의 결론이다. 법의 지배로 얻는 이익이 그렇지 않은 경우의 이익보다 적다고 예상하면 지배세력은 오히려 위헌적 방법에 집착할 것이라는 점에서 반대로 지배권력이 권력제한을 수용한 것은 이를 통한 이익을 예상하기 때문이다.[23] 87년 헌재 합의의 관건이 된 헌법소원은 광범한 접근 가능성이 신뢰할 만하게 보장되었기에 지배세력 스스로의 권력제한이 가능했음을 알려준다. 실제로도 그 보장은 확인된 점에서[24] 위 이론들의 한국적 적실성은 적지 않다.

87년 한국에서 헌법소원은 생소하지만 도입 필요성이 공감되었다. 개헌정국에서 재야의 국민운동본부가 당시 야당인 통일민주당 및 신한민주당과의 개헌을 위한 협상에서 헌

---

22) Alec Stone Sweet, *Governing with Judges*, 2000, 22-23.

23) Stephen Holmes, "Lineages of the Rule of Law", José María Maravall and Adam Przeworski (eds.), *Democracy and the Rule of Law*, Cambridge: Cambridge University Press, 2003, 19-28.

24) 헌재가 출범한 1988년 9월 1일부터 2015년 1월 31일까지 모두 26,943건이 제소되어 미제이거나 취하된 경우를 제외하고 25,316건이 결정을 받았다. 전부 혹은 일부 인용된 경우는 위헌 497건, 헌법불합치 164건, 인용 503건, 한정위헌 69건, 한정합헌 28건이다. 제소는 대부분 헌법소원에 집중되었다. 전체 사건에서 헌법소원은 모두 26,006건이 제소되어 24,568건이 결정을 받았는데 위헌 256건, 헌법불합치 108건, 인용 486건이고 한정위헌과 한정합헌도 72건이다[http://www.ccourt.go.kr(헌법재판소) 사건통계, 누계표]; 헌법소원의 비율은 무려 97%이고, 헌법소원의 일부나 전부인용(위헌, 헌법불합치, 인용, 한정위헌, 한정합헌)률도 3.8%에 달한다.

재를 도입할 경우 채택해야 한다고 주장해 야당이 이를 복안의 하나로 준비한 것이다.[25]
여당인 민정당이 헌법재판소 안을 제시하고 야당이 헌법소원 도입을 조건부로 역제시하
자 여당도 이를 수용해 합의가 이루어진 것은 한국에서도 광범한 접근 가능성 보장의 요
청이 있었음을 말해 준다. 87년 당시 3당 세력이 거의 유사해 헌법적 타협의 정치적 동
학은 제도적 기획에서 결정적이었다. 세 정파 지도자들 중 누구도 대통령직을 얻으리라
고 예견하기 어려웠기에 헌재가 창설될 수 있었다. 헌재는 다른 정파의 지도자에 의해
장래를 위한 타협이 지켜지는 것을 보장해 주는 제도로 인식될 수 있었기 때문이다. 이
보장에서 핵심은 대립적 정치세력 모두의 손쉬운 접근 가능성이었다. 이는 헌법소원에서
확인된다. 그렇다면 87년 한국은 정치적 보장 혹은 헤게모니유지의 관점에서 설명될 만
한 환경이다.[26] 87년 상황은 정치적 지배의 유동성과 사법적 의뢰의 예측 가능성으로 정
치가 헌재를 채택한 이유를 말해 준다.

헌재가 지배정치세력의 헤게모니유지나 정치적 장래보장을 위해 협상되고 기획되었다
면 세 가지 점에서 민주주의와 상관적이다. 우선 헌재가 헌법협상에서 장래의 잠재적 패
배자인 지배정치세력 모두의 이익을 위해 선택된 제도라면 그것은 민주적 합의의 존재
자체를 확인해 준다. 민주주의가 예정한 결과를 수용하겠다는 대립적 정치세력의 결단은
민주적 합의의 기본이기 때문이다. 둘째 87년 민주화과정에서 근대화세력과 민주화세력
의 차별성의 의미가 퇴색되고 오히려 민주화시대의 새로운 반대세력이 된 과거 권위주의
세력이 법치를 강조했다면 헌법재판은 민주적 개혁의 일환이다. 당시 민주주의는 한국에
서 나타난 광범한 법적 개혁과 동일했다.[27] 권위주의에서 권력집중으로 약화된 헌정주의
를 권위주의세력까지 포함된 합의로 회복한 법치로서의 헌법재판은 민주적 개혁의 출발
이었다. 셋째 지배정치세력의 합의는 권력분산의 필연성으로서의 민주주의에 대한 인식
변화도 보여준다. 헌재 제도화는 지배세력이 더 이상 권력집중이 불가능함을 알고 대처
한 불가피한 결론이라면 민주주의의 필연성에 대한 인식변화가 확인되는 것이다. 이로
볼 때 강한 위헌심사를 만든 정치적 세력균형 모색은 민주주의의 서막이었다. 헌재는 민
주적 합의와 개혁과 인식변화가 만든 제도였다.

민주적 합의와 개혁과 인식변화가 반영된 87년 헌재는 정치세력들이 민주적 가치를

---

25) 박찬권, "한국헌법재판제도에 대한 헌정사적 이해 및 평가", 2008, 395.

26) Tom Ginsburg, *Judicial Review in New Democracies*, 2003, 215.

27) Tom Ginsburg (ed.), *Legal Reform in Korea*, RoutledgeCurzon, 2004; 김일영, "현대 한국에서 자유주의의
전개과정: 헌법규범과 헌법현실의 괴리와 극복과정을 중심으로", 『한국정치외교사논총』, 한국정치외교사
학회, 제29권 제2호, 2008, 401-402.

불가피하게 내세우고 그에 종속될 수밖에 없자 이전까지 유명무실했던 헌법재판제도를 이용 가능하게 만든 제도다. 이전까지는 사법적 권력기반이 취약하거나 정치적 기관에 의해 기능을 전혀 발휘하지 못한 헌법재판을 권력집중 해체 이후 정치상황을 담당할 수 있도록 새롭게 실질화할 수밖에 없는 필연성이 반영되었다. 그 실질화의 내용은 정치에서 독립한 사법적 판단을 위한 자율성을 지닌 헌법 정치이슈 전담기관의 제도화였다. 지배정치세력들이 헌재에 담은 민주적 가치가 진정한 의도인지 의문스럽더라도 그 변화는 이제까지 보지 못했던 민주주의적 변화의 승인이었다. 정치환경 변화에 적응하려는 궁극적 목적이 기득이익의 유지였더라도 민주화 이후의 정치적 세력균형을 불가피하게 받아들이기 위해 선택된 헌재는 민주주의의 제도였다.

2. 민주주의와의 제도적 정합성

헌법혁명 배후의 정치적 상황과 지배적 이해관계로 특수한 시기 헌법재판을 제도화한 메커니즘을 밝히더라도 헌재의 성립 토대가 완전히 해명된다고 보기는 어렵다. 헌법재판 성립의 계기나 동인은 민주화시기 헌법개혁의 특수성에 국한한 설명 이상을 요하기 때문이다. 헌법재판이 민주적 가치의 보편적 확산과 어떻게 인과적인지가 분명히 해명되지 않았더라도 최소한 민주주의의 보편성이 헌법재판의 성립과 결부되어 있다는 데는 거의 이견이 없다면 특수한 조건에 기반을 둔 해명이 보편성의 논거에 의해 보완될 수 있음도 인정되어야 한다. 특히 세계적으로 확산된 민주주의이념과의 정합성은 헌재가 민주주의의 제도적 안정성과 지속성을 고려해 모색되었음을 확인시켜 줌으로써 더 깊이 있는 해명에 이르게 한다는 점에서 여전히 의미 있다. 한국적 특수성 해명은 지구촌의 이념적 보편성으로 보완될 때 보다 충실해지기 때문이다.

민주주의이념의 보편적 확산은 한국도 예외가 아니었다. 87년 민주화 이전 헌법현실에서 장기집권 그리고 군부 혹은 신군부를 위해 개정된 헌법들은 정부권력을 거의 제한하지 못했다. 반민주적 집권연장을 의도하거나 군부통치같이 국민적 지지로 뒷받침되지 못한 세력이 만든 헌법들의 헌법재판은 정부권력 제한을 목적지도 않았고 수행하지도 않았다. 헌법재판제도는 건국 이래 헌법편제상 차이만 있었을 뿐 필수적 헌법기관처럼 존재했지만 기능과 형식만 존재하고 현실운용은 거의 없어 민주주의를 담보하는 헌정주의적 역할을 하지 못했다. 4, 5공에서는 권위주의가 민주주의를 형해화하도록 철저히 방조한 도구였다. 대통령 권력이 국회를 압도해 권력분립을 형식화해도 어떤 헌법재판도 그 통제역으로 인식되지 못했다. 여러 개헌에서 헌법재판기관은 당대의 편의적 개헌필요에 따른 특정권력 편향성 혹은 제도적 장식성만 고려되었다. 반민주적 개헌의도만 반영된 제도에 불과해 이후 다른 개헌에서 그 존속이 유지될 만한 명분과 실질을 지니지 못했다.

반면, 현행 헌재는 지속성 기반을 지녔다. 87년 민주화 열망이 만든 개헌 기반이 제도적 존속을 뒷받침했다. 87년 체제의 절차적 민주화 요건의 구비가 민주주의의 완성적 측면이든 민주주의 실질화의 전 단계이든 최소한 그 헌법은 헌법의 수규자인 국민이 스스로 헌법의 구속력을 인정하고 헌법 정립과정이 민주적 요청에 의해 추동되고 진행되었다. 과거 헌법들이 지닌 규범적 취약성의 원인이 대체로 규범형식 자체의 결함이기보다는 규범을 국민이 인식하고 수용할 수 없는 정당성 부재가 문제였다고 본다면 87년 헌법은 국민적 헌법 수용태도를 바꾸었다. 6월 항쟁은 직선제개헌의 헌법문제였고 그 성취에 대한 인식이 새 헌법을 받아들이게 했다. 현행헌법의 정당성기반이 된 6월 항쟁의 정치적 동의는 이제까지 6명의 대통령이 배출될 수 있을 만큼 생명력을 부여받았다. 국민의 헌법적 의지가 표출된 87년 체제는 정상적 헌정국가로 이행하는 계기였다.[28]

그렇게 정상적 헌법국가로의 이행에서 헌재 제도화 합의는 동시대에 세계적으로 확산된 보편적 민주주의이념의 수용 결과였다. 헌법재판은 민주주의를 지향한 정체에서 헌법개혁을 통해 등장했다. 이미 제2차 세계대전 이후 지구촌의 파시즘 반성적 정치환경을 통해 강력한 집중형 헌법재판소가 독일과 이탈리아에서 등장했다. 기본권 보호 인식이 보편화되면서 시민의 접근도 광범하게 허용된 헌법재판이 각국에서 등장했다. 패전 이후 점령통치에서 탈전체주의헌법을 요구받은 일본도 입법과 행정행위의 위헌성 선언권력을 사법에 부여했다. 인도 등 몇몇 신생독립국의 최고법원도 헌법감독 권한을 받았다. 모두는 아니더라도 이 제도들의 대체적 성공은 해당국가의 민주주의적 평판을 높였다. 과거와 단절해 정치권력을 법의 지배 아래 둔 이들 국가의 내적 정치논리는 바로 민주주의였다.[29] 1970년대 이후에도 세계적 민주화물결과 함께 헌법재판이 각국에 확산됨으로써 현행 헌재 창설 당시에는 이미 위헌심사제를 가진 국가가 80여 개에 달했다.[30] 신흥민주

---

28) 최장집, 『민주화 이후의 민주주의』, 2005; 송석윤, "1987년 제정 6월 헌법의 헌정사적 의의", 강원택·김종철 외, 『헌법과 미래: 7학자의 헌법시평』, 서울: 인간사랑, 2007, 416.

29) Tom Ginsburg, *Judicial Review in New Democracies*, 2003, 26-27, 96.

30) 양건, "87년 헌법의 현실과 개헌의 필요성 및 방향", 양건·박명림·박은정·김재원 외, 『새로운 헌법 필요한가』, 대화문화아카데미, 2008, 28; 양건, "헌법재판소의 정치적 역할: 제한적 적극주의를 넘어서", 『헌법실무연구』, 헌법실무연구회 편, 제6권, 서울: 박영사, 2005, 148; 차동욱, "위헌법률심사제도의 민주적 정당성에 관한 고찰", 2006, 171-172; Alexander von Brünneck, *Verfassungsgerichtsbarkeit in den*

의는 거의 예외 없이 위헌심사제를 받아들였고 상당수 국가에서 그 강도는 점점 더 높아지고 있었다. 위헌심사제가 없던 유럽 일부 국가도 유럽사법법원(ECJ)이나 유럽인권법원(ECHR) 같은 초국가적 위헌심사를 수용했다.[31] 특히 신흥민주주의는 상대적으로 자율적인 사법부 그리고 위헌심사로 무장한 최고법원을 필요로 한 점에서 20세기 후반 세계적 민주화 흐름과 동시대 사법권 확대 간에는 강한 상관관계가 있었다.

물론 20세기 후반 등장한 헌법재판제도는 기본권 보호 같은 규범적 요청 혹은 각국의 정치적 역학관계에서 드러난 이해관계의 요청 중 어느 한쪽에 더 비중을 둔다. 독일이나 이탈리아같이 제2차 세계대전 직후 헌재를 설립한 탈파시즘 국가는 대체로 기본권 보호라는 규범적 요청에 주안점을 두었지만 1970년대 남유럽과 1980년대부터 1990년대에 걸친 동유럽 그리고 러시아에서 신설된 헌재는 세계적 민주화 흐름이 만든 체제변혁기의 요청과 더 결부되었다.[32] 체제변혁은 기본권 보호의 규범적 요청보다는 주로 정치상황적 요청에 조응한다. 거기서 사법화 경향은 지배세력이 스스로의 이해관계에 따라 민주주의와 지속 가능한 발전에 대한 지지를 공언하면서 민주정치의 일시적 이해관계가 빚은 결정에서 핵심적 정책결정을 분리하려는 광범한 과정의 부분이다.[33] 그럼에도 넓게 보면 각국의 정치적 역학관계라는 것도 민주주의 확산이라는 보편성으로 설명될 수 있다. 정치적 역학관계의 필요는 민주주의의 보편적 요청과 결합되어 있기 때문이다. 한국에서도 20세기 후반 헌재를 탄생시킨 체제변혁은 원인과 시기에서 민주주의 확산의 큰 흐름 안에 있었다.

민주주의가 일련의 절차적 지배규칙과 모든 정치행위자가 지켜야 할 정책결정과정의 출현을 의미한다면 체제 지속과 안정화를 위해 자율적 사법을 요구한다. 독립적 사법기관의 존재는 제2차 세계대전 이후 그리고 20세기 후반 이래 민주주의 확장의 필수조건이자 불가피한 산물이었다. 헌법재판은 탈권위주의 내지 민주주의를 지향하는 정체에서 정치경제적 해방과 결합되어 출현했다.[34] 사법권 확대는 의회주권 전통에 있던 유럽적 법

---

westlichen Demokratien, 1992, 15.

31) C. Neal Tate and Torbjörn Vallinder (eds.), *The Global Expansion of Judicial Power*, New York: New York University Press, 1995; Mauro Cappelletti, *The Judicial Process in Comparative Perspective*, 1991, 202-203; Alec Stone Sweet, *Governing with Judges*, 2000, 153-193.

32) 차동욱, "위헌법률심사제도의 민주적 정당성에 관한 고찰", 2006, 170-172.

33) Ran Hirschl, *Towards Juristocracy*, 2004, 217.

34) Ran Hirschl, *Towards Juristocracy*, 2004, 31-32; Leslie F. Goldstein, "From Democracy to Juristocracy", *Law & Society Review* 38(2004), 612-614; Mauro Cappelletti, *The Judicial Process in Comparative Perspective*, 1991, 185-189; Alexander von Brünneck, *Verfassungsgerichtsbarkeit in den westlichen Demokratien*, 1992, 18.

률체계가 20세기 들어 무너지고 다른 권력기관은 물론이고 사법부로부터도 독립된 지위를 가진 정치적으로 임명된 재판관이 입법을 심사하는 정치적 사법으로 진전했다. 20세기 후반에 이미 세계적 조류가 된 헌법재판은 탈권위주의 등 체제변혁을 의도한 헌법들에서 헌법우위를 보장하는 수단이었다.[35] 한국의 헌재도 87년 체제에 반영된 이런 민주주의의 요청과 분리될 수 없다. 헌재는 민주화의 세계적 조류에서 확인된 정치상황적 필요 그리고 민주주의의 본질적 요청과 정합성을 지녔다.

3. 민주주의와 법치의 공존

87년 헌재에 반영된 특수한 정치적 상황과 이해관계 그리고 민주주의이념의 보편적 수용은 민주주의와 법치의 결합을 만들었다. 탈전체주의 국가의 위헌심사 요청이 민주화는 물론이고 새롭게 이해된 헌정주의의 논리적 귀결이듯이 헌재의 성립은 법과 정치의 이질관계의 완화였다. 법치의 헌정주의는 법에 정치를 종속시키고 정치를 헌법의 대상으로 삼아 헌법이 정치권력의 형성과 행사를 규제하게 한다.[36] 헌법재판이 이전에 없던 제도는 아니었지만 상대적으로 실질화된 헌재의 제도화는 그렇게 민주주의와 결합된 법치제도였다. 헌재가 위헌법률심사제의 첫 도입은 아니었다. 한국에서 위헌심사는 제도로서 이미 충분히 경험되었다. 그래서 민주화로 등장한 헌재는 위헌심사제의 시작이 아니라 민주주의 안에서 법치 실질화의 출발점이었다. 헌재는 민주주의를 파괴한 정치세력을 방조한 과거 헌법재판기관을 반성적으로 지양하고자 했다. 근대 초기 혁명적 민주주의 태동기의 모습처럼 87년 한국도 법의 지배로 민주주의를 유지하자는 합의로 민주주의와 법치를 공존시킨 것이다.

집권정치세력은 6월 항쟁으로 표출된 민주적 저항을 무마시킬 대안의 필요성을 절감했다. 대안은 민주화가 구권위주의 세력에게 안긴 부담을 경감시킬 만한 것이어야 했다. 구권위주의 세력은 지배권력 스스로 보유했던 헌법적 판단권한을 헌재에 넘기는 헌정주의적 방안을 제시했다. 민주주의의 폭발적 요구에 직면한 지배정치권력은 자신에 종속되었던 위헌심사권을 독립시킬 것을 먼저 제안했다. 한편으로 민주화 요구를 무마할 대안

---

35) John Ferejohn and Pasquino Pasquale, "Rule of Democracy and Rule of Law", 2003, 250-252; Christian Starck, Das Bundesverfassungsgericht in der Verfassungsordnung und im politischen Prozeß, 2001, 28.

36) Dieter Grimm, "Constitutional Adjudication and Constitutional Interpretation", 2011, 15-16.

은 국회 차원에서도 만들어졌다. 대통령에 대한 견제기능의 상당 부분이 차단되었던 국회는 거의 모든 기능을 회복했다. 그러나 국회의 본질적 기능의 회복은 투쟁의 결과였다. 구권위주의 세력이 부여한 것이라 보기 어려웠다. 그와 달리 지배세력이 제안한 헌재는 과거의 민주주의 실패에 대한 책임추궁을 염두에 둔 헌정주의적 방어였다. 민주주의를 불가피하게 받아들여야 하는 지배세력이 정치적 부담을 줄인 선택이 법치였다. 그것은 민주주의가 헌정주의를 통해 제한될 수밖에 없음을 자각한 결론이었다. 그 법치는 지배세력이 스스로를 법에 구속시킨 점에서 민주주의와 대립적인 것이 아니었다.[37] 지배세력이 권력분산을 보장하는 법치 아래 자신을 둠과 동시에 헌재는 민주주의와 공존하게 된다.

민주주의는 법의 지배를 다른 관점으로 보았을 수도 있다. 법의 지배는 사법의 적극성을 공격하는 논거로 정치에 이용될 수 있다. 법의 지배는 사법의 입장에서는 특정사안에서 헌법적 권리를 포함한 법적 규범과 입법의 양립 가능성을 심사하는 경우 법이 무엇인지를 결정하는 권위이지만 입법부나 행정부 입장에서는 적법한 형식에 따라 법을 통과시키고 이러한 법에 복종하도록 만드는 권위를 지닌 법적 통치의 권리이기 때문이다.[38] 실제로 후자의 입장이 구권위주의를 지배했었다. 그렇다면 87년 헌법의 법치 내지 법의 지배가 헌재에 민주적 기초를 만든 뚜렷한 근거라고 보기 어려울 수도 있다. 한국에서 헌정주의적 법치는 건국 이래 정치적·법적 삶에서 형식적 측면만으로 각인된 규범적 요청에 불과했다. 형식적 법치는 헌정주의적 통치일 수는 있더라도 사법적 지배를 그 자체로 민주주의의 역할로 이해시킬 수는 없는 것이기에 헌재가 민주주의와 공존하는 것은 여전히 어려울 수도 있다.

그러나 87년 헌재에 담긴 법의 지배는 민주주의와 공존했다. 헌재를 만든 법치는 형식적 법치를 넘어 당시의 정치적 환경변화에 주목한 다층위적 토대 위에 형성된 법치였기 때문이다. 법치는 권력제한, 권리보호, 민주적 의지의 표현이라는 여러 층위로 구성된 것이고 각각은 독자적으로 평가된다. 법에 의한 국가권력 제한이라는 형식적 합법성의 요소는 다른 원리나 제도에 의해 보완되지 않는다면 법의 지배가 아니라 법에 의한 지배에 불과함은 권위주의 정권에서 충분히 확인되었다. 그래서 형식적 법치에 내재된 결함은 민주주의에서 어떤 방식으로든 교정되어야 했는데, 헌재를 형성한 법치는 장차 정치적 사안에 대한 적극개입을 통해 사법의 정치화를 내재시킨 형태로 드러났다. 그런 방식으

---

37) 박성우, "민주주의와 헌정주의의 갈등과 조화: 고대 그리스적 맥락에서의 세 가지 대안의 검토", 김영민·김용호 외, 『21세기 헌정주의와 민주주의』, 서울: 인간사랑, 2007, 46-47.

38) Richard Bellamy, *Political Constitutionalism*, 2007, 52.

로 87년 개헌에는 형식적 법치에 민주주의를 결합시키는 문제 그리고 실질적 법치로 헌법재판을 도입하는 문제가 모두 관철되었기에 형식적 법치에 대한 우려는 불식되어 갔다. 이는 민주주의를 받아들여야만 하는 정치환경의 급격한 변화에서 지배정치세력이 수용한 헌재가 민주주의와 법치의 공존을 요구하는 다층위적 상황의 산물이기 때문에 가능한 것이었다.

민주주의와 법치의 공존 자체도 장밋빛 전망만은 아니다. 헌재의 법형성이 초래할 사법적 정치성 우려를 동반하기 때문이다. 법의 단순적용을 넘는 법형성의 위험을 인식하는 정치의 우려는 필연적이다.[39] 사법의 정치화나 책임성이 정당한 것인지 그래서 결국 법관이 입법자로 되는 것이 아닌지의 의문으로 법을 해석하는 입을 넘는 법형성자로서의 법관에 대한 우려다. 그런데 87년 헌재제도화 합의에는 법형성관념도 수용될 정치적 환경이 조성되었다. 멀게는 미국과 유럽에서 이미 법실증주의(legal positivism) 등의 형식주의(formalism)에 대한 반발로 법관의 법형성을 전제로 한 사법의 정치성과 책임성이 충분히 이해되어 왔다.[40] 한국에서도 권위주의의 법실증주의가 보여준 기본권 보장의 형식화와 권위주의적 체제운용에 대한 반성인 87년 헌법은 헌법적 판단기준에 따른 법형성의 길을 열어 주었다. 민주주의가 헌재의 법형성을 용인한 것이었다. 헌재가 받은 정치적 권능은 민주주의에 유익하다는 인식의 결론이기 때문이다.[41] 다만 이 모든 이해에도 불구하고 장래 민주주의에서 운용될 헌재의 미래는 여전히 미지수일 수밖에 없었다.

---

39) Richard Bellamy, *Political Constitutionalism*, 2007, 52.

40) Mauro Cappelletti, *The Judicial Process in Comparative Perspective*, 1991, 9-10.

41) Tom Ginsburg, *Judicial Review in New Democracies*, 2003, 261-262; Mauro Cappelletti, *The Judicial Process in Comparative Perspective*, 1991, 118.

Ⅶ. 헌법재판소의 지위 및 구성의 한계와 극복기반

1. 정치에 대한 관계적 지위의 모호성

(1) 의도적인 관계적 지위설정 방치

고전적 사법의 틀을 바꾸지 않은 채 사법부와 다른 독립된 장에 편제시킴으로써 87년 헌법기획자는 사법을 포함한 삼권에 대한 헌재의 관계적 지위를 모호하게 설정해 버렸다. 헌법은 일반사법권과 헌법재판권을 포괄한 것이 사법권이고 헌법재판이 그 안에 있다고 규정하지 않았다. 삼권과 기능적으로 대등한지 혹은 헌재로 4권분립이 되는지도 말하지 않았다. 4권이더라도 4권이 서로 대등한지 또는 헌재가 삼권을 조정하는 제4의 권력인지도 밝히지 않았다. 이 불분명한 지위는 일단 권력분립 틀로서 헌재를 보는 데 장애를 만든다. 그럼에도 독일 연방헌재가 주 모델이었던 헌재는 독일의 예에 따라 권력분립 틀을 기준으로 기능 내지 작용이 설명되었다. 기본법에 그 위상을 정하기 위해 많은 논의를 거친 독일 연방헌재는 연방헌법재판소법의 위상규정에 대한 출범 직후의 반발과 지위 보장 요청을 거치고 기본법의 사법 장에 대한 일부 규정까지 변경하면서 법원의 특성과 동시에 연방의회, 연방정부, 연방참사원 등과 마찬가지로 상급헌법기관의 특성이라는 이중적 지위(Status)로 사법작용이라는 데 거의 의견합치가 이루어졌다.[1] 이런 독일의 논의가 주로 원용되어 권력분립의 사법작용인지 혹은 드물게는 권력분립 밖의 작용인지를 밝힌 한국적 논의도 사법작용설이 다수견해를 이룬다.[2]

위 논의는 정치와 사법의 본질적 긴장구도를 알고 대법원과의 갈등, 즉 사법 대 사법의 긴장까지 예상했다. 예상되는 긴장의 해소기제가 헌법이나 헌법재판소법에 없다는 우려도 알고 있었다. 그럼에도 헌재와 정치 간 긴장의 해법에는 별다른 도움이 되지 못한다. 우선 그 논의가 시기적으로 훨씬 이후 확인된 헌법재판과 정치의 긴장이라는 문제의식과 같을 수 없었다. 게다가 한국에서 사법부는 권위주의 시기에 정치로부터 자유롭지 못한 비자율적 판단기관이었고 헌법재판 담당 시기의 유일한 사법심사판결도 제도의 파국적 종말을 불러 역할을 이어가지 못했기에 헌재를 사법작용으로만 본다면 운신의 폭을 좁히게 된다. 정치가 헌법재판을 무력화시킬 기능적 장애가 헌법과 헌재법을 통해 구조

---

1) Klaus Schlaich, *Das Bundesverfassungsgericht*, 2004, 23; 박규환, "헌법재판의 담당기관에 관한 소고", 2011, 261-284.

2) 삼권 및 삼권 중 사법과의 상관적 위상을 통한 지위해명은 헌법학계에서 충분히 이루어졌다. 김철수, 『헌법학신론』, 2008, 1280-1281; 권영성, 『헌법학원론』, 2008, 1124-1125; 정재황, 『헌법재판개론』, 2003, 28, 32-35; 허영, 『헌법소송법론』, 2009, 98-101; 정종섭, 『헌법소송법』, 2010, 85 등.

화된 규정상 부실을 보았음에도 그것이 정치와의 관계에서 인과적으로 초래할 결과는 예측하지 못했다. 87년 체제로 권력분립과 법치국가관념이 강화됨에 따라 정치의 사법화를 강화시킬 사법국가로의 진행에 대한 예측도 결여되어 있었다.[3] 그래서 사법작용이라는 해명에도 불구하고 사법적 작용의 민주적 토대를 헌법과 헌재법을 통해 확보받지 못한 헌재는 정치와의 관계에서 모호한 지위를 벗지 못한다.

모호한 지위는 87년 헌법에 관한 국민적 합의의 모호함에 기인한다고 설명되기도 한다. 국민적 합의가 제대로 확인되지 않는다는 점은 법적 규정의 미비나 부실의 원인으로 흔히 지적되기 때문이다. 그러나 합의의 모호성은 비단 헌재에만 국한된 것은 아니다. 민주화과정에서 국민을 대변할 논의공간은 없었고 핵심 개헌과제인 대통령직선제조차도 단지 제도권 지배정당들만이 협상대표로 나섰다. 그것은 헌법을 탄생시킨 정치적 이해관계의 결과였다. 87년 헌법은 노태우, 김영삼, 김대중으로 대표되는 3대 협약세력의 단기적인 정치적 이해의 산물이었다. 헌법개정 8인정치회의의 성원 중 절반은 구권위주의의 대표들이었다.[4] 그 헌법은 정치세력 간 임시권력협정 같은 내용이었다. 개헌핵심은 대통령 권력을 억제하는 권력구조 재편이지만 이면은 대통령직을 차례대로 점유하기 위한 약정 같았다.[5] 지배정치세력에 의한 권력구조 재편은 대통령과 국회의 권한조정에만 치중했기에 87년 헌법의 모든 제도에서 합의의 확인은 어렵다. 그나마 그 타협에서조차 부차적 중요성만 지녔던 헌재가 어떤 역할을 해야 할지에 대한 국민적 합의가 읽혀지지 않음은 당연하다. 그럼에도 87년 헌법의 모든 제도가 헌재처럼 모호한 지위인 것은 아니라면 그런 관점은 모호한 지위에 관한 원인해명으로는 부족하다.

개헌과정에서 충분한 국민적 합의가 있을 수 있고 민주적 요구가 개헌단계에서 철저히 반영되어야만 한다는 논리 자체도 의문투성이다. 현실정치에서 헌법구상이 시민의 이익을 반영한다는 논리는 대체로 부정적이다. 헌법 초안을 잡는 헌법구상 정치가들이 순수한 시민의 대리인이라면 새 헌법은 시민의 이익을 충분히 반영할 수 있다. 그러나 헌법논쟁을 감시하는 데 필요한 조직화 측면에서 시민은 취약하다. 그 상황에서 시민의 이익이 아닌 헌법입안자 자신에게 이익을 가져다주는 제도 혹은 이해관계가 더 반영되리라

3) 박명림, "헌법개혁과 한국 민주주의", 2007, 72-74; 박명림, "헌법, 헌법주의, 그리고 한국 민주주의", 2005, 260-261.

4) 박명림, "헌법개혁과 한국 민주주의, 2007, 72-74; 박명림, "헌법, 헌법주의, 그리고 한국 민주주의", 2005, 260-261.

5) 홍윤기, "국민헌법에서 시민헌법으로", 함께하는시민운동 편, 『헌법 다시보기: 87년 헌법 무엇이 문제인가』, 서울: 창비, 2007, 39-40.

보는 것은 충분히 현실적이다. 실제로 헌법제정은 시민적 이익보다는 오히려 헌법기초자의 이해관계에 의해 지배되고 있다.[6] 게다가 국민적 합의는 비록 정당한 요청이더라도 합의가 민주주의 정치와 헌재의 상관적 지위를 직접 밝혀주는 요소는 아니라면, 즉 합의가 있다고 해서 헌재가 민주주의에서 명백히 해명되는 것만은 아니라면 논의의 실효성도 적다.

그렇다면 차라리 87년 헌법과 헌재법의 관련규정이 어떤 의도로 만들어졌는지를 살필 필요가 있다. 헌재는 앞서 말했듯이 권위주의 이후 예견된 정치적 불확실성에 대한 대안으로 의식적으로 고려되었다. 헌법소원 채택을 전제로 한 전격합의는 87년 지배정치세력들의 정파적 합의의 중대 동기가 장래보장임을 추측케 한다. 그럼에도 장래보장은 헌재의 지위를 명확히 규정하려는 의도와는 다른 것이었다. 정치적 불확실성에 대한 장래보장 기대가 있더라도 장래에 대비한 제도화 합의를 넘는 부분에서는 이제까지 실질적으로 경험하지 못한 제도에 대한 우려도 공존했다. 그래서 여당과 야당의 합의안은 비교적 성공적인 독일헌재를 이상적 모델로 하면서도 실제로는 직전 4, 5공의 헌법위원회라는 가시적 모델을 통해 체계를 설정해 버렸다. 여당인 민정당은 헌재를 과거 헌법위와 비슷하게 운용하면 된다고 생각했다. 예상업무량도 제대로 가늠하지 않고 헌법위의 선례를 참고해서 비교법적으로 적은 9인 재판관정수를 그대로 채택했다.[7]

모호한 지위는 개헌주도세력의 단순 실책이나 준비부족의 결과이기보다는 제도적 우려에 따른 설정이었다. 이는 몇 가지 점에서 확인된다. 우선 가중다수결 위헌정족수다. 헌법은 법률위헌, 탄핵, 정당해산, 헌법소원인용결정은 단순과반수가 아닌 6인 이상의 찬성을 요하게 했다. 가중다수결 결정정족수는 개헌주도 정당을 배후에 둔 국회가 상대우위에서 입법형성권 침해에 대한 방어로 만든 것이다. 역대헌법에서 위헌법률과 탄핵 심판에 3분의 2 이상 찬성을 요한 것과 마찬가지 이유였다.[8] 이미 삼권에 의한 안분구성 기

---

6) Dennis Mueller, *Constitutional Democracy*, New York: Oxford University press, 1996, 5; Jon Elster, "Forces and Mechanisms in the Constitution Making Process", 1995, 364-96.

7) 헌법재판소 편, 『헌법재판 10년사』, 헌법재판소, 1998, 73; 이광윤·이봉한, "헌법재판기관의 구성원리와 우리 제도의 개선방향", 『성균관법학』, 성균관대학교 비교법연구소, 제16권 제3호, 2004, 248; 각국 헌법재판관 정수는 헌법법원형에서 오스트리아 14인, 독일 16인, 이탈리아 15인, 스페인 12인, 프랑스 9인 및 전직대통령들, 벨기에 12인, 포르투갈 13인, 체코 15인, 헝가리 11인, 루마니아 9인, 태국 15인이다. 일반법원형에서는 미국 연방대법관 9인, 일본 최고재판소재판관 15인이다(헌법재판소, "현행 헌법상 헌법재판제도의 문제점과 개선방안", 2005, 88-90).

8) 헌법재판소, "현행 헌법상 헌법재판제도의 문제점과 개선방안", 2005, 주381, 297면. 1948년·1952년·1954년 헌법에서 위헌법률심판과 탄핵심판은 11인 위원 혹은 심판관 중 3분의 2 이상의 찬성을, 1960년 헌법은 9인 심판관 중 6인 이상 찬성을, 1962년·1969년 헌법은 탄핵결정은 6인 이상, 위헌법률심판은 과반수 찬성을 요했고, 1970년 8월 7일 이후에는 출석 3분의 2 이상의 찬성을 요했다. 그리고 1972년·

관인 헌재에 재적재판관 3분의 2에 해당하는 6인 이상의 위헌정족수는 과도한 이중장치였다. 반대로 정치의 입장에서는 효과적인 제한장치였다. 과반수인 재판관 5인 위헌의견이라도 합헌결정이 되는 불완전한 권능만 주기 때문이다. 특히 대통령선임 3인과 국회선출 3인을 합친 6인 중 여소야대를 불문하고 집권당 추천자가 최소 4인 이상이고 집권당 의석수에 따라서는 5인 또는 6인도 될 수 있어 결정정족수 6인에 가까워 사실상 집권세력의 이해관계에 반하는 위헌결정을 곤란하게 해 권력 통제 실효성을 약화시킨다.[9] 법률위헌, 탄핵, 헌법소원 상당수가 집권세력의 정책이나 입법과 결부된다면 이는 단순한 우려 이상의 결함이다. 가중다수결로 운신을 묶어 둔 것은 제약적 지위를 만들 의도였다. 단순한 성찰 결여나 실책이 아니라 정치와의 상관적 지위의 유보였다. 삼권의 통치구조와 대등적으로 병존할 헌법상 독립기관의 지위란 정치에 대해서는 모호한 지위에 불과했다.

〈표 5〉 역대 헌법재판관의 상임직 여부

	1공	3공	4공	5공	현행출범기	1991년 이후
기관	헌법위원회 탄핵재판소	대법원 탄핵심판위	헌법위원회	헌법위원회	헌법재판소	헌법재판소
상임 여부	전원 비상임	상임 비상임	상임 1 비상임 8	상임 1 비상임 8	상임 6 비상임 3	전원 상임

구체적 지위는 부속입법인 헌재법의 과제라 볼 수도 있다. 그러나 헌재법은 모호성을 확실히 못 박는다. 헌법 시행 직후 출범에 앞서 단기간에 조직과 운영에 필요한 입법화를 마무리하기 위해 정부는 법원, 법제처, 헌법위 관계자로 구성된 5인 실무위를 구성해 헌재 부속입법을 만든다. 그러나 헌재법은 권위주의 시기 헌법재판 운영방식의 틀을 벗어나지 않았다. 처음 창설되는 기관이 너무 광범위하고 비대한 권한을 장악하면 스스로 감당하기 어려워 존립 자체가 위협받을지도 모른다는 명분을 달았다.[10] 우선 유명무실했

1980년 헌법에서 위헌법률과 탄핵심판은 9인 위원 중 6인 이상 찬성을 요했다.

9) 이광윤・이봉한, "헌법재판기관의 구성원리와 우리 제도의 개선방향", 2004, 249; 비교법적으로도 미국 연방대법원은 예외 없이 단순다수결을 고수해 대법관 9인 중 과반수인 5인 찬성으로 위헌결정하고, 독일도 연방헌법재판소가 기본권실효, 위헌정당해산, 탄핵에서 피청구인에게 불리한 재판을 하는 경우만 재판관 3분의 2의 다수를 요할 뿐이다. 반면, 중요도나 빈도에서 독일헌법재판의 핵심이라 할 그 외 사항들의 심판은 출석 과반수를 결정정족수로 해 재판관 8인 중 5인 찬성으로 법률위헌 여부를 결정한다. 오스트리아나 일본도 단순다수결이 원칙이다(조홍석, "제도적 관점에서 본 현행 헌법재판제도의 문제점과 개선방안", 『법과 정책연구』, 한국법정책학회, Vol.8, No.2, 2008, 4-5; 헌법재판소, "현행 헌법상 헌법재판제도의 문제점과 개선방안", 2005, 305-306).

10) 법무부 편, 『헌법재판제도』, 법무자료 제95집, 법무부, 1988, 53.

던 헌법위의 비상임제도가 답습된다. 헌재법은 헌법상 명시적 근거가 없음에도 재판관을 상임 6인과 비상임 3인으로 이원화한다. 이 이원화는 건국헌법에서 헌법위원 전원이 국회의원과 대법관 등을 겸직한 명예직으로 사실상 모두 비상임이던 전통의 답습이었다. 유신체제와 5공의 헌법위도 단 1명의 상임위원만 두고 위원장을 포함한 나머지 8명 위원 모두 비상임이었다. 장식적이던 이전 헌법재판의 예로 볼 때 활성화에 결정적 걸림돌이 될 비상임체제는 당시 논란 끝에 존치로 가닥 잡힌다. 야3당과 법학계 및 재야법조계는 9인 전원상임화를 제안하지만 여당이 재판관 3인 외의 모든 재판관과 헌재소장의 비상임화를 주장하면서 결국 소장 포함 6인을 상임화하되 그중 2인은 국회선출, 2인은 대법원장이 지명한 자를 포함토록 타협된다.[11]

결정의 실효성을 담보할 집행규정도 배제된다. 집행규정으로 담보되는 법원재판이나 자력집행력을 지닌 행정부결정과 달리 헌재결정에서 집행규정의 배제는 헌법해석에 머무르게 해 정치적 형성력을 막으려는 것이었다. 즉, 결정의 실효성으로 인한 형성적 지위를 정치는 감수하려 하지 않았다. 헌재는 국회나 행정부에 대한 권력적 관계에서 결정의 실효성을 보장받지 못해 해석적 유권성이 형식화될 위험을 감수할 수밖에 없게 된다. 이는 독일 연방헌재가 결정에서 결정집행자를 지정할 수 있고 집행유형과 방법을 정할 수 있는 것과 비교된다.[12] 헌재는 결정집행을 위한 규정이 전혀 없어 위헌결정에 만족하지 못하는 정치적 기관의 저항에 효율적으로 대처할 수 없게 되고 그로 인해 정치의 대응에 따라서는 정치와 권력적으로 갈등할 상대방으로 고착될 우려도 안게 된다.

과거 헌법재판 규정을 답습해 사법기능의 상호 충돌 가능성을 방치한 헌법규정으로 인해 대법원과의 지위 다툼 소지도 온존된다. 위헌법률심사와 위헌명령, 규칙, 처분심사가 헌재와 대법원으로 이원화된 헌법체계상 결함을 완화할 어떠한 장치도 만들지 않았다. 위헌심사권 불통일에서 비롯될 상이한 헌법해석 가능성 특히 모법이 위헌 실효되어도 하위규범은 유효해 위헌상태가 초래될 헌법재판 규범체계상 혼란은 불가피해진다. 출범 이후 이는 현실화된다. 법원재판에 대한 헌법소원도 배제되어 대법원은 잠

---

11) 헌법재판소 편, 『헌법재판소 20년사』, 2008, 163-164; 서울대학교 법학연구소, "헌법재판의 활성화 방안", 1988, 125; 그 타협에는 예상업무량이 많지 않을 것이라는 인식도 깔린다. 즉, 예상업무량도 많지 않은데 전원상임화는 예산낭비라는 의견도 있었다(법무부 편, 『헌법재판제도』, 1988, 58); 결국 제소급증으로 업무량이 확대되어 출범 3년 후인 1991년에 비상임재판관은 전원 상임화된다(이광윤·이봉한, "헌법재판기관의 구성원리와 우리 제도의 개선방향", 2004, 248-249).

12) 조홍석, "제도적 관점에서 본 현행 헌법재판제도의 문제점과 개선방안", 2008, 6; 정연주, "비상입법자로서의 헌법재판소", 2007, 39; 독일 연방헌재는 Landesverband Saar를 해산된 독일공산당의 대체조직으로 판단해 이를 해산시킬 집행주체로 자를란트 주 내무장관을 지정하고 그가 집행을 실현할 목적으로 모든 경찰조직에 대한 지시, 명령권을 가진다고 했다(BVerfGE 6, 300).

재적 갈등영역이 된다. 헌재법 입법 당시 재야법조계와 공법학계의 압도적 의견은 재판소원(Urteilsverfassungsbeschwerde)을 담았다.[13] 야3당의 당초 제안도 재판소원을 포함했다. 그러나 여당과 사법부의 반대로 무산된다. 결국 위헌적 공권력행사를 막는 헌법소원의 취지가 이 부분에서 행사될 수 없게 된다.[14] 제도적 모델인 독일 연방헌재 헌법소원의 큰 부분이 재판소원임을 알았음에도 헌재가 대법원에 대한 우위로 사법부 최고기관이 되어 정치에 대한 사법우위에 이를지 모를 가능성을 막기 위해 재판소원을 외면해 헌재와 법원의 사법충돌은 예견된다.

결국 법률위헌, 중요공무원 탄핵, 정당해산, 권한쟁의, 공권력에 의한 기본권침해 헌법소원[15]에 내재된 헌법정치이슈의 심판을 담당함에도 헌재는 정치에 대한 상관적 작용공간을 확보할 제도적 지위에서는 취약하고 단지 헌법상 권한규정에 따른 형식적 지위에 주로 의존하게 된다. 헌법적 지위의 모호성이 부속입법에서 악화됨으로써 활동하기에는 법체계상 많은 결함이 있다고 지적되고 기능과 역할에 대한 회의적 시각이 이어졌다. 위헌법률심사 제청에서 법원의 적극적 협력이 필요함에도 제도출범을 위한 입법과정에서부터 표출된 사법부와의 갈등의 해소장치도 없어 국가조직체계 내에서의 불분명한 지위로 인한 역할공전 가능성과 권한행사의 한계도 예고되었다.[16] 무엇보다 헌법적 지위로는 정치와의 배분된 기능적 한계라는 관점에서 역할과 정당성의 연결고리를 찾을 수 없어 헌정주의와 민주주의의 긴장도 예고된다. 자신에 배분된 기능이 불분명해 기능적 한계를 정치에 뚜렷이 밝히는 방식으로 정당성을 해명하기 어렵기 때문이다. 법적으로 뒷받침되지 않은 모호한 지위로 인한 부정적 전망이었다.

(2) 관계적 지위 파악의 어려움

헌재가 독립적 헌법기관이라는 데는 이견이 없다. 헌법기관은 헌법에서 직접 존재와

---

13) 법무부 편, 『헌법재판제도』, 1988, 94-136. 당시 헌법재판소법 제정방향 세미나에서 헌법소원에 재판소원을 포함할지에 관한 상당한 논의가 확인되는데 사법부 측을 제외하고는 거의 모두 찬성한다.

14) 헌법재판소 편, 『헌법재판소 20년사』, 2008, 138-141.

15) 헌법 107조 1항 1호, 헌재법 41조; 헌법 107조 1항 2호, 65조, 헌재법 48조; 헌법 107조 1항 3호, 8조 4항, 89조 14호, 헌재법 55조; 헌법 107조 1항 4호, 헌재법 61조 1항; 헌법 107조 1항 5호, 헌재법 68조 1항, 2항.

16) 헌법재판소 편, 『헌법재판의 회고와 전망』, 헌법재판소, 1998; 김영수, 『한국헌법사』, 2001, 714; 권영성, "한국의 헌법재판제도", 『서울대학교 법학』, 서울대학교 법학연구소, Vol. 29, No. 3, 4, 1988, 39-40; 김선택, "국가기능체계에 있어서 헌법재판소의 역할과 한계", 『공법연구』, 한국공법학회, 제33집 제4호, 2005, 181-182.

형식이 결정된다. 헌법이 직접 존재와 지위 및 권한을 규정하고 그 존재와 활동으로 국가질서의 핵심에 참여하는 헌재는 헌법기관이다. 다른 기관에 제도적으로 종속되지 않고 독자적 기능과 권한을 가진 점에서 독자성과 병렬성을 의미하는 독립성도 가진다. 사법부의 한 기관인 독일 연방헌재도 다른 헌법기관에 대해 자율적이고 독립적으로 권한관계에 있어서도 상호간 우위나 종속이 아니라 병렬관계에 있어 의회나 대통령, 행정부에 병립적인 지위이다.[17] 헌법편제에서 한국 헌재도 법원과 다른 장에 위치한 별도 기관으로 기능적으로 국회, 정부, 법원과 대등한 독립적 헌법기관이다. 다만 독립적 헌법기관의 지위가 권력분립체계와의 관계에서 어떤 지위인지만 명백하지 않을 뿐이다.

삼권과의 관계에서 헌재의 독자적 기능특성이 사법이라는 데는 이견이 적다. 그런데 이 사법성이 오히려 지위를 불분명케 한다. 독일기본법의 연방헌재는 다른 법원과의 관계에서 최고법원이다. 기본법과 연방헌재법상 다른 헌법기관과 동등한 연방의 자주적이고 독립된 재판소인 연방헌재에 대해 일반법원은 하급법원이다. 반면, 한국에서는 헌법이 위계를 규정하지 않아 헌재가 사법이라도 대법원은 이를 최고법원으로 인정하지 않으므로 사법성은 지위의 혼란을 부른다. 정부의전서열만 보더라도 대법원장이 헌법재판소장 앞이어서[18] 최고사법기관을 자처하면 현실의 벽에 부딪힌다. 독일에서도 그렇듯이 헌재와 법원의 서열의 구분 자체가 큰 의미도 없다.[19] 현실에서도 사법임을 고려해 대법원장과 대법관의 예에 의하게 된 헌재소장과 재판관의 지위는 실상은 동등 지위라기보다는 예우상 동등성이다. 최고사법기관인지가 불분명함에도 만연히 법원조직법상 대법원의 그것과 일치하도록 정한 것이다. 결국 그로 인해 헌법재판관은 법관자격과 등치되는 최소한의 변호사자격을 요구한다. 그렇게 만연히 사법부 최고기관과의 예우상 동등성에 근거한 법관 자격요건은 헌법재판에 오히려 부적절하다. 헌법재판의 정치성을 감안하면 재판관의 헌법정치적 전문성이 필요한데 법관 자격요건은 전문성을 담지 못하기 때문이다.[20]

---

17) 장영수, "현행헌법체계상 헌법재판소의 헌법상의 지위", 『법학논집』, 고려대학교 법학연구원, Vol. 30, 1994, 47-49; 김철수, "독일연방헌법재판소의 지위와 권한", 1980, 108-109; 김철수, 『독일통일의 정치와 헌법』, 2004, 394-395; Christian Starck, Der verfassungsrechtliche Status der Landesverfassungsgerichte, 1983, 157; Christian Starck, Das Bundesverfassungsgericht in der Verfassungsordnung und im politischen Prozeß, 2001, 5.

18) 대통령, 국회의장, 대법원장, 국무총리, 헌법재판소장 순이던 의전서열은 헌법재판소의 항의로 헌재소장이 국무총리 앞으로 변경되지만 여전히 대법원장 다음이다(행정안전부, 정부의전편람, 2008, 60). 반면, 헌법재판소와 일반법원이 헌법상 별개의 장으로 한국과 유사한 편제인 오스트리아 국가의전서열은 헌재소장이 대법원장의 앞이다. 독일도 연방헌법재판소장이 연방대통령, 연방의회의장, 연방참사원의장, 연방총리의 다음에 위치해 있다(Klaus Schlaich, Das Bundesverfassungsgericht, 2004, 23).

19) 박규환, "헌법재판의 담당기관에 관한 소고", 2011, 279.

20) 김효전, "헌법재판소제도의 문제점과 그 개선책", 『공법연구』, 한국공법학회, 제27집 제1호, 1998, 71. 비

그로 인해 재판관의 역할도 불분명해졌다.

그렇다면 사법성을 통한 해명보다는 법원과 다른 특수성이 차라리 강조될 필요가 있다. 사법부 장에 일반법원과 함께 두되 최상위인 독일기본법의 편제와 달리 법원과 별도의 장에 위치한 한국의 헌재도 마찬가지로 법원과 다른 특유의 정치적 사법이다. 정치적 사법성은 물론 완결적 개념은 아닐 수 있다. 정치는 헌재와 갈등하면 할수록 정치적 사법인 헌재를 사법으로 보려 하기 때문이다. 정치의 사법화 비판이 의도하는 것처럼 사법을 기능적 한계 내로 묶어 두는 것이 정치에 유리하다. 그래서 정치적 사법 자체를 강조하기보다는 정치 통제력에 주목해 사실상 국가최상위기관임을 주장할 수도 있다. 정치부문, 즉 의회와 행정부의 행위를 무효화시켜 정치의 판단을 뒤엎는 헌재의 결정은 통상의 입법절차로 수정될 수 없다. 정치의 기능을 통제하고 동시에 정당성을 부여한다. 위헌성은 저지하고 헌법적으로 승인된 권력은 유효로 인정한다.[21] 헌법해석의 무정부상태를 피할 유일한 권위적 정책결정자로 인정될 만한 제도일 수 있다.[22]

그러나 최고기관성이란 헌법재판의 특성에서 나온 논리적·형식적 우월성일 뿐이다. 그 우월성은 정치적 적극성을 동반하지 않는다. 헌재의 심판권은 국회의 탄핵소추, 법원의 위헌제청, 정부의 위헌정당해산제소, 기관의 권한쟁의심판청구, 국민과 기관의 헌법소원심판청구가 있어야만 작동되는 수동적 권한이다. 오직 신청에 의해(auf Antrag) 활동하고 명백히 할당된 임무 외에는 아무런 권한이 없고 형식적 사법절차에서 헌법을 해석하고 적용하는 제한된 임무만 인정된다. 즉, 반응적·사후적(reaktiv-nachträgliche)이고 쟁점에 한정된(punktuelle) 역할이다.[23] 해석의 최종성도 형식에 불과하다. 실질적 최종성은 대체입법이나 집행거부처럼 정치적 기관에 있다. 미국의 브라운(Brown v. Board of Education) 판결 후 아이젠하워 대통령이 강력한 집행을 하지 않아 흑백분리는 판결 이후에도 지속되었고, 차다(INS v. Chada) 판결 이후 의회가 의회거부(legislative veto)를 계속 입법화함에도 레이건 대통령이 이들 법안에 서명함으로써 의회거부는 계속 성행했고, 한국에서도 신행정수도위헌결정 이후 대체입법인 행정중심복합도시법을 국회가 통과시킴

교법적으로도 헌법재판관의 법관 자격요건은 드물다. 헌법재판소제도 중 법관자격자만으로 재판관을 구성한 국가는 한국과 그리스뿐이다.

21) Alexander M. Bickel, *The Least Dangerous Branch*, 1962, 29.

22) Larry Alexander and Frederick Schauer, "On Extrajudicial Constitutional Interpretation", *Harvard Law Review* 110(1997), 1379; J. Mitchell Pickerill, *Constitutional Deliberation in Congress*, 2004, 15.

23) 허영, 『헌법이론과 헌법』, 2008, 1194; 김철수, 『독일통일의 정치와 헌법』, 2004, 395-396; Jutta Limbach, *Das Bundesverfassungsgericht*, 2001, 20; Klaus Schlaich, *Das Bundesverfassungsgericht*, 2004, 358; Christoph Gusy, *Parlamentarischer Gesetzgeber und Bundesverfassungsgericht*, 1985, 123.

으로써 신행정수도의 대안이 실질적으로 관철되었듯이 대통령과 의회의 집행거부나 대체입법이 실질적 최종결정이다. 수동적 발동요건을 감안하고 기능의 논리적·형식적 우월성의 포장을 걷어내고 해석적 최종성의 형식성까지 고려하면 최고기관성은 허구일 수 있다.

다만 헌법재판은 헌법의 우위에 근거한 헌법보장에서는 형식적 우월성을 넘는 실질적 최고기관이다. 과거 유럽에서 헌법수호자는 국가원수인 대통령이나 의회였다. 그러나 대통령은 중립권력으로 있을 때만 헌법수호역이 될 수 있다. 오늘날 특정당파의 대표자이기도 한 대통령에게 그 역할을 기대하기는 어렵다. 마찬가지로 의회의 헌법수호도 쉽지 않다. 의회의 법률위헌성심사는 스스로 오류를 인정하는 것이어서 자기모순행위이고 입법자로서의 정책적 이해관계도 벗어나기 어렵다. 따라서 헌법의 우위를 위한 헌법보장은 제2차 세계대전 이후 각국에서 재판소 형식을 찾았다. 독립성에 대한 기대나 은폐된 정치적 관점 대신 법적 판결에 의존했다. 이러한 의미의 헌법수호는 권력분립을 지지한다. 그래서 헌법에 규정된 권리와 절차에 효력을 부여하는 헌법재판은 헌법제정권력과 헌법에 의하여 만들어진 권력의 구분에 토대를 둔 권력분립사상을 실현하는 것이 된다.[24] 그렇게 권력분립을 지지하는 헌법수호에서 헌법재판의 기능은 실질적이다. 이 기능은 정치와의 관계에서 인정될 때 실질적 의미를 지닌다. 결국 그 완결 여부는 헌법적 수권, 제도화의 조건, 삼권과의 관계와 인과적으로 결합되어 있다.

2. 구성의 한계로 인한 정당성 악화

(1) 대표적 임명체계의 허상

헌법재판관선임은 헌법재판제도의 사전결정(Vorentscheidung)이다. 기능적 성능(Funktionsfähigkeit)의 전제조건이다.[25] 위헌심사권력은 기관의 기능이자 재판관의 특권이므로 제도로서의 헌법재판의 기능은 재판관에 의해 실현되기 때문이다.[26] 헌재가 정치와 어떠

---

24) 에른스트-볼프강 뵈켄회르데(Ernst-Wolfgang Böckenförde), 『헌법과 민주주의』, 2003, 348-350; Christian Starck, Vorrang der Verfassung und Verfassungsgerichtsbarkeit, 1986, 39; Ernst Benda, Die Verfassungsgerichtsbarkeit der Bundesrepublik Deutschland, 1986, 124.

25) Heinrich Triepel, Wesen und Entwicklung der Staatsgerichtsbarkeit, *VVDStRL*, Heft 5(1929), 27; Alexander von Brünneck, *Verfassungsgerichtsbarkeit in den westlichen Demokratien*, 1992, 30; Marcel Kau, *United States Supreme Court und Bundesverfassungsgericht*, 2007, 157.

한 관계인지의 해명에서도 재판관 구성형식은 핵심이다. 현행헌법은 헌법재판관 정수를 9인으로 규정해 3인은 국회선출, 3인은 대법원장 지명을 통해 대통령이 임명하고 나머지 3인은 대통령이 독자 임명토록 했다. 재판관 수나 선임기관에서 대통령, 대법원, 참의원이 각 3인씩 선임하게 한 2공 헌재나 국회, 대법원장, 대통령이 각 3인을 선임해 모두 대통령이 임명하는 4, 5공 헌법위의 전통을 답습한 것이다. 대통령, 의회, 대법원 삼부에 의한 임명체계는 이탈리아, 불가리아, 몽고 등에서도 발견된다. 이 대표적(representative) 임명체계는 권력분립적 균형의 외형을 지닌다. 한국에서 그 균형은 헌법으로 보장된다. 대법원은 법원조직법을 통해 대법관수를 조정하는 것이 가능하지만 헌법재판관 정수는 헌법이 규정해 헌법개정 없이는 신축될 수 없기 때문이다. 각 기관의 선임권을 보장하고 동시에 정치적 중립기능을 유지시키겠다는 의미다.[27]

대표적 임명방식은 민주적 요청과 결합되어 있다. 헌법재판관 선임은 헌법의 미래는 물론이고 미래의 입법, 행정 및 모든 정치의 구조와 동학의 결과물이다. 헌법재판관 임명에서 정치는 헌법을 구체화하는 민감한 민주적 요구에 응답한다. 민주적 요청은 대표적 선임의 목적과 결합되어 있다. 재판관은 정치적 책임에서 독립적이다. 대체로 정치영역에서 임명되지만 역할수행에서 계속적인 정치적 압력에 예속되지는 않는다.[28] 정치적 책임에서의 독립성은 정치권력의 독주를 막고 동시에 헌재에 의한 권력남용 가능성도 막는다. 대표적 임명을 통한 자율성은 정치적 헌법판단 공간을 확보해 주고 동시에 정치에 예속됨으로 인한 권력정치적 행동의 유혹에서 자유롭게 만들기 때문이다. 그럼에도 권력남용 가능성이 배제될 수 없는 이상 헌법재판관도 통제대상이 되어야 한다. 권력분립의 민주주의에서 통제받지 않는 어떤 권력도 있어서는 안 된다.[29] 기능적 독립성으로 인해 전체 국가구조적 틀을 벗어나 통제받지 않는 권력이 되지 않게 타 기관에 의해 영향받을 가능성을 열어 놓아야 한다. 이들 요청은 적절한 재판관 선임절차로 달성된다.[30] 삼부에 의한 대표적 선임은 헌재를 독립시키면서 통제하려는 민주적 요청의 반영이다.

26) Edward S. Corwin, *The Doctrine Of Judicial Review*, 1914, 19.

27) 이광윤·이봉한, "헌법재판기관의 구성원리와 우리 제도의 개선방향", 2004, 247.

28) Christopher F. Zurn, *Deliberative Democracy and the Institutions of Judicial Review*, 2009, 276-277.

29) Werner Billing, Das Problem der Richterwahl zum Bundesverfassungsgericht, 1969, 104.

30) Franz Knöpfle, Richterbestellung und Richterbank bei den Landesverfassungsgerichtsbarkeiten, 1983, 235.

〈표 6〉 각국 헌법재판관선임의 민주적 대표 개입

국가	헌법재판관 선임절차	대표 개입
미국 연방대법원	상원, 후보추천 변협, 후보평가 대통령, 의원·정당·학계·이익단체 의견청취 후보공청회 상원인준청문 정당 간 배분 제한 없음. 주로 대통령 소속정당 법조인	9인 전원 대통령 임명 상원 권고 동의
독일 연방헌법재판소	연방의회·참사원 각 절반 선출 연방법무장관 후보명부제출 연방대법원·행정·재정·노동·사회법원 대법관 의회교섭단체, 정부, 법학교수, 법관, 의원, 공무원 기민당 혹은 기사당과 사민당 양대 정당이 추천권 중립 2석 양당에 각 1석 배정 자민당 1석 추천권 연방의회 12명 선거인단 재적 3분의 2 간선 연방참사원 재적 3분의 2 직선 연방대법관 지분 외는 주로 학계인사	16인 전원 의회양원 선출
프랑스 헌법평의회	정당 간 분배 보장규정 없음. 법조경력요건 없음. 대부분 법학교수·법관·변호사 장관·국회의원 등 정치인	9인 전원 대통령 3인 임명 양원의장 6인 임명
오스트리아 헌법재판소	연방정부, 소장·부소장 및 6인 재판관 제청 대통령 형식적 임명 국민회의 3인, 연방참의원 3인 지분 국민의회·연방참의원 각 3인의 3배수 추천 양대 사회당·국민당 협의 각 7인 추천관례 제청범위 내 연방대통령 임명 주로 법관·행정공무원·법학교수	14인 전원 대통령 의회추천범위 6인 임명 연방정부제청 8인 임명
이탈리아 헌법재판소	다수당 의회선출 5인 후보지명 지명은 추천 없이 정당 간 협상 의회양원합동회의 재적 3분의 2 선출 3분의 2 이상 안 되면 5분의 3 대통령 선임 5인 임의재량 주로 법조인·공법학교수	15인 중 10인 의회 5인 선출 대통령 5인 임명
스페인 헌법재판소	의회양원, 총 8인 재적 5분의 3 제청 행정부·사법부, 각 2인 제청 의회청문회 국왕 형식적 임명	12인 중 8인 의회 8 제청

그러나 대표적 선임은 민주적 요청을 담는 데 한계도 있다. 대표적 임명은 각 지명기

관에 우호적인 자가 임명될 수밖에 없는 체계다. 정치적 이해관계에 영향을 미치는 헌법재판이 이해관계를 침해할지 모른다는 점에 대한 확신의 전 단계에서 침해당할 우려가 있는 기관은 자신의 정치적 입장을 대변하는 인사로 재판관을 구성하는 것이 선임기관의 위험을 감소시키는 가장 단기적 해법이다.[31] 그래서 재판관에 반영된 민주적 요청도 주로 파당적 이익지향 형태가 된다. 각 기관의 이해관계를 대변하는 재판관들로 구성되는 대표적 임명체계에 의한 헌재는 민주성 형식이 파당적 이해관계 형태로 존재하게 된다. 각 재판관이 특수 이해관계를 지지할 가능성이 높아 헌법재판은 파당 이해관계를 대변하는 또 하나의 정치적 갈등과 대립의 장을 만들 수 있다. 그 경우 삼부에 의한 대표적 선임은 헌법재판이 추정적 국민의사를 확인하기 어렵게 만든다.

물론 파당적 이해관계에 기반을 둔 결정이 반드시 반민주적인 것은 아니다. 파당적 이해관계에 기반을 둔 가치투표(value-voting)나 정책적 동기에 따른 결정은 민주적 목적에 기여할 수 있다. 가치투표는 재판기관에 의한 정치적 대표성을 촉진한다. 재판관이 그들을 임명한 정치적 기관의 정책적 전제들을 수행함으로써 그 임명을 통해 재판관을 정치적으로 통제하려 했던 정치적 기관에 의해 반영되어 있는 정치적 관점에 따라 재판관이 결정한다는 것은 대표성을 보여주는 것이다. 정책적 동기도 재판기관에서의 정치적 견제의 효율성을 위해 필요하다. 정책적 동기를 지닌 재판관은 동의형성, 즉 파편화된 정치체계 안에서 큰 가치의 기능을 만드는 행동에 참여하도록 유도된다. 따라서 정책적 동기나 정치적 충성심이 지배하는 재판기관에 의해 만들어진 결정이 반드시 반민주적인 것은 아니다. 정치적 기관과는 달리 재판기관은 반드시 개인적 혹은 집단적 이해관계에서 절연되어 중립적·객관적 기준에 의해 판단할 때만 그 결정이 정당하다고 볼 수는 없다.[32]

다만 한국에서 실제 이루어지는 대표적 임명방식은 헌법재판의 인적·민주적 정당성마저 의심스럽게 만든다. 헌법재판관은 대법관과 달리 국회의 임명동의를 요하지 않는다. 국회선출 3인이 있으므로 임명동의까지 있으면 국회의 영향이 6인으로 확대되어 대표적 임명의 불균형이 드러나 권력분립적 균형선임의 취지가 퇴색될 것을 우려한 때문이다. 그러나 각국 헌법재판관 선임에서 의회의 관여나 동의가 정당성 확보에 가장 핵심적 요소임을 감안하면 국회 임명동의가 없는 구조는 설득력이 적다. 국회의 임명동의는 대통령의 임명권에 대한 견제수단을 넘어 헌법기관 구성에서 주권자 국민을 대신하는 민주적 정당성의 간접적 확보방법이기 때문이다.[33] 게다가 대통령이 선임하는 3인은 사실상 임

---

31) Ran Hirschl, *Towards Juristocracy*, 2004, 66-69.

32) Terri J. Peretti, *In Defense of a Political Court*, 1999, 80-132.

의로 선임하는 지분이다. 대법원장 몫인 3인도 내부적 견제장치나 특별한 검증절차 없이 임의 지명해 흔히 지적되듯이 간접적인 민주적 정당성조차 찾기 어렵다. 그렇다면 삼부의 대표적 선임만으로 부족한 정당성이 보강된다고 보기 어렵다. 헌재비판이 임명직 재판관에 의한 인적 구성의 한계에서 시작하는 것은 인적 구성 외형에서 민주적 정당성이 발견되지 못하기 때문인데 한국에서는 인적 구성의 비민주성이 실질적·내용적 취약성에 의해 더 심화된다. 이 인적 구성의 비민주성은 헌재 출범 이후 민주적 대표인 국회의 동의에 갈음할 인사청문제의 도입으로 개선이 시도된다.

(2) 인사청문의 변질

헌재의 인적 구성의 비민주성이 선임구조에도 기인하므로 국회 동의에 갈음하는 미국 상원의 연방법관 인준청문(confirmation hearing) 같은 인사청문제를 도입할 필요성이 제기되었다. 국민적 요청에 기반을 두어[34] 2000년 국회법 개정과 2005년 헌재법 개정으로 헌법재판관 인사청문제가 도입되어 인적 검증을 통한 민주적 정당성 보강이 이루어진다. 개정국회법에 의해 2000년 6월부터 국회가 선출한 3인 헌법재판관과 헌재소장이 국회 인사청문특위의 인사청문을 거친다. 이들 재판관은 헌법상 임명에 국회동의를 요하거나 국회에서 선출되는 공직자에 대한 필수적 인사청문을 적용시켜 청문이 의무화된다. 나머지 6인은 같은 헌법재판관임에도 인사청문을 거치지 않자 차별성이 문제시된다. 이 불합리는 2005년 헌재법 개정으로 대통령과 대법원장이 재판관을 임명 또는 지명하기 전 국회에 인사청문을 요청하게 함으로써 해결된다.[35]

결국 헌법재판관은 국회인사청문을 거쳐 임명, 선출, 지명하고 이 경우 대통령은 국회 선출 또는 대법원장이 지명하는 자를 제외한 재판관의 임명 전에, 대법원장은 지명 전에 인사청문을 요청하도록 추가적 강제규정이 마련된다. 대법원장이 지명하는 3인과 대통령

---

33) 이승우, 『헌정사의 연구방법론』, 2011, 73.

34) 김효전, "헌법재판소제도의 문제점과 그 개선책", 1998, 72-73; 참여연대, 『사법감시』, 제10호(1998년 2월), 34; 1996년 2기 헌법재판관 선출과 관련해 한국공법학회, 참여연대, 민주사회를위한변호사모임이 법학교수와 변호사를 상대로 한 설문조사에서 94.2%가 인준청문회가 필요하다고 응답했다.

35) 허영, 『헌법소송법론』, 2009, 110; 인사청문의 모델인 미국에서 연방대법관에 대한 상원의 임명동의는 큰 비중을 지닌다. 2005년 이전까지 대통령에 의한 총 148회의 대법관·대법원장 후보자 지명에서 25인이 상원 동의를 얻지 못했다(강승식, "미국 연방대법원 대법관의 임명절차", 『공법연구』, 한국공법학회, 제35집 제2호, 2006, 92-95). 2005년까지 147명 후보 중 27인이 상원동의를 받지 못했다고도 한다(Lee Epstein and Jeffrey A. Segal, *Advice and Consent*, 2005, 20).

이 독자 임명하는 3인도 인사청문회법에 의해 대통령 또는 대법원장으로부터 국회에 인사청문이 요청된 경우에 해당되게 해 인사청문 대상으로 만든 것이다. 인사청문회법은 이 인사청문이 국회법에 의해 요청된다고 하고 국회법은 대통령이 타 법률에 따라 헌재 재판관 후보자에 대한 인사청문을 요청한 경우를 포함해 국회선출 3인 외 나머지 6인도 인사청문이 요청된 국회의 소관상임위인 법제사법위원회에서 인사청문을 하게 된다.[36) 이로써 재판관 전원에 대한 인사청문이 국회동의에 갈음해 민주적 정당성 보완장치로 된다. 선임에서 민주적 대표인 국회의 실질 개입으로 동의에 근접한 구조가 된다.

삼부의 지명과 임명은 인사청문의 결론을 거쳐 최종 확정된다. 인사청문으로 대통령이나 대법원장이 헌재와 타 기관 간 갈등을 첨예화시킬 인물을 후보로 추천하기 곤란해진 점에서 정치적 합의 가능성도 커졌다. 노골적인 정파적 선임이나 대통령의 임명상 우위도 견제되어 헌재의 정치세력화도 방지되고 대표적 균형선임의 취지에도 부합한다. 여론의 이목이 집중된 청문방식은 인사청문 기능에 대한 가시적 이해도 가져왔다. 운용과 진행방식에 대한 비판으로 장래의 더 내실화된 정당성 확보방안도 모색된다. 민주적 정당성 확보방안 개선을 위해 궁극적으로 재판권 전원을 국민대표인 국회가 선임하거나 임명에 국회동의를 직접 요하는 대안이 현실화될 경우 기존 인사청문의 방식과 운용은 비판적 기준이 될 것이다. 인사청문은 재판관선임에서 민주적 개입을 넓힌 출발점이다. 비록 제도로서의 청문의 법적 효력과 강제력의 한계가 있지만 민주적 개입의 현재적 원형으로 평가될 만하다.

다만 인사청문은 운용에서 변질되었다. 국회 중심의 정치적 지배권 다툼에서 인사청문은 민주적 정당성 보강 취지와 달리 정치적 갈등을 부추기는 역작용을 한다. 국회에 의한 대통령견제로 이용되거나 임명추천한 정당의 반대당에 의한 정치적 발목 잡기 수단으로 악용되는 경우가 대부분이다. 인사청문에서의 논쟁은 긍정적이기는 하다. 미국 연방대법관 임명과정도 당파적이고 이데올로기적 관심이 집중되는 논쟁적 과정이다.[37) 그러나 당파적이고 이데올로기적인 논쟁적 관심과 한국에서 확인된 정치적 발목 잡기는 의도와 결과가 다르다. 도입 이후 국회는 인사청문에서 재판관의 정당성을 제고하는 일관된 평가기준 제시를 거의 도외시했다. 인사청문이 정치적 갈등현안과 맞물려 운용되기 때문에 제시된 평가기준조차도 정치적 공세의 수준에 따라 강도가 신축되는 모호한 것이 되었다. 인사청문은 민주적 동의에 갈음한 정당성 보완 기제로서는 아직 충분치 못하다.

---

36) 헌법재판소 편, 『헌법재판소 20년사』, 2008, 167-169.

37) Lee Epstein and Jeffrey A. Segal, *Advice and Consent*, 2005, 2.

(3) 단기임기와 결합된 연임제의 취약성

<표 7> 각국 헌법재판관의 임기, 연임 가부

	한국	미국	독일	프랑스	일본	오스트리아	이탈리아	스페인	러시아
임기	6년	종신	12년	9년	없음(정년)	없음(정년)	9년	9년	12년
연임	가능	불요	불가	불가	불요	불요	불가	불가	불가

정당성 보강을 위한 대표적 임명체계와 동의에 갈음한 국회 인사청문은 한계가 있더라도 운용상 개혁이나 내실화로 개선될 여지가 있다. 반면, 정치적 종속구조인 헌법재판관 연임제는 운용으로 개선되기가 어려운 정당성의 장애물이다. 헌법재판관은 연임 가능한 6년 임기다. 임기제 자체는 과반수제 같은 동의에 기초한 정치적 임명 메커니즘에서는 임기에 따른 교체로 정치적 가치와 이데올로기에서 상당히 시의적 정치감각을 지닌 재판관을 선택할 가능성을 높이는 점에서 긍정적이다.[38] 따라서 시의적 헌법이슈를 다루는 재판관에게 종신제보다 임기제가 적당할 수 있다. 자주 교체되는 재판관이 시기적으로 요청되는 정치적 민감성을 담기 때문이다. 민주적 주권원칙이 국민과 헌법재판관의 각 의견 변화 사이의 잠재적 시차를 줄여 나가야 한다면 이는 임기제를 통해 현실화될 가능성이 높다.[39] 다만 임기제가 단기인 데다 연임제와 결합하면 독립성과 민주적 요청의 공존이라는 관점에서 최악의 장치가 된다.

임기가 장기일수록 재판관이 더 자유재량을 행사할 수 있고 공정한 판단을 가로막는 현안과 관련된 억압적 정치정서와 거리를 둘 수 있는 반면 단기임기는 독립성을 보장하지 못한다. 현행 6년은 재판관 특히 입법과 정책의 판단을 위해 장기적 안목이 필요한 헌법재판관의 임기로는 단기에 해당한다. 단기임기가 연임제와 결합된 현행방식은 부작용이 현실화될 개연성이 높다. 연임제는 현실적으로 대부분의 초임 헌법재판관들이 연임 기대로 임명권자나 지명 혹은 선출권자를 의식하지 않을 수 없어 민주적 요청에 따른 심의에 중대 장애가 된다. 임기 후반에 직을 유지하려면 재임용기관의 정치적 이해관계에 민감하므로 연임제는 독립성훼손 우려가 충분하다. 연임제가 지닌 잠재적 독립성 침해 우려는 단기임기의 부작용과 결합되면 심각해진다. 단기일수록 연임제의 부작용은 현실

---

38) Albrecht Weber, Generalbericht: Verfassungsgerichtsbarkeit in Westeuropa, 1986, 55; John Ferejohn, "Constitutional Review in the Global Context", *New York University Journal of Legislation and Public Policy*, 6(2002-2003), 49-59.

39) Michael J., *The Constitution in the Courts*, 1994, 197.

빈도를 높이기 때문이다. 정치적 종속성이 재판관의 공정한 심의를 저해한다면 연임제 자체는 물론이고 단기임기와 결합된 연임제는 민주적 심의에 심각한 지장을 줄 수밖에 없다.[40)]

그래서 헌법재판관 임기제는 필요하다면 연임을 염두에 둔 판결의 자율성침해 우려를 불식시키기 위해 장기단임제로 개선하자는 주장이 한국에서 줄곧 제기된다. 비교법적으로도 이탈리아는 9년 단임제, 독일은 12년 단임제, 스페인은 9년 단임제, 프랑스는 9년 단임제이고 오스트리아는 임기 없이 정년제만 두고 미국은 종신제임을 감안하면 헌재재판관 임기는 지나친 단기이고, 연임제에 잠재된 우려가 단기임기에 더해질 때의 부작용의 상승작용까지 감안하면 6년은 적절치 못하다.[41)] 단기연임제의 현실적 부작용은 정치적 종속 개연성이 비판적 공세에 노출되는 취약성이다. 재판관 구성이 민주적 정당성에서 취약하다는 비판에 쉽게 노출되어 실제 정치적 종속 여부와는 상관없이 지속적으로 비판표적이 될 수밖에 없어 헌법재판의 민주적 토대를 약화시킨다는 것이다.

3. 유보된 관계적 지위 극복을 위한 기반

(1) 수권에 반영된 주권적 토대

헌재가 정치와의 관계적 지위를 설정받지 못하고 취약한 정당성을 보완할 기제들도 결함이 있거나 제대로 작동하지 못한다면 헌재의 이념적·제도적 기반에서 정당성의 돌파구를 찾을 필요가 있다. 수권에 반영된 주권적 토대의 확인이다. 주권자 국민의 수권이 재판관의 민주적 정당성 문제에 답이 될 수 있기 때문이다. 헌법적 전문지식을 요하는 재판관에 대한 국민직선은 적절치 못하다. 그래서 차선으로 헌법재판관은 국민직선의 대표가 선임해도 간접적인 민주적 정당성을 지닌다.[42)] 그러나 간접적인 민주적 정당성은

40) Tom Ginsburg, *Judicial Review in New Democracies*, 2003, 46-47; 김종철, "헌법재판소 구성방법의 개혁론", 『헌법학연구』, 한국헌법학회, 제11권 제2호, 2005, 30.

41) 김문현, "헌법재판제도의 개선을 위한 헌법개정의 방향", 양건·박명림·박은정·김재원 외, 『새로운 헌법 필요한가』, 서울: 대화문화아카데미, 2008, 237-238; 연방대법관의 종신임기가 의회나 행정부의 의사로부터 연방대법원을 독립시키기 위한 것임은 대체로 인정된다. John Agresto, *The Supreme Court and Constitutional Democracy*, 1984, 64-67.

42) 장영수, "현행헌법체계상 헌법재판소의 헌법상의 지위", 1994, 53-54.

국민이나 대표에게 받아들여지기 어렵다. 민주적 정당성은 선출을 통한 대표성에서 확인되는데 간접적인 민주적 정당성은 선출직 대표와 동등 수준의 대표성일 수 없기 때문이다. 민주적 정당성은 선출직 문제만이 아니고 제도적 기능과 역할, 인적 구성을 총체적으로 고려할 수 있지만 이 역시 선출직 대표를 쉽게 납득시키지 못한다. 국민직선의 민주적 정당성에 갈음할 정도의 총체적 고려로 정당성이 보강되더라도 헌법재판이 대표의 영역을 훼손한다고 이해되는 한 대의민주주의에서 정당성 한계가 늘 지목되기 때문이다. 그래서 정당성은 국민 수권에서 재확인될 필요가 있다. 헌법에 의해 제한된 권력은 헌법이 부여한 만큼의 권한을 행사할 수 있어 국민 수권을 헌법을 통해 확인받은 만큼만 정당한데 수권기관으로서는 직선 대통령이나 국회의원과 임명직 헌법재판관이 다르지 않아 수권이 정당성 관문이 될 수 있다.

수권기관이 민주주의이념에서 국민의 지배권 행사역할을 수행할 때 민주적 정당성은 이견 없이 혹은 쉽게 인정된다. 그래서 국민대표인 의회의 다수파는 대의민주제에서 국민다수로 인정됨으로써 민주적 정당성이 확인된다. 헌재도 헌정주의적 기능 담당기관이지만 헌법을 통한 국민수권으로 민주적 정당성 의문을 불식시키려 했다. 그 기능은 민주적 정당성에 의문이 없는 국민대표의 권한까지 통제하는 것이더라도 수권에서는 대표보다 열등하지 않다. 헌법을 매개로 국민으로부터 직접 자신과 자신의 권한을 정당화하기 때문이다. 헌법적 정당화는 구성방식이 선거를 통해 직접 정당화되지 않더라도 국민이 헌법정책적 견지에서 내린 결단의 산물이다.[43] 수권은 민주주의에서 허용된 방식으로 정당성을 확인해 준 국민의사다. 대표에만 정당성이 있고 헌재에는 없다는 것은 수권 관점에서는 이해되기 어렵다. 대표가 수권의 다른 이름이라면 수권기관인 헌재도 일종의 대표다. 주권행사기관이 대표라면 대표가 국회나 대통령만이라고는 볼 수 없다. 독일 연방헌재가 자신을 '대표적(repräsentatives) 헌법기관'이라 말한 것도 그런 의미다. 권력이 국민에서 유래하고 권력행사를 헌법이 규정한다면 비민주성의 문제는 발생하지 않는다.[44] 국회나 대통령의 대표성이 민주주의에서 절대적으로 반영되지도 않는 점에서도 그들만 민주적 정당성을 보유한다고 볼 수 없다. 국민이 국회나 대통령이 주권을 제대로 반영하지 못할 경우를 상정해 또 다른 주권적 의사를 수권했다면 헌법재판은 정당성을 보유한다.

주권은 사법 내지 재판에도 반영되어 있다. 군주주권 혹은 의회주권에서는 법원의 권

---

43) 김선택, "국가기능체계에 있어서 헌법재판소의 역할과 한계", 2005, 182-183; 김운룡, 『위헌심사론』, 1998, 133.

44) Gerhard Leibholz, Bericht des Berichterstatters an das Plenum des Bundesverfassungsgerichts zur 'Status'-Frage, 1957, 127; 김철수, 『독일통일의 정치와 헌법』, 2004. 400.

한과 재판권과 그 존재는 모두 왕이나 의회의 성문법에 의해 결정됨으로써 주권에 책임
지는 것에 불과했다. 사법적 독립성도 그들 주권으로부터 독립한 정치적 독립성은 아니
고 심판에서의 무당파성으로서의 독립성이었다. 그런데 사법적 독립성은 법의 지배, 사법
부의 기능적 전문화 그리고 법적 직업의 자율성이라는 본질을 통해 왕이나 의회가 만든
법의 단순 적용이 아니라 법형성을 허용하게 된다. 법관에 의한 법형성으로서의 위헌심
사는 왕이나 의회에 부여된 단일 주권론의 특유한 변형이다.[45] 위헌심사를 통해 단순 법
적용이 아니라 법형성이 주권에 책임지게 됨으로써 법형성은 사법을 주권의 관점에서 새
롭게 이해시킨다. 위헌심사의 성립에 부여된 이러한 주권적 합의는 법형성을 주권행사의
일종으로 만든 것이다. 거기서는 오히려 민주적 입법자도 완전한 정치형성의 자유를 가
진 것이 아니라 헌법의 구속을 의미하는 합헌성의 틀 안에서만 주권적이 된다.

위헌심사도 주권행사임은 2004년 국회의 대통령 탄핵소추와 헌재의 탄핵기각을 통해
볼 수 있다. 대의민주주의에서 국회의 결정은 국민의 경험적 의사가 아닌 추정적 의사에
따라야 한다. 그런데 국회 내 설득과 합의가 결여된 탄핵소추는 대의기관이 국민의 추정
적 의사를 확인하기 위해 필요한 전제조건을 갖추지 못한다. 탄핵소추에서 국회가 말한
추정적 국민의사는 왜곡된 것이다.[46] 이는 직후 총선에서 국민이 확인해 준다. 총선에서
국민다수는 탄핵소추세력을 지지하지 않음으로써 탄핵소추가 국민대표인 국회의 재량이
더라도 국민의 추정적 의사와는 멀다고 확인한다. 헌재도 탄핵기각으로 국민대표인 국회
의 소추결정을 파기한다. 헌재는 국회와 마찬가지로 주권행사기관이다. 국회의 다수의사
인 탄핵소추도 주권행사지만 탄핵을 기각한 헌법재판도 국민의사를 재확인한 주권행사다.
직접적인 민주적 정당성을 지닌 선출직 대표의 정치를 헌법적으로 심사하는 방식의 주권
행사다. 국민이 대표성을 국회와 대통령에게 준 이상 그런 사고가 이해되지 못할 수 있
다. 대표의 결정을 뒤엎는 주권행사방식 자체에 대한 의문이다. 대표도 자신의 행위를 전
복하는 기능을 주권행사로 수용하기 어렵다. 그러나 민주주의에서 서로 다른 기능과 목
적을 지닌 헌법재판과 대표의 각 주권행사는 상충될 수 있다. 정치에 대한 헌법재판의
해석적 우위로 인한 주권행사의 상충 가능성은 주권자에 의해 헌법적으로 용인되고 예정
된 것이다.

---

45) Martin Shapiro, *Courts*, 1986, 66-69.
46) 권영설, 『헌법이론과 헌법담론』, 2006, 373-375.

(2) 민주적 대표의 견제

사법심사는 견제를 요하는 권력의 제한적 본질을 본 매디슨적 사고의 산물이다. 미국 헌법기초자는 사법과 정치의 관계에서 분리된 권력 간 선호의 차이를 예견함으로써 연방 대법원과 정치적 기관의 선호가 다른 경우 그 결정의 반민주적 결과를 감소시키기 위해 대법원을 위한 제도적 자극을 만들어 견제하고자 했다.[47] 통제대상인 대표가 통제기관인 사법에 행사하는 제도적 견제는 민주주의에서 사법자제와 소극성만으로 사법심사와 대표 간의 긴장이 완화될 수 없다는 사고다.[48] 제도적 권력분립, 권력 견제와 균형 같은 미국 정치의 요소들은 권력 간 부조화와 긴장을 전제로 수동적 자제적 덕성을 사법부에 요구한 것이 아니라 복잡하게 얽힌 정치적 삶의 영역에서 사법부를 본 것이다. 사법심사, 민주적 권력 그리고 헌법적 통치라는 이념에 함축된 긴장을 풀거나 부조화적 요소를 단순히 제거하려는 시도는 헌법정치에 본질적이고 가치 있는 복잡성을 간과한 것이고 더욱이 부조화적 부분들이 상호 뒤얽힘으로써만 산출되는 전체적 조화를 경시한 것이다.[49] 그래서 사법심사도 전체 권력분립체계와의 긴장이나 부조화의 관점보다는 상호 견제의 틀을 통해 그 실체가 제대로 이해될 수 있다.

사법심사에 대한 제도적 견제는 정치의 본질적 기능에 개입하지 말라고 주문한다. 사법의 정치형성 우려에 대한 불신의 결론이다. 권력분립의 이념적 토대인 권력불신은 사법심사에 대해서도 마찬가지다. 그래서 사법심사 주체도 구성, 조직, 기능을 포함한 총체적인 제도적 견제의 대상이 된다. 사법심사는 정치에 의한 제한을 제도적으로 수용함으로써 권력억제와 통제의 체계에 편입되는 형태로만 정치와 공존한다. 그 결과 사법심사에 대한 정치의 제도적 견제가 전체 국가체계의 민주주의적 이해 공유를 만든다. 견제를 통해 헌법적 통치는 자율적 사법의 해석은 물론이고 인민과 그 대표 그리고 그들의 재판관이 함께하는 공유된 민주주의적 이해의 확인이 된다. 사법이 궁극적 권위의 정점에 있는 계서적 체계가 아니라 상호 감시와 견제 그리고 결합된 해석이 맞물린 체계가 된다. 사법은 헌법정치의 동반자다. 헌법적 삶에 대한 단순한 수직적이거나 계서적인 관점은

---

47) Alexander M. Bickel, *The Supreme Court and the Idea of Progress*, 1978, 112; Andrew D. Martin, "Statutory Battles and Constitutional Wars: Congress and the Supreme Court", James R. Rogers, Roy B. Flemming and Jon R. Bond (eds.), *International Games and the U.S. Supreme Court*, Charlottesville: University of Virginia Press, 2006, 3.

48) John Agresto, *The Supreme Court and Constitutional Democracy*, 1984, 31-39.

49) John Agresto, *The Supreme Court and Constitutional Democracy*, 1984, 38-39.

미국 헌법기초자로부터 유래된 균형 잡히고 견제된 통치라는 이념과 양립하지 않는다. 사법견제는 정치가 사법심사에 상호작용한다는 의미다.[50] 이 상호작용은 민주주의적 이해 공유를 형성하는 헌법적 대화의 출발점이다.

한국에서도 헌법재판은 제도적으로 견제된다. 대통령은 재판관 3인 지명을 포함해 9인 모두의 임명권자로 재판관 구성에서 큰 영향력을 행사한다. 헌재소장을 제외하면 3인 지명권은 인사청문만 거치는 대통령의 독자적 재량권이다. 마찬가지의 독립성을 요하는 기관임에도 국회동의를 거쳐야 하는 대법관임명이나 위원 전부를 대통령이 임명하지는 않는 중앙선관위원보다 강력한 독자구성권이다. 나머지 국회선출 3인도 대체로 집권당의 영향권 안에 있고 대법원장 지명 3인도 대법원장이 대통령에 의한 지명직임을 감안하면 대통령의 영향력범위는 더 넓다. 대법관이 종신직인 미국에서도 대통령의 임명상 영향력이 크지만 단기임기에 연임제인 한국에서 헌법재판관 임명에 대통령의 영향은 더 결정적이고 자주 행사된다. 권한이나 관장범위 축소나 구성방법 변경의 개헌으로 헌법재판을 압박할 수 있는 개헌발의권자로서의 대통령 권한도 늘 잠재적 위협이다. 제도변경은 아닐지라도 유신체제의 헌법상 이중배상금지규정 신설처럼 헌법재판결정을 뒤집기 위한 헌법수정(constitutional amendment)도 가능하다. 결정전복 목적의 헌법수정은 미국에서 실제로 드물지 않다. 동일한 목적의 입법적 제안도 물론 가능하다.[51] 대통령의 비상대권인 계엄선포나 긴급명령도 유사시에는 효과적이다. 비상계엄은 헌법상 사법권한에 특별조치를 할 수 있다. 개헌이나 비상대권 같은 정치적 논란을 자초하지 않고 법률안 발의권으로 헌재 조직, 인사, 운영, 심판절차 관련 법률제정 및 개정도 손쉽게 제안할 수 있다. 그래서 헌법재판은 대통령과 행정부의 의사를 잠재적 견제로 볼 수밖에 없다.[52]

국회는 헌법재판관 3인 선출권, 헌재소장 임명동의권 및 재판관 전원에 대한 인사청문권을 보유해 구성에서 직접 영향력을 행사한다. 재판관의 6년 단기임기와 연임제로 빈번

---

50) John Agresto, *The Supreme Court and Constitutional Democracy*, 1984, 10; Alexander M. Bickel, *The Supreme Court and the Idea of Progress*, 1978, 88; Lee Epstein and Jack Knight, *The Choices Justices Make*, 1998, 139-145.

51) John H. Ely, *Democracy and Distrust*, 1980, 46; J. Mitchell Pickerill, *Constitutional Deliberation in Congress*, 2004, 47-48; John Agresto, *The Supreme Court and Constitutional Democracy*, 1984, 107; Lee Epstein and Jack Knight, *The Choices Justices Make*, 1998, 141-142; Terri J. Peretti, *In Defense of a Political Court*, 1999, 141-144. 미국에서 판결전복을 의도한 헌법수정은 몇 차례 있었다. 마버리 판결 이후 Dred Scott v. Sanford, 60 U.S. 393 (1857), Polak v. Farmers' Loan & Trust Co., 157 U.S. 429 (1895), Oregon v. Mitchell, 400 U.S. 112 (1970) 판결은 각각 미국헌법 수정 제14조, 제16조, 제26조에 의하여 뒤집어졌다; Louis Fisher, *Constitutional Dialogues*, 1988, 201-206.

52) 김배원, "한국헌법상 대통령과 헌법재판소의 상호통제관계", 2007, 164-165.

한 임명동의와 인사청문 기회가 있어 가장 실질적 견제장치다. 국회의 본질적 권한도 헌재를 조직 측면에서 압박한다. 헌재 조직법률제정권, 국정감사 및 조사권 그리고 예산통제권이 그것이다. 국회는 대통령과 마찬가지의 헌법개정제안권은 물론이고 개헌안 의결권도 지녀 의결정족수를 채울 압도적 다수파나 연립정권상황에서는 정국주도권에 영향을 주는 헌재에 대한 기능변경 내지 권한축소 개헌안 상정으로 헌재를 정치적 투쟁의 희생양으로 전락시킬 수 있다. 헌재재판관 탄핵소추의결권을 국회가 정치적으로 사용하거나 그 가능성을 알려 헌재결정에 압박을 줄 수도 있다.[53] 결정에 대응하거나 결정을 전복할 목적의 법 개정도 물론 손쉽게 가능하다.[54] 기능적으로 법률위헌 여부가 재판전제가 된 경우에만 법원제청으로 심판할 수 있는 구체적 규범통제만 허용된 것도 입법 당시 국회의 의사와 무관치 않았다. 제소권이 모든 헌법기관에 부여되고 분쟁발생 전에 법률을 다룰 수 있는 추상적 규범통제의 거부는 입법위헌심사권을 작은 범위로 묶어 둔 것이기 때문이다.

법원의 견제도 정치적으로 연장된다. 대법원장은 헌법재판관 3인 지명권을 가지고 있고 위헌법률심판절차가 법원의 독자판단에 의한 위헌제청권으로 개시됨으로써 법원은 헌법재판의 사전 여과장치다. 같은 사법에 속한 헌재에 특별한 견제장치가 아닌 듯 보이지만 사법 대 사법 간 충돌을 피할 수 없는 구조에서는 중대한 위협이다. 그 충돌은 예견되었다. 법원재판에 대한 헌법소원의 배제는 법원재판과 저촉되는 결정을 허용하지 않겠다는 법원 측 의도의 반영이다. 단순히 재판소원금지만이 아니라 헌재의 한정위헌 등 결정이 법원재판에 영향을 주면 법원이 이를 배척할 다양한 논리의 근거도 된다.[55] 타 법률에 구제절차가 있으면 모두 거친 후 헌법소원을 청구할 수 있게 한 헌재법의 보충성원칙도 재판소원금지 효과를 상승시킨다. 선행절차가 재판이면 재판소원금지에 의해 결국 헌법소원을 제기할 수 없기 때문이다. 명령, 규칙, 처분 위헌심판권을 법원이 지닌 것도 헌법해석권을 이원화함으로써 헌법재판기능을 일부 제도적으로 막는다. 실제 법원과 헌재는 여러 차례 충돌했다. 충돌 후 정치적 공격으로 비화된 헌재 관련 개헌이나 법 개정

---

53) 헌법재판소, "현행 헌법상 헌법재판제도의 문제점과 개선방안", 2005, 328; Terri J. Peretti, *In Defense of a Political Court*, 1999, 143-144.

54) Terri J. Peretti, *In Defense of a Political Court*, 1999, 142-143.

55) 헌재 1995.11.30. 94헌바40, 95헌바13(병합), 판례집 제7권 제2집, 616면 이하; 헌재 1997.12.24. 96헌마 172, 173(병합), 판례집 제9권 제2집, 842면 이하; 대법원 1996.4.9. 선고 95누11405판결, 대법원 1998.9.25. 선고 96누4572판결, 96누8352판결, 96누8369판결; 헌재 1994.12.29. 93헌바21, 판례집 제6권 제2집, 379면 이하; 대법원 2001.4.27. 선고 95재다14판결; 헌재 2003.4.24. 2001헌마386, 판례집 제15권 제1집, 443면 이하.

론도 나타났다. 법원은 충돌하면 할수록 헌재의 헌법해석적 우위를 무시하고 대법원장 지명분인 헌법재판관을 친법원 인사로 채우고 헌법재판을 폐기 내지 대법원으로 흡수통합하자고 공론화한다. 사법 대 사법 충돌이 정치적 견제로 연장되는 것이다.

제도적 견제는 현실운용에서 확인된다. 대통령의 헌법재판관 임명은 행정부와 입법부의 입장이 반영된 정치적 이해관계가 집약되어 적지 않은 논란대상이 됨으로써 재판관은 추후 언제라도 비판 도마에 오를 수 있음을 의식한다. 헌법상 재판관 중 대통령이 임명하도록 되어 있는 헌재소장이 출범 이래 한 차례도 재판관 중에서 임명된 적이 없던 관행은 정치적 임명을 당연하게 받아들인 결과였는데 역설적으로 노무현 정권 당시 유일하게 헌재소장이 재판관 중 임명되지만 오히려 이는 대통령의 이른바 코드정치를 둘러싼 정치공방을 야기함으로써 대통령의 재판관임명에서의 제도적 견제의 영향력은 재확인된다.[56] 국회의 헌재소장 임명동의권이나 재판관 3인 선출권 그리고 재판관 모두에 대한 인사청문도 연임제도와 결합된 제도적 견제를 보여준다. 대법원은 재판소원 배제 및 명령, 규칙 위헌심사권과 결부된 헌법해석 불일치 문제로 헌재와 자주 대립한다. 한정위헌결정에 기속될 필요가 없다는 대법원의 반발은 출범 이후 상당기간 이어졌다. 헌재의 법률해석으로 법원에 속한 법률해석과 적용권한이 침해되는 것과 사실상 최고법원 지위에 들어서는 것에 대한 대법원의 우려가 사법적 해석론으로 제도적 견제를 현실화한다.[57] 이들 견제는 헌재의 관계적 역할 형성의 토대가 된다.

---

56) 김경제, "헌법재판소장 및 헌법재판관 후보자 지명권: 전효숙에 대한 지명권 행사를 중심으로", 『헌법학연구』, 한국헌법학회, 제14권 제1호, 2008, 295; 김배원, "한국헌법상 대통령과 헌법재판소의 상호통제관계", 2007, 163.

57) 헌재 1990.10.15. 89헌마178, 판례집 제2권, 365면 이하; 대법원 1996.4.9. 선고 95누11405 판결, 대법원판례집 제44권 제1집, 763; 대법원 2001.4.27. 선고, 95재다14 판결, 법원공보 2001.6.15., 132, 1220. 대법원은 한정위헌결정에 기속되지 않는다고 강하게 반발했다. 대법원은 헌법재판소결정 중 특정 해석기준을 제시하면서 그 해석에 한해 위헌임을 선언하는 한정위헌결정은 그 결정에도 불구하고 법률이나 법률조항은 문언이 전혀 달라지지 않은 채 존속하는 것이고, 구체적 사건에서 법령 해석 및 적용권한은 사법권의 본질로 전적으로 대법원을 최고법원으로 하는 법원에 전속하는 것이 헌법상 권력분립의 기본원리라고 했다. 한정위헌결정에 나타난 법률해석에 관한 견해는 견해표명에 불과해서 법원에 전속된 법령 해석 및 적용권한에 어떠한 영향을 미치거나 기속력이 없다는 것이다. 그러면서 법원의 이 권한이 훼손되면 사법권을 법원에 부여하고 사법권독립을 보장한 헌법규정에 반한다고 했다.

Ⅷ. 정치에 대한 헌법재판소의 관계적 역할확인

1. 역할 토대로서의 대통령제 권력구조

(1) 대통령제 민주주의의 예견된 불안정

헌법재판이 정치와의 관계적 역할로 해명되어야 할 필요가 있다. 우선 지위에 갈음할 역할의 문제다. 헌법과 부속입법에서 정치의 결정을 판단하는 헌법기관에 정치에 대한 관계적 지위를 의도적으로 설정하지 않았다면 유보된 지위에 갈음하는 역할로 평가될 필요가 있다. 권력분립론에 의탁한 지위만으로 헌법재판의 정당성을 설명하려면 고전적 권력분립의 관점이 명확히 해명하지 못한 문제와도 대면해야 하지만 역할론은 그런 해명과 상관없이 정치와의 관계에 관한 폭넓고 유연한 설명을 제공한다. 그것은 정치에 대해 조심스럽게 설정하는 기능적 한계설정 같은 제도적 기능검토를 넘는다. 정치와의 상관적 역할은 정치와 헌법재판 사이의 반응, 상호작용, 관계 그리고 궁극적으로는 민주주의적 이해 공유를 형성하는 헌법적 대화까지 읽는 것이기 때문이다. 둘째, 지위론은 헌재제도를 만든 성립근거 규정인 헌법조항에 근거한 권력 배분 및 통제 구조의 해석에 주로 의존한 논의인 반면 역할론은 주권적 의사해석에 접근한 설명이어서 민주적 토대 보강 논의가 될 수 있다. 모든 권력은 주권자가 헌법에 부여한 기능에 부합해야 하므로 항구적으로 정당성평가를 받는다. 헌법재판과 긴장하는 국민선출기관의 정당성도 완결적이기보다는 존속과정에서 지속적으로 주권적 의사를 통해 확인된다. 민주주의에서 정치에 대한 합헌성요구로 통치기제의 정상운용을 담보하는 헌법재판도 주권적 의사에 의존한다. 주권행사 대리인인 정치적 기관과 공존하는 헌법재판은 정당성을 정치와의 관계적 역할에서 동태적으로 확인받아야 한다. 정치의 필요와 상황을 읽어 현실정치에 부응하는 지속적·동태적 의미에서 정당성을 해명 받아야 한다.

정치와의 관계적 역할은 한국 대통령제 권력구조에서 형성된다. 이는 두 가지 의미다. 하나는 헌법재판이 한국 대통령제의 내재적 한계가 산출한 제도라는 것이고, 또 하나는 대표, 즉 대통령과 국회가 만든 제반 갈등을 다루어야 한다는 것이다. 헌재의 과제는 대통령제에 본질적 내생적인 정치의 문제다. 따라서 대통령제는 헌재 역할해명의 토대다. 대통령제의 문제는 흔히 두 개의 민주적 정당성이라 표현되는 대통령과 의회 간 정당성 충돌에서 비롯된다. 대통령과 의회 모두 선거를 통한 국민의 대표임을 앞세워 각 다른 정치적·이념적 입장을 대변함으로써 초래될 수 있는 잠재적 갈등을 내재하고 있다.[1] 대통령제에서 대통령과 의회의 관계는 단순한 권력분립과 그 제도화의 문제가 아니라 체제의 민주성과 문제 해결능력, 밑으로부터의 의사수렴의 정도의 문제와도 관련된다. 둘의 관계가 대등한지 혹은 행정부의 일방적 우위인지에 따라 체계의 정치적 문제 해결능력이 좌우된다.[2] 분점정부의 문제도 대통령제와 결부된다. 의원내각제라면 총선에서 승리한 정당의 당수가 내각을 이끄는 총리가 되므로 분점정부 가능성이 적지만 그렇지 않은 대통령제는 분점정부를 흔히 만드는데 의원내각제라면 행정부와 의회의 교착이 발생하면 총리를 해임시키고 새 내각을 구성해 해결할 수 있지만 고정임기 대통령제에서는 불가능하다. 고정임기는 상황변화를 근본적으로 어렵게 만든다.[3]

대통령제는 미국헌법에서 권력분립과 함께 등장했다. 권력분립으로 근대 헌정질서를 개념화한 로크나 몽테스키외가 염두에 둔 것은 의회 중심 의원내각제였다. 따라서 권력분립이 반드시 대통령제로 귀결될 것은 아니었지만 미국 헌법기초자는 대통령, 의회, 사법부의 고전적 삼권체계를 헌법에 담았다. 대통령제는 의원내각제같이 장구한 투쟁에 누적된 운용경험과 시행착오를 통해 성립된 제도가 아니다. 권력분립기관인 대통령은 1787년 필라델피아제헌회의 초기까지도 막연한 구상이었다. 국가원수이자 행정부수반인 대통령의 여러 권한과 선정방식은 제헌회의의 논의의 결과물이었다.[4] 대통령을 행정부 정점으로 한 권력분립체계도 마찬가지로 검증된 제도가 아니었다. 대통령제의 기반인 대의제정부 모델과 동일한 제도는 역사상 어디에도 없었다.[5] 권력분립은 영국의 현실정치를 반영한 원리라도 대통령제와 권력분립을 결합시킨 체계는 거의 미국의 이념적 창조물이었다.

권력분립적 대통령제를 만든 이념 토대나 모방모델은 있었다. 미국헌법의 이념은 공화주의로 매디슨이 새 정부체제를 공화정이라고 말한 것이나 '연방주의자 논설(Federalist Papers)'의 필명이 로마공화정 수립의 상징인물 푸블리우스(Publius)인 것처럼 공화주의가 새 국가의 이념이었다. 매디슨의 공화주의는 혼합정부를 담고자 한 혼합헌법(mixed constitution)의 사고인 점에서 혼합정부가 미국헌법의 모델이었다. 서구정치사상을 지배

1) Juan J. Linz, "Presidential or Parliamentary Democracy: Does It Make a Difference?", Juan J. Linz and Arturo Valenzuela (eds.), *The Failure of Presidential Democracy: Comparative Perspectives*, Vol. 1, Baltimore: Johns Hopkins University Press, 1994, 6-7.

2) 백영철, 『제1공화국과 한국 민주주의』, 1995, 21-22.

3) Juan J. Linz, "Presidential or Parliamentary Democracy: Does It Make a Difference?", 1994, 8-9.

4) Charles C. Thach Jr., *The Creation of the Presidency, 1775-1789: A Study in Constitutional History*, Indianapolis: Liberty Fund, 2007, 65-123; Robert Dahl, *How Democratic Is the American Constitution?*, 2001, 64-68; Alfred H. Kelly and Winfred A. Harbison, *The American Constitution*, 1963, 132-136.

5) Robert Dahl, *How Democratic Is the American Constitution?*, 2001, 8-9; 로버트 달(Robert Dahl), 『민주주의』, 김왕식 외 역, 서울: 동명사, 2006, 164.

한 혼합정부원리[6]는 고대 수세기 동안을 제외하고는 서구에서 현실정치에 부적절하다고 여겨지다가 영국에서 재생된다. 영국의 정체는 군주정, 귀족정, 민주정 세 통치형태의, 즉 의회를 구성한 세 신분의 혼합물이었다. 이것이 미국헌법에 영향을 준다. 제헌회의 이전부터 여러 주가 행정, 입법, 사법의 상호 독립과 분리의 개념으로 받아들인 권력분립은 영국의회의 세 신분에 조응한 사회 각 신분의 균형인 혼합정부론과 결합된다. 권력분립은 제헌 전부터 혼합헌법개념과 혼용된다. 권력분립에는 정체 내 여러 계급의 혼합을 보장하는 구상이 반영된다. 공화주의로 삼권분립의 기초가 된 혼합헌법이론과 견제와 균형 원리를 만든다. 혼합정체의 작동원리인 견제와 균형의 원리는 정부의 기능분업을 대표하는 입법, 행정, 사법 간 견제와 균형으로 변용된다. 군주정, 귀족정, 민주정의 특성을 혼합한 정부가 견제와 균형으로 권력남용을 막는다. 혼합헌법이 권력분립과 직결된다기보다는 각 정체가 대표하는 계급이해를 조정한 국가안정책이 된다. 공화정의 이상이 뚜렷한 정체모델을 찾지 못한 신생 미국에서 국가질서를 안정화하는 견제와 균형을 찾은 것이다. 이는 추상적 이론화가 아니라 인간본성에 대한 현실주의적 경험적 결론이었다.[7]

여기서 민주주의는 혼합헌법에 단지 포함된 부분으로 헌법기초자의 구상에서는 거의 중시되지 않았던 것이 아닌지 의심된다. 그러나 매디슨시대에 민주주의는 흔한 표현이 아니었을 뿐더러 급진적 평등주의와 결합되거나 오늘날의 직접민주주의를 의미하는 애매한 개념이었다. 공화정은 흔히 대의민주제를 지칭했다. 공화국은 대표체계 그리고 선출된 소수에 대한 위임의 체계였다. 역사적으로도 아테네인들은 자신의 체제를 민주주의라 불렀지만 로마인이나 13세기 이탈리아의 여러 도시국가는 자신의 정부를 공화국이라 불렀다. 이탈리아공화정은 귀족정 혹은 과두정에 가까운 것으로 민주적 공화정은 아니었다.

---

6) 혼합정부원리는 지배권력의 수와 성격에서 도출된 고전적 구상인 군주정, 귀족정, 민주정의 세 이념형으로 통치형태를 범주화한다. 군주정은 질서와 에너지를, 귀족정은 지혜를, 민주정은 정직함과 미덕을 상징해 각 정체의 덕목유지는 그 통치형태에 의존한다. 그러나 군주정은 극단화되어 전제정으로 끝날 수 있고 민주정도 인민이 더 많은 권력을 추구해 무정부상태와 폭동으로 변질될 수 있고 중간형인 귀족정도 양극단의 다른 정체로 되기 쉬워 파벌과 불법의 증대로 귀결될 수 있다. 이런 타락은 한 개인이나 집단의 손에 권력이 집중됨으로 인한 것이므로 한 정체에 세 통치형태를 모두 담은 혼합정체가 되면 각 다른 사회계급과 이해관계의 균형을 반영하고 그래서 서로를 견제하게 해 정치적 불안정을 막을 수 있다는 사고가 등장한다; 이런 해법은 폴리비우스에 의해 명백히 주장되었다(Richard Bellamy, "The Political Form of the Constitution", 1996, 440-441).

7) Gordon S. Wood, *The Creation of American Republic*, 1998, 150-151, 197-199; M. J. C. Vile, *Constitutionalism and the Separation of Powers*, 1998, 37-38; George Thomas, *The Madisonian Constitution*, 2008, 17-19; 최장집, "민주주의와 헌정주의", 2005, 33-35; 버나드 마넹(Bernard Manin), 『선거는 민주적인가』, 2007, 68; 칼 J. 프리드리히(Carl J. Friedrich), 『현대헌법과 입헌주의』, 2006, 177; 크리스티안 슈타르크(Christian Starck), "권력분립과 헌법재판", 2010, 477; Richard Bellamy, "The Political Form of the Constitution", 1996, 442, 455.

다만 아테네민주주의와 로마공화정은 몇몇 대표의 요소를 지녔다. 이들이 미국 대의제정부의 직접모델이라 말하기는 어렵더라도 매디슨의 미국에서 민주주의와 공화국은 흔히 서로 혼용된 것이다. 인민의 지배에 더 우호적이면 민주주의라는 용어를 사용하는 경향이 있고 태도가 모호하면 공화국이라는 용어를 좋아한 것으로 보인다. 따라서 새롭게 등장한 대표체계를 민주주의라 부르기도 했다.[8] 결국 매디슨의 공화정은 오늘날 대의민주주의와 다르지 않다.

문제는 혼합정부라는 다소 명확치 않은 권력구조인 대통령제가 권력분립에 기반을 둠으로써 권력융화에 기초한 의원내각제가 지닌 장점을 잃는다는 점이다. 대통령제는 행정권 존속이 의회다수파에 의존하는 서유럽의 의회제와 달리 행정권력을 직접 혹은 간접선거로 생성함으로써 구성부터 권력분립에 기반을 뒀다. 대통령은 의회의 불신임에 의한 퇴진을 강요당하지 않는 반면 의회해산권은 없다. 일인 비합의제 행정부로서 내각조차 대통령의 정책결정을 저지할 수 없다.[9] 의회의 지원으로부터 행정부는 분리되지만 대통령과 의회가 모든 점에서 상호 독립된 것도 아니다. 의회의 권력집중과 남용을 우려한 대통령제는 대통령에게 큰 권력을 주기보다는 분할된 권력의 견제를 통한 균형으로 자율적 기구로 존속할 행정권력이다.[10] 대통령제가 기반을 둔 권력분립은 타 기관 견제를 통한 자기강제적 균형체계다. 할당된 기능을 실행할 기관이 제 역할을 못하면 타 기관이 그 기관의 권력을 부분적으로 축소시킬 수 있다는 두려움으로 타 기관에 대한 권한침해를 단념해 최초의 권력배분이 유지된다는 것이다.[11] 권한을 나누어 가지는 분리된 기구들로 이뤄진 정부 혹은 나누어진 권력을 가지기 위해 경쟁하는 분리된 기구들로 구성된 정부를 원했다.[12] 그러나 분리와 나누어 가진다는 의미의 공유가 병존함으로써 행정부가 의회의 지지를 받으면 권력을 공유하고 그렇지 않으면 분리만이 부각될 수 있는 체제다.

---

8) Robert Dahl, *A Preface to Democratic Theory*, 2006, 10, 155-157; Alexander Hamilton, et al., *The Federalist Papers*, 2003, No. 10, p.76; Bruce Ackerman, *We the People: Foundations*, 1993, 295.

9) Arend Lijphart, *Patterns of Democracy*, 1999, 117-118, 124-126; Giovanni Sartori, *Comparative Constitutional Engineering: An Inquiry into Structures, Incentives and Outcomes*, 2nd ed., New York: New York University Press, 1996, 86.

10) Giovanni Sartori, *Comparative Constitutional Engineering*, 1996, 86-87, 98.

11) Bernard Manin, "Checks, Balances and Boundaries: The Separation of Powers in the Constitutional Debate of 1787", Biancamaria Fontana (ed.), *The Invention of the Modern Republic*, Cambridge: Cambridge University Press, 1994, 57.

12) Richard E. Neustadt, *Presidential Power*, New York: Wiley, 1960, 33; Charles O. Jones, "The Separated Presidency", Anthony King (ed.), 2nd version, *The New American Politucal System*, Washington D.C.: American Enterprise Institute, 1990, 3.

그래서 의원내각제의 장점을 잃었다.

그 결과 대통령의 정당과 의회다수당이 상이할 수 있고 그 경우 파행이 초래될 수 있다. 그럼에도 의회견제를 주로 강조한 대통령제헌법의 권력분립이 대통령과 의회다수파 간 갈등의 해법에 충분한 관심을 기울였다고 볼 만한 증거는 없다. 결국 대통령과 의회의 충돌로 인한 국정불안정이 예견될 수 있음에도 이를 충분히 사전 검토하지는 못하고 출범시킨 체제였다. 그나마 대통령권력이 상대적으로 강해지면서 대통령제는 헌법기초자가 의도한 견제와 균형의 이상적 수준을 위한 하나의 고정된 위상에 머문 것도 아니어서 그 위상은 불분명했다. 대통령의 권력위상은 행정부와 의회의 세력판도 변화에 따라 변해 갔다. 대통령들은 의회우위에 대항해 권한확대를 시도했다. 워싱턴 대통령 시기에는 행정부가 우위였다. 링컨의 남북전쟁 시기에 대통령 지도력은 부분적이고 점진적으로 변화했다. 남북전쟁 이후 20세기 초까지는 다시 의회우위였다. 20세기 전쟁과 대공황으로 행정권이 대폭 강화된다. 루즈벨트에서 비롯된 20세기 초반 뉴딜 개입정책 이후 대통령권력은 명백히 강화된다. 대통령의 지도력에 의존한 뉴딜 시기 경험은 이후 대통령권력의 강화를 지속적으로 용인한다. 초기에는 드물게 사용된 거부권이 실용적 무기로 활용되면서 대통령은 입법영역에서도 상원과 하원에 비교되는 제3원에 기능적으로 등치된다. 의회 내 대통령정당의 응집력 그리고 선거에서 유래된 강력함도 대통령권력의 강화를 도왔다. 그러자 의회에 대한 대통령의 방어수단들이 권력분립체계를 지탱했다. 대통령권력의 강화로 대통령과 의회가 대립하면서 대통령정당과 의회다수당이 상이한 이른바 분점정부도 현실이 된다. 1946년 이래 분점정부는 지속되어 많은 대통령의 정책이 의회를 통과하지 못한다. 대통령은 의회에서 동의와 지지를 얻는 전략을 강구해 가까스로 헌정질서를 유지해야 했다.[13)]

의회와 대통령의 공화가 없는 대통령제에서 입법과 집행의 균형은 보장되지 못했다. 권력분립과 결합된 대통령제의 대통령은 의회에 대해 합헌적으로 강제력을 행사할 수 없고 정치적 방향도 지시할 수 없다. 대통령의 영향력은 집권당이 의회다수파가 된 경우에나 정당기구와의 횡적 결합을 통해 발휘된다. 그나마 그 가능성은 의원내각제의 수상이 하원다수파에 대해 행사하는 통제력에 미치지 못하는 것이다. 그래서 대통령제는 신흥민주주의에 채택되면 정치의 장기파행을 초래한다고 주목되면서 미국과 다른 환경에 일반적으로 적합한지 의문시되었다. 평판이 좋지 않아 제2차 세계대전 이후 정치적 재건기에

---

13) Arend Lijphart, *Patterns of Democracy*, 1999, 127-128; Bruce Ackerman, *We the People: Foundations*, 1993, 68; Bruce Ackerman, *We the People: Transformations*, 1998, 120-159; 주미영, "미국 대통령직의 개혁과 향후 과제", 박찬욱·이현우 외, 『미국의 정치개혁과 민주주의』, 서울: 오름, 2004, 133-156.

권력분립적 대통령제의 헌법적 패턴을 따르는 경향은 적었다. 대통령제가 미국 밖에서 의원내각제에 비해 실제로 많이 채택되지 않은 이유는 위와 같은 위험성 그리고 보편적 적합성에 대한 의문이었다. 대통령제를 선택한 국가들에서 정치파행의 해결방법은 대통령제원리의 수입목록에도 없었기에 국가적 안정을 이룬 예는 드물었다. 거의 예외 없이 정치적 불안정과 헌정체제붕괴의 실질적 위험성을 드러냈다.[14] 대통령과 의회 간 전면전 양상에는 이르지 않더라도 끝없는 상호 비난과 당파적 교착상태가 확인되었다. 의회는 행정부를 괴롭히고 대통령은 일방적으로 행동해 통치력의 위기를 만들었다. 위기의 악순환에서 대통령은 입법의 어려움을 돌파하기 위한 초헌법적 조치를 감행하고 그에 맞서는 의회가 선동적 태도가 되면 대통령은 의회 정당세력에 의해 대변되는 이해관계나 이데올로기를 무시한 채 일방적 결정을 내렸다. 보다 약한 형태이지만 미국에서도 그런 현상은 관찰된다.[15] 그래서 균형이 붕괴된 정치교착과 그 해소의 난제가 대통령제에 본질적임이 확인되면서 그나마 미국의 정상운용은 오히려 예외로 불렸다.

신생 한국이 도입한 대통령제에서 대통령과 국회의 관계도 미국적 예외를 만들 환경이 아니었다. 의원들이 의회에서 자율성을 갖지 못하고 대통령 혹은 정당지도자에게 복종함으로써 정당체계가 유지되자 대통령은 야당의원 설득조차 불가능했다. 의원이 국회에서 자율성을 가지고 심의할 수 있을 때 표결결과의 불확실성은 높아지고 개별의원의 다수결에 의한 국회운영은 실질화된다.[16] 의원의 자율성이 정치교착을 돌파할 핵심관건이지만 자율성을 드러내는 지표인 의원들의 교차투표는 한국에서 거의 발견되지 않는다. 정치교착에서 대통령이 야당의원들을 설득하는 것 자체가 무의미한 것이 되자 대통령은 교착에도 속수무책이거나 대의제를 우회하는 포퓰리즘에 의존하고 이로 인해 헌법적 갈등은 확대 재생산되었다. 정상작동을 이끌어 갈 기제들이 구조적으로 취약했고 미국에서처럼 정치교착에 함몰되지 않고 대통령권력의 적절한 운용을 통한 해결이 허용되는 정치환경도 없었다. 한국의 정당정치는 파당적 대립이 교착에 이르면 출구를 찾는 정상적 합의를 시도하는 데 익숙지 않았다.

---

14) Juan J. Linz and Arturo Valenzuela (eds.), *The Failure of Presidential Democracy: Comparative Perspectives*, Vol. 1, Baltimore: Johns Hopkins University Press, 1994, pref.; Juan J. Linz, "The perils of presidentialism", *Journal of Democracy*, 1:1(1990), 51-69; Bruce Ackerman, "The New Separation of Powers", 2000, 645-646; Mark Tushnet, *Weak Courts, Strong Rights*, 2008, 18; Robert Dahl, *How Democratic Is the American Constitution?*, 2001, Ch. 3; 칼 뢰벤슈타인(Karl Loewenstein), "대통령제의 비교법적 연구", 1989, 279.

15) Bruce Ackerman, "The New Separation of Powers", 2000, 647.

16) 정진민, "생산적 국회운영을 위한 대통령-국회 관계와 정당", 『한국정당학회보』, 한국정당학회, 제7권 제1호, 2008, 86.

(2) 정권투쟁의 판으로서의 권력분립

정치교착은 한국에서 심각한 수준이었다. 건국헌법은 정권담당이 예정된 유력한 후보 이승만의 선호에 의존해 대통령제를 채택했다. 1948년 초 건국공간에서 이승만의 단정 (單政)노선에 동조한 한국민주당(한민당) 세력은 당초 당론이자 헌법초안에도 채택했던 내 각책임제를 이승만의 희망에 따라 대통령중심제로 바꾸는 데 앞장섰다. 그러나 초대 국 무총리와 내각에서 배제된다. 이후 국회를 중심으로 한민당은 비논리적 비생산적 정권도 전에 진력하게 되어 한국정치는 국회와 대통령을 대립 축으로 한 정권투쟁 장이 된다.[17] 제헌과정의 권력구조 선택에서의 일방적 선호와 이해관계에 따른 동조가 의미하는 것, 즉 정상적인 파당적 합의결여로 인해 추후 권력구조 변경 가능성에 대한 기대를 가지면 서 대통령제 유지문제는 직후 개헌논의에서부터 쟁점이 된다. 대통령제는 잇따른 개헌에 서 존치되지만 그 유지 여부는 계속적인 정쟁을 이끌었다. 대통령제를 둘러싸고 제헌국 회에서부터 불거진 국회와 대통령 간의 오랜 정치적 대립은 한국 대통령제에서 권력분립 의 정상균형이 깨지고 빈번히 파행에 이른 주원인을 알려준다.

헌정주의헌법에서 의회와 행정부의 관계설정과 행정부 수반의 형식과 같은 권력구조문 제는 권력분립적 체제규정에 수반되는 것이어서 헌법의 핵심은 권력분립이 되어야 함에 도 한국에서 권력분립논의는 큰 논쟁 없이 상대적으로 방치된다. 대통령제 채택 후 수차 례의 개헌논쟁에서 드러난 헌법갈등은 권력분립이 아니라 거의 정부형태나 권력구조 문 제였다. 권력분립은 신생국가의 정치혼란을 막을 균형의 체계로 주목된 것이 아니다. 일 제식민통치에는 없던 권력분립원리는 서구 헌정주의헌법의 영향으로 이식된 것이다. 제 헌공간에서 영향을 준 임시정부 헌법문서들이나 바이마르 헌법편제 그리고 미군정기 경 험이 권력분립원리를 가르쳐 준 경험이다.[18] 헌법을 기초한 유진오는 몽테스키외를 통해 정식화되고 미국식 대통령제에 의해 제도화된 삼권분립이 미국 등에서 행정부와 입법부 의 권력융합에 의하여 변형된 형태로 나타남을 이미 알았다.[19] 그럼에도 제헌은 권력분 립의 전형적 형태나 변형에 대한 고려가 아니라 권력구조 선택을 위한 정치세력 간 타협 에 집중했다. 권력분립은 단지 성공적 민주주의모델인 미국에서 실재하는 정체 운용체계

---

17) 심지연, 『한국현대정당론: 한국민주당연구Ⅱ』, 1984, 123-127; 심지연, 『한국정당정치사』, 서울: 백산서 당, 2006, 63-75; 김일영, 『건국과 부국: 이승만・박정희 시대의 재조명』, 서울: 기파랑, 2012, 73-74.

18) 김영명, 『한국의 정치변동』, 서울: 을유문화사, 2007, 65; 김영수, 『한국헌법사』, 2001, 417.

19) 이영록, 『유진오 헌법사상의 형성과 전개』, 2006, 190-194.

로 치부되었다. 군정기와 이승만의 영향에 의한 대통령제 권력구조의 수용은 미국의 권력분립에 기반을 둔 대통령제의 비교적 성공적인 운용방식 도입이었다. 대통령제와 더불어 수입된 권력분립은 체계의 내재적 불안정에도 불구하고 운용안정화를 이룬 미국과는 다른 결과를 드러낸다. 견제와 균형이 아닌 국회와 대통령의 갈등의 표출장이 된다.

건국헌법의 대통령제는 순수형태는 아니고 대통령제와 내각책임제의 혼합정부로 오늘날까지 잔존한 이 형태는 권력분립의 견제와 균형 그리고 직접민주제와 간접민주제의 혼합을 통해 양 제도의 극단이 초래하는 약점을 극복할 바람직한 정체일 수 있다. 그러나 이승만과 한민당이 정치적 이해관계 절충으로 만든 이 정체는 한국에서 장기적으로 반복될 헌법정치의 위기와 헌정체제 파행의 초기원인이 된다. 양 제도의 결합은 혼합정부의 특장을 살리지 못하고 두 제도의 약점이 혼합된 양상으로 귀결된다. 대통령과 의회의 충돌로 인해 견제와 균형의 혼합정체적 성격도 비교적 빨리 종식된다.[20] 이승만과 한민당의 단기적 절충은 언제든지 스스로 만든 권력구조를 다시 변경할 여지를 남겨 놓았다. 그래서 권력분립은 정쟁의 판으로 부각된다. 정권담당 예정자의 정치적 편의와 선호에 따라 채택된 대통령제의 대통령은 국회와의 무한투쟁에서 상대우위를 점하면서 권력분립을 유린했다. 국회와 행정부가 견제로 균형을 이룰 권력분립은 유동성과 변화와 운영을 통해 정착될 제도로 고려되지 않고 단지 권력투쟁의 판이 된다.

이승만의 통치권력 구축에 한민당을 중심으로 한 국회가 최대의 방해물이 되자 이승만은 국회 내의 확고한 지배력구축을 끊임없이 시도한다. 제헌국회와 2대 국회까지는 국회 우위 상태지만 한국전쟁 시기 부각된 내각제와 대통령직선제라는 두 갈래의 개헌움직임이 상황을 역전시킨다. 내각제와 대통령제를 절충해 국회에 의한 대통령간선이라는 특이한 제도였던 건국헌법하에서 국회는 대통령선출권으로 행정부를 견제했고 행정부는 이런 국회의 간섭을 벗어나려 했을 뿐이다. 그런데 개헌국면에 이르자 국회와 대통령은 각자에게 분명히 유리한 체제를 선점하려 했다. 국회를 장악한 야당 한민당은 이승만에게서 권력을 탈환하는 방법이 내각제개헌이라고 생각했고 행정부를 장악한 이승만은 권력연장을 위해 대통령직선제를 원했다.[21] 결국 이승만은 직선제개헌안을 내놓고 그 와중에 친위세력인 일부 군과 공작정치를 동원한 1952년 부산정치파동을 촉발시킨다. 그것이 국회와 대통령의 대립의 결정판이자 이후 지속적 갈등의 원형이다. 대통령과 국회 간 교착정치의 원형은 극단적 힘의 대립이었다.

---

20) 박명림, "한국의 초기 헌정체제와 민주주의", 2003, 118-121.
21) 김일영, 『건국과 부국』, 2012, 105, 186-188.

한민당과 후신인 민주국민당(민국당), 민주당과 이승만의 관계를 중심으로 국회와 대통령의 극단적 대립이 이어졌다. 한민당에서 민주당으로 이어진 큰 야당은 초기 내각제투쟁에서 정권쟁취투쟁으로 지속되면서 면면히 이어진 국회교착의 한 진영을 이룬다. 정치권력 장악을 위한 권력투쟁이 모든 일상정치에서 가장 보편적이고 지속적으로 나타나고 특히 정당활동과 선거를 통한 제도적 차원이 아니라 주로 비제도적 차원에서 적나라한 힘겨루기로 전개된다. 이것이 이승만 정권 이후 최근까지 권위주의와 민주주의를 거치면서도 크게 변하지 않은 싸움이다.[22] 이 과정에서 갈수록 행정부가 국회 원내에서의 여당의 수적 우세와 그 응집력을 바탕으로 국회운영에서의 민주적 절차 유린과 국회자율성의 희생을 대가로 치르면서 국회에 대한 압도적 우위를 확보해 왔다.[23] 민주화 이후에는 양자 간 세력균형이 외관상 나타나지만 대통령과 국회의 다툼의 본질이 이전과 크게 달라지지는 않았다. 민주화가 추구한 핵심목표로도 대통령제의 갈등해결능력의 본질적 불확실성을 해소하지 못하는 한 대통령과 국회 중 힘의 우위가 상대방에로 역전되더라도 권력분립 파행은 지속될 수밖에 없었다.

87년 헌재는 대통령제의 토대를 이루면서도 동시에 대통령제를 불안정한 권력구조로 만든 한국적 정당정치, 즉 국회와 대통령의 견제와 균형을 정권쟁취 투쟁으로만 함몰시켜 버린 정당정치의 갈등해결능력 부재로 예견된 권력분립 파행에 대한 일종의 대안이었다. 행정부 혹은 국회의 일방우위는 물론이고 힘의 균형상태에서도 정쟁이 해소되지 않는 권력분립 파행이 권위주의 시기에 경험되자 민주화 이후 균형의 실질화 제도로 헌재가 주목되었다. 위기의 대통령제에서 대통령과 의회의 입법권능 간 선 긋기 역할이었다. 상대적으로 강한 대통령제에서 더 높은 수준의 위헌심사권력의 요청이 나타난 것이다.[24] 87년 한국 같은 신흥민주주의에서 헌법재판에 대한 접근이 용이한 독일식 헌재의 채택은 권력분립 이슈를 다루기에 적합한 제도를 요청한 것이었다. 정치교착에서 민주적 정당성의 두 원천인 국회와 대통령 간 권력갈등의 돌파구 모색이었다.

(3) 일상화된 정치교착의 대안 모색

한국에서 대통령과 국회의 갈등 원인이자 결과로서의 집권당과 반대당의 무한투쟁은

22) 김영명, 『한국의 정치변동』, 2007, 36-54.
23) 백영철, 『제1공화국과 한국 민주주의』, 1995, 207; 김일영, 『건국과 부국』, 2012, 196-198.
24) Bruce Ackerman, "The Rise of World Constitutionalism", *Virginia Law Review*, 83:4(1997), 789.

정치교착을 일상화한다. 그 갈등은 인과적 순환연쇄로 파행의 결과가 다른 파행의 원인을 만들면서 정상적 국회운영을 막는다. 강한 정당 지배구조에 종속된 국회는 집권당에 대한 반대당의 의석우위를 의미하는 분점정부뿐만 아니라 대통령소속정당이 국회다수당인 단점정부상황에서도 파행을 이어 왔음은 민주화 이전의 원형에서 확인된다. 비민주적 중앙집권적 정당구조는 국회파행을 투쟁양상으로 몰았다. 정당지도자가 대선에서 승리한 후 대통령에 대한 집권당의 종속은 분점정부이든 아니든 국회운영을 파행시켰다. 대통령의 행정부와 집권당이 하나가 되어 반대당에 맞서는 구조가 교착을 만들었다. 내각제에서도 의회다수를 확보해 내각을 장악한 여당과 야당의 대립구도는 일반적이지만 의회 내 집권당과 반대당의 원활한 협상과 타협이 더 필요한 대통령제에서 정당지배 대립구도는 파행만 이어간다. 단점정부에서도 집권당에 대한 대통령의 영향력이 강해 다수당의원이 대통령을 추종해 집권당 결속력이 강화되면 소수반대당은 더 대결적이 된다. 여당의원이 대통령으로부터 자율성이 없으면 더 그렇다.[25]

분점정부의 갈등구조는 상대적으로 더 강하고 장기적이다. 대통령소속정당과 국회다수당의 상이가 만든 분점정부가 빈번해지면서 교착은 쟁점사안마다 대치정국을 만든다. 분점정부는 민주화 이후 역대 대선과 총선의 결과다. 87년 13대 대선 당선자 노태우의 득표율은 36.6%, 14대 김영삼은 42.0%, 15대 김대중은 40.4%, 16대 노무현은 48.9%였다. 총선의 여당의석비율은 13대 총선 민주정의당은 전체 의석의 41.8%, 14대 민주자유당은 49.8%, 15대 신한국당은 46.5%로 과반수에 못 미쳤다. 2000년 16대 총선 결과 여당인 민주당의 의석비율도 35.9%였다. 열린우리당이 탄핵정국인 2004년 17대 총선을 통해 다수당이 되기 전의 노무현 정부도 여소야대였다. 정도와 기간의 차이는 있지만 민주화 이후 거의 모든 집권당이 국회다수를 지배하지 못하는 상황을 겪었다. 분점정부는 국회 내 여당과 야당의 갈등을 대통령과 국회라는 대의제의 이원적인 민주적 정당성의 분열양상으로 보여준다. 대치국면에서 의회의 다수제 방식은 대통령정책을 국회가 무력화시켜 교착을 장기화하는 무기가 될 뿐이다. 대통령의 권한과 통치는 국회 혹은 야당에 의해 심각히 제약되고 정상적 견제와 균형은 실종된다. 대통령의 법률입안과 정책집행, 예산편성과 집행은 야당이 주도하는 국회의 거의 맹목적 반대에 부딪히고, 대통령이 지명하는 국무총리, 대법원장, 대법관, 행정각부 장들도 자질이나 능력과 무관하게 국회의 동의나 인준을 얻는 데 실패해 인사권도 무력해진다. 대통령권한은 정상작동하지 못한다.

---

25) Anthony King, "Modes of Executive-Legislative Relations: Great Britain, France, and West Germany", 1976; 정진민, "생산적 국회운영을 위한 대통령-국회 관계와 정당", 2008, 79-83, 87.

마찬가지로 분점정부를 겪는 미국은 다른 모습이다. 미국에서도 선거결과로 대통령정당과 의회상하 양원을 지배하는 정당이 다른 분점정부가 빈번해 대통령 대 의회라는 제도적 권력투쟁이 정치의 중심이다. 거대야당이 주도하는 의회와 행정부의 대치도 확인된다.[26] 미국의 분점정부는 더 자주 그리고 오래 지속된다. 제2차 세계대전 이후 민주와 공화 양당에 의한 분점정부는 일상이었다. 1946년부터 2000년까지 10년에 평균 6년 이상은 두 정당이 세 기관을 장악했다. 헌법은 정기 선거 외에 다른 방법을 제시하지 못했다. 선거도 기존 분할상태를 재생산하거나 새 분할만 만들었다. 그럼에도 의회다수의 지지를 받지 못한 대통령의 권한은 정상 행사되고 정치는 교착에 이르지 않는다.[27] 약한 정당규율을 지닌 미국에서 의원들의 대통령후보지명은 정당지도부가 아닌 유권자와 당원에 의해 결정되고 의회의 구조와 운영방식도 분권화되어 의원자율성이 높아 교차투표도 가능하다. 의회다수당 소속이 아닌 대통령이 다수당의원을 설득한다. 약한 정당규율 구조로 대통령제가 교착상태에 빠지지 않고 작동한다.[28] 대통령소속정당이 의회소수파일 때 불신임이나 국회해산으로 국정마비가 해소될 수는 없지만 의원자율성에 근거한 대통령 정치력의 행사통로는 보장된다.

　　의회와 대통령의 갈등이 분점정부와 반드시 인과적은 아니다. 분점정부는 권력분립이 정상적 견제와 균형으로 작동할 조건, 즉 권력분할구도에서 쉽게 나타난다. 권위주의 시기 대통령에의 권력집중이 문제였던 한국에서 분점정부는 강력한 대통령에 대한 유효한 통제를 실질화하는 긍정적 조건일 수도 있다.[29] 그러나 한국에서는 막힌 정치의 통로가 확보되지 않아 국회와 대통령의 정상적 경쟁구도는 형성되지 않는다. 교착해소의 적절한 중재역이 없다. 미국에서는 대통령의 역할을 통해 여야를 넘나드는 협력정치가 있다. 프랑스가 여소야대 상황에서 동거정부(cohabitation)라는 돌파구를 만들듯이 유럽국가들은 연립정부라는 타개책을 받아들이는 정치환경이 있다. 미국적 협력정치도 프랑스의 동거정부 같은 유럽의 일반적 연정도 만들지 못하는 한국은 대통령 지도력이 교착타개를 위

26) 최장집, 『민주주의의 민주화』, 2006, 79, 107.

27) Robert Dahl, *How Democratic Is the American Constitution?*, 2001, 110-111; David R. Mayhew, *Divided We Govern: Party Control, Lawmaking, and Investigations*, New Haven: Yale University Press, 1991, 76; 장훈, "대통령과 국회·정당", 동아시아연구원 대통령개혁연구팀 편, 『대통령의 성공조건 I: 역할·권한·책임』, 서울: 동아시아연구원, 2003, 538-551.

28) Giovanni Sartori, *Comparative Constitutional Engineering*, 1996, 89; 오승용, 『분점정부와 한국정치』, 파주: 한국학술정보, 2005, 388-389; 장훈, "대통령과 국회·정당", 2003, 551; 최장집, 『민주주의의 민주화』, 2006, 78-79.

29) David R. Mayhew, *Divided We Govern*, 1991; 정만희, 『헌법개정연구』, 부산: 세종출판사, 2010, 100-104, 180-182, 192-195.

해 사용하고 의탁할 토대가 없다. 한국에서 강력한 정당 배경의 대통령은 선거에서부터 전체가 아닌 일부유권자의 이익을 대변하는 정당소속 정치인이다. 상대다수대표로 대부분 과반수지지를 얻지 못한 소수대표 대통령의 취약한 민주적 정당성은 당선 후 후유증을 부른다. 민주적 취약성은 분점정부에서 반대파를 결집시킨다. 민주화 이후 대통령은 교착해결자로 나설 경우 권위주의행태로 비쳐질 것도 우려해 국가원수로서의 중재기능도 거의 포기했다. 민주화 이후 대통령의 국회에 대한 영향력은 갈수록 약화되었다.[30] 탈권위주의 대통령은 정권 도전적 비판이 있어도 임기 중 감수하면서 버티자 대통령은 국정중재자로 인식되지도 않는다. 제도적으로 미국이나 브라질 등의 대통령에 비해 국회의 견제나 교착상태를 실효적으로 극복할 조건이나 수단도 부족하다.[31]

민주화 이후에는 이전처럼 민주화를 명분으로 야당이 정치공세를 주도해 국민에 호소하는 방식의 해결도 어려워져 국회도 중재자가 되지 못한다. 대통령에 대한 투쟁이 문제해결 실마리를 겸하지 못한다. 투쟁야당은 집권대통령과의 무한대결로 권위주의청산 이후 취약해진 국민적 호소력을 보강한다. 민주화 이후 복구된 국회권한으로 인해 상대적으로 약화된 호소력을 대통령과의 대결의 평행선으로 확인한다. 야당의 의도적 투쟁 판이 된 국회가 교착해소를 스스로 시도하는 것은 자기모순행동이므로 기대하기 어렵다. 국회의 대의정치적 무력함은 민주화 이후 정당 외적 투쟁방식이 정당정치와 공존하는 것에서도 영향받는다. 권위주의 시기 투쟁이념을 주도한 민주화세력이 정당에 흡수되어 정치세력화를 거부하거나 실패했음에도 그들의 요구는 정당 외적 방법, 즉 구운동권의 행동양식 같은 방식으로 존재해 정당 중심 대의정치는 불안정하다.[32] 그럴수록 정당은 결속력을 강조한다. 의원은 정당과 선거승리와 단기적 정치이해관계에 얽매인다.[33] 의원은 의제설정이나 정책형성 그리고 법안발의에서 국회를 지배하는 정당 간 대립 틀을 벗어나기 힘들다. 정당의 비자율적 구조로 대통령과 국회의 갈등도 여당과 야당을 통한 국회내 대결이 된다. 반대당은 집권 초기부터 정책타당성을 불문하고 대안 없는 반대를 하고 여야가 뒤바뀌면 야당이 된 전 집권당도 마찬가지다. 한민당을 필두로 이어진 국회와 대통령의 대치는 민주화 이후도 마찬가지다. 국회 정치투쟁의 근원인 건국 직후 공간보다

---

30) 박용수, "대통령제의 특성과 민주화 이후 한국 대통령제에 대한 비교 평가", 조기숙·정태호 외, 『한국 민주주의 어디까지 왔나: 성과와 과제』, 고양: 인간사랑, 2012, 103; Juan J. Linz, "Presidential or Parliamentary Democracy: Does It Make a Difference?", 1994, 24.

31) 박용수, "대통령제의 특성과 민주화 이후 한국 대통령제에 대한 비교 평가", 2012, 99-105.

32) 최장집, 『민중에서 시민으로』, 2009.

33) David R. Mayhew, *Congress: The Electoral Connection*, New Haven: Yale University Press, 1974.

정당법제정과 선거법 개정으로 정당공천이 제도화된 5·16 이후 정당구속력은 더 강화된다. 여당은 공천으로 권력기반의 안정과 강화를 도모했고 야당도 파벌보스의 하향공천으로 정당구속력을 강화했다. 민주화 이후에도 정당은 강력한 공천권을 바탕으로 의원들을 줄 세운다.[34] 국회도 문제 해결 중심역할을 하기 어려운 상태다.

　강력한 정당규율과 대결적 정치문화에서 대통령이나 국회 어느 한쪽의 해법제시가 불가능한 정당정치 대결구도가 상황을 지배한다. 대결적 정당정치 구도는 분점정부의 교착요인도 보다 구조적이고 제도적인 것으로 만든다. 안정적 과반수 획득을 어렵게 하는 소선거구제, 대통령과 국회의원의 임기 차이에 따른 선거주기 불일치 그리고 지역균열구조에 기초한 정당－유권자 지지연합에 의한 선거의 지역주의 등이 그 상황을 고착시킨다.[35] 1980년대 이후 지역주의는 1987년 대선에서 본격화되면서 강한 정당에 기반을 둔 강한 국회의 또 다른 기초가 됨으로써 87년 체제가 산출한 분점정부 갈등을 심화시킨다. 분점정부가 고정된 패턴을 보이지만 국민주권의 양대 위임기관인 대통령과 국회의 갈등과 대립을 조정할 대안은 찾기 어렵다. 갈등은 극단으로 치달았다. 노무현 정부 출범 이래 한나라당과 민주당, 자유민주연합 등 야3당의 공조가 주도한 독단적 의정운영이 일상화되면서 대의를 왜곡해도 이를 해결할 만한 기제가 없었다. 오히려 그들은 탄핵으로 이어갔다. 대표제의 결함을 완전히 드러냈다. 대통령제에 내재한 정치적 조건, 대통령과 의회 간 대립을 해소할 제도는 작동하지 못했다.[36] 린즈가 말한 대통령제에 내재된 구조적 문제였다. 다수제 대표임에도 국민 전체의 지지를 받지는 못한 대통령이 또 다른 민주적 정당성을 지닌 의회의 다수파 야당과의 갈등을 해소할 메커니즘이 없이 고정된 임기로 인해 의원내각제적 돌파구도 찾지 못하는 상황이었다.[37]

　출구는 의회와 대통령의 타협에서 모색되어야 했다. 대통령과 의회의 대립해소는 현실적으로는 타협 통로인 정당정치에서 발견되어야 한다. 그러나 노무현 정부는 대의제에서 민주적 요구를 대변하고 조정할 통로인 정당정치를 우회했다.[38] 야당이 대통령의 포퓰리즘적 해결방식을 용납하지 않으면서 권력분립적 자기해결의 한계점인 정치교착은 더 심화되었다. 그러자 의회와 대통령은 헌법재판에 의존했다. 정당정치의 한계를 넘어 일상화

---

34) 심지연·김민전, 『한국정치제도의 진화경로: 선거·정당·정치자금제도』, 서울: 백산서당, 2007, 375.

35) 오승용, 『분점정부와 한국정치』, 2005, 248-266.

36) 정상호, "제도주의 관점에서 본 탄핵사태의 분석", 『동향과 전망』, 한국사회과학연구소, 제60호, 2004, 79-87.

37) Juan J. Linz, "Presidential or Parliamentary Democracy: Does It Make a Difference?", 1994, 69.

38) 최장집, 『민중에서 시민으로』, 2009, 274-279, 285.

된 정치교착으로 인해 헌법재판에의 의존이 극대화된다. 사실 출범 당시 헌재가 미래의 정치적 불안에 대한 대비책이었더라도 오늘날 한국정치가 겪는 수준의 정치교착까지 충분히 예상한 것은 아니다. 그런데 출범에서 떠맡은 과제 위에 교착정치의 문제가 더해지면서 정치의 문제를 포괄적으로 담당하는 역할이 설정되기 시작했다. 민주적 선거와 정당 간 경쟁이 결과시킨 갈등적 대치를 극복할 대안으로 헌법재판을 선택할 수밖에 없었다. 대통령의 지도적 우위도 국회의 의지도 발견되지 않자 정치 스스로에 의해 헌재가 대안으로 모색된 것이다.

2. 정치적 기관과의 공존관계 형성과정

(1) 초기의 우회적인 역할모색

87년 체제의 지배정치세력은 88년 신설된 헌재가 정치위협적일 경우 입법 그리고 선거의 신임으로 쉽게 전복할 수 있었다. 재판관 임명과정에 영향을 주는 방식으로 헌법재판의 소극성을 유도하기도 쉬웠다. 신설기관이라 운용합리화를 명분으로 권한축소나 제도변경을 시도할 수도 있었다. 다만 출범 직후 그런 시도는 없었다. 국가보위입법회의법, 반국가행위자처벌특별조치법, 사회보호법 등 권위주의 시기 악법에 대한 위헌결정에 헌법재판은 어려움이 없었다. 이미 폐지된 법이거나 1980년 국가보위입법회의라는 초헌법기구가 제정한 것이거나 시대흐름에 명백히 반한다는 국민적 공감이 형성되어 정부조차도 개정안을 내려던 것이기 때문이다. 구권위주의 악법 폐기 요청이 헌법재판에 집약된 이 시기에 정치와 헌법재판은 상당히 협조적이었다. 구권위주의의 제정법률에 대해 정치는 헌재에 오히려 적극적 위헌결정을 주문했다. 국회는 권위주의 정부가 구축한 공권력질서를 신속히 교정해 달라고 요청했다. 따라서 헌법재판의 정당성에 대한 의심은 부각되지 않았다.[39] 1989년부터 1999년까지 국회법사위 국정감사기록은 당시 대부분 의원이 헌재에 적극적 위헌판단을 요구함을 보여준다. 이른바 2기 재판부 임기 중인 1990년대 중반에야 입법권통제에 대한 반발로 점차 역할제한 주장이 나타날 뿐이다. 이는 국회입법권 통제를 강화했다고 평가된 1990년대 중반부터 2000년까지의 2기 재판부나 2000년

---

39) 차동욱, "헌법재판소는 국회의 안티테제인가", 2006, 212.

부터 2006년까지의 3기 재판부와는 다른 시각에서 초기 헌재가 평가되었음을 보여준다. 민주화의 시대적 역할로 큰 반발을 초래하지 않았다.[40]

정치사회적 논쟁이나 정치와의 갈등 사안에서는 심판과 결정을 지연하는 형태로 위헌 결정을 회피했다. 독일 연방헌재 초기와 마찬가지로 핵심 헌법이슈에 대한 헌재결정은 지연되었다. 핵심 헌법이슈에서는 헌재에 대한 정치의 영향력이 드러났기 때문이다. 출 범 초기 연방헌재의 사회주의제국당(SRP)과 독일공산당(KPD) 해산판결을 비교하면 당 시 여론상 해산결정에 별다른 제약이 없던 신나치당인 사회주의제국당은 해산판결까지 몇 달이 걸렸지만 독일공산당 해산판결은 무려 5년이 걸렸다. 정치권은 공방을 계속했 고 헌재는 정치의 결정을 기다려야 했다. 마찬가지로 유럽방위공동체(European Defense Community)조약의 합헌성에 관한 아데나워 정부와 야당인 사민당의 정치적 분쟁에서 연 방헌재는 절차 문제를 앞세워 2년을 보내 책임회피로 비난되었다. 판결이 정부정책에 반 대하면 헌법개정으로 헌법재판이 거세될 것이 충분히 예상되는 상황에서의 행동이었 다.[41] 방어적일 수밖에 없는 신생기관이 국가적 논쟁이나 정치갈등적 원칙이나 이념의 다툼사안에서 자신의 입장을 드러내기는 어려웠다. 그래서 권한 테두리 내에서 원칙과 편의주의 사이의 적절한 균형을 유지하고자 했다. 시기적으로 아직 성숙되지 않고 수용 되기 어려운 결정은 피하고 그렇다고 편의를 좇아 원칙을 저버리는 것도 아닌 제3의 길 이었다. 쟁점이 특이해서 법적 해결대상이 되기 어렵거나 사안이 중대해 사법판단이 어 려운 경우 특히 그러했다. 정치에 의해 판단이 무시될 수 있다는 우려에 기인한 그런 태 도는 임명직 재판관으로 구성된 취약한 정당성에 기반하고 현실정치에서 안정된 지위도 확보하지 못한 신생제도의 존립전략이었다.[42]

권위주의에서 제정 당시 뚜렷한 국민적 정치적 반발이 있었고 법적용의 현실적 어려움 도 있어 존치논란이 지속된 체제질서유지 공안법률 심판에서 그러했다. 구권위주의 통치 의 잔재로 국론을 분열시키고 소모적 정쟁을 야기하지만 몇 차례의 완화개정에서 유지필 요성도 일부 확인된 그들 법률을 판단하는 데 헌재는 소극적이었다. 법률의 성립이나 계 속적 유지에 관한 국민적 합의가 의심스럽더라도 위헌판단으로 논란에 휘말리기보다는

---

40) 전종익, "헌법재판소의 결정의 정당성에 관한 인식", 2000, 201-216; 차동욱, "헌법재판소는 국회의 안티 테제인가", 2006, 211.

41) BVerfGE 5, 85; Alexander von Brünneck, *Verfassungsgerichtsbarkeit in den westlichen Demokratien*, 1992, 45-46, 85; Karl Loewenstein, *Political Power and the Governmental Process*, 1965, 259.

42) 김운룡, 『위헌심사론』, 1998, 464; Alexander M. Bickel, *The Least Dangerous Branch*, 1962, 69, 184; Tom Campbell, *Separation of Powers in Practice*, 2004, 71.

정부나 국회에 의한 정치적 해법에 의존하는 게 안전했다. 의도적으로 심리 및 결정선고를 지연했다. 정치적 해결을 바란다는 사법적 불개입 의사로서의 지연은 정치와의 소통 시도였다. 그러나 정치적 해법이 보이지 않자 결국 미루다가 일련의 국가보안법사건은 특정하게 해석되는 한 헌법에 위반되지 않는다는 한정합헌결정을 내린다.43) 전교조와 해직교사가 제기한 사립학교법의 사립교원 근로3권 박탈과 정치노동운동금지 조항은 1년 이상 결정선고를 미루다가 합헌결정 한다.44) 결과적으로 이는 민주화의 민중적 요구와 괴리가 있었다. 권위주의 공안통치 종식은 6월 항쟁으로 확인된 민중적 요구였다. 헌재 초기는 이를테면 애커먼이 말하는 인민적 운동의 성취를 가져온 헌법정치 국면에서 일상 정치로 복귀한 국면이었다. 민주화가 가져온 성취를 존중해야 할 헌법재판관은 운동이 가져온 헌법적 원칙의 관점에서 이슈를 점검해야 했다. 현상유지의 보수적 관점보다는 헌법정치가 일상정치의 수동성으로 이행된 이후에 앞선 헌법정치에서 확인된 시민의사를 대변해야 했다.45) 그 점에서 87년의 시민적 의사에 부합치 못했다.

심판지연은 정치적 지배권을 둘러싼 갈등현안에서 더 극명하게 확인된다.46) 출범 직후인 1990년 국회 날치기통과로 야당의원들이 국회의장이 자신의 입법권을 침해했다고 제기한 헌법소원과 권한쟁의심판은 1995년이 되어서야 심판대상이 아니라고 각하된다.47) 지방자치단체장 선거일불공고 헌법소원도 마찬가지다. 13대 대선을 앞두고 지방자치제 실시를 공약한 노태우 후보가 집권 이후 지방자치법의 연이은 개정으로 연기를 거듭하자 제기된 이 헌법소원에서 심리는 하되 선고는 없이 무려 2년 이상을 보낸다. 선거연기를 합헌으로 본다면 국민과 야당이 반발할 것이고 위헌선언하면 지배정치세력에 의한 강한 반발이 우려되는 상황이었다. 헌재는 정치적으로 부담 없는 시기를 저울질하거나 정치적 위기가 한풀 꺾이기를 기대했다.48) 심판지연은 헌재의 제도적 필요성에 대한 의문을 불러왔다. 민주화의 완성적 국면에서 실질적 민주주의를 위한 요청에 화답하기가 어렵지

---

43) 헌재 1990.4.2. 89헌가113, 판례집 제2권, 49면 이하; 헌재 1992.1.28. 89헌가8, 판례집 제4권, 4면 이하; 헌재 1992.2.25. 89헌가104, 판례집 제4권 64면 이하; 헌재 1997.1.16. 92헌바6, 26, 93헌바34, 35, 36 (병합), 판례집 제9권 제1집, 9면 이하 등.

44) 헌재 1989.12.18. 89헌마32, 33(병합), 판례집 제1권, 343면 이하; 헌재 1991.7.22. 89헌가106, 판례집 제3권, 387면 이하; 헌재 1992.12.24. 92헌가8, 판례집 제4권, 853면 이하.

45) Bruce Ackerman, *We the People: Foundations*, 1993, 265; Bruce Ackerman, "The Storrs Lectures: Discovering the Constitution", 1984, 1050-51.

46) 김세중, "헌정주의 제도화의 평가와 과제", 1997, 89.

47) 헌재 1995.2.23. 90헌라1, 90헌마125, 판례집 제7권 제1집, 140면 이하, 238면 이하.

48) 김종서, "헌법재판소의 정치성: 날치기 사건을 중심으로", 『민주법학』, 민주주의법학연구회, 제13호, 1997, 303.

않다고 기대한 국민이나 야당을 납득시킬 수 없었다.

그러나 헌재는 정치와의 상관적 역할을 찾는 과정이었다. 결정에 의해 좌절될 정치집단이 헌재를 특정정파적 입장으로 매도할 것은 불 보듯 했다. 자치단체장 선거일불공고 사건에서는 임박한 1992년 12월 14대 대선 등 정치구도 변화로 예견된 제도적 위협까지 읽히자 지방자치법 개정이라는 정치적 해결을 원했다. 정치에 대한 일방적 행위기대가 아닌 정치와의 대화를 모색하고자 했다. 실제로 1994년 3월 지방자치법은 개정되어 단체장 선거일정이 정해진 후 사건은 각하된다.[49] 이에 대해 헌재는 정치형성적인 국회의 기능과 권한을 존중해 국회에서의 바람직하고 적절한 해결을 기대했고 이에 따라 국회도 이에 부응해 정치관계법 심의특위를 구성하고 실시 시기를 여러 차례 조정하고 협상해 개정법률로 자치단체장 선거를 1995년 6월 27일 실시하기로 했는데 이 과정에서 자신의 심리절차가 입법자의 결단에 실질적으로 영향을 미쳤다고 자평한다.[50] 정치적 해법에 의존했다는 자인은 정치와의 헌법적 대화 모색을 밝힌 것이다.

헌재는 결정지연 동안 정치에 의한 법 개정이라는 궁극적 해결에 기대했다. 현안에서 민감한 정치일정이나 선거에의 영향을 최소화하기 위해 시기를 넘기면서 정치의 문제 해결을 희망하는 권고나 촉구 메시지를 소통해 정치의 불안을 불식시켰다. 지연은 사법자제라기보다는 소극적 역할모색이었다. 정치의 의사는 헌법재판에 타진되었다. 헌재의 예정된 결정주문과 이유가 충분히 짐작되자 이는 정부나 국회 혹은 당정조율을 통한 법 개정을 희망한다는 의사소통의 촉진수단으로 작용했다. 예정된 결론이 알려져 정치가 대비함으로써 정국혼란과 정치적 파장은 완충되었다. 결정 직전에 정부주도로 국회를 통한 법 개정이 이루어지는 일은 빈번했다. 결정연기와 병행해 의도적으로 결정내용을 사전 추측케 하는 일련의 과정은 정치와 헌법재판의 보이지 않는 헌법정치적 대화였다. 헌법재판이 예상되는 결정내용을 공론화하고 이에 따라 정부가 연기를 희망하는 의사를 드러내고 이것이 헌재에 읽혀져 결정이 지연되고 그 사이 정부가 국회를 통해 법 개정 절차를 밟았다. 이는 여러 사안에서 현실이었다.[51]

5·18 불기소 헌법소원 취하에서도 헌재는 소극적으로 정치의 적절한 반응을 겨냥했다. 5·18 불기소 헌법소원에 앞선 12·12 불기소 사건에서는 전두환, 노태우 두 전직 대통령의 내란죄는 재직 중 형사소추가 가능했다는 법리를 내세워 공소시효완성을 이유

---

49) 헌재 1994.8.31. 92헌마126, 174, 판례집 제6권 제2집, 176면 이하.

50) 헌법재판소 편, 『헌법재판소 20년사』, 2008, 379.

51) 헌재 1989.4.17. 88헌가4, 판례집 제1권, 27면 이하; 헌재 1989.7.14. 88헌가5, 8, 89헌가44(병합), 판례집 제1권, 69면 이하 등.

로 각하하고 다른 일부범죄는 기각함으로써 압박에서 벗어났다. 그들이 대통령 등으로 십수년간 국정운영의 중추를 담당했다거나 이 기간에 형성된 질서가 기성질서 근간을 이루고 있다거나 국회 5공 비리 청문회로 여과되었다는 등의 설득력 적은 이유들은 여론을 의식한 수사였다.[52] 뒤따른 5·18 헌법소원에서는 앞선 결정이 뒤이은 5·18 헌법소원의 결론에도 영향을 줄 수밖에 없자 예정된 결정선고 하루 전에 5·18 헌법소원은 취하된다. 처벌 불가피 여론을 의식해 김영삼 정부가 제정을 추진한 5·18 관련자처벌 특별법이 앞선 12·12 결정취지를 고려하면 소급입법이 될 수 있기 때문이었다.[53] 정치가 결정내용을 충분히 예상한 것은 취하를 원한 헌법재판의 의도였다. 유사한 12·12 결정 선례로 인해 국민적 요청과 충돌하자 헌재는 특별법이 순항할 길을 열어 주고자 예정된 결정내용을 공론화했다. 5·18 관련자처벌여론이 비등해 특별법제정 요구가 날로 거세졌음에도 앞선 12·12 결정이 5·18 결정에도 영향을 줄 수 있자 정치는 자진 취하하는데 이는 헌재가 바라던 결과였다. 앞선 결정으로 비난 받은 헌재가 결정례를 변경할 수도 있지만 헌법재판과의 소통으로 정치는 특별법제정으로 굳이 불필요하고 오히려 특별법에 지장을 초래할 헌법소원을 취하하는 최종결정을 만든 것이다.

결정연기와 법 개정 그리고 결정내용 공론화와 제소취하로 헌법재판과 정치는 대화했다. 원치 않는 헌법재판결정을 피하려는 정치에 헌법재판의 앞선 결정은 정보를 제공했다. 정치가 헌법재판을 단지 무시할 수도 있다.[54] 그러나 쟁점에 대한 의견이 알려지도록 만들어 정치의 최종결정을 권유해 대립을 피하려는 결정연기가 정치가 행동할 충분한 시간의 요청에 대한 헌법재판의 화답임을 알기 때문에 정치는 그렇게 하지 않는다. 헌법재판의 예상된 결정에 반대하는 정치는 법적 체계의 절차가 본질적으로 충분히 지연될 수 있음을 안다.[55] 헌법재판도 정치가 결정을 무시하고 입법을 시행하거나 유지할 가능성을 최소화시키면서 행동한다. 정치도 헌법재판의 적대적 결정을 예상하면 이를 최소화하고자 한다.[56] 헌법재판관과 정치행위자 모두에게 정책은 각 기관의 분리된 행동이 아닌 상

---

52) 헌재 1995.1.20. 94헌마246, 판례집 제7권 제1집, 15면 이하.

53) 헌법재판소 편, 『헌법재판소 20년사』, 2008, 382-385; 헌재 1995.12.15. 95헌마221, 233, 297(병합), 판례집 제7권 제2집, 697면 이하.

54) William N. Eskridge Jr., "The Judicial Review Game", *Northwestern University Law Review* 88(1993), 382-95; Andrew D. Martin, "Congressional Decision Making and the Separation of Powers", *American Political Science Review* 95(2001), 361-78.

55) Gerald N. Rosenberg, *The Hollow Hope*, 2008, 87.

56) J. Mitchell Pickerill, *Constitutional Deliberation in Congress*, 2004, 19; Jeffrey A. Segal, "Separation-of-Powers Games in the Positive Theory of Congress and the Court", *American Political Science Review* 91(1997), 28-44.

호작용의 결과다. 정책형성에서 헌법재판과 정치는 상대방의 선호 그리고 자신이 선택할 때 상대방이 하리라고 예측되는 것을 예상함으로써 제도적 압박에 주의를 기울인다. 정책은 그러한 상호작용에 의해 형성된다.[57] 헌법재판은 정치가 수용하기 힘든 결정의 파장을 최소화시켜 제도적 순응을 유도한다.[58]

신생 헌재가 정치의 요청에 등을 돌리기는 어렵다. 정치의 반격 우려가 상존하기 때문이다. 정치적 기관들 간의 권력분립적 다툼에 관한 결정은 결정에서 패배한 자를 헌법재판에 대한 치명적 반격으로 유혹할 위험한 영역이다. 반격은 헌법재판제도 자체나 결정을 무력화하기 위해 헌법을 우회하는 초헌법적 조치일 수도 있다. 위헌심사를 맡은 3공 대법원에서 이는 현실화되었다. 국가배상법 위헌판결을 둘러싼 대통령과의 갈등으로 위헌 선언한 재판관 전원이 재임용을 거부당했다. 위헌 선언된 국가배상법 조항과 거의 같은 내용이 신헌법에 규정되면서 위헌판결은 무력화되고 추후 헌법에 근거한 이중배상금지의 위헌성 판단 가능성마저 원천 차단당했다. 극단적으로 위축된 4공 이후의 위헌심사는 장식적 제도로의 추락도 감수해야 했다. 신흥민주주의에서 유사한 경험도 적지 않다.[59] 그렇다면 헌법재판의 회피적 소극성은 부정적 측면만은 아니다.

권위주의 잔존 유산을 폐기하는 단계의 소임이 종료될 무렵부터 헌재는 정치의 다툼을 해결해 달라는 요청을 본격적으로 받는다. 그로 인한 치명적 반격의 우려를 읽은 헌재는 정치와의 헌법적 대화 탐색에 주력한다. 민주주의 정치과정에서 자신의 역할이 설정되도록 상호적 대화로 정치의 요청을 확인하고 그에 화답하는 상대방이 되려는 것이다. 미국 연방대법원도 초기에 주 권한과 대립했던 연방주의를 옹호하는 헌법해석으로 스스로를 정치적 갈등 상황의 한복판에 위치시킬 수밖에 없었다. 그럼에도 그것이 막 출범한 연방

---

57) Lee Epstein and Jack Knight, *The Choices Justices Make*, 1998, 139-140; Alec Stone, *The Birth of Judicial Politics in France*, 1992, 7.

58) Tom Ginsburg, *Judicial Review in New Democracies*, 2003, 104.

59) 말레이시아 마하티르총리 시기 사법부는 1986년과 87년에 정부정책을 적극 통제했다. 개발계획을 주도한 집권정부에 도전한 야당정치인에 대한 우호적 결정을 빌미로 정부는 재판소장을 탄핵했고 사법부는 크게 위축된다. 1991년 신생 러시아 헌재도 비슷한 경험을 한다. KGB의 일부를 경찰을 통제하는 내무성에 합병시킨 옐친 대통령과 의회 간 갈등 와중에 대통령 권위에 도전한 헌재는 1991년 공산당쿠데타 실패 직후 공산당을 해산 및 활동 금지시키고 자산을 몰수하는 옐친 명령의 위헌성을 판단해 달라는 공산당원의 헌법소원도 다룬다. 1993년 말 헌법재판소장이 대통령과 의회의 갈등에 정치적으로 깊이 개입해 의회가 해산되자 재판소장 발레리 조르킨이 이끄는 재판관들은 옐친의 의회해산을 위헌 판단한다. 그러자 옐친은 신헌법 채택까지 헌재를 활동 금지시키고 신헌법에 의해 결국 폐지된다. 신생 헌재가 대통령에게 일관되게 대립한 결과였다. 새로 등장한 두 번째 헌재는 그런 갈등문제를 회피할 수밖에 없게 된다(Tom Ginsburg, *Judicial Review in New Democracies*, 2003, 80-81, 101-104; Robert Ahdieh, *Russia's Constitutional Revolution*, University Park: Pennsylvania State University Press, 1997, 30-149; Ran Hirschl, *Towards Juristocracy*, 2004, 205-206).

체제에 긍정적 이익을 보여줌으로써 정치에 의해 인정받아 비판을 불식시키고 제도적으로 안정화되었다.[60] 잠재적 반격 위험과 본질적 취약성 속에서 초기 헌재도 정치의 요청에 응답함으로써만 자신의 권력을 지켜 낼 미묘한 규범적 균형을 잡을 수 있었다. 새로운 정치적 책임의 소재지로 몰릴지 모를 위험을 감수하지 않는 방식은 정치와의 헌법적 대화였다.

(2) 전가된 민주적 책임의 확인

민주화 이후 공고화된 민주주의의 문제는 대통령과 국회 그리고 여당과 야당의 정치교착이 산출한 헌법이슈였다. 교착이 일상화되자 민주주의 정치의 문제가 헌법이슈로 전환되어 정치 스스로에 의해 헌법재판에 옮겨진다. 대표는 다가올 선거나 일상정치의 지배권 장악에 지장을 줄 문제를 기피했다. 민주적 책임평가로 쉽게 귀결될 자신의 결정이 초래할 정치적 위험부담을 헌재에 넘겼다. 그 결과 헌재도 대표와 유사한 민주주의의 책임을 떠안게 된다. 교착에서 뚜렷해진 정치에 의한 제소의 증가는 대표가 부담한 책임의 전가였다. 대표는 자신이 해결을 전가적으로 위임한 헌법재판에 회피가 아닌 최종결정을 구했다. 제소자로서의 정치는 헌재가 떠맡게 된 민주적 책임영역에서 사법자제가 충분한 조건일 수 없다고 한다. 헌재는 민주적 책임에 관한 입장을 밝혀야만 했다.

헌재는 권력 통제역이라고 선언한다. 헌법이 모든 국가기관을 기속함에 있어 적극적 내지 형성적 활동을 하는 입법부나 행정부에는 헌법규정이 행위규범이지만 사법적 통제를 담당하는 헌법재판에는 통제규범이라고 했다.[61] 정치에 대한 권력 통제의 근거는 헌법의 수권적 결단이고 헌법의 최고규범성을 수호하기 위해 설립된 헌재의 권력 통제에는 권력분립의 의의가 구현되어 있다고 했다.[62] 협상과 타협능력이 결여된 일방적 힘의 추구에 의한 다수의 결정은 타협성이 결여되어 헌법이 다수의 전횡에 대하여 최종적 헌법적 공동작업의 보장 형태로 남겨 놓은 헌법재판의 통제를 받아야 하므로 헌법의 통제규범으로서의 성격은 자신에 의해 주로 실현된다고 했다. 통제기관임의 강조는 구권위주의

---

60) Charles G. Haines, *The Role of the Supreme Court in American Government and Politics*, 1944, 331-374, 639-662.

61) 헌재 1997.5.29. 94헌마33, 판례집 제9권 제1집, 543-554; 헌재 1997.1.6. 90헌마110, 136(병합), 판례집 제9권 제1집, 90면 이하; 방승주, "헌법재판소의 입법자에 대한 통제의 범위와 강도: 입법자의 형성의 자유와 그 한계에 대한 헌법재판소의 지난 20년간의 판례를 중심으로", 『공법연구』, 한국공법학회, 제37집 제2호, 2008, 155.

62) 헌재 1997.12.24. 96헌마172, 173(병합), 판례집 제9권 제2집, 842면 이하.

가 남긴 기본권침해 악법 폐기역을 넘어 주요 정치적 심판역으로 부각되어 버린 자신의 처지 변화에 대한 알림이었다. 교착정치가 산출한 책임을 전가 받은 기관이 된 헌재가 말한 통제는 정치가 해결방법을 구체화하지 못한 민주주의의 운행정상화를 위한 불가피한 수단을 의미했다.

　헌재는 개입을 구하는 정치의 요청을 받아들여 새정치국민회의 등 야당의원들에게 변경된 개의시간을 통지하지 않고 본회의를 열어 안기부법과 여러 노동관계법 개정법률안을 가결한 날치기통과로 야기된 국회의원과 국회의장 간 권한쟁의에서 이들은 권한쟁의 심판 당사자가 아니라던 이전 결정례[63]까지 변경하면서 야당의원들의 심의표결권이 침해되었다고 말한다.[64] 국회 자율행위에 대한 판단요청을 전향적으로 수용한 것이다. 신행정수도건설특별법 위헌결정에서도 정치적 합의를 담은 정책입법에 대한 판단에 개입한다. 청와대와 정부부처를 충청권으로 옮긴다는 2002년 노무현 대선후보의 선거공약의 결실인 동법은 국회가 2003년 본회의에서 출석 194명 중 찬성 167명의 압도적 지지로 통과시킨 것이다. 야당인 한나라당의 실질적 반대의견이 적지 않지만 이듬해 총선의 충청권 의석을 겨냥한 야당의 묵인이 이루어짐으로써 야당의 적지 않은 표도 포함되었다. 야당 대표도 충청 표 상실을 우려해 찬성표를 권고함으로써 야당의 묵인은 가결을 이룬 다수의사에 속해 있었다. 그럼에도 2004년 공포된 이법이 개헌절차를 거치지 않은 수도이전이므로 위헌이라고 제기된 헌법소원에서 헌재는 이유를 받아들여 국민투표권 침해를 선언한다.[65] 수도이전이 헌법사항이라 못 박고 개헌절차가 필요하다고 말하면서 다른 방법적 가능성은 돌아보지 않은 정치 형성적 판단이다.

　그러나 신행정수도위헌결정이 정치 형성은 아니다. 위헌결정 이후 대체입법이나 재입법이 얼마든지 추진될 수 있다면 헌법재판의 정치 형성이란 실체가 없다. 위헌결정을 무력화할 정치의 대응이 가능하다면 정치가 헌법재판으로 인해 종국적으로 대체된 것은 아니다. 정치의 광범한 재량에 근거한 최종결정이야말로 헌재가 원하는 해결방식이라면 신행정수도위헌결정은 정치가 전가한 책임의 불가피한 잠정적 수행이다. 민주주의의 정책결정자인 대표가 선거승리를 위한 눈앞의 선택에 뒤따를 정치적 위험을 일시적으로 전가함으로 인해 민주적 책임을 떠맡게 된 헌재가 만든 잠정적 결론이다. 수도이전 이슈가 이미 비판과 반비판으로 온 국민을 갈라놓아 헌재 결론이 어느 한쪽의 비판으로부터 자

---

63) 헌재 1995.2.23. 90헌라1, 판례집 제7권 제1집, 140.

64) 헌재 1997.7.16. 96헌라2, 판례집 제9권 제2집, 163-164.

65) 헌재 2004.10.21. 2004헌마554, 566(병합), 판례집 제16권 제2집(하), 1면 이하; 헌법재판소 편, 『헌법재판소 20년사』, 2008, 411.

유로울 수 없다면 민주적 책임에 대한 재단도 정치형성은 아니다. 정치가 해결할 가장 논쟁적인 과제에 대한 입장표명이 만약 합헌결정이더라도 마찬가지로 정치형성으로 이해될 것이라면 정치형성이 아니라 정치가 안고 있는 판단책임의 재확인일 뿐이다. 국회 다수결정을 파기한 위헌결정은 그 자체로 비난받을 수는 없고 수도가 서울임이 관습헌법이라는 무리한 사법적 논증에 따른 비난만이 헌재의 몫이다. 헌재는 입장표명 요청과 민주적 책임을 전가 받은 역할 정체성의 딜레마에서 내용 없는 정치형성의 형식만 만든 것이다.

헌법재판의 정치형성의 허구성은 경험적으로도 확인된다. 20세기 후반 미국의 흑백분리반대, 여성운동 등 많은 민권운동의 경험에서 법원이 국민적 논란이 된 이슈에 대한 결정을 주도하는 것으로 비쳐지면서 사법이 정치사회적 변화를 만든다고 이해되었다. 헌법적 혹은 입법적으로 요청되는 행위를 지적하고 그에 따른 적절한 조치의 필요성을 제시하는 정도를 넘어 변화를 이끌어 가는 모습으로 비쳐졌다.[66] 그러나 경험적 증거들은 그 모습이 허구라고 폭로한다. 의회나 행정부가 행동하기 전에 사법이 정치사회적 개혁에 직접적 효력을 발휘하지는 못한다. 의회나 행정부가 사법의 결정에 반대하면 사법을 공격하기 때문이다. 그런 공격이 있으면 사법은 이슈를 다루는 것 자체도 꺼리게 된다. 정치사회적 상황이 변화하기만 기다린다. 결국 정치에 의한 상황변화라는 제한된 조건하에서만 사법결정은 의미를 지닌다. 사법이 때로는 개혁을 후원하는 것일 수는 있지만 이조차도 이슈와 관련한 조건이 성숙했을 때만 가능하다. 사법은 문제가 성숙했을 때 이를 알려 주는 것에 불과하다. 법원을 이용한 개혁은 여타의 다른 정치형태를 통한 개혁적 성장이 없이는 어렵다. 헌법재판이 정치에 대한 상대적 자율성을 갖는 조정기구로 주도적 활동을 할 권한을 가졌다는 것은 허구다.[67]

신행정수도위헌결정도 수도이전 헌법이슈가 초래한 국민적 논란 해결을 위한 조건성숙을 기다린 사법의 이슈 확인일 뿐이다. 국민적 헌법정치이슈의 사법화가 어떠한 결정이든 간에 정치적 책임의 일부를 전가한 것임을 정치가 모르지 않는다면 결정이 초래한 정치적 결과만으로 헌재를 평가할 수는 없다. 헌재가 정치를 대체하거나 대행할 수 없다면 결정으로 정치에 대한 관계적 역할만 찾았을 뿐이다. 이를 초월한 행위는 정치에 의해 용납되지 않음을 헌재는 잘 안다. 3공 대법원의 경험처럼 극단적이든 아니든 정치의 반격 앞에서 헌법재판은 무력화된다. 3공과 87년 체제가 다르더라도 헌법재판과 정치의 싸

---

66) Gerald N. Rosenberg, *The Hollow Hope*, 2008, 2-3, 21-30.

67) Gerald N. Rosenberg, *The Hollow Hope*, 2008; 마크 투시네트(Mark Tushnet), "헌법의 정치적 기능과 그 한계", 2004, 206-207; Mark Tushnet, *Red, White, And Blue*, 1988, 131-132; Klaus Schlaich, *Das Bundesverfassungsgericht*, 2004, 27-28; Terri J. Peretti, *In Defense of a Political Court*, 1999, 171.

움에서는 어떤 민주주의도 헌법재판을 지지하지 않는다. 포스트민주화 시기 헌법재판의 정당성 의문이 본격 제기될수록 헌법재판은 정치와의 관계를 진지하게 돌아본다. 출범 초기 헌재에 대한 정치의 경고는 충분히 확인되었다. 헌재는 일방적 정치형성을 하기에는 정치의 위협에 너무나 쉽게 노출되고 적절히 방어하기 어려운 기관이다.

(3) 정치에 대한 민주적 책임 환기

헌재를 정치형성 기관으로 보기 이전부터 정치는 반격의 징후를 드러냈다. 출범 초기 제도적 활성화 단계에서 정부와 여당인 민주자유당을 중심으로 1991년에 헌재 권한축소 입법 주장이 나타났다. 검찰의 불기소처분에 대한 잇따른 헌법소원에서 일련의 불편한 결정들로 촉발된 행정부의 항변이 원인이었다. 국회날치기통과 사건에서는 헌재가 정치에 의한 해결을 기다리자 야당이 조속한 결정을 압박하면서 헌재의 제도적 지위에 의문을 제기했다. 여당도 헌재결정이 정치적 이해관계와 배치되면 제도적 개혁 가능성으로 압박했다. 광역의회후보 기탁금조항 등을 위헌결정해 국민의식 혼란을 가중하고 대법원과도 위상다툼을 벌이므로 입법적 개선이 필요하다고 했다. 압박이 체감될 정도로 헌재를 흔든 이들 논의의 출현빈도는 간헐적이더라도 결정의 정치적 파장 정도에 비례했는데 주로 기관 간 다툼의 심판관할권을 제한하자는 식이었다.[68] 다만 이 제안들은 대부분 신설 헌재가 만든 결과에 대한 부적응성이 단기적 이해관계 계산에 수반된 항의성 불만표출로 권한축소론을 구체화하지는 않았다.

김대중 정부 시기 헌법재판 반격은 국회의 입법재량권에 대한 간섭 비판이었다. 2기 재판부 말기 제대군인 공무원채용시험 가산제와 과외금지규정 위헌선언에 대해 국회는 입법형성권 침해라고 성토한다.[69] 헌재가 정치적 이해관계를 정면으로 다루지 않던 단계에는 적극성을 주문하던 국회가 헌재가 적극적 통제권력으로 부각되자마자 반격에 나선 것이다. 1998년의 김종필 총리서리 임명에 대한 대통령과 국회의원 간 권한쟁의심판도 그렇다. 분점정부의 대통령과 국회의 파행적 대치정국을 의식한 헌재는 국무총리 임명동

---

68) Yang Kun, "Judicial Review and Social Change in the Korean Democratizing Process", *American Journal of Comparative Law* 41(1993), 1, 8; 최대권, "헌법재판소의 정치학: 그 구조와 기능을 중심으로", 『서울대학교 법학』, 서울대학교 법학연구소, 제34권 제1호, 1993, 114; 김종서, "헌법재판소의 정치성", 1997, 297.

69) 차동욱, "헌법재판소는 국회의 안티테제인가", 2006, 212; 헌재 1999.12.23. 98헌마363, 판례집 제11권 제2집, 770면 이하; 헌재 2000.4.27. 98헌가16, 판례집 제12권 제1집, 427면 이하.

의는 국회권한이므로 국회가 당사자가 되어야 한다거나 권리보호이익이 없다거나 재적과 반수를 점하는 다수의원에게 법률에 규정도 없는 제3자 소송담당을 인정할 필요가 없다는 식의 소송절차적 이유를 들어 우회적으로 각하한다.[70] 그 이유는 권위주의 사법부가 정치적 심판을 기피하기 위해 거의 일관되게 사용한 정치문제원리 내지 통치행위론과 논거는 다르지만 용도는 닮았다. 절차형식 문제는 간단히 해결될 수 있다면 실체 판단에 이르지 못한 이유가 소송절차적 이유라고는 보이지 않기 때문이다. 결국 이는 비판 빌미가 된다. 야당은 법기술적 방법이나 소송절차적 이유로 실체판단을 회피함으로써 기존 권력구도를 옹호한 것이므로 사법이 아닌 정치적 판단이라 비난하며 헌재 무용론을 제기한다.[71] 다만 이는 치명적 수준에 이르지는 않았다. 총리서리사건 등을 제외하고 위헌선언 법률들만 본다면 대부분 결정 당시 국회가 만들지 않은 과거 것이어서 헌재가 국회권한을 손상시킨다고 인식되지는 않은 단계였기 때문이다.[72] 게다가 분점정부의 교착상황도 헌재에의 의존을 필요로 해 권한축소를 위한 정치권의 합의시도도 사실상 어려웠다.

그럼에도 권한축소 위협이 있자 헌재는 자신의 선택범위가 정치의 선호와 예상되는 반응에 의해 제한되는 정책결정자에 불과함을 보여주려 했다. 논쟁적 결정에 대한 잠재적 유린을 최소화하고 정치와의 갈등을 피하고 완화시키려 했다.[73] 정치에 의해 제약되는 기관임을 알려 순응을 이끌려면 헌법해석의 논리적 설득력 이상이 필요했다. 헌법재판은 자기모순 없는 일관된 이론이 아니라 모순적이더라도 실질적인 정치와의 관계에서 보장된다. 위헌심사 생존의 진정한 비밀은 변화 속에서 다른 기관보다 더 항구적인 진리를 지녀서가 아니라 그 권위가 비록 절대적 표현으로 단언되더라도 실제로는 제한적이고 당대의 큰 정책계획과 관련해서는 잠정적 결정이라는 점에 있다. 장기적으로는 헌법재판이 잠정적인 것에 불과하다면 정치와의 관계에서 진보적이든 아니든 자신의 입장을 실현할 수 있다.[74] 이런 노력은 정치와 헌법재판 모두에 공유되는 이해를 만들었다. 정치는 헌법재판결정에 따라야만 한다면 정치적 편의를 위해 헌법재판의 의도를 읽어야 했다. 헌법재판도 기능장애를 우려하는 정치의 순응을 보장받아 예상되는 저항을 줄여야 했다. 헌법재판이 특수한 정책목표를 가지더라도 이 목표는 정치가 존중하고 순응해야 보장된다.

---

70) 헌재 1998.7.14. 98헌라1, 판례집 제10권 제2집, 1면 이하.

71) 김상겸, "법과 정치관계에 있어서 헌법재판", 1999, 130; 헌법재판소 편, 『헌법재판소 20년사』, 2008, 430.

72) 차동욱, "위헌법률심사제도의 민주적 정당성에 관한 고찰", 2006, 183.

73) Ran Hirschl, *Towards Juristocracy*, 2004, 206.

74) Alexander M. Bickel, *The Supreme Court and the Idea of Progress*, 1978, 112. 181.

이 보장은 정치적 기관의 선호나 예상되는 행동에 대한 세밀한 계산을 할 수 있는지에 달렸다.[75]

헌재는 고심 끝에 단순 위헌결정 대신 독일 결정방식을 빌려 순응을 유도할 헌법합치적 법률해석을 끌어들이고, 그것이 어떤 결정형태이고 필요한지의 논란에도 불구하고 자주 사용한다. 특정하게 해석되는 한 헌법에 위반되지 않는다는 한정적 합헌결정을 일련의 국가보안법사건을 필두로 적극 활용한다.[76] 이는 국가보안법위반의 미국판인 국가안보와 표현의 자유의 갈등 사안에서 연방대법원이 밝힌 '명백하고 현존하는 위험(clear and present danger)' 법리가 지닌 사법판단의 재량여지 확장과 정치상황에 따른 변화 가능한 태도 이상을 의미한다.[77] 한정합헌은 정치에 대한 탐색이었다. 한정합헌은 존폐논란에도 불구하고 아직도 국가보안법을 필요로 하는 정치적 의사가 있어 존중될 수밖에 없다거나 국가보안법 폐기에 관한 정치권의 분명한 합의는 없으므로 확인해 보라는 의도다. 입법적 선택을 최종적으로 정치에 되넘겨 일도양단 결정이 초래할 치명적 반격의 우려를 줄인 결정형태다. 다만 그 결정으로 변화가 없자 그것은 관련조항을 보다 엄격히 해석해야 한다는 취지로 가정적 조건과 결부시킨 위헌성 확인에 불과하다고 평가절하된다. 법원도 한정합헌결정에 구속되지 않고 결정취지에 맞게 국가보안법이 일부 개정된 이후에도 국가보안법위반 유죄판결을 뚜렷이 줄이지도 않는다. 결국 헌재가 의도한 역할탐색은 제대로 이해되지 못했다. 되레 한정합헌은 보수적인 인적 구성이 만든 결정형태로 매도된다. 법관출신 재판관으로 구성된 헌재가 체제유지 법률을 대하는 사법적 보수성이라 비난된다. 국가성격 규정이나 안보와 시민권확대가 상충하는 사안에서 보수적이라고 지적받는다.[78]

변형결정은 국가보안법 외에도 집회및시위에관한법률, 군사기밀보호법 등 다수의 체제유지 법률 심판에 적용된다.[79] 형태도 법률을 한정적용 하는 한정무효, 위헌법률효력을

---

75) Lee Epstein and Jack Knight, *The Choices Justices Make*, 1998, 51; Gerald N. Rosenberg, *The Hollow Hope*, 2008.

76) 헌재 1990.4.2. 89헌가113, 판례집 제2권, 49면 이하; 헌재 1992.1.28. 89헌가8, 판례집 제4권, 4면 이하; 헌재 1992.2.25. 89헌가104, 판례집 제4권 64면 이하; 헌재 1997.1.16. 92헌바6, 26, 93헌바34, 35, 36 (병합), 판례집 제9권 제1집, 9면 이하 등.

77) 김동훈, 『한국 헌법과 공화주의』, 2011, 238-240.

78) 한상희, "민주화시대의 헌법", 함께하는시민운동 편, 『헌법 다시보기: 87년 헌법 무엇이 문제인가』, 서울: 창비, 2007, 100; 김종서, "헌법재판의 허와 실", 『민주법학』, 민주주의법학연구회, 제10호, 1996, 228, 244-247; 한인섭은 특히 사회권적·노동권적 기본권에 대해서는 헌법재판소가 단순합헌을 하는 경향이 있는데 이는 보수적 정치색을 드러낸 것이라 본다(한인섭, "헌법과 형사법: 권력정치, 집단갈등과 법의 지배", 『서울대학교법학』, 서울대학교 법학연구소, 제39권 제4호, 1999).

79) 헌재 1989.7.21. 89헌마38, 판례집 제1권, 131면 이하; 헌재 1990.4.2. 89헌가113, 판례집 제2권, 49면 이하; 헌재 1992.1.28. 89헌가8, 판례집 제4권, 4면 이하; 헌재 1992.2.25. 89헌가104, 판례집 제4권 64

당분간 지속하는 헌법불합치, 조건부위헌 등 헌법합치적 해석을 명분으로 다양하게 모색된다.[80] 입법내용을 조정할 시간을 주면서 국회에 재입법을 맡기는 헌법불합치결정은 특히 정치와의 첨예한 갈등이 예상되는 중대이슈에서 의도적으로 사용된다. 국회와의 관계에서 가급적 위헌결정을 피하고 입법자가 법 개정으로 스스로 위헌상태를 제거케 함으로써 순응시킬 의도다.[81] 입법을 위한 시간적 배려나 국가정책상 혼란방지를 위한 입법촉구나 조속한 개정필요 의견도 제시된다. 국회의원선거 후보자기탁금을 판단한 국회의원선거법 위헌심판에서는 법률개폐는 원칙상 국회의 입법형성권에 의해 이루어지는 게 권력분립에 합치된다면서 헌법불합치와 병행해 국회가 개정할 특정시한까지의 효력지속을 인정한다.[82] 입법촉구는 이어졌다.[83] 2007년 대통령과 국회의원선거권, 국민투표권 행사에서 국외거주자 참정권을 부인한 공직선거 및 선거부정방지법도 선거권, 공무담임권, 국민투표권 침해로 헌법불합치결정하되 국회가 충분한 논의와 사회적 합의를 거쳐 일정시한까지 입법개선토록 했다.[84]

헌재는 자신의 역할 범위와 한계를 정치에 알린다. 민감한 정치적 결정을 회피하기 위해 헌법재판 문제로 만들어 위험을 감소시키려는 정치의 의도에 대한 대응이다.[85] 변형결정과 입법촉구는 정치 고유의 책임을 환기시킨다. 선거에서 유리한 지위를 지키려면 어떤 정치적 결과를 이루기보다는 어떤 태도를 유지해야 하므로 유권자의 태도와 정치 자신의 정책선호를 모두 고려해야 하기 때문에 부득이 제소한다는 것을 아는 헌법재판은 정책적 책임 감소에 이용되는 상황을 정치에의 책임환기로 대응한다. 헌법재판은 정치가 딜레마를 극복하도록 돕는 경우에 지지될 것이기에 헌법재판의 적극성에 의존할 수밖에

면 이하; 헌재 1997.1.16. 92헌바6, 26, 93헌바34, 35, 36(병합), 판례집 제9권 제1집, 9면 이하 등.

80) 헌재 1989.9.8. 88헌가6, 판례집 제1권, 199면 이하; 헌재 1999.10.21. 97헌바26, 판례집 제11권 제2집, 417면 이하; 헌재 1994.7.29. 92헌바49, 52(병합), 판례집 제6권 제2집, 64면 이하; 헌재 1997.7.16. 95헌가6 내지 13(병합), 판례집 제9권 제2집, 1면 이하; 헌재 2001.5.31. 99헌가18, 99헌바71, 111, 2000헌바51, 64, 65, 85, 2001헌바2(병합), 판례집 제13권 제1집, 1030면 이하; 헌재 2003.3.27. 2000헌바26, 판례집 제15권 제1집, 176면 이하 등.

81) 헌법재판소, 『헌법재판소 20년사』, 2008, 279-280; 헌재 2004.5.27. 2003헌가1, 2004헌가4(병합), 판례집 제16권 제1집, 670면 이하; 헌재 2007.6.28. 2004헌마644, 2005헌마306(병합), 판례집 제19권 제1집, 859면 이하.

82) 헌재 1989.9.8. 88헌가6, 판례집 제1권, 199면 이하.

83) 헌재 1991.3.11. 91헌마21, 판례집 제3권, 91면 이하; 헌재 1994.7.29. 92헌바49, 52(병합), 판례집 제6권 제2집, 64면 이하; 헌재 1997.1.16. 92헌바6, 26, 93헌바34, 35, 36(병합), 판례집 제9권 제1집, 1면 이하; 헌재 1995.9.28. 92헌가11, 93헌가8, 9, 10(병합), 판례집 제7권 제2집, 264면 이하.

84) 헌재 2007.6.28. 2004헌마644, 2005헌마306(병합), 판례집 제19권 제1집, 859면 이하.

85) Carlo Guarnieri, "Courts as an Instrument of Horizontal Accoumtability", 2003, 232; Ran Hirschl, *Towards Juristocracy*, 2004, 213.

없는 정치의 의도도 존중하면서 동시에 정치 고유의 민주적 책임도 환기시키려 한다고 정치에 알린다. 정치가 던진 헌법적 문제제기와 정치에 유보되어야 할 최종결정권의 환기는 헌재의 정치에 대한 관계적 역할설정이다.

Ⅸ. 민주주의에서 헌법재판의 역할: 정치와의 헌법적 대화

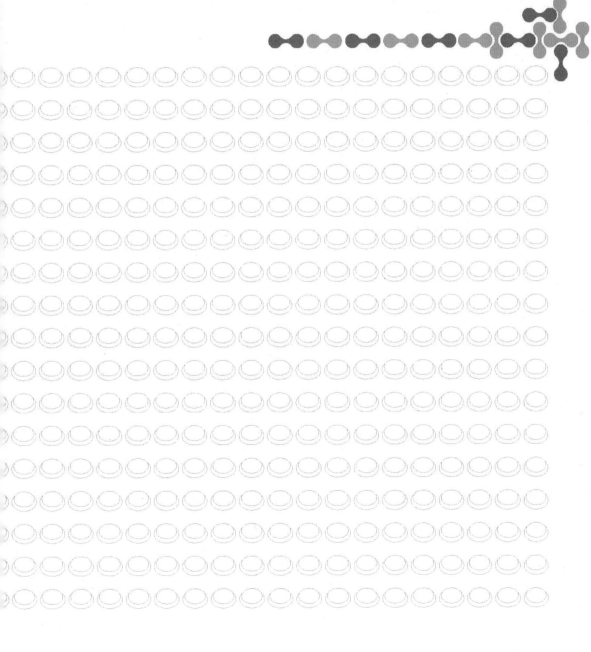

1. 민주주의를 위한 역할

(1) 후발적 수동적 주권행사

정치가 전가한 책임영역에서는 선출직대표 아닌 헌재도 대표 보완적이다. 헌법재판은 주권행사를 위임한 국민대표의 책임과 관련해 주권을 행사한다. 이는 헌법의 최고규범성과 통치권의 헌법기속성을 담보하기 위해 국민이 헌법에 부여한 정당성 안에 있다. 대표의 입법권과 정책결정권은 선거를 통해 민주적 정당성을 획득하고 보유하지만 선거는 상황에 따른 가변성과 유동성으로 인해 대표를 구성하고 유지하는 기제로서는 취약하다. 이 취약성은 대표가 선거에 민감한 책임영역을 피하게 만든다. 헌법재판은 대표의 취약성이 전가한 책임영역에서 대표를 보완한다.[1] 대표를 보완하는 주권행사인 헌법재판은 기본권 보장 이상으로 정치적이다. 헌법재판은 기본권 보호가 부여하는 이념적 정당화로는 충분히 밝히지 못하는 정치적 역할이 된다. 그것은 헌법원칙 준수가 수반하는 정치성이다. 위헌심사는 원칙의 핵심을 주입하는 것으로 입법부의 판단을 안정화하고 합리화한다.[2] 위헌심사는 권리나 자유 보호만으로 정당화되는 것은 아니다. 그 이상으로 제한정부의 관점에서 인민의지에 대한 일시적 제동장치, 즉 민주주의의 냉정한 이차적 사유를 위한 시간을 허용하는 건강한 제한이기 때문이다.[3]

정치에 대한 사법적 자기제한이 말하는 소극적 정당화는 헌법재판 문제에 대한 충분한 해법이 아니다. 위헌심사가 헌법적 의미에 관한 최종 주권자가 아니라는 철학적·역사적 지지가 있더라도 정치에서 대표 자신이 합헌적으로 생각할 책임을 지녔다는 관념이 상실된 정치는 보정되어야 한다면 사법적 자기제한은 재고되어야 한다. 위헌심사 스스로도 사법적 자율성에 대한 실제적 제한을 정식화하는 것이 곤란하다면 사법자제만으로 문제를 해결할 수 없음을 잘 안다. 권력기관 스스로 헌법적 위임과 권리에 대한 개별적 판단 능력을 보유하고 있기에 사법자제는 헌법이슈 해결기제로서는 무력하다. 본래 외적 제한의 여러 층위에 의도적으로 형성된 체계에서 사법자제 같은 자기제한 이념은 예외적인 것이다. 위헌심사의 명백한 비다수제적(nonmajoritarian) 성격과 자기제한 요청 간의 논리

---

1) 허영, 『헌법소송법론』, 2009, 7-8; John H. Ely, *Democracy and Distrust*, 1980.

2) Benjamin N. Cardozo, *The Nature of The Judicial Process*, New Haven: Yale University Press, 1921, 93; John Agresto, *The Supreme Court and Constitutional Democracy*, 1984, 32.

3) John Agresto, *The Supreme Court and Constitutional Democracy*, 1984, 25-32.

적 연결고리도 없다. 위헌심사를 자기 제한하는 것은 정치영역에서 위헌심사가 제공하는 유효한 기능이나 적절한 기여를 오히려 상실시킨다.[4] 자기제한에 의한 정당화로 정치적 역할이 은폐되어서는 안 된다. 정치와 관계를 형성하면서 정치의 문제를 다룬다고 인정되어야 한다.

의회 내부 그리고 대통령과 의회의 갈등이 헌법재판과 정치의 핵심적 관계형성 영역이다. 대통령과 의회로 분할된 권력구도에 본질적으로 관여하지 않으면서 의회와 대통령의 갈등을 다루는 제3의 층위가 헌법재판이다.[5] 이 갈등영역에서 헌법재판은 평화적 정권교체나 정치변화에 기여한다. 권력분립에서 각 권력이 본래 권한범위를 일탈하지 않고 적정히 행사되고 안정적으로 수행되도록 조절한다. 그래서 정권교체의 조정역이다. 정치적 이해관계의 주도권이 달라지고 이에 대한 항상적 반대세력이 존재하고 이들 간 갈등이 해소되지 않는 경우 조절한다. 헌법재판은 냉각기능이다. 의회에서 격렬한 정쟁이 벌어져도 일단 헌법적 해결을 기대하게 만들어 정쟁을 가라앉힌다. 입법 이후 헌법재판 기회가 소수파에 부여되므로 의회입법에서 의사가 관철되지 않더라도 헌법재판에 기대해 극단적 장외투쟁이나 등원거부를 하지 않고 입법절차에 참여토록 유도해 정치과정의 평온과 이성화를 가져온다. 일종의 정치의 평화화 기능이다. 의회다수파의 독주를 막는 헌법적 중재로 정치과열 상태를 조정하고 완화한다. 의회다수파가 존재하지 않는 곳에서는 잠정적 대체입법자로 행동하며 의회의 다툼을 달래고 합리적으로 정착시킨다.[6] 헌법재판은 충돌사례를 다루므로 그 광범위한 권력이 권력분립원리를 위협하지 않는다.[7] 민주적 과정의 막힌 곳을 푸는 일에 관심을 가질 뿐이다. 민주적 법공동체의 자기조직을 위한 매체인 포괄적 의견형성과 의지형성 과정이 이루어지는 수로(channels)가 손상되지 않게 보존한다.[8]

헌법재판이 정치를 주도해서는 안 된다. 입법은 대표의 몫이다. 대표를 통해 전체로서

---

4) John Agresto, *The Supreme Court and Constitutional Democracy*, 1984, 10, 37-38, 114-115, 166.

5) Hans Kelsen, Wer soll der Hüter der Verfassung sein?, 1931, 609.

6) J. Gicquel, *Droit constitutionnel et Institutions politiques*, 14 éd., Montchrestien, paris, 1995, 518; L. Favoreu, Actualité et légitimité du contrôle juridictionnelle des lois en Europe occidentale, *R.D.P.*, 1984, 1195(정재황, 『헌법재판개론』, 2003, 7-9에서 재인용); 정재황, "헌법재판소의 한정합헌결정", 『법과 사회』, 법과사회이론학회, Vol. 3, 1990, 37-39; Alec Stone Sweet, *Governing with Judges*, 2000, 137-139; 박은정, 『왜 법의 지배인가』, 2010, 245; 김종철, "정치의 사법화의 의의와 한계", 2005, 234-235; 정연주, "비상입법자로서의 헌법재판소", 2007, 22-23; 겔할트 라이프홀츠(Gerhard Leibholz), 『현대민주정치론』, 1977, 276.

7) 위르겐 하버마스(Jürgen Habermas), 『사실성과 타당성』, 2007, 331-332.

8) John H. Ely, *Democracy and Distrust*, 1980, 117; 위르겐 하버마스(Jürgen Habermas), 『사실성과 타당성』, 2007, 357.

의 시민이 보유하는 입법권은 법을 민주적 절차에 따라 근거 짓는 의회에 의해 행사된다. 대의제에서 대표의 가치결정으로서의 입법 과정은 필연적으로 갈등적 이해관계의 조정이다. 민주주의의 이해관계는 정치적 합의도출로 법이 된다. 정치적 의사소통은 모든 공적 이해관계 영역으로 확대되어 최종적으로 입법체의 결정으로 합류된다. 입법은 민주적 대표의 이해관계 조정을 집약한 결정이다. 정치적 기관이 정치를 형성하고 주도한다. 민주주의의 가치선택인 조정은 정치 외에서 이루어질 수 없다. 사법결정은 정치 부문에 의해 민주적으로 이루어진 가치 선택을 궁극적으로 번복하는 것이라면 정당화될 수 없다. 사법은 이해관계를 조정해야 할 정치에서 실체적 내용의 조정이 이루어지지 않거나 기능부전으로 더 이상 조정이 있을 수 없을 때 관여해야 한다. 실체적 가치를 선택하고 조정하는 정치가 제대로 기능하지 못할 때 개입한다.[9]

헌법재판은 대표의 결정을 대체할 수 없다. 대표의 결정을 대체하는 것은 대표와 헌법재판 각각에 대한 국민의 수권의사에 반한다. 헌법재판은 평가역이고 심사역이다. 대표의 조정이 헌법적으로 정당한지의 심사자일 뿐이다.[10] 정치의 사법화가 헌법재판이 대표의 결정을 대체하는 것에 대한 비판이라면 대표의 본질적 권한을 대체해서는 안 된다는 비판이므로 정당하다. 헌법재판은 정치가 만든 조정을 평가할 뿐이다. 헌법재판은 자신의 판단기준인 헌법의 존재이유가 대의제정부를 신뢰할 수 없는 상황을 위한 것이다. 헌법재판은 선출된 대표가 변화의 통로를 막거나 다수전제의 도구로 행동함으로써 실제로 체계가 대표하도록 전제한 인민 전체의 이익을 대표하지 않고 있는지를 평가한다. 이 평가의 목표인 대표 보완이 헌법재판관에게 적합한 역할이다.[11]

헌법재판이 정치의 결정 내용에 개입할 수 없는 것은 아니다. 정치가 만든 조정과정의 기능장애로 실체적 내용을 결정하는 절차가 믿을 만하지 않은 경우는 물론이고 정치가 형성한 실체적 내용에 관한 합의 자체가 민주주의에서 크게 불신되는 경우에 내용적 개입은 허용된다. 헌법재판은 정치의 판단을 각성시키는(sobering) 입장이다. 민주적 의견에 대한 정제나 보정을 수행한다는 각성역할에 반론이 없지는 않을 것이다. 민주적 의견을 정제하고 완화하고 폭넓게 한다는 관점이 의문시되기도 하고 민주주의에서 위헌심사의 그런 효용보다는 무능함이 부각되기도 하기 때문이다. 사법부의 지배적인 정책적 관점이 입법부 다수파의 그것과 오랫동안 불일치할 수 없다고 말한 것도 그런 정제능력에 대한

---

9) 위르겐 하버마스(Jürgen Habermas), 『사실성과 타당성』, 2007, 235-240; 조홍식, 『사법통치의 정당성과 한계』, 서울: 박영사, 2009, 39-46; 박진완, "헌법재판소와 국회와의 관계", 2005, 83.

10) 박진완, "헌법재판소와 국회와의 관계", 2005, 82.

11) John H. Ely, *Democracy and Distrust*, 1980, 101-104, 183.

회의와 무관하지 않다.[12) 그러나 사법이 장기적으로는 정치의 관점과 일치될 뿐이라는 것은 사법의 비효용과 무능의 지적이 아니라 정치의 관점을 반영하고 있음을 말한 것이다. 정책을 주도할 수 없고 정치의 관점에 따른다는 것이 사법이 정치를 각성시키는 대표 보완으로 인정될 수 없다는 의미는 아니다.

(2) 헌법해석기관 이상의 정치적 책임

헌법재판의 의견 정제 내지 보정은 권력관계를 통해 수행된다. 헌재는 정치적 세력관계에 있는 제도다. 그렇다면 정책이 결정되는 맥락인 제도에 의해 정치적 상호작용이 구조화되고 정치적 결과에 영향을 미친다는 관점은 헌법재판에도 적합하다.[13) 권력관계가 어떤 모습을 띠는가에 따라 형성되는 제도의 모습이 달라지고 또한 제도의 형성과 운영 패턴에 따라 권력관계도 변화된다. 특정시점에 형성된 역사적 산물로서 정치사회적 산출을 좌우하는 제도는 역사적 경험을 반영한다. 제도는 민주주의의 역사적 변천과정과 상호작용의 산물이다. 제도는 정치적 상호작용을 결정하고 제도적 요인이 정치행위자의 목표와 주어진 정체에서 힘의 배분을 결정한다.[14) 제도는 정치적 세력관계를 담는다. 특정 제도가 특정효과를 초래한다고 보는 제도주의적 접근에 회의를 가지고 정치적 실천의 차원을 중시하는 정치학자들이 제도의 작동이 현실정치의 세력관계를 통해 여과되어 나타난다고 지적하는 것도 그 때문이다. 헌법재판도 정치적 세력관계를 반영한다. 헌재의 역할확장은 입법부와 행정부의 갈등으로 인한 정치교착과 마비가 만든 결과다.[15) 정치교착의 해소역인 헌법재판은 정치와의 세력관계를 통해 해명된다.

헌법재판을 해석기관으로만 보는 관점은 지양되어야 한다. 단지 해석기관으로 묶어둔다면 논리적 설득력이 권위의 유일한 원천이라고 이해되거나 또는 정치와 거리를 둔 설득력 있는 논거만이 강조된다. 혹은 규범 중심의 판단기준에 따라 국가적 요구가 이미 설정된 헌법적 한계를 일탈하느냐를 감독하는 기능으로만 이해된다.[16) 그러나 제 세력관

---

12) Robert Dahl, "Decision-Making in a Democracy", 1957, 285; John Agresto, *The Supreme Court and Constitutional Democracy*, 1984, 33.

13) Louis Fisher, *Constitutional Dialogues*, 1988, 4, 118; Robert Dahl, "Decision-Making in a Democracy", 1957, 279.

14) 정상호, "제도주의 관점에서 본 탄핵사태의 분석", 2004, 70.

15) 최장집, "민주주의와 헌정주의", 2005, 56.

16) 국순옥, "헌법재판관들의 사법 쿠데타", 2005, 457; 최대권, "헌법재판소 결정의 정치적 의미", 『서울대학교 법학』, 서울대학교 법학연구소, 제42권 제3호, 2001, 10; 김종철, "헌법재판, 법과 정치의 교차로",

계를 반영한 제도가 만드는 헌법해석이라면 평가는 달라져야 한다. 헌재가 갈등의 정치를 보완하고 그 과정에서 불거질 분열까지 의식해야 하는 기관임은 운용 20년의 자평에서도 읽힌다.[17] 헌법해석 방법들은 견고하지도 않다. 헌법해석 방법은 그 출발점, 지향하는 목표, 허용된 논증방식이나 절차적 방식에 따라 끊임없이 논쟁을 부른다.[18] 그래서 어떤 관점에 따라 개별 사안에서 해석의 당부로 평가되는 해석기관으로만 보면 정치적 역할은 은폐되다가 정치적 이해관계에 따라서 해석자로는 걸맞지 않게 정치적이라고 늘 비판될 수밖에 없다. 심지어 정치에 정책재고를 요청하는 것이 아니고 재판관 자신의 정책을 재고하도록 강요하는 해석기관이라고 매도될 것이다.[19] 이런 비판은 부당하다. 애매하고 가치판단을 요하는 헌법 같은 근본규범에 대한 해석에는 불가피하게 선택과 창의성이라는 요소가 포함될 수밖에 없기 때문이다. 헌법재판은 단순한 형식논리로서가 아니라 불가피한 법형성이다. 해석과 법형성은 뚜렷이 대비되는 것은 아니다. 불가피한 법형성을 이해한다면 진정한 문제는 법형성의 양식, 한계 그리고 수용 가능성이다.[20]

국민은 헌법재판을 사법적 해석으로서가 아니라 정치적인 술어로서 평가한다.[21] 단순한 해석자로만 보는 관점에 동의하지 않는다면 논리적 설득력이 헌법재판의 유일한 권위의 원천이라는 입장이 더 이상 만능으로 받아들여져서는 안 된다. 이는 상대적 평가가 가능한 해석기관으로만 존립시켜 어떤 당파적 논리로 헌법재판을 정치 갈등이 빚은 책임의 소재지로 비난할 상시적 토대를 마련해 두겠다는 것과 다름없기 때문이다. 논증의 설득력만으로 정당성이 인정된다면 어떤 당파의 공격으로부터도 자유로울 수 없는 이상 논리적 설득력이나 규범 중심의 판단기준만으로 헌법재판의 정당성을 판단하겠다는 것은 정치적 역할을 부인할 의도의 표현이다. 권력정치에서 허용된 역할로 평가하지 않는다면 헌법재판의 정당성은 이해되기 어렵다. 헌법재판은 법치국가적 질서유지와 관련한 정치적 책임(politische verantwortlichkeit)도 지고 있기 때문이다.[22]

헌법재판은 권력분립이 요청하는 과제에 대한 응답이다. 미국에서 사법심사를 만든 권

2006, 112.

17) 헌법재판소 편, 『헌법재판소 20년사』, 2008, 328-329.

18) Ernst-Wolfgang Böckenförde, Die Methoden der Verfassungsinterpretation, 2011, 120.

19) John Agresto, *The Supreme Court and Constitutional Democracy*, 1984, 34.

20) Mauro Cappelletti, *The Judicial Process in Comparative Perspective*, 1991, pref., 5; Michael J. Perry, *The Constitution in the Courts*, 1994, 7.

21) Terri J. Peretti, *In Defense of a Political Court*, 1999, 188.

22) Peter Badura, Die Bedeutung von Präjudizien im öffentlichen Recht, in: Uwe Blaurock (Hrsg.), *Die Bedeutung von Präjudizien im deutschen und französischen Recht*, 1985, 49ff., 68.

력분립의 요청은 각 기관에 권력을 배분하는 일련의 고정된 규칙 이상을 의미했다. 그것은 통치구조에서 발생할 헌법적 위험인 부득이한 갈등에 대비하는 것이었다. 매디슨이 이 제도로 헌법적 위험을 통제할 실용적 노력을 대변한 것은 헌법적 위험을 예견했기 때문이다. 매디슨의 민주주의는 권력분립을 생성한 통치구조 내의 불가피한 갈등을 전제로 했다.[23] 그래서 헌법을 통해 각 기관의 완전한 분리나 독립이 보장된 것이 아니라 각 기관은 권력혼합으로 존재했다. 행정부는 입법권의 일부를 실행할 뿐만 아니라 입법부에 의존하기도 하고 그 헌법적 기능실행을 위해 사법부에도 의존한다. 사법도 행정과 입법의 상호 의존처럼 그들의 기능장애를 다룸으로써 권력분립의 상호 의존적 요청에 응답한다. 헌법기초자가 권력분립을 채택한 핵심이유는 민주주의의 효율성 촉진이 아니라 자의적이고 전제적인 민주주의 과잉(excesses)의 제거였다. 권력분립 헌법을 만든 계기는 주정부들에서 나타난 민주주의 과잉에 대한 우려였다.[24]

헌재는 고전적 사법도 아니고 기존 삼권규정을 바꾸지 않은 채 독립된 장에 편제되어 권력분립적 지위가 불분명하다. 불분명한 지위는 헌재를 미국사법부처럼 권력분립적 제도로 보는 데 장애일 수 있다. 그러나 헌법재판이 권력분립이 요청하는 과제에 응답한다는 것은 권력분립기관임을 요하는 것이 아니라 민주주의 위협적 대표행위를 보정한다는 것일 뿐이다. 그 기능을 위한 헌법재판은 권력분립적 기관의 판단대상에 관한 제한을 받지 않는다. 그래서 판단대상의 형식에 구애받지 않는다. 헌법소원과 위헌법률도 법의 일관성을 유지한다는 점에서 판단대상이다. 기관갈등도 엄밀히 말하면 국가기능의 분리관념에는 저촉되지만 협력에 의존하는 기관 간 갈등해결을 위해 대상이 된다. 그럼에도 의회와 행정부가 거부하면 헌법재판이 결정을 그들에게 강제할 수 없는 점에서 권력분립원리의 침해는 아니다.[25] 고전적 삼권을 그대로 두면서도 헌법재판을 통제역으로 설정한 것은 권력분립만으로 해결할 수 없는 문제의 제도적 대안을 찾은 것이다. 정치의 결정을 다루는 헌법재판은 권력분립이 요청한 문제에 응답하는 제도이기 때문이다.

---

23) George Thomas, *The Madisonian Constitution*, 2008, 156; John Ferejohn, "Madisonian Separation of Powers", 2005, 126-127.

24) Jules Lobel, "The Political Tilt of Separation of Powers", 1998, 592; Gordon S. Wood, *The Creation of American Republic*, 1998, 166-167.

25) 위르겐 하버마스(Jürgen Habermas), 『사실성과 타당성』, 2007, 328.

(3) 헌법적 의문 검토와 헌법적 근거 확인

헌법재판은 다수제 민주주의의 결정에 대한 헌법적 의문을 검토하고 다수결정을 위한 헌법적 근거를 확인함으로써 주권자가 만든 권력분립의 요청에 응답한다. 정치의 결정이 다수제주의의 한계를 드러내거나 민주주의가 요청하는 결정이 지연되거나 불가능해 민주주의 정상운행에 장애가 발생한 경우에 대표체계의 한계, 지연 혹은 불능이라고 일차적으로 판단된 제소에 대한 헌법적 심판으로서의 헌법적 의문의 검토와 헌법적 근거의 확인이다. 대표의 입법과 공권력행위가 다수제의 전횡인지를 확인해 재결정 필요성을 촉구하고 대표들의 권한경계에서 불거지는 갈등원인을 지적해 기관의 운용정상화를 위한 결정을 제시하고 대표의 결정을 이루는 현실정치의 틀인 정당체제의 조건이 민주주의에 부합하는지를 선언한다. 민주주의를 위한 전제조건의 구축이나 막힌 수로의 재개를 목표로하지만 민주주의의 결정에 대한 헌법적 의문의 검토와 결정 자체의 부재나 지연으로 인한 헌법적 근거의 확인은 최종결정을 궁극적으로 정치에 유보한다는 의미에서 잠정적이다. 헌법적 의문의 검토와 헌법적 근거의 확인은 정치에 대한 관계에서 헌법재판이 부득이 수행하는 일종의 잠정적 보완일 뿐이다. 이는 그 자체가 목적이 아니라 결국은 정치에 의해 최종 완결될 것에 대한 잠정 보완이다.

다수결정에 대한 헌법적 의문의 검토는 권력분립적 기능수행으로 형상화된 국민대표의 행위에 대한 주권적 당부당 선언이다. 대표가 형성한 정치적 이해관계 조정이 주권자의 의사를 벗어났는지의 헌법적 검토다. 정치적 이해관계를 조율한 결정이나 합의를 반영하는 정책과 입법을 드러냈더라도 이에 대한 헌법적 의문이 발생해 불안정한 상태인 민주주의를 위한 조치다. 이 검토는 대표에 의한 최종적 재결정 필요성을 확인하고 촉구하는 의미이므로 잠정적이다. 다수결정을 위한 헌법적 근거의 확인은 대표의 정치교착으로 결정이나 합의 자체가 불가능하거나 지연되는 정치적 불능이나 부전으로 위협받는 민주주의의 운행정상화를 위한 상황적 결정필요성의 환기다. 민주주의 운영은 본질적으로 정치의 소관이므로 이 확인도 역시 잠정적이다. 헌법적 의문의 검토이든 헌법적 근거의 확인이든 대표가 재확정 혹은 확정할 필요를 상기시키는 데 불과하므로 잠정적이다. 헌법적 논란에 따른 의문의 검토는 다수결정 이후에 이루어지는 사후적인 것이고 결정을 촉구하고 요청하는 헌법적 근거의 확인은 다수결정을 만들기 위한 사전적인 것이더라도 모두 대표의 최종적 확정의 필요를 말한다는 점에서 잠정적이다.

헌법적 의문의 검토와 헌법적 근거의 확인은 분화된 국가기능 속에 있다. 권력분립에서 입법은 일반적 프로그램을 정당화하고 의결하며 행정은 자체 집행되지 못하고 행정부를 통해 시행될 필요가 있는 법의 집행을 담당하고 사법은 법적 토대 위에서 행위갈등을 해결한다. 헌법원칙에 따라 민주적으로 형성된 의사에 대한 재조정은 사법범주에 있어 권력분립원리에 반하지 않는다.26) 헌법재판은 법을 다루는데 법은 자신을 규정한 정치체계의 갈등을 초월할 수 없다.27) 법을 다룸으로써 헌법의 성격을 실현하는 통제규범으로서의 헌법재판은 정치에 대한 평가다. 헌법재판은 정치적 분쟁해결이 대표에 의해 이루어져야 한다는 주권적 합의 안에 있다. 법이 민주주의 가치에서 이탈되거나 민주주의를 위해 기능하지 않을 경우, 즉 민주주의의 제도적 실패가 있을 경우 이를 확인하는 비평가의 입장이다. 정치의 최종결정 필요성을 알리고 촉구하는 이 비평은 제한정부원리에 포함된 것이다. 제한정부원리에서는 권력을 할당받은 기관이 고유업무를 원활히 수행하지 못하면 타 기관이 개입할 수 있기 때문이다. 헌법재판도 재조정을 위한 개입 메커니즘의 일부다.28)

헌법재판은 헌법제정권력과 헌법에 의해 만들어진 권력 간의 권력분립에 속한다.29) 권력분립의 한계를 주권 내지 헌법제정권력의 관점에서 보완하기 때문이다. "만약 헌법에 반한 법률이 무효로 되는 것을 부정한다면 국민대표가 헌법을 제정한 국민자신에게 우월하다고 주장하게 된다"30)는 해밀턴의 말은 권력분립에서 대표의 결정에 대한 헌법적 의문의 검토 그리고 대표의 결정을 위한 헌법적 근거의 확인을 통한 갈등해소역이 사법심사에 부여되어 있음을 헌정의 출발점에서 확인한 것이다. 대표의 기능 행사에는 언제든지 장애가 발생할 수 있다. 권력분립은 장애를 고려한 장치였고 사법심사는 장애의 해소역이다. 헌법재판의 역할기반인 권력분립은 본질적으로 파행이 예견되었다. 헌법재판은 파행이 예견된 권력분립을 산출한 주권자가 대표에 대한 관계적 역할로 허용한 제도다.

---

26) 위르겐 하버마스(Jürgen Habermas), 『사실성과 타당성』, 2007, 256; John Agresto, *The Supreme Court and Constitutional Democracy*, 1984, 165.

27) Stuart A. Scheingold, *The Politics of Rights: Lawyers, Public Policy, and Political Change*, New Haven: Yale University Press, 1974, 145.

28) Michel Rosenfeld, "Modern Constitutionalism as Interplay Between Identity and Diversity", 1994, 14; Tom Campbell, *Separation of Powers in Practice*, 2004, 1-16; 차동욱, "위헌법률심사제도의 민주적 정당성에 관한 고찰", 2006, 176-177.

29) 에른스트-볼프강 뵈켄회르데(Ernst-Wolfgang Böckenförde), 『헌법과 민주주의』, 2003, 350.

30) Alexander Hamilton, et al., *The Federalist Papers*, 2003, No. 78.

2. 다수결정에 대한 헌법적 의문의 검토

입법과 정책에 내재된 헌법적 갈등의 심판은 다수제 대표의 결정에 대한 헌법적 의문의 검토다. 헌재는 다수제주의의 전횡에 따른 결정인지를 말한다. 헌재 초기에는 대표들이 헌법적 분쟁해결에 실패할 경우에 주로 제소했지만 점차 대부분의 헌법적 의문을 적극 의뢰함으로써 정치적 해결 가능성 여부는 더 이상 제소의 관건이 아니다. 국회가 법안을 심의할 때 대의제가 예정한 대화와 타협이 시도되기도 전에 반대세력이 추진 중인 법안에 대해 서둘러 위헌을 주장하면서 법안이 국회를 통과하기가 무섭게 위헌성을 문의하는 일도 빈번해졌다. 부동산정책이나 사립학교법, 미디어법 등 핵심 쟁점사안이 대부분 그러했다.31) 대표의 결정영역의 상당 부분이 헌법적 판단을 구한다. 대표는 선거를 통한 책임평가 이전에 헌법재판에서 검증받아 책임에서 자유롭고자 한다. 정치 스스로에 의한 해결 가능성 여부는 더 이상 제소의 전제로 고려되지 않는다. 제소는 정치적 갈등의 강도에만 비례하게 된다. 해결불능이 아니라 갈등의 강도가 제소관건이 됨으로써 갈등의 정치는 끊임없이 심판대에 오른다.

신행정수도건설특별법 결정에서 헌재는 노무현 대통령의 대선공약이고 집권기 핵심정책인 동법을 위헌결정 한다. 수도이전이 헌법사항이고 개헌절차가 필요하다고 말하기 위해 "신행정수도 건설 불가라는 정치적 예단"32)을 뒷받침하는 "제 논에 물 대기식의 관습헌법론"33)을 끌어들인다. "대다수 헌법학자들에게 낯선"34) 그리고 그 존재가 인정되더라도 보충적 효력에 그칠 더욱이 수도이전이 그에 해당하는지의 논란조차 공론화된 적이 없던 관습헌법론은 국민을 납득시키지 못한다. 국민대표인 대통령의 정책에 반영된 국민의사에 반한다. 최대 야당인 한나라당의 묵인하에 적법하게 통과되고 여당인 열린우리당도 중점 추진하던 입법이므로 국회다수결로 통과된 입법에 담긴 국민의사에도 반한다. 다른 판단의 여지를 의도적으로 차단한 채 정치형성을 관철시킨 것으로 평가된 이 결정으로 헌재는 치명적인 정당성 의문을 자초한다. 헌법재판관은 결정을 통해 자신의 정책적 선호를 드러내는 것은 아니고 헌법과 헌법심사의 적절성과 정당성을 확장하기 위한 노력을 한다고 신뢰받을 수 있었지만35) 모든 신뢰가 무너진다. 관습헌법론을 내세운 개

---

31) 박찬표, "법치민주의 대 정치적 민주의", 2007, 198.
32) 국순옥, "헌법재판관들의 사법 쿠데타", 2005, 458.
33) 서경석, "신행정수도의건설을위한특별조치법 위헌결정에 대하여", 2005, 417.
34) 서경석, "신행정수도의건설을위한특별조치법 위헌결정에 대하여", 2005, 406.

헌필요성이라는 표면상 이유의 배후에 헌법재판관의 정책적 선호가 있다고 의심받는다.

그러나 헌법재판관 대다수는 결정의 파장을 모르지 않았다. 앞선 대선에서 신행정수도 건설을 공약으로 내건 후보가 당선되고 이어 총선에서도 여야를 막론하고 행정수도 이전 사업을 이행하겠노라고 다짐하고 국회에서 법이 통과된 사실로 볼 때 서울이 수도이고 또한 수도여야 한다는 규범적 인식보다는 오히려 수도를 이전해야 한다는 국민적 합의가 있다고 보는 것이 민주적 의사에 근접했다.36) 그러나 수도이전은 목전의 총선의석과 결부된 단기적 이해관계가 국회 다수결 통과를 이루었더라도 서울시민을 중심으로 반대여 론이 실제는 우세했다. 따라서 여당인 열린우리당과 충청권에 정치적 기반을 둔 자유민 주연합을 제외하면 동법이 통과되더라도 국회를 지배하는 최대 야당 한나라당이 정치적 으로 이를 저지하거나 백지화시키는 것이 장차 가능했다. 각종 여론조사도 노무현 대통 령 당선 초기와는 달리 이후 수도이전 반대의견의 우세를 입증했다. 수도이전에 국민투 표 실시를 요구하는 의견도 반수를 넘었다. 대의적 다수가 아닌 그러한 국민적 다수의 의사가 있었다.37) 대통령제에서 여러 결정통로로 인해 서로를 설득시키기도 어렵고 결국 정책문제에서 각료 혹은 국회의 누가 책임져야 하는지를 판단하는 것도 불분명하다.38) 그렇다고 수도이전 같은 국가중대사를 선거로 판단하기도 어렵다. 선거는 선거주기로 인 해 시기적으로 멀고 이미 사후판단에 불과해 정책을 저지하기는 불가능하기 때문이다.39)

그렇게 읽은 헌법재판관 다수는 다음으로 적절한 헌법적 해석논리가 성립할 경우에만 추정적 국민의사를 결정에 반영할 것인지 아니면 해석론의 논리적 설득력이 없더라도 정 치적 의사표명에 더욱 주력할 것인지 선택해야 했다. 국회다수결로 확인된 의사와는 다 른 추정적 국민의사가 있는데 이를 결정에 적극 반영할 뚜렷한 설득적 논거가 없더라도 의사표명을 강행함으로써 다수결정에 대한 헌법적 의문을 검토해 주권적 의사와 다수결 정의 간극을 알리는 역할에 중점을 둘 것인지를 판단해야 했다. 헌법재판관 다수는 헌법 적 해석론보다 의사표명에 더 비중을 둠으로써 정치에 국민의사의 재확인을 요구하기로 결정했다. 정치권의 불명확한 합의에 내장된 진의에도 불구하고 총선의 의석수 확보라는

---

35) Alec Stone Sweet, *Governing with Judges*, 2000, 200.

36) 서경석, "신행정수도의건설을위한특별조치법 위헌결정에 대하여", 2005, 405.

37) 강정인, "민주화 이후 한국정치에서 자유민주주의와 법치주의의 충돌", 2011, 200-202.

38) Bernard Manin, Adam Przeworski and Susan C. Stokes, "Election, Accountability, and Representation", Adam Przeworski, Susan C. Stokes and Bernard Manin (eds.), *Democracy, Accountability, and Representation*, Cambridge University Press, 1999, 47.

39) 이광윤·장영수, "신행정수도건설을 위한 특별조치법 위헌확인결정의 찬반논쟁", 『고시계』, 고시계사, 통 권 574호, 2004, 102.

단기적 이해관계로 인한 국민의 다수의사의 왜곡을 지적하고자 했다. 관습헌법 같은 취약한 법리치장이 몰고 올 비난이나 위헌결정 자체가 불러올 정치적 후폭풍도 짐작되지만 다가올 총선의 득표에 장애가 될 정치적 위험부담을 떠넘겨 버린 정치의 의도에 관한 실체인식을 넘어 오히려 자신의 민주적 판단책임에 더욱 몰두해 버렸다. 결국 사법적 결정이기보다는 정치적 정책결정자의 판단에 가까운 위헌결정을 내린다. 의회다수당의 실질적 의사와 유사한 정책적 관점을 드러낸다.[40] 그 위헌결정은 국민을 납득시킬 수 없는 능동적 정치형성이었다.

그럼에도 정치형성의 실체는 없다. 헌재는 신행정수도 이전 같은 국가 중요정책에서 위헌결정 이후 어떠한 형태로든지 대체입법이나 재입법이 추진될 수 있음을 안다. 정치적 다수파의 입장에 지속적으로 반대하는 것도 불가능함을 안다.[41] 정책과 입법의 내용을 통제한 것이 아니고 헌법개정으로 해야 할 것을 법률형식으로 해서 규범경로를 잘못 밟았다고 위헌선언 했을 뿐이어서 신행정수도정책이나 입법이 내용적으로 불가능해진 것도 아니다.[42] 헌법재판과 정치는 모두 이를 안다. 그래서 위헌결정 직후 결정을 수용하고 그 테두리 안에서 대체입법을 강구하려는 정부의 태도조차도 패배주의로 치부하면서 차라리 신행정수도건설특별조치법을 그대로 집행하는 것이 입헌주의와 민주주의를 위한 길이라고 말했을 정도다.[43] 결국 위헌결정은 국론을 분열시킨 신행정수도라는 헌법이슈에 대한 재고필요성을 촉구한 헌법적 의문의 검토 이상은 아니다. 그 위헌결정은 국민적 헌법이슈에서 단기적인 정치이해관계에 떠밀려 민주적 의사를 섣불리 왜곡하거나 충분히 확인되지 않은 의사확정을 서두르지 말자는 요청에 대한 응답으로 의회다수의 결정에 대한 일시적 제동이었다. 설사 위헌결정이 그런 요청이 민주적 책임을 전가 받은 자신에 의해 보호되어야만 한다고 헌재가 오판한 결과이더라도 그 보호조차도 정치에 의해 도전받을 수밖에 없고 종국에는 무력화될 수 있음을 헌재가 잘 알고 있다면 정치형성은 실체

---

40) Robert Dahl, "Decision-Making in a Democracy", 1957.

41) Mark Tushnet, *Taking the Constitution away from the Courts*, 1999, 134.

42) 헌법재판 전철수(aiguilleur, 轉轍手)론에 의하면 정부정책은 국가법질서가 부여하는 일정한 규범경로를 선택해 정책내용을 그 규범 틀 속에 담아내야 하는데, 정책이 헌법, 법률, 명령, 규칙 규범 중 예로 헌법개정을 통해야 할 것을 법률에 의해 시행한다면 규범경로의 잘못된 선택이므로 이를 확인해 정책이 올바른 규범통로를 거치도록 유도하는 것이 헌법재판의 중요역할이라는 것이다[Louis Favoreu, *Droit constitutionnel*, 8e édition, 2005, 290-300(김승대, "헌법재판과 정책결정: 국가정책 결정과정에 대한 적극적 헌법심사의 이론적 모색", 『법학연구』, 부산대학교 법학연구소, 제48권 제2호, 2008, 8-9, 14에서 재인용)]. 이런 관점에서 볼 때 헌법개정절차가 필요하다는 식으로 규범경로를 잘못 선택했음을 이유로 한 위헌선언은 수도이전 가능성에 대한 내용적 판단으로서의 정치형성은 아니다.

43) 국순옥, "헌법재판관들의 사법 쿠데타", 2005, 461.

가 없었다.

헌재는 다수결정에 대한 헌법적 의문의 검토를 위해 정치문제에서 전통적 사법의 한계를 넘어섰다. 과거 사법은 오랫동안 통치행위를 사법권의 한계로 인식해 판단을 회피했다. 일반법원의 권력분립적 한계를 받아들이거나 통치행위영역을 침범하는 정치적 역할로 진전될 수 없다고 했다. 미국 연방대법원도 정치문제 판단기준이 확립되기 전까지는 대체로 권력분립적 근거에서 통치행위를 사법심사 대상에서 제외했다.[44] 반면, 헌재는 초기부터 대통령의 통치행위도 심판대상이라 했다. 정치에서 격리된 사법이 아닌 정치에 대한 역할을 소임으로 정치문제법리를 벗어던진다. 민주주의를 실질화하는 기본권과 대통령의 본질적인 권한의 경계를 밝히기 위해 통치행위를 다루었다. 통치행위는 대통령 재량이므로 어떠한 민주적 합의에도 반한다고 볼 수 없다는 입장을 넘어선다. 김영삼 대통령이 금융실명제 실시를 위해 발동한 긴급재정경제명령은 국가긴급권으로 통치행위지만 기본권을 보장하는 국가기관의 통치행위가 기본권을 침해하면 심판할 수 있다고 했다. 이라크파병 결정에서도 통치행위의 심판대상성을 인정하고, 대한민국과 일본 간 어업협정비준 결정에서도 대통령이 체결 비준한 고권적 행위인 조약도 기본권을 침해하면 심판대상이라고 했다.[45] 기본권과 통치행위 간의 긴장을 다룸으로써 통치행위에 내재된 민주적 의사에 관한 헌법적 의문을 검토한 것이다.

대표를 만드는 선거에서의 민주주의 가치 훼손에 관한 헌법적 의문도 검토된다. 1989년 국회의원선거 입후보자에 대한 상당액의 기탁금요구와 국고귀속을 규정한 구국회의원선거법은 헌법상 평등원리와 참정권 및 공무담임권 침해를 이유로 헌법불합치결정된다.[46] 정당설립과 활동의 자유는 선거제도의 민주화와 국민주권을 실질화하는 데 목적이 있지 정치독점이나 무소속후보 진출을 봉쇄하는 정당특권 설정이 아니다.[47] 1인1표제 투표방식에서 지역구 국회의원선거 득표율에 따른 비례대표 의석배분에 관한 2001년의 공직선거및선거부정방지법 결정도 마찬가지다. 1인1표제에 기초한 비례대표 의석배분은 별도 정당투표를 인정하지 않고 지역구선거에서 표출된 유권자의 의사를 정당지지 의제로

---

44) MacDougall v. Green, 335 U.S. 281(1948); Goneillon v. Lightfoot, 346 U.S. 339(1960).

45) 헌재 2003.12.18. 2003헌마255, 256(병합), 판례집 제15권 제2집(하), 결정의 별개의견, 655면 이하; 헌재 2004.4.29. 2003헌마814, 판례집 제16권 제1집, 601면 이하; 헌재 1996.2.29. 93헌마186, 판례집 제8권 제1집, 111면 이하; 헌재 2001.3.21. 99헌마139, 142, 160(병합), 판례집 제13권 제1집, 676면 이하; 정연주, "통치행위에 대한 사법심사", 2006, 41-42; 김배원, "한국헌법상 대통령과 헌법재판소의 상호통제 관계", 2007, 171-175.

46) 헌재 1989.9.8. 88헌가6, 판례집 제1권, 199면 이하.

47) 헌재 1992.3.13. 92헌마37 등(병합), 판례집 제4권, 137면 이하.

326   헌법재판과 한국 민주주의

의석배분 해 유권자가 후보자나 정당 중 일방만 지지할 경우 진정한 의사를 반영할 수 없어 절반의 선택권을 박탈당하고 지배정당에 실제지지도를 초과해 의석을 배분하므로 선거에서 국민의 선택권을 보장한 민주주의원리에 반한다. 직접선거에서 정당의 비례적 의석도 투표로 결정되어야 하므로 별도 정당명부 투표가 있어야 하고 무소속후보자에 대한 투표는 비례대표 선출에 기여하지 못해 투표가치 불평등이 있다.[48] 선거에서 민주주의적 가치의 훼손에 관한 헌법적 의문에 대한 적극 검토로 공선법은 몇 차례 개정되어 기탁금은 하향 조정되고 지역구 및 비례대표 각 1표씩 투표하는 1인2표제도 실시된다.[49] 그 결과 2000년 창당 이후 계속 원내진출에 실패하던 민주노동당이 직후 총선에서 비례대표 8석과 지역구 2석의 총 10석으로 국회진입에 성공해 정치에 의한 재결정을 촉구하는 효과는 실증된다.

선거구인구불균형 결정도 재결정 촉구로 이어진 헌법적 의문의 검토다. 헌재는 1995년 국회의원 선거구구역 간 인구편차가 과도한 선거법의 국회의원 선거구구역표에 대하여 인구편차가 4대 1을 초과하면 평등선거에 위반된다고 했다.[50] 2001년 공직선거및선거부정방지법의 국회의원 선거구구역표 결정에서도 재확인된다. 선거구획정에서 국회의 광범한 재량이 인정되더라도 평등선거라는 헌법적 한계가 지켜져야 하고 인구비례원칙에 의한 투표가치 평등은 헌법적 요청이므로 과도한 인구편차로 투표가치 평등을 침해한 선거구획정은 위헌이다. 특정지역 선거인을 차별하려는 권력의 의도와 그 집단에 대한 실질적 차별효과가 명백히 드러난 경우, 즉 게리맨더링인 경우 선거구획정은 입법재량 한계를 벗어난 위헌이라고 함으로써 대표를 구성하는 선거방식에서 민주주의 기본원칙인 평등을 위한 재결정을 요청한 것이다. 선거구 인구편차 허용한계의 대안도 제시했다. 상한과 하한 인구비율 허용한계는 4대 1, 2대 1 혹은 3대 1이라는 기준을 든다. 다만 행정구역 및 국회의원정수 등 인구비례원칙 외의 현실문제를 고려해 상당기간 뒤 위헌 여부를 판단한다고 했다. 이미 선거가 실시된 상황에서 단순위헌결정은 개정입법이 단시일 내에 이루어지기 어렵고 추후 재선거나 보궐선거가 실시되면 선거구구역표가 없는 법공백이 우려되므로 국회가 일정시한까지 개정하라는 것이다.[51] 그 결과 국회는 공선법을 개정하고 개정선거구에 따라 17대 총선이 치러졌는데 이들 선거구는 모두 제시된 인구편차 허

---

48) 헌재 2000헌마91, 112, 134(병합), 판례집 제13권 제2집, 77면 이하.

49) 헌법재판소 편, 『헌법재판소 20년사』, 2008, 396-397.

50) 헌재 1995.12.27. 95헌마224, 239, 285, 373(병합), 판례집 제7권 제2집, 760면 이하.

51) 헌재 2001.10.25. 2000헌마92, 240(병합), 판례집 제13권 제2집, 502면 이하.

용한계 내로 개선되었다.[52] 선거에서 드러난 민주적 의사의 왜곡을 막기 위해 정치와의 직접 충돌을 피하면서 대안을 제시한 재결정 촉구가 만든 결과였다.

다수결정에 대한 헌법적 의문의 검토는 정치의 자율영역에도 개입한다. 헌재는 국회의 의사와 내부규율 등 국회자율권도 심판대상이라 했다. 날치기통과로 비롯된 국회의원과 국회의장 간 권한쟁의를 다룬 1997년 결정은 국회의 폭넓은 자율권이 권력분립이나 국회의 지위와 기능에 비추어 존중되어야 하지만 법치주의에서 모든 국가기관은 헌법과 법률에 기속되므로 국회의 의사나 입법절차가 헌법이나 법률에 위반하면 자율권을 가질 수 없다고 했다. 1999년 일본과의 어업협정비준동의안 결정에서도 재확인된다.[53] 입법이라도 절차의 민주성은 확인할 수 있다. 국회가 한밤중 재개되어 의원들의 출석기회가 보장되지 않은 절차상 하자를 통해 통과된 국민투표법에 대해 국회의결이라는 적법한 절차로 공포 시행되었으므로 법원이 유무효를 판단할 수 없다고 했던 과거 대법원의 입장은 극복된다.[54] 국회 입법형성권은 존중되어야 하지만 국가안전기획부법, 노동조합및노동관계조정법, 근로기준법 등 제정 및 개정되는 법률안이 날치기로 가결 선포되었다면 법률안 심의표결권한은 침해된 것이다.[55] 날치기통과로 야기된 극단적 대치정국에서 분쟁해법이 보이지 않을 때 민주주의의 정상운행을 위한 재결정 필요성이 확인이었다.

국회자율영역 개입은 교착국면에서 이루어졌다. 2009년의 미디어관련법은 국회 내 민주적 합의절차의 정상작동 여부가 다투어졌다. 야당인 민주당 등은 의회에서 입법저지에 실패한 미디어법의 유효성을 헌재에 문의함으로써 민주적 절차의 하자를 정치사회적 토론과 결정의 문제로 사법화했다.[56] 야당이 입법과정의 하자를 내세움으로써 입법이 지닌 민주적 선택범위가 입법자 자신에 의해 축소되었음은 자인되었다. 야당은 헌재의 도움을 얻어 법률을 무효로 만들 수 있다는 희망을 지녔고 이미 입법절차의 도중에 그런 행위방향을 지녔다. 다수파의 입장에서도 헌재의 판단은 다수파가 제정한 법률이 초래할 결과에 대한 책임을 면하거나 약화시키는 것이었다.[57] 헌재는 딜레마에 빠졌다. 입법과정의

---

52) 헌법재판소 편, 『헌법재판소 20년사』, 2008, 401.

53) 헌재 1997.7.16. 96헌라2, 판례집 제9권 제2집, 154면 이하; 헌재 1998.7.14. 98헌라3, 판례집 제10권 제2집, 74면 이하; 헌재 2000.2.24. 99헌라2.

54) 대법원 1972.1.18. 71도1845 판결, 대법원판례집 제20권 제1집; 김철수, "통치구조에 관한 헌법판례의 경향", 1973, 114-115.

55) 헌재 1997.7.16. 96헌라2, 판례집 제9권 제2집, 163-164.

56) 박명림, "민주주의와 헌정주의", 2009, 360; 헌재 2009.10.29. 2009헌라8, 판례집 제21권 제2집(하), 14면 이하.

57) Klaus Schlaich, *Das Bundesverfassungsgericht*, 2004, 380.

하자만 강조하면 입법형성권을 침해했다고 반발할 것이고 입법형성권 침해를 선언하면 입법과정의 자율성에 개입한 것으로 지목될 것이다. 그래서 국회에서의 일부 질의토론 및 표결절차는 심의표결권을 침해했다고 인정하면서도 법률안 가결선포는 유효하다는 식으로 사안별로 상당히 복잡한 판결이유를 제시한다. 그 결과 집권다수당의 반대의적 입법관행은 용인된다. 이로 인해 헌법상 권리는 침해되어도 그 행위는 유효하다는 모순적 결정이라는 비난을 받지만, 대표가 절차적 하자로 민주적 선택의 범위를 스스로 축소시킨 상황에서 대표의 입법과정이 하자가 있더라도 입법이 드러낸 민주적 가치의 실질이 민주주의의 정상운행에 장애를 만들지는 않았다면 판단을 더 이상 진전시킬 수는 없었다. 절차 위법만으로 국회에 재결정을 촉구할 필요는 없다고 판단해 입법유효성을 선언하지만 추후 유사한 분쟁을 예방하기 위해 국회의 실체적 합의는 적법절차까지 담보할 필요가 있다고 알린 것이었다.

3. 다수결정을 위한 헌법적 근거의 확인

헌법재판은 민주적 요청에 부응할 입법과 정책이 지연되거나 산출이 불가능해 민주주의 정상운영에 장애가 초래됨으로 인한 헌법적 다툼에서 다수결정을 위한 헌법적 근거를 확인해 준다. 민주주의가 교착에서 정국안정 기제를 작동하지 못하면 정치는 자결적으로 필요한 입법과 정책을 만들지 못한다. 대통령제는 행정부와 의회의 공화에 기반을 둔 권력구조가 아니라서 의원내각제보다 입법과 정책결정을 위한 타협을 더욱 필요로 한다. 집행부 불신임이라는 해소방법을 가진 의원내각제와 달리 불신임정국을 해소하기 어려워 정치적 불안은 공화를 대신하는 타협으로 풀 수밖에 없다.[58] 타협이 없으면 대통령제는 갈등의 돌파구를 찾지 못하는 상황을 빈번히 만든다. 한국에서도 권위주의 청산 이후 대통령권한이 실질적으로 견제되고 문제 해결 주도권을 점차 잃어 대통령이 대의제의 파행을 정상화시킬 조정자가 되기는 어렵다. 여기서 정치의 문제를 의뢰받은 헌재는 민주주의 운행을 정상화할 타협을 위한 헌법적 근거의 확인을 시도한다.

정치교착은 일상정치 사안들을 헌법재판으로 옮겼다. 소수파 개혁정부인 노무현 정부는 초기부터 다수파 야당인 한나라당의 비타협적 공세로 극단적 정치교착에 빠진다. 취

---

58) 정진민, "생산적 국회운영을 위한 대통령—국회 관계와 정당, 2008, 85; 이승우, 『헌정사의 연구방법론』, 2011, 246.

임 직후 고건 총리후보자 임명동의안을 야당이 처리하지 않겠다고 압박하면서 조각부터 진통을 겪는다. 수그러지지 않은 갈등은 정치 스스로에 의한 잦은 헌법적 제소를 만든다. 2004년에는 다수파 야당의 총공세로 국회의 탄핵소추가 이루어짐으로써 사상 최초의 대통령 탄핵심판청구에 이른다. 협상과 타협능력이 결여된 대통령과 국회라는 두 민주적 정당성의 충돌에서 일방적 힘을 추구한 국회다수는 유리한 정치협상을 위한 도구로 교착을 조장하고 이용하면서 대통령을 탄핵소추 했다. 탄핵심판은 다수전횡에 대한 헌법적 통제의 필요성 여부를 다루게 된다.[59] 헌재는 비록 수동적 심판자이지만 교착의 비상 국면이 대표들 스스로에 의한 해결불능을 드러내고 탄핵으로 이어진 것이므로 사실상 정치형성을 해도, 즉 탄핵결정을 하더라도 헌법적으로 용인될 상황이었다.

다수파 야당인 한나라당과 구여권이던 소수파 민주당이 집권 열린우리당에 대한 공세를 이어가던 2004년 탄핵소추 직전의 분점정부는 대통령을 둘러싼 교착을 돌파할 대의장치를 가동시키지 못했다. 이 정치현실을 염두에 둔 헌재는 결정이유에서 정당인이나 정치인으로서가 아니라 국가기관인 대통령 신분에서 한 정치적 발언은 정치적 중립의무의 관점에서 부담하는 여러 헌법적 의무 위반이라고 했다. 대통령이 논란 와중에 중앙선관위 결정을 비판하고 재신임 국민투표를 제안하고 기자회견에서 특정정당 지지를 밝힌 것 등은 헌법위반이다. 대통령 지위를 이용한 선거에의 부당한 영향력 행사는 선거중립 의무 위반이고 재신임 국민투표 제안은 헌법의 국민투표 부의권의 정치 도구적 남용이라고 했다. 그럼에도 대통령파면은 국민이 선거로 부여한 민주적 정당성을 임기 중 박탈하는 것이어서 국가적 손실과 국정공백은 물론이고 국론분열로 인한 정치혼란을 가져올 수 있어 대통령직의 유지가 헌법수호 관점에서 용납될 수 없거나 대통령이 국민신임을 배신해 국정담당 자격을 상실한 경우로 국한된다고 결론 내린다.[60] 막힌 정국을 만든 사실관계를 떠나 교착의 주원인이 대통령에게만 있지 않다면 대통령 진퇴논의 자체가 민주주의에 도움이 되지 않는다는 것이었다.

이 결정이유는 탄핵기각이라는 결론의 근거에 대통령의 정치활동금지를 내장시킨 정치적 결정이라 비판된다. 기각은 여론에 떠밀린 것일 뿐 판단이유 중 상당 부분은 헌법적 평결이기보다는 대단히 정치적인 결정이어서 사회적 갈등과 국가적 분열의 새 빌미를 제공했다는 것이다.[61] 그러나 헌재는 극단적 교착에서 근본적으로 대표의 책임으로 귀결될

59) 박진완, "헌법재판소와 국회와의 관계", 2005, 83.

60) 헌재 2004.5.14. 2004헌나1, 판례집 제16권 제1집, 609면 이하.

61) 홍윤기, "국민헌법에서 시민헌법으로", 2007, 22-26; 송기춘, "대통령노무현탄핵심판사건결정의 몇 가지 문제점", 2004, 351-356.

대표 간 권한행사 충돌이 만든 민주주의 위기에서 적절한 분출적 해소로 정상운행을 재개시킬 목적으로 보완적 논증을 사용한 것이다. 정치적 이해관계를 둘러싼 두 민주적 정당성의 충돌에서 대표의 한 축인 국회가 대표제의 행사방식을 일방적으로 왜곡함으로써 초래된 민주주의 결정체계의 작동불능 상태에 대한 보정이 필요했다. 헌재는 탄핵의 정치적 배경과 동기를 알고 있다. 탄핵소추의 표면적 사유인 대통령의 위헌 및 위법성 논란의 실제 배후는 은폐된 정치공세였다. 국회다수파가 탄핵소추를 관철한 핵심동기인 정치공세는 탄핵심판을 통해 대통령과 국회의 정상적 견제와 균형의 체계를 완전히 마비시키는 방식으로 국정주도권을 잡으려는 반대의적 음모였다. 발단은 대통령의 단순한 불법행위나 스캔들이었던 클린턴탄핵에서 보듯 탄핵은 의회의 무기로 변질되면 권력분립에 심각한 장애를 만든다는 것을 헌재는 알았다.

헌재가 대통령과 국회의 독자적 권한행사 강행이 만든 민주적 결정체계의 마비에 서로 책임이 있다고 압박한 것은 반대의적 상태로부터의 돌파구를 찾을 의도다. 헌재는 대통령탄핵은 권한을 광범하게 남용한 것이 명백한 경우에만 허용된다고 했다. 대통령의 실정법상 위법성을 경고했지만 대통령권한 박탈로 국정주도권을 잡으려 민주주의의 정상운행을 마비시킨 책임은 국회 특히 탄핵소추세력의 권한남용에 있음을 지적했다. 두 민주적 정당성의 파국적 분열의 원인 지적이 아니라 분열원인이 된 갈등의 적절한 분출적 해소에 집중했다. 결정이유에서 열거된 논거는 탄핵기각이라는 결정주문의 결론에는 별다른 영향을 미치지 못하는 것이었다. 위헌, 위법행위를 경고했더라도 중대한 위헌, 위법이라는 요건을 제시함으로써 기각결론에 이른 것은 논리적으로 무리한 역전이었다.[62] 그렇다면 의도는 가정적이고 경고적인 설득이었다. 두 민주적 정당성의 극한대립을 중재하기 위해 엄밀한 법적 논리가 아닌 흔히 재판관이 제시하는 가정적 압박논거를 사용했다. 최대관심사인 노무현 대통령이 직을 계속 보유해야 하는지의 문제는 이후 국민이나 대표 스스로의 정치적 결단에 맡긴다고 말한 것과 다름 아니었다. 결정이유의 가정적 소결론들은 대통령의 거취를 주권자나 대표의 결정에 맡긴다는 최종결론과는 논리적으로 연결되지 않는다. 대통령의 민주적 정당성에 대한 헌법적 부정으로 극단적 권력대치가 만들 정치적 반사이익을 노린 국회다수파 세력에게 민주주의가 그런 단기적 정치이익에 의해 방해되어서는 안 된다고 직접적으로 말한다면 더 큰 혼란과 소모적 논쟁만 이어질 것이기에 대통령에 대한 경고적 설득도 병존시킨 것이다. 민주주의 운행을 정상화할 타협을 위한 설득이었다.

---

62) 김승대, "헌법재판과 정책결정", 2008, 19.

대표가 정치사회적 논쟁이슈의 결정에 필요한 이해관계의 조정조차 드러내지 않는 경우에도 다수결정을 위한 헌법적 근거의 확인은 시도된다. 2004년 헌재는 양심적 병역거부자 수가 비록 아직 소수지만 입법자가 병역법조항으로 인해 양심갈등 상황이 집단적으로 발생함은 충분히 알고도 방치하는 상황이라 했다. 양심적 병역거부가 드러내는 양심의 자유와 국가안보라는 공익 간 갈등의 존재나 해소방안에 관한 국민적 합의가 사실상 입법이든 혹은 다른 어떤 표출적 방식으로 확인되지 않는 것을 민주주의가 더 이상 묵과해서는 안 된다. 그래서 대체복무라는 대안을 입법자에게 조언한다.63) 대표의 결정을 위한 국민적 합의모색이 어떤 형태로도 확인되고 있지 않음을 상기시켜 조속히 양심적 병역거부에 관한 정책적 결정이 내려질 필요가 있음을 말한 것이다. 진보와 보수의 이념적 찬반논거들이 반영된 정치사회적 합의가 대표의 결정을 위해 만들어질 때까지 대안을 고려하고 궁극적으로는 조속한 결정을 해야 한다는 헌법적 근거 확인이었다.

　대표기관 간 갈등적 대치로 헌법이슈 판단의 전제조건에 대한 합의를 이루지 못해 상이한 해석을 함으로써 민주적 결정통로가 막힌 경우 그 해소를 위해 표면상은 기관의 고유한 권한행사의 헌법적 허용한계를 말하지만 실질은 정치 스스로의 해결필요성을 말한 사안에서도 다수결정을 위한 헌법적 근거 확인이 읽혀진다. 대법원장의 특별검사 임명권이 적절한지가 쟁점이 된 이명박 대통령후보 주가조작 진상규명 특별검사법 결정에서 헌재는 대통령이나 정치권력으로부터 독립한 특별검사가 수사 및 공소제기 하는 특검제는 본질적으로 권력 통제기능으로 특검제 도입 여부를 국회가 독자 결정하고 특별검사 임명권한을 헌법기관 간에 분산시킨 것은 권력분립에 반하지 않는다고 했다. 정치적 중립성을 엄격히 지켜야 할 대법원장 지위로 볼 때 정치적 사건을 담당할 특별검사임명에 대법원장을 관여시킨 것이 바람직한지가 논란일 수는 있으나 국회가 대법원장에게 특별검사 임명권을 부여한 정치적·정책적 판단이 권력분립원칙에 어긋나지는 않는다.64) 헌법정치 이슈 해결의 방법과 형식은 본질적으로 정치 특히 국회에 의해 결정되어야 함을 강조한 이 결정은 정치의 결정이 국민적 논란을 초래할 정도의 헌법적 결함을 만들지 않았는데도 단지 대선을 목전에 둔 단기적 이해관계에 집착해 정치의 결정을 무효화한다면 오히려 민주주의운행에 지장을 준다고 응답한 헌법해석적 근거확인이었다.

　국회가 민주주의에 필수적인 기본권 보장 의무를 방치한 경우에도 다수결정을 위한 헌법적 근거확인은 이루어졌다. 사유재산권 보호와 그 부득이한 침해에 대한 보상을 규정

---

63) 헌재 2004.8.26. 2002헌가1, 판례집 제16권 제2집(상), 141면 이하.
64) 헌재 2008.1.10. 2007헌마1468, 판례집 제20권 제1집(상), 1면 이하.

한 헌법에 반한 경우였다.[65] 입법부작위 위헌결정은 입법권한에의 개입이 아니라 국회가 보상입법 제정의무를 다하지 않아 헌법상 권리가 보호되지 못함을 지적해 민주주의결정으로서의 입법의 필요성을 환기한 것이었다. 헌법의 보장에 따른 입법이 없거나 있으되 불충분하거나 불완전한 경우에 법률제정의무를 다하지 않은 국회부작위의 위헌선언은 국회는 물론이고 실제로는 상당수 입법의 발안자인 행정부에 대한 압력이었다. 국회나 행정부에 대한 이러한 입법 지시적 확인은 입법자의 형성의 자유가 결정방치에 이르러 민주주의를 실질화하는 데 중대 장애가 초래되는 예외적 상황에서 대표의 결정필요성을 환기시킨 것이었다.

4. 정치와 헌법재판의 헌법적 대화

(1) 민주주의적 이해 공유

헌법재판이 모든 국가기관을 구속하는 결정의 기속력에 의해 뒷받침되더라도[66] 정치의 사법 외적 대응을 막을 길은 없다. 기속력은 기껏해야 헌법의 우위로 헌법해석상 통일성과 일관성을 위한 것일 뿐이지 정치의 사법 외적 대응을 막는 장치는 아니다. 국회는 자신이 제정한 입법에 대한 위헌결정을 대체입법으로 사실상 파기할 수 있다. 반대로 입법개선이나 사후적 입법요청은 거부할 수도 있다. 행정부도 위헌 결정된 입법에 대한 후속조치를 거부할 수 있다. 헌법재판의 결정에도 불구하고 기존 입법이나 정책의 근간을 계속 유지할 수 있다.[67] 초기 헌재의 많은 결정은 정치적 기관에 정책과 입법의 혼선은 물론이고 대체적 입법이나 정책 마련의 부담을 가중시켰다. 그러자 정치적 기관이 보

---

65) 헌재 1993.5.13. 90헌바22, 91헌바12, 13, 92헌바3, 4(병합), 판례집 제5권 제1집, 253면 이하; 헌재 1989.3.17. 88헌마1, 판례집 제1권, 9면 이하; 헌재 1994.12.29. 89헌마2, 판례집 제6권 제2집, 395면 이하; 헌재 1993.5.13. 90헌바22, 91헌바12, 13, 92헌바3, 4(병합), 판례집 제5권 제1집, 253면 이하.

66) 헌법재판소법 제47조 제1항에 의해 법률위헌결정은 법원 기타 국가기관 및 지자체를, 제67조 제1항에 의해 권한쟁의심판결정은 모든 국가기관과 지자체를, 제75조 제1항에 의해 헌법소원 인용결정은 모든 국가기관과 지자체를 기속한다; 독일도 연방헌법재판소법 제31조에 의해 연방헌법재판소 결정은 연방과 지방의 헌법기관 및 모든 법원, 행정청을 기속한다; 프랑스도 헌법 제62조 제3항에 의해 헌법평의회 결정은 공권력 및 모든 행정기관과 사법기관을 구속한다.

67) James R. Rogers, "Information and Judicial Review: A Signaling Game of Legislative-Judicial Interaction", *American Journal of Political Science* 45(2001), 84-99; Christoph Gusy, *Parlamentarischer Gesetzgeber und Bundesverfassungsgericht*, 1985, 183.

인 일차적 반응은 결정 무시였다. 위헌 결정된 많은 법률에 대한 입법적 개선을 위한 발의가 거부되었다. 헌법불합치결정으로 효력상실 기한이 정해져도 국회는 위헌적 입법을 방치했다. 대부분 입법의 발안자로서 개정법을 입안할 행정부도 법 개정을 거부했다. 법률제안자가 행정부였던 경우 위헌결정은 행정부가 제안한 의도에 배치되는 것이어서 정책혼선을 빚고 집행수정을 필요로 했다. 통치행위나 공권력 혹은 입법이 모두 행정부의 집행행위에 결부되어 있어 위헌결정은 행정부에 큰 부담이었다. 그래서 행정부는 헌법재판에서 거의 일관되게 현상유지를 제안했다.

헌재는 국회나 행정부의 대응을 고려한 결정을 했다. 결정이 초래할 단기적 불이익과 장기적 이익을 자신과 정치 모두의 관점에서 고려했다. 그러자 정치와 헌법재판의 입장이 서로에 반영되는 의사소통으로서의 이해의 공유가 형성된다. 이런 이해 공유는 제도적 견제의 존재와 운용에서 확인되는 조직, 구성, 기능 측면의 상호적 제약으로서의 공유 차원을 넘어 헌법정치적 의사소통으로서의 공유가 된다. 헌법적 대화의 양상으로 이해 공유가 형성됨으로써 헌법재판은 정치에 받아들여진다. 헌법재판은 정치적 지지를 예상하고 반영하여 그 결정에 대한 정치의 예상되는 대응까지 고려하면서 민주주의를 위한 공유된 이해에 기반을 둔 권력행사의 부분이 됨으로써 일방적·최종적 헌법해석이라는 멍에를 벗는다.[68] 협력적 관계형성을 넘어 헌법재판에 반발하는 정치가 헌법재판을 다시 심판한다는 의미까지 담긴 헌법해석에서의 사법과 정치의 이해 공유가 이루어진다. 행정부결정에 대한 의회거부권을 미국 연방대법원이 무효화하면 의회는 다양한 정책영역에서 의회거부를 계속하면서 저항하는데 여기서도 이해 공유는 드러난다. 대법원은 의회거부(legislative veto) 판결에서 무려 3백 개의 연방법률들을 무효화하면서 의회거부 장치들을 위헌선언 하지만 의회는 의회거부권의 골격을 유지하는 수백 개의 법률을 1984년 이래 통과시킴으로써 대응한다. 대법원은 의회가 그런 입법을 하는 것을 막을 수 없다. 1990년 의회는 문제가 된 의회거부조항을 포함하던 구이민국적법을 폐지하고 새 법을 만들면서 헌법상 '상원의 규칙제정권 행사'라고 의회거부를 정당화한다. 의회는 대응하고는 있지만 의회와 행정부의 이해관계를 중재하려는 대법원의 노력을 알기에 권력분립과 입법원칙이 자신의 의회거부를 새 입법에서 허용한다고 정당화하지는 않았다.[69] 의회도 대법

---

68) Tom Ginsburg, *Judicial Review in New Democracies*, 2003, 67; Terri J. Peretti, *In Defense of a Political Court*, 1999, 160.

69) INS v. Chadha, 462 U.S. 919(1983); Tom Ginsburg, *Judicial Review in New Democracies*, 2003, 67, 79; J. Mitchell Pickerill, *Constitutional Deliberation in Congress*, 2004, 49; Louis Fisher, *Constitutional Dialogues*, 1988, 224-225.

원 판단을 단지 부정하는 일방적 태도가 아니라 판결의 경험과 예상을 통해 사법과 정치의 공유된 인식을 만들려고 했던 것이다.

상대방의 대응을 반복 경험하고 예상함으로써 헌법재판과 정치는 헌법적 대화로 헌법적 이해를 공유한다는 것은 새롭거나 낯선 관점은 아니다.[70] 이해 공유의 출발점은 정치의 반발이다. 충분히 읽혀지는 반발이 이해 공유의 출발점이 될 수밖에 없음은 헌법재판의 제한적 본질에서 알 수 있다. 헌법재판은 때로는 적극적 변화를 형성하거나 최소한 헌법이슈를 설득하고 정당화함으로써 사법 외적 효과를 형성한다고 간주된다. 정치가 덮으려는 이슈를 드러내 정치적 의제로 위치시키고 정보를 모으고 평가하는 강력한 포럼을 제공하고 광범한 참여를 유도하고 합리적 토론으로 이슈를 공중에게 부각시킨다고 평가된다. 그러나 실제로는 자신이 통제하는 기관에 의해 선임된 헌법재판관은 어떤 방식으로든 임명권자의 입장을 고려하지 않을 수 없다. 정치가 헌법재판 결정을 사실상 파기하는 내용의 재입법과 정책을 추진하는 것도 헌법재판관은 잘 안다. 헌법재판은 적절한 정책을 시행할 능력이나 결정을 집행할 권능도 없다. 결정이 정치에 의해 지지되도록 보장할 제도적 힘도 없다.[71] 자력집행을 위한 집행규정의 도움을 받지 못하는 헌법재판은 집행을 담보할 입법부의 후행적 입법행위나 행정부의 집행권능에 결정의 실효성을 의존한다. 그래서 의회와 행정부의 반발을 경험한 헌법재판은 집행력 없는 결정을 유효한 의미로 존속시키려면 이후 사안에서는 이전에 경험된 반발을 피하는 결정을 할 수밖에 없다. 위헌결정이 초래할 정치적 변화로 인한 압력을 읽어야 한다. 그래서 정치의 후속조치가 단순반발이라도 그 대응은 상호작용의 출발점이 된다. 정치의 반발이 헌법재판에 의한 변화를 우려한, 즉 정치적이고 정책적인 목표의 위협이나 좌절에 대한 반응이더라도[72] 이 좌절과 반응은 헌법재판이 정치의 목표를 고려하게 만든다.

반발과 적응을 통한 이해의 공유라는 차원에서 헌재는 과거 헌법재판기관과 다르다. 그 차이의 전제는 정치로부터의 상대적 자율성이다. 사법의 독립성에 더하여 정치에 대한 사법적 판단에서 정치에 종속되지 않는 자율성이야말로 정치와 이해를 공유할 수 있게 만드는 토대다. 정치에 종속된 기관이 대등한 입장에서 이해의 공유를 위한 대화를

---

70) Louis Fisher, *Constitutional Dialogues*, 1988; William Eskridge, *Dynamic Statutory Interpretation*, Cambridge: Harvard University Press, 1994; John Agresto, *The Supreme Court and Constitutional Democracy*, 1984; Sally J. Kenney, William M. Reisinger and John C. Reitz (eds.), *Constitutional Dialogues in Comparative Perspective*, 1999; Alec Stone, "Complex Coordinate Construction in France and Germany", 1995; Dieter Grimm, "Constitutional Adjudication and Constitutional Interpretation", 2011, 29.

71) Gerald N. Rosenberg, *The Hollow Hope*, 2008, 5-8, 10-20, 21-30, 420-429.

72) J. Mitchell Pickerill, *Constitutional Deliberation in Congress*, 2004, 56-57.

할 수는 없기 때문이다. 과거 헌법위나 대법원은 국회 혹은 행정부의 영향에 크게 종속된 비자율성 때문에 정치와의 이해 공유를 위한 대화를 만들 수 없었다. 1공 헌법위는 국회의 강한 영향권 안에 있었다. 군부가 주도한 행정부의 영향력이 지배적이었던 3공에서 대법원의 유일한 1971년 국가배상법 위헌판결은 이해 공유를 위한 정치와의 대화를 형성하지 못했다. 국가배상법 판결이 결과한 정부의 정치공작과 사법파동 그리고 재임용 거부조치는 정치와 사법의 헌법정치적 대화 부재의 결말이었다. 외형적 독립성에도 불구하고 군사정권의 강압적 분위기에서 자율성이 없었던 3공 대법원과 정치의 관계는 대화의 반향이나 공명이 아니라 정치에 의한 일방적 제도말살이었다. 그와 달리 헌재는 대통령이나 국회에 종속되지 않고 헌법적 대화를 할 수 있는 전제로서의 상대적 자율성을 확보했다. 그 헌법적 대화가 헌법재판과 정치가 이해를 공유하는 출발점이다.

(2) 정치와의 헌법적 대화

헌법재판과 정치의 관계를 이해를 공유하는 헌법적 대화로 보는 관점은 한국에서 거의 이해되지 못했다.[73] 미국에서는 사법심사가 사법의 기능으로 권력분립의 견제와 균형의 틀에서 이해되어 상호작용의 관점을 적용하기 용이하지만 헌재는 권력분립에서 직접 조명될 수 없어 정치적 기관과의 헌법적 대화 상대방으로 인식되기 어려웠다. 더욱이 집중형 위헌심사인 헌재는 대화의 일방으로서보다는 오히려 일방적 통제역으로 더 부각되었다. 독일이나 한국의 헌재는 사법자제나 정치문제원리에 연연하지 않는다는 사실에서 보듯이 통제의 측면이 상대적으로 더 강하게 부각되었다. 또한 정치와 사법의 헌법적 대화로 읽혀질 만한 헌정적 경험도 확인되지 못했다. 미국에서도 워런대법원처럼 주로 비판적으로 조명되던 시기에는 사법과 정치의 대화적 관계론은 부각되지 못했다. 사법심사를 그와 같은 이해의 틀로 조망하는 입장은 논란의 워런대법원 시기가 아니라 이후인 1980년대에 부각된다.[74] 사법과 정치의 헌법적 대화는 사법심사의 전변하는 모습이 누적된 헌정적 경험의 형태로 냉정하게 주목될 때 확인된다. 과거 사실상 휴면상태로 헌법재판이 만든 누적된 헌정적 경험의 일반화가 불가능했던 한국에서 헌법적 대화는 이해되기

---

73) 다만 최근에는 다른 국가기관에 대한 헌법재판기관의 역할 상관성을 상호적 대화의 관점으로 보는 시각이 한국에서도 나타나고 있다. 예로 함재학, "헌법재판의 정치성에 관하여: '헌법적 대화' 모델을 위한 제언", 『헌법학연구』, 한국헌법학회, 제16권 제3호, 2010, 639.

74) Louis Fisher, *Constitutional Dialogues*, 1988; John Agresto, *The Supreme Court and Constitutional Democracy*, 1984.

어려웠다.

반면, 헌법재판 국가에서 사법과 정치의 전통적 구분을 극복한 시각으로 헌법재판과 정치의 관계를 보는 관점은 적지 않다. 정치학의 오랜 연구방법인 행태주의도 미국 연방 대법원의 결정을 제도적 상호작용으로 본다. 행태주의를 포함한 정치법학은 현재도 이 관점을 유지한다.75) 최소개입만으로 문제를 극복하려는 안이한 태도를 비판하는 입장도 법과 정치의 구분을 지양한다.76) 독일 연방헌재와 정치의 관계도 헌법재판을 경험함으로 써 정치가 자신의 입법과 정책에서 헌법재판을 고려할 수밖에 없다는 예선적 효과 (Vorwirkung)의 시각으로 이해된다.77) 법률발안 단계에서 의회담론 중에 법률안이 헌법 재판결정에 합치되는지의 여부가 검토된다는 것이다. 헌법재판이 그 기능적 차이를 고려 한 체계 적합한 역할분배를 찾는다는 독일의 기능법적 이해도 사법을 정치와 구분된 고 립적 영역으로 보려는 것이 아니라 정치와의 관계 속에서 보려는 것이다.78) 이들은 헌법 정치적 이해 공유를 통해 헌법재판이 정책형성자인 정부나 의회와 지속적이고 고도로 구 조화된 대화에 참여하는 데 주목함으로써 기존의 사법우위 찬반론을 극복한다. 헌법문제 해석과 결정에서 사법과 정치만의 대화를 넘어 이익단체 같은 이해관계 집단의 의견도 개입된 폭넓은 헌법적 대화(constitutional dialogues)에 주목함으로써 사법우위에 대한 단 순한 문제 해결방식을 지양한다.79) 헌법재판은 자신의 결정이 지닌 목표를 위해 정치의 반응을 예상해야 하므로 일방적일 수 없다. 정책변화에 영향을 주는 결정을 만드는 재판 관은 정책적 이익에 의해 움직인다.80) 정치와 헌법재판의 어느 일방이 헌법문제를 좌우 할 수 없다. 헌법재판이 일방적 정치형성으로 정치의 문제에 월권하는 것은 불가능하다.

---

75) James R. Rogers, Roy B. Flemming and Jon R. Bond (eds.), *International Games and the U.S. Supreme Court*, Charlottesville: University of Virginia Press, 2006; Alec Stone, *The Birth of Judicial Politics in France*, 1992, 253.

76) Michael J. Perry, *The Constitution in the Courts*, 1994, 4-7, 28, 53-55, 83, 199-204.

77) 크리스티안 슈타르크(Christian Starck), "권력분립과 헌법재판", 2010, 491; Christoph Gusy, *Parlamentarischer Gesetzgeber und Bundesverfassungsgericht*, 1985, 261; Klaus Schlaich, *Das Bundesverfassungsgericht*, 2004, 382.

78) Alexander von Brünneck, *Verfassungsgerichtsbarkeit in den westlichen Demokratien*, 1992, 155.

79) Louis Fisher, *Constitutional Dialogues*, 1988, 3-8, 275-279; John Agresto, *The Supreme Court and Constitutional Democracy*, 1984; Christopher Zorn, "Institution and Independence in Models of Judicial Review", James R. Rogers, Roy B. Flemming and Jon R. Bond (eds.), *International Games and the U.S. Supreme Court*, Charlottesville: University of Virginia Press, 2006, 43-68; Sally J. Kenney, William M. Reisinger and John C. Reitz (eds.), *Constitutional Dialogues in Comparative Perspective*, 1999의 여러 논문, 특히 그중 Alec Stone Sweet, "Constitutional Dialogues", 1999, 8; Alec Stone, "Complex Coordinate Construction in France and Germany", 1995; Dieter Grimm, "Constitutional Adjudication and Constitutional Interpretation", 2011, 29.

80) Andrew D. Martin, "Statutory Battles and Constitutional Wars", 2006, 5-13.

헌법재판에 따라 정치행위도 변화하고 변화된 정치행위로 인해 헌법재판도 변한다. 헌법재판의 효과는 위헌선언이라는 직접적·부정적 차원이 아니라 간접적·전망적인 것이다. 헌법재판으로 인해 정부나 의회는 법률을 다룰 때 사례에 순응하고 헌법적 판단을 예상해야 하므로 입법의안의 사전 위헌성 심의를 할 수밖에 없다. 의회와 헌법재판의 상호작용 구조화로 입법과정도 큰 틀에서는 헌법정치 영역이 됨으로써 헌법재판과 정치는 상호규정적이다.[81]

헌법적 대화를 통해 입법자는 결국 헌법적 판단자(constitutional adjudicator)가 된다. 헌법해석은 헌법정치의 핵심이기에 규범적 구조를 심각히 고려할 수밖에 없는데 여기서 헌법은 헌법재판기관에 의한 헌법적 권리보호만을 넘어 입법자가 권리를 향유하기 위해 필요한 조건을 창출하게 만든다. 위헌심사는 헌법적 정책결정, 즉 헌법에 따라야 할 규범이나 행위의 본질에 관한 논쟁을 해결하기 위해 헌법규정의 의미를 결정하는 헌법적 정책결정행위로 된다. 헌법규정에 대한 유권해석은 미래의 정책결정과 논쟁해결에 관한 강력한 전망적 효과를 낳는다. 그 해석은 어떤 정책통로는 정당화하고 다른 통로는 부당하다고 이해시키는 신호를 의회에 보낸다. 정파적 이해관계를 반영한 헌법논쟁을 통해 의회는 헌법적 권리와 헌법적 이익의 균형을 이룸으로써 사법행위와 입법행위가 혼재되고 일방의 행위가 타방의 행위를 구성하게 된다. 정치인은 헌법재판관처럼 행위하고 헌법재판기관 역시 이러한 행위를 인식하고 환영하게 된다.[82]

헌법재판과 정치의 헌법적 대화는 권력분립의 상호 견제를 통한 균형과 유사하지만 다른 의미다. 우선 헌재와 정치 간의 헌법적 대화는 상호 견제와 균형으로 유지되는 고전적 권력분립의 형식으로 직접 이해되는 것은 아니다. 둘째, 정치적 기관이 헌법재판과의 관계를 상호 견제로 보더라도 헌법적 대화의 존재까지 곧바로 승인하는 것은 아니다. 셋째, 지속적 관계로서의 헌법적 대화는 권력분립의 어떤 단면에서 실체를 가시적으로 확인하기도 어렵다. 그러나 헌법재판이 민주적 대표의 결정에 대한 잠정적인 헌법적 의문 검토와 헌법적 근거 확인이라는 이해가 공유될 때 헌법재판과 정치의 헌법적 대화도 가시적인 실체를 드러낸다. 민주주의를 선도하거나 대체하는 조정이 아닌 사후적이고 승인적인 의미로서의 헌법재판이 다수결정에 대한 헌법적 의문의 검토와 다수결정을 위한 헌법적 근거의 확인에 임무를 국한하고 있음이 정치에 의해 받아들여진다는 것은 성숙된

---

81) Alec Stone Sweet, *Governing with Judges*, 2000, 61, 73; Alec Stone, "Complex Coordinate Construction in France and Germany", 1995, 205-225; Christine Landfried, "Constitutional Review and Legislation in the Federal Republic of Germany", 1988, 159-160.

82) Alec Stone Sweet, "Constitutional Dialogues", 1999, 9-40.

헌법적 대화가 없이는 불가능함을 쉽게 알 수 있기 때문이다.

헌법적 의문 검토와 헌법적 근거 확인을 위한 헌법재판의 논증은 정치와의 헌법적 대화를 이끌 수 있다. 물론 헌법재판은 헌법문제에서 대통령이나 국회의 결정에 대해서도 부정적 의견을 말하도록 수권받았다. 그럼에도 헌법적 대화의 조건들이 성숙하면 정치는 헌법재판을 민주주의의 정상작동을 위한 환기의 역할로 받아들일 수 있다. 때로는 정치가 순응하지 않을 수도 있다. 정치적 기관 간의 분쟁에서 헌법재판은 불신당하기도 한다. 한 기관이 상대기관이 헌법재판에 순응하리라고 확신하지 못한다면 헌법적 이슈를 의뢰하기를 주저할 수도 있다. 그러나 헌법재판은 그런 상태에서도 고도의 정치적 평형상태로 이동시키기 위해 주의 깊은 전략적 행동을 함으로써 전체로서의 헌정질서를 위한 역할에 집중할 수 있다.[83] 헌법정치적 분쟁의 양 당사자의 이해관계를 고려한 전략적 행동으로 헌법적 대화를 유도할 수 있다.

(3) 헌법재판의 민주적 역할 승인

헌법재판은 정치가 전가한 민주적 책임을 정치에 환기시킴으로써 결과적으로 정치적 역할을 한다. 기본권 보호를 넘어 정치영역으로 확장되는 그러한 역할에 반발이 없는 것은 아니다.[84] 그러나 선거승리와 일상정치의 지배권 장악에 장애가 될 민주적 책임과 결부된 위험부담을 경감하려는 정치가 전가한 책임을 헌법재판이 불가피하게 담당하기에 그 역할은 용인된다. 갈등적 정치쟁점들이 정치의 필요에 의해 대부분 헌법재판관에 의한 결정을 요청받고 있는 이상 불가피한 역할이다.[85] 헌법재판은 헌정주의 원리로 작동하되 민주주의의 헌법이슈를 다룬다. 헌법적 의문 검토와 헌법적 근거 확인은 민주주의의 대표가 전가한 책임을 분담하는 민주적 역할이다. 그로 인해 헌법재판은 사법을 넘는 정치적 의제설정으로 보인다. 정치가 헌법재판의 정치적 입장을 사전에 고려해 제소하기 때문에 결정은 더욱 정치적 기능으로 부각될 수 있다.[86] 그러나 민주주의를 위한 책임의 수행은 정치형성이 아니다.

이는 노무현 대통령 탄핵심판 그리고 신행정수도 결정과 그 후속 대응에서 확인된다.

---

83) Tom Ginsburg, *Judicial Review in New Democracies*, 2003, 73-74.

84) Jesse H. Choper, *Judicial Review and the National Political Process*, 1980, 1-3.

85) Carlo Guarneri and Patrizia Pederzoli, *From Democracy to Juristocracy? The Power of Judge*, 2002.

86) Vanessa A. Baird, "The Effect of Politically Salient Decisions on the U.S. Supreme Courts's Agenda", *The Journal of Politics*, 66:3(2004), 755-772.

87년 민주화 이후 모든 정권은 집권기 전부 혹은 일부 동안 예외 없이 정치교착을 경험했다. 노태우 정부의 집권 민정당은 교착을 돌파하기 위해 김영삼의 통일민주당 그리고 김종필의 신민주공화당과의 3당 합당으로 1990년 초 민주자유당이라는 거대 여당을 만든다. 김영삼 정부도 1996년 제15대 총선에서 집권 신한국당이 과반수의석 확보에 실패하자 무소속 및 야당의원 빼내 오기로 인위적 세력개편을 시도한다. 합당이나 의원 빼내오기로 정치적 불신과 반목은 더 깊어졌다. 그 국면에서 헌법재판은 본격적으로 정치현안을 다루게 된다. 노태우 정권 당시 국회 내 국회의장과 국회의원 간 권한쟁의심판과 대통령의 지방자치단체장 선거일불공고 헌법소원이 제기되고 김영삼 정권의 인위적 정계개편도 국회구성권 침해를 이유로 헌법소원이 청구된다.[87] 권위주의세력을 누르고 집권한 김대중, 노무현 정부에서는 국회를 지배한 야당인 구권위주의 세력과의 격돌이 더 빈번해진다. 김대중 정부도 내용적인 분권형 대통령제를 시도하며 돌파구를 찾는다. 1997년 당시 새정치국민회의를 이끈 김대중은 대선에서 자유민주연합의 김종필과 단일화하고 집권 뒤 일종의 연립정부의 국무총리서리로 김종필을 임명해 프랑스형 동거정부의 한 축인 책임총리제의 한국적 가능성을 타진한다. 그러나 한국의 대결적 정치문화와 대권의 분할행사를 받아들일 만한 의식의 부재로 해결책이 되지 못한다. 대만에서 집권 초기 천수이벤(陳水扁) 정부가 국민당총리를 임명함으로써 동거정부를 시도했지만 수개월을 버티지 못하고 해체된 사례보다 한국의 상황은 더 심각했다.[88] 프랑스처럼 집행권의 이원성에 의해 실권을 가진 수상도 아닌 취약한 국무총리를 전제로 한 동거정부는 시작부터 난관에 부딪힌다. 임명에 강력 반대하며 대치로 치닫던 야당이 총리서리 임명에 대한 권한쟁의 심판청구와 직무집행정지 가처분신청을 낸다.[89] 대통령과 국회의 갈등으로 일상화된 정치교착이 헌재에 본격 주목한다.

총리서리임명 사건의 헌법적 쟁점은 대통령제에서 각료에 대한 국회의 해임건의권이 있더라도 총리직 유지를 위해 국회의 신임은 요하지 않지만 국회의 동의권이 임명을 사전에 좌절시킬 수는 있다는 것이다.[90] 교착의 정점에서 제기된 이 사건은 헌법이슈의 외

---

87) 헌재 1998.10.29, 96헌마186, 판례집 제10권 제2집, 600면 이하. 국회구성권침해 위헌확인 헌법소원에서 헌재는 대의제 민주주의에서 국민의 국회의원 선거권이란 국회의원을 보통·평등·직접·비밀선거에 의하여 국민대표자로 선출하는 권리에 그치며, 국민과 국회의원은 명령적 위임관계에 있는 것이 아니라 자유위임관계에 있으므로 유권자가 설정한 국회의석분포에 국회의원들을 기속시키고자 하는 내용의 국회구성권이라는 기본권은 오늘날 대의제도의 본질에 반하는 것이어서 헌법상 인정될 여지가 없고, 대통령에 의한 여야 의석분포의 인위적 조작행위로 국민주권주의나 복수정당제도가 훼손될 수 있는지 여부는 별론으로 하고 그로 인해 바로 헌법상 기본권이 침해되는 것은 아니라고 한다.

88) 최장집, 『민주주의의 민주화』, 2006, 107-108.

89) 헌재 1998.7.14. 98헌라1, 판례집 제10권 제2집, 1면 이하.

형을 두른 정치공세였다. 뒤바뀐 처지에서 전통적 투쟁정당인 구야당의 모습을 답습한 거대 야당 한나라당은 임명된 김종필 후보자의 도덕성, 5·16 가담전력, 경제 비전문성 등을 들며 당론으로 인준반대 입장을 정해 여당이 표결을 강행할 경우 임명동의안을 부결시킬 판이었다. 대통령제의 분점정부가 의미하는 독점적 정당구도도 해체상황이었다. 헌재는 정당정치의 구도변화가 만든 문제에 직면했다. 독점적 지배정당의 소멸과 양대 정당체제로의 재편이 만든 세력교체 가능성이 만든 문제였다.[91] 헌재는 소송절차적 이유를 명분으로 맥없이 각하한다. 전례 없는 총리서리임명의 헌법적합성 다툼이 실은 정치공세라면 어떠한 헌법해석도 야당인 한나라당을 설득할 수 없었다. 헌재가 소송절차적 이유로 말하고자 한 사법 외적 해결요청은 읽혀지지 않고 과거 대법원의 정치문제법리를 동원한 결론의 예와 마찬가지로 탈정치의 그늘에 안주한 사법으로 매도된다. 사법적 회피로 치부된 헌법재판은 제도적 무용론까지 불러왔다.

양대 정당체제가 만든 정권교체 가능성이 다시 현실화되면서 노무현 정권으로 이어지자 한나라당의 위기감은 극에 달했다. 재집권을 염두에 둔 공세의 정점에서 국회의 다수파 야당 한나라당은 무리수를 둔다. 때마침 구여권계의 갈등으로 집권 열린우리당과 분열하면서 야당이 된 민주당도 협조한다. 두 야당을 중심으로 2004년 대통령탄핵소추를 의결하면서 탄핵심판은 헌재에 맡겨진다. 헌재는 탄핵사유인 중대 위법성은 없지만 대통령이 선거중립의무는 위반했다고 한다. 중앙선관위 결정을 비판한 것이나 재신임국민투표를 제안한 것이나 기자회견에서 특정정당지지를 밝힌 것 등이 모두 허용되지 않는다고 했다. 대통령이 소속정당을 위해 정당활동을 하는 사인으로서의 지위와 국민 전체에 대한 봉사자로서 공익을 실현할 헌법기관으로서의 지위는 구분된다고 했다. 논란을 부른 소결론이었다. 사인 지위로 볼 때는 직무집행상의 위헌, 위법이라는 탄핵사유를 벗어날 수도 있어 죄형법정주의의 관점에서 명확한 위헌, 위법을 인정받기 어렵다면 3·12 탄핵 사태는 입법의 흠결로 탄핵소추 자체가 부당하다고 판단될 수도 있었기 때문이다.[92]

그럼에도 기각결정 이유에서 대통령의 위법성을 지적한 이유는 정치사회적 배경에서 읽혀진다. 김대중은 물론이고 노무현도 주로 진보세력의 지지로 당선되었다. 6공 이후 확

---

90) Juan J. Linz, "Presidential or Parliamentary Democracy: Does It Make a Difference?", 1994, 30.

91) Park Chan-wook, "Partisan Conflict and Immoblisme in the Korean National Assembly: Conditions, Processes, and Outcomes", Choi Sang-yong (ed.), *Democracy in Korea: Its Ideals and Realities*, Seoul: Korean Political Science Association, 1997, 295.

92) 박명림, "헌법, 헌법주의, 그리고 한국 민주주의", 2005, 259; 박명림, "민주주의와 헌정주의", 2009, 358-360.

인된 이념적 차이의 공존은 두 대통령의 당선으로 더욱 확고해졌다. 반공안보 이데올로기가 보혁 대립구도로 전환되어 정착되면서 진보이념이 재야나 운동권의 전유물로서의 대항이데올로기에서 사회전반에 보다 보편화된 존재양식이 되었다. 냉전반공 이데올로기도 여전히 거대세력으로 온존하지만 대립적 입장이 정책결정 주도세력이 된다. 이 상황은 노무현 정부에서 정점에 달했다. 이는 한국사회의 전반적 균열구조라고 불렸다. 균열은 관용을 모르는 증오와 적대의 수준에 도달해 있었다.[93] 그 해소는 보혁 갈등구조를 일상정치에서 적절하게 정책에 담아내야 할 정치의 몫이었다. 그러나 정치는 집권유지 혹은 재집권을 위해 이를 비정책적 투쟁으로 상승되도록 부추김으로써 선거를 겨냥한 일상적 정치주도권 장악의 수단으로만 이용했다. 그 산물이 탄핵사태다. 거대 야당인 한나라당 그리고 집권 열린우리당과 결별한 민주당이 선거를 통한 재집권을 노리고 탄핵소추로 정치적 지배권 재장악을 노렸다. 헌법이슈의 실체인 정치공세를 확인한 헌재는 탄핵심판의 핵심을 주문인 기각보다는 이유에서 설득적으로 제시해야 했다. 이미 결정 이전에 확인된 17대 총선결과로 탄핵반대 민의가 확인됨으로써 기각결정 이유에 국민적 시선이 집중되었다.

어떤 형태로든 정치적 책임만 실릴 이 결정에서 헌재는 중대한 헌법위반은 아니라는 결정이유를 제시했다. 중대한 헌법위반이라는 개념은 실은 판단자의 재량에 전적으로 좌우되는 것에 불과했다. 비판은 결정이유가 밝힌 논증의 타당성에 집중되었지만 최소한 중대한 헌법위반이라는 개념에 문제의 핵심, 즉 노무현 대통령이 직위를 계속할 수 있는지를 판단하기 위한 혹은 유사 사례가 향후 재발할 경우에 대비한 명확한 기준이 담겨 있다고 보기는 어려웠다. 대통령의 직위 유지를 전제로 했기 때문에 제시이유들은 탄핵지지 세력의 반격을 약화시킬 용도에 불과했다. 또 다른 논쟁을 불러일으킬 수 있더라도 헌법재판과 정치의 치명적 관계악화를 막는 방책이었다. 헌법재판이 민주주의 결정을 주도할 수 없는 이상 탄핵심판도 헌법재판이 정치에 대해 형성하는 상호적 관계 안에 있었다. 헌법재판은 정치와의 관계를 유지하는 논증을 제시했는데 이는 주변적 쟁점에 주로 초점을 맞춘 것에 불과했다. 헌법적 논쟁이 더욱 핵심에서 벗어나고 주변적 논쟁에 초점을 맞추면 헌법해석기관의 우월한 해석적 권위를 정치적 권력이 대체하려는 경향은 약해질 수밖에 없다. 반면, 정치적 논쟁이 헌법적 토대 자체에 초점을 맞추면 사법적 권위는 더욱 박약해지고 다른 정치적 기관들은 해석적 우월성에 대한 더 강력한 주장을 만들게

---

93) 강원택, 『한국의 선거정치』, 서울: 푸른길, 2003, 313-333; 한상희, "민주화시대의 헌법", 2007, 99; 박명림, "사회국가 그리고 민주헌정주의", 2006, 17-18.

된다.[94] 결정이유들이 비록 배가된 논쟁의 빌미가 되었더라도 탄핵소추를 만든 헌법이슈 이면의 정치세력 간 주도권 분쟁을 고려한 헌법재판이 해석적 권위를 스스로 낮춘 의도 는 정치와의 헌법적 대화 시도라고 볼 수 있을 것이다.

신행정수도건설특별법 위헌결정 이후 국면에서도 헌법적 대화는 발견된다. 후속 대체 입법인 2005년의 행정중심복합도시건설특별법에 대해 헌재는 스스로의 이전 결정이 손 상될 우려가 있음에도 합헌결정 한다. 신행정수도 위헌결정으로 정치권의 거센 반발에 직면했던 헌재가 유사한 내용의 행정중심복합도시법을 위헌이 아니라고 한 것은 국회와 헌법재판의 헌법적 대화의 결과였다. 대통령과 행정부의 정책결정의 위헌성이 단순한 정 책 실패라면 근본적으로 정치적 책임추궁으로 해결되어야 한다.[95] 그런데 앞선 신행정수 도법에서는 국회 특히 거대 야당인 한나라당과 민주당이 대통령의 정책 실패로 판단되어 야 할 사항을 국회에서는 묵인하다가 결국 헌법적 책임으로 추궁되도록 방치했다. 헌법 재판의 결론은 전가된 민주적 책임문제의 근원을 환기시킨 위헌결정이었다. 국회합의의 진의를 밝히라는 것이었다. 그러나 행정중심복합도시법은 위헌결정을 통해 국민적 이슈 화를 거치면서 대표의 충분한 합의를 반영한 결정이므로 민주적 책임의 소재를 확인할 필요도 없었다. 신행정수도 결정과 마찬가지로 수도를 둘로 나누는 것으로 국정수행 비 효율성과 국가경쟁력 저하를 문제 삼은 이 헌법소원에서 행정복합도시는 수도 지위가 아 니고 특별법에 의해 수도가 이전한다거나 수도가 서울과 행정복합도시로 분할되는 것이 아니라 했다. 국회와 대통령이 소재한 서울은 여전히 정치와 행정의 중추기능 수행지이 고 경제와 문화 중심지이고 대법원과 헌재 등 사법핵심도 수도에 있어 국가상징 기능을 여전히 수행한다고 했다.[96] 신행정수도법에서 드러난 국회 내 여야의 진정한 합의의 존 재에 관한 의문은 재차 국회에서 행정복합도시법이 통과됨으로써 해결되었다. 앞선 위헌 결정 취지에 부합하도록 수도이전에 주안점을 두지 않은 후속 대체입법은 헌재와 국회의 헌법적 대화의 산물이었다.

미국의 1930년대 뉴딜행정부와 사법부의 갈등의 귀결도 사법과 정치의 대화를 보여준 다. 뉴딜입법 위헌판결에 대한 정치의 반발은 사법의 특수한 결정이 보편적·영구적 결 정으로 받아들여지는 것에 대한 거부였다. 사법의 의견이 최종결론이나 미래공공정책의 결정적 요소일 수 없기에 부동의 했던 것이다. 그러나 일련의 반목을 거친 뒤 정치적 행

---

94) Keith E. Whittington, *Political Foundations of Judicial Supremacy*, 2007, 22-23.

95) 장영수, "정책결정에 대한 헌법적 통제의 의미, 범위 및 한계", 2009, 112.

96) 헌재 2005.11.24. 2005헌마579, 763(병합), 판례집 제17권 제2집, 481면 이하.

동에서 헌법적 교의와 해석은 사법부만의 영역이 아니고 서로 간의 대화의 결과일 수밖에 없음을 양쪽 모두 수긍하는 결론에 다가선다. 사법적극주의가 공공정책의 형태로 표현된 민주적 희망을 전복시킬 수는 없다. 민주주의가 사법심사에 의해 설득되지 않는 한 사법심사는 패배할 수밖에 없다는 이해였다. 사법은 그런 한계를 알기 때문에 유연해졌다.[97] 의회와 사법의 대화에서 사법심사를 통과하기 위해 무효화된 입법을 재작성하는 의회의 능력을 사법부는 안다. 새 입법이 다시 사법에 판단을 요청할 수 있음을 잘 안다.[98] 헌재가 정치의 그런 능력을 모를 리 없다면 행정복합도시법 합헌결정은 단순한 입장변화나 앞선 결정의 오류 인정이 아니라 정치와의 헌법적 대화의 결과였다.

뉴딜 의회나 행정부의 사법비판과 마찬가지로 신행정수도법결정에 대한 정치의 비판도 헌법재판과 정치의 헌법적 대화의 신호였다. 헌법재판은 정치의 선호와 반작용을 고려한다. 대표의 의사를 읽는다. 대화의 과정을 조성하고 대화가 민주적 자기표현에 기여하게 한다. 그래서 헌법이 기관 간 상호작용을 통하여 존재함을 확인시킨다. 헌법재판은 공동체를 구성하고 정치적 행동을 구조화하는 규범적 틀을 전개시킨다. 헌법과 정치적 환경 간 상호작용 관계를 보장한다.[99] 터쉬넷(M. Tushnet)이 말한 약한 형태의(weak-form) 사법심사다. 헌법재판과 정치의 헌법적 대화가 허용되어 정치와 헌법재판 해석이 규범적으로 동등한 것으로 간주된다. 정치에 의해 헌법재판 결정이 단기적으로 수정될 여지를 만든다. 이로써 헌법재판과 민주주의의 긴장도 감소된다.[100]

이견과 이해관계 대립의 다수제결정이 국민주권적 합의가 아니라는 부동의로 인한 민주주의의 운행장애나 갈등적 이견과 이해관계의 조정불능으로 인한 민주주의결정의 부전을 재검토하는 헌법재판의 역할은 정치와 헌법해석을 공유하면서 이루어진다. 헌재와 정치에 민주주의를 위한 헌법적 심판이 공유된다. 헌법적 대화로 정치와 헌법적 심판을 공유하는 헌재는 한국 대통령제의 불균형구조에서 민주주의로부터 승인받는다.

---

97) John Agresto, *The Supreme Court and Constitutional Democracy*, 1984, 93, 160; Louis Fisher, *Constitutional Dialogues*, 1988, 85.

98) John Agresto, *The Supreme Court and Constitutional Democracy*, 1984, 126; Louis Fisher, *Constitutional Dialogues*, 1988, 8, 84.

99) Tom Ginsburg, *Judicial Review in New Democracies*, 2003, 71-72.

100) Mark Tushnet, *Weak Courts, Strong Rights*, 2008, 23-24, 36, 44-47.

Ⅹ. 민주주의를 위한
헌법재판소 유지와 보완

1. 헌법재판소 제도 유지의 필요

(1) 민주적 정당성 해명의 선결 요청

헌재와 정치의 민주주의를 위한 이해 공유는 제도적 위협하에서는 제대로 부각되지 못한다. 사법심사와 정치의 관계를 헌법적 대화의 관점에서 보는 논의는 미국에서도 사법심사 초기에는 발견되기 어려웠다. 헌법적 대화의 관점은 헌법재판이 제도적으로 안정화되어 있을 때 주목받는다. 따라서 헌재에 대한 제도적 위협이 아직 상존하는 한국에서 정치와의 이해 공유를 보는 입장은 헌재에 대한 제도적 안정화 논의와 병행되어야 한다. 그런 제도적 안정화 시도는 헌재 제도개혁 내지 역할 조정론에 대응 가능한 것이어야 한다.

〈표 8〉 개헌 관련 헌법재판소 제도개혁 내지 역할조정 논의

	대법원 측(흡수통합론)	헌법재판소 측(독자기관론)
요지	대법원이 헌법재판 관장 대법원 내 헌법재판부 설치	헌법상 분리된 별개 기관 현행 제도대로 유지
논거	최종헌법 해석기관 일원화 법해석 불통일 갈등 해소 사법권 일원화 필요 사법부 위상 강화에 기여 한정합헌 등은 입법내용 변경 대법원에 전문부 체제 도입 헌법재판부 설치하면 효율적 헌재는 삼권분립상 역할 모호 민주화 산물인 헌재 소임 종료 입법심사 민주적 정당성 의문	헌법해석 전문기관 필요 대법원 거대권력화 우려 양 기관 모두 업무 폭주 법원 사법작용 모두 정치화 우려 과거 대법원이 헌법재판 포기 기본권 보장 위한 세계적 추세 양 기관 분리가 대세 민주화 이후 20여 년 제 역할 대법원장 지명권 폐지 재판소원 도입 해석일원화

법원 측 및 그 동조적 입장 그리고 사법개혁론 일부는 헌재를 폐지하고 대법원이 그 기능을 담당하거나 대법원의 헌법재판부로 운영하자고 주장한다. 헌법재판부는 특별법원이 아니라 단지 법원의 전문부이므로 그 모두는 헌법재판을 대법원에 귀속시키자는 흡수통합론이다. 이 주장은 헌재 출범 직후인 1990년대 초부터 이어져 왔다. 논거는 대체로 사법권이 일반재판권과 헌법재판권으로 이원화되어 헌법해석과 규범통제에서 갈등하므로 대법관 증원과 헌법재판전문부 체제 도입으로 사법권행사 효율성을 제고하고 해석상 모순을 방지할 필요가 있고, 헌재는 삼권분립원칙에도 걸맞지 않고 근본적으로 과도기적

제도로 이미 소임을 다했다는 것 등이다.[1] 정치의 결정에 굳이 사법적 기관이 간섭할 필요가 없다는 주장도 담기는 했지만 대체로 한국에서 헌재보다 분산형 내지 비집중형 사법심사가 더 효율적이라는 데 주안점이 있다. 집약하면 굳이 헌법재판소제도에 집착할 필요가 없다는 것이다.

헌법재판소제도는 지난 50년간 유럽과 신흥민주주의를 중심으로 세계적으로 확산되었고 1990년대 이후에는 동유럽, 중부유럽, 러시아연방, 남동유럽에까지 범위를 넓혔다. 그러나 영국, 덴마크, 스웨덴, 네덜란드 등은 민주적이고 안정된 국가지만 헌법재판제도 자체가 없고[2] 미국이나 일본 등 일부 국가는 법원의 사법심사로 운영한다. 따라서 헌재가 한국적 요청에 부응하는 제도인지는 비교법적으로 돌아볼 필요는 있다. 이제까지 그런 재고가 없던 것은 아니다. 헌정 초기부터 있던 헌법위원회나 헌법재판소 같은 특별기관과 사법심사 법원의 차별성과 그에 따른 비교우위에 관해 개헌논의 때마다 정치권과 법학계가 진단을 했었다. 다만 선택된 여러 헌법재판제도가 국민적 합의를 거쳐 수용된 것이라 보기는 어려워 시기나 범위상 제한적이었으므로 대법원 혹은 특별기관 중 어떤 제도가 적합한지를 평시에 국민적 차원에서 검토할 필요는 있다.

헌재는 미국처럼 사법부의 확장적 기능으로 헌법 내재화된 사법심사를 판례로 확인한 것도 아니고, 독일처럼 시대 이념적 요청에 따라 의회우위 국가의 한계를 넘기 위해 사법의 최고이자 독립기관으로 삼권의 요청에도 조응시킨 제도가 아니다. 헌재는 삼권과의 상관적 지위가 설정되지 않은 채 단지 사법부와 별도로 규정된 기관이다. 규정형식의 모호성으로 삼권에 대한 관계적 위상이 불분명해진 결과 작게는 같은 사법인 법원과의 갈등이 이어지고 크게는 삼권분립을 담은 헌정주의헌법의 필수기관으로 이해되지 않아 언제든 지배정치세력이 합의하면 헌재를 폐지할 수도 있다는 사고가 오늘날까지 지속된다.

---

1) 최대권, "헌법재판소의 정치학", 1993, 114; 김문현, "헌법재판제도의 개선을 위한 헌법개정의 방향", 2008, 233; 남복현, "헌법재판 관할권의 재설계: 현행헌법 20년 운영경험을 바탕으로", 『공법연구』, 한국공법학회, 제35집 제4호, 2007, 34-35; 정만희, 『헌법개정연구』, 2010, 282; 차동욱, "헌법에 대한 최종해석권 귀속문제와 헌법개정 논란", 강원택 편, 『헌법개정의 정치: 무엇을 어떻게 바꿀 것인가』, 인간사랑, 2010, 234; 신우철, "미국형 사법심사제의 도입은 가능한가?: 사법통계를 통한 일본·대만·한국의 법조현실 비교", 『법조』, Vol. 650, 2010, 6; 흡수통합론의 구체적 세부 주장을 보면 대법원이 헌법재판소 기능을 모두 흡수하는 방안과 양 기관을 통합해 새로운 최고사법기관을 창설하는 방안이 있고, 이 중 후자는 다시 대법원 내에 일반재판부와 구별되는 헌법재판부를 설치하는 방안과 고등상고부 설치를 전제로 별도 재판부를 설치함이 없이 하나의 전원합의체에서 관장하는 방안으로 구분된다고 한다. 최완주, "헌법재판제도의 재구성: 사법분열 방지를 위한 방안을 중심으로", 『법조』, Vol. 594, 2006, 36면(최희수, "헌법재판의 본질과 헌법재판소의 헌법상 편제", 2008, 177에서 재인용).

2) 네덜란드헌법 제120조는 의회입법과 조약의 헌법적합성 사법심사를 부정한다. 다만 이와 같이 헌법 명시적으로 사법심사를 부정하는 국가는 극소수다(Arend Lijphart, *Patterns of Democracy*, 1999, 224).

법원 측과 일부 학계를 중심으로 헌재를 폐지하고 그 기능을 사법부로 편입 내지 통폐합하자는 논의는 그런 사고의 연장선에 있다.

그러나 헌법재판 통폐합론이 정당성 해명을 소홀히 한 채 단지 제도형식의 선택에만 집중한 논의라면 현 단계에서는 시급한 것도 필요한 것도 아니다. 제도나 권능의 유형을 불문하고 헌법재판은 민주주의에서 그 정당성 해명이 요청된다.[3] 정당성 해명에 비하면 제도형식의 적실성 평가는 차 순위의 요청이다. 제도형식의 선택문제에서 정당성 문제까지 거론하더라도 대법원과 헌재의 제도개혁 내지 개편 공방은 민주적 정당성 해명의 관점에서는 별다른 득이 없다. 정당성 문제가 요청하는 대안을 포함해야만 제도형식 논란이라도 부처이기주의로 치부되지 않고 지지를 얻을 수 있다. 헌재를 삼권분립원칙에 어긋나는 제도로 보는 법원 측의 논거도 간혹 헌재가 민주적 정당성을 결여한다는 주장을 담는다. 그러나 통폐합론이 헌재의 정당성 문제를 지적해도 반대로 대법원에 귀속되면 정당성의문이 해결될 것인지의 답을 주는 것은 아니라면 편의적 논리에 불과하다. 사법부에 의한 미국의 사법심사도 강한 형태의 사법심사다. 강한 형태의 사법심사인 미국법원에서도 민주적 정당성 문제는 줄지 않았다.[4]

헌재의 정당성해명에 무관심한 통폐합론은 맡고자 하는 기능의 정당성의문을 인수하겠다는 것이다. 그것은 사법이 자신의 정당성을 부정하는 자기부정 행동과 같다. 사법심사로 정당성의문을 떠맡는다면 대책 없이 감수하겠다는 자기부정이다. 이는 통폐합론이 사법에 관한 독점적 지위의 장애물을 없애려는 부처이기주의에 의해 전망적 시각을 상실한 논의이거나 헌재를 폐지하려는 정치권의 의도에 이용당하는 논의일 수 있음을 보여준다. 흡수통합론 제기가 법원의 주장이 먼저이고 정치권이 이에 동조했다면 전자이고 정치권의 주장에 법원이 동조했다면 후자일 것이다. 독일연방헌재나 한국헌재 그리고 미국연방대법원 모두 제도형식을 불문하고 강한 형태의 위헌심사기관이고, 한국에서 3공 말기 대법원조차도 비록 실패했지만 강한 위헌심사의 가능성을 보여주었다면 헌법재판권의 법원귀속은 강한 위헌심사가 만드는 정당성의문에 대한 해명과는 무관한 권한귀속 다툼에 불과할 수 있다.

---

3) 라이너 발(Rainer Wahl), "헌법재판제도의 유형", 2002, 567.

4) Mark Tushnet, *Weak Courts, Strong Rights*, 2008, 16-33.

(2) 헌정주의와 민주주의의 병존

한국에서 집중형[5] 위헌심사기관인 헌재는 여전히 필요하다. 우선 신흥민주주의에서 헌정주의와 민주주의를 아우른 헌법적 요청이 있다. 신흥민주주의에서 민주주의와 헌정주의적 법치, 권력분립, 기본권 보장은 한 맥락에서 혹은 동시에 추진되어 구분되기 어렵다. 한국에서 민주주의는 역사적으로 헌정주의와 별개로 추구된 전통적인 서구의 경로와는 다른 발전과정을 밟았다. 지난 한 세대 동안 헌정은 민주주의의 성장이 법의 지배로 확보되는 기본권의 성장을 가져왔음을 보여준다.[6] 민주주의의 과제가 민주주의의 형식이 아닌 실질을 추구하는 것이었기 때문이다. 서구에서 이들은 각기 다른 원리로 평가되지만 한국에서 이들은 제헌기에 동시에 규범 차원에서 수용되고 현실정치에서는 제대로 반영되지 못하다가 87년 민주화 이후 병존적으로 헌법현실에 반영되기 시작했다. 87년 헌법은 헌법현실에서 이들의 동시적 전개를 통해 보장되었다. 두 원리를 병존시킨 의지는 헌재에도 반영되었다. 87년 헌법이 추구한 민주주의 실질화와 헌정주의 보강을 위해 제도적·기능적으로 집중화된 헌법재판기관이 요청되었기 때문이다.

제2차 세계대전 이후의 국가수준의 위헌심사를 몇 유형으로 대별한다면[7] 한국 헌재는 탈권위주의적 민주주의 이행의 산물이다. 헌정주의를 형식화한 권위주의는 한국에서 민주화 이전의 일관된 체제였다. 한국에서는 탈권위주의가 민주주의와 헌정주의의 동시적 보장 요청이 되었다. 탈권위주의 헌법이념은 국민의 지배로서의 민주주의의 가치를 담고 동시에 대표의 정치에 대한 통제를 보장하는 헌정주의적 결론이었다. 민주주의로 국민의

---

5) 헌법재판의 제도적 유형은 흔히 미국식 분산형(diffus)과 오스트리아에서 유래된 집중형(konzentriert)으로 구분하는데(Alexander von Brünneck, *Verfassungsgerichtsbarkeit in den westlichen Demokratien*, 1992, 28-30), 일반법원에 의한 미국식 비집중형(분산형)과 특정 헌법재판기관에 집중된 집중형으로 구분할 때, 포괄적 헌법재판영역에 속하는 선거소송이나 명령, 규칙 위헌심사권을 일반법원이 가지는 한국은 특정 헌법재판기관과 일반법원이 헌법재판권한을 분점한 혼합형으로 이해되기도 한다(헌법재판소, "현행 헌법상 헌법재판제도의 문제점과 개선방안", 2005, 22-24). 그러나 헌재가 헌법재판영역의 핵심을 관장하고 있고 미국식 비집중형과의 차별성을 부각하기 위해 집중형으로 보는 것에 큰 무리는 없다; 집중형과 비집중형 사법심사기관의 제도적 적용과 효율성에 관한 상세 분석은, 마우로 카펠레티(Mauro Cappelletti), 『현대헌법재판론』, 1989, 66-91; Mauro Cappelletti, *The Judicial Process in Comparative Perspective*, 1991, 132-148.

6) 박은정, 『왜 법의 지배인가』, 2010, 205.

7) 허쉴에 의하면 첫째는 정치적 재건형으로 일본(1946년), 이탈리아(1948년, 1956년), 독일(1949년), 프랑스(1958년) 등이다. 둘째는 탈식민화 독립형으로 영국 식민지였던 인도(1950년), 가나(1957년), 나이지리아(1959년), 케냐(1960년) 등 아프리카제국이다. 셋째는 유사민주주의나 권위주의에서 민주주의로의 이행형태로 남아프리카공화국(1995년), 그리스(1975년), 포르투갈(1976년), 스페인(1978년) 등 남유럽국가와 니카라과(1987년), 브라질(1988년), 콜롬비아(1991년) 등 남미국가다. 넷째는 서구민주주의와 시장경제 두 가지 모두로의 이행의 결과인 이중이행형태로 폴란드(1986년), 헝가리(1989-1990년), 러시아(1990년), 체코-슬로바키아(1993년) 등 탈공산화, 탈소비에트 국가들이다(Ran Hirschl, *Towards Juristocracy*, 2004, 7-8).

사에 따르고 헌정주의로 정치에 대한 제한이념을 승인해 신흥민주주의의 안정화를 담보하려 했다. 거기서 헌정주의는 민주주의의 결정이 헌법이념의 테두리를 벗어나는 것을 막으려는 의식적 노력이었다. 민주주의가 탈권위주의적 헌정질서 회복으로 이해되면서 헌정주의는 민주주의 보장책이었다.

물론 헌법재판의 헌정주의가 민주주의 공고화기에도 여전히 민주주의 보장책인지는 의문이다. 오늘날에는 헌법재판이 민주주의 보장수단이 아니라고 인정된다면 헌법재판을 헌재가 계속 담당하는 게 적절한지의 의문, 예를 들면 대법원의 헌법재판담당론이 지지받을 수도 있다. 그러나 민주화 이후에도 대통령과 국회의 대표체계가 균형을 이루지 못하는 상황은 헌재의 출범기 이념인 헌정주의와 민주주의의 병존요청이 아직도 존재함을 알려준다. 권위주의 시기 권력집중과 반법치, 반민주와 인권침해의 핵이던 대통령과 이에 맞서던 국회는 민주화 이후에도 갈등적 대치에서만 존재 기반을 찾는다. 그래서 국회와 행정부를 다른 당파가 장악하면 국정이 정체되고 동일한 당파가 장악하면 권력제약이 작동하지 못한다. 그렇다면 대통령과 국회로부터 중립적인 집중형 위헌심사제도 특히 헌재 같은 집중형 특별기관은 정치적 역할이 본질상 불분명한 일반법원인 대법원보다는 교착 해소라는 요청에 더 부합한다고 볼 수 있다.

(3) 정치적 사법의 상대적 자율성

둘째는 민주주의를 위한 헌법보장기관의 정치로부터의 상대적 자율성 요청과 관련된다. 민주주의가 다양한 이념대립의 논쟁적 해소를 통해 유지될 수밖에 없다면 민주주의를 위한 헌법보장기관의 상대적 자율성은 필수적이다. 각국에서 의회 혹은 삼권의 대표적 임명체계에 의한 헌재재판관 선임은 이념적·정치적 공방을 통해 여과되고 있다. 그 결과 대립적 이념의 스펙트럼이 유지됨으로써 단순한 사법의 인적·물적 독립성을 넘는 상대적 자율성도 확보된다. 반면, 일반법관 특히 대륙법계의 일반법관은 영미법계와 달리 대개 직업법관(career judges)이다. 그들의 직업적 훈련도 정책 지향적이 아닌 단지 해석적 결정기술에 치중한다. 그들은 매우 젊은 나이에 사법부에 들어와 기술적 역량과 연공서열에 기초해 최고법원으로 승진한다. 승진은 이념적 정치적 공방에서 여과된 선택이 아니라 대부분 지배정치세력에 의한 일방적 결정이다. 최초의 임명은 정치적 영향력에서 절연되어 있더라도 최고법원으로의 승진은 정치에 의해 좌우된다. 그것은 다양한 배경에서 공개적 방식으로 정치적으로 선택되는 영미법계 보통법 국가들에서의 최고법원 법관

임명과 달리 상대적으로 드러나지 않아 대중들이 잘 모르는 방식이다.8) 보통법 국가의 법관들도 정치적으로 임명되지만 이는 광범한 배경으로부터 발탁하기 위한 공개적인 정치적 선택이고 반면, 대륙법계 법관들은 직업법관으로서의 승진이 은밀하게 정치적으로 주어진다. 그렇게 임명된 대부분 신흥민주주의의 법관 특히 대륙법계의 법관이 헌법적 판단을 위한 정치로부터의 상대적 자율성을 지니기는 어렵다. 한국에서도 일반법관은 정치권력에 의해 일방적으로 임명되거나 그렇게 임명된 자에 의해 사실상 임명된다. 정치로부터 자유롭지 못했던 사법재판소가 헌법보장기능에서 불신대상이었음은 그런 임명체계와 무관치 않다. 대법원이 6공 출범기에 스스로 헌법재판권을 고사한 이유도 정치적 판단으로 법원이 안게 될 부담, 그에 따른 독립성훼손 그리고 뒤따를 국민적 불신의 우려였다. 실제로도 법관선임권에 크게 좌우되는 일반법원이 헌법재판에 요청되는 정치로부터의 자율성에서 취약함은 3공의 경험에서 이미 충분히 확인된 바 있다.

대륙법계 사법시스템이 법원에 의한 사법심사를 채택할 경우에는 정치로부터의 상대적 자율성은 더욱 요구된다. 법관의 법형성 관념이 없기 때문이다. 법형성 관념이 인정되는 영미법계인 미국은 법관의 법형성 혹은 법창조 기능이 자리 잡은 영국 보통법법원의 전통이 권력분립체계를 만들 당시 사법심사의 역할을 헌법내재화시킴으로써 사법심사에서 자율성을 확보했다. 법을 형성하는 법관은 헌법적 판단에서 보다 자율적이다. 물적·인적 독립성을 넘는 정치적 판단을 위한 자율성을 보유한다. 반면, 전통적으로 법형성 관념이 인정되지 않는 대륙법계 법관에게 이제까지 경험하지 못한 낯선 정치적 판단을 맡기려면 선임과정에서 이념적·정치적으로 여과되어 정치이념이 구조적으로 반영된 법관이어야 가능하다. 그런데 법형성 관념도 없고 정치적으로 여과된 선임이 아닌 법관이라면 헌법재판은 감당하기 어려운 임무가 된다. 일본 최고재판소는 이 점에서 시사적이다. 사법심사기관으로서 최고재의 역할실패는 내각에 의한 재판관임명과 자민당독주 그리고 내각법제국의 심사라는 독특한 요소에만 기인한 것은 아니다. 1947년 이후 일본의 대륙법계 사법시스템은 헌법이슈 판단에 적합한 자율성을 보장할 만한 법관 선임체계, 즉 헌법재판관 선임방식 같은 선임체계가 아니다. 따라서 일반법관의 사법심사는 민주주의의 문제를 다루는 기능으로 진전되지 못했다. 그래서 사법심사 비활성화에 대한 반발로 헌법재판소 설치논의가 일본의회 내에서도 제기되는 것이다.9)

---

8) Mauro Cappelletti, *The Judicial Process in Comparative Perspective*, 1991, 51, 76, 143.

9) Ran Hirschl, *Towards Juristocracy*, 2004, 126-127; 헌법재판소 편, 『주요 국가별 헌법재판제도의 비교분석과 시사점』, 2010, 269-274; 요미우리신문의 1994년, 2000년, 2004년 헌법개정시안, 자민당 헌법조사회가 2006년 기안한 헌법개정초안의 대강원안, 나카소네(中曾根) 전 수상이 회장인 세계평화연구소의

같은 사법심사제이지만 사법심사를 대하는 일본과 미국 법관의 인식상 차이가 사법시스템의 차이에도 기인한다면 법원의 사법심사가 미국과 다른 법체계, 즉 한국 같은 대륙법계에서도 성공하리라 확신하기는 어렵다. 법형성이나 법창조 기능이 취약한 대륙법계 사법국가에서 법관이 몽테스키외가 말한 법을 말하는 수동적인 입이라면 비록 자질이 탁월하더라도 헌재처럼 특별한 제도적 수권으로 뒷받침되지 않는 이상 법형성을 하기 어려운 법관일 수밖에 없다. 헌법재판의 사법적 판결은 단순히 이미 존재하는 명문화된 법률에 기초해 이루어지는 것이 아니다.[10] 대륙법계 사법시스템의 일반법관이 만연히 헌법재판을 담당하면 위헌심사의 형해화를 부른다. 법형성 기능이 제도의 본질에 내재되지도 또한 재판관선임에서 다양한 정치 이념적 여과체계로 헌법적 판단을 위한 사법적 자율성을 보장받지도 못하기 때문이다. 따라서 대륙법계의 한계에도 불구하고 헌법적 해석이 의미하는 법형성을 뒷받침하는 정치로부터의 상대적 자율성이 헌법 제도적으로 특별히 확보된 헌재가 한국에서 위헌심사기관으로 더 적절한 것이다.

실제로 한국에서 법원에 의한 사법심사가 제헌과 개헌 때마다 논란 끝에 채택되지 못했거나 혹은 3공처럼 채택되더라도 거의 일회적 행사로 막을 내린 이유는 정치로부터의 상대적 자율성을 확보할 만한 구조가 아니었다는 사실과 무관치 않다. 1공 제헌초안에서 대세였던 법원의 사법심사제가 국회에서 채택되지 못한 것은 과거 사법부가 보인 타율성에 대한 부정적 평가가 주원인이었다. 2공에서 법원의 사법심사가 채택되지 못한 것도 마찬가지로 이승만 정권하의 사법부가 행정부 외압에서 자유롭지 못했다는 평가와 무관치 않다. 3공에서 사법심사를 맡은 법원은 자율성의 일회적 행사가 외형적 자율성마저 박탈당하는 결과를 불러왔다. 엄밀히 말하면 3공 사법부의 유일한 저항인 국가배상법, 법원조직법 위헌판결은 법 개정으로 인한 위상저하에 반발한 사법부 자신의 위상 찾기가 주된 동기였기 때문에 그 위헌판결이 자율성에 기반을 둔 행동이라 보기도 어렵다. 그것이 통상의 헌법재판에서 기대하는 정치적 문제 해결 행동이라고 평가받기는 어렵다. 이후 유신체제와 5공에서 법원이 정부의 영향에서 더욱 자유롭지 못한 수준에 머물고 6공에서도 헌법재판제도 구상단계에서 법원이 정치권의 헌법재판권 제안을 고사한 것도 마찬가지로 과거 헌법재판담당 시기에 경험한 정치로부터의 상대적 자율성 유지의 어려움에 대한 회고적 검토가 주된 이유였다.

2007년 헌법개정시안 등에서 등장하였고 찬반론이 다양하게 논의되고 있다(손형섭, "일본의 헌법재판소 설치논의에 관한 연구", 2009, 259-264).

10) Mauro Cappelletti, *The Judicial Process in Comparative Perspective*, 1991, 7.

(4) 정치적 헌법분쟁 전담기관

셋째, 정치문제(political question)를 포함한 헌법분쟁 전담기관의 요청이다. 사법이 정치 부문의 재량영역 혹은 권력분립적 한계영역 등을 명분으로 정치문제 다루기를 기피하는 주된 이유는 개입으로 인한 정치와의 갈등과 독립성상실 우려다. 그러나 정치적 헌법 이슈를 다루는 헌법재판은 이미 정치와의 관계를 고려한 마당에 고권적 정치영역이라도 심판대상에서 제외할 필요가 없다. 반면, 법원의 사법심사는 정치문제 심판을 여전히 기피한다. 미국 연방대법원도 1960년대 들어서야 정치문제 판단기준을 만들었다. 법원의 사법심사가 비교적 예외적 제도가 된 것은 그런 제약에 대한 거부감과 무관치 않다. 대부분 국가에서 헌법재판소제도 선택은 정치에 대한 헌법적 판단 요청이었다. 법원의 사법심사는 미국 사법체계가 이식된 일본이나 중남미, 구영연방국가인 캐나다, 호주 등 비교적 소수국가에서만 운영되는 것으로 헌재제도에 비해 상대적으로 드물다.11) 그나마 미국의 식민지 혹은 반식민지 상황이나 점령통치 또는 미국식 정치문화의 압도적 영향 때문이었다. 즉, 제도적 우월성에 관한 확신이 아니라 미국의 지배 혹은 정치 문화적 영향에 의한 헌법규정화 혹은 피점령국 지위에서의 피의식이었다. 반면, 헌재를 택한 더 많은 국가들은 일반법원과 다른 헌재가 정치문제를 포함한 헌법이슈의 포괄적 대상화에 더 적합하다고 보았다. 탈권위주의에서 헌재 도입은 헌법재판을 사법부에서 독립시켜 정치적으로 임명된 전문가에게 맡기는 강한 정치적 이유와 결합되었다.12) 집중형 헌법재판은 그 재판관 구성이 이미 정치적 지배집단의 역학구도를 담고 있기에 정치문제도 쉽게 다룰 수 있다.13) 정치는 전문적인 헌법적 지식이 없고 정치문제를 기피하는 일반법관이 다루기에 적합지 않음이 알려진 점이 정치이슈를 다룰 특별기관을 더 많이 수용한 이유의 하나였다.

87년 개헌을 포함해 이전의 제헌과 개헌과정에서 헌법재판제도 선택 논의는 그 문제

---

11) 구 영연방국가 중 미국의 영향으로 19세기 후반 이후 법원에 의한 사법심사를 도입한 국가로는 캐나다와 호주가 대표적이다. 캐나다는 1867년, 호주는 1900년부터 법원의 사법심사권을 인정했다. 그러나 이들 국가의 헌법은 기본권조항을 포함하지 않기 때문에 사법심사는 주로 연방과 지방 간 권한에 관한 법률을 대상으로 했다. 캐나다가 1867년 제정한 성문헌법은 다수의 주들이 연방에 가입한다는 일종의 협약 성격이었다. 그러다가 1982년 제정된 캐나다 헌법(Constitution Act)은 헌법규정에 배치되는 법의 무효화를 규정한다. 일부를 제외한 중남미 제국에서도 미국의 영향으로 19세기 후반부터 법원의 사법심사가 인정된다(한동섭, "헌법재판제도의 제유형", 1974, 50-53; 김형남, "캐나다 연방대법원의 사법심사제도에 관한 연구", 『공법학연구』, 한국비교공법학회, 제7권 제5호, 2006a, 211-223); 마우로 카펠레티(Mauro Cappelletti), 『현대헌법재판론』, 1989, 67-69; Klaus von Beyme, "The Genesis of Constitutional Review in Parliamentary Systems", 1988, 28.

12) John Ferejohn and Pasquino Pasquale, "Rule of Democracy and Rule of Law", 2003, 252-253.

13) Mauro Cappelletti, *The Judicial Process in Comparative Perspective*, 1991, 138.

를 알았다. 헌재를 택한 2공 성립 개헌에서 법원 측과 법조계는 1공 당시 사법부가 행정
권의 부당간섭에 위축되어 있다고 생각했다. 사법부의 권한강화를 희망하면서 헌재신설
에 반대했다. 헌재를 만들면 사법권을 양원제로 구성하는 게 되어 사법부가 약화된다는
이유였다. 반면, 공법학자들이 압도적으로 헌재설치로 기운 이유는 바로 헌법사항 해석과
관장은 전문지식을 가진 기관이 해야 한다는 것이었다.[14] 헌법개정 기초 위의 지배적 견
해도 헌법재판을 법원관할이 아닌 별개의 헌재 관할로 하는 이유로 한국에서 집권자의
헌법남용과 위반에 대한 헌법질서 수호를 위한 권위적 기관의 존재가 필요하고 또한 헌
법재판은 정치적 문제이므로 비정치적 문제를 대상으로 하는 법원은 적합하지 않다는 것
이었다.[15] 일반법원과 정치이슈 전담기관인 헌재의 차이는 분명했다.

관장영역을 보면 그 차이를 알 수 있다. 헌법재판을 위헌법률심사에 국한한다면 법원
의 사법심사로 충분할 수 있다. 그러나 기관쟁송이나 탄핵심판 그리고 헌법소원까지 포
함하면 법원의 사법심사는 적절치 않다. 미국이나 일본의 사법심사도 탄핵이나 헌법소원
을 관장하지 않는다. 미국은 탄핵심판을 상원이 담당하고 일본도 별도의 탄핵재판소가
맡는다. 따라서 위헌법률심사권만 법원에 부여하면 탄핵심판을 위해 탄핵재판소를 별도
로 두어야 할 수 있다. 기본권 보장의 핵심기제인 헌법소원도 법원의 사법심사에서는 사
장될 수 있다. 정당해산심판도 법원이 맡기는 적절치 않은 정치적 판단영역이다. 기관쟁
송도 행정소송영역을 확대해 포함시킨다면 법원이 담당할 수 없지는 않지만 정치권력 담
당기관인 헌법기관 간 분쟁은 비정치적 일반법원이 담당하기에 부적합하다. 결국 많은
헌법재판영역이 법원의 사법심사에서는 배제된다. 즉, 헌법재판영역 중 상당 부분을 포기
하거나 다른 별도 기관에 담당시키거나 담당기관을 신설해야 한다.

헌법분쟁 전담기관 요청은 위헌적 법의 폐지효과를 만드는 위계적인 유권적 판단기관
의 필요성과도 결부된다. 헌법분쟁에서 헌재가 부여받은 위헌선언의 법폐지 효과 혹은
위헌선언으로 폐지되기 이전에도 법의 무효화를 유권선언 하는 효과는 특히 한국에서 큰
의미를 지닌다. 미국의 사법심사에서 위헌선언은 법 폐지 효과는 없다. 그럼에도 보통법
전통에 내재된 선례구속원칙(stare decisis)으로 그에 갈음하는 효과를 만든다. 대법원을
포함한 모든 법원이 지닌 법의 합헌성 결정 권한과 의무로 각 다른 법관이 같은 문제에
서 도달할 수 있는 각 다른 결론이라는 문제점은 상급법원 판례에 따르는 선례구속력으

---

14) 헌법재판소 편, 『헌법재판소 10년사』, 1998, 28-29; 허영, 『헌법소송법론』, 2009; 박찬권, "한국헌법재판
   제도에 대한 헌정사적 이해 및 평가", 2008, 378-379.

15) 국회도서관입법조사국, 『헌법개정회의록: 제4대국회』, 국회도서관, 1968, 51-55, 68-70; 박찬권, "한국헌
   법재판제도에 대한 헌정사적 이해 및 평가", 2008, 379.

로 극복된다. 헌법판결이 대세적 효력을 가졌다거나 법률의 위헌무효를 정식 선언한다는 명문규정이 없고 사법심사권을 모든 법원이 가져 혼란이 우려되더라도 선례구속력이 이를 극복한다. 반면, 한국에는 상급법원의 선례라도 동일 혹은 유사사건에서 구속력은 없다. 결국 한국에서 미국식 사법심사로 각 법관에게 법률의 합헌성판단을 허용하면 같은 법률을 어느 법관은 위헌으로, 다른 법관은 합헌으로 판단할 수 있고 더욱이 같은 법원도 어느 법률을 위헌이라 했다가 다음 날 견해를 바꿔 합헌이라 판단할 수 있음에도 이 혼란을 극복할 수 없다. 헌재가 보유한 위와 같은 결정효력도 없으므로 헌정주의적 법의 위계상 위헌 선언된 법이 유지되어 헌정질서는 교란된다. 그렇다고 정치적 합의가 쉽지 않은 한국에서 일일이 법폐지를 위한 국회 차원의 협상이 추진되기도 어렵다. 그렇다면 법의 위계질서에서 헌법의 최상위성을 인정하는 켈젠형 헌법재판소가 더욱 필요하다. 정치적 분쟁해결에서 법적 위계에 의한 위헌선언의 법 폐지 효과가 필요하다면 그 적절한 기관은 폐지효과를 행사할 수 있는 집중형 헌재이기 때문이다.16)

(5) 민주적 접근성 보장 요청

끝으로 위헌심사에 대한 접근성 보장 요청이다. 이는 헌법소원에서 주로 확인된다. 헌법소원은 헌법규범의 생활화로 민주주의에서 기본권의식의 확산을 이끈다. 다양한 권리주장을 반영하는 헌법소원은 일반법원형 사법심사가 아니라 독립기관인 헌재에서 위헌결정이 더 빈번한 이유를 설명해 준다. 다양한 권리보장과 위헌결정의 빈도가 무관하지 않다면 헌법소원이야말로 민주주의에서 시민적·능동적 참여를 위한 제도다.17) 더욱이 한국에서 헌법재판의 거의 대부분인 헌법소원은 기본권 보장 역할만이 아니라 민주주의 체제안정화 기능도 수행한다. 광범한 접근 가능성이 보장된 헌법소원은 정치교착에서 적절하게 활용 가능한 해법이 된다. 헌재 출범기의 요청도 그와 관련되었다. 민주화 당시 야당의 헌법소원 채택요구와 여당의 비교적·즉각적인 수용은 헌법문제에 대한 손쉬운 접근성 요청이었다. 그 전격적 수용합의는 민주화가 가져올 불확실한 미래정치에서 의탁할

---

16) Mauro Cappelletti, *The Judicial Process in Comparative Perspective*, 1991, 138-142; 마우로 카펠레티(Mauro Cappelletti), 『현대헌법재판론』, 1989, 77-83; Klaus von Beyme, "The Genesis of Constitutional Review in Parliamentary Systems", 1988, 30-31; Christoph Gusy, *Parlamentarischer Gesetzgeber und Bundesverfassungsgericht*, 1985, 183.

17) 박은정, 『왜 법의 지배인가』, 2010, 229-230; Christoph Gusy, Die Verfassungsbeschwerde, in; Peter Badura/Horst Dreier (Hrsg.), *Festschrift 50Jahre Bundesverfassungsgericht*, Bd.1, Tübingen: Mohr Siebeck, 2001, 654f.

분쟁해결기관의 요청이었다. 예측 불가능한 정치적 판도 변화가 요구하는 보장책은 광범한 접근 가능성을 허용하는 헌법소원이 내재된 헌재를 통한 정치적 분쟁해결의 효율성 제고와 예측 가능성이었다. 비교법적으로 헌재제도에서만 운용되는 헌법소원이 기본권 보장은 물론이고 민주정치의 문제 해결능력까지 제고시킬 수 있다고 본 것이다.

결론적으로 헌재가 부여받은 특유의 역할 해명이 정당성 해명작업과 분명히 연계된 단계에 아직 이르지 못했다면 헌재폐지 내지 통폐합 논쟁이 정당성 해명보다 앞서가서는 안 된다. 정당성 평가 없는 흡수통합론은 헌재가 민주주의에서 수행하는 역할마저 사장시켜 헌정사의 시행착오를 반복하는 일일 수 있다. 제도폐지나 통폐합 논의는 제도의 운용을 확인하고 문제점을 고치는 실천적 행동보다는 제도의 신설과 변경에만 집착했던 한국정치의 오랜 병폐만 대물림하는 것이기 때문이다. 근대헌정주의는 권력분립에 대한 큰 기대를 지녔다. 권력분립은 경험적으로 존재했던 근대체제의 정당화 원리였고 불완전하게나마 민주주의와 헌정주의의 조화도 설명해 주었다. 그러나 권력분립으로 한국에서 존재하는 체제를 완전히 설명하지는 못한다. 한국의 대의제는 고전적 권력분립원리로 해명이 불분명한 민주주의의 갈등요소로 채워져 있다. 오늘날 민주주의와 헌정주의의 긴장도 그런 갈등의 단면이다. 이 갈등에서 헌재는 정치와의 헌법적 대화로 상관적 역할을 드러내고 있다. 이는 정치와 사법의 관계를 통한 새로운 체계정당화가 필요함을 알려준다. 헌재는 그 체계정당화에 걸맞은 제도인지의 관점에서 우선 평가되어야 한다.

2. 인적 구성의 취약한 정당성 보완

(1) 탈정치성의 모순

정치와 헌법재판의 헌법적 대화를 가로막는 요소가 있다. 법관 위주의 재판관 구성방식이다. 헌법재판관 구성은 정치적 이해관계를 반영하도록 설계되었다. 그런데 법관 위주의 구성은 인적 측면의 민주적 정당성을 약화시켜 정치가 헌법재판과 대화하는 것을 꺼리게 만들고 헌법재판도 사법이라는 제한적 본질로 자신을 위축시키도록 만든다. 현행 법관자격, 즉 최소한 변호사자격을 요하는 헌법재판관 자격요건에 의한 법조인 일변도의 구성은 헌재의 역할에 부합하지 않는다. 일반재판과 다른 헌법재판의 특성 차이는 물론이고 법조실무가와 법학계의 상호 교류가 원활하다고만 볼 수 없는 실정도 고려되지 않은 상태에서 일반재판에 능한 법조실무가 외에는 전혀 헌법재판관에 선임될 수 없는 현재의 선임구조는 헌법전문가를 배제시켜 조정자로서 헌법정책적 판단을 요하고 민주적이고 다원적인 의사를 반영해야 할 헌법재판관의 임무에 반한다.[18] 교육을 통한 재판관 선발이나 장기간 경험을 쌓은 법률가 중 법관을 선임하는 법조일원화가 아니라 현행 법조인 양성제도처럼 대부분 무경험 법관을 선발해 이들이 헌법재판을 접할 수 없다가 후에 그들 중에서 헌법재판관이 되고 반면, 법과 정치영역의 전문적 학자집단은 법조실무가를 겸한 극히 예외적 경우를 제외하고는 헌법재판관 후보군에서 완전히 배제되는 구조에서는 재판관의 헌법적 전문성은 기대하기 어렵다. 민사와 형사사건에 전문적인 대륙법계 국가의 법관에게 부적합한 헌법사건을 맡긴 결과는 헌법재판관으로 임명된 후 정치에 대한 판단기준으로서의 헌법을 단지 현장에서 익히는 것일 뿐이다. 대부분 국가가 일반법원형인 미국과 달리 헌재를 두는 이유가 그와 달리 헌법재판에서의 전문성을 염두에 둔 것이라면 헌법재판관을 법관자격자로 한정하는 것은 근거가 박약하다.[19]

법관자격 한정은 법과 정치를 분리시킨 전통적인 법실증주의 사고의 산물이다. 법실증주의는 헌법텍스트가 모든 실정법 규범들의 위헌 여부를 판단할 기준을 자기완결적으로 지닌 규범이라 본다. 헌법규범이 헌법텍스트 안에 완전하게 이미 존재한다는 사고를 통해 헌법재판이 현실에서 지닐 수 있는 정치적인 법형성 기능을 은폐한다. 법실증주의의 법인식은 헌법재판을 법체계의 내부자의 관점에 갇히게 함으로써 헌재가 입법자만큼 민주적 법형성의 기제를 가지고 있지 못하다는 권한과 기능 간의 내적 모순만 심화시킨다. 따라서 법체계 밖의 원리나 공론들을 수용하여 제정법을 법체계 내부의 논리로 무효화시키는 모순으로 인해 헌법재판의 민주적 취약성은 더욱 부각된다. 게다가 법실증주의는 헌법재판이 비정치적임을 가장함으로써 결국은 정치적 보수성에 파묻혀 버린다.[20] 법실증주의는 헌법재판결정에 대한 민주적 비판을 효율적으로 대처하는 방식에서도 미숙하다. 따라서 법실증주의에서는 헌법재판과 정치 간의 헌법적 대화도 현실화되지 못한다.

법관자격자로 한정한 것이 정치를 사법의 잣대로 판단하려는 탈정치의 의도라면 이는

---

18) 김문현, "헌법재판제도의 개선을 위한 헌법개정의 방향", 2008, 235; 헌법재판소, "현행 헌법상 헌법재판제도의 문제점과 개선방안", 2005, 99-103.

19) Mauro Cappelletti, *The Judicial Process in Comparative Perspective*, 1991, 144-145; 이광윤·이봉한, "헌법재판기관의 구성원리와 우리 제도의 개선방향", 2004, 255; 최대권, "헌법재판소 결정의 정치적 의미", 2001, 22; 허영, 『헌법소송법론』, 2009, 109; 마우로 카펠레티(Mauro Cappelletti), 『현대헌법재판론』, 1989, 85-89.

20) 이상돈, "헌법재판의 법이론적 전망", 『법철학연구』, 한국법철학회, 제10권 제1호, 2007, 31-33.

자기모순이다. 과거 사법의 예에서 보듯이 대법원을 비롯한 법원의 보수적 판결들은 탈정치를 명분으로 침묵을 통해 권위주의를 승인하거나 때로는 적극적으로 권위주의를 지원했던 점에서 본의나 고뇌가 어떠했든 사실상 판결이 정치적으로 이용되도록 방치했다. 법관의 탈정치성이 실상은 정치를 방조하는 데 이용되는 경우가 허다하다면 하물며 정치적 사법인 헌법재판에서 사법의 관점을 위해 필요하다는 법관자격도 실질적인 탈정치성에 거의 도움이 될 수 없다. 본질적으로 헌법재판은 정치와의 관계적 역할이 이미 정치적 구성에서부터 예정된다면 탈정치성 논거는 잘못된 출발이다. 백 번 양보해 탈정치논리가 정치적 사법이 법 논리에서 벗어나지 않고 사법절차에도 익숙한 사법 실무인사들로 구성하겠다는 의도라고 선해해 보더라도 이 역시 정치성을 헌법적으로 규정받은 헌법재판에는 걸맞지 않는다. 한국에서 법관 자격요건을 둔 이유는 외국의 제한적 입법례의 영향이기도 하고 편의상 직전 헌법위의 선례를 참조한 측면도 있지만 궁극적으로는 헌법재판을 사법적 의미로 가둠으로써 지나친 정치적 의미부여를 경계하려 했던 것이다. 그중 어떤 이유도 자격요건을 정치이슈를 다루는 헌법재판관에 적합한 요건과 결부시켜 이해하지는 않았다.

미국에서 연방법관 후보자는 자신의 정치적 행적과 이해관계를 통해 연방상원의원이나 대통령 참모들 같은 정치인의 주목을 받기 때문에 후보지명을 받는다. 전문적 능력을 강조하는 공직체계를 통해 재판관이 충원되고 선발되는 대륙법계와 달리 당파성과 이데올로기를 강조하는 정치가들에 의해 통제되는 정치과정을 통해 지명된다. 경험적 연구들도 미국 연방대법관 대부분은 임명 전에 정치적 활동에 종사했음을 보여준다. 대법관이 되려면 대통령이나 법무장관 그리고 의회의원의 주목을 받아야 하므로 정치와 멀지 않고 정치에 익숙한 인물이다. 헌정 초기부터 연방법관 대다수는 지명한 대통령과 당파적 협력을 한 자들이었다. 특히 연방대법관은 대다수가 정당정치에 적극적이기 때문에 임명과정에 핵심역할을 했던 자의 이데올로기적 당파적 주목을 끈 것이다. 연방대법관 임명은 정치적 선택으로 그 선택의 주요동기는 시기마다 다르지만 대체로 단기적인 정치적 목적, 정치적 후원, 정치에서의 지역적 대표성, 이데올로기적 성향 등이다.[21] 그래서 미국의 대법관 선임은 주지사, 상원의원, 정부각료 출신과 법학교수 등 다양한 정치적 스펙트럼의 인사들을 대상으로 한다. 의회가 선임하는 독일 연방헌법재판관도 연방과 지방의 장관, 의회의원, 고위행정관료, 법학교수 중에서 물색된다.[22] 정치인이 정치적 이해관계를 고려

---

21) Lee Epstein and Jeffrey A. Segal, *Advice and Consent*, 2005, 3, 143-145; Lee Epstein and Jack Knight, *The Choices Justices Make*, 1998, 37; Terri J. Peretti, *In Defense of a Political Court*, 1999, 85-87; Louis Fisher, *Constitutional Dialogues*, 1988, 153; Mark Tushnet, *Why the Constitution Matters*, 2010, 106-112.

해 선임하는 재판관은 이미 정치적이다. 그러한 임명을 통해 이데올로기적이고 정치적으로 책임을 지는 대통령과 상원에 의해 법원에 신중하게 이식된 정치적 관점이 재판관에 의해 표현되고 옹호된다.[23] 헌법재판의 정치성을 고려할 때 정치적 기관에 의한 선출로 재판관이 정치적 토대에 결부되는 것은 불가피하고 다만 이로 인한 당파적 경향에 대한 허용이나 제한의 문제만 남는 것이다.[24]

한국 헌법재판관은 법관자격자에 한정되고 그나마 대법원장이 3분의 1을 지명하게 해 대부분 재조법조인이 선임된다. 국회와 대통령이 선임하는 6인 중 상당수도 재조법조인으로 채워지고 특히 대법원장이 지명한 후보는 거의 예외 없이 재조법관이다. 선임후보군으로서의 재조법조영역은 정치적 이데올로기적 정체성 확인이 거의 불가능한 영역이다. 현역 재조법조인 혹은 얼마 전까지 재조에 있었는데 지금은 헌법재판관 후보가 된 일반 법관이 어떤 정치적 기반에 있었거나 있는지를 살피는 것은 어렵다. 정치활동이 법적으로 허용되어 있지 않다가 이제 헌법재판관이 될 자의 정치적 기반은 제대로 파악될 수 없다. 헌법상으로는 연방법원과 헌재가 같은 사법이라도 재판관 임명의 다양화로 독립된 기관의 역할을 하는 독일과 달리 한국에서 법관 자격요건은 헌법상 분리되고도 실제는 사법부 범주로 인식되는 임명시스템을 만든다.[25] 헌재와 법원의 인적 패턴은 달라져야 한다. 대부분 재조법조인이 선임되게 하는 법관 자격요건이 의미하는 법원과 헌재의 인적 패턴의 동질성은 민주적 다양성이 초래한 갈등을 담아내야 하는 헌법재판의 취지에 부합하는 인사를 선임하지 못한다.

법관 자격요건은 삼부에 의한 대표적 임명방식의 취지도 무색케 한다. 대표적 선임의 소극적 의미는 구성에서 임명상의 정치적 입김이 용인된다는 것이다. 적극적으로는 정치적 기관의 균형적 영향력이 요청된다는 의미다. 이를 위해 대통령은 재판관 지명에서 자신의 국정운영방향이나 추진하는 장기적 정책노선에 걸맞은 후보를 찾는다. 국회도 지배정당과 정파들의 이해관계에 맞는 후보를 안배해 선임한다. 그런데 법관 자격요건에 따른 선임방식은 정치적 기관들의 재판관 구성에서의 영향력의 의미를 반감시킨다. 대통령과 국회의원, 대법원장의 임기는 각각 5년, 4년, 6년으로 이 상이한 임기는 헌법재판관의 6년 임기와도 다르고 선임기관의 각 임기개시 시기도 달라 각 기관을 지배하는 인적 구

---

22) Marcel Kau, *United States Supreme Court und Bundesverfassungsgericht*, 2007, 171f; Klaus Schlaich, *Das Bundesverfassungsgericht*, 2004, 32.

23) Terri J. Peretti, *In Defense of a Political Court*, 1999, 133.

24) Klaus Schlaich, *Das Bundesverfassungsgericht*, 2004, 35.

25) 박규환, "헌법재판의 담당기관에 관한 소고", 2011, 282.

성이 변동되고 정권이 교체되면 오히려 후임자들과 헌법재판관이 같은 시기를 지배하는 경우도 허다해 임명권자의 정치적 영향력이 의미를 지니지 못함을 감안하면 오히려 정권 교체에도 불구하고 헌법재판에 반영된 정치이념적 안배구도가 지속될 수 있게 하는 것이 필요하다. 임명자 정권이 바뀌어도 계속 임명권자의 의도를 담게 하는 요소는 안분된 채로 남아 있는 정치이념적 성향이다. 대표적 임명의 의도가 영향력이 유지되는 것을 용인하는 구조라면 헌법재판관의 가치관이나 이념성향을 용인해야 한다. 대표적 선임의 취지에 부응하려면 정치 이념적 성향을 고려한 선임권자의 의도는 선임에 반영되어야 한다. 결국 재판관의 다양한 정치사회적 배경이 선임의 전제가 되어야 한다. 그런데 대법원의 인적 패턴과 동일한 재조법조인 후보들만으로는 이에 부합할 수 없다. 관료적 사법부의 과도한 소극성을 경험한 일본에서 최고재 재판관선임에 의회의견을 반영하자는 주장이 제기된 것도 그런 이유다. 내각이 아닌 의회가 임명에 관여하면 야당의 의견도 반영되어 다양한 헌법감각의 재판관으로 구성된다는 것이다.[26] 민주주의의 다양성에 부응하려면 비법조 후보를 확대해 정치 이념적으로 안배할 필요가 있다.

(2) 대법원장 지명권 폐지

대법원장의 재판관 3인 지명권은 국민직선으로 국민 통합적 지위를 지닌 대통령이나 역시 국민이 선출한 국회의 선임에 비해 열등한 인적·민주적 정당성 토대를 지닌다. 비합의제 독임기관인 대법원장의 지명권은 2공 당시 구상된 헌재에서 대통령, 참의원, 대법원이 각 3인씩 선임하되 대법원에 할당된 3인 심판관은 대법원장이 아니라 대법관회의의 선거로 선임케 한 것보다도 정당성이 취약하다. 대통령이 임명하는 경우는 국무총리와 관계국무위원의 부서가 요구되지만 대법원장 지명권에는 그런 통제조차 없다. 대법원장 지명 3인은 국회 인사청문은 거치더라도 후보지명단계에서 대통령이나 국회 같은 민주적 대표의 심의를 일차적으로 통과하는 다른 6인에 비해 더 적은 민주적 여과장치를 거친다. 헌법재판관에 대한 삼부의 대표적 선임은 종전 헌법위 방식의 답습으로 대법원장의 지명권도 헌법위 시기의 비상임제도를 전제로 했다. 비상임제도가 사라지고 헌법재판관 전원이 상임화한 이제는 대법원장의 지명권은 더 이상 존재의의를 찾기 어렵다. 이는 헌재와 대법원 간의 사법 내 권력균형마저 무너뜨린다. 헌법 제5장의 법원과 제6장의 헌재가 엄연히 구분되고 헌재는 대법원과 마찬가지로 국가최고기관의 하나인데 넓은 의미의 사법권을 공유하는

---

26) 민병로, 『일본의 사법심사제』, 2003, 138, 166-167.

법원의 대표인 대법원장이 헌재재판관 3분의 1을 지명하는 것이기 때문이다.[27]

헌법재판관이 다양한 정치이념적 스펙트럼을 반영하는 다양성을 통해 정당성을 보강하려면 개헌으로 대법원장의 지명지분을 없애거나 줄이고 그 지분은 국회의 증가될 선임지분에 귀속시켜야 한다. 국회는 국민대표이자 첨예한 정치적 이해대립의 장이어서 대통령 선임지분보다 더욱 다양한 정치 이념적 성향을 헌법재판관에게 보장해 주기 때문이다.[28] 대표적 배분에 의한 선임에서 대통령의 선임권과 달리 국회의 지분은 정당 간 협상으로 적절하게 배분될 가능성도 높아 재판관 선임과정에서 나타날 국론분열도 줄일 수 있다. 이 경우 국회의 선임지분은 정치적 다양성이 확보되는 적절한 정당 간 배분시스템에 의해 구조화되어야 한다. 국회에서의 정당 간 배분은 정당의 지배형태에 따라 달라진다. 현행 삼분 임명체계의 경우 3당 정립체제에서는 각 정당이 1인씩 추천하고, 양당체제에서는 3인 중 2인은 관례상 여당이 추천권을 행사한다. 혹은 때로는 정당별로 1인씩 선출하고 나머지 1인은 지배정당 간의 합의로 선출한다. 그런데 지배정당의 2인 추천권은 물론이고 나머지 1인에 대한 합의추천도 정치적 다양성에 부합하지 않는다. 양당체제에서 다수당의 지배력은 나머지 1인에 소수파의 의사를 반영하기 어렵게 만들기 때문이다. 따라서 국회선임지분이 늘어나면 국회소수파에 대한 배분이 이 최소한의 기준 이상으로 되기 위해 소수파가 1인을 추천하고 국회동의로 선출하는 것이 적절하다. 정치교착 여부를 불문하고 정당을 통한 대통령권력과 의회 내 여당권력의 통합으로 인해 초래되는 권력집중 그리고 정당제 민주주의로 인한 권력집중에 대항하는 실질적 권력분립 장치가 필요하기 때문이다. 이는 민주적 정당성을 보강하는 선임방식이다.[29] 만약 현행방식이 유지된다면 최소한 정당 간 타협에서 3분의 2 가중다수결 합의방식이 제도적으로 정착되어야 한다. 의회의 3분의 2 가중다수결 선출은 독일, 포르투갈, 이탈리아, 벨기에 등에서 보듯이 국민대표인 의회를 통한 민주적 정당성의 보완으로 기능한다.[30] 다양한 정치이념과 이해관계의 반영은 보강된 민주적 정당성을 통해 확보될 것이다.

---

27) 정재황, "헌법재판소의 구성과 헌법재판절차상의 문제점 및 그 개선방안", 『공법연구』, 한국공법학회, 제22집 제2호, 1994, 49; 정재황, "헌법재판제도의 문제점과 개선방안", 한국법학교수회 편, 『법학교육과 법조개혁』, 교육과학사, 1994, 106; 성낙인, "헌법재판소 인적 구성의 비교헌법적 검토를 통한 대안 모색", 『현대사회와 법의 발달』, 서울: 홍문사, 1994, 1046; 남복현, "헌법재판 관할권의 재설계", 2007, 38.

28) 헌법재판관을 국회에서 전원 선출하는 방식은 개헌논의 속의 일부 헌법개정시안에 반영되고 있다. 예로, 대화문화아카데미 편, 『새로운 헌법 무엇을 담아야 하나』, 서울: 대화문화아카데미, 2011, 276; 김일영, "한국 대통령제의 성공과 헌법의 권력구조 조항 수정", 『세계헌법연구』, 국제헌법학회 한국학회, 제14권 제1호, 2008, 108; Alexander von Brünneck, Verfassungsgerichtsbarkeit in den westlichen Demokratien, 1992, 30.

29) 김세중, "헌정주의 제도화의 평가와 과제", 1997, 23; 남복현, "헌법재판 관할권의 재설계", 2007, 40.

30) Albrecht Weber, Generalbericht: Verfassungsgerichtsbarkeit in Westeuropa, 1986, 51.

XI. 결론

헌법재판은 정치와 헌법적으로 대화함으로써 민주주의 결정에 대한 헌법적 의문의 검토와 민주주의 결정을 위한 헌법적 근거의 확인이라는 제한적 역할을 수행한다고 이해될 때 정당성 의문을 불식시킬 수 있다. 한국 민주주의에서 그러한 역할의 검토는 헌법정치사를 돌아보는 것에서 출발한다. 제헌기의 헌법재판은 자생적 태동을 뒷받침할 만한 헌정적 토대 없이 서구의 선구적 제도를 모방했다. 권력분립체계에 대한 관계적 위상으로 고려되지 않고 헌정주의헌법의 법치를 확장적으로 담고자 했던 규범 중심의 요청에만 집착한 것이었다. 따라서 민주주의와 정합적인 제도인지 도 평가받지 못했다. 헌정제도로 대통령이나 국회와 함께 자리매김하기 위한 정치와의 상관적 역할에 관한 논의도 없었다. 헌법재판이 사법부와 별도 기관이었건 대법원에 의해 수행되었건 현행헌법에 이르기까지 모두 헌법상 독립기관이었음을 감안하면 건국헌법의 태도는 헌법재판제도를 민주주의와 공존시킬 헌법현실의 조건에 대한 성찰 결여의 시원적 모습이었다. 헌법재판과 민주주의 간 긴장의 실체는 파악되지 못함으로써 어떠한 해법구상도 없었다. 헌법재판은 민주주의에서 정당성을 해명 받지 못한 채 헌법의 울타리 안에서 이질적 헌정제도로 존재해 언제든지 소멸될 가능성을 안고 있었다.

헌법재판을 삼권의 일부로 출발시키거나 삼권과의 공존적 지위로 확립시켜 민주정치에 안착시킨 미국이나 독일에서는 헌법재판으로 인한 민주주의와 헌정주의 사이의 긴장에 관한 많은 비판적 논증이 부각되었다. 반면, 한국의 헌법재판은 권위주의시기 지배적 정치세력의 이해관계와 결합되어 입법부 혹은 행정부의 우위 속에서 어느 한쪽의 정치적 입장을 반영하거나 혹은 아주 기능이 유기된 제도였다. 1공화국의 헌법위원회는 국회우위를 상징하는 기관이었고, 4, 5공화국의 헌법위원회는 기능이 완전히 차폐된 기관이었다. 헌법재판의 활로를 보여준 3공화국의 대법원은 정치적 환경이 만든 사법적 자율성의 치명적 한계로 역할을 종료당해야 했다. 현행 헌재 이전 헌법재판은 정치와의 관계에서 대체로 도구적 역할이었다. 그나마 미국이나 독일과는 비교할 수 없을 정도로 운용실적이 저조했다. 설립의도와 운용 모든 측면에서 정치적 필요에 좌우된 일본 최고재판소나 1974년 개헌 이전의 프랑스 헌법평의회와 유사한 모습이었다.

반면, 현행 헌재는 87년 체제라는 토대를 통해 성립에서부터 과거 제도와의 차별성을 보여준다. 87년 헌법의 생성기반을 통해 민주주의의 실천적 측면이 보강된다. 구권위주의에서 형식화된 권력분립을 헌정주의 방식으로 바로잡아 민주주의를 실질화하려는 요청이었다. 87년 헌정체제가 대통령의 권력집중을 막고 국회기능을 강화함으로써 확인된 주권적 의사는 헌재 기획에도 반영된다. 한편으로는 구권위주의의 지배정치세력들이 민주화 이후 새로운 판도 변화가 예견되자 의존할 활동공간을 만들려는 헌법적 타협이기도 했다. 또한 한국의 특수한 정치변동 요인을 넘어 제2차 세계대전 이후 헌법재판제도의 필요에 대한 지구촌의 보편이데올로기가 화체된 제도였다. 헌재는 헌정주의적 법의 지배 정착과 동시에 향후 민주주의를 공고히 하고 안정화시키는 제도였다. 민주주의와 법치를 공존시킨 민주화의 시대적 요청의 반영이었다.

다만 헌재가 부여받은 지위는 정치와의 관계에서 정당성을 해명하기에는 모호한 규정이었다. 헌법은 헌재를 독립기관화하면서도 정치적 기관과의 상관적 지위를 규정해 주지 않고 부속입법인 헌법재판소법도 이를 방치해 관계적 위상을 유보했다. 이는 87년 개헌 주도 정치세력의 의도였다. 정파적 이해관계가 만든 타협은 한편으로는 불가피하게 예상되는 정치적 변화 국면에서 의탁할 효율적 도피수단으로 헌재를 받아들이면서도 다른 한편으로는 제도가 행사할 정치적 형성력과 파급력은 약화시키려는 이중인식이었다. 형식적 기능은 선진적인 독일연방헌재 모델에서 추출해 냈음에도 운용방식은 5공화국의 유산인 헌법위원회에서 편의적이고 자의적으로 형성해 낸 점에서 이중적 인식은 재확인된다. 미래정치의 판도 변화에 따른 정치적 지배권 침탈의 불안이 헌정주의적 분쟁조정 기능을 헌재에 담았지만 그것이 정치와 헌법재판의 공존을 민주주의가 본질적으로 허용할 토대까지 마련해 준 것은 아니었다. 이중적 의도가 만든 모호한 헌법적 지위에서는 정치와의 배분된 기능적 한계라는 관점에서 역할과 정당성의 연결고리를 찾을 수 없다. 정치적 사법에 배분된 불분명한 기능의 한계확인이 불가능함으로써 민주주의에서 정치에 대한 역할한계를 뚜렷이 설정하는 방식으로 정당성을 해명하지 못한다. 그로 인해 헌재는 헌정 제도로는 자리매김하지만 민주주의 안에서는 표류함으로써 정당성 의문을 강하게 제기받게 된다.

헌재는 국민적 동의에 갈음할 정당성 보완장치들로 측면지원을 받을 수 있지만 그 보완기제들은 한계를 드러낸다. 우선 삼권에 의한 헌법재판관 선임이라는 권력균형적 구성은 민주적 대표성을 실질 담보하지 못했다. 권력 균형적 구성은 대통령의 임명권과 결정적 영향력 그리고 집권당의 강한 지배구조로 인해 정파적 이해관계의 적절한 안배를 통한 대표성의 균형적 공존을 만들지 못했다. 각 지명기관에 우호적인 임명된 재판관은 극단적 정치투쟁에서는 정파적 이익의 대변자 이상으로 진전하지 못함으로써 헌법재판을 정치적 갈등과 대립의 장을 넘는 합의체로 만들지는 못했다. 국회의 요구로 국민적 동의에 갈음한다는 명분으로 미국 상원의 인준청문을 모방해 시행된 국회의 재판관 인사청문도 파당의 단기적인 정치적 목적에 봉사하는 압박수단으로 전락했다. 또한 재판관의 단기 임기와 그에 결합된 연임제도는 정치적 임명권자를 지나치게 의식하도록 만들어 민주적 심의에 구조적 장애를 만든다.

제도의 성립에 부여된 민주적 기초가 미완결된 위상으로 인해 확장되지 못하고 제도의 정착과정에서 민주적 동의에 갈음할 보강장치들도 제대로 기능하지 못하는 헌재는 민주주의에서 대표에 대한 불명확한 지위에 갈음하는 정치와의 관계적 역할로 이해될 필요가 있다. 헌재는 본래 삼권의 기능적 배분에서 도출된 제도가 아니므로 분할된 권력을 보유하고 행사하는 고전적 권력분립기관이 아니어서 분할된 권력의 상호 견제를 통해 권력남용을 방지하는 권력분립원리의 규범적 측면으로 정치와 헌법재판의 관계적 역할이 이해되기는 어렵다. 정치적 기관과의 공존을 통한 상관성 속에서 이해되는 역할이란 정치와의 헌법적 대화를 통해 헌법적 결정을 민주적 대표로부터 승인받는 헌정주의적 임무다.

헌재의 임무는 정치에 의해 심판자기능을 요청받음으로써 설정된다. 민주화 이후 국회와 대통령, 국회 내 여당과 야당의 갈등이 만든 지속적·고질적 교착에서 스스로 문제해결능력을 상실한 정치는 헌법재판에 의존한다. 정치가 맡긴 헌법문제는 교착이 만든 해결불능 상태에서 민주적 책임을 감수하지 않으려는 책임회피다. 국회나 대통령은 교착의 해결기제를 제대로 작동시키는 데 전력을 기울이지 않는다. 대표들은 다가올 선거나 일상정치의 지배권 장악에 장애가 될 우려가 있는 판단의 난제들이 민주주의적 책임과 결부된 것이면 정치적 부담을 헌재로 전가한다. 여기서 헌법재판의 해석이 무엇이든 갈등하는 정치세력 모두를 만족시킬 수 없게 된다. 결국 국민대표의 의사를 뒤엎는 헌법재판의 반민주성만 지적되면서 헌정주의와 민주주의 간의 긴장이 부각되고 이 긴장은 정치의 사법화 비판으로 가시화된다. 그런데 이는 헌법재판이 민주주의에서 역할을 설정하는 계기도 된다. 87년 수권이 대표의 책임문제에 대한 평가역으로 헌법재판을 확실히 예견한 것은 아니더라도 정치적 심판역과 민주주의와 헌정주의 모두를 옭아맨 문제영역 사이의 인과적 연결고리에서 일정한 역할이 읽혀지기 때문이다.

권력집중을 추구한 강력한 대통령제가 권력분립을 형해화시켜 민주적 대표인 대통령과 국회의 갈등이 돌파구를 찾지 못했던 권위주의 시기의 정치파행은 민주화 이후에도 마찬가지다. 오히려 분점정부 양상까지 더해지면서 지속적·일상적 정치교착이 대통령제가 산출하는 민주주의 정치체계의 내재적 불균형을 고질화한다. 대표 간 권력분립으로 유지되는 대통령제의 운용에 장애를 만드는 이 불균형은 체계운용의 실패, 즉 예외가 아니라 본질, 즉 일종의 정상상태다. 한국에서 대통령과 국회의 갈등이 체계균형에 이를 것이라는 원론적 믿음은 전통적 권력분립이 정치투쟁의 장으로서만 이해됨으로써 거의 소멸되어 왔다. 정치교착의 원인이자 결과로서의 대통령제 민주주의가 산출한 국회와 대통령 간 권력갈등의 오랜 헌정적 배경이 민주화 이후 달라졌음에도 상황은 전혀 개선되지 않는 점에서도 이는 확인된다. 단순한 권력투쟁을 넘어 대표 간 견제장치인 대통령제의 권력분립이 선거승리와 일상정치 지배권을 둘러싼 민주주의적 책임의 다툼에서 상존하는 갈등의 출구를 가로막아 지속적 불균형상태가 드러난다. 이를 해소할 상시적 기제가 대통령제에 없지 않음에도 교착이 의미하듯이 그 기제들은 거의 작동불능이 되어 대통령과 국회의 갈등은 탈출구를 찾지 못하는 상황이 민주화 이후에도 달라지지 않는다.

여기서 헌법재판은 정치의 결정에 대한 헌법적 의문을 검토하거나 정치의 결정을 위한 헌법적 근거를 확인해 준다. 대표의 결정에 대해 헌법적 의문을 검토하는 것은 대표가 행한 정치적 이해관계의 조정이 국민의 수권범위로서의 헌법적 기준을 벗어났는지 판단하는 것이다. 정치적 이해관계를 조율한 결정인 정책과 입법에 대한 민주주의적 이의가 헌법적 의문의 형태로 제기되면 이의가 민주주의에서 수용 가능한지 검토해 정치의 재결정이 필요한지를 알려준다. 정치의 결정을 위한 헌법적 근거의 확인은 대표가 독자적 결정 혹은 결정에 도달하는 합의를 이루지 못하거나 이를 지연시키는 경우에 제시된다. 대표가 결정을 만들지 못하는 민주주의의 기능부전에서 필요한 결정의 요청에 부응하는 헌법적 근거를 확인해 주는 것이다. 헌법적 의문의 검토와 헌법적 근거의 확인은 궁극적인 대표의 결정 혹은 있어야 할 결정, 즉 추후 대표의 최종적 재결정 혹은 부재상태였던 결정의 형성이 있기까지 민주주의의 파행운영을 막는 잠정적 응답이다.

그럼에도 정치는 민주주의에서 헌법적 해석기관의 판단을 무시한다. 정치적 지배권의 판도를 흔들수록 정치는 헌법재판이 출범에서 그런 역할을 부여받았는지에 대한 의문을 제기한다. 87년의 지배정치세력들이 헌법재판에의 의존을 예상하면서도 정치에 대한 영향력을 최소화시키려 했던 이중적 인식이 오늘날 헌법재판에 대한 책임전가와 비난이라는 모순적 태도의 근원인 점에서 그런 의문의 제기는 예상된 것이다. 오히려 헌법재판은 정치의 이중적 입장을 자신의 정당성을 확보하기 위한 출발점으로 삼는다. 대표에 대한 상관적 지위를 유보당해 제도적으로 안착되기 어려웠던 초기 헌재는 자신의 위상을 정치에 대해 우회적으로 타진했다. 대표를 자극하지 않는 통상의 방식은 정치 스스로에 의한 해결 기회를 줌으로써 민주주의에서 정치와의 제도적 마찰을 줄이는 것이었다.

헌법재판에 대한 민주주의적 비판이 형성되는 영역에서 정치에 대한 헌법재판의 관계적 역할도 형성된다. 헌법재판은 언제든지 정치에 의해 제거될 수 있는 취약한 기반 위에 있기에 회피적일 수밖에 없음을 정치는 잘 안다. 그럼에도 정치는 헌재가 대표의 정치적 이슈를 대부분 떠맡음으로써 민주주의에서 역할을 분명히 드러낼 수밖에 없음도 잘 알고 있다. 그러나 정치는 그러한 우려를 불식시키기 위해 헌재가 자신을 설득하는 헌법적 대화의 형태로 의사소통할 때는 헌법재판을 용인할 수 있다. 정치의 결정이 최종적이고 궁극적이어야 한다는 헌재의 메시지를 통해 헌재는 민주주의이념에 반하지 않는 역할로 이해되기 때문이다.

미국에서 입법에 대한 사법심사가 헌법기초 단계에서 이미 논의되고 헌법시행 초기에 현실정치적 필요성을 판례로 인정받은 것은 민주주의 정치의 결정이 완결적이지 못할 수 있고 그럼에도 보완될 수 있다는 인식의 결과였다. 대표의 정치만으로는 해결방법이 없거나 권력분립이 정상적 균형을 이루지 못할 때 민주주의를 보정하는 또 다른 민주주의의 제도가 헌법정치의 이름으로 용납된 것이다. 그렇다면 헌재의 역할에 대한 이해 없이 일방적 태도완화만을 강요하거나 심지어 제도를 포기하게 하려는 시도는 민주주의를 위태롭게 만드는 다수제주의의 결함을 보완하려는 헌정주의적 노력이 민주주의에서 허용됨을 간과한 입장에 불과하다. 헌법재판은 정치 스스로 해결하기 어렵거나 해결을 회피할 수밖에 없는 민주주의의 내적 자기한계의 산물이다. 정치가 민주적 대표의 자율적 해결에 기대하고 방치할 수는 있지만 이것이 민주주의를 방기하는 것과 다름 아니라면 적절한 타율적 해결인 헌법재판은 용납된다.

헌법재판과 정치의 헌법적 대화가 쉽게 가시화되는 것은 아니다. 그런 가시화 이전에 정치는 권력적 이해관계에 따라 저항하는 것으로만 비쳐진다. 대체입법이나 집행거부 혹은 입법방치로 대응하는 측면만이 부각된다. 그럴수록 헌재는 여러 변형적 결정을 빈번히 사용해 정치와의 긴장을 부추기지 않고 저항을 사전에 차단한다. 헌법재판의 이런 대응은 정치에 대한 헌법적 대화 시도다. 이 시도가 정치에 의해 적절히 응답되는 공간에서 체계균형을 위한 보완적 역할로 받아들여진 헌재는 제도적으로 유보된 정치와의 상관적 지위도 확정짓는다. 헌법재판은 결정 자체로 완결적인 제도가 아니라 민주주의의 보완역을 정치에서 승인받는 상호적 대화의 한 축이다. 헌법적 의문의 검토와 헌법적 근거의 확인은 헌법적 대화의 틀 안에 있다. 사법의 정치형성이 아닌 민주주의를 위한 이해 공유를 만드는 정치와의 헌법적 대화의 틀이다. 이견과 이해관계 대립의 다수제 결정이 주권적 합의가 아니라는 부동의로 인한 민주주의 운행 장애나 갈등적 이견과 이해관계의 조정불능으로 인한 민주주의 결정의 부전에서 헌법재판은 정치와 헌법해석을 공유한다. 헌재와 정치 모두에 민주주의를 위한 헌법적 심판은 공유된다. 헌재는 한국의 대통령제 권력분립의 불균형구조가 만든 교착에서 헌법적 대화로 정치와 헌법적 심판을 공유해 민주주의로부터 승인받는다.

다수결정의 헌법적 의문을 검토하고 다수결정을 위한 헌법적 근거를 확인한다고 선언해도 정치가 받아들이지 않으면 일방통행에 불과하지만 헌법적 대화로 정치는 헌법재판을 체계의 동반자로 승인한다. 헌법재판은 단지 주변적이거나 부수적인 제도가 아니라 민주주의의 동반자로 받아들여진다. 정치가 헌법재판을 통해 입법과 정책결정에서 민주적 심의를 반영하면 민주주의와 헌정주의는 정합한다. 국회는 헌법원리나 헌법이슈에 관한 헌법재판 선례를 고려한다. 잠재적 위헌결정을 상정하고 민주적 심의를 만든다. 헌법이슈가 문제될 수 있음을 예상하고 가정적으로 위헌성 여부를 판단해 입법의 헌법적 완결성을 높인다. 단기적 시류에 흐르는 자의적 입법의 유혹 앞에서 대표 스스로 반대하는 목소리도 가능해진다. 대표의 반대가 초래할 여론의 비판이라는 두려움 앞에서 비판을 무마하고 설득할 수단으로 헌법재판이 원용될 수 있기 때문이다. 정치는 일시적 여론에서 벗어나 민주주의적 관점에 보다 충실하게 된다.

한국에서 민주주의는 헌정주의의 관점에서 충분히 사고되지 못했다. 마찬가지로 헌정주의도 민주주의의 관점에서 충분히 사고되지 못했다. 그러나 이 두 원리는 충분히 상보적이고 서로에 기여할 수 있다. 정치의 평화화, 다수지배의 제어, 공공정책의 정당화 같은 담론에서 헌정주의와 민주주의는 함께 고려되어야 한다. 헌정주의와 민주주의는 헌법재판에 기본권 보호 이상의 역할을 주문한다. 기본권 보호나 권리조항의 구체적 목록을 헌법에서 결정하는 것이 각국의 헌법협상에서는 어려운 것이었더라도 이제까지 한국에서 헌법재판소를 결정한 헌법협상은 기본권 보호 위주로 진행되었다고 보기 어렵다. 영국과 미국 그리고 프랑스의 제헌과 개헌사에서는 한결같이 강조된 권리장전을 위한 투쟁이 있었지만 한국에서 권리장전은 단지 모방된 형식적 규범이었다. 권리장전을 보장하려는 헌정적 투쟁이라는 것도 그 일부목록이 쿠데타세력에 의해 대부분 혹은 일부 사라졌던 유신체제나 5공화국을 제외하고는 크게 확인된 적이 없다. 헌법규범으로 쉽게 유폐되고 쉽게 복구되는 것이었다. 반면, 한국 대통령제에서 보다 핵심적인 갈등은 파당적 이해관계에 기초한 권력구조결정을 둘러싼 오랜 투쟁과 권력분립의 형해화였다. 그로 인해 정치의 반헌정주의적 성격과 민주주의 정치의 결함이 드러났다. 한국 민주주의의 불균형과 그 극복과정은 아직 진행형이다. 그래서 헌법재판이 민주주의와의 긴장을 넘는 체계 내적 승인을 얻지 못하고 반민주적 제도로 주목되는 것이다. 헌법재판이 형해화된 권력분립을 실질화함으로써 민주정치의 결함을 보완하고 있다면 민주주의가 보여주는 한계와 헌법재판의 역할의 연계작업이 필요하다. 그것이 헌정주의와 민주주의가 서로에 기여할 수 있음을 보는 적절한 방식이다.

헌재는 정치로부터의 상대적 자율성을 확보한 상태로 정치와 대화해야 한다. 정치와 헌법적으로 대화한다는 것은 헌재가 의회와 대통령의 영향력에 좌우된다는 것이 아니라 헌재와 정치 모두 헌법적 대화를 통해 국민의 주권적 의사에 귀 기울여야 한다는 것이다. 헌정주의와 민주주의의 상보적 연결고리는 헌재에게 상대적 자율성을 부여한 국민주권에 의해 완전히 체결된다. 선출되지 않은 헌법재판관에 대한 국민의 수권은 제도화를 위한 수권을 넘어 민주주의를 위한 역할 수권도 확인해 준다. 국민대표와 공존하는 제도로 인정된다면 헌재는 헌법조문이 만들고도 민주주의에서 표류하는 제도가 아니라 확정적으로 민주주의에 필요한 부분체계가 된다. 다만 주권적 의사는 일시적 여론과 반드시 일치하는 것은 아니다. 헌재가 민주주의의 관점을 벗어나 단지 시의적 여론과 결탁하는 결정을 한다면 장기적으로는 국민으로부터 더욱 멀어질 것이다. 반대로 시의적 여론이 민주주의 가치와 결합되어 있는지 냉정히 검토하는 기관으로 이해된다면 늦더라도 장기적 신뢰는 축적될 것이다.

헌법재판에 대한 신뢰는 사법적 고집이나 고고함 혹은 강직함으로 얻어지는 것은 아니다. 민주주의는 때로는 가변적 태도도 용납한다. 헌법재판은 정치와의 헌법적 대화로 헌법적 원칙과 정치적 판단 사이의 조화를 찾는 것이지 특정이념을 특정 시기에 고수하는 이념의 아성이 아니다. 사법적 판단원리를 정치의 이해관계와 분리시킨 강직한 순수사법의 입장은 헌법재판에 단기적 신뢰조차도 제공하지 못한다. 신뢰가 궁극적인 것이 되려면 정치와 대화한다고 각인되어야 한다. 정치와의 지속적인 헌법적 대화가 조성될 때 헌정주의와 민주주의의 연결고리가 국민적으로 이해된다. 그것이 궁극적으로 민주주의적 지배에서 헌법재판이 받아들여지는 길이다. 선거에서 다수지지를 얻은 대표가 형성하는 정치와 그 한계를 보완하는 헌법재판의 부단한 헌법적 대화가 만들어질 때 민주주의는 헌법재판을 승인할 것이다.

참고문헌

1. 국내 자료

〈단행본〉

강원택, 2003, 『한국의 선거정치』, 서울: 푸른길.

게르하르트 라이프홀츠(Gerhard Leibholz), 1975, 『헌법국가와 헌법』, 권영성 역, 서울: 박영사.

_____, 1977, 『현대민주정치론』, 주수만 역, 서울: 서문당.

권영설, 2006, 『헌법이론과 헌법담론』, 서울: 법문사.

_____, 2008, 『헌법학원론』, 서울: 법문사.

김동훈, 2011, 『한국 헌법과 공화주의』, 서울: 경인문화사.

김영명, 2007, 『한국의 정치변동』, 서울: 을유문화사.

김영민·김용호 외, 『21세기 헌정주의와 민주주의』, 서울: 인간사랑.

_____, 2001, 『한국헌법사』, 서울: 학문사.

김운룡, 1998, 『위헌심사론』, 서울: 삼지원.

김일영, 2012, 『건국과 부국』, 서울: 기파랑.

김철수, 2004, 『독일통일의 정치와 헌법』, 서울: 박영사.

_____, 2008, 『헌법학신론』, 서울: 박영사.

_____, 2008, 『헌법개정, 과거와 미래』, 서울: 진원사.

남궁승태, 1993, 『프랑스헌법소송론』, 서울: 삼선.

대화문화아카데미 편, 2011, 『새로운 헌법 무엇을 담아야 하나』, 서울: 대화문화아카데미.

데이비드 헬드(David Held), 2010, 『민주주의의 모델들』, 박찬표 역, 서울: 후마니타스.

로버트 달(Robert Dahl), 2005, 『미국헌법과 민주주의』, 박상훈·박수형 역, 서울: 후마니타스.

_____, 2006, 『민주주의』, 김왕식 외 역, 서울: 동명사.

_____, 2008, 『민주주의와 그 비판자들』, 조기제 역, 서울: 문학과지성사.

마우로 카펠레티(Mauro Cappelletti), 1989, 『현대헌법재판론』, 구병삭·강경근·김승환 역, 서울: 법문사.

민병로, 2003, 『일본의 사법심사제』, 전남대학교출판부.

박은정, 2010, 『왜 법의 지배인가』, 파주: 돌베개.

백영철, 1995, 『제1공화국과 한국 민주주의』, 서울: 나남.

버나드 마넹(Bernard Manin), 2007, 『선거는 민주적인가』, 곽준혁 역, 서울: 후마니타스.

베르너 캐기(Werner Kägi), 2011, 『국가의 법적 기본질서로서의 헌법』, 홍성방 역, 서울: 유로.

빈프리트 하쎄머(Winfried Hassemer), 2006, 『정치와 헌법』, 이상돈 외 역, 서울: 세창.

성낙인, 1995, 『프랑스헌법학』, 서울: 법문사.

_____, 1997, 『헌법학』, 서울: 법문사.

송 우, 1980, 『한국헌법개정사』, 서울: 집문당.

심지연, 1984, 『한국현대정당론: 한국민주당연구 Ⅱ』, 서울: 창작과비평사.

_____, 2006, 『한국정당정치사』, 서울: 백산서당.

심지연·김민전, 2007, 『한국정치제도의 진화경로』, 서울: 백산서당.

알렉시스 토크빌(Alexis de Tocqueville), 2007, 『미국의 민주주의 Ⅰ』, 임효선·박지동 역, 서울: 한길사.

양건·박명림·박은정·김재원 외, 2008, 『새로운 헌법 필요한가』, 서울: 대화문화아카데미.

에른스트-볼프강 뵈켄회르데(Ernst-Wolfgang Böckenförde), 1992, 『헌법·국가·자유: 헌법이론과 국가 이론에 관한 연구』, 김효전 역, 서울: 법문사.

_____, 2003, 『헌법과 민주주의: 헌법이론과 헌법에 관한 연구』, 김효전·정태호 역, 서울: 법문사.

오승용, 2005, 『분점정부와 한국정치』, 파주: 한국학술정보.

위르겐 하버마스(Jürgen Habermas), 2007, 『사실성과 타당성: 담론적 법이론과 민주적 법치국가 이론』, 한상진·박영도 역, 파주: 나남.

유진오, 1949, 『헌법의 기초이론』, 서울: 일조각.

_____, 1953, 『신고 헌법해의』, 서울: 탐구당.

_____, 1980, 『헌법기초회고록』, 서울: 일조각.

윤명선, 2009, 『미국입헌정부론』, 서울: 경희대학교출판국.

이상돈, 1983, 『미국의 헌법과 연방대법원』, 서울: 학연사.

이승우, 2010, 『국가론』, 서울: 두남

_____, 2011, 『헌정사의 연구방법론』, 서울: 두남.

이영록, 2006, 『유진오 헌법사상의 형성과 전개』, 파주: 한국학술정보

이헌환, 2007, 『법과 정치』, 서울: 박영사.

임지봉, 2004, 『사법적극주의와 사법권독립』, 서울: 철학과현실사.

정경희, 2001, 『중도의 정치: 미국헌법제정사』, 서울: 서울대학교출판부.

정만희, 2010, 『헌법개정연구』, 부산: 세종출판사.

정재황, 2003, 『헌법재판개론』, 서울: 박영사.

정종섭, 2002, 『헌법소송법』, 서울: 박영사.

_____, 2006, 『헌법재판강의』, 서울: 박영사.

조홍식, 2009, 『사법통치의 정당성과 한계』, 서울: 박영사.

최장집, 2005, 『민주화 이후의 민주주의』, 서울: 후마니타스

_____, 2006, 『민주주의의 민주화』, 박상훈 편, 서울: 후마니타스

_____, 2009, 『민중에서 시민으로: 한국 민주주의를 이해하는 하나의 방법』, 파주: 돌베개.

최장집·박찬표·박상훈, 2007, 『어떤 민주주의인가』, 서울: 후마니타스.

칼 슈미트(Carl Schmitt)·한스 켈젠(Hans Kelsen), 1991, 『헌법의 수호자 논쟁』, 김효전 역, 서울: 교육과학사.

칼 J. 프리드리히(Carl J. Friedrich), 2006, 『현대헌법과 입헌주의』, 박남규 역, 대구: 홍익출판사.

콘라드 헷세(Konrad Hesse), 2001, 『통일 독일헌법원론』, 계희열 역, 서울: 박영사.

하세베 야스오(長谷部恭男)·스기타 아쓰시(杉田敦), 2010, 『헌법논쟁』, 김일영·아사바 유키(淺羽祐樹) 역, 서울: 논형.

한국정치외교사학회 편, 2001, 『한국정치와 헌정사』, 서울: 한울.

함께하는시민운동 편, 2007, 『헌법 다시보기: 87년 헌법 무엇이 문제인가』, 서울: 창비.

허 영, 2008, 『한국헌법론』, 서울: 박영사.

_____, 2008, 『헌법이론과 헌법』, 서울: 박영사.

_____, 2009, 『헌법소송법론』, 서울: 박영사.

헤르만 헬러(Herman Heller) 외, 2001, 『법치국가의 원리』, 김효전 편역, 서울: 법원사.

홍성방, 2008, 『헌법학』, 서울: 현암사.

〈논문〉

갈봉근, 1962, "위헌입법심사의 비교법적 고찰(1)", 『법정논총』, 중앙대학교 법과대학, 제15호.

강병호, 1999, "하버마스의 토의적 민주주의 이론: 민주주의의 규범적 의미와 자유주의와 공화주의의 화해", 『철학논구』, 서울대학교 철학과, 제27집.

강승식, 2006, "미국 연방대법원 대법관의 임명절차", 『공법연구』, 한국공법학회, 제35집 제2호.

강정인, 2011, "민주화 이후 한국정치에서 자유민주주의와 법치주의의 충돌", 유정환 외, 『현대 정치의 쟁점』, 인간사랑.

강휘원, 1999, "미 건국초기 헌법원칙의 성립: 사법심사권의 확립을 통한 권력분립과 연방주의 강화", 한국정치학회 1999년도 춘계학술회의, 한국정치 50년의 성찰.

계희열, 1994, "한국헌법의 기본원리로서의 법치주의", 『법학논집』, 고려대학교 법학연구원, Vol. 30.

_____, 2002, "헌법원리로서의 권력분립의 원리", 『고려법학』, 고려대학교 법학연 구원, Vol. 38.

곽준혁, 2005, "민주주의와 공화주의: 헌정체제의 두 가지 원칙", 『한국정치학회보』, 한국정치학회, 제39집 제3호.

_____, 2005, "심의민주주의와 비지배적 상호성", 『국가전략』, 제11집 제2호.

_____, 2006, "사법적 검토의 재검토: 헌법재판과 비지배적 상호성", 『한국정치학회보』, 한국정치학회, 제40집 제5호.

국순옥, 1996, "헌법재판의 본질과 기능", 『민주법학』, 민주주의법학연구회, 제11권.

_____, 2005, "헌법재판관들의 사법 쿠데타", 『민주법학』, 민주주의법학연구회, Vol. 27.

권영성, 1987, "개정헌법안의 성격과 특징", 『월간고시』, 1987년 11월호.

_____, 1988, "한국의 헌법재판제도", 『서울대학교 법학』, 서울대학교 법학연구소, Vol. 29, No. 3, 4.

권형준, 2001, "프랑스 헌법재판소의 위헌심사절차", 『법학논총』, 한양대학교 법학연구소, Vol. 18.

김경제, 2007, "권한배분의 원리로서 권력분립의 원칙", 『공법학연구』, 한국비교공법학회, 제8권 제2호.

_____, 2008, "헌법재판소장 및 헌법재판관 후보자 지명권: 전효숙에 대한 지명 행사를 중심으로", 『헌법학연구』, 한국헌법학회, 제14권 제1호.

김문현, 2008, "헌법재판제도의 개선을 위한 헌법개정의 방향", 양건·박명림·박은정·김재원 외, 『새로운 헌법 필요한가』, 서울: 대화문화아카데미.

김배원, 2007, "한국헌법상 대통령과 헌법재판소의 상호통제관계", 『공법학연구』, 한국비교공법학회, 제8권 제2호.

김비환, 2007, "아렌트의 정치적 헌정주의", 『한국정치학회보』, 한국정치학회, 제41집 제2호.

_____, 2008, "한국 민주주의의 진로에 대한 정치철학적 고찰: 자유주의, 시장, 법의 지배 및 헌정주의의 상호관계를 중심으로", 『아세아연구』, 고려대학교 아세아 문제연구소, 제51권 제2호.

_____, 2009, "롤즈의 입헌민주주의론", 황경식·박정순 외, 『롤즈의 정의론과 그 이후』, 서울: 철학과현실사.

김상겸, 1999, "법과 정치관계에 있어서 헌법재판", 『공법학연구』, 한국비교공법학회, 창간호.

_____, 2003, "의회의 자율권과 사법: 독일의 경우를 중심으로", 『헌법학연구』, 한국헌법학회, 제9권 제2호.

_____, 2005, "헌법재판소법의 문제점과 개선방안", 『공법학연구』, 한국비교공법학회, 제6권 제1호.

김상준, 2007, "헌법과 시민의회", 함께하는시민운동 편, 『헌법 다시보기: 87년 헌법무엇이 문제인가』, 서울: 창비.

김선택, 1996, "형식적 헌법의 실질적 위헌성에 대한 헌법재판: 위헌적 헌법규범의성립 가능성과 사법심사 가능성에 관하여", 『법학논집』, 고려대학교 법학연구원, Vol. 32.

_____, 2005, "국가기능체계에 있어서 헌법재판소의 역할과 한계", 『공법연구』, 한국공법학회, 제33집 제4호.

김성수·강승식, 2005, "미국입헌주의에 관한 연구", 『미국헌법연구』, 미국헌법학회, 제16권 제2호.

김성호, 2004, "권력구조와 민주주의", 진영재 편, 『한국권력구조의 이해』, 서울: 나남.

_____, 2005, "헌법개정과 입헌민주주의", 연세대학교 국가관리연구원 2005 추계학술회의.

김세중, 1997, "헌정주의 제도화의 평가와 과제", 한국정치학회 6·10 민주화운동 학술회의 '민주주의의 제도화'.

김승대, 2008, "헌법재판과 정책결정: 국가정책 결정과정에 대한 적극적 헌법심사의이론적 모색", 『법학연구』, 부산대학교 법학연구소, 제48권 제2호.

김승환, 2006, "헌법과 민주주의", 『민주법학』, 민주주의법학연구회, Vol. 31.

김용민, 2000, "'페더랄리스트 페이퍼'의 정치철학적 이해", 『북미연구』, 한국외국어대학교 외국학종합연구

센터 북미연구소, 제5권.

김용호, 2007, "헌정공학의 새로운 이론적 틀 모색: 한국헌정체제의 규범적 좌표와 제도적 선택", 김영민·김용호 외, 『21세기 헌정주의와 민주주의』, 서울: 인간사랑.

김운룡, 1978, "한국 헌법위원회의 사법적 성격", 『법학행정논집』, 고려대학교 법학연구원, Vol. 16.

_____, 1996, "권력분립과 위헌심사권", 『성균관법학』, 성균관대학교 법학연구소, 제7호.

김일영, 2001, "서문", 한국정치외교사학회 편, 『한국정치와 헌정사』, 서울: 한울.

_____, 2008, "한국 대통령제의 성공과 헌법의 권력구조 조항 수정", 『세계헌법연구』, 국제헌법학회 한국학회, 제14권 제1호.

_____, 2008, "현대 한국에서 자유주의의 전개과정: 헌법규범과 헌법현실의 괴리와 극복과정을 중심으로", 『한국정치외교사논총』, 한국정치외교사학회, Vol. 29, No. 2.

김일환, 2009, "독일의 헌법재판 운영실태에 관한 비교법적 고찰", 『헌법학연구』, 한국헌법학회, 제15권 제2호.

김종서, 1996, "헌법재판의 허와 실", 『민주법학』, 민주주의법학연구회, 제10호.

_____, 1997, "헌법재판소의 정치성: 날치기 사건을 중심으로", 『민주법학』, 민주주의법학연구회, 제13호.

김종세, 2007, "헌법재판소 재판관 구성에 관한 문제점과 개선방안", 『법학연구』, 22집.

김종철, 2005, "정치의 사법화의 의의와 한계: 노무현 정부 전반기의 상황을 중심으로", 『공법연구』, 한국공법학회, 제33집 제3호.

_____, 2005, "헌법재판소 구성방법의 개혁론", 『헌법학연구』, 한국헌법학회, 제11권 제2호.

_____, 2006, "헌법재판, 법과 정치의 교차로", 『본질과 현상』, 본질과 현상사, 통권6호.

김철수, 1973, "통치구조에 관한 헌법판례의 경향", 『법학』, 서울대학교 법학연구소, 제14권 제1호.

_____, 1980, "독일연방헌법재판소의 지위와 권한", 『서울대학교 법학』, 서울대학교 법학연구소, Vol. 20, No. 3.

_____, 2008, "헌법제정 60주년과 입법과 헌법보장문제", 『헌법학연구』, 한국헌법학회, 제14권 제3호.

김형남, 2006a, "캐나다 연방대법원의 사법심사제도에 관한 연구", 『공법학연구』, 한국비교공법학회, 제7권 제5호.

_____, 2006b, "한국의 대통령과 헌법재판의 관계", 『경성법학』, 경성대학교 법학연구소, 제15권 제1호.

김형성, 2000, "제헌헌법의 논의 과정에 나타난 쟁점에 관한 소고", 『성균관법학』, 성균관대학교 비교법연구소, 제12권 제1호.

김효전, 1998, "헌법재판소제도의 문제점과 그 개선책", 『공법연구』, 한국공법학회, 제27집 제1호.

나가오 류이치(長尾龍一), 1988, "일본에 있어서의 헌법재판", 『서울대학교 법학』, 서울대학교 법학연구소, Vol. 29, No. 3, 4.

남복현, 2002, "법정책의 규율형태", 『법과 정책연구』, 한국법정책학회, 제2권 제1호.

_____, 2006, "헌법개정 시 헌법재판을 포함한 사법구조의 개선방향", 『헌법학연구』, 한국헌법학회, 제12권 제5호.

_____, 2007, "헌법재판 관할권의 재설계: 현행헌법 20년 운영경험을 바탕으로", 『공법연구』, 한국공법학회, 제35집 제4호.

라이너 발(Rainer Wahl), 2002, 김백유 역, "헌법재판제도의 유형: 독일연방헌법재판소－외국의 헌법재판소와의 비교를 중심으로", 『헌법학연구』, 한국헌법학회, 제8권 제4호.

리처드 벨라미(Richard Bellamy), 2009, "공화주의, 민주주의 그리고 헌정주의", 세실 라보르드 외 저, 『공화주의와 정치이론』, 곽준혁 외 역, 서울: 까치.

마크 투시네트(Mark Tushnet), 2004, "헌법의 정치적 기능과 그 한계", 장철준 역, 『법학연구』, 연세대학교 법학연구소, Vol. 14, No. 2.

미카엘 브레너(Michael Brenner), 2005, "독일의 헌법재판권과 그 정치적 함의", 변무웅 역, 『공법연구』, 한국공법학회, 제33집 제4호.

민운식, 1959, "헌법위원회의 업적", 『법정』, 법정사, 제14권 제3-5호.

박경철, 2007, "국민주권, 국민의 헌법제정권력 그리고 관습헌법", 『헌법학연구』, 한국헌법학회, 제13권 제2호.

박규환, 2011, "헌법재판의 담당기관에 관한 소고: 독일제헌의회에서의 연방헌법재판소 설치와 그 위상에 대한 논의를 중심으로", 『공법학연구』, 한국비교공법학회, 제12권 제1호.

박명림, 2003, "한국의 초기 헌정체제와 민주주의", 『한국정치학회보』, 한국정치학회, 제37집 제1호.

_____, 2005, "헌법, 헌법주의, 그리고 한국 민주주의: 2004년 노무현 대통령 탄핵사태를 중심으로", 『한국정치학회보』, 한국정치학회, 제39집 제1호.

_____, 2006, "사회국가 그리고 민주헌정주의", 『기억과 전망』, 민주화운동기념사업회, 제15호.

_____, 2007, "헌법개혁과 한국 민주주의", 함께하는시민운동 편, 『헌법 다시보기: 87년 헌법 무엇이 문제인가』, 서울: 창비.

_____, 2009, "민주주의와 헌정주의", 민주화운동기념사업회 연구소 편, 『민주주의강의 3: 제도』, 서울: 민주화운동기념사업회.

박병섭, 1998, "대의제에 대한 비판적 연구", 『민주법학』, 민주주의법학연구회, 제14호.

박성우, 2006, "민주주의와 헌정주의의 갈등과 조화: 미국 헌법 해석에 있어서 원본주의 논쟁의 의미와 역할", 『한국정치학회보』, 한국정치학회, Vol. 40, No. 3.

_____, 2007, "민주주의와 헌정주의의 갈등과 조화: 고대 그리스적 맥락에서의 세 가지 대안의 검토", 김영민·김용호 외, 『21세기 헌정주의와 민주주의』, 서울: 인간사랑.

박용수, 2012, "대통령제의 특성과 민주화 이후 한국 대통령제에 대한 비교 평가", 조기숙·정태호 외, 『한국 민주주의 어디까지 왔나: 성과와 과제』, 고양: 인간사랑.

박종현, 2010, "정치의 사법화의 세 가지 유형－미국을 중심으로 한 비교법적 사례연구", 『세계헌법연구』, 세계헌법학회 한국학회, 제16권 제3호.

박진완, 1999, "입법자와 헌법재판소", 『헌법학연구』, 한국헌법학회, 제5권 제2호.

_____, 2005, "헌법재판소와 국회와의 관계: 규범반복금지", 『헌법학연구』, 한국헌법학회, 제11권 제2호.

박찬권, 2008, "한국헌법재판제도에 대한 헌정사적 이해 및 평가", 『법학연구』, 연세대학교 법학연구소, 제18권 제1호.

박찬표, 2006, "헌법에 기대기: 민주주의에 대한 두려움 혹은 실망", 『한국정당학회보』, 한국정당학회, 제5권 제1호.

_____, 2007, "법치민주주의 대 정치적 민주주의", 최장집·박찬표·박상훈, 『어떤 민주주의인가』, 서울: 후마니타스.

방승주, 2008, "헌법재판소의 입법자에 대한 통제의 범위와 강도: 입법자의 형성의자유와 그 한계에 대한 헌법재판소의 지난 20년간의 판례를 중심으로", 『공법연구』, 한국공법학회, 제37집 제2호.

배준상, 1994, "독일연방헌법재판관의 선출문제", 『헌법논총』, 헌법재판소, 제5집.

볼프강 차이틀러(Wolfgang Zeidler), 2006, "국가기능영역에 있어 헌법소송 법규범의 합헌성에 관한 재판 유형·내용 및 효력", 남복현 역, 『한양법학』, 한양법학회, 제19권.

서경석, 2005, "신행정수도의건설을위한특별조치법 위헌결정에 대하여", 『민주법학』, 민주주의법학연구회, 제27호.

_____, 2007, "87년 헌법체제와 헌법정치", 『민주법학』, 민주주의법학연구회, Vol. 34.

서희경·박명림, 2007, "민주공화주의와 대한민국 헌법 이념의 형성", 『정신문화연구』, 한국학중앙연구원, 제30권 제1호.

성낙인, 1994, "헌법재판소 인적 구성의 비교헌법적 검토를 통한 대안 모색", 『현대사회와 법의 발달』, 서울: 홍문사.

손형섭, 2009, "일본의 헌법재판소 설치논의에 관한 연구", 『헌법학연구』, 한국헌법학회, 제15권 제1호.

송기춘, 2004, "대통령노무현탄핵심판사건결정(헌법재판소 2004.5.14. 선고, 2004헌나1)의 몇 가지 문제점", 『민주법학』, 민주주의법학연구회, 제26호.

송석윤, 2007, "1987년 제정 6월헌법의 헌정사적 의의", 강원택·김종철 외, 『헌법과 미래: 7학자의 헌법 시평』, 서울: 인간사랑.

신용옥, 2008, "대한민국 헌법의 제정과 헌민 유진오: 대한민국 제헌헌법 기초 주체들의 헌법 기초와 그 정치적 성격", 『고려법학』, 고려대학교 법학연구원, Vol. 51.

신우철, 2010, "미국형 사법심사제의 도입은 가능한가?-사법통계를 통한 일본·대만·한국의 법조현실 비교", 『법조』, Vol. 650.

양 건, 1988, "미국의 사법심사제와 80년대 한국의 헌법재판: 사법적극주의론과 관련하여", 『서울대학교 법학』, 서울대학교 법학연구소, Vol. 29, No. 3, 4.

_____, 2002, "미국헌법상 대통령과 의회의 권한관계: 공무원 임명권 및 탄핵제도를 중심으로", 『공법연구』, 한국공법학회, 제31권 제1호.

_____, 2005, "헌법재판소의 정치적 역할: 제한적 적극주의를 넘어서", 헌법실무연구회 편, 『헌법실무연구』 제6권, 서울: 박영사.

_____, 2008, "87년 헌법의 현실과 개헌의 필요성 및 방향", 양건·박명림·박은정·김재원 외, 『새로운

헌법 필요한가』, 서울: 대화문화아카데미.

양기호, 2000, "일본 의원내각제의 권력분산과 집중", 박호성·이종찬 외, 『한국의 권력구조 논쟁 II: 권력구조의 운영과 변화』, 서울: 풀빛.

오세혁, 2004, "사법부의 해석방법론에 대한 비판", 『법과 사회』, 제27권.

오승용, 2004, "미국 헌법은 얼마나 민주적인가: 로버트 달의 미국 민주주의에 대한성찰", 『정치비평』, 한국정치연구회, Vol. 13.

_____, 2009, "민주화 이후 정치의 사법화에 관한 연구", 『기억과 전망』, 민주화운동기념사업회, Vol. 20.

오호택, 2002, "대통령제하에서의 권력분립", 『헌법학연구』, 한국헌법학회, 제8권 제4호.

윤대규, 1990, "헌법해석에 관한 법사회학적 고찰", 『법과 사회』, 법과사회이론학회, Vol. 3.

윤명선, 1990, "사법심사제와 다수결주의: Ely의 과정이론에 대한 비판적 접근", 『공법연구』, 한국공법학회, 제18권.

이경주, 2007, "일본의 헌정주의와 민주주의", 김영민·김용호 외, 『21세기 헌정주의와 민주주의』, 서울: 인간사랑.

이광윤·이봉한, 2004, "헌법재판기관의 구성원리와 우리 제도의 개선방향", 『성균관법학』, 성균관대학교 비교법연구소, 제16권 제3호.

이광윤·장영수, 2004, "신행정수도건설을 위한 특별조치법 위헌확인결정의 찬반논쟁", 『고시계』, 고시계사, 통권 574호.

이국운, 2008, "자유민주주의의 정상화 문제 II", 『법과 사회』, 법과사회이론학회, 제34호.

_____, 2009, "민주 헌정과 정당성 관리: 위헌법률심사의 한미 비교", 『공법학연구』, 한국비교공법학회, 제10권 제1호.

이기철, 1995, "헌법재판에서의 법과 정치와의 관계: 독일연방헌법재판제도를 중심으로", 『법학논총』, 한양대학교 법학연구소, 제12권.

_____, 1997, "헌법재판소는 자신의 판결에 대한 정치적 결과를 고려해도 좋은가: 독일연방헌법재판제도를 중심으로", 『한양법학』, 한양법학회, Vol. 8.

이동훈, 1999, "헌법재판에서 사법적극주의의 한계", 『헌법학연구』, 한국헌법학회, 제5권 제1호.

이부하, 2005, "헌법재판에 있어서 사법적 자제", 『공법연구』, 한국공법학회, 제33집 제3호.

_____, 2007, "독일 기본법상 헌법충실과 헌법재판", 『세계헌법연구』, 국제헌법학회 한국학회, 제13권 제2호.

이상돈, 2007, "헌법재판의 법이론적 전망", 『법철학연구』, 한국법철학회, 제10권 제1호.

이상윤, 2007, "일본탄핵제도의 헌법적 의의와 과제", 『공법학연구』, 한국비교공법학회, 제8권 제2호.

_____, 2007, "일본의 내각법제국의 헌법적 기능", 『헌법학연구』, 한국헌법학회, 제13권 제2호.

이영록, 2005, "제1공화국 헌법위원회제도의 형성-사법제도 형성의 한 단면", 『헌법학연구』, 한국헌법학회, 제11권 제2호.

이재명, 1996, "미국의 사회변동과 헌법의 변화", 『미국헌법연구』, 미국헌법학회, Vol. 7.

이준일, 2003, "헌법재판의 법적 성격: 헌법재판소의 논증도구인 비례성 원칙과 평등원칙을 예로", 『헌법학연구』, 한국헌법학회, 제12권 제2호.

이행봉, 2006, "하버마스의 헌정국가론에 대한 연구", 『21세기정치학회보』, 21세기정치학회, 제16집 제2호.

임지봉, 2001, "사법적극주의와 사법소극주의", 『고시계』, 제7권.

장영수, 1991, "방어적 민주주의: 독일에서의 방어적 민주주의이론의 형성과 발전", 한국공법학회 18회 학술발표회, 한국공법학회.

_____, 1994, "현행헌법체계상 헌법재판소의 헌법상의 지위", 『법학논집』, 고려대 학교 법학연구원, Vol. 30.

_____, 2004, "헌법체계와 국가조직체계", 『고려법학』, 고려대학교 법학연구원, Vol. 43.

_____, 2009, "정책결정에 대한 헌법적 통제의 의미, 범위 및 한계", 『고려법학』, 고려대학교 법학연구원, Vol. 52.

장 훈, 2003, "대통령과 국회·정당", 동아시아연구원 대통령개혁연구팀 편, 『대통령의 성공조건 I : 역할·권한·책임』, 서울: 동아시아연구원.

전종익, 2000, "헌법재판소의 결정의 정당성에 관한 인식: 국회의원들의 인식을 중심으로", 『법과 사회』, 서울: 동성출판사, 제19호.

전학선, 2005, "프랑스에서 헌법재판소와 의회와의 관계", 『세계헌법연구』, 국제헌법학회 한국학회, 제11권 제1호.

_____, 2006, "프랑스의 헌법재판소 재판관", 『광운비교법학』, 광운대학교 비교법연구소, 제7호.

_____, 2009, "프랑스 헌법재판제도의 개혁과 한국헌법재판의 비교", 『공법학연구』, 한국비교공법학회, 제10권 제1호.

정문식, 2008, "유럽헌법의 수호자", 『헌법학연구』, 한국헌법학회, 제14권 제3호.

정상호, 2004, "제도주의 관점에서 본 탄핵사태의 분석", 『동향과 전망』, 한국사회과학연구소, 제60호.

정연주, 2006, "통치행위에 대한 사법심사", 『저스티스』, 한국법학원, 통권 95호.

_____, 2007, "비상입법자로서의 헌법재판소", 『헌법학연구』, 한국헌법학회, 제13권 제3호.

정재황, 1983, "프랑스의 위헌심사제도에 관한 연구", 서울대학교 대학원 법학과, 석사학위논문.

_____, 1990, "헌법재판소의 한정합헌결정", 『법과 사회』, 법과사회이론학회, Vol. 3.

_____, 1992, "헌법재판소와 국회·법원의 관계: 헌법재판소의 위헌법률심판결정의효력을 중심으로", 『고시연구』, 고시연구사, 1992년 1월호.

_____, 1994, "헌법재판소의 구성과 헌법재판절차상의 문제점 및 그 개선방안", 『공법연구』, 한국공법학회, 제22집 제2호.

_____, 1994, "헌법재판제도의 문제점과 개선방안", 한국법학교수회 편, 『법학교육과 법조개혁』, 서울: 교육과학사.

정종섭, 2001, "한국의 민주화에 있어서 헌법재판소와 권력 통제: 1988년부터 1998년까지", 『서울대학교 법학』, 서울대학교 법학연구소, Vol. 42, No. 1.

_____, 2009, "1960년 헌법에서의 헌법재판소의 최초 등장과 배경", 『법과사회』, 법과사회이론학회, Vol. 36.

정진민, 2008, "생산적 국회운영을 위한 대통령-국회 관계와 정당", 『한국정당학회보』, 한국정당학회, 제7권 제1호.

정해구, 2009, "대의민주주의의 발전과 한계", 민주화운동기념사업회 연구소 편, 『민주주의 강의 3: 제도』, 서울: 민주화운동기념사업회.

조병륜, 1997, "프랑스 헌법재판제도의 동향", 『사회과학논총』, 명지대학교 사회과학연구소, 제13집 제2권.

조홍석, 2008, "제도적 관점에서 본 현행 헌법재판제도의 문제점과 개선방안", 『법과 정책연구』, 한국법정책학회, Vol. 8, No. 2.

주미영, 2004, "미국 대통령직의 개혁과 향후 과제", 박찬욱·이현우 외, 『미국의 정치개혁과 민주주의』, 서울: 오름.

진창수, 1998, "부문별 이익배분시스템으로서의 일본 정치", 『동아시아의 정치체제』, 김영명 편, 서울: 한림대학교 아시아문화연구소.

차동욱, 2006, "위헌법률심사제도의 민주적 정당성에 관한 고찰: 대의제 민주주의하에서의 헌법재판제도의 정당성", 『정부학연구』, 고려대학교 정부학연구소, 제12권 제2호.

_____, 2006, "헌법재판소는 국회의 안티테제인가: 현대적 권력분립하에서의 두 헌법기관의 관계", 『의정연구』, 한국의회발전연구회, 제12권 제2호.

_____, 2008, "정치사회적 관점에서 본 헌정 60년-개헌의 정치와 '헌정공학'의 타당성", 『법과 사회』, 법과사회이론학회, 제34호.

_____, 2010, "헌법에 대한 최종해석권 귀속문제와 헌법개정 논란", 강원택 편, 『헌법개정의 정치: 무엇을 어떻게 바꿀 것인가』, 인간사랑.

최대권, 1993, "헌법재판소의 정치학: 그 구조와 기능을 중심으로", 『서울대학교 법학』, 서울대학교 법학연구소, 제34권 제1호.

_____, 2001, "헌법재판소 결정의 정치적 의미", 『서울대학교 법학』, 서울대학교 법학연구소, 제42권 제3호.

_____, 2005, "비교 사회, 문화적 문맥에서 본 사법적극주의와 사법소극주의", 『서울대학교 법학』, 서울대학교 법학연구소, Vol. 46, No. 1.

최장집, 2005, "민주주의와 헌정주의: 미국과 한국(한국어판 서문)", 로버트 달, 『미국헌법과 민주주의』, 박상훈·박수형 역, 서울: 후마니타스.

_____, 2008, "민주주의는 내 갈 길 가는 대통령 원치 않는다", 프레시안 편, 『우리는 무엇을 할 것인가』, 서울: 프레시안북.

최희수, 2008, "헌법재판의 본질과 헌법재판소의 헌법상 편제-헌법개정 논의에 부쳐", 『공법학연구』, 한국비교공법학회, 제9권 제4호.

칼 뢰벤슈타인(Karl Loewenstein), 1989, "대통령제의 비교법적 연구", 김효전 역, 『동아법학』, 동아대학교 법학연구소, 제8호.

칼 슈미트(Carl Schmitt), 2005, "헌법의 수호자인 라이히재판소", 정태호 역, 『동아법학』, 동아대학교 법학연구소, 제37호.

크리스토프 구지(Christoph Gusy), 2002, "입법자와 연방헌법재판소 사이의 권한획정(1): 연방헌법재판소 재판의 규범적 근거", 남복현 역, 『한양법학』, 한양법학회, 제13권.

크리스티안 슈타르크(Christian Starck), 2001, "국민적 기본 컨센서스와 헌법재판 소", 송석윤 역, 『세계헌법연구』, 국제헌법학회 한국학회, 제6호.

_____, 2004, "기본권의 해석과 효과에 대해서", 김효전 역, 『독일학연구』, 동아대 학교 독일학연구소, 제20호.

_____, 2010, "권력분립과 헌법재판", 김대환 역, 『동아법학』, 동아대학교 법학연구소, 제46호.

클라우스 비히만(Klaus Wichmann)·위르겐 토마스(Jürgen Thomas), 2010, "독일통일과정에서의 헌법적 문제-헌법; 국가조약의 구조", 박진완 역, 『법학논총』, 전남대학교 법학연구소, 제30집 제2호.

클라우스 슈테른(Klaus Stern), 1998, "헌법재판과 입법", 장영철 역, 『세계헌법연구』, 국제헌법학회 한국학회, 제3호.

클라우스 슐라이흐(Klaus Schlaich), 1992, "독일 연방헌법재판소와 헌법재판", 곽순근 역, 『연세법학연구』, 연세법학회, Vol. 2, No. 1.

한동섭, 1974, "헌법재판제도의 제유형: 현행 각국의 위헌입법심사제에 대한 유형적고찰", 『법학행정논집』, 고려대학교 법학연구원, Vol. 12.

한병진, 2007, "미국 헌정질서, 법치, 민주주의의 삼위일체: 애커만의 이중민주주의론을 중심으로", 『21세 기 헌정주의와 민주주의』, 김영민·김용호 외, 서울: 인간사랑.

한상희, 1998, "미국에서의 사법심사의 준거: 헌법의 해석학을 중심으로", 『미국헌법연구』, 미국헌법학회.

_____, 2007, "민주화시대의 헌법", 함께하는시민운동 편, 『헌법 다시보기: 87년 헌법 무엇이 문제인가』, 서울: 창비.

한수웅, 2006, "한국 헌법재판의 현황과 발전방향", 『저스티스』, 한국법학원, 통권 92호.

한인섭, 1999, "헌법과 형사법: 권력정치, 집단갈등과 법의 지배", 『서울대학교법학』, 서울대학교 법학연구소, 제39권 제4호.

함재학, 2009, "드워킨의 헌법사상: 헌법적 통합성과 파트너십 민주주의", 『법철학연구』, 한국법철학회, 제12권 제1호.

_____, 2010, "헌법재판의 정치성에 관하여: '헌법적 대화' 모델을 위한 제언", 『헌법학연구』, 한국헌법학회, 제16권 제3호.

허완중, 2009, "헌법재판소의 지위와 민주적 정당성", 『고려법학』, 고려대학교 법학연구원, Vol. 55.

헌법재판소 편, 2005, "현행 헌법상 헌법재판제도의 문제점과 개선방안", 김문현·정재황·한수웅·음선 필, 『헌법재판연구』, 헌법재판소, 제16권.

홍완식, 2002, "입법자의 법률개선의무에 관한 연구: 독일연방헌법재판소와 한국 헌법재판소의 결정례를 중심으로", 『공법연구』, 한국공법학회, 제31집 제2호.

홍윤기, 2007, "국민헌법에서 시민헌법으로", 함께하는시민운동 편, 『헌법 다시보기: 87년 헌법 무엇이 문 제인가』, 서울: 창비.

2. 외국 자료

〈단행본〉

Abraham, Henry J., 1980, *The Judicial Process*, 4th ed., New York: Oxford University Press.

Ackerman, Bruce, 1993, *We the People: Foundations*, Cambridge: The Belknap Press of Harvard University Press.

_____, 1998, *We the People: Transformations*, Cambridge: Harvard University Press.

_____, 2007, *The Failure of the Founding Fathers: Jefferson, Marshall, and the Rise of Presidential Democracy*, Cambridge: Harvard University Press.

Ackerman, Bruce and James S. Fishkin, 2004, *Deliberation Day*, New Haven: Yale University Press.

Agresto, John, 1984, *The Supreme Court and Constitutional Democracy*, Ithaca: Cornell University Press.

Ahdieh, Robert, 1997, *Russia's Constitutional Revolution*, University Park: Pennsylvania State University Press.

Alexy, Robert, 2005, *Begriff und Geltung des Rechts*, 4.Aufl., Freiburg/München: Karl Alber.

Bellamy, Richard (ed.), 2006, *Constitutionalism and Democracy*, Aldershot: Ashgate.

_____, 2007, *Political Constitutionalism: A Republican Defence of the Constitutionality of Democracy*, New York: Cambridge University Press.

Bickel, Alexander M., 1962, *The Least Dangerous Branch: The Supreme Court at the Bar of Politics*, 2nd ed., New Haven: Yale University Press.

_____, 1978, *The Supreme Court and the Idea of Progress,* New Haven: Yale University Press.

Billing, Werner, 1969, *Das Problem der Richterwahl zum Bundesverfassungsgeri cht*, Berlin: Duncker & Humblot.

Black Jr., Charles L., 1960, *The People and the Court: Judicial Review in a Democracy*, New York: The Macmillan Company.

Böckenförde, Ernst-Wolfgang, 1974, *Verfassungsfragen der Richterwahl*, Berlin: Duncker & Humblot.

Brünneck, Alexander von, 1992, *Verfassungsgerichtsbarkeit in den westlichen Demokratien: Ein systematischer Verfassungsvergleich*, Baden-Baden: Nomos.

Campbell, Tom, 2004, *Separation of Powers in Practice*, Stanford: Stanford University Press.

Cappelletti, Mauro, 1991, *The Judicial Process in Comparative Perspective*, Oxford: Clarendon Press.

Cardozo, Benjamin N., 1921, *The Nature of The Judicial Process*, New Haven: Yale University Press.

Choper, Jesse H., 1980, *Judicial Review and the National Political Process: A Functional Reconsideration of the Role of the Supreme Court*, Chicago: The University of Chicago Press.

Chryssogonos, Kostas, 1987, *Verfassungsgerichtsbarkeit und Gesetzgebung: Zur Methode der Verfassungsinterpretation bei der Normenkontrolle*, Berlin: Duncker & Humblot.

Corwin, Edward S., 1914, *The Doctrine Of Judicial Review: Its Legal And Historical Basis And Other Essays*, Princeton: Princeton University Press.

Dahl, Robert, 2001, *How Democratic Is the American Constitution?*, New Haven: Yale University Press.

_____, 2006, *A Preface to Democratic Theory*, Chicago: The University of Chicago Press.

Dworkin, Ronald, 1986, *Law's Empire*, Cambridge: The Belknap Press of Havard University Press.

_____, 1996, *Freedom's Law: The Moral Reading of the American Constitution*, Cambridge: Harvard University Press.

Elster, Jon (ed.), 1999, *Deliberative Democracy*, Cambridge: Cambridge University Press.

_____ (ed.), 2000, *Ulysses Unbound*, New York: Cambridge University Press.

Ely, John Hart, 1980, *Democracy and Distrust: A Theory of Judicial Review*, Cambridge: Harvard University Press.

Epp, Charles R., 1998, *The Rights Revolution: Lawyers, Activists and Supreme Courts in Comparative Perspective*, Chicago: The University of Chicago Press.

Epstein, Lee and Jack Knight, 1998, *The Choices Justices Make*, Washington, D.C.: CQ Press.

Epstein, Lee and Jeffrey A. Segal, 2005, *Advice and Consent: The Politics of Judicial Appointments*, New York: Oxford University Press.

Eskridge, William, 1994, *Dynamic Statutory Interpretation*, Cambridge: Harvard University Press.

Fisher, Louis, 1988, *Constitutional Dialogues: Interpretation as Political Process*, Princeton: Princeton University Press.

Franck, Matthew J., 1996, *Against the Imperial Judiciary: The Supreme Court vs. the Sovereignty of the People*, Lawrence: University Press of Kansas.

Freund, Paul A., Arthur E. Sutherland, Mark de wolfe Howe and Ernst J. Brown, 1967, *Constitutional Law: Cases and Other Problems*, 3rd ed., Vol. 1, Boston: Little Brown.

Gates, John B., 1992, *The Supreme Court and Partisan Realignment: A Macro-and Microlevel Perspective*, Boulder: Westview Press.

Ginsburg, Tom, 2003, *Judicial Review in New Democracies: Constitutional Courts in Asian Cases*, Cambridge: Cambridge University Press.

Griffin, Stephen M., 1996, *American Constitutionalism: From Theory to Politics, Princeton*: Princeton University Press.

Guarneri, Carlo and Patrizia Pederzoli, 2002, *From Democracy to Juristocracy? The Power of Judge: A Comparative Study of Courts and Democracy*, Oxford: Oxford University Press.

Gusy, Christoph, 1985, *Parlamentarischer Gesetzgeber undBundesverfassungsger icht*, Berlin: Duncker & Humblot.

Haines, Charles G., 1944, *The Role of the Supreme Court in American Government and Politics: 1789-1835*, Berkeley and Los Angeles: University of California Press.

Haltern, Ulrich R., 1998, *Verfassungsgerichtsbarkeit, Demokratie und Mißtrauen: Das Bundesverfassungsgericht in einer Verfassungstheorie zwischen Populismus und Progressivismus*, Berlin: Duncker & Humblot.

Hamilton, Alexander, James Madison and John Jay, 2003, *The Federalist Papers*, Clinton Rossiter (ed.), New York: New American Library.

Hand, Learned, 1958, *The Bill of Rights*, Cambridge: Harvard University Press.

Hippel, Eike von, 1992, *Rechtspolitik. Ziele ·Akteure ·Schwerpunkte*, Berlin: Dunker & Humblot.

Hirschl, Ran, 2004, *Towards Juristocracy: The Origins and Consequences of the New Constitutionalism*, Cambridge: Harvard University Press.

Hobbes, Thomas, 2008, J. Gaskin (ed.), *Leviathan*, New York: Oxford University Press.

Kahn, Paul W., 1992, *Legitimacy and History: Self-Government in American Constitutional Theory*, New Haven: Yale University press.

_____, 1997, *The Reign of Law: Marbury v. Madison and the Construction of America*, New Haven: Yale University press.

Kau, Marcel, 2007, *United States Supreme Court und Bundesverfassungsgericht: Die Bedeutung des United States Supreme Court für die Errichtung und Fortentwicklung des Bundesverfassungsgerichts*, Berlin: Springer.

Kelly, Alfred H. and Winfred A. Harbison, 1963, *The American Constitution: Its Origins and Development*, 3rd ed., New York: W.W. Norton & Company.

Kelsen, Hans, 2008, Reine Rechtslehre, Tübingen: Mohr Siebeck.

Ketcham, Ralph ed., 2003, *The Anti-Federalist Papers and the Constitutional Convention Debates*, New York: New American Library.

Kommers, Donald, 1997, *The Constitutional Jurisprudence of the Federal Republic of Germany*, 2nd ed., Durham: Duke University press.

Kramer, Larry D., 2004, *The People Themselves: Popular Constitutionalism and Judicial Reiew*, New York: Oxford University press.

Lamprecht, Rolf/Wolfgang Malanovski, 1979, *Richter machen Politik*, Frankfrut a.M.: Fisher.

Leibholz, Gerhard, 1960, *Das Wesen der Repräsentation und der Gestaltwandelder Demokratie im 20. Jahrhundert*, 2 Aufl., Berlin: Walter de Gruyter.

Levy, Leonard W. (ed.), 1967, *Judicial Review and the Supreme Court*, New York: Harper & Row.

Lijphart, Arend, 1999, *Patterns of Democracy: Government Forms and Performance in Thirty-Six Countries*, New Haven: Yale University Press.

Limbach, Jutta, 2001, *Das Bundesverfassungsgericht*, München: C.H. Beck.

Linz, Juan J. and Arturo Valenzuela (eds.), 1994, *The Failure of Presidential Democracy: Comparative Perspectives*, Vol. 1, Baltimore: Johns Hopkins University Press.

Locke, John, 1976, *The Second Treatise of Government and A Letter Concerning Toleration*, J. W. Gough (ed.), Oxford: Basil Blackwell.

Loewenstein, Karl, 1965, *Political Power and the Governmental Process*, 2nd ed., Chicago: The University of Chicago Press.

Mayhew, David R., 1974, *Congress: The Electoral Connection*, New Haven: Yale University Press.

_____, 1991, *Divided We Govern: Party Control, Lawmaking, and Investigations*, New Haven: Yale University Press.

Montesquieu, Charles de, 1989, Anne M. Cohler, Basia C. Miller and Harold S. Stone, trans. and ed., *The Spirit of the Laws*, Cambridge: Cambridge University Press.

Mueller, Dennis, 1996, *Constitutional Democracy*, New York: Oxford University Press.

Neustadt, Richard E., 1960, *Presidential Power*, New York: Wiley.

Nino, Carlos Santiago, 1996, *The Constitution of Deliberative Democracy*, New Haven: Yale University press.

Peretti, Terri J., 1999, *In Defense of a Political Court*, Princeton: Princeton University Press.

Perry, Michael J., 1994, *The Constitution in the Courts; Law and Politics?*, New York: Oxford University Press.

Pickerill, J. Mitchell, 2004, *Constitutional Deliberation in Congress: The Impact of Judicial Review in a Separated System*, Durham: Duke University Press.

Post, Robert and Reva Siegel, 2004, "Popular Constitutionalism, Departmentalism, and Judicial Supremacy", *California Law Review* 92:4, 1027-1043.

Quaritsch, Helmut, 1986, *Souveränität: Entstehung und Entwicklung des Begriffs in Frankreich und Deutschland vom 13. Jh. bis 1806*, Berlin: Duncker & Humblot.

Ramseyer, J. Mark and Eric B. Rasmusen, 2003, *Measuring Judicial Independence: The Political Economy of Judging in Japan*, Chicago: The University of Chicago Press.

Rawls, John, 1993, *Political Liberalism*, New York: Columbia University Press.

Rosenberg, Gerald N., 2008, *The Hollow Hope: Can Courts Bring About Social Change?*, 2nd ed., Chicago: The University of Chicago Press.

Rossiter, Clinton, 2002, *Constitutional Dictatorship: crisis government in the modern democracies*, New Brunswick: Transaction.

Rostow, Eugene, 1962, *Sovereign Prerogative: Supreme Court and the Quest for Law*, New Haven: Yale University press.

Rousseau, Jean-Jacques, 2008, trans. by Christopher Betts, *The Social Contract*, New York: Oxford

University Press.

Safran, William, 1998, *The French Polity*, 5th ed., New York: Longman.

Sartori, Giovanni, 1996, *Comparative Constitutional Engineering: An Inquiry into Structures, Incentives and Outcomes*, 2nd ed., New York: New York University Press.

Scheingold, Stuart A., 1974, *The Politics of Rights: Lawyers, Public Policy, and Political Change*, New Haven: Yale University Press.

Schlaich, Klaus, 2004, *Das Bundesverfassungsgericht: Stellung, Verfahren, Entscheidungen*, 6. Aufl., München: C.H. Beck.

Schmitt, Carl, 1969, *Der Hüter der Verfassung*, 2. Aufl., Berlin: Duncker & Humblot.

_____, 2010, *Verfassungslehre*, 10. Aufl., Berlin: Duncker & Humblot.

Schüle, Christian, 1998, *Die Parlamentarismuskritik bei Carl Schmitt und Jürgen Habermas: Grundlagen, Grundzüge und Strukturen*, Neuried: Ars Una.

Selznick, Philip, 1969, *Law, Society and Industrial Justice*, New York: Russel Sage Foundation.

Shapiro, Martin, 1964, *Law and Politics in the Supreme Court: New Approaches in Political Jurisprudence*, London: Free Press.

_____, 1986, *Courts: A Comparative and Political Analysis*, Chicago: The University of Chicago Press.

Stern, Klaus, 1980, *Das Staatsrecht der Bundesrepublik Deutschland*, Bd. ||, München: C.H. Beck.

_____, 1984, *Das Staatsrecht der Bundesrepublik Deutschland*, Bd. |, München: C.H. Beck.

Stone, Alec, 1992, *The Birth of Judicial Politics in France: The Constitutional Council in Comparative Perspective*, New York: Oxford University Press.

Stone Sweet, Alec, 2000, *Governing with Judges-Constitutional Politics in Europe*, New York: Oxford University Press.

Sunstein, Cass, 1990, *After the Rights Revolution: Recovering the Regulatory State*, Cambridge: Harvard University Press.

_____, 1999, *One Case at a Time: Judicial Minimalism on the Supreme Court*, Cambridge: Harvard University Press.

_____, 2006, *Radicals in Robes: Why Right-Wing Courts Are Wrong for America*, New York: Basic Books.

Sunstein, Cass, David Schkade, Lisa Ellman and Andres Sawicki, 2006, *Are Judges Political?: An Empirical Analysis of the Federal Judiciary*, Washington D.C.: Brookings Institution Press.

Tate, C. Neal and Torbjörn Vallinder (eds.), 1995, *The Global Expansion of Judicial Power*, New York: New York University Press.

Thach, Charles C. Jr., 2007, *The Creation of the Presidency, 1775-1789: A Study in Constitutional History*, Indianapolis: Liberty Fund.

Thomas, George, 2008, *The Madisonian Constitution*, Baltimore: The Johns Hopkins University Press.

Tushnet, Mark, 1988, *Red, White, And Blue: A Critical Analysis of Constitutional Law*, Cambridge: Harvard University Press.

_____, 1999, *Taking the Constitution away from the Courts*, Princeton: Princeton University Press.

_____, 2008, *Weak Courts, Strong Rights: Judicial Review and Social Welfare Rights in Comparative Constitutional Law*, Princeton: Princeton University Press.

_____, 2010, *Why the Constitution Matters*, New Haven: Yale University press.

Vile, M. J. C., 1998, *Constitutionalism and the Separation of Powers*, 2nd ed., Indianapolis: Liberty Fund.

Waldron, Jeremy, 1999, *Law and Disagreement*, New York: Oxford University Press.

Whittington, Keith E., 1999, *Constitutional Interpretation: Textual meaning, Original intent, and Judicial Review*, Lawrence: University Press of Kansas.

_____, 2007, *Political Foundations of Judicial Supremacy: The Presidency, the Supreme Court, and Constitutional Leadership in U.S. History,* Princeton: Princeton University Press.

Wood, Gordon S., 1998, *The Creation of American Republic, 1776-1787*, Chapel Hill: University of North Carolina Press.

Zurn, Christopher F., 2009, *Deliberative Democracy and the Institutions of Judicial Review*, Cambridge: Cambridge University Press.

〈논문〉

Ackerman, Bruce, 1984, "The Storrs Lectures: Discovering the Constitution", *Yale Law Journal*, 93, 1013-72.

_____, 1997, "The Rise of World Constitutionalism", *Virginia Law Review*, 83:4, 771-97.

_____, 2000, "The New Separation of Powers", *Harvard Law Review*, 113, 634-729.

Adamany, David, 1973, "Legitimacy, Realignment Elections, and the Supreme Court", *Wisconsin Law Review*, 1973, 790-846.

Alexander, Larry and Frederick Schauer, 1997, "On Extrajudicial Constitutional Interpretation", *Harvard Law Review*, 110, 1359-87.

Badura, Peter, 1985, Die Bedeutung von Präjudizien im öffentlichen Recht, in: Uwe Blaurock (Hrsg.), *Die Bedeutung von Präjudizien im deutschen und französischen Recht*.

Baird, Vanessa A., 2004, "The Effect of Politically Salient Decisions on the U.S. Supreme Courts's Agenda", *The Journal of Politics*, 66:3, 755-772.

Barendt, Eric, 1995, "Separation of Powers and Constitutional Government", *Public Law*, 599-619.

Baum, Lawrence, 2006, "Afterword: Studying Courts Formally", James R. Rogers, Roy B. Flemming and Jon R. Bond (eds.), *International Games and the U.S. Supreme Court*, Charlottesville: University of Virginia Press.

Bednar, Jenna, 2005, "The Madisonian Scheme to Control the National Government", Samuel Kernell (ed.), *James Madison: The Theory and Practice of Republican Government*, Stanford: Stanford University Press.

Bellamy, Richard, 1996, "The Political Form of the Constitution: The Separation of Powers, Rights and Representative Government", *Political Studies*, 44, 436-56.

Benda, Ernst, 1986, Die Verfassungsgerichtsbarkeit der Bundesrepublik Deutschland, in: Christian Starck/Albrecht Weber (Hrsg.), *Verfassungsgerichtsbarkeit in Westeuropa*, Baden-Baden: Nomos.

Bessette, Joseph, 1981, "Deliberative Democracy: The Majority Principle in Republican Government", R. A. Goldwin and W. A. Schambra (eds.), *How Democratic Is the Constitution?*, American Enterprise Institute.

Beyme, Klaus von, 1988, "The Genesis of Constitutional Review in Parliamentary Systems", Christine Landfried(ed.), *Constitutional Review and Legislation: An International Comparison*, Baden-Baden: Nomos.

_____, 2001, Das Bundesverfassungsgericht aus der Sicht der Politik- und Gesellschaftswissenschaften, in; Peter Badura/Horst Dreier (Hrsg.), *Festschrift 50Jahre Bundesverfassungsgericht*, Bd. 1: Tübingen: Mohr Siebeck.

Böckenförde, Ernst-Wolfgang, 1995, Demokratie als Verfassungsprinzip, in: Josef Isensee/Paul Kirchhof (Hrsg.), *Handbuch des Staatsrechts der Bundesrepublik Deutschland*, Bd. Ⅰ, 2. Aufl., Heidelberg: C.F. Müller.

_____, 2011, Die Methoden der Verfassungsinterpretation: Bestandsaufnahme und Kritik, in; *Wissenschaft, Politik, Verfassungsgericht*, Berlin: Suhrkamp.

_____, 2011, Die verfassunggebende Gewalt des Volkes: Ein Grenzbegriff des Verfassungsrechts, in; *Wissenschaft, Politik, Verfassungsgericht*, Berlin: Suhrkamp.

Brubaker, Stanley, 2005, "Countermajoritarian Difficulty: Traditional versus Original Meaning", Kenneth Ward and Cecilia Castillo (ed.), *Judiciary And American Democracy: Alexander Bickel, the Countermajoritarian Difficulty, And Contemporary Constitutional Theory*, Albany: State University of New York Press.

Cheibub, José Antonio and Adam Przeworski, 1999, "Accountability for Economic Outcomes", Adam Przeworski, Susan C. Stokes and Bernard Manin(eds.), *Democracy, Accountability, and Representation*, Cambridge: Cambridge University Press.

Chemerinsky, Erwin, 2004, "In Defense of Judicial Review: A Reply to Professor Kramer" *California*

Law Review, 92:4, 1013-1025.

Cliteur, Paul B., 1993, "Traditionalism, Democracy, and Judicial Review", Berd van Roermund (ed.), *Constitutional Review: Theoretical and Comparative Perspective*, Deventer: Kluwer.

Cohen, Joshua, 1999, "Democracy and Liberty", Jon Elster (ed.), *Deliberative Democracy*, Cambridge: Cambridge University Press.

Dahl, Robert, 1957, "Decision-Making in a Democracy: The Supreme Court as a National Policy-Maker", *Journal of Public Law*, 6, 279-95.

Dietze, Gottfried, 1957, "Judicial Review in Europe", *Michigan Law Review*, 55:4, 539-66.

Dworkin, Ronald, 1995, "Constitutionalism and Democracy", *European Journal of Philosophy*, 3, 2-11.

Elster, Jon, 1994, "Constitutional Bootstrapping in Philadelphia and Paris", Michel Rosenfeld (ed.), *Constitutionalism, Identity, Difference, and Legitimacy: Theoretical Perspectives*, Durham: Duke University Press.

_____, 1995, "Forces and Mechanisms in the Constitution-Making Process", *Duke Law Journal*, 45, 364-96.

_____, 1999, "Deliberation and Constitution Making", Jon Elster (ed.), *Deliberative Democracy*, Cambridge: Cambridge University Press.

Ely, John Hart, 1978, "Toward a Representation-Reinforcing Mode of Judicial Review", *Maryland Law Review*, 37, 451-87.

Epstein, Lee and Jack Knight, 2000, "Toward a Strategic Revolution in Judicial Politics", *Political Research Quarterly*, 53:3, 625-627.

Eskridge, W. N. Jr., 1993, "The Judicial Review Game", *Northwestern University Law Review*, 88, 382-95.

Favoreu, Louis, 1988, "The Constitutional Council and Parliament in France", Christine Landfried (ed.), *Constitutional Review and Legislation: An International Comparison*, Baden-Baden: Nomos.

Ferejohn, John, 1999, "Accountability and Authority: Toward a Theory of Political Accountability", Adam Przeworski, Susan C. Stokes and Bernard Manin (eds.), *Democracy, Accountability, and Representation*, Cambridge: Cambridge University Press.

_____, 2002-2003, "Constitutional Review in the Global Context", *New York University Journal of Legislation and Public Policy*, 6, 49-59.

_____, 2005, "Madisonian Separation of Powers", Samuel Kernell (ed.), *James Madison: The Theory and Practice of Republican Government*, Stanford: Stanford University Press.

Ferejohn, John and Pasquino Pasquale, 2003, "Rule of Democracy and Rule of Law", José María Maravall and Adam Przeworski (eds.), *Democracy and the Rule of Law*, Cambridge: Cambridge University Press.

Fisher, Louis, 1990, "Separation of Powers: Interpretation Outside the Courts", *Pepperdine Law Review*, 18, 57-93.

_____, 1993, "The Legislative Veto: Invalidated, It Survives", *Law and Contemporary Problems*, 56:4. 273-292.

Gargarella, Roberto, 1999, "Full Representation, Deliberation, and Impartiality", Jon Elster (ed.), *Deliberative Democracy*, Cambridge: Cambridge University Press.

_____, 2003, "The Majoritarian Reading of the Rule of Law", José María Maravall and Adam Przeworski (eds.), *Democracy and the Rule of Law*, Cambridge: Cambridge University Press.

Gebhardt, Jürgen, 1995, Die Idee der Verfassung: Symbol und Instrument, in: A. Kimmel (Hrsg.), *Verfassung als Fundament und Instrument der Politik*, Baden-Baden: Nomos.

Goldstein, Leslie F., 2004, "From Democracy to Juristocracy", *Law & Society Review*, 38:3, 611-629.

Grimm, Dieter, 1995, Politik und Recht, in; Eckart Klein (Hrsg.), *Grundrechte, soziale Ordnung und Verfassungsgerichtsbarkeit*, Heidelberg: C.F. Müller.

_____, 2011, "Constitutional Adjudication and Constitutional Interpretation: Between Law and Politics", *National University of Juridical Sciences Law Review*, 4:15, 15-29.

Grote, Rainer, 1999, "Rule of Law, Rechtsstaat and Etat de droit", Christian Starck (ed.), *Constitutionalism, Universalism and Democracy: a comparative analysis*, Baden-Baden: Nomos.

Guarnieri, Carlo, 2003, "Courts as an Instrument of Horizontal Accoumtability: The Case of Latin Europe", José María Maravall and Adam Przeworski (eds.), *Democracy and the Rule of Law*, Cambridge: Cambridge University Press.

Gusy, Christoph, 2001, Die Verfassungsbeschwerde, in; Peter Badura/Horst Dreier (Hrsg.), Festschrift 50Jahre Bundesverfassungsgericht, Bd. 1, Tübingen: Mohr Siebeck.

Häberle, Peter, 1976, Grundprobleme der Verfassungsgerichtsbarkeit, in; Peter Häberle (Hrsg.), *Verfassungsgerichtsbarkeit*, Darmstadt.

Habermas, Jürgen, 1995, "On the Internal Relation between the rule of law and Democracy", *Eropean Journal of Philosophy*, 3:1, 12-20.

Hand, Learned, 1952, "The Contribution of an Independent Judiciary to Civilization", I. Dilliard (ed.), *The Spirit of Liberety*, New York: Knopf.

Henkin, Louis, 1994, "A New Birth of Constitutionalism: Genetic Influences and Genetic Defects", Michel Rosenfeld (ed.), *Constitutionalism, Identity, Difference, and Legitimacy: Theoretical Perspectives*, Durham: Duke University Press.

Holmes, Stephen, 1988, "Precommitment and the Paradox of Democracy", Jon Elster and Rune Slagstad (eds.), *Constitutionalism and Democracy*, Cambridge: Cambridge University Press.

_____, 2003, "Lineages of the Rule of Law", José María Maravall and Adam Przeworski(eds.),

Democracy and the Rule of Law, Cambridge: Cambridge University Press.

Jones, Charles O., 1990, "The Separated Presidency", Anthony King (ed.), 2nd version, *The New American Politucal System*, Washington D.C.: American Enterprise Institute.

Kenney, Sally J., William M. Reisinger and John C. Reitz, 1999, "Intoduction: Constitutional Dialogues in Comparative Perspective", Sally J. Kenney, William M. Reisinger and John C. Reitz (eds.), *Constitutional Dialogues in Comparative Perspective*, New York: St. Martin's Press.

King, Anthony, 1976, "Modes of Executive-Legislative Relations: Great Britain, France, and West Germany", *Legislative Studies Quarterly*, 1:1(Feb), 11-36.

Kelsen, Hans, 1929, Wesen und Entwicklung der Staatsgerichtsbarkeit, *VVDStRL*, Bd. 5.

_____, 1931, "Wer soll der Hüter der Verfassung sein?", *Die Justiz*, Bd. Ⅵ, 5-56

Knöpfle, Franz, 1983, Richterbestellung und Richterbank bei den Landesverfassungsgerichtsbarkeiten, in: Christian Starck/Klaus Stern (Hrsg.), *Landeverfassungsgerichtsbarkeit*, Bd. Ⅱ.

Kramer, Larry D., 2004, "Popular Constitutionalism, circa 2004", *California Law Review*, 92:4, 959-1011.

Kröger, Klaus, 1976, Richterwahl, in: *BVerfG* und *GG*, Bd. Ⅰ.

Landfried, Christine, 1988, "Constitutional Review and Legislation in the Federal Republic of Germany", Christine Landfried (ed.), *Constitutional Review and Legislation: An International Comparison*, Baden-Baden: Nomos.

_____, 1988, "Introduction", Christine Landfried (ed.), *Constitutional Review and Legislation: An International Comparison*, Baden-Baden: Nomos.

_____, 1995, "Germany", C. Neal Tate and Torbjörn Vallinder (eds.), *The Global Expansion of Judicial Power*, New York: New York University Press.

Leibholz, Gerhard, 1957, Bericht des Berichterstatters an das Plenum des Bundesverfassungsgerichts zur 'Status'-Frage, *Jör*, N.F. 6, 120ff.

Linz, Juan J., 1978, "Crisis, Breakdown and Reequilibration", Juan J. Linz and Alfred Stefan (eds.), *The Breakdown of Democratic Regimes*, Baltimore: Johns Hopkins University Press.

_____, 1990, "The perils of presidentialism", *Journal of Democracy*, 1:1, 51-69.

_____, 1994, "Presidential or Parliamentary Democracy: Does It Make a Difference?", Juan J. Linz and Arturo Valenzuela (eds.), *The Failure of Presidential Democracy: Comparative Perspectives*, Vol. 1, Baltimore: Johns Hopkins University Press.

Lobel, Jules, 1998, "The Political Tilt of Separation of Powers", David Kairys (ed.), *The Politics of Law: Progressive Critique*, New York: Basic Books.

Loewenstein, Karl, 1937, "Militant Democracy and Fundamental Rights, Ⅰ", *The American Political Science Review*, 31:3, 417-432.

Maravall, José María, 1999, "Accountability and Manipulation", Adam Przeworski, Susan C. Stokes and Bernard Manin (eds.), *Democracy, Accountability, and Representation*, Cambridge: Cambridge University Press.

_____, 2003, "The Rule of Law as a Political Weapon", José María Maravall and Adam Przeworski(eds.), *Democracy and the Rule of Law*, Cambridge: Cambridge University Press.

Martin, Andrew D., 2001, "Congressional Decision Making and the Separation of Powers", *American Political Science Review*, 95:2, 361-378.

_____, 2006, "Statutory Battles and Constitutional Wars: Congress and the Supreme Court", James R. Rogers, Roy B. Flemming and Jon R. Bond (eds.), *International Games and the U.S. Supreme Court*, Charlottesville: University of Virginia Press.

Michelman, Frank, 1988, "Law's Republic", *Yale Law Journal*, 97, 1493-1537.

Manin, Bernard, 1994, "Checks, Balances and Boundaries: The Separation of Powers in the Constitutional Debate of 1787", Biancamaria Fontana (ed.), *The Invention of the Modern Republic*, Cambridge: Cambridge University Press.

Manin, Bernard, Adam Przeworski and Susan C. Stokes, 1999, "Election, Accountability, and Representation", Adam Przeworski, Susan C. Stokes and Bernard Manin(eds.), *Democracy, Accountability, and Representation*, Cambridge: Cambridge University Press.

Mensch, Elizabeth, 1998, "The History of Mainstream Legal Thought", David Kairys (ed.), *The Politics of Law: Progressive Critique*, New York: Basic Books.

Nino, Carlos Santiago, 1994, "A Philosophical Reconstruction of Judicial Review", Michel Rosenfeld (ed.), *Constitutionalism, Identity, Difference, and Legitimacy: Theoretical Perspectives*, Durham: Duke University Press.

Park, Chan-wook, 1997, "Partisan Conflict and Immoblisme in the Korean National Assembly: Conditions, Processes, and Outcomes", Choi Sang-yong (ed.), *Democracy in Korea: Its Ideals and Realities*, Seoul: Korean Political Science Association.

Parker, Richard D., 1994, "Here, the People Rule: A Constitutional Populist Manifesto", Cambridge: Harvard University Press(*Valparaiso University Law Review*, 27:3(1993), 531-84).

Peters, Christopher and Neal Devins, 2005, "Alexander Bickel and the New Judicial Minimalism", Kenneth Ward and Cecilia Castillo (ed.), *Judiciary And American Democracy: Alexander Bickel, the Countermajoritarian Difficulty, And Contemporary Constitutional Theory*, Albany: State University of New York Press.

Preuß, Ulrich K., 1989, Politische Justiz im demokratischen Verfassungsstaat, in: Wolfgang Luthardt/ Alfons Söllner (Hrsg.), *Verfassungsstaat, Souveränität, Pluralismus*, Opladen: Westdeutscher.

Przeworski, Adam, 1999, "Deliberation and Ideological Domination", Jon Elster (ed.), *Deliberative

Democracy, Cambridge: Cambridge University Press.

Rahm, Claudia, 2005, Recht und Demokratie bei Jürgen Habermas und Ronald Dworkin, Kurt Seelman/Stefan Smid/Ulrich Steinvorth (Hrsg.), *Rechtsphilosophische Schriften*, Bd. 12, Frankfurt a.M.: Peter Lang.

Rakove, Jack, 2002, "Judicial Power in the Constitutional Theory of James Madison", *William and Mary Law Review*, 43:4, 1513-47.

Reitz, John C., 1999, "Political Economy and Abstract Review in Germany, France and the United States", Sally J. Kenney, William M. Reisinger and John C. Reitz (eds.), *Constitutional Dialogues in Comparative Perspective*, New York: St. Martin's Press.

Ritterspach, Theodor, 1995, Erinnerungen an die Anfänge des Bundesverfassungsgerichts, in; Eckart Klein (Hrsg.), *Grundrechte, soziale Ordnung und Verfassungsgerichtsbarkeit*, Heidelberg: C.F. Müller.

Roellecke, Gerd, 1980, Verfassungsgerichtsbarkeit, Gesetzgebung und politische Führung, Verfassungsgerichtsbarkeit, Gesetzgebung und politische Führung- Ein Cappenberger Gespräch, Köln, 24-42.

_____, 1987, Aufgaben und Stellung des Bundesverfassungsgerichts im Verfassungsgefüge, in: Josef Isensee/Paul Kirchhof (Hrsg.), *Handbuch des Staatsrechts der Bundesrepublik Deutschland* Bd. ||, Heidelberg: C.F. Müller, 683-696.

Rogers, James R., 2001, "Information and Judicial Review: A Signaling Game of Legislative-Judicial Interaction", *American Journal of Political Science*, 45:1, 84-99.

Rosenfeld, Michel, 1994, "Modern Constitutionalism as Interplay Between Identity and Diversity", Michel Rosenfeld (ed.), *Constitutionalism, Identity, Difference, and Legitimacy: Theoretical Perspectives*, Durham: Duke University Press.

Sarat, Austin, 1998, "Going to Court: Access, Autonomy, and the Contradictions of Liberal Legality", David Kairys(ed.), *The Politics of Law: Progressive Critique*, New York: Basic Books.

Schenke, Wolf-Rüdiger, 1979, Der Umfang der bundesverfassungsgerichtlichen Überprüfung, *NJW*, 1321-1329.

Schlaich, Klaus, 1980, Die Verfassungsgerichtsbarkeit im Gefüge der Staatsfunktionen, *VVDStRL*, 39.

Schreckenberger, Waldemar, 1993, Verfassungsgerichtsbarkeit als Konvergenz von Öffentlichkeit, Berd van Roermund (ed.), *Constitutional Review: Theoretical and Comparative Perspective*, Deventer: Kluwer.

Segal, Jeffrey A., 1997, "Separation-of-Powers Games in the Positive Theory of Congress and the Court", *American Political Science Review*, 91:1, 28-44.

Shapiro, Martin, 1995, "The United States", C. Neal Tate and Torbjörn Vallinder (eds.), *The Global*

Expansion of Judicial Power, New York: New York University Press.

_____, 1999, "The Success of Judicial Review", Sally J. Kenney, William M. Reisinger and John C. Reitz (eds.), *Constitutional Dialogues in Comparative Perspective*, New York: St. Martin's Press.

Starck, Christian, 1983, Der verfassungsrechtliche Status der Landesverfassungsgerichte, in: Christian Starck/Klaus Stern, (Hrsg.), *Landesverfassungsgerichtsbarkeit*, Bd. Ⅰ.

_____, 1986, Vorrang der Verfassung und Verfassungsgerichtsbarkeit, in: Christian Starck/Albrecht Weber (Hrsg.), *Verfassungsgerichtsbarkeit in Westeuropa*, Bd. Ⅰ, Baden-Baden: Nomos.

_____, 1999, "The Legitimacy of Constitutional Adjudication and Democracy", Christian Starck (ed.), *Constitutionalism, Universalism and Democracy: a comparative analysis*, Baden-Baden: Nomos.

_____, 2001, Das Bundesverfassungsgericht in der Verfassungsordnung und im politischen Prozeß, in: Peter Badura/Horst Dreier (Hrsg.), *Festschrift 50Jahre Bundesverfassungsgericht*, Bd. 1. Tübingen: Mohr Siebeck.

Stone, Alec, 1995, "Complex Coordinate Construction in France and Germany", Tate, C. Neal and Torbjörn Vallinder (eds.), *The Global Expansion of Judicial Power*, New York: New York University Press.

Stone Sweet, Alec, 1999, "Constitutional Dialogues: Protecting Human Rights in France, Germany, Italy and Spain", Sally J. Kenney, William M. Reisinger and John C. Reitz (eds.), *Constitutional Dialogues in Comparative Perspective*, New York: St. Martin's Press.

Sunstein, Cass, 1988, "Beyond the Republican Revival", *Yale Law Review*, 97:8, 1539-1590.

Tate, C. Neal, 1995, "Why the Expansion of Judicial Power", C. Neal Tate and Torbjörn Vallinder (eds.), The Global Expansion of Judicial Power, New York: New York University Press.

Thayer, B. James, 1893, "The Origin and Scope of the American Doctrine of Constitutional Law", *Harvard Law Review*, 7:3, 129-156.

Triepel, Heinrich, 1923, Streitigkeiten zwischen Reich und Ländern, FG Kahl Ⅱ.

_____, 1927, Saatsrecht und Politik, Beiträge zum ausländischen öffentlichen Recht und Völkerrecht, Heft 1, Berlin und Leizig.

_____, 1929, Wesen und Entwicklung der Staatsgerichtsbarkeit, *VVDStRL*, Heft 5.

Tullis, Jeffrey K., 2003, "Deliberation between Institutions", James S. Fishkin and Peter Laslett (eds.), *In Debating Deliberative Democracy*, Malden: Blackwell.

Vallinder, Torbjörn, 1995, "When the Courts Go Marching In", Tate, C. Neal and Torbjörn Vallinder (eds.), *The Global Expansion of Judicial Power*, New York: New York University Press.

Waldron, Jeremy, 1998, "Judicial Review and the Conditions of Democracy", *The Journal of Political Philosophy*, 6:4, 35-355.

Wallach, H. G. Peter, 1995, "Reunification and Prospects for Judicialization in Germany", Tate, C. Neal and Torbjörn Vallinder (eds.), *The Global Expansion of Judicial Power*, New York: New York University Press.

Ward, Kenneth, 2005, "Bickel and the New Proceduralists", Kenneth Ward and Cecilia Castillo (eds.), *Judiciary And American Democracy: Alexander Bickel, the Countermajoritarian Difficulty, And Contemporary Constitutional Theory*, Albany: State University of New York Press.

Weber, Albrecht, 1986, Generalbericht: Verfassungsgerichtsbarkeit in Westeuropa, in: Christian Starck/Albrecht Weber (Hrsg.), *Verfassungsgerichtsbarkeit in Westeuropa*, Baden-Baden: Nomos.

West, Robin, 1990, "Progressive and Conservative Constitutionalism", *Michigan Law Review*, 88:4, 641-721.

Whittington, Keith, 2002, "Extrajudicial Constitutional Interpretation: Three Objections and Responses", *North Carolina Law Review*, 80:3, 773-851.

_____, 2003, "Legislative Sanctions and the Strategic Environment of Judicial Review", *International Journal of Constitutional Law*, 1:3, 446-474.

_____, 2005, "Constitutional Theory and the Faces of Power", Kenneth Ward and Cecilia Castillo (eds.), *Judiciary And American Democracy: Alexander Bickel, the Countermajoritarian Difficulty, And Contemporary Constitutional Theory*, Albany: State University of New York Press.

Wolin, Sheldon, 1989, "Collective Identity and Constitutional Power", *The Presence of the Past: Essays on the State and the Constitution*, Baltimore: Johns Hopkins University Press.

_____, 1994, "Norm and Form: The Constitutionalizing of Democracy", J. Peter Euben, John Wallach and Josiah Ober (eds.), *Athenian Political Thought and the Reconstruction of American Democracy*, Itacha: Cornell University Press.

Yang, Kun, 1993, "Judicial Review and Social Change in the Korean Democratizing Process", *American Journal of Comparative Law*, 41:1, 1-8.

Zippelius, Reinhold, 1989, Problemfelder der Machtkontrolle, in: Detlef Merten (Hrsg.), *Gewaltentrennung im Rechtsstaat zum 300. Geburtstag von Charles de Montesquieu*, Berlin.

Zorn, Christopher, 2006, "Institution and Independence in Models of Judicial Review", James R. Rogers, Roy B. Flemming and Jon R. Bond (eds.), *International Games and the U.S. Supreme Court*, Charlottesville: University of Virginia Press.

Zuck, Rüdiger, 1973, Das Bundesverfassungsgericht als Dritte Kammer, *ZRP*.

3. 기타

고려대학교박물관, 2009, 『현민유진오 제헌헌법 관계자료집』, 서울: 고려대학교출판부.

국회도서관입법조사국, 1968, 『헌법개정회의록: 제4대국회』, 국회도서관.

대한변호사협회, 1989, "헌법재판의 과제", 『대한변호사협회지』, 149호(1989.1.).

법무부 편, 1988, 『헌법재판제도』, 법무자료 제95집, 법무부.

새한민보사 편, 1947, 『임시정부수립대강: 미소공위자문안답신집』, 서울: 새한민보사.

서울대학교 법학연구소, 1988, "헌법재판의 활성화 방안(종합토론요지)", 『서울대학교법학』, 서울대학교 법
　　　　학연구소, Vol. 29, No. 3, 4.

제130회 국회 헌법개정특별위원회 회의록, 4, 7호.

참여민주사회시민연대, 1998, 『사법감시』, 10호(1998.2.).

행정안전부, 2008, 정부의전편람.

헌법심의위원회, 1962, 『헌법개정안해설』(1962.11.).

헌법재판소 편, 1998, 『헌법재판소 10년사』.

_____, 1998, 『헌법재판의 회고와 전망』.

_____, 2006, 『헌법재판소법 제정 약사』.

_____, 2008, 『헌법재판소 20년사』.

_____, 2010, 『주요 국가별 헌법재판제도의 비교분석과 시사점 — 미국형 사법심사와 유럽형 헌법재판을
　　　　중심으로』(헌법재판연구 제21a권).

http://www.ccourt.go.kr(헌법재판소).

장진호 ───────────────────────────

　성균관대학교 신문방송학과 졸업
　고려대학교 대학원 정치외교학과 졸업
　성균관대학교 대학원 정치외교학과 졸업(정치학 박사)
　제44회 사법시험, 제34기 사법연수원
　2005년 변호사 개업

헌법재판과
**한국
민주주의**

초판인쇄　2015년 6월 17일
초판발행　2015년 6월 17일

지은이　장진호
펴낸이　채종준
펴낸곳　한국학술정보㈜
주소　경기도 파주시 회동길 230(문발동)
전화　031) 908-3181(대표)
팩스　031) 908-3189
홈페이지　http://ebook.kstudy.com
전자우편　출판사업부　publish@kstudy.com
등록　제일산-115호(2000. 6. 19)

ISBN　978-89-268-7005-1　93340